中华人民共和国史

[修订本]

主编 靳德行　执行主编 秦英君　李占才　　河南大学出版社

图书在版编目(CIP)数据

中华人民共和国史/靳德行主编. —2版. —开封:河南大学出版社,2001.8(2012.7重印)

ISBN 978-7-81018-275-1

Ⅰ. 中… Ⅱ. 靳… Ⅲ. 中国—现代史—1949～1992 Ⅳ. K27

中国版本图书馆 CIP 数据核字(2001)第 052196 号

责任编辑　纪庆芳
责任印制　王　慧
装帧设计　张　胜

出　　版	河南大学出版社		
	地址:河南省开封市明伦街 85 号	邮编:475001	
	电话:0378-2825001(营销部)	网址:www.hupress.com	
排　　版	河南第一新华印刷厂		
印　　刷	辉县市文教印务有限公司		
版　　次	2005 年 4 月第 2 版	印　次	2012 年 7 月第 11 次印刷
开　　本	787mm×980mm　1/16	印　张	37.75
字　　数	638 千字	印　数	58501—61500 册
定　　价	48.00 元		

(本书如有印装质量问题请与河南大学出版社营销部联系调换)

目　录

修订说明 ··· 秦英君（1）

第一章　中华人民共和国成立时期(1949年9月~1952年12月) ······（1）

 第一节　中华人民共和国成立 ····································（1）
  一、建国准备 ···（1）
  二、中国人民政治协商会议第一届全体会议 ······················（6）
  三、开国大典 ···（9）
  四、建国初期的形势和任务 ····································（11）

 第二节　民主革命任务的基本完成 ································（13）
  一、全国大陆解放 ··（13）
  二、取缔外国在华特权 ··（16）
  三、没收官僚资本 ··（18）
  四、土地改革 ··（20）
  五、少数民族地区的民主改革 ··································（23）

 第三节　人民民主政权的巩固 ····································（26）
  一、各级人民民主政权的建立 ··································（26）
  二、镇压反革命 ··（29）
  三、"三反""五反"运动 ··（31）
  四、中国共产党的整党建党活动 ································（36）
  五、民主党派的活动 ··（38）

 第四节　国民经济的恢复 ··（44）
  一、恢复国民经济的战略方针 ··································（44）
  二、为争取财政经济状况的基本好转而斗争 ······················（46）
  三、国民经济的恢复 ··（50）

 第五节　国民党政权败退台湾 ····································（55）
  一、蒋介石集团在台湾的统治 ··································（55）

二、中央人民政府致力解放台湾……………………………………(58)
　第六节　国防建设和外交关系……………………………………(60)
　　一、抗美援朝……………………………………………………(60)
　　二、国防建设……………………………………………………(63)
　　三、外交关系……………………………………………………(65)
　第七节　思想、文化、教育、科技………………………………(70)
　　一、科学技术机构的设立与科研成就…………………………(70)
　　二、知识分子思想改造运动……………………………………(72)
　　三、新民主主义教育方针与教育体制的确立…………………(74)
　　四、关于电影《武训传》的讨论………………………………(76)
　　五、文化教育事业的恢复与发展………………………………(78)

第二章　社会主义改造时期（1953年1月~1956年9月）……(82)
　第一节　过渡时期总路线与第一届全国人民代表大会…………(82)
　　一、过渡时期的总路线…………………………………………(82)
　　二、第一届全国人民代表大会第一次会议……………………(86)
　　三、《中华人民共和国宪法》…………………………………(90)
　　四、反对高岗、饶漱石的斗争…………………………………(93)
　　五、肃反运动……………………………………………………(96)
　第二节　生产资料私有制的社会主义改造………………………(97)
　　一、农业、手工业的社会主义改造……………………………(97)
　　二、资本主义工商业的社会主义改造…………………………(103)
　　三、少数民族地区的社会主义改造……………………………(108)
　　四、高度集中统一的政治、经济体制的形成…………………(113)
　第三节　国民经济的发展…………………………………………(115)
　　一、第一个五年计划的制定与工业化的起步…………………(115)
　　二、国民经济的发展……………………………………………(122)
　第四节　国防建设和外交关系……………………………………(125)
　　一、国防建设……………………………………………………(125)
　　二、日内瓦会议与万隆会议……………………………………(130)
　　三、和平共处五项原则的提出及对外关系……………………(134)
　第五节　台湾的政治与经济………………………………………(137)
　　一、蒋介石集团极权统治的加强………………………………(137)

二、第一期四年经济建设计划的实施 ……………………… (138)
　第六节　思想、文化、教育、科技 …………………………… (139)
　　一、中共中央关切"知识分子问题" …………………… (139)
　　二、文化思想战线上的论争 ……………………………… (142)
　　三、文化、教育、科技事业的发展 ……………………… (146)

第三章　社会主义建设探索时期(1956年9月~1966年4月) …… (151)
　第一节　社会主义建设道路的初步探索 ……………………… (152)
　　一、毛泽东《论十大关系》的发表 ……………………… (152)
　　二、中国共产党第八次全国代表大会 …………………… (155)
　　三、正确处理两类不同性质矛盾理论的提出 …………… (158)
　　四、经济制度及经济体制建构与改革的初步探索 ……… (159)
　　五、民主党派的活动 ……………………………………… (165)
　第二节　社会主义建设指导方针的失误 ……………………… (173)
　　一、反右派运动 …………………………………………… (173)
　　二、社会主义建设总路线的制定 ………………………… (177)
　　三、大跃进浪潮 …………………………………………… (180)
　　四、人民公社化运动 ……………………………………… (183)
　第三节　"左"倾错误的纠正与反复 ………………………… (188)
　　一、中共中央对"左"倾错误的若干纠正 ……………… (188)
　　二、第二届全国人民代表大会第一次会议 ……………… (192)
　　三、庐山会议、纠正"左"倾错误的中断 ……………… (194)
　　四、"反右倾"与"继续跃进" ………………………… (197)
　　五、中共八届九中全会对"左"倾错误的再次纠正 …… (198)
　　六、北京七千人大会 ……………………………………… (200)
　第四节　社会主义教育运动 …………………………………… (204)
　　一、中国共产党八届十中全会 …………………………… (204)
　　二、"包产到户"问题论争 ……………………………… (206)
　　三、社会主义教育运动 …………………………………… (212)
　　四、第三届全国人民代表大会第一次会议 ……………… (216)
　第五节　国民经济的曲折发展 ………………………………… (218)
　　一、第二个五年计划的制定与实施 ……………………… (218)
　　二、国民经济的迅速发展 ………………………………… (220)

三、国民经济的严重困难 …………………………………………（221）
　　四、国民经济的全面调整 …………………………………………（225）
　　五、国民经济的恢复和发展 ………………………………………（228）
第六节　国防建设和外交关系 …………………………………………（230）
　　一、国防建设 ………………………………………………………（230）
　　二、平定西藏叛乱 …………………………………………………（234）
　　三、中印边界冲突 …………………………………………………（237）
　　四、中苏关系破裂 …………………………………………………（240）
　　五、外交工作的进展 ………………………………………………（243）
第七节　台湾的政治与经济 ……………………………………………（245）
　　一、台湾的政治和经济 ……………………………………………（245）
　　二、人民解放军炮击金门 …………………………………………（247）
　　三、国民党台湾当局反攻大陆阴谋破产 …………………………（250）
第八节　思想、文化、教育、科技 ……………………………………（252）
　　一、学习雷锋活动 …………………………………………………（252）
　　二、学术界的风波与"左"倾思潮的滋长蔓延 ……………………（254）
　　三、科学技术成就 …………………………………………………（260）
　　四、思想文化教育战线上的成就 …………………………………（262）

第四章　"文化大革命"时期（1966年5月～1976年10月）（265）
第一节　"文化大革命"的发动 ………………………………………（266）
　　一、"文化大革命"爆发的原因 ……………………………………（266）
　　二、"文化大革命"全面发动 ………………………………………（268）
　　三、红卫兵运动 ……………………………………………………（275）
　　四、"文化大革命"风暴席卷全国 …………………………………（278）
第二节　全国大动乱 ……………………………………………………（282）
　　一、"一月风暴"与"二月抗争" ……………………………………（282）
　　二、"夺权斗争"、"全国山河一片红" ……………………………（285）
　　三、刘少奇遭受迫害与大批冤、假、错案的产生 ………………（286）
　　四、"清理阶级队伍" ………………………………………………（290）
　　五、解放军"三支两军"与工宣队、军宣队进驻学校 ……………（291）
　　六、中国共产党第九次全国代表大会 ……………………………（293）
第三节　林彪集团的形成和覆亡 ………………………………………（296）

一、"斗、批、改"运动 …………………………………………（296）
　　二、林彪集团篡党夺权阴谋暴露 ……………………………（298）
　　三、"九·一三"事件 …………………………………………（301）
　　四、批林整风运动 ……………………………………………（305）
　　五、中国共产党第十次全国代表大会 ………………………（307）
第四节　各条战线的整顿 …………………………………………（309）
　　一、批林批孔运动 ……………………………………………（309）
　　二、四届人大一次会议重提实现"四个现代化" ……………（312）
　　三、各条战线的全面整顿 ……………………………………（314）
第五节　"四五"运动和粉碎"四人帮" ……………………………（316）
　　一、"全面专政"理论与评《水浒》……………………………（316）
　　二、"批邓、反击右倾翻案风" ………………………………（319）
　　三、"四五"运动 ………………………………………………（322）
　　四、毛泽东逝世 ………………………………………………（327）
　　五、"四人帮"集团被粉碎 ……………………………………（330）
第六节　"文化大革命"中的国民经济 ……………………………（332）
　　一、工业学大庆运动 …………………………………………（332）
　　二、农业学大寨运动 …………………………………………（335）
　　三、"三五"计划的制定与三线建设 …………………………（337）
　　四、"四五"计划的制定与实施 ………………………………（343）
　　五、动荡中的国民经济 ………………………………………（344）
第七节　国防建设和外交关系 ……………………………………（347）
　　一、国防建设与军队整顿 ……………………………………（347）
　　二、珍宝岛事件与中苏谈判 …………………………………（350）
　　三、中华人民共和国在联合国合法地位的恢复 ……………（354）
　　四、中美、中日关系正常化 …………………………………（357）
　　五、毛泽东划分"三个世界"的理论 …………………………（361）
第八节　台湾的政治与经济 ………………………………………（364）
　　一、台湾政坛的变迁 …………………………………………（364）
　　二、台湾经济的"起飞" ………………………………………（365）
第九节　思想、文化、教育、科技 ………………………………（367）
　　一、"活学活用毛泽东思想"运动 ……………………………（367）

二、无产阶级专政下继续革命理论 …………………………………（370）
三、"教育革命"与知识青年上山下乡运动 ………………………（372）
四、文艺界的批判与"样板戏" ……………………………………（375）
五、科技事业的艰难发展 …………………………………………（378）

第五章　中国特色社会主义开拓时期（1976年10月～1989年6月）…（382）

第一节　在徘徊中前进 ……………………………………………（383）
一、全国揭批"四人帮" ……………………………………………（383）
二、"左"倾错误指导思想的继续和影响 …………………………（385）
三、中国共产党第十一次全国代表大会 …………………………（387）
四、第五届全国人民代表大会第一次会议 ………………………（390）

第二节　历史性转折 ………………………………………………（392）
一、关于真理标准问题的讨论 ……………………………………（392）
二、中共十一届三中全会 …………………………………………（395）
三、平反冤假错案 …………………………………………………（398）
四、《中共中央关于建国以来党的若干历史问题的决议》………（401）
五、民主党派的活动 ………………………………………………（405）

第三节　开创中国特色社会主义建设事业 ………………………（408）
一、中国共产党第十二次全国代表大会 …………………………（408）
二、《中华人民共和国宪法》的修订与六届人大一次会议的召开
　　……………………………………………………………………（411）
三、中国共产党全面整党 …………………………………………（415）
四、中国共产党第十三次全国代表大会 …………………………（418）
五、第七届全国人民代表大会第一次会议 ………………………（421）
六、政治体制的初步改革 …………………………………………（423）
七、1989年政治风波的平息 ………………………………………（426）
八、新的中央领导集体的形成 ……………………………………（429）

第四节　社会主义民主法制建设 …………………………………（431）
一、社会主义民主政治建设 ………………………………………（431）
二、社会主义法制建设 ……………………………………………（434）
三、公审林彪、江青集团 …………………………………………（435）
四、打击经济犯罪和刑事犯罪活动 ………………………………（436）

第五节　经济体制改革和对外开放 ………………………………（438）

一、第五个国民经济五年计划 …………………………… (438)
二、国民经济的调整与"六五"计划 ……………………… (440)
三、"三步走"发展战略 …………………………………… (445)
四、社会主义经济体制的改革 …………………………… (448)
五、对外开放政策的实施 ………………………………… (454)

第六节 "一国两制"方针的构想 …………………………… (458)
一、台湾的政治与经济 …………………………………… (458)
二、"一国两制"方针的构想 ……………………………… (461)
三、香港、澳门问题的解决 ……………………………… (462)

第七节 国防建设和外交关系 ……………………………… (464)
一、对越自卫反击战 ……………………………………… (464)
二、国防建设与军队改革 ………………………………… (466)
三、外交关系的发展 ……………………………………… (469)

第八节 思想、文化、教育、科技 …………………………… (471)
一、关于"人道主义"、"异化"问题的讨论 ……………… (471)
二、学术事业的重建和发展 ……………………………… (475)
三、教育、科技体制改革 ………………………………… (485)

第六章 中国特色社会主义全面建设时期(1989年6月~　) …… (490)

第一节 确立社会主义市场经济改革目标 ………………… (490)
一、90年代面临的形势和任务 …………………………… (490)
二、邓小平南方谈话 ……………………………………… (494)
三、中国共产党第十四次全国代表大会 ………………… (498)
四、第八届全国人民代表大会第一次会议 ……………… (500)
五、民主党派的活动 ……………………………………… (501)

第二节 确立邓小平理论为全党指导思想 ………………… (504)
一、邓小平逝世 …………………………………………… (504)
二、中共十五大与确立邓小平理论为全党指导思想 …… (506)
三、第九届全国人民代表大会第一次会议 ……………… (511)
四、政府机构改革 ………………………………………… (514)
五、三讲教育与"三个代表"思想的提出 ………………… (517)
六、惩治腐败与廉政建设 ………………………………… (521)

第三节 全面建设小康社会纲领的提出 …………………… (523)

一、中国共产党第十六次全国代表大会 …………………（523）
　　二、加强社会主义政治文明建设 …………………………（526）
　　三、第十届全国人民代表大会第一次会议 ………………（530）
　　四、全面建设小康社会 ……………………………………（533）
第四节　经济改革的全面深化 ……………………………………（534）
　　一、"七五"、"八五"计划的完成 …………………………（534）
　　二、深化经济体制改革 ……………………………………（538）
　　三、加强宏观调控,实现国民经济"软着陆" ……………（543）
　　四、亚洲金融危机与经济政策的调整 ……………………（547）
　　五、抗洪救灾 ………………………………………………（549）
　　六、建立社会保障体系的初步探索 ………………………（553）
　　七、"九五"计划的完成与国民经济的持续发展 …………（557）
　　八、国民经济"十五"计划的实施与展望 …………………（559）
第五节　香港、澳门回归与海峡两岸关系 ………………………（562）
　　一、恢复对香港行使主权 …………………………………（562）
　　二、恢复对澳门行使主权 …………………………………（563）
　　三、台湾政局的变化 ………………………………………（564）
　　四、反对"台独"的斗争 ……………………………………（567）
第六节　国防建设和外交关系 ……………………………………（570）
　　一、加强军队现代化建设 …………………………………（570）
　　二、外交方针的调整与新国际战略的形成 ………………（571）
　　三、APEC会议在上海召开 ………………………………（576）
　　四、中国加入世界贸易组织 ………………………………（578）
第七节　思想、文化、教育、科技 …………………………………（578）
　　一、教育大发展 ……………………………………………（578）
　　二、科技创新与成就 ………………………………………（581）
　　三、学术研究的发展与繁荣 ………………………………（585）
后记 ………………………………………………………………（589）
参考书目 …………………………………………………………（591）

修订说明

《中华人民共和国史》(以下简称《国史》)自1989年正式出版以来,已有八次印刷,在社会上产生了广泛影响。全国几十所高校将其作为文科教材使用;在国外,如美国、日本、俄罗斯等有关研究单位均有存藏。这些,都使我们感到欣慰。但"国史"的研究是一项开拓性工作,它与中国早期历史的研究相比,显得十分稚嫩,从某种意义上说,"国史"的研究仍属起步阶段。所以,"国史"的研究者任重道远。

1991年11月至1992年10月,我们对《国史》进行过第一次修订。那次修订由当时的河南大学校长、原书主编靳德行教授主持。修订期间,时值河南大学八十周年校庆,中国现代史领域的著名专家学者会聚古都开封,他们是:南开大学魏宏运教授、中国人民大学彭明教授和李良志教授、中国社会科学院近代史研究所陈铁健研究员、北京师范大学王桧林教授、中共中央党校王仲清教授。上述专家对中华人民共和国史研究中的诸多问题提出了精辟的见解,同时,对本书给予充分肯定,对《国史》的修订也发表了宝贵意见,这些建议都融入第一次修订之中。

时光如梭,转眼十几个年头过去。这部"国史"无论从观点、内容,还是结构诸方面,再进行一次大的修订都已势所必然。

2003年3月,《国史》的几位主要作者在北京晤面,经过充分酝酿决定用一年的时间做完这项工作。同时,由于原书主编靳德行教授不幸于几年前去世,这次修订决定由原书副主编、首都师范大学秦英君教授主持。

参加这次《国史》大纲拟定的有:同济大学李占才教授、河北师范大学张同乐教授、河南大学翁有为教授。这几位同志各自先拟出初稿,最后由秦英君教授集中统稿审订。

这次修订在基本保持原书通史体例的基础上,对原书的观点、内容、章节布局、内容取舍、资料筛选等问题,作了大的补充和调整。具体情况是:

一、"国史"是中国通史的一部分,在体例上对各章的章题表述作了统一整合,以进一步体现通史的特点;在内容上,补充了当前学术界最新的研究成果，同时，为不超出原书稿的总字数也删掉了一些无关紧要的内容。

二、新增补一章，使原书的全五章布局，成为现在的全六章结构，时间的下限也由原书的1992年顺延到2004年。

三、新增补台、港、澳地区的内容，其内容每章中用一节的篇幅出现。

四、对原书稿中的某些观点、提法，作了进一步斟酌，力求在行文中用词适度，不妄加褒贬，同时，在文字上也作了进一步润色。

五、对原书稿中的不规范注释，一律按照中华人民共和国国家标准GB7714-87《文后参考文献著录规则》改正，并在文后附参考书目；插补图片50张。

这次修订从2003年3月开始至2004年3月修订完稿，时间恰好一年。

这次《国史》的修订，邀请了一些新的同志参加，他们是当代中国研究所王瑞芳博士、郑州大学谢晓鹏博士、河南大学赵金康博士、郑州航空工业管理学院赵文远博士。这些同志年富力强、学有所成，为本书的修订增色不少。

在本书修订完稿之日，我由衷地思念已故主编靳德行先生，谨以此作为对他的告慰和纪念。

秦英君
2004年3月19日
于北京花园村

第一章 中华人民共和国成立时期

(1949年9月~1952年12月)

内 容 提 要

中华人民共和国成立后,迅速肃清了国民党政权在大陆的百万武装力量和土匪,实现了西藏的和平解放,建立了各地各级的人民政府,没收了官僚资本企业并将其改造成为国营企业,取缔了帝国主义在华特权,统一了全国财政经济工作,稳定了物价,镇压了反革命,开展了反贪污、反浪费、反官僚主义的"三反"运动和反行贿、反偷税漏税、反盗骗国家财产、反偷工减料、反盗窃国家经济情报的"五反"运动。对旧中国的社会风俗和教育科学文化事业,进行了卓有成效的改造。在顺利完成繁重的社会改革任务和进行抗美援朝、保家卫国战争的同时,迅速恢复了国民经济。

第一节 中华人民共和国成立

一、建国准备

人民解放战争进行到第三个年头,由战略进攻转入了战略决战阶段。从1948年9月12日至1949年1月31日,中国人民解放军与国民党军进行了辽沈、淮海、平津战役,歼灭国民党军154万余人,摧毁了国民党政府维持其反动统治的主要军事力量,长江以北地区基本解放。人民解放军陈兵长江北岸,中华民国政府风雨飘摇。

1949年元旦,"中华民国总统"蒋介石发表文告,要求在保存"中华民国"宪法和军队条件下停止国内战争。为了迅速结束战争,实现真正和平,1

1949年人民解放军举行解放北平入城仪式

月14日,中共中央主席毛泽东发表了《关于时局的声明》,提出愿在惩办战争罪犯、废除伪宪法、废除伪法统、改编一切反动军队、没收官僚资本、改革土地制度、废除卖国条约、成立民主联合政府等八项条件下,同国民党政府举行和平谈判。4月初,国共代表和平谈判在北平举行,双方议定了一个以八项条件为基础的国内和平协定(最后修正案),中共代表团宣布以4月20日为最后签字日期,等待国民党政府的答复。4月20日,国民党政府拒绝签字。21日,毛泽东主席、朱德总司令发布《向全国进军的命令》。20日夜至21日,中国人民解放军发起渡江战役,在西起江西湖口、东至江苏江阴的五百余公里的战线上,百万雄师横渡长江。国民党苦心经营了三个半月的长江防线顷刻瓦解。23日,中国人民解放军占领"中华民国"政府的统治中心南京。南京的解放,标志着国民党政权的彻底垮台。

4月27日至5月6日,人民解放军在郎溪、广德地区围歼逃敌5个军,占领杭州,控制了浙赣线,解放苏南、皖南、闽北、浙西和赣东北广大地区。5月14日,第四野战军第12兵团从汉口以东的团风、武穴地区南渡长江,武汉守敌弃城南逃。27日,第三野战军解放上海。至此,宁沪杭战役取得重大胜利,是役共歼敌40余万,粉碎了蒋介石国民党政府企图凭借长江天险经营半壁河山的梦想。

5月中旬,第四野战军和第二野战军第4兵团向中南地区进军,直捣敌"湘粤联合防线"。6月底至9月上旬,解放鄂西、湘北及赣西北、赣西南广大地区。8月4日,长沙和平解放。

第三野战军第10兵团在解放上海后进军福建。8月6日分路进攻福州,至16日,马尾、福清等地被解放军占领,截断敌人的海、陆逃路。17日攻克福州。

在西北地区,第一野战军于1949年5月13日至19日举行陕中战役,20日解放陕西省省会西安;7月上旬发起扶郿战役,在扶风、郿县、宝鸡地区歼灭国民党军胡宗南部4.3万余人。胡宗南余部退据秦岭地区,马步芳部逃向兰州、西宁地区,马鸿逵部逃向银川及其以南地区。7月下旬,第一野战军向陇东地区展开攻击,连克平凉、天水等地。8月中旬发起兰州战役,8月26日兰州解放,9月5日西宁解放,基本歼灭马步芳集团。9月下旬先后解放银川、张掖、酒泉,歼灭马鸿逵和马步芳残部。陕西、甘肃、宁夏、青海四省解放。此时,国民党新疆守敌更加孤立。9月25日,新疆警备总司令陶峙岳接受中国共产党的和平条件,通电起义;次日,新疆省政府主席鲍尔汉率政府人员通电起义,新疆和平解放。

9月19日,绥远国民党军起义,绥远和平解放。

至1949年9月底,中国人民解放军已解放东北、华北全境,华东大部和西北、中南大部地区,华南、西南残敌惊恐万状。据统计,1946年7月至1949年9月,中国人民解放军共歼灭国民党反动武装596万多人,解放国土67万平方公里。人民解放战争的巨大胜利,为新中国的诞生创造了条件。

在中国新民主主义革命即将取得全国胜利的前夜,建立新中国的课题摆在了中国共产党和全国人民面前。

早在20世纪30年代末40年代初,毛泽东就在《中国革命和中国共产党》、《新民主主义论》中对新民主主义共和国的理论基础及基本纲领作过比较完整的论述,指出中国革命胜利后,只能建立起无产阶级领导的人民大众的新民主主义共和国。这个共和国是既区别于资产阶级专政的资本主义社会,也不同于无产阶级专政的社会主义社会,而是一个由无产阶级领导的、各个革命阶级联合专政的新民主主义社会。政治上,这个国家的政权采取各级人民代表大会制形式,实行民主集中制。"国体——各革命阶级联合专政。政体——民主集中制。这就是新民主主义的政治,这就是新民主主义的共和国"①。经济上,实行"节制资本"和"耕者有其田"的方针。凡是操纵国民经济的银行、铁路、航空及其他大工业、大商业等应由国家经营管理,允许和鼓励一切不操纵国民生计的、有益于国民经济的资本主义经济的存在和发展,保护一切正当的私有财产。文化上,实行马克思主义指导下的新民主主义文化,即民族的、科学的、大众的文化。这是中国共产党最初的新民主主义共和国的基本理论和基本纲领。

从抗日战争后期到解放战争初期,毛泽东和中共中央的新民主主义共和国理论和纲领进一步发展。1945年4月,毛泽东在中共七大的政治报告中指出,打败日本侵略者以后,"需要在广泛的民主基础之上,召开国民代表大会,成立包括更广大范围的各党各派和无党无派代表人物在内的同样是联合性质的民主的正式的政府,领导解放后的全国人民,将中国建设成为一个独立、自由、民主、统一和富强的新国家。"②在解放战争进入第二个年头时,毛泽东宣布:"联合工农兵学商各被压迫阶级、各人民团体、各民主党派、各少数民族、各地华侨和其他爱国分子,组成民族统一战线,打倒蒋介石独裁政府,成立民主联合政府。"③中共1948年4月30日发表的纪念五一国际劳动节口号,进一步提出召开新的政治协商会议,讨论成立民主联合政府。

随着解放战争的胜利进展,新中国正在积极孕育之中。中国共产党于1949年3月5日至13日在河北省平山县西柏坡村召开了第七届中央委员会第二次会议,毛泽东在报告中全面系统地阐明了新民主主义共和国的国情和基本经济纲领。

当时,中国的经济情况是:现代性的工业占10%左右,农业和手工业占90%左右。这是帝国主义和封建主义长期压迫中国的结果,是旧中国半殖民地和半封建社会性质在经济上的表现,也是革命时期内和在革命胜利以后一个相当长的时期内一切问题的基本出发点。根据这一基本经济情况,毛泽东在报告中分析了新中国将同时并存的五种经济形态,指出:"国营经济是社会主义性质的,合作社经济是半社会主义性质的,加上私人资本主

---

① 毛泽东.毛泽东选集.第2卷.北京:人民出版社,1991.677
② 毛泽东.毛泽东选集.第3卷.北京:人民出版社,1991.1029~1030
③ 毛泽东.毛泽东选集.第4卷.北京:人民出版社,1991.1237

义,加上个体经济,加上国家和私人合作的国家资本主义经济,这些就是人民共和国的几种主要的经济成分,这些就构成新民主主义的经济形态。"①这五种主要经济成分,在国家政策的规范和调节下,分工合作,各得其所;共同为发展繁荣经济发挥积极作用,为中国由农业国变为工业国,由新民主主义国家转变为社会主义国家创造必要的前提。

七届二中全会强调全国革命胜利后,新中国首要的中心任务就是迅速恢复和发展生产。全会强调必须加强党的思想建设,保持党的优良传统和作风,并特别告诫全党不要骄傲自满,不要被资产阶级的"糖衣炮弹"击中。全会作出一不祝寿,二不送礼,三少敬酒,四少拍掌,五不以人名作地名,六不要把中国同志和马恩列斯并列等重要规定。

全会认为,召集新政治协商会议和成立民主联合政府的一切条件均已成熟,准备在解放军攻占南京后召开新政治协商会议,讨论建国,并决定定都北平。

七届二中全会促进了全国胜利的迅速到来,为新中国的建立及由新民主主义向社会主义转变做了重要理论准备。七届二中全会以后,中共中央于1949年3月25日由西柏坡村迁往北平,着手建国筹备工作。

新中国即将诞生了。它是什么性质的国家?各阶级各党派在国家政权中的地位、作用及其相互关系如何?这个国家的基本政纲是怎样的?这些都是国人最为关注的大事。为进一步阐明这些问题,毛泽东于1949年6月30日发表了《论人民民主专政》。

毛泽东在这篇著作中,总结了中国近代民主革命的历史经验,指出中国民主革命胜利后建立起来的国家,只能是工人阶级领导的以工农联盟为基础的人民民主专政的国家,而不能是资产阶级共和国。这是因为,自从1840年鸦片战争失败,先进的中国人,经过千辛万苦,向西方寻找救国救民的真理,但不管是提倡"废科举,兴新学"的康有为、严复,还是致力于建立资产阶级共和国的孙中山,"一切别的东西都试过了,都失败了。"②"西方资产阶级的文明,资产阶级的民主主义,资产阶级共和国的方案,在中国人民的心目中,一齐破了产。"③中国革命是工人阶级领导的新民主主义革命,新民主主义革命的胜利,必然是"资产阶级的民主主义让位给工人阶级领导的人民民主主义,资产阶级共和国让位给人民共和国"④。

---

①②③④　毛泽东.毛泽东选集.第4卷.北京:人民出版社,1991.1433,1471,1471,1471

什么是人民民主专政？毛泽东在文章中指出，在现时历史阶段，属于人民范畴的阶级，即工人阶级、农民阶级、城市小资产阶级和民族资产阶级，在工人阶级和共产党领导下，团结起来，组成自己的国家，选举自己的政府，向着帝国主义的走狗即地主阶级和官僚资产阶级以及代表这些阶级的国民党反动派及其帮凶们实行专政，实行独裁，压迫这些人，只许他们规规矩矩，不许他们乱说乱动。如要乱说乱动，立即取缔，予以制裁。对于人民内部，则实行民主制度，人民有言论、集会、结社等项的自由权。选举权，只给人民，不给反动派。这两方面，对人民内部的民主方面和对反动派的专政方面，互相结合起来，就是人民民主专政。

毛泽东在文章中强调指出，人民民主专政的基础是工人阶级、农民阶级和城市小资产阶级的联盟，而主要是工人阶级和农民阶级的联盟，因为这两个阶级占了中国人口的80%～90%。人民民主专政需要工人阶级的领导，因为只有工人阶级最有远见，大公无私，最富有革命的彻底性。

此外，毛泽东还特别阐明在新民主主义共和国里，团结民族资产阶级的必要性。"为了对付帝国主义的压迫，为了使落后的经济地位提高一步，中国必须利用一切于国计民生有利而不是有害的城乡资本主义因素，团结民族资产阶级，共同奋斗。我们现在的方针是节制资本主义，而不是消灭资本主义。"①

《论人民民主专政》丰富了马克思主义无产阶级专政的国家学说，为中华人民共和国的建立，在理论上和政策上作了重要准备。

恰在此时，太平洋彼岸的美国对"谁丢掉中国"的问题吵得不可开交，杜鲁门政府于1949年8月5日抛出了《美国与中国关系》的白皮书。洋洋数万言的白皮书，叙述了从1844年至1949年的美中关系，披露了1937～1949年美国干涉中国内政遭到失败的内幕，在客观上成为美国侵华罪行的自供状，成为中国人民认识美帝国主义本质的反面教材。新华社连续发表评论，对"白皮书"进行讨论。毛泽东以犀利的文笔，五评"白皮书"，揭露美国对华政策的帝国主义本质，清除了一些人的亲美、崇美思想，再次否定了中国走资产阶级共和国道路的可行性，为建立人民民主专政国家扫除了障碍。

二、中国人民政治协商会议第一届全体会议

中国革命形势的迅猛发展，促进了人民团体的壮大和统一。1948年8

---

① 毛泽东.毛泽东选集.第4卷.北京：人民出版社，1991.1479

月,第六次全国劳动大会在哈尔滨召开。大会恢复了中国工人阶级的统一组织——中华全国总工会。1949年3月至4月,全国妇女第一次代表大会在北平举行,成立了中华全国民主妇女联合会。3月,中华全国学生联合会成立。4月,中国新民主主义青年团第一次代表大会在北平召开。5月,中华全国民主青年联合总会成立。7月,中华全国文艺工作者第一次代表大会在北平举行,成立了中华全国文学艺术界联合会。同时,自然科学、社会科学和教育工作者代表大会筹备会也先后召开,都积极准备成立各自的组织。全国各阶层人民广泛地组织起来,为召开新政治协商会议奠定了群众基础。

与此同时,共产党与到达解放区的各民主党派、民主人士代表,加紧进行建立新国家的筹备工作。1948年11月25日,中共代表高岗、李富春与到达哈尔滨的沈钧儒、谭平山、章伯钧、蔡廷锴、王绍鏊、朱学范、高崇民、李德全达成了《关于召开新的政治协商会议诸问题的协议》。1949年1月22日,李济深等55位民主人士联名发表《我们对于时局的意见》,表示愿意在中共领导下为人民民主革命迅速成功和新中国早日成立而斗争。6月15日至19日,新政治协商会议筹备会第一次会议在北平中南海勤政殿召开。会议通过了《新政治协商会议筹备会组织条例》和《关于参加新政协的单位及其代表名额的规定》等文件,选举毛泽东等21人为筹备会常务委员,决定由六个小组分头起草有关文件。在起草《中央人民政府组织法》过程中,著名民主人士张奚若在6月25日提出用"中华人民共和国"作为即将成立的新中国的名称,这一提议得到代表们的赞同。9月17日,新政协筹备会第二次会议召开,基本通过了各项文件草案,并决定将新政协改名为中国人民政治协商会议。

9月21日下午7时,中国人民政治协商会议第一届全体会议在北平中南海怀仁堂开幕。参加会议的各党派、各区域、军队、团体、少数民族、华侨、宗教界及爱国民主分子的代表共662人。中国共产党中央委员会主席毛泽东致开幕词,他庄严宣告:"占人类总数四分之一的中国人从此站立起来了。"①

林伯渠、谭平山、周恩来、董必武分别就中国人民政治协商会议准备工作及《中国人民政治协商会议组织法》、《中国人民政治协商会议共同纲

---

① 中共中央文献研究室.建国以来毛泽东文稿.第1册.北京:中央文献出版社,1987.6

1949年9月17日中国人民政治协商会议常务委员合影

领》、《中华人民共和国中央人民政府组织法》的起草经过等问题作了报告。经会议认真讨论,通过了上述历史性文献。

《中国人民政治协商会议共同纲领》规定:中华人民共和国是"新民主主义即人民民主主义的国家"①,是中国工人阶级、农民阶级、小资产阶级、民族资产阶级及其他爱国民主分子的人民民主统一战线的政权。"实行工人阶级领导的、以工农联盟为基础的、团结各民主阶级和国内各民族的人民民主专政"②。国家保障人民广大范围的民主权利,人民有思想、言论、出版、结社、通讯、人身、居住、迁徙、宗教信仰及示威游行的自由权。规定中华人民共和国的国家政权属于人民。人民行使国家政权的机关为各级人民代表大会和各级人民政府。各级人民代表大会由人民普选方法产生。在人民代表大会闭会期间,各级人民政府为行使政权的机关。《中国人民政治协商会议共同纲领》还规定了中华人民共和国的军事制度、经济建设根本方针及文化教育、外交、民族等各方面的基本政策。

《中国人民政治协商会议共同纲领》是中华人民共和国史上一个极其重要的纲领性文献,它总结了中国革命的经验,确定了中华人民共和国的国

---

①② 中国人民政治协商会议共同纲领.见:中共中央党校党史教研室.中共党史参考资料.第7册.北京:人民出版社,1980.17,18

体、政体以及政治、经济、文化等各方面的方针政策。在中华人民共和国宪法颁布以前,它作为中央人民政府的施政方针,具有临时宪法的作用。

中国人民政治协商会议还讨论通过:中华人民共和国定都北平,改北平为北京;中华人民共和国采用公元纪年;以《义勇军进行曲》为国歌;中华人民共和国的国旗为五星红旗;在天安门前建一座人民英雄纪念碑,以永远纪念在人民解放战争和人民革命战争中牺牲的人民英雄。

大会选举毛泽东为中华人民共和国中央人民政府主席,朱德、刘少奇、宋庆龄、李济深、张澜、高岗为副主席,陈毅、贺龙、李立三、林伯渠、叶剑英、何香凝等56人为中央人民政府委员,组成中央人民政府委员会。还选举出中国人民政治协商会议全国委员会委员180人。

9月30日,大会闭幕。朱德副主席致闭幕词,宣布中国人民政治协商会议第一届全体会议的工作已胜利完成。

中国人民政治协商会议第一届全体会议,是全国人民空前大团结的盛会,它代表全中国人民的意志,宣告旧中国的灭亡和新中国的诞生。

三、开国大典

1949年10月1日下午2时,中央人民政府委员会在中南海勤政殿举行第一次会议。宣告中华人民共和国中央人民政府成立,中央人民政府主席、副主席和委员宣告就职,接受《中国人民政治协商会议共同纲领》为中央人民政府的施政方针。会议选举林伯渠为中央人民政府秘书长,任命周恩来为中央人民政府政务院总理,毛泽东为中央人民政府人民革命军事委员会主席,朱德为中国人民解放军总司令,沈钧儒为最高人民法院院长,罗荣桓为最高人民检察署检察长,并责成他们从速组成政府机构,开展各项政府工作。董必武、陈云、郭沫若、黄炎培为政务院副总理。

下午3时,首都北京30万军民齐集天安门广场,隆重举行新中国开国大典。当中央人民政府主席、副主席、委员登上天安门城楼主席台时,中央人民政府秘书长林伯渠宣布典礼开始。军乐队高奏国歌《义勇军进行曲》,54门礼炮齐鸣28响。它象征着组成人民政协第一届全体委员会的54个单位和中国共产党领导中国人民英勇斗争28年。在庄严雄壮的国歌声中,毛泽东主席亲自升起了第一面五星红旗,宣读《中华人民共和国中央人民政府公告》,向全世界庄严宣告:中华人民共和国成立了!中央人民政府"为代表

1949年10月1日毛泽东等中央领导人在开国大典典礼上

中华人民共和国全国人民的惟一合法政府"[1]。接着举行了陆、海、空三军阅兵式。朱德总司令宣读《人民解放军总部命令》,命令解放军全体指战员,迅速肃清国民党军队的残余,解放一切尚未解放的国土。3小时的阅兵式,充分展示了人民军队的威武雄姿。阅兵式后,举行了声势浩大的群众游行。首都北京和已获解放的广大城乡人民,沉浸在翻身解放的喜悦和庆祝胜利的狂欢之中。

中华人民共和国的成立,开辟了中国历史的新纪元。中国结束了极少数剥削者统治广大劳动人民的历史,结束了帝国主义、殖民主义奴役中国各族人民的历史。半殖民地半封建的旧中国成为独立的人民民主主义的新中国,备受压迫剥削的中国人民成为新国家新社会的主人。

中华人民共和国的成立,为使中国从落后的农业国变为先进的工业国,

---

[1] 中华人民共和国中央人民政府公告(1949年10月1日).见:中央档案馆.共和国五十年珍贵档案.上册.北京:中国档案出版社,1999.20

从一个混乱、分裂、贫困、落后的国家,逐步成为一个安定、统一、繁荣、富强的国家,从新民主主义社会转变为社会主义社会,创造了前提条件。

中华人民共和国的成立,是继俄国十月社会主义革命和世界反法西斯战争胜利之后世界历史上最重大的事件。人民革命在占人类四分之一的中国的胜利,改变了世界政治格局,壮大了世界和平、民主和社会主义的力量,激励和鼓舞了殖民地、半殖民地人民的民族解放斗争。

中华人民共和国的成立,中国人民革命的胜利,是马列主义、毛泽东思想的胜利。以毛泽东为代表的中国共产党人,把马列主义原理与中国革命的实际相结合,开辟了农村包围城市,武装夺取全国政权的革命道路。共产党领导中国人民,结成广泛的人民民主统一战线,经过28年艰苦卓绝的斗争,最终战胜了国内外的强大敌人,使中国人民获得了解放。没有共产党就没有新中国,这是历史的结论。

四、建国初期的形势和任务

中华人民共和国崛起于旧中国半殖民地半封建社会的废墟之上,数千年的封建压迫,100多年的帝国主义侵略,22年的国民党统治,给中华民族留下严重的恶果。新中国背负着沉重的历史包袱,面临着严峻复杂的形势。

在军事上,人民解放战争已经取得基本胜利。但国民党政权还盘踞着西南、华南的某些省和台湾等一些岛屿,并保持着白崇禧、胡宗南的上百万主力部队,西藏还处在封建领主的统治之下;中国大陆还潜伏着上百万武装土匪、特务和反动党团骨干等反革命残余势力,他们在国民党反动派的操纵下,疯狂地进行反革命破坏和颠覆活动,严重威胁着新生的人民政权。

在经济上,新中国也面临着严重的困难。半殖民地半封建的旧中国是个经济十分落后的国家。帝国主义操纵着中国的经济命脉,但帝国主义和外国资本主义的在华投资固定的生产性投资比例较小,不固定的非生产性投资比例较大,资金带有很大的流动性,在华投资以银行业、交通运输业、商业为主,容易转移。随着解放战争的进行,在华外资能卷逃的大都卷逃了。国民党政府在节节败退之时,倾其全力卷走流动资金和流动性资产及一切能够携带的物资财产,对无法携带卷逃的资产进行了疯狂破坏。新中国所继承的是一个千疮百孔的烂摊子。由于帝国主义的侵略和国民党的残暴统治,使中国民生必需的粮食、棉花大量依靠进口;天灾连年,而尤以1949年最重,这一年全国有1.2亿亩土地轻重不同受灾,灾民达4 000万;在官僚资本主义的操纵下,投机市场统治着工商业;连续12年的通货膨胀,使物价飞涨。整个国民经济已处于崩溃状态。

新中国成立之初,全国耕畜比抗日战争前减少16%,主要农具减少30%,粮食产量比抗日战争前最高年份下降25%左右,棉花产量比抗日战争前最高年份下降了48%,生猪减少了26.1%;工业产值比解放前最高年份下降了50%,钢产量仅有15.8万吨,主要工业产品产量与解放前最高年份比较,降低的百分比是:钢83%,生铁86%,原煤48%,电28%,水泥71%,棉布32%,糖52%①;交通运输几乎陷于瘫痪状态;内外贸易滞塞,投机盛行,市场物资匮乏。1949年5月人民解放军接管上海时,燃煤仅够5至7天的用量,粮米只够半个月的用量。

更为严重的是国民党统治造成了长期恶性通货膨胀,专事投机倒把、追逐暴利的投机商人横行无阻。仅上海市从事"踢皮球"、"抢帽子"的投机商就有二三十万人,北平、天津两市200家私人银行、钱庄中,95%以上的资金直接或间接从事投机。由于解放战争节节胜利,人民币需求量增多,其发行指数如以1948年12月为1,1949年12月就达到287,但新解放区都是解放军先占领城市,恶霸地主国民党残匪盘踞乡村,人民币一时下不了乡。银元交易、物物交换盛行于广大农村,大量的人民币集中在大中城市,更加剧了通货膨胀。全国13个大城市的批发物价指数,如以1948年12月为100,那么1949年1月为153,4月为287,7月为1 059,11月达5 376。物价暴涨,影响了整个国民经济的正常运行。

在文化思想上,由于帝国主义的欺骗宣传和国民党的愚民政策,封建、买办、法西斯主义思想影响严重,尤其是封建文化思想,还根深蒂固地占领着中国大地上的角角落落,阻碍着马克思列宁主义、毛泽东思想的传播,阻碍着民主科学思想和与新国家新社会相适应的新的文化思想的生长、发育。文化教育设施也破坏严重。

国内外政治经济状况表明,虽然国民党政府被摧毁,中华人民共和国已经成立,但中国人民同帝国主义、国民党残余势力和封建地主阶级的矛盾仍然是主要矛盾。阶级斗争尖锐激烈,财政经济极为困难,构成这一时期的历史特征。

中华人民共和国成立初期的任务是,继续完成民主革命没有完成的任

---

① 国家统计局.伟大的十年.北京:人民出版社,1959.2

务,在全国范围内建立新民主主义的政治制度和经济制度,以便进行大规模的经济建设,并为有步骤地实现从新民主主义社会到社会主义社会转变创造必要的条件。

第二节 民主革命任务的基本完成

一、全国大陆解放

1949年10月,中华人民共和国成立之时,国民党军还盘踞着湘、粤、桂、滇、黔、川、康等省及台湾和沿海岛屿,国民党政府流亡到广州。为完成统一祖国的大业,中国人民解放军挥师华南、西南及东南沿海,以摧枯拉朽之势,横扫国民党残敌。

1949年9、10月间,林彪、罗荣桓率领的第四野战军主力和刘伯承、邓小平率领的第二野战军一部,进行了湘粤战役。9月13日,人民解放军在澧县至常德一线出击,沿沅水南岸长驱直下,30日抵溆浦、马豁以南地区,沿途击溃敌两个多师。接着兵分三路,痛击湘粤残敌。西路大军于10月2日攻克湘、桂、黔三省门户芷江城,截断白崇禧主力西逃贵州的退路。中路大军于10月3日将白崇禧主力四个师歼灭在衡阳、宝庆、祁阳三角地带;至10月16日,战役结束,是役共歼敌4.7万人。与此同时,东路大军挥戈南下,挺进广东,10月7日解放韶关、翁源,兵临国民党逃亡政府所在地广州城下。"代总统"李宗仁于12日宣布:"国民政府"将于15日由广州迁重庆。广州守敌溃逃,14日广州解放。人民解放军乘胜追歼溃敌,至10月底,湘粤战役胜利结束。

白崇禧部退入广西老巢后,经过强行抓丁和编并地方团队,又恢复了被歼部队的番号,兵力达15万人,连同逃到粤桂边界的余汉谋残部在内,总兵力近20万。白、余两部在广西北部以桂林为中心"布防",企图阻止解放军进军广西。但白、余两部一败再败,已成惊弓之鸟。

针对广西战局,1949年11月初,中国人民解放军第四野战军及第二野战军一部发起广西战役。以程子华、萧华指挥的第13兵团为西路,沿黔桂边界前进,阻敌西逃;以陈赓指挥的第4兵团和邓华、赖传珠指挥的第15兵团一部为南路,进至粤桂边界的廉江、茂名地区,防敌向海南岛逃跑;以萧劲光指挥的第12兵团为北路,暂在湘桂边界待命。人民解放军40万大军由北向南围歼敌人。12月1日,在博白、廉江地区歼白崇禧第3兵团和第11兵团大部。敌"华中军政长官公署"和第1、第10兵团及第11兵团残部向钦州逃窜。6日,解放军攻克钦州,敌南逃出海口被封闭。12日,解放军攻克镇南关(今友谊关),广西境内敌军除2万余人逃入越南外,其余17.3万余人全都被歼,广西全境解放。

第一野战军第1兵团于1949年10月20日进驻新疆迪化(今乌鲁木齐市)。11月6日,第1兵团司令员王震乘飞机抵达迪化。12月9日在迪化举行解放军、三区民族军、起义部队三军入城式。到1950年3月,人民解放军胜利完成进军新疆的任务。

第二野战军主力和总部直属的贺龙、李井泉指挥的华北野战军第18兵团一部及第四野战军一部,于1949年11月初发起了西南战役。第二野战军杨勇、苏振华指挥的第5兵团进入贵州,断敌逃滇退路;陈锡联、谢富治指挥的第3兵团主力会同第四野战军一部向川南迂回,切断了四川胡宗南集团的退路。11月1日至14日,人民解放军在南起贵州天柱,北至湖北巴东约500公里战线上,多路攻击,打乱了敌人的整个防御部署,15日攻克贵阳,21日解放遵义,拦腰斩断敌西南防线。胡宗南集团的主力退至成都地区。人民解放军迅速截断敌军退路,形成了袋形包围。28日,人民解放军第3、第5兵团歼灭敌宋希濂第20、第25兵团大部,攻下重庆外围据点。29日晚,蒋介石及"国民政府"逃往成都,30日,重庆解放。12月7日,"国民政府"逃往台湾。胡宗南集团及四川境内之敌被包围在成都地区。12月9日,国民党云南省政府主席兼云南绥署主任卢汉、西康省政府主席刘文辉、"西南军政长官公署"副长官邓锡侯、潘文华等率部在昆明、雅安、彭县等地起义,云南、西康两省和平解放。12月下旬,解放军向胡宗南部发起总攻,被困之敌欲逃无路,求援无望,已成瓮中之鳖。敌第15、20、7、18兵团先后起义,继续顽抗的敌第5兵团,在人民解放军军事打击、政治攻势下,也于26日放下武器。国民党在大陆上最后一支主力被消灭。27日,人民解放军解放成都。

第四野战军在广西战役刚结束后组成渡海作战兵团,1950年4月16日,第四野战军第15兵团横渡琼州海峡,发起海南岛战役。在冯白驹指挥的琼崖独立纵队配合下,人民解放军歼敌3.3万余人,4月30日解放海南岛,随后又解放万山群岛。

人民解放军第三野战军王建安指挥的第7兵团一部,于5月16日在舟山群岛登陆成功,敌军仓皇逃往台湾,至19日舟山群岛全部解放。

9月19日至10月25日,第三野战军进行了漳(州)、厦(门)、金(门)战役。10月17日解放厦门,歼敌汤恩伯部2.7万余人。24日至25日,人民解放军进攻金门受挫。此后,台湾海峡两岸形成军事对峙局面。

为把帝国主义势力驱逐出西藏,统一中国大陆,中共中央于1950年1月上旬决定,在10月前解放西藏。在准备进军的同时,本着和平解放的精神,中共中央西南局派出代表,主动要求前往拉萨联络。但西藏地方当局中的反动势力拒绝谈判,杀害联络人员,并将藏军三分之二兵力布防于昌都周围。10月6日,以西南局和第二野战军为主,在西北局和第一野战军配合下,向藏东政治、经济、文化中心昌都挺进,歼灭反动藏军5 700余人,10月24日攻克昌都,打开了进军西藏的咽喉要道。西藏上层统治集团迅速分化,和平解放西藏已成大势所趋。1951年4月,西藏地方政府派出以阿沛·阿旺晋美为全权代表的和平谈判代表团抵达北京,同以李维汉为首的中央人民政府代表团开始谈判。双方代表经20多天的协商谈判,于5月23日签署了《中央人民政府和西藏地方政府关于和平解放西藏办法的协议》。西藏宣告和平解放。该协议共17条,主要内容有:驱逐帝国主义势力出西藏,西藏人民回到中华人民共和国祖国大家庭中来,西藏地方政府积极协助人民解放军进入西藏,藏军逐步改编为人民解放军;西藏在中央人民政府统一领导下,实行民族区域自治和民主改革;实现西藏民族内部的团结,主要是达赖和班禅两方面之间的团结,尊重西藏人民宗教信仰和风俗习惯,保护喇嘛庙宇;依据实际情况,逐步改善西藏人民的物质文化生活;中央人民政府在西藏设立军政委员会和军区司令部;西藏地区一切涉外事宜,由中央人民政府统一处理。"并在平等、互利和互相尊重领土主权的基础上,与邻邦和平相处,建立和发展公平的通商贸易关系。"[①]

1951年8月8日,中央人民政府驻西藏代表抵达拉萨。人民解放军根据协议规定,于10月26日胜利进驻拉萨。

西藏的和平解放,粉碎了帝国主义侵略和分裂西藏的图谋,给西藏人民带来了光明的前途。至此,除台湾及附近岛屿外,中国大陆全部解放。

---

① 郭兹文.西藏大事记.北京:民族出版社,1959.37

1951年邓小平检阅进藏部队

二、取缔外国在华特权

中华人民共和国建立初期,中国共产党和中央人民政府依靠人民政权的力量,废除外国在华特权,彻底摧毁了帝国主义在华的经济基础。

近代以来,帝国主义为了侵略的需要,在中国建立了许多企业,全国解放时,帝国主义、资本主义国家的在华企业有1 000多家,主要属美英垄断集团。

建国初期,人民政府宣布取消帝国主义在华特权,没收了日、德、意法西斯国家的在华财产。一般帝国主义、资本主义国家在华财产均不予没收,只废除它们依照不平等条约攫取的特权。建国初期,中国政府针对帝国主义的封锁、禁运,对外资企业进行了监督管理。1950年6月,朝鲜战争爆发,美国政府冻结了其管辖区内的中国公私财产,并禁止一切在美国注册的船只开赴中国港口。中华人民共和国中央人民政府针锋相对,于1950年12月28日发布《关于管制美国在华财产冻结美国在华存款的命令》,命令指出:中华人民共和国境内之美国政府和美国企业的一切财产应即由当地人民政府加以管制,并进行清查;立即冻结中华人民共和国境内所有银行的一切美国公私存款。上海市军管会接到政务院命令后,于12月30日开始对上海市美商上海电力公司、美商上海电话公司、友邦银行、美国商业银行、德士古汽油公司、美孚火油公司、海宁洋行、海京洋行、慎昌洋行、奇异安迪生电器公司、远东酒精炼皂厂、赫克生汽车公司、美国X光医疗用器公司、科发药房、沙利文糖果公司等115个单位实行军事管制。同日,华东军政委员会贸易部负责人召集美国在沪进出口企业80余单位代表讲话,告诫各该单位代表:不准破坏和转移财产,资产、存款须于30日内造具清册呈报;并宣告成立了11个管制专员办事处,执行各项管制工作。广州市成立了人民政府管制及冻结美国财产委员会,冻结了中国银行、新华银行、上海银行、金城银行等银行的美国存款。北京、天津、南京、汕头等城市,也同时管制了美国在当地的财产并冻结了美国的公私存款。

其他资本主义国家的在华企业由于美国对华封锁禁运,大多陷于瘫痪,有的自动转让以抵在华债务,有的由人民政府作价收购或征用。

与此同时,人民政府收回了海关的管理权,掌握了中国国门的钥匙。中华人民共和国成立后,结束了帝国主义对中国海关的控制和霸占,凡是设有海关的地方,在中国人民解放军到达之时立即予以收回。随后,按照稳重审慎的方针对旧海关进行了全面彻底的改革,把帝国主义把持的为其侵略政策服务的海关,变成为人民服务的、完全自主的、有利于新民主主义国计民生的海关。全国海关遵循中国共产党和人民政府的方针政策,进行了一系列的改革和建设。

1951年4月7日,英国政府劫夺中国在香港的永灏号大型油轮。鉴于英国政府追随美国的反华政策,多次制造劫夺中国在海外的油轮、飞机事件,中国政府于4月30日发布命令,征用英国亚细亚火油公司的财产。上海、南京、广州、福州、汕头、汉口、重庆、青岛等市军事管制委员会分别征用英国在当地的亚细亚火油公司除其办公处及推销处以外的全部财产,并征购其全部存油。

1951年5月15日,中共中央发出《关于处理美国在华财产的指示》。《指示》规定了对美国企业的处理原则:凡有关中国主权和与国计民生关系较大者,予以征用;关系较小或性质上未便征用者,可予代管;政府认为有需要者,可予征购;对一般企业可加强管制,促其自行清理结束。在上述四种方式中,应以征用及加强管制为主。对少数在政治经济上无大妨碍的美国企业,可以有意识地在上海、天津、广州保留一些。

在处理外资企业的过程中,对美国企业财产从严,英国次之,其他帝国主义国家又次之。对垄断资本的大企业和一般外商的小企业,也采取了区别对待的方针。到1952年底,凡有关国计民生带有垄断性的外国企业,如煤矿、机器制造、石油、造船等已全部转归国有,内河航运设备也全部收回。

轻工业中处于重要地位的卷烟、肥皂等企业也收归国有。据统计,在此期间,外国企业由1 192个减至563个,所属职工由12.6万人减至2.3万人,外国资产总量减至4.5亿元。其中英国资本企业由409家减少到223家,职工由10.4万人减至1.5万人,资产由6.9亿元减至3.1亿元;美国资本企业由288家减至69家,职工由1.4万人减至1 500人,资产由3.9亿元减至1 600万元[①]。

对外资在华企业的处理,是建国初期经济战线上的一件大事,是彻底完成新民主主义革命任务的重要步骤。经过处理的外资企业转归人民政府所有,转变为社会主义性质的国营企业,壮大了国营经济的力量。这项工作的顺利完成,不但基本上肃清了帝国主义在中国经济领域的残余势力,而且对维护中国的独立和主权,对在平等互利的基础上同世界各国建立和发展经济往来,对促进国民经济的恢复和发展都起到了重要的作用。

三、没收官僚资本

中华人民共和国建立初期,中共中央和中央人民政府,依靠人民政权的力量,接收、没收未能卷逃的国民党政府的国家资本和私人官僚资本,没收国民党国家垄断资本和私人官僚资本,取消帝国主义在华特权,把中国最大的资本转到人民手中。

国民党蒋介石在统治中国的22年间,凭借国家政权,用超经济手段,通过卖国内战、发行公债、苛捐杂税、专卖垄断、商业投机、通货膨胀,以及其他巧取豪夺的手段,积累了大量财富,垄断了中国经济。全国解放前夕,国民党政府的国家资本和官僚资本约占全国工业资本的三分之二左右,占全部工矿、交通运输业固定资产的80%,还控制了全国的金融机构,占有全部铁路、公路、航空运输和44%的轮船吨位,建立了十几个垄断性贸易公司。

在解放战争进程中,人民解放军首先在解放区内没收官僚资本和敌伪财产。1948年至1949年初,基本上接管了长江以北的官僚资本企业。

1949年上半年,中共中央先后发出了《关于接收官僚资本企业的指示》、《关于接收江南城市给华东局的指示》、《关于接收平津企业经验介绍》等文件。详细规定了接收官僚资本企业的方针和政策。人民解放军所到之处,立即接收国民党政府的国家企业,没收官僚资本归人民所有。1949年

---

① 孙健.中国经济通史.下卷.北京:中国人民大学出版社,2000.1477

底,没收国家垄断资本和私人官僚资本企业2 858个,拥有职工129万人,其中包括控制全国资源和重工业生产的"国民政府资源委员会",垄断全国纺织业的"中国纺织建设公司",兵工系统和军事后勤系统所办企业,陈立夫、陈果夫"CC"系统的党营企业,以及各省市地方官僚系统的企业等。接收了"国民党政府"的经济核心"四行二局一库"(即中央银行、中国银行、交通银行、中国农民银行、中央信托局、邮政汇业局、合作金库)系统国民党统治区的省市地方银行2 400多家。接收了国民党政府交通部、招商局所属全部运输企业,计有铁路2.18万多公里,机车4 000多台,客车约4 000辆,货车约4.6万辆,铁路车辆和船舶修造厂约30个。还没收了复兴、富华、中国茶叶、中国石油、中国盐业、中国植物油、孚中、中国进出口、金山贸易、利泰、扬子建业、长江中美实业等10多家垄断性的贸易公司。1951年1月,中央人民政府政务院又针对某些私营企业中还隐藏着一些官僚资本股产的情况,制定了《企业中公股公产清理办法》,2月4日发出关于没收私营企业中战犯、汉奸、官僚资本及反革命分子股份及财产的指示。将原国民政府及国家经济机关、敌国政府及其侨民和国民党战犯、汉奸、官僚资本家在私营企业或公私合营企业中的股份及财产均收归人民政府所有,彻底清查处理隐藏在民族资本企业中的官僚资本。至此,没收国家垄断资本和私人官僚资本的任务彻底完成。在接管企业过程中,一是规定了明确的政策界限;二是采取适当的接管方式,使物资财产顺利回到人民手中。

接收国民党国家垄断资本和没收私人官僚资本,是在人民解放战争尚未完全结束的情况下进行的。不仅要恢复生产,而且要严防敌人破坏。中国共产党发动广大工人开展护厂、护矿、护路、护航的斗争,反对国民党溃败时拆迁、疏散、破坏工厂,使设备、技术资料完整地回到人民手中。采取"原封不动"的接管方式,暂时不打破企业原来的结构,不破坏生产秩序。由军管会统一领导,"各按系统,自下而上,原封不动,先接后分"。只开除原企业中少数反革命分子、劣迹昭著者和与生产无关的寄生官僚,其余人员一律留用;不忙乱地改订原工资制度,实行"保存原职、原薪、原制度"的"三原"政策。人民政府一时来不及接管或一时尚无能力接管的企业,则暂时委托原管理人员管理。如原管理人员已逃散,经工人选出代表,由人民政府委任经理厂长,和工人一起管理企业。

对接收企业的进一步改组,便是民主改革和生产改革。即在恢复生产基础上废除企业中的官僚主义管理制度,建立工厂管理委员会和职工代表会议,吸收工人参加工厂管理,建立企业的民主管理制度;清除隐藏在企业中的反革命分子和封建残余势力,彻底废除各种压迫工人的制度,加强工人内部的团结,提高工人的思想觉悟,使原来官僚资本统治的旧企业脱胎换骨,转变为名副其实的人民民主国家的国营企业。

这些接收来的企业加上解放区的公营经济,奠定了人民民主专政的经济基础。

四、土地改革

旧中国的封建土地制度极不合理,占乡村人口总数不到10%的地主、富农,约占有农村中70%~80%的土地;而占农村人口总数90%的贫、雇农和中农,仅占有20%~30%的土地。这是中华民族被侵略、被侮辱、陷于贫困落后的经济根源。变封建地主土地所有制为农民的土地所有制,解放农村生产力,是中国民主革命的基本任务之一。

中国新民主主义革命选择了"农村包围城市,武装夺取全国政权"的道路,决定中国农村的土地改革是随革命战争的进程,在一个个解放区先后实现的。中华人民共和国成立时,已有1.2亿农业人口的老解放区、半老区进行了土地改革,新解放区和即将解放的地区尚未进行土地改革①。

新解放区的土地改革,总体上分为两阶段。1949年冬至1950年6月是边准备、边土改阶段。从1949年冬季开始,已具备土改条件的华北城市近郊和河南省、陕西省部分新解放区(约有2600万农业人口)进行土地改革,到1950年春天胜利完成。与此同时,中共中央和人民政府集中做好全国土地改革的准备工作。为指导即将到来的土地改革运动高潮,中共中央十分重视《土地改革法》的修订。1949年11月,中央政治局会议上毛泽东提出不动富农问题。次年2月17日,毛泽东、周恩来在访问苏联期间致电刘少奇,指出"打倒地主阶级时,中立富农并使生产不受影响"②。3月,毛泽东亲自起草电文,代表中共中央就《土地改革法》修订中的几个问题征询各地意见。经过反复酝酿修改,6月28日中央人民政府委员会第八次会议通过了《中华人民共和国土地改革法》,为新解放区土地改革的全面铺开,提供了法律依据。

---

① 不包括台湾、香港、澳门地区的农业人口。
② 毛泽东、周恩来关于新区土改问题致刘少奇电.文献和研究,1987(4):2

1950年6月，中央人民政府通过并颁布的《土地改革法》，得到农民拥护

1950年6月至1952年12月，是土地改革在新解放区全面铺开阶段。1950年6月30日，中央人民政府正式公布了《中华人民共和国土地改革法》。土地改革法共6章40条，指出土地改革的目的是废除地主阶级封建剥削土地所有制，实行农民的土地所有制，以解放农村生产力，发展农业生产，为新中国的工业化开辟道路。规定没收地主的土地及其他生产资料和在农村的多余财产，征收祠堂、庙宇、寺院等在农村中的土地及其公地，由乡农会统一、公平合理地分配给无地少地及缺乏其他生产资料的贫苦农民所有，对地主也分给同样一份。并规定保护工商业者，保存富农所有的自耕和雇人耕种的土地及其财产，保护中农（包括富裕中农）的土地及其他财产不受侵犯。

《中华人民共和国土地改革法》的突出特点是：将过去征收富农多余的土地财产，改变为保存富农经济。"不但不动资本主义富农，而且不动半封建富农，待到几年之后再去解决半封建富农问题。"[1]这样更能孤立地主，保护中农，可以稳定民族资产阶级，又有利于早日恢复农业生产。新解放区土

---

[1] 毛泽东.毛泽东选集.第5卷.北京：人民出版社，1977.13

地改革的总路线是:"依靠贫农、雇农,团结中农,中立富农,有步骤地有分别地消灭封建剥削制度,发展农业生产。"①

《中华人民共和国土地改革法》颁布后,各地都派出大批机关干部、知识分子和民主党派成员组成土改工作队,投入这场空前规模的斗争。新解放区土改有计划、大面积地铺开。第一批土改从1950年冬开始到1951年春结束,在华北、中南、西北、华东等约1.2亿农业人口的地区进行。同时对其余1.6亿农业人口地区的一部分,又先后有计划地开展清匪反霸、减租减息运动,为下期土改准备条件。第二批土改从1951年冬到1952年春,在华南、西南等约1.1亿农业人口地区进行。

第三批土改从1952年冬到1953年春,主要在少数民族地区约3 000万农业人口地区进行。

新解放区土地改革的基本步骤是:

(一)发动群众。各地组织了大批工作队到农村中去(每年达30万人以上),深入群众,召开农业代表会议,举办农民积极分子短期训练班,批判"和平土改"、"官办土改"等观点。宣传《土地改革法》,逐步把农民组织起来。由少数的贫雇农小组发展到包括中农在内的农民协会,建立反封建的统一战线,作为改革土地制度的合法执行机关。在此基础上,通过"吐苦水"、"挖穷根"、"算剥削账"、讨论"谁养活谁"等方式让农民用自身经历进行自我教育,以提高阶级觉悟和政策水平。然后农民群众自动组织起来打倒地主。对罪大恶极、破坏土地改革的恶霸不法地主,则召开审判大会,揭发控诉,并由人民法庭依法逮捕、惩处。打击地主阶级的威风,树立起农民阶级的统治权力。

(二)划分农村阶级。1950年8月4日,政务院第44次政务会议通过《关于划分农村阶级成分的决定》。中央人民政府政务院将1933年中华苏维埃共和国临时中央政府为正确地解决土地问题而公布的《怎样分析阶级》、《关于土地斗争中一些问题的决定》两个文件稍加删改补充,并易名为《怎样分析农村阶级》、《关于土地改革中一些问题的决定》,重新发布,以作为划分阶级的依据。具体工作中首先通过农民协会组织群众,学习、掌握划分标准;然后进行试划,先把地主、富农划出来,以分清阵线;再在农民内部,充分发扬民主,采取自报公议方式,允许个人反复申辩,由群众审议评定;最

---

① 刘少奇.刘少奇选集.下卷.北京:人民出版社,1985.43

后由乡人民政府批准并张榜公布。经过划分阶级成分,划清了农村阶级阵线,为分配土地创造了条件。

(三)没收、分配土地。在划定阶级后,按《土地改革法》有关规定没收土地和多余财产,然后平分。以乡或相当于乡的行政村为单位,在原耕地基础上,按土地数量、质量及位置远近,用抽补调整办法,按人口统一分配土地。最后复查分配情况,解决遗留问题,颁发土地证,并整顿加强农村政权。

1953年春,中国大陆除西藏、新疆等少数民族聚居区外,土地改革取得巨大胜利。3亿多无地少地农民无偿分得7亿亩土地和大量生产资料及其他财产,免除了过去每年向地主缴纳的约350亿公斤粮食的苛重地租,农民获得了解放。

土地改革的完成,消灭了在中国延续几千年的地主阶级土地所有制,极大地提高了农民的生产积极性和政治热情,广大农民成为农村人民政权的支柱,进一步巩固了人民民主专政的国家政权,并为社会主义改造创造了有利条件。同时也解放了农村生产力,促进了农业的恢复和发展,并掀起了农村中以识字扫盲为主要内容的新的文化热潮。

新解放区土地改革的完成,是中华人民共和国一个历史性的胜利。它彻底结束了中国半殖民地半封建社会的历史,最终完成了新民主主义革命中一项最基本的历史任务。

五、少数民族地区的民主改革

中华人民共和国是一个多民族的国家。在祖国的大家庭里,除汉族外,还有蒙、回、藏、维吾尔、苗、彝、壮、布依、朝鲜、满、侗、瑶、白、土家族等50多个少数民族。他们的人口占全国总人口的6%左右,大多居住在占全国面积约60%的边远地区。

近百年来,帝国主义与国内反动势力相勾结,对少数民族进行压榨和挑拨离间,造成各民族间,尤其是汉族与少数民族之间的不团结,加深了民族间互相戒备、互相猜疑和仇视的心理。各少数民族内部矛盾纠纷也很多。少数民族地区的政治、经济和文化落后,致使许多人常年流落在深山荒野之中,衣不蔽体,食不果腹,过着极为贫困的生活。新民主主义革命时期,在中国共产党的领导下,少数民族与汉族人民并肩战斗。

新中国建立后,少数民族获得翻身解放。中央人民政府贯彻《共同纲领》规定的民族政策,认真做好少数民族地区的工作。1950年至1952年,中央人民政府先后派出四个访问团,到西南、西北、中南、东北、内蒙古等地区进行慰问。各少数民族也组织了许多参观团参观首都和祖国各地,增进各民族间的了解,沟通民族间的联系,融洽民族感情。政务院指示对于历史上遗留下来的带有歧视和侮辱少数民族性质的称谓、姓名、匾联、碑碣等,都必须予以禁止、更改、封存或收管。

中央人民政府着手培养少数民族干部,创立了中央民族学院,并在西北、西南、中南设立了8个分院。全国高等和中等学校对少数民族学生予以优先入学的照顾。1952年底,全国少数民族干部达到10万人。人民政府还在少数民族地区开展了贸易工作,恢复农牧业生产,发展文教、卫生事业。

为进一步实现各民族的平等权利,中共中央提出以民族区域自治作为解决民族问题的基本政策,即在中华人民共和国领土之内的、在中央人民政府统一领导下的、遵循着《中国人民政治协商会议共同纲领》总道路前进的、以少数民族聚居区为基础的区域自治。在此原则下,一切聚居的少数民族,建立自治机关,按照本民族大多数人民及与人民有联系的领袖人物的意愿,管理本民族的内部事务。1952年6月,全国建立了各级民族自治区130个,自治区内少数民族人口约计450万人[①]。8月,《中华人民共和国民族区域自治实施纲要》公布实施,进一步推动了少数民族地区的政权建设。同时也加强了各民族之间及各个民族内部的团结合作,大大增强了各族人民的爱国观念,巩固了祖国的统一,充分发挥了各少数民族参加祖国建设的积极性。与此同时,中共中央和中央人民政府积极帮助少数民族实行民主改革。

少数民族地区的民主改革是一项艰巨而又复杂的任务。新中国建国初期,少数民族地区社会经济状况极为复杂,云南边境的独龙、布朗、侗、佤、怒、景颇、傈僳、崩龙等族,内蒙古的鄂温克、鄂伦春等族,黑龙江的赫哲族等,保持着原始公社制度的残余,"刀耕火种"、"刻木为凭",经济文化带有浓厚的原始色彩;川滇交界的大、小凉山的彝族,处于奴隶社会;藏族、傣族和其他一些少数民族地区保持着封建农奴制;满、回、壮、维吾尔、朝鲜、布依等30多个民族和内蒙古的大部分地区,共约3 000万人口,占全国少数民族的绝大多数,保持着封建制度。

---

① 乌兰夫.关于民族区域自治问题.见:乌兰夫文选.上册.北京:中央文献出版社,1999.219

鉴于这些地区社会发展落后、民族关系复杂、革命力量尚待发展，以及各民族处于不同的社会形态，宗教信仰和民族文化不同等特点，中共中央对少数民族地区的民主改革采取了"慎重稳进"的方针。1950年6月13日，中共中央作出《关于慎重处理少数民族问题的指示》，规定"对于少数民族问题必须遇事向上级报告和请示"①，不许下级擅自处理；"如遇紧急情况发生……不得采取进攻的步骤"②；"各地少数民族内部的社会改革，特别是有关少数民族的宗教信仰、风俗习惯，及土地制度、租息制度、婚姻制度的改革等，必须从缓提出"③；"在回族的伊斯兰教民学校中及藏族的喇嘛教民学校中暂时亦不要教社会发展史中猴子变人的课程，以免刺激他们的宗教感情"④。在具体工作中，通过座谈会、联谊会、团结会等各种形式，向各阶层人民反复说明民族平等团结、宗教信仰自由的政策。宗教问题，直接影响着民主改革。人民政府采取慎重进行、区别对待的方针，严格把宗教寺庙的封建特权、封建剥削制度和人们的宗教信仰问题加以区别，把宗教职业者的正当宗教活动与他们对教徒群众的勒索、虐待等非法行为加以区别。既坚决废除宗教中的封建剥削制度，镇压披着宗教外衣破坏民主改革的反动分子；又要坚决保护人民的宗教信仰自由，保护宗教文物，继续团结宗教界一切爱国守法人士，不干涉宗教职业者的正当宗教活动。这些规定与措施保证了社会改革的顺利进行。

少数民族地区民主改革的主要任务是废除前资本主义剥削和压迫，解放社会生产力。牧业地区的民主改革主要是废除封建特权和封建剥削，实行牧场公有，自由放牧，牧工牧主两利，帮助贫苦牧民发展生产。不没收分配牧主的牲畜，实行"不分配牛羊"的政策。农业地区的民主改革，主要是实行土地改革。人民政府采取了适合民族特点、利于民族团结、有步骤有分别地消灭地主阶级的政策。把地主、领主的土地分配给无地或少地的贫苦农民，废除地主、领主的一切特权和剥削，但不没收他们的农具、房屋、粮食及其他财产，并留给他们与农民同样的一份土地。内蒙古、广西壮族地区等与汉族社会发展水平相同，采取与汉族同样方式，在同一时期进行土地改革。这些地区大多在1953年，小部分地区在1954年完成了民主改革。新疆、西北回族及其他民族关系复杂，又有其特点的少数民族农业区，民主改革的时

---

① ② ③ ④ 中国人民解放军国防大学党史党建政工教研室.中共党史教学参考资料.第19册.北京：国防大学出版社，1986.146，146，146，146

间较晚。西藏及甘肃、青海、四川的藏族地区,云南傣族地区等,暂不进行民主改革。1952年4月6日,中共中央发出了《关于西藏工作方针的指示》,妥善处理了1952年春拉萨示威事件,努力争取实现和平地逐步改革西藏的政治和经济。

少数民族地区的民主改革,有力地促进了少数民族地区社会的发展。

第三节 人民民主政权的巩固

一、各级人民民主政权的建立

1949年10月1日开国大典后,中国人民政治协商委员会协同中央人民政府委员会立即加速确定政务院及其所属机关的组成人选,以尽快建立中央人民政府机构。

1949年10月19日,中央人民政府委员会举行第三次会议,讨论通过了政务院及其所属各委员会、各部、会、院、署、行领导人的人选。会议任命董必武、陈云、郭沫若、黄炎培为政务院副总理(后增补了邓小平),李维汉为政务院秘书长;任命了政务院政务委员及政务院政法、财经、文教、人民监察、法制、民族事务、华侨事务等7个委员会的主任、副主任和内务、公安、财政、贸易、重工业等20个部的部长,还任命了科学院院长,情报、海关、出版、新闻4个总署署长,人民银行行长等。同时任命朱德、刘少奇、周恩来、彭德怀、程潜为人民革命军事委员会副主席,徐向前为总参谋长。还任命了人民革命军事委员会委员和副总参谋长,以及最高人民法院副院长、委员和最高人民检察署副检察长等。至此,中央人民政府机构全部建立起来。这是一个全新的机构,拥有副部级以上人员500名。10月21日、22日,政务院和最高人民法院、最高人民检察署先后组成。25日,政务院决定组织接收委员会,接收国民党政府中央各机关的人员、档案、物资。11月1日政务院各委、部、会、院、署、行开始办公。

新中国各级地方人民政权的建立是严格按照《中国人民政治协商会议共同纲领》(下面简称《共同纲领》)的有关规定进行的。首先建立过渡性的政权军事管制委员会,同时,自上而下地委任人员组成地方人民政府。然后待条件成熟时,召开各界人民代表会议,逐步代行人民代表大会职权,民主选举建立各级地方人民政府。

按《共同纲领》规定，凡人民解放军初解放的地方，应一律实施军事管制，并在条件许可时召集各界人民代表会议。军事管制委员会吸收了相当数量的民主人士和其他爱国人士参加，成为中华人民共和国最初的地方政权机关。

从中央到地方的行政管理层次上，建国初期采取了大区制度，即保留战争年代中国共产党的中央局建制。与之相应建立大区军政委员会或人民政府委员会。各大行政区军政委员会由政务院提请中央人民政府任命之。解放军每解放一座城市，一律实行军事管制，取消国民党政权机关。由军事首长、地方党政负责人组成军政委员会，接收旧政权遗留下来的一切军事、政治、经济、文化设施。完成军事接管后，再由上级机关任命各级人民政府的负责人，并在条件成熟后，召开各界人民代表会议，正式选举各大行政区的人民政府委员会，在大行政区人民政府委员会成立以后，军政委员会即宣告结束。

《共同纲领》规定，中华人民共和国最根本的政治制度是人民代表大会制，最高政权机关为全国人民代表大会。在普选的地方人民代表大会召开以前，由地方各界人民代表会议代行人民代表大会的职权。由于新解放区还不具备召开人民代表大会的条件，各界人民代表会议就成为人民参政的一种过渡形式。召开各界人民代表会议，选举各级人民政府，则是建国初期确立国家权力结构体制、民主建政的主要内容。

1949年7月底，中共中央给各中央局、分局发出了迅速召开各界人民代表会议的指示。9月，毛泽东亲自审阅修改的新华社《迅速召开各界人民代表会议》的社论指出，各界人民代表会议是人民代表大会的雏形和准备，是人民管理政权的初期组织形式，是团结各界人民的重要工具。必须反对形式主义，开好各界人民代表会议。12月，中央人民政府委员会第四次会议通过了省各界人民代表会议组织通则和市、县各界人民代表会议组织通则。指出，凡能召开省各界人民代表会议的地方，即应代行省人民代表大会的如下职权：听取与审查省人民政府的工作报告；决定省的施政方针和政策；审查与通过省人民政府的预决算；建议与决议有关省政兴革事宜；选举省人民政府主席、副主席、委员，组成省人民政府委员会。与此同时，中央人民政府又制定大行政区、省、市、县、乡（行政村）人民政府组织通则，作为民主建政的法规。在中央人民政府领导下，全国各地相继召开各界人民代表会议，建立起各级人民民主政权。到1949年底，北京、天津、唐山等市已召开了第二届各界人民代表会议，选举了人民政府。到1950年10月，全国已有13个省和3个行政区召开了各界人民代表会议,其中10个省和两个行政区代行人民代表大会的职权。中央和大行政区、直辖市及省和相当于省的行署直辖市已全部召开了各界人民代表会议。80%以上的县已召开了各界人民代表会议。通过各界人民代表会议,在民主原则下建立起各级人民政权。

建国第一年,全国的行政区划是28个省(未包括台湾),13个直辖市,8个行署区,1个自治区(内蒙),1个地方(西藏),1个地区(昌都)。截至1950年10月,全国已建立东北人民政府、内蒙古自治区人民政府委员会,华东、中南、西北、西南四个大行政区军政委员会[①],28个省人民政府,川东、川南、川西、川北、苏南、苏北、皖南、旅大等9个相当于省的行政区人民行政公署,12个中央和大行政区直辖市人民政府,67个省辖市人民政府,2087个县人民政府。到1952年,全国30个省、两个省级行署区、160个市、2174个县(包括相当于县级的行政单位)和约28万个乡,建立了人民政府,并召开了各界人民代表会议。其中不少乡是召开执行乡人民代表会议职权的农民代表会议。有19个省、85个市、436个县和绝大部分乡选举产生了各级人民政府委员会[②]。

基于民主革命时期共产党发展扩大人民民主统一战线的历史成果,新中国建立了中国共产党领导下的多党合作的新型政治制度。共产党作为执政党,与代表民族资产阶级、城市小资产阶级以及与这些阶级相联系的知识分子利益的各民主党派结成联盟。各党派既有彼此联系、发挥作用的统一的组织机构——人民政治协商会议,又有各自独立的组织系统和单独发挥作用的形式和渠道。各民主党派不仅参与国家立法,还对行政过程起着重要的监督作用。省、市政协委员会和县常务委员会也普遍建立起来,为人民行使政权提供了良好的组织形式。

各级人民民主政权在全国范围内建立,改变了旧中国四分五裂的局面,实现了全国范围内的国家统一和各族人民的大团结。各界人民代表会议的

---

① 当时,全国划分为东北、华北、华东、中南、西南、西北6个大行政区。除华北外,其余5个大行政区均设有大区行政机构。1952年11月,各大区行政机构一律改为行政委员会,华北成立行政委员会。大区行政委员会是作为代表中央人民政府在各地区领导与监督地方(省、市)人民政府的机关。1954年,各大行政区委员会撤销。

② 谢觉哉.人民民主政权建设和民政工作成就.见:中华人民共和国三年来的伟大成就.北京:人民出版社,1953.27

普遍召开,是人民行使权力管理国家政权的重要步骤,人民成为名副其实的新中国的主人,各党各派长期并存,互相监督,共同为建设独立、统一、富强的新中国而努力。这标志着人民民主专政的组织形式渐趋完备。中国人民在民主政治建设道路上向前迈进了一大步。

二、镇压反革命

帝国主义和国民党在中国的统治被推翻以后,他们所遗留下来的反革命残余势力还大量地存在着。帝国主义者和国内反动派并不甘心他们的失败,以各种方式从事破坏和捣乱。为巩固新生的人民政权,中共中央于1950年10月开始,在全国范围内开展清查、镇压反革命分子的政治运动。

朝鲜战争爆发后,美蒋特务和残余的反革命势力,认为美国的战火已烧到中国大门,"黑暗将过,黎明即来",梦想的"三次大战,反攻大陆"的时机到了。于是撕下伪装悔改的面纱,明目张胆地向人民进攻。他们破坏铁路、桥梁、工厂、矿山,烧毁仓库资源。有些地方,反革命分子组织了反革命地下军;有些地主以"蒋介石来了要杀头"威胁农民,破坏土改。有些地方村干部全家被杀。为人民解放军运输军粮的民夫,整队被杀。1950年,广大新解放区近4万名干部群众被反革命分子杀害,其中仅广西一省,人民政府干部被杀害的有3 000多名,群众被杀害的有4 000多名。隐藏在北京电车公司的特务分子,一次放火烧毁电车59辆;汉口反革命分子制造的一起纵火案,烧死17人,使万余群众无家可归;美国间谍分子密谋在1950年国庆节时,炮击天安门检阅台,企图杀害党和国家领导人。事实表明:不杀掉一批"东霸天"、"西霸天",人民政权就不能巩固,人民就不能挺起腰杆来。

1950年7月23日,政务院总理周恩来、最高人民法院院长沈钧儒发布了《政务院、最高人民法院关于镇压反革命活动的指示》,指出:"坚决地肃清一切公开的与暗藏的反革命分子,迅速地建立与巩固革命秩序,以保障人民民主权利并顺利地进行生产建设及各项必要的社会改革,成为各级人民政府当前重要任务之一。"①要求对一切反革命活动采取严厉的及时的镇压手段,而在实行镇压和处理一切反革命案件中,必须贯彻执行镇压与宽大相结合的政策,即"首恶必办、胁从者不问、立功者受奖",团结人民,孤立反革命分子。10月10日,中共中央发出《关于纠正镇压反革命活动的右倾偏

---

① 政务院、最高人民法院关于镇压反革命活动的指示.人民日报,1950-07-24

向的指示》,要求各级党委坚决纠正镇压反革命中右的偏向,按镇压与宽大相结合的政策,审慎研究处理;反右的同时注意防"左",反对逼供和禁止肉刑,必须注意重证据不轻信口供。

各级党委和人民政府根据上述指示,大张旗鼓地宣传、发动群众,一场镇压反革命的运动于1950年12月在全国开展起来。各地通过召开各种类型控诉反革命分子罪行的群众大会和公审大会,举办揭露反革命分子罪行的展览会,进一步激发群众的阶级觉悟。1951年春,在全国形成了检举、揭发、控诉反革命分子罪行的高潮。为指导运动健康发展,毛泽东在为中共中央起草的指示中指出,镇压反革命必须实行群众路线,坚持党委领导,实行全党动员、群众动员、公安机关和广大群众相结合,打破关门主义和神秘主义,坚决反对草率从事倾向。镇压反革命要"打得稳,打得准,打得狠"[1]。打击的重点是:土匪(匪首、惯匪)、恶霸、特务、反动党团的骨干分子和反动会道门的头子。1951年2月21日,《中华人民共和国惩治反革命条例》颁布,条例共21条,明确规定,对各种反革命的首要分子,解放后继续组织和参加反革命活动的,受国内外敌人派遣潜伏活动的,向人民政府登记自首后仍然继续参加反革命活动的从严处理;对于自动向人民政府真诚自首悔过的,被反革命分子胁迫、欺骗、确非自愿的,解放后确已悔改的,特别是立功的从宽处理。这就使镇压反革命斗争有了法律的武器和量刑标准。

为使镇压反革命运动广泛深入地开展,巩固已取得的成绩,公安部于1951年5月10日至16日召开了第三次全国公安会议。会议总结了过去7个月来的工作,通过了《第三次全国公安会议决议》。规定自即日起,镇压反革命采取谨慎收缩的方针,集中精力处理积案;对于有血债或其他严重罪行不杀不足以平民愤者和最严重地损害国家利益者,必须坚决判处死刑,并立即执行;对于没有血债、民愤不大和虽然严重地损害国家利益但尚未达到最严重程度,而又该处死者,采取判处死刑、缓期2年执行、强迫劳动、以观后效的政策;为防止运动高潮中发生"左"的偏向,自6月1日起将捕人批准权一律收归地委专署一级,杀人批准权一律收归省一级;对隐藏在军政机关和党内的反革命分子,开始有计划地加以清理。《第三次全国公安会议决议》对保证镇压反革命运动健康发展起了重大指导作用。至1951年10月,全国性大规模的运动基本结束,镇压反革命转入对已查出的社会上的反革命

---

[1]　毛泽东选集.第5卷.北京:人民出版社,1977.42

分子进行处理和党政军机关开始清查阶段。

与镇压反革命运动同时,中国人民解放军迅速展开了大规模的剿匪斗争。经过重点进剿、分区驻剿、结合土改清剿潜散匪特三个阶段,至1952年底,肃清了旧中国历代政府未能根除的湘西、广西土匪,还肃清了城市的黑社会势力,共歼灭武装匪特240余万人,中国大陆基本上平息了匪患,安定了社会秩序。

三、"三反""五反"运动

建国初期,人民政府对资本主义工商业采取利用、限制的政策。利用其对国计民生有利的一面,限制其不利的一面。限制与反限制的斗争日益尖锐,社会上的斗争不可避免地反映到党内来。资产阶级通过各种非法手段拉拢腐蚀干部,寻找代理人。另一方面,在革命胜利后,大量带着旧思想、旧作风而又没有来得及改造的旧政府工作人员加入到人民政府和国营企业中来;由于共产党成为执政党,部分党员被胜利冲昏头脑,党政军内一些领导干部革命意志薄弱,经不起资产阶级思想的侵袭,由人民的公仆变成人民的主人,进城以后,高高在上,不深入实际,贪污受贿,甚至蜕化变质。为扫除旧社会遗留下来的污毒,廉明吏治,从1951年底开始,中共中央和人民政府在全国开展了"三反""五反"运动。

1951年10月,中共中央政治局扩大会议提出"精兵简政,增产节约"的方针。10月23日,毛泽东主席在全国政协一届三次会议开幕词中指出:抗美援朝、增产节约是中国人民今天的中心任务。从此,增产节约运动在全国蓬勃展开。在增产节约运动中,各地揭发出干部中存在的"三害"(贪污、浪费、官僚主义)问题和私营工商业中严重存在的"五毒"(行贿、偷税漏税、盗骗国家财产、偷工减料、盗窃国家经济情报)行为。

新中国建立后的一个时期内,不法资本家狼奔豕突,"坐探"四出,明争暗盗,"五毒"俱全。采取"打进来"、"拉出去"的方式,投其所好,供其所要,用请客、看戏、送礼、送佣金,甚至用"美人计"来拉拢、引诱国家机关和经济部门中的少数意志衰退的干部。在"糖衣炮弹"面前,一些党员干部吃了败仗,他们收"回扣",入"干股",分"红利",由小到大,由浅入深,逐步下水,然后内外配合,合伙作案,共牟暴利。1951年11月下旬,中共河北省第三次代表会议揭露出原中共天津地方委员会书记刘青山、天津专区专员张子善巨大贪污案。刘、张二人参加革命斗争均已20年左右,在国民党血腥的白色恐怖下,都曾奋不顾身地为党的事业和人民的解放进行过英勇的斗争,建立过功绩;但却在全国胜利后两年多的和平环境中,经不起资产阶级自私自利思想作风的侵蚀和引诱,贪污腐败,蜕化变质,成了人民的罪人。刘青山、张子善的犯罪事实主要是:凭借职权,盗窃机场建筑款、救济灾区贷款、干部家属救灾粮、地方粮、治河款,剥削克扣民工工资,骗取银行贷款等,共计171.627 6亿元[1]。全国各地还揭发出大量的贪污、浪费和官僚主义问题。11月30日,毛泽东在为中共中央起草的重要指示中尖锐地指出,"必须严重地注意干部被资产阶级腐蚀发生严重贪污行为这一事实","我们需要来一次全党的大清理,彻底揭露一切大中小贪污事件,而着重打击大贪污犯,对中小贪污犯则取教育改造不使重犯的方针,才能停止很多党员被资产阶级所腐蚀的极大危险现象"[2]。接着中共中央作出《关于实行精兵简政,增产节约,反对贪污、反对浪费和反对官僚主义的决定》、《关于反贪污斗争必须大张旗鼓地去进行的指示》,要求自上而下和自下而上相结合,检查贪污浪费现象。12月7日,政务院作出要在全国范围内展开精简节约、增加生产和"三反"的指示,成立中央人民政府节约检查委员会。次日,毛泽东指示必须把"三反"斗争看做如同镇压反革命的斗争一样的重要,发动群众包括民主党派及社会各界人士去进行,首长负责,亲自动手,开展坦白和检举,轻者批评教育,重者撤职、惩办、判处徒刑(劳动改造),"直至枪毙一批最严重的贪污犯,才能解决问题"[3]。1952年元旦,毛泽东又号召:"我国全体人民和一切工作人员一致起来,大张旗鼓地,雷厉风行地,开展一个大规模的反对贪污、反对浪费、反对官僚主义的斗争,将这些旧社会遗留下来的污毒洗干净!"[4]1月4日,中共中央指示:"限期(例如10天)展开斗争,送来报告,违者不是官僚主义分子,就是贪污分子,不管什么人,一律撤职查办。"[5]9日,政务院召集中央一级、华北一级和北京、天津两市高级干部,以及各界人士2 300余人,举行关于"三反"运动的报告大会。中央节约检查委员会主任薄一波作了《为深入地普遍地开展反贪污、反浪费、反官僚主义运动而斗争》的

---

[1] 按人民币旧币制计算。1948年12月1日中国人民银行成立,开始发行人民币。1955年3月1日起,发行新人民币,以代替原来面额较大的旧人民币。人民币旧币1亿元折人民币新币1万元。

[2][3][4] 毛泽东.毛泽东选集.第5卷.北京:人民出版社,1977.53,54,60

[5] 中共中央关于抓紧反贪污、反浪费、反官僚主义斗争的指示.见:中共党史教学参考资料.第19卷.北京:国防大学出版社,1986.431

报告。强调这是一场严重的阶级斗争,在本质上就是反对资产阶级腐化堕落的斗争,也就是对于资产阶级3年以来向着工人阶级和中国共产党的猖狂进攻,来一个坚决的反攻。自此,一场声势浩大的"三反"运动迅速进入高潮。

1952年1~2月份,是"三反"运动中发动群众打"虎"(打击贪污犯)阶段。各级党委亲自动手,发动群众揭发检举,形成了群众性的大检举、大揭发、大清理高潮。党和人民政府及时公布了一批大贪污、大盗窃案件,分别召开地区性坦白检举大会和公审大会。公布了刘青山、张子善的贪污罪行和中共河北省委关于开除刘青山、张子善党籍的决定。2月10日,河北省人民法院遵照中央人民政府最高人民法院命令,组织了临时法庭进行公审,河北人民广播电台向全省各地播放大会实况。公审结果,依法判处刘青山、张子善死刑,立即执行,并没收其本人全部财产。北京市也举行了公审贪污犯大会,将大贪污犯原中国畜产公司业务处副处长薛昆山(任职期间贪污盗窃国家财产20余亿元①)、原公安部行政处处长宋德贵(任职期间贪污人民币6亿余元②)判处死刑。全国各地先后召开公审贪污犯大会,集中火力打"大老虎"(贪污1亿元③以上的大贪污犯)。大贪污犯、大贪污集团纷纷落

1952年2月在三反、五反运动中,河北省人民法院临时法庭公审大贪污犯刘青山、张子善

---

①②③ 按人民币旧币制计算。

网。

1952年3月,"三反"斗争进入处理阶段。3月11日,中央节约检查委员会公布了《关于处理贪污、浪费及克服官僚主义错误的若干规定》。4月18日,中央人民政府通过了《中华人民共和国惩治贪污条例》,克服了运动初期按部门人为地规定、分配打"老虎"任务等过火和虚假现象。制定了"严肃与宽大相结合"、"改造与惩治相结合"的方针,规定贪污人民币1亿元①以上者,判处10年以上有期徒刑或无期徒刑;其情节特别严重者判处死刑。据此量刑标准,各地依据事实进行定案处理。运动中,因犯不同程度贪污浪费、官僚主义错误被处分的国家机关工作人员约占4.5%。

6月份以后,"三反"运动进入建设阶段。中共中央于6月15日发出《关于争取胜利结束"三反"运动的若干问题的指示》,确定这一阶段的主要任务是交代与资产阶级的关系,批判资产阶级思想,结合"三反"进行整党,搞好组织建设和制度建设。确定编制,精简机构,提高工作效率,进行以民主制度为中心的制度建设。从各方面肃清"三害"的污毒。

历时半年多的"三反"运动,教育了广大干部,挽救了犯错误的同志,清除了领导干部队伍中的腐化分子,有力地抵制了旧社会恶习和资产阶级思想的腐蚀,对于形成健康的社会风气有很大作用,是中国共产党在防止执政党变质腐败问题上一次可贵的探索。

在国家机关开展"三反"的同时,社会上工商界中开展了打击不法资本家"五毒"活动的"五反"运动。1952年1月26日,中共中央向全党发出《关于在城市中限期展开大规模的坚决彻底的"五反"斗争的指示》,《指示》指出:要依靠工人阶级,团结守法的资产阶级及其他市民,向着违法的资产阶级开展一个大规模的坚决的彻底的反对行贿、反对偷税漏税、反对盗骗国家财产、反对偷工减料和反对盗窃国家经济情报的斗争,以配合"三反"运动。2月上旬,"五反"运动在全国展开。2月16日,《人民日报》登载《奸商王康年骗取志愿军购药巨款》一文。揭露上海大康药房经理王康年大量盗窃国家财产,骗取订货款11亿元(旧人民币),骗取志愿军的购药巨款做投机生意的丑恶行径。王康年还用各种卑鄙的手段勾引、腐蚀干部,先后向25个机关的65名干部行贿1亿多元(旧人民币)。"五反"运动中,还揭露出武汉、上海、北京、天津、济南、沈阳等地的一些奸商,从尸体上和垃圾堆里拾取

---

① 按人民币旧币制计算。

腐烂的棉花,做成含有大量化脓菌、破伤风菌的"救急包",用坏牛肉做成罐头,用发霉的面粉做成饼干,用坏鸡蛋做成蛋粉,以高价卖给中国人民志愿军。这些奸商用志愿军的鲜血喂肥了自己,在几乎使人不能置信的强盗式的交易中,牟取暴利。上海市市长陈毅指出,上海的不法资本家是"五毒俱全"、"毒气熏天",并号召全市人民投入"五反"斗争。

经过一个多月的激烈斗争,不法资本家企图破坏"五反"运动的阴谋纷纷破产,"攻守同盟"相继瓦解,大多数坦白交代了"五毒"罪行,极少数顽固不化、罪大恶极的反动资本家、大盗窃犯被揭发出来,受到应有的惩罚。1952年3月以后,转入定案处理阶段。中共中央和人民政府重申对民族资产阶级的政策不变,对不法资产阶级分子的猖狂进攻,必须回击;罪大恶极的必须坚决打击;正当经营者必须给予保护。并且规定了处理违法工商户的五条基本原则:"过去从宽,将来从严;多数从宽,少数从严;坦白从宽,抗拒从严;工业从宽,商业从严;普通商业从宽,投机商业从严。"①按有无违法行为和违法程度和性质,将私营工商户划分为:守法户、基本守法户、半守法半违法户、严重违法户、完全违法户(即极严重违法户)五种类型。6月13日,政务院发出《关于结束"五反"运动中几个问题的指示》,规定处理"五毒"行为的总原则是:斗争从严,处理从宽;当严者严之,当宽者宽之,不能虎头蛇尾,草率收场;也不能对"扩大化"问题不加纠正。处理方法是:资本家自报公评,工人店员集体审定,政府批准,三审定案。给前三类工商户发处理通知书。分类处理的结果,守法户占总户的10%~15%,基本守法户占50%~60%,半守法半违法户占25%~30%,严重违法户约占4%,完全违法户约占1%。人民政府团结争取了95%左右的私营工商户,打击面缩小到5%左右的严重违法和完全违法户。由于建立了"五反"运动统一战线,短短几个月内取得了巨大胜利。1952年10月25日,中共中央批准了安子文、廖鲁言关于结束"三反"和"五反"问题的报告,运动至此结束。

"三反"和"五反"运动,打击了资产阶级的违法行为,进一步牢固地确立了工人阶级在国家中的领导地位。教育挽救了许多干部,树立了新中国廉洁朴素的社会风气。在工商业者中普遍进行了守法经营的教育,推动了在私营企业中建立工人监督和实行民主改革,使中国共产党在对资产阶级

---

① 中共中央关于在"五反"运动中对工商户分类处理的标准和办法.见:中共中央文献研究室.建国以来重要文献选编.第3册.北京:中央文献出版社,1992.98

的限制和反限制斗争中取得了又一个回合的胜利。

四、中国共产党的整党建党活动

中国共产党成为执政党以后,党员数量迅速增多。1949年到1950年,新发展党员200多万,其中不少人带着非无产阶级的思想进入党内;老党员、老干部中有很多人骄傲自满,官僚主义进一步滋长起来,摆老资格、恃功邀赏、"打天下坐天下"的落后思想表现得特别突出,用命令主义的粗暴作风去开展工作,严重损害了中国共产党和人民政府的威信,引起人民不满,更为严重的是贪污腐化、堕落颓废、违法乱纪现象不断发生。

1950年5月1日,中共中央发出《关于在全党全军开展整风运动的指示》,要求各级党组织结合工作,开展批评与自我批评,克服党内、首先是领导干部中的居功自傲情绪、命令主义作风以及少数人贪污腐化、政治上堕落颓废、违法乱纪等错误,密切党和人民的联系。这次整风的重点是党的各级领导干部,主要方法是:首先由上而下地逐级召开干部整风会议,学习毛泽东在中共七届二中全会上的报告和某些指定文件,领会文件精神;掌握思想武器后,总结工作,检查思想问题;最后开展批评与自我批评,改进工作作风。党内整风之后,推及党外干部。

1950年冬,整风运动基本结束。各级党的干部思想政策水平显著提高,作风大为改进。在此基础上,中共中央于1951年2月中旬召开政治局扩大会议,决定从下半年起,用3年时间有计划、有准备、有领导地进行一次整党建党运动。在整党中,把党员划分为四部分人:(一)具备党员条件的;(二)不具备党员条件或者有较严重的毛病,必须加以改造提高的;(三)不够党员条件的消极落后分子;(四)混入党内的阶级异己分子、叛变分子、投机分子、蜕化变质分子等。毛泽东在为中共中央起草的《中共中央政治局扩大会议决议要点》中指出:这次整党,首先要将"第四部分人"清洗出去,然后对"第二部分人"、"第三部分人"加以区别,"对其中经过教育而仍确实不合党员条件者劝其退党,务使这些退党者自愿地退出,不要伤感情,不要重复一九四八年'搬石头'的经验。"①1951年3月28日至4月9日,中共第一次全国组织工作会议在北京召开,出席会议的共490人。刘少奇在会上作了报告

---

① 毛泽东.中共中央政治局扩大会议决议要点.见:毛泽东选集.第5卷.北京:人民出版社,1977.36

和《为更高的共产党员的条件而斗争》的总结发言。会议通过《关于整顿党的基层组织的决议》和《关于发展新党员的决议》。会议强调整顿党的基层组织与保证和提高执政党党员质量的重要性,并根据共产党执政近两年的经验教训,提出了共产党员的八项条件。会议决定,从1951年下半年开始,用3年时间对全党的基层组织进行一次普遍的整顿,克服党在某种程度上的组织不纯和思想不纯的现象。

这次整党一般经过学习、登记、审查及组织处理四个阶段。

(一)学习阶段。组织党员学习列宁、斯大林、毛泽东关于党的建设的著作和中共中央整党文件,听专题报告,进行怎样做一个共产党员的教育,使每个党员都明白做一个新时代党员的标准,明确新时代共产党员的八项条件:1. 牢记中国共产党是中国工人阶级的党,是工人阶级的先进的有组织的部队;2. 牢记党的最终目的是实现共产主义制度;3. 每个党员必须下定终身为共产主义奋斗的决心,在任何环境下,不退缩、不叛党、不投降敌人、不蜕化;4. 一切党员的斗争和工作,必须在党的统一领导下进行;5. 必须把人民利益摆在个人利益之上,个人利益必须服从党的利益;6. 经常用批评与自我批评的方法,检查改正自己工作中的错误和缺点;7. 共产党员是人民的勤务员,不是人民的"老爷";8. 党员必须努力学习马克思列宁主义毛泽东思想。

(二)党员登记和审查阶段。在学习提高的基础上,每个党员都要认真考虑是否能按照党员所必须具备的八项条件继续做一个共产党员。如果愿意则在规定时间内主动登记,详细说明自己的历史、政治经历和思想作风,凡没有决心按党员标准来提高和改造自己或其他原因而自愿退党的,则不登记。党员登记后,运用批评与自我批评方法进行审查和鉴定。支部大会对每个党员的历史和政治经历全部审查清楚,作出书面结论,由会议讨论通过。

(三)组织处理阶段。根据对党员的审查和鉴定,发动党员讨论,本着"与人为善,治病救人","思想检查从严、组织处理从宽"的原则,把党员划分为四种情况,分别作出不同的处理,报上级党委批准。对"第二部分人",经批评教育后,只要愿意改正,则保留其党籍,等待一个时期,并帮助他们改造提高;对"第三部分人",则劝其退党;对"第四部分人",则一律清除出党。

"三反"运动开展后,整党转入与"三反"运动相结合的阶段。中共中央于1952年2月3日发出《关于"三反"运动应和整党运动结合进行的指示》,

指出"三反"运动是一个更加现实与深刻有力的整党运动,整党工作必须与"三反"运动相结合。坚决清除贪污蜕化分子,撤换那些严重的官僚主义分子和居功自傲、不求上进、消极疲塌、毫不称职的分子的领导职务。11月,10万名整党干部深入农村,整党运动进入高潮。

1954年春,整党基本结束。经教育审查,党内有不到10%的人不符合党员标准。据统计,1953年底,已有32.8万多人离开了党组织。其中23.8万余人因完全丧失党员条件被开除党籍,9万多人被劝告退党。

在整党的同时,开展了建党工作。建党重点是在完成土改的新解放区农村及工矿企业、机关学校,首先是在产业工人中发展党员,建立党组织。建党中,执行了有领导、有计划、积极慎重的方针,坚持党员标准,严格履行入党手续,防止坏人混入,确保党员质量和党组织的纯洁性。截至1953年6月,全国新发展党员107万人,新建支部8.2万个,党员数量由1950年底的582万人发展到639.9万余人;党支部由24.6万多个增加到32.8万多个。

整党建党运动端正了党风,纯洁了党的组织,继承、发扬了党的优良传统和作风,提高了党员素质,密切了党群关系,壮大了党的力量,为防止执政党变质积累了经验。

五、民主党派的活动

在民族民主革命斗争过程中,中国共产党和民主党派亲密合作,领导和团结全国人民进行了艰苦卓绝的斗争,终于赢得了新民主主义革命的胜利,创立了中华人民共和国。

1949年底,中国人民"救国会"认为完成了历史使命,自行解散。其他民主党派也有提出解散组织的动议,中央人民政府主席毛泽东对此提出了不同意见,他指出,民主党派应当继续存在并可以有所发展,以便团结广大人民群众,共同建设新中国。

1950年4月,政务院总理周恩来在全国统一战线工作会议和部分民主党派、人民团体领导人座谈会上的讲话中,明确提出了民主党派的性质及社会主义多党合作的观点。6月,毛泽东号召各民主党派过好土改关,做一个完全的革命派。嗣后,毛泽东号召民主党派积极投身抗美援朝、镇压反革命、"三反""五反"运动,做各项政治活动的促进派。

为适应新中国的新形势,各民主党派召开会议,修改章程,决定奉行《中国人民政治协商会议共同纲领》,致力于国家各项建设。各民主党派积极参加了各项政治运动和国民经济的恢复工作,为巩固新生的人民民主政权,完成民主革命的任务及恢复国民经济,作出了贡献。

(一) 中国国民党革命委员会

中国国民党革命委员会(简称"民革")成立于1948年1月,参加了中国人民政治协商会议,参与了中华人民共和国的筹建工作。

1949年11月12日至16日,中国国民党民主派代表会议在北京举行。会议通过了《中国国民党民主派代表会议宣言》、中国国民党革命委员会组织总章和政治任务决议案,宣布:自11月16日起,中国国民党革命委员会、三民主义同志联合会(民联)、中国国民党民主促进会(民促)以及中国国民党内其他爱国民主分子,统一成为一个组织——中国国民党革命委员会。会议选出民革中央委员会及中央团结委员会,李济深任主席。

新中国建立初期,民革主要进行了四个方面的工作:协助政府推行政策政令;整建组织奠定发展基础;加强党员思想教育、政策教育和端正作风教育;处理过去的策反关系和解决党员失业、学习、改造等问题。

1950年10月,中国人民志愿军入朝作战,全国范围内掀起声势浩大的抗美援朝运动。11月4日,各民主党派发表联合宣言,宣告成立抗美援朝总会,号召民主党派积极参加抗美援朝爱国运动。11月27日至12月6日召开的民革二届二中全会,通过了《中国国民党革命委员会二届二中全会确定抗美援朝保家卫国为本党当前中心政治任务的决议》,号召全党同志一致奋起,发扬爱国主义与国际主义的精神,与全国人民共同行动,为贯彻各民主党派联合宣言,完成抗美援朝的光荣任务而斗争!全会还通过了《关于发展组织的决议》,确定今后"以旧国民党中层的民主分子为主要吸收对象",在巩固和扩大人民民主统一战线的总要求之下,加强组织,发展党员。

建国初期,民革在抗美援朝运动中做出了成绩,并积极支持新解放区的土地改革运动。"三反""五反"运动开始后,民革中央号召党员参加所在地及任职机关的"三反"运动,并成立了节约检查委员会,对党的机关内部的贪污、浪费和官僚主义现象,进行了检查,搜捕了一部分贪污分子。

(二) 中国民主同盟

中国民主同盟(简称民盟)成立于1941年3月,原名中国民主政团同盟。民盟为新政协的召开做出了较大的努力,并参加了中国人民政治协商会议。民盟领导人张澜当选为中央人民政府副主席。

1949年底,民盟连续召开了四中全会和五中全会,认真讨论了新中国建立之后民盟的方针任务。12月8日会议通过的《政治报告》指出,在新中国成立之后的"人民民主专政的时代,本盟乃是参与政权的一分子,因此本盟的方针应该是:在中共领导之下,实现共同纲领,巩固人民民主专政的政权,以从事于新民主主义的建设,而为人民服务。"①会议还补选了民盟中央委员,增设了民盟中央政治局。

1951年底,民盟召开全国组织宣传工作会议。这次会议对民盟的性质作了更为明确的解释,即:中国民主同盟是以小资产阶级知识分子为主要成分的阶级联盟性质的新民主主义政党。团结教育广大知识分子共同前进,是民盟的特定任务。在组织建设方面,民盟实行以发展为主、继续巩固组织的方针。1951年12月19日民盟中央常务委员会第23次会议通过的《关于发展组织的指示》指出:民盟的发展对象,应以小资产阶级知识分子为主……在各种职业中,则应以文教界为主。并规定不在军队、少数民族和铁路系统发展盟员。还把"拥护中国共产党",作为盟员标准的首要条件。民盟盟员数量1951年增长了84%,1952年增长了45%。

1949年至1952年,民盟经过了"土改关",并积极参加剿匪反霸、镇压反革命、抗美援朝、增产节约、"三反""五反"运动,还在盟内广泛开展了思想改造运动。

(三)中国民主建国会

中国民主建国会(简称民建)成立于1945年8月,它是一个以工商业家和一部分知识分子为主的政治团体。1949年,它作为民主党派之一参加了中国人民政治协商会议。

1950年6月,民主建国会全国会务推行委员会第二次会议召开。会议指出,民建是以团结民族工商业者实行自我教育和自我改造为主要任务的一个民主党派。会议通过的《拥护政府土改办法和财经措施的决议》,号召民建会员及所有工商业者努力做好下列各项工作:积极拥护土地改革;努力搞好公私关系;搞好城乡内外关系;改善经营方法;健全同业组织;认真学习,力求改造,同策同力,为争取国家财政经济状况的基本好转而斗争。民建发展的重点是中小工商业者,"尤其着重于经常从事正当工商业的人

---

① 中共中央党校.中国民主党派史文献续编.北京:中共中央党校科研办公室,1986.121

员"①。

民建积极参加各项运动和政治活动,尤其在合理调整资本主义工商业和恢复国民经济的工作中,作出了较大努力。

(四)中国民主促进会

中国民主促进会(简称民进),成立于1945年12月。1949年初,民进参加新政协的筹备工作。9月,民进作为民主党派之一参加了中国人民政治协商会议。

1950年4月,民进在北京举行第一次全国代表大会。大会修改了会章,通过《关于接受人民政治协商会议共同纲领为本会纲领的决议》等6个文件,并选举产生了第三届中央理事会。在三届一中全会上,马叙伦当选为中央主席。

会议提出,民进当前总的政治方向和任务是全心全意无保留地拥护《中国人民政治协商会议共同纲领》,"动员一切我们可以动员的力量,在毛主席和中国共产党领导之下,为巩固和平、加强人民民主专政、争取共同纲领的全部实现而奋斗"②。

在组织建设方面,民进努力克服过去组织松懈、散漫的现象,加强组织工作,树立组织观念。三届三中全会关于组织工作的决议指出,民进是一个团结进步知识分子的新民主主义的政治党派,"应以进步的知识分子为发展的对象,而以文化、教育、科技工作者为本会发展的重心"③。1952年8月15日,民进第56次中央常务理事会议通过的《关于组织工作的指示》进一步规定,民进发展的对象应以小资产阶级知识分子为主,包括教育工作者、文化出版工作者、科技工作者、医药卫生工作者、机关工作者等,而尤其应以中小学教职员、文化出版工作者为本会主要的发展对象,"工商界人士则一般地不发展"④。民进吸收了一些在各项政治运动中涌现出来的积极分子,普遍建立了各地的分会和基层组织,清除个别坏分子,充实和整顿了组织。

建国后,民进作为人民民主统一战线中的成员,积极参加政治活动,为巩固人民政权、恢复国民经济,尤其为新中国的教育文化事业作出很大努力。

---

① 民讯.1950年至1952年合订本.第2期
②③④ 中共中央党校.中国民主党派史文献续编.北京:中共中央党校科研办公室,1986.384,353~354,345

（五）中国农工民主党

中国农工民主党的前身是1930年9月创立的"中国国民党临时行动委员会"（通称"第三党"），1935年易名为"中华民族解放行动委员会"，1947年2月改为"中国农工民主党"（简称农工党）。农工党作为民主党派之一，参加了中国人民政治协商会议。

1949年11月，农工党在北京召开了第五次全国干部会议。会议总结了过去奋斗的经验，讨论并确定了"今后全党努力的方向"，会议通过了关于政治与党务的多项决议，选举了中央执行、监察委员会，推选章伯钧为执行委员会主席，彭泽民为监察委员会主席，黄琪翔为执监会秘书长。

会议通过的《宣言》指出："本党认为今后在中国共产党领导下，应努力于巩固人民民主专政，努力于新民主主义的建设，为彻底实现人民政协共同纲领而坚决奋斗。"①1951年12月，农工党第六次全国干部会议进一步提出，全党更好地团结起来，不断学习，不断在实践中改造自己，坚决地站在马克思列宁主义和毛泽东思想的旗帜下，全心全意地为人民服务，走上远大光明的前途。

在组织建设方面，"五全干会"决定"停止吸收党员，发展组织"，进行党务整理工作，建立各级组织机构，进行党员登记，把党员中的工、农、青年"转移"到工会、农会、青年学生团体中去，停止其党的组织关系。到1951年10月，先后建立了15个省市机构，57个县市机构；被"转移"的党员中有：工人150人，农民1 320人，青年学生248人；核准登记的党员1 685人；开除党籍者90人，停止党籍者98人。1950年12月中央执监委通过的《发展组织建议案》提出，准备今后适当地发展组织。1951年11月至12月召开的"六全干会"，正式提出了发展组织的决定。农工党规定的发展对象，一般是城市小资产阶级，即：公教人员，专家、技术人员，小工商业者。

农工党积极参加各项政治运动和政治活动，尤其在土地改革运动中，农工党积极进行宣传，并有367人直接参加了土地改革工作；通过土改工作的实践，农工党批判并丢弃了过去所坚持的改良主义的土地政策，拥护中华人民共和国土地改革法。

（六）中国致公党

---

① 中共中央党校.中国民主党派史文献续编.北京：中共中央党校科研办公室，1986.425

中国致公党是1925年由海外华侨洪门人士建立起来的政党。1949年，致公党作为民主党派之一，参加了中国人民政治协商会议，同其他民主党派一起，参加组织中央人民政府。1950年初，致公党中央机关从香港迁至广州。

1950年4月，致公党召开了第四次全国代表大会。大会决定"以人民政治协商会议所制定的共同纲领为本党政治行动纲领"，号召全体党员，接受中央及毛主席的领导，加强对马列主义及毛泽东思想的学习，提高政治水平，努力完成共同纲领给予的任务。会议还决定今后加强海外的组织，国内则停止组织的发展。

1952年11月，致公党第五次全国代表大会在广州举行。大会经过讨论决定：继续加强海外组织，密切联系华侨的工作，巩固和纯洁国内组织，中央机关由广州迁往北京。大会选举了由31人组成的新的中央委员会，陈其尤当选为中央委员会主席。还加强和改造了学习委员会和纪律检查委员会。尤其在联系海外华侨及归侨的安置工作方面，作出了很大努力。

（七）九三学社

九三学社（简称九三）前身是民主科学座谈会。1945年9月3日，为纪念抗日战争和国际反法西斯战争的胜利，改名为"九三座谈会"。1946年5月4日，正式更名"九三学社"。1949年9月，九三学社作为民主党派之一，参加了中国人民政治协商会议。

新中国成立后，九三学社认为完成了历史任务，预备解散。中央人民政府主席毛泽东闻讯后，表示不同意。他指出，九三学社不但不能解散，而且还要继续发展。中共中央统战部向九三学社传达了毛泽东主席的意见，九三学社保留下来，并从1950年8月开始，吸收新的社员。

1950年12月，九三学社召开了全国工作会议。会议围绕着时事与有关社务两个议题，展开了充分而热烈的讨论。会议决定，今后工作以推动民众抗美援朝运动的深入开展为中心任务。

1952年9月，九三学社第二届全国工作会议（扩大）在北京召开。会议修改的社章规定，九三学社是以小资产阶级文教科学工作者为主要成分的阶级联盟的新民主主义政党，是中国人民民主统一战线的组成部分，以《中国人民政治协商会议共同纲领》为政治纲领。会议指出，九三学社负有完成新民主主义革命的任务，又负有在中国共产党领导下团结并教育广大的文教科学工作者共同前进的任务。九三学社继续实行以文教科学工作者中的中上层分子为主体,以进步分子为骨干的发展方针。会议选举许德珩为中央委员会主席。

1950年到1952年,九三学社的社员增加了近5倍。九三学社积极参与国家政治生活中重大问题的协商,积极参加各项政治运动,尤其为新中国的文教科学事业的恢复和发展,作出了贡献。

(八)台湾民主自治同盟

台湾民主自治同盟(简称台盟)成立于1947年11月。1949年6月,台盟派代表出席中国人民政治协商会议,参与了中华人民共和国的成立。

新中国成立后,台盟总部由上海迁到北京,宣布以《中国人民政治协商会议共同纲领》为自己的政治纲领,以促进祖国统一为自己的中心任务。1950年2月28日,台盟在北京举行台湾人民"二·二八"起义纪念会,宣传台湾人民为争取民主而英勇斗争的革命传统,呼吁海峡两岸人民坚决粉碎反动派制造"两个中国"和"台独"、"托管"等阴谋,早日完成祖国统一大业。此后,每年的2月28日,台盟都举行"二·二八"起义纪念会。台盟发展组织的对象是居住在中国大陆的台湾省籍进步人士。

1950年10月25日,台盟发表告台湾同胞书,号召台湾人民紧密团结起来,反对美国侵略者,消灭蒋介石残余匪帮。建国之初,当全国人民在为解放台湾而加倍努力准备的时候,台盟付出了更大的努力。

中华人民共和国建立初期,八个民主党派作为参政党在中国政治生活中具有重要的地位。众多的民主党派人士成为国家政治生活的直接决策者和参与者。民主党派十分活跃,积极参政议政,为新中国的各项建设做了大量有益的工作。各民主党派在组织上也有了较大的发展,据统计,民主党派成员在1949年中华人民共和国建国时共有11 000多人,1955年增加到39 000多人。

第四节　国民经济的恢复

一、恢复国民经济的战略方针

中华人民共和国成立时,面临着极其严重的经济困难。中国共产党和人民政府从中国国情出发,制定了新中国经济建设的方针和一整套战略策略。

中华人民共和国建国初期的经济,属于新民主主义经济。从1927年共产党开辟农村革命根据地起,新民主主义经济在根据地内萌生,经过22年的实践与探索,至中华人民共和国建立前夕,中国共产党人对新民主主义经济的认识日臻完善。1949年3月,中共七届二中全会召开,毛泽东在报告中把新民主主义经济划分为五种主要经济成分,即国营经济、合作社经济、私人资本主义经济、个体经济、国家资本主义经济。这一思想被写入《中国人民政治协商会议共同纲领》。《共同纲领》规定中华人民共和国经济建设的根本方针是:"以公私兼顾、劳资两利、城乡互助、内外交流的政策,达到发展生产、繁荣经济之目的。"①国家在原料、市场、资金等方面调节各种经济成分,在国营经济领导下,分工合作,各得其所,促进整个社会经济的发展。

1950年6月6日至9日,中共七届三中全会在北京召开。会上毛泽东作了《为争取国家财政经济状况的基本好转而斗争》的书面报告,并作了《不要四面出击》的讲话;刘少奇、陈云、周恩来、聂荣臻分别就土改、财经、外交与统战、军事等问题作了报告。这次会议确定了中国共产党在国民经济恢复时期的战略方针。毛泽东在书面报告和讲话中,分析了在革命胜利的形势下,人民共和国面临的复杂斗争形势和严重困难。指出经过近一年来的努力,国家的财政经济状况已经开始好转,但还没有根本好转。全党和全国人民在建国头三年的中心任务是:争取国家财政经济情况的根本好转,恢复国民经济,一切工作都要围绕这一中心进行。"要获得财政经济情况的根本好转,需要三个条件":土地改革的完成;现有工商业的合理调整;国家机构所需经费的大量节减。要创造这三个基本条件,必须做好土改、肃清反革命、整党建党、巩固财政经济工作的统一领导等八项工作。"三个条件"、"八项工作"是完成恢复经济的中心任务的工作纲领。毛泽东的书面报告提出了一系列变革生产关系和上层建筑包括政治、经济、军事、文化等方面的重大措施,以推动生产的发展,把继续完成民主革命任务同开始进行社会主义革命有机联系起来,又把迅速恢复和发展社会生产力同实行社会制度的改革统一起来。

毛泽东在《不要四面出击》的讲话中,从理论高度概括了中共七届三中全会报告中恢复经济的策略方针:"我们不要四面出击。四面出击,全国紧

---

① 中国人民政治协商会议共同纲领.见:中共中央党校党史教研室编.中共党史参考资料.第7册.北京:人民出版社,1980.22

张,很不好。我们绝不可树敌太多,必须在一个方面有所让步,有所缓和,集中力量向另一方面进攻。"①这一策略方针的实质,就是要团结一切可以团结的力量,以孤立打击主要的敌人,建立经济上的统一战线,将工人、农民、小资产阶级和民族资产阶级"四个朋友"团结起来,有步骤、有分别地扫除帝国主义、封建主义、官僚资本主义残余这"三个敌人"。由于历史的原因,加之当时革命胜利引起的社会经济改组,使失业的工人、手工业者和知识分子暂时增多,农民负担还很重,工商业资产阶级也有相当一部分人惶惶不可终日。打击资本家斗争的开展,使中国共产党内有人误以为斗争对象主要是资产阶级。针对这种情况,中共七届三中全会批评了那种认为可以提早消灭资本主义、实行社会主义的不符合国情的错误思想,明确指出,现在对民族资产阶级的政策仍然是又团结又斗争,以团结为主,是节制资本而不是挤走资本、消灭资本。

中共七届三中全会制定了恢复国民经济的方针,发展了马克思列宁主义的策略思想,对"打通思想,整齐步伐",组成反封建的统一战线,迅速恢复经济有着重大的历史意义。

二、为争取财政经济状况的基本好转而斗争

根据《中国人民政治协商会议共同纲领》确定的经济政策和中共七届三中全会制定的恢复经济的策略路线,新中国以恢复经济为一切工作的中心。人民政府打击市场投机,根绝通货膨胀,稳定物价,统一全国财政经济工作,恢复农业生产,合理调整资本主义工商业,以争取实现国家财政经济状况的基本好转。

中华人民共和国成立前后,面临着物价飞涨的严重局面。1949年4月、6月至7月、11月及1950年2月,社会上掀起四次物价大涨风。从1949年6月至1950年2月,上海批发物价上涨了约20倍。

建国前后第一次物价大波动发生在1949年4月。当时,中国人民解放军连续进行了平津和淮海战役,并积极准备渡江作战,财政支出增加;加之北平、天津解放后大批国民党军政人员由人民政府包下来,"三个人的饭五个人吃",更加重了负担,不得不发行过量的人民币来支付庞大的财政开支。是年,水、旱、虫、雹袭击冀中冀南,造成秋季歉收,此时交通运输尚未完全恢

---

① 毛泽东.不要四面出击.见:毛泽东选集.第5卷.北京:人民出版社,1977.24

复,粮食不能及时调运,工业尚未恢复,投机商人乘机哄抬物价。于是,粮食、纱布带头大幅度涨价,其他商品价格随之上涨。天津综合物价指数5月中旬比3月上旬上涨1.2倍,并波及华北和西北地区。为稳住物价,国营公司对带头影响物价波动的粮食、棉纱实行大量抛售;对职工低价供应粮食、纱布等生活必需品,疏通物资流通渠道,从东北、济南、徐州等地向天津运输大量粮食;通过人民银行吸收游资,缩减市场货币量。由于采取了上述措施,涨价风从5月下旬开始平息。

建国前后第二次物价大波动发生在上海解放不久。1949年5月27日人民解放军攻克上海。投机资本家以金条、银元、美钞为投机对象,以证券交易所为金融投机的大本营,用大量"对讲电话"进行指挥,并勾结大批银元贩子在街头贱买贵卖。在银元贩子敲击银元的一片丁当声中,银元价格从6月2日至9日猛涨了3倍,物价随之上涨了3倍。上海军管会于6月9日严令禁止金条、银元、外币在市场上流通与买卖,军警上街取缔银元贩子的倒卖活动。10日下午解放军包围了证券大楼,逮捕主要投机分子,取缔地下钱庄,为人民币打入上海扫清了道路。而投机资本家受此打击后,转以粮食、棉纱等生活必需品为投机对象。上海解放后,人民解放战争势如破竹,一日千里。新解放区地方财政还需要中央拨款支援,华东区每月总支出为300万元,而该区第一个月的收入还不到40万元,仅及支出的13.3%。因农村经济工作跟不上,人民币一时难以下乡,积聚于上海市。市场购买力大大超越商品总价值量。而美蒋自上海溃败后,实行全面封锁,部分依赖进口的企业,由于国外原料断绝,国内货源尚未打开,生产一时陷于停滞。加之7月份华东、华北暴雨成灾,全国被淹耕地约1亿亩,粮食减产60亿公斤,灾民约4 000万。7月16日一天,上海米价由每担(78公斤)5万元涨至6.7万元。7月下旬比6月底粮价上涨1.5至2倍,纱布价格随之抬高,并波及天津、汉口以及中原地区。上海内拆暗息在7月16日上升35‰(合月息105%),80%的黑市放款用于粮食投机,成为物价暴涨的重要风源。为稳定物价,中国共产党和上海军管会采取了紧急措施,加强市场管理,查办"粮老虎"之类的奸商,国营贸易部门集中物资大量抛售,引导游资转向生产。到8月初,这次涨价风始告平息。

1949年7月27日至8月15日,陈云受中央委托在上海召开了华东、华中、华北、东北、西北五大区财经领导干部会议,确定了全力支持解放战争彻底胜利和尽可能控制物价上涨幅度的方针。

8月至10月的物价,处于相对稳定状态。10月以后,人民解放军挥师华南、西南,军费开支激增,全国军政公教人员超过700万,秋季收购粮棉又进一步增加了货币投放量。11月底人民币累计发行量比7月底增加6倍多。从10月中旬开始,华南商人北上套购纱布,引起纱布价格上升。10月27日,京绥铁路因察北鼠疫流行暂时封闭,运粮渠道堵塞,北方粮价开始上涨。11月出现了建国前后第三次物价大波动。11月7日,上海国营商店抛售大米5.8万石,相当平时成交额的2倍多,但是,次日米价仍由每石4.8万元涨至5.7万元,17日涨至9.8万元。事实表明,面对全国的投机势力,仅上海一地抛售不足以平息涨价风。中央财委①决定各地国营公司在抛售物资上大踏步后退,保存实力;由中央财委统一部署,调集重要物资于主要抛售地点;紧缩通货,统一现金管理,地方经费的一部分推迟半月或20天发放,继续推广折实储蓄,并着重打击煽动暴涨、牟取暴利的奸商。北京市逮捕了16家粮店的投机商,审理"粮老虎"王振廷;上海也逮捕了庆丰等7家粮店的投机商。在各重要城市物资准备充足后,中央财委指示于11月25日在各大城市集中时间、集中力量抛售。投机商人错估形势,不惜高利拆借巨款抢购。国营公司实力雄厚,开始抛售后便逐步降价,投机商人叫苦连天,急于抛售积存货物还债,但越抛售物价则越下跌,几天之间众多奸商折了老本,又要偿付高息,反倒债台高筑。投机资本一蹶不振。

建国前后第四次物价波动发生于1950年2月6日到春节的半月内。2月6日,国民党飞机轰炸上海,史称"二六轰炸"。发电厂被毁,减少电力14万千瓦,上海大部分工厂停工,敌特造谣惑众,人心动荡,商人只购不销,物价上涨,并波及天津、汉口、西安等大城市。中央人民政府采取紧急措施,迅速恢复生产,并命令上海以外纺织厂突击增产,停止机关部队团体向市场购布,调整不合理价格。到2月底,稳定了物价。

稳定物价实质上是一场从工商业资本家特别是投机资本家手中夺取市场领导权的斗争。党和人民政府采取经济与政治手段相结合的方式,一方面通过各种渠道,掌握主要商品的货源;另一方面选择有利时机和市场,集中全国经济力量,敞开抛售,给投机资本以歼灭性打击。同时,在市场有利时,不失时机购进,积蓄力量,准备下一回合的较量。通过这种市场吞吐政策,逐步壮大了国营经济的实力,进而取得主要商品市场的领导权。到1950

---

① 中央财委,即中央人民政府政务院财政经济委员会。

年3月,旧中国延续12年之久的通货膨胀终结。

为确保物价稳定,中央人民政府决定改革以前各解放区财政经济分散管理的状况。根绝通货膨胀,彻底扭转市场无政府状态,从根本上建立新的经济体制,保证国家所掌握的现金和物资领导整个国民经济,实现财政收支、信贷进出、物资供求的三大平衡。

1950年2月13日至25日,中央人民政府政务院财政经济委员会在北京举行第一次全国财经会议,研究解决财经困难的措施。会议决定节约支出,整顿收支,统一全国财政经济工作。3月3日,政务院颁布了陈云起草的《关于统一国家财政经济工作的决定》,《决定》共有10方面内容。统一财政经济采取的主要措施为:(一)统一全国财政收支。将国家财政收入的主要部分集中到中央,除批准征收的地方税收外,所有农业税(公粮)、关税、盐税、货物税、工商税等一切收入,均归中央人民政府财政部统一调度使用。(二)统一全国物资调度。成立全国仓库物资清理调配委员会,所有仓库物资统由政务院财政经济委员会统一调度,合理使用,各地国营贸易机关的物资调动均由中央人民政府贸易部统一指挥。(三)统一全国现金管理。指定中国人民银行为国家现金调度的总机构,一切军政机关和公营企业的现金,除留若干近期使用者外,一律存入国家银行,由国家银行统一管理,集中调度,外汇牌价、外汇调度由人民银行统一管理。为争取财政收支平衡,节约支出,政务院决定成立以薄一波、聂荣臻为正副主任的全国编制委员会,整编全国各级机构,紧缩军政公教人员的编制和开支。

政务院还颁布《关于统一管理1950年度财政收支的决定》、《关于统一国家公粮收支、保管、调度的决定》、《关于统一全国国营贸易实施办法的决定》、《中央金库条例》等,规定了统一财政经济工作的具体方法。

全国各地认真执行中央关于统一财政经济工作的指示,立即整编机关、部队,紧缩财政开支,清仓查库,加强税收,减少盲目投资。华北、华东、中南区各大城市相继建立了贸易金库及专区、县支库;重庆、兰州市政府机关,都抽出20%以上干部充实下层机构或转入生产。

由于统一了财政经济工作,统一的现金管理和转账制度的实施,使原来留在机关和国营企业中的现金和流通领域中的大批货币,源源不断地流回国家银行,缩减了市场货币流通量,增加了国家能够运用和控制的资金,从根本上扭转了通货膨胀的局面。从1950年3月开始,物价呈现下跌趋势;6月以后,人民政府采取各种措施使物价下跌趋势停止。基本上做到了财政收支平衡和物价稳定,并且建立了人民币的信誉,扭转了建国初期极其险恶的经济形势,取得新中国经济战线上第一个巨大的胜利。这对新中国政治、经济地位的巩固,起了极其重要的作用。

在统一财政经济工作过程中,逐步确立了中央集中"统收统支"的财政经济体制,一切由中央统下来。到1951年又实行"划分收支,分级管理"的财政经济管理体制,比中央"统收统支"增加了一些灵活性。这种经济模式是在模仿苏联、保留战争年代经济体制基础上建立起来的高度集中统一的经济模式。其特征是:由国家统一管理指挥调节生产、流通、分配、消费各个领域的经济活动,逐步使国民经济纳入国家指令性计划的轨道。这种经济模式对整顿旧中国混乱不堪的经济秩序起了积极的作用,但在"一五"计划后期,统得过多过死的缺点较多地显露出来,需要随着经济发展不断进行调整与改革。

稳定物价、统一全国财政经济的工作基本完成后,中华人民共和国的财政经济状况开始好转。

三、国民经济的恢复

经过3年经济恢复,中国人民战胜了严重的困难,终于在抗美援朝战争和社会经济大改组的情况下,恢复了旧中国遭到惨重破坏的国民经济。各项生产在恢复中有所发展,人民物质生活水平得到提高。

工业生产的恢复和发展。中国大陆解放后,人民政府执行《中国人民政治协商会议共同纲领》规定的经济政策,在国营工矿企业依靠工人,实行民主改革和生产改革。通过民主改革,彻底打碎了官僚资本企业遗留下来的封建性的压迫和奴役工人的旧制度,清除了隐藏在企业里的反革命分子和封建残余势力。改善了职员和工人的关系,改革了企业领导机构,建立了有工人代表参加的工厂管理委员会、职工代表会。通过生产改革和工资改革,整顿和废除了旧的生产管理与技术管理制度,建立起计划管理和经济核算制度,并且初步整顿了旧的工资制度,按照各尽所能、按劳分配原则调整了工资,开始推行劳动保险制度,提高职工福利,逐步改善了职工的生活。这样,在国营企业内部初步完善了社会主义的新的生产关系,工人群众的政治觉悟和生产积极性空前高涨,普遍地开展合理化建议运动和轰轰烈烈的劳动竞赛活动,劳动生产率不断提高。如东北工人的劳动生产率,1951年即已超过解放前最高水平的42%,1952年又提高了20%。

与此同时,国家开始根据整个社会利益,有计划地指导国营企业的生产和经营活动。在财政支出可能的范围内,国家挤出一定资金,有重点地进行企业的改造扩建,并新建了一些急需项目,使国营工业进一步扩大。1952年,全国国营工业企业已有9 500多个,职工510多万人,资产总值由1949年的68.9亿元增长到108.4亿元。

对私营工商业进行了合理调整。全国财政经济统一后,市场物价稳定下来,虚假购买力突然消失,昔日的虚假繁荣随之销声匿迹,投机资本家将囤货吐到市场,一时出现部分的物资供过于求、销售呆滞的现象。一些过去适应半殖民地半封建经济的工商业,如迷信品、奢侈品工商业,失去了市场;一些机构臃肿、经营不善的企业减产、停业;同一行业内盲目竞争,造成地方与地方之间供求不协调。旧的经济秩序已被打得粉碎,新的经济秩序尚未建立起来,产销脱节,不少工业品价格倒挂,许多私营企业陷于存货过多,负债累累和停工减产境地,部分私营银行和私营商业停业倒闭。上海、北京、天津等10个大中城市,1950年第二季度开业的私营工商业5 903家,歇业的12 750家,歇业户超过开业户6 847家。民族资产阶级中许多人被暂时困难所吓倒,他们消极经营,乃至解雇职工,关厂歇店。有些人把私营工商业的困难归咎于人民政府的经济改组,主张用发展资本主义寻求出路。有的提出所谓"不要与民争利",要求国营经济不要发展。在中国共产党内部则有少数人产生"左"的倾向,认为既然工人阶级能够在这么短的时间内稳定物价、统一财政经济,不妨趁私营工商业困难之机,一举消灭资本主义。

人民政府认为过早消灭资本主义是不适合中国国情的。1950年4月,毛泽东在中央人民政府委员会第七次会议上提出调整工商业的任务,指出:今后几个月内财经领导机构的重点,应放在调整公私企业之间及公私企业各部门之间的相互关系方面。5月,中央财经委员会召开7大城市工商局长会议,讨论研究物价稳定后出现的市场萧条等问题的原因及解决办法,制定了调整工商业的具体政策和方法。会后,在全国范围内开展了调整私营工商业的工作。

(1) 调整公私关系。这是调整的重点,即调整国营工商业与私营工商业的关系和负担。国家通过扩大对私营工业的加工订货和统购包销,使它们能够维持生产和扩大再生产,并把私营工业纳入国家计划的轨道。对私营商业,国家通过经销、代销等方式,使其有利可图;国营商业在扩大批发阵地的同时,减少零售商店的数量,把大量零售业务交给私营商店及小商小贩;

除主要的大宗农产品和外销的农副产品外,其余农产品则组织合作社和私商收购、贩运。国家适当降低税率,以利休养生息,将原1 136种货物税减为358种。调整公私关系的实质是,使资本主义经济在国营经济领导下,有利于国计民生的就得到发展,不利于国计民生的指导其转业转产。(2)调整劳资关系。坚持劳资两利原则,处理好工人与资本家之间的关系。既保障工人的民主权利,又要资本家获得合理利润。从有利发展生产出发,用协商方式解决劳资问题,然后过渡到更固定的合同关系。调整劳资关系实质上是确立工人阶级在私营企业中的领导地位。(3)调整产销关系。主要是在流通领域召开城乡物资交流大会,以销定产,减少生产的盲目性,逐步走上计划产销的轨道。

工商业的合理调整,使濒临歇业、倒闭的许多私人工商业得以复苏。1950年下半年,上海、北京、天津等10大城市开业的私营工商业达32 674家,是该年第二季度开业户的5.5倍。调整后的1951年,是中国民族资本主义发展史上的"黄金时代"。

农业生产的恢复和发展。人民政府在土地改革的同时,积极帮助农民发展生产。兴修水利、推广先进农业技术、引导农民互助合作,促进了农业的恢复。

土地改革完成地区,农业互助合作初步开展起来。1950年全国组织起来的农民已有1 131万户,占总农户的10.7%,1951年增加到2 100多万户,占总农户的19.2%。鉴于土改后广大农民中涌现出的发展个体经济与发展互助合作的积极性,人民政府积极而又谨慎地通过农业互助组、农业生产合作社等形式,把农民发展个体经济的积极性引导到互助合作的轨道上来。1951年9月9日,中共中央召开第一次农业互助合作会议,通过了《关于农业生产互助合作的决议(草案)》,并于12月发给各级党委试行。决议草案指出,共产党既不能忽视和粗暴地挫伤个体经济的积极性,又要在农民中提倡"组织起来",鼓励发展农业互助合作的积极性。根据生产发展的需要与可能,采取积极发展、稳步前进的方针,在农村发展互助合作运动,引导农民走集体化道路。提出实现农业合作化互相衔接、稳步前进的三个步骤(三种形式),即临时性的季节性的简单的劳动互助组,在共同劳动基础上实行某些分工和有少量公共财产的常年互助组,土地入股统一经营的半社会主义性质的初级农业生产合作社。规定了自愿互利、典型示范、国家帮助的原则,反对强迫命令、急躁冒进和放任自流的错误。到1952年底,全国40%的农户参加了互助合作组织。1952年,农业总产值达484亿元,比1949年增长158亿元①,比历史上最高年份增长了18.5%。1952年粮食总产量达16 392万吨,比1949年增产5 074万吨②,棉花产量达130.4万吨,比1949年增产86万吨。大豆、花生、油菜籽、甘蔗产量也大大提高。

交通运输的恢复与发展。全国刚解放时,没有一条可以全线通车的铁路。广大铁路工人克服种种困难,仅1949年,修复铁路8 300多公里,桥梁2 715座;到1950年底,中国原有铁路基本上畅通,1952年,新修来睦、成渝、天兰三条铁路线,总长度1 277公里③。是年底,全国铁路通车里程接近解放前的最高年份,还加固了京汉铁路黄河大桥,铁路运输货物周转量逐年提高。公路通车里程由解放初的80 768公里,1952年发展到126 675公里。内河航运里程增加。民用航空解放初是空白,到1952年新辟航线13 123公里。交通运输的恢复,沟通扩大了城乡交流,促进了国民经济的恢复和发展。

国内外贸易的恢复。随着建国初期国内市场的渐趋稳定,1950年社会商品零售总额达到170.6亿元,1952年为276.8亿元④,开始出现市场繁荣,购销两旺的局面。对外贸易于1950年实现了出超,贸易额构成发生了变化,生产资料的进口比重增大,消费资料进口缩减。人民政府外贸部门在坚持独立自主、平等互利原则下,采用以货易货的对外贸易方式,与众多国家的工商业家达成许多交易。

人民物质生活的初步改善。经过三年来的经济恢复,人民的物质生活水平得到提高。农民收入比土地改革前一般增加30%左右,人均消费水平大约提高20%。工人工资总数不断提高,就业人数增加。1949年至1952年,已有780万人就业,1952年全国职工总数是1949年的197.5%。1952年,全国国营企业职工工资比1949年增加了60%~120%,全国工人平均工资比1949年增加了70%。1952年,卫生系统共有病床13万张,比1950年增加1倍多。1950年中央人民政府公布了《中华人民共和国劳动保险条例草案》,工矿部门于1951年开始试行。同年在陕北老根据地及其他某些少数民族地区试行公费医疗预防制度,并逐步扩大范围。1952年7月起,全国各级人民政府、党派、工青妇等团体、各种工作队以及文化、教育、卫生、经济

---

①② 国家统计局.光辉的三十五年.北京:中国统计出版社,1984.51,53
③ 寿孝鹤等.中华人民共和国资料手册.北京:社会科学文献出版社,1986.324
④ 国家统计局.伟大的十年.北京:人民出版社,1959.146

建设等事业单位的国家工作人员和革命残废军人,享受公费医疗待遇,总人数达 400 万。此外,职工的居住条件也有所改善,新建住宅面积 1950 年为 251 万平方米,1951 年为 460 万平方米,1952 年为 751 万平方米①。国家投资新建的宿舍逐年增加,职工的住房条件随之改善。

短短 3 年中间,中国的经济在极端困难的条件下获得被称之为"创造奇迹"的成就,主要原因是:

(一)稳妥地有步骤地变革半殖民地半封建经济关系,尽量减少社会震动,在安定的环境中搞生产。旧中国的生产关系已成为生产力的桎梏,必须打破,才能解放生产力。共产党和人民政府在变革生产关系中,力求稳妥。首先根据国际形势,采取区别对待的方针,用多种形式接管了外资企业,没收官僚资本,接着有步骤分期分批地在条件成熟的新解放区进行土地改革,少数民族等条件不成熟地区留待以后进行。由于在变革生产关系中实行积极稳妥、减少社会震动的方式,不仅没有使国民经济因生产关系急剧变革而下降,反而出现生产迅速恢复发展的好局面。

(二)运用"不要四面出击"的战略策略,坚持建立经济上反封建的统一战线。建国初期,帝国主义、国内反动派、土匪特务、地主阶级以及文化宗教界的反动势力,都反对人民政权。民族资产阶级也因经济大改组而惶惶不可终日,流露出不满情绪。在此形势下,中国共产党和人民政府,不四面出击,而是团结一切力量,集中全力打击敌对势力。土地改革中,不动富农,团结农村中 90% 的人,重点孤立、打击地主;对资本主义工商业采取"利用、限制、改造"的政策,协调新民主主义经济中各种经济成分的关系,从而带来国民经济的恢复发展。

(三)始终把恢复经济作为各项工作的中心。建国初期,百废待举,工作千头万绪,共产党和人民政府始终把恢复经济作为一切工作的中心。在接管城市、调整工商业中,始终以恢复生产为出发点;在完成土改的农村重点恢复农业生产;抗美援朝中坚持"边抗、边稳、边建"的方针。各个政治运动均服务于经济恢复。这是国民经济迅速恢复的重要原因之一。

(四)加强执政党的党风建设。执政党的党风问题,关系到党的各项工作能否展开,关系到一个政权的兴衰。为防止党员干部蜕化变质,开展了"三反"、整风整党运动,对罪大恶极的大贪污犯,不论职务多高,以往有多大

---

① 国家统计局.伟大的十年.北京:人民出版社,1959.187,192

功劳,都严厉惩处。对不合格的党员坚决清除或劝退。人民政府还明令禁止军队、机关办企业,严禁党政干部经商,杜绝以权谋私。人民政府吏治清明,廉洁奉公,联系群众,讲求效率,保证了各项经济活动的顺利进行。

(五)经济理论上的充分准备是恢复经济的重要前提。建国前夕,共产党的新民主主义经济理论已经成熟,在科学理论指导下,制定了恢复发展经济的一系列具体政策,使恢复经济有计划、有目的、有步骤地进行。

1952年底,中国经济取得了举世瞩目的成就。中国人民自力更生,艰苦奋斗,战胜了帝国主义的封锁和国民党残余势力的破坏,医治好了战争创伤,完成了恢复经济的艰巨任务,为大规模地进行社会主义改造和有计划的经济建设奠定了基础。

第五节 国民党政权败退台湾

一、蒋介石集团在台湾的统治

1949年,在中国历史上是一个沧桑巨变的年份。中国人民解放军的隆隆炮声,将统治中国22年的南京国民政府赶下台。蒋介石集团的残兵败将,被迫退守台湾及东南沿海岛屿。

蒋介石在1949年1月"下野"前后,即在台湾苦心经营,以为退路。在人事上,蒋介石于1948年12月29日任命其心腹陈诚为台湾省主席,儿子蒋经国为国民党台湾省党部主任委员,立即实施军事统治。1949年7月1日,蒋介石在台北阳明山设立总裁办公室,建立幕僚机构,指挥一切。在经济上,1949年2月初,蒋介石密令中央银行总裁俞鸿钧将上海中央银行储存的50万盎司黄金秘密运往台湾海岛,以作为孤守台湾的经济基础。6月14日,台湾发行"新台币"。在外交上,蒋介石以国民党总裁身份于7月、8月先后出访菲律宾和韩国,并与菲律宾总统季里诺和韩国总统李承晚分别发表联合声明,表示要共同结成反共国家联盟,合力对共产主义作战。与此同时,宋美龄滞留美国,到处游说,希望把华盛顿的反蒋倾向扭转过来。但美国于8月份公布了"白皮书",并摆出要抛弃蒋介石集团的姿态,"不过,这长达1 054页的外交文件,对蒋有百害却也有一利。那就是由此领悟到为人驱策的悲哀,益增他抓实力保台湾的决心"①。

1950年3月1日,蒋介石在台湾复行"总统"职权。他在复职文告中提出:在军事上,巩固台湾基地,进图"光复"大陆。在国际上,先求自力更生,再联合"民主国家"共同反共。在经济上,提倡节约,奖励生产,推行民生主义。在政治上,保障民权,厉行法治。②

蒋介石复职以后,首先提名陈诚接替阎锡山的"行政院长"职务,吴国桢任"台湾省主席",周至柔任"参谋总长"兼"空军总司令",孙立人、桂永清分任"陆、海军总司令",蒋经国任"国防部"政治部主任(后改为总政治部主任)。8月16日,改变台湾省行政区划,设台北、宜兰、桃园等16县和台北、基隆、台中、台南、高雄5市。

在党务方面,蒋介石着手改造国民党。早在1949年7月,他就草拟了国民党《改造纲要》。1950年7月22日,国民党中常会临时会议对之作了进一步修正。《改造纲要》申明:国民党"为革命民主政党","信守三民主义,领导国民革命,坚持反共抗俄之斗争";在组织上采取"民主集权制";以"实现主义"、"尊重组织"、"深入民众"、"讲求效能"、"精诚团结"作为整顿作风的准绳。《改造纲要》还提出:"实行政党政治,依主义制定政策,以政策决定人事,以组织管理党员。"③1950年8月至1952年10月,是国民党在台的"改造时期"。1950年8月5日,"国民党中央改造委员会"成立,由陈诚、张其昀、张道藩、谷正纲、蒋经国等16人为中央改造委员会委员。蒋介石企图通过改造国民党,肃清失败主义的毒素,痛改派系倾轧的恶习,铲除官僚主义的作风,充实基础组织,严明纪律,整顿财政与党营事业。蒋介石还借"改造"之机,削弱国民党内桂系、CC系等非蒋派政治力量,以维护自己的专制独裁统治。

在军事方面,蒋介石于1950年5月13日至17日,秘密撤退驻守舟山群岛等地的12万余军队,集中兵力防守台湾。为加强政治作战能力,专门设立了"国防部"总政治部,各部队设立政治部或政治室,加紧精神动员,鼓动国民党官兵"反共抗俄"。另外,还建立军官学校、政治作战学校、步兵士官学校等,大力补充军队,夜以继日地在沿海构筑碉堡工事。1952年1月,

---

① 江南.蒋经国传.第2版.北京:中国友谊出版公司,1987.207
② [日]古屋奎二.蒋总统秘录.第14册.台北:中央日报社,1978.100~101
③ 萧继宗.革命文献.第69辑.台北:国民党中央党史委员会,1976.453~460

蒋介石题写"毋忘在莒"四字,让人刻在金门太武山的悬崖上,以激励守岛官兵效仿"田单复齐",时刻不忘"反共复国",随时准备"反攻大陆"。接着发动"毋忘在莒运动",不断对中国大陆沿海地区进行骚扰。

在经济方面,从1946年至1950年,有100多万人涌入台湾。台湾民众不仅自己要吃饭,还要供养一支约占台湾男人14%的军队①。同时,台湾黄金外流,通货膨胀,经济濒临崩溃。1949年7月,台湾当局成立了"台湾区生产事业管理委员会",陈诚任主任,指导一切经济活动。为恢复经济,台湾当局在农业上推行土地改革计划。1949年4月至7月,台湾当局全面实施"三七五减租",即从佃农的收获中减除种子、肥料等实际费用25%,其余75%则由地主与佃农各分37.5%的平均分配方式。继此之后,从1951年6月开始,台湾当局分期实行"公地放领",即用贷款方式将从日本人手里没收的"公地"折价出售给无地或少地的农民。自1953年1月起,又实施了"耕者有其田"政策。该政策规定地主可保留其出租耕地中等水田3甲(1甲相当于0.97公顷)或中等旱田6甲,超过此限的土地,则由"政府"以该耕地年收获量的2.5倍为代价收买,然后再转卖给佃农。②

台湾当局这种带有浓厚"和平色彩"的土地改革,在不消灭封建土地所有制的前提下,一定程度上减轻了对农民的剥削,农民耕种土地的意欲有所提高,台湾农业在"轻徭薄赋"之下显露出一些生机。国民党在台湾之所以主动进行土地改革,一则由于蒋介石集团是"外来人",同当地的显贵没有太多联系,土地改革的顾虑较少;再则由于蒋介石集团从大陆的惨败中清醒过来,感到迫切需要在台湾农民中建立起可靠的政治基础,因此采取了重新分配土地的政策。总之,国民党的土地改革主要不是为了经济和社会的公道,而是为了它自身的政治生存。

1950年下半年以后,台湾大量吸收美国资本,逐步控制了通货膨胀,恢复了电力、化肥、纺织工业,经济形势看好。到1952年底,台湾农业、工业都恢复到光复前的最高水平,这就为以后有计划地发展台湾经济提供了有利条件。

在政治方面,台湾当局颁布"戒严令",实行"党禁"、"报禁",加强特务统治。蒋介石集团到台后,原来的中统、军统两大特务系统已失去作用,遂于1949年7月在高雄召开秘密会议,组建了新的特务机构"政治行动委员

---

① [美]何宝山.台湾经济的发展.上海:译文出版社,1981.121
② 郭传玺.中国国民党台湾四十年史纲.北京:中国文史出版社,1993.76~79

会"。1950年又将其改为"总统府机要室资料组",蒋经国包办了这个党政特务机构,其指挥的特工人员有5万余人。特务机构任意抓人捕人,经常制造恐怖,大肆屠杀无辜。同时,设立"新生营",对所谓"思想左倾,意志不坚"者实行"感训"。

在政治镇压的同时,蒋介石集团还加强所谓的"精神统治"。蒋介石集团在所谓实施"民族精神"教育的幌子下,加强反共意识的训练,"建设精神国防",并加紧对台湾青年的控制。1952年10月31日,"中国青年反共救国团"在台北成立,蒋介石兼任团长,蒋经国任主任。"救国团"在所谓"我们为青年服务,青年为国家服务"的原则下,防止青年亲共,辅导青年"反共复国"。"救国团"在台北设立总团部,并在各县市乡镇区、大中专学校建立了组织。蒋介石集团利用青年人纯真的热情,盗用若干美丽的名词和动听的口号,欺骗、愚弄、麻醉青年,进而控制青年,驱使青年为其"效力"、"卖命"。

1952年10月10日至20日,中国国民党第七次代表大会在台北召开。会议的重要议题有:总结国民党"改造运动"的成果,修改国民党党章,确定国民党今后的政纲与政策,选举新的国民党中央委员会等。蒋介石的政治报告从多方面检讨了国民党在大陆失败的原因。他提出"复国建国"努力的方向是:澄清党内思想,摧毁阶级斗争与唯物史观,坚信三民主义。为此,要保卫中国文化,振肃社会风气,以建立民族主义基础;尊重民主宪政体制,加强台湾地方自治,以建立民权主义基础;实行平均地权、平均社会财富,以建立民生主义基础。① 这次大会修改了国民党党章,确定了国民党退守台湾后的政纲与政策,选举了新一届国民党中央委员会,并一致拥护蒋介石连任总裁。

国民党"七大"是国民党退台后召开的第一次党的代表大会,它成为国民党在台湾的统治暂时"稳定"下来的标志。至此,国民党在台湾建立了以蒋介石为权力核心的统治秩序。

二、中央人民政府致力解放台湾

台湾是中国领土不可分割的一部分,海峡两岸的对峙是内战的结果和继续。蒋介石集团逃亡台湾之后,中华人民共和国中央人民政府始终反对任何外国势力干涉中国内政,并动员全国军民做好准备,一定要解放台湾,完成祖国的统一。

---

① 郭传玺.中国国民党台湾四十年史纲.北京:中国文史出版社,1993.27~30

中华人民共和国坚持中央人民政府是中国惟一合法政府,台湾的国民党集团根本没有资格代表中国。从1949年11月15日起,中华人民共和国外交部陆续致电有关国际组织,要求驱逐国民党残余集团的"代表",接纳中华人民共和国中央人民政府的代表。1950年9月17日,政务院总理兼外交部长周恩来致电联合国,重申中华人民共和国的这一原则立场。尽管美国无理阻挠,使国民党残余集团的非法"代表"暂时留在联合国,但是中央人民政府的多次正义声明,使新中国的世界声望日益提高。

1950年6月25日,朝鲜战争爆发。27日,美国总统杜鲁门发表声明,声称共产党部队占领台湾,将威胁太平洋地区的安全及在该地区执行"合法而必要职务的美国部队"。因此,"命令第七舰队阻止对台湾的任何进攻",并"要求台湾的中国政府停止对大陆的一切空海攻击"。"台湾未来地位的决定必须等待太平洋安全的恢复,对日和约的签订或经由联合国的考虑。"①

杜鲁门声明发表的第二天,周恩来发表声明,严正驳斥了杜鲁门的声明。8月24日,周恩来又致电联合国安理会主席马立克及秘书长赖伊,要求制裁美国武装侵略中国领土台湾的罪行。10月1日,中国人民解放军总司令朱德,命令全体指战员,进行充分准备,加强国防建设,为解放台湾、澎湖、金门岛而奋斗。

同年10月7日,联合国第五届大会无理地将美国提出的所谓"福摩萨问题"(即台湾问题)列入大会议程。周恩来当即致电联合国第五届大会主席安迪让及秘书长赖伊,表示强烈抗议。他指出:"关于台湾,今天存在的只有美国侵略中国领土台湾的事实,并不存在关于台湾的地位或前途的所谓'福摩萨问题'。"②在强大的国际舆论压力下,联合国安理会第506次会议通过决议,邀请中华人民共和国政府派遣代表出席联合国安理会。周恩来总理兼外长任命伍修权为特派代表,乔冠华为顾问,赴美国纽约出席联合国安理会。伍修权在联合国第五届大会安全理事会上发表长篇演说,用无可辩驳的事实,控诉美国武装侵略中国领土台湾,以及干涉中国内政的罪行;要求联合国安理会立即采取措施,使美国从台湾完全撤出其武装力量;同时抗议联合国直至今日还容留中国国民党反动残余集团的"代表";重申中国人民一定要解放台湾和台湾属于中国领土的坚定立场。

---

①② 台湾问题文件.北京:人民出版社,1955.11,17

总之,在建国初期,中央人民政府坚持一定要解放台湾、解放中国全部领土、完成祖国统一大业的方针,反对美国侵占台湾、干涉中国内政的做法,表达了中国政府和人民不屈服于外部压力,坚决捍卫祖国主权独立和领土完整的立场和决心。

第六节 国防建设和外交关系

一、抗美援朝

南北朝鲜分立,是第二次世界大战结束时美国、苏联军队在朝鲜以北纬38°线为界分别接受日军投降的结果。1950年6月25日拂晓,南北朝鲜战争爆发。美国总统杜鲁门命令远东美军总司令麦克阿瑟指挥其所部军队,"支援"南朝鲜。联合国安理会应美国的请求,于美国纽约时间6月25日下午召开紧急会议,通过了美国关于朝鲜局势的提案,指控朝鲜民主主义人民共和国部队进攻南朝鲜。在美国操纵下,联合国安理会授权由美国领头组成联合国军,"干涉"朝鲜内战。6月27日,美国总统杜鲁门发表声明,命令美国第七舰队开进台湾海峡。7月8日,杜鲁门任命麦克阿瑟为"联合国军总司令"。除南朝鲜军队外,先后参加联合国军的有美国、澳大利亚、英国、荷兰、新西兰、加拿大、法国、菲律宾、土耳其、泰国、南非、希腊、比利时、卢森堡、哥伦比亚、埃塞俄比亚等16个国家;另外,瑞典、印度、丹麦、挪威、意大利也提供了医疗船或派出战地医疗队。美国打着"联合国军"的旗号大举出兵朝鲜。与此同时,美国第七舰队公开侵占中国领土台湾。

朝鲜战争爆发的第二天,朝鲜民主主义人民共和国内阁首相金日成发表广播演说,号召朝鲜人民为正义战争而奋斗,直到献出最后一滴血。朝鲜人民军奋起抗击,不到两个月时间,解放了南朝鲜首都汉城和南朝鲜大部分地区。趁朝鲜人民军主力南下,后方空虚之机,麦克阿瑟调集"联合国军"5万余人、300多艘军舰、500多架飞机,于9月15日在朝鲜西海岸仁川登陆,截断朝鲜人民军的补给线。10月1日,麦克阿瑟通过广播发出最后通牒,要朝鲜民主主义人民共和国无条件投降。当晚,金日成召见中华人民共和国驻朝大使,希望中国尽快派兵支援。金日成还派朴宪永前往北京向中华人民共和国领导人当面提出上述请求。

美国出兵朝鲜,公开侵占中国领土台湾,用飞机扫射轰炸中国东北地区,严重威胁着中华人民共和国的安全。周恩来总理郑重警告美国:"中国人民决不能容忍外国的侵略,也不能听任帝国主义者对自己的邻人肆行侵略而置之不理。"但美国侵略军不顾中国政府一再警告,继续北犯,占领平壤,把战火烧到鸭绿江、图们江边。美军飞机疯狂轰炸中国东北边境城乡。中共中央政治局根据朝鲜民主主义人民共和国的请求,经反复研究,作出抗美援朝,保家卫国的战略决策。10月8日,中央人民革命军事委员会主席毛泽东命令东北边防军为中国人民志愿军,任命彭德怀为司令员兼政治委员,令志愿军迅即向朝鲜境内出动,协同朝鲜军民向侵略者作战。随后,中央军委任命邓华为中国人民志愿军副司令员兼副政治委员,洪学智、韩先楚为副司令员。中共中央和毛泽东最初曾想以"支援军"名义,出兵援助朝鲜人民军作战。在征求民主党派意见时,黄炎培提出了"师出有名则战无不胜"①的意见,毛泽东遂将名称改为"志愿军"。以中国人民志愿军的名义赴朝参战,而不是以中国人民解放军的名义,这是一个重大的策略。中国人民解放军是国家的军队,是官方的,如果以此名义出国参战,表明是国家派出去的,等于中国向美国宣战。以中国人民志愿军名义出国参战,是民间的,是人民群众志愿组织的。这样做,不给美国对中国宣战以口实,比较策略,对中国有利。10月19日,中国人民志愿军由安东(今丹东)、长甸河口和辑安跨过鸭绿江入朝参战。中国人民志愿军与朝鲜人民军并肩作战,至1951年6月,连续进行了5次大规模攻势作战。

  中国人民志愿军五战五捷,共歼灭敌军23万余人,其中美军8.8万余名,把敌人由鸭绿江边打回到"三八线"以南,从根本上改变了朝鲜战争的局势。美军在遭受打击后,士气低落,兵力不足,又远离后方,被迫转攻为守,寻求政治解决朝鲜战争的途径。

  1951年6月23日,苏联驻联合国代表马立克提出交战双方谈判停火,军队撤离"三八线"的建议。7月10日,朝中人民军队代表与"联合国军"代表在"三八线"附近的开城(10月8日移至开城附近的板门店)举行停战谈判。朝鲜战争进入军事与外交斗争交织进行阶段。美方对谈判缺乏诚意,在军事分界线、战俘遣返等问题上提出许多无理要求,阻挠达成协议。并在停战谈判期间,于1951年7月至9月先后发动大规模的"夏季攻势"和"秋季攻势",实行日夜轮番狂轰滥炸中朝人民军队后方和后方运输线的"绞杀

---

① "中国人民志愿军"名称的由来.解放军报,2000-10-21

抗美援朝中,中国人民志愿军司令员彭德怀和朝鲜人民军司令员金日成在前线

战"。还实行灭绝人性的细菌战。中朝人民军队艰苦作战,建立了一条炸不烂、打不垮的钢铁运输线。作战中执行毛泽东提出的"持久作战,积极防御"的战略方针,采取"零敲牛皮糖"的办法,一点一点去消灭敌人。终于粉碎了敌人的进攻,使战线稳固在"三八线"附近。美国"细菌将军"李奇微,在世界人民的声讨中去职,克拉克上将接替其职务。

1952年10月,美军发动"金化攻势",10月14日向中朝人民军队坚守的金化东北上甘岭阵地大规模进攻,企图分割中国人民志愿军防御体系。美军投入6万多兵力,动用18个炮兵营、300多架飞机和178辆坦克,轮番向上甘岭冲击。经43天激战,敌伤亡2.5万余人。中国人民志愿军坚守的仅3.7平方公里的阵地上,被敌机投掷的重磅炸弹削低了2米,但阵地屹立不动。1953年5月至7月,朝中人民军队发动了夏季反击战,歼敌12.3万余人,收复土地240平方公里。

在两年多时间里,敌我双方谈谈打打,打打谈谈。美国动用了1/3陆军、1/5的空军和近1/2的海军投入朝鲜战场。中国人民志愿军利用地形,构筑坑道,以阵地防御和运动反击相结合的作战方法,积多次的小胜,大量消灭敌人,这两年多时间中共歼敌72万余人,促使朝鲜停战协定早日签订。

1953年7月27日上午10时(朝鲜时间),朝中方面谈判代表团首席代表南日大将和美方谈判代表团首席代表哈利逊中将,在板门店正式签署《关于朝鲜军事停战的协定》。当日22时完全停火,协定开始生效。随后金日成、彭德怀、克拉克在协定上签字。"联合国军"总司令克拉克在签字时和他的属僚说:"美国上将在一个没有打胜的停战书上签字,这在美国历史上是第一次。"①

在历时3年的朝鲜战争中,朝中人民军队共毙伤俘敌109万多人,其中美军39.7万多人,李承晚伪军66.7万多人,其他帮凶军2.9万多人②,击落击伤敌机1.2万余架,击毁、击伤、缴获敌坦克3 064辆,击沉击伤敌舰257艘。

为取得抗美援朝战争胜利,中国人民付出了重大代价。志愿军先后投入兵力达130多万,中国消耗各种物资560多万吨,支出战费人民币(旧币制)60万亿元。"我志愿军壮烈牺牲和光荣负伤的达36万余人,其中牺牲的团以上干部就达200多人。"③志愿军中涌现出黄继光、罗盛教、邱少云、孙占元、杨根思等30多万战斗英雄、模范功臣。中华儿女用鲜血和生命谱写了一曲国际主义颂歌。

抗美援朝战争的胜利,保卫了朝中两国的独立和安全,粉碎了美国吞并朝鲜进而颠覆中国的狂妄计划,打破了美帝国主义不可战胜的神话。抗美援朝战争的胜利,极大地增强了中华民族的自信心和自豪感,也鼓舞了全世界被压迫人民争取独立解放的勇气和信心,对国际局势产生了深远的影响。从此,帝国主义不敢轻易作武装侵华的尝试,抗美援朝战争的胜利为新中国的建设和社会改革赢得了一个相对稳定的和平环境。

二、国防建设

中国人民在恢复经济的同时,加强了国防建设。人民解放军为保卫祖国的领土和主权完整,致力于建设一支现代化、正规化的革命军队。

首先统一军事制度。人民解放军过去长期处于分散环境,除政治思想和战略方针统一之外,各个部队的军事制度并不完全统一。建国后,对军队编制进行了调整。建立了统一的军队,即人民解放军和人民公安部队,受中

---

① 彭德怀.彭德怀自述.北京:人民出版社,1981.263~264
② 中国人民解放军大事记.北京:军事科学出版社,1983.340
③ 薄一波.若干重大决策与事件的回顾.上卷.北京:中共中央党校出版社,1991.44~45

央人民政府人民革命军事委员会统率,实行统一的指挥,统一的制度,统一的编制,统一的纪律。1949年10月,中央人民政府人民革命军事委员会成立,毛泽东为主席,朱德、刘少奇、周恩来、彭德怀、程潜为副主席,贺龙等22人为委员。徐向前为总参谋长,聂荣臻为副总参谋长。1950年5月16日至30日,全军参谋会议在北京召开。会议确定了陆、海、空军和公安部队的编制定额,并提出了进行整编的原则和要求。9月4日,中央军委批准成立人民解放军总干部管理部(后改称中国人民解放军总干部部),部长为罗荣桓。

在建国初期极端困难的情况下,首先在陆军的基础上创建了空军。早在1946年,中国共产党就在东北建立了第一所航校,培训了少量飞行和技术人员,解放战争胜利后,接收了国民党空军留下的烂摊子,机场遭到破坏,飞机只有88架。1949年7月,中共中央和毛泽东主席正式决定建立中国人民解放军空军。同年11月,中央军委令第四野战军第14兵团机关组成空军领导机关,刘亚楼任司令员,萧华任政治委员,并从陆军调来整师整团的部队组成空军部队。1949年12月至1950年2月,以从陆军调来的建制部队、优秀指挥员和原东北航校的人员为骨干,吸收一批知识分子和原国民党航空技术人员参加,新办起第一批共6所航校,培养航空学员。1950年6月,以航校第一期速成班毕业学员为主,组建了歼击、轰炸、强击、侦察、运输等航空兵师、团和新的航空学校。以各大军区航空处为基础,成立了各军区空军领导机关。人民空军迅速成为一支组织严密、富有战斗力的新军种。

与此同时,开始筹建人民海军。1949年4月23日,根据中央军委的命令,在江苏泰州白马庙成立了华东军区海军,张爱萍任海军司令员。接着在广东成立江防部队,在青岛建立海军基地。1950年4月14日,以第12兵团机关为基础,组建了海军领导机关,萧劲光任司令员。

8月1日,以第四野战军特种兵纵队机关为基础,成立了人民解放军炮兵领导机构,陈锡联任司令员。9月1日,装甲兵领导机构成立,许光达任司令员。10月,成立了全国性防空部队领导机构,周士第任司令员,钟赤兵任政治委员。11月,以第20兵团部分人员为基础,成立了人民解放军公安部队,罗瑞卿为司令员兼政治委员。1951年3月,工程兵领导机构成立,次年9月任命陈士榘为司令员。

在建国初期很短时间内,人民军队由原来单一步兵种迅速向多兵种合成军队过渡,并随着国民经济的恢复和国防科技的发展,不断提高武器装备的现代化水平。

人民解放军十分注意部队干部素质的提高。军队干部选拔，由过去主要靠战争实践锻炼，逐步改为主要通过院校培训。建国初期，中央军委非常关心各种正规军事院校的建设，抽调大批具有丰富实践经验的高级将领去办军校。1950年11月5日，军事学校及部队训练会议在北京召开，会议讨论了军校教育方针、教育计划、制度及教材、器材供应计划和学校编制等。确定解放军军事训练的基本方针是：在人民解放军现有基础上，用迅速而有效的方法，使部队学会掌握现代化的兵器及其他军事技术，使指挥员学会组织与指挥各兵种的联合作战与协同动作，了解参谋与通信勤务，以加速军队的正规化和现代化建设。此后，各类军事院校蓬勃发展起来。1951年1月25日，中国人民解放军军事学院在南京成立，刘伯承任院长兼政治委员。军事学院的任务是训练合成军队的指挥员在现代条件下组织指挥各军兵种协同作战的能力，提高指挥员、政治工作人员的军事、政治水平。1952年5月，中国人民解放军后勤学院成立，李聚奎任院长。中央军委还决定，1952年全军执行以文化教育为中心的训练任务。全军开展了大规模的文化教育运动。经过这次运动，解放军指战员的文化水平普遍提高。

为了节省军费开支，加快国家经济恢复与建设，人民解放军从1950年起，开始复员工作。1952年1月起进行军队整编，压缩兵员定额，减少军费开支，精简机关，充实连队，并向地方各条战线输送了一大批骨干，为国家的各项建设事业充实了力量。

从中华人民共和国成立到1952年底，在追歼国民党残敌和抗美援朝的硝烟中，中国人民解放军的军事建设和技术装备的现代化建设开始起步。

三、外交关系

当灾难深重的中国人民挣脱半殖民地半封建的枷锁，打开国门，艰难地跻身于风云变幻的世界舞台时，面临的是无尽的屈辱和历代反动政府遗留下来的许许多多不平等条约。站起来的中国人民要走向世界，洗雪近代以来的外交耻辱，必须坚定不移地执行维护民族利益的和平独立外交方针。

《中国人民政治协商会议共同纲领》确定新中国外交政策的原则为："保障本国独立、自由和领土主权完整，拥护国际的持久和平和各国人民间

的友好合作,反对帝国主义的侵略政策和战争政策。"①中华人民共和国建立初期的外交方针是:

(一)"一边倒"。在中华人民共和国成立前夕,毛泽东就提出:"我们在国际上是属于以苏联为首的反帝国主义战线一方面的,真正的友谊的援助只能向这一方面去找,而不能向帝国主义战线一方面去找。"②在帝国主义和社会主义两大阵营中间,"中立"是不可能的,中国必须站在以苏联为首的和平民主阵营一边。明确宣布"一边倒",打破了帝国主义者的幻想。

(二)"另起炉灶"。"另起炉灶"就是新中国不承认国民党政府同各国建立的旧外交关系。毛泽东说过,人民政府的一个重要外交方针是"另起炉灶",就是新中国不承认国民党政府同外国建立的旧外交关系,而要在新的基础上同各国另行建立新的外交关系。对于驻在旧中国的各国使节,人民政府把他们当作普通侨民对待,不当作外交代表对待。人民政府不承袭旧的外交关系,这是一百多年来旧中国政府所没有做到的。1949年10月1日,毛泽东主席在《中华人民共和国中央人民政府公告》中宣告,"本政府为代表中华人民共和国全国人民的惟一合法政府。凡愿遵守平等、互利及互相尊重领土主权等项原则的任何外国政府,本政府均愿与之建立外交关系。"③中央人民政府坚持外交的严肃性,申明建交要经过谈判手续。

(三)"打扫干净屋子再请客"。建国初期,中央人民政府不急于谋求西方资本主义国家的承认,而是先清除帝国主义在华残余势力。在帝国主义在华经济势力、特别是文化影响还很深的情况下与之建交,新中国的独立必然会受到影响。因此,在建立外交关系之前有步骤地把"屋子"打扫一下,然后再"请客"是十分必要的。在具体外交事务中,坚持"礼尚往来",争取外交战略的主动地位。对"资本主义国家,你对我好,我也对你好;你对我不好,我也对你不好。针锋相对,来而不往非礼也"④。

---

① 中国人民政治协商会议共同纲领.见:中共中央党校党史教研室.中共党史参考资料.第7册.北京:人民出版社,1980.26~27
② 毛泽东.论人民民主专政.见:毛泽东选集.第4卷.北京:人民出版社,1991.1475
③ 中华人民共和国中央人民政府公告(1949年10月1日).见:中央档案馆.共和国五十年珍贵档案.上册.北京:中国档案出版社,1999.20
④ 周恩来.我们的外交方针和任务.见:周恩来选集.下卷.北京:人民出版社,1984.87

（四）团结世界人民。中华人民共和国对苏联和各人民民主国家是"一边倒",对殖民地半殖民地国家,对资本主义和帝国主义国家的人民也要团结争取,巩固和发展国际和平力量,扩大中华人民共和国的国际影响。

（五）"互通有无",发展对外贸易。新中国开国以后,根据平等互利原则同外国做买卖,改变旧中国被迫充当资本主义国家倾销商品的市场的局面。美国对新中国禁运,中国采取了以货易货,不用结汇的对外贸易办法,以打破美国的封锁禁运。1952年中国对外贸易实现出入口平衡。

中美关系是新中国外交关系的一个重要方面,鉴于美国扶植蒋介石集团,公开霸占中国领土台湾,中央人民政府"丢掉幻想,准备斗争"。当中国人民解放战争接近取得胜利的时候,美国对华政策面临新的选择,一是完全摆脱;二是大规模地进行军事干涉,援助国民党残余势力击败共产党;三是一方面援助国民党,一方面努力使国共双方得以妥协。美国总统杜鲁门公开或私下表示"不予蒋介石庇护",任其自生自灭。国民政府南逃广州后,美国大使司徒雷登却滞留南京,持观望等待态度。1949年12月29日,杜鲁门在白宫召开国家安全会议,联合参谋会议主席布莱德雷极力主张美国军事顾问驻台,认为台湾是永不沉没的航空母舰,是美国西太平洋的屏障,失去台湾,日本、菲律宾将受威胁。国务卿艾奇逊予以驳斥,认为"即使美国介入,亦无济于事,美国的西太平洋防线,有没有台湾,无足轻重。杜鲁门作最后的裁决,支持艾奇逊的见解,于是尘埃落定"①。美国总统杜鲁门于1950年1月5日公开声明,"不打算用武装部队干涉台湾海峡局势","美国政府不拟遵循任何足以把美国卷入中国内争中的途径"②。同时,美国政府还在内部讨论了是否承认中华人民共和国问题。事实上美国仍然对新中国充满敌意,把中国共产党看成是苏联的工具,开始在中国周围构筑起一个所谓的"防御体系",对新中国进行封锁,并设法保持对台湾的控制。

1950年6月,朝鲜战争爆发后,中美关系发生了重要变化。美军第七舰队开进台湾海峡,侵朝美军多次派空军侵入中国东北,海军炮击中国商船。中华人民共和国政府对此提出强烈抗议,"美国政府由于这些疯狂横暴的帝

---

① Formosa:Climax of the China Tragedy. News Week,1950-01-16
② 中美关系资料汇编.第2册.北京:世界知识出版社,1960.10

国主义侵略行为,已经证明了它是中华人民共和国最危险的敌人。"①中国人民为反抗美国的经济封锁和军事侵略,进行了英勇的斗争,以至在朝鲜战场兵戎相见。

新中国在外交工作中,坚持国际主义,反对狭隘的民族主义;坚持爱国主义,反对失去民族自信、投靠大国的世界主义;坚持集体主义,反对个人主义;坚持无产阶级纪律性,反对自由主义;坚持民主集中制,反对官僚主义;提倡勤俭朴素的作风,反对资产阶级的铺张浪费思想。由于坚持了这些正确方针,在建国之初的3年中,取得巨大的外交成就。

首先是同社会主义国家及人民民主国家建立了外交关系。1949年10月2日,苏联政府宣布承认中华人民共和国政府,3日建立了正式外交关系。4日,中华人民共和国与保加利亚建立外交关系。5日与罗马尼亚建立外交关系。6日与朝鲜民主主义人民共和国、匈牙利人民共和国、捷克斯洛伐克社会主义共和国建立外交关系。接着与波兰、蒙古、德意志民主共和国、阿尔巴尼亚、印度、瑞典、丹麦、缅甸、越南、瑞士等国建立了外交关系。英国、挪威、荷兰、芬兰等国也同中国进行了建交谈判。到1950年10月1日,中华人民共和国与17个国家建立了正式外交关系,得到25个国家公开承认,并且与许多国家发展了通商贸易关系。

其次,中苏两国展开广泛的外交活动。1949年12月16日至1950年2月26日,毛泽东主席率中国代表团访问苏联,同苏联部长会议主席斯大林会谈中苏关系问题。1950年1月20日,周恩来抵莫斯科加入谈判。经过毛泽东主席、周恩来总理兼外长同苏联部长会议主席斯大林、外长维辛斯基多次会谈,1951年2月14日中苏双方在莫斯科签订了《中苏友好同盟互助条约》、《中苏关于中国长春铁路、旅顺口及大连的协定》、《中苏关于苏联贷款给中华人民共和国的协定》。中苏两国外交部长互换照会,声明1945年8月14日中苏间所缔结之相当的条约与协定,均失去其效力。双方政府确认蒙古人民共和国之独立地位,而且已因其1945年的公民投票及中华人民共和国业已与其建立外交关系而获得了充分保证。同时,维辛斯基与周恩来就苏联政府将在中国东北自日本所有者手中获得的财产以及苏联政府过去在北京兵营的全部房产无偿地移交中华人民共和国政府的决定互换照会。

---

① 周恩来.为巩固和发展人民的胜利而奋斗.见:周恩来选集.下卷.北京:人民出版社,1984.36

1950年2月14日,斯大林、毛泽东、周恩来在莫斯科《中苏友好同盟互助条约》签字仪式上

《中苏友好同盟互助条约》自1950年4月11日起生效,有效期30年。如在期满前一年缔约国一方未提出异议时则有效期将延长5年,并依法顺延之。条约共6条,主要内容是:防止帝国主义侵略以巩固远东和世界和平,缔约国一方受到侵袭,而处于战争状态时,另一方应尽全力予以军事及其他援助;双方均不缔结反对对方的任何同盟,发展和巩固两国间的经济与文化互助合作关系。中苏两国政府还签订了有关专家协定、贸易协定等。

《中苏友好同盟互助条约》及其他协定的签订,在20世纪50年代前期,对于保障中苏两国的安全,发展两国人民的友谊和建设事业,对于维护远东和世界和平,起了重要的作用。

第七节　思想、文化、教育、科技

一、科学技术机构的设立与科研成就

近代中国的科学技术极其落后，科学工作基础薄弱，散漫无组织，脱离实际，发展不平衡，科学研究人才奇缺。解放前，较有基础的是结合自然条件和资源特点的地质科学和生物学中的分类研究。现代科学所形成的绝大部分新的分支，以及在第二次世界大战后迅速发展起来的各种新学科、新技术，在当时中国几乎是空白。工业生产大都采用过去陈旧的技术与工艺。农业生产要依靠从前积累的经验和传统的生产技术。科研人员奇缺，1949年10月，中华人民共和国成立时，全国科学技术人员不足5万，其中专门从事科学研究工作的还不到500人，专门的科学研究机构只有30多个（当时中央研究院和北平研究院有22个研究单位，200多名研究人员）。

新中国成立后，许多侨居国外的著名科学家，放弃国外优厚的待遇，冒着危险回国参加建设。数学家华罗庚在回国途中给留美同学的信中说，为了抉择真理我们应该回去，为了个人的前途我们也应该回去。"'梁园虽好，非久居之乡'，归去来兮！"[①]充分表达了海外赤子的心情。华罗庚、李四光、赵忠尧、钱学森、葛庭燧、曹日昌等许多著名科学家回国，为振兴祖国的科学事业作出了贡献。

中共中央和中央人民政府十分重视科学事业，开始进行新中国科学技术事业的艰苦奠基工作。1949年11月1日，在原中央研究院和北平研究院的基础上建立了中国科学院，它是中华人民共和国自然科学研究的最高学术机构和综合研究中心，部分社会科学研究机构也由其领导。郭沫若任院长，李四光、陶孟和、竺可桢、陈伯达等任副院长。中国科学院成立后，采取措施，主要在以下方面开展工作：一是进行专门委员会的聘任；二是开展科学院和实际工作部门的联系工作；三是抓好编译局的工作。

1950年8月18日至24日，在北京召开了中华全国自然科学工作者代表会议。参加这次会议的有中央人民政府有关科学机关，人民解放军和人民革命军事委员会所属有关科学机关，各地区、各民族和筹备委员会的代表

---

① 华罗庚.给留美同学的一封信.新华月报.1950,4:1511

468人。会议期间,中央人民政府副主席朱德、李济深,政务院总理周恩来,副总理黄炎培,政务院文化教育委员会副主任马叙伦,交通部部长章伯钧,水利部部长傅作义等都出席大会。会议听取了中国科学院副院长李四光、中国重工业部副部长刘鼎、中央农业部部长李书城、中央卫生部副部长贺诚所做的科学院、工业部门、农业部门、卫生部门的工作报告。会议讨论并了解了各产业部门所提出的一部分技术问题和提案,产生了中华全国自然科学专门学会联合会和中华全国科学技术普及协会,并选出李四光、侯德榜、茅以升、严济慈等50人为自然科学专门学会联合会全国委员会委员;梁希、竺可桢、袁翰青、卢于道、周焕章等50人为科学技术普及协会全国委员会委员;并通过吴玉章为两委员会的名誉主席。24日,周恩来在会议闭幕前到会作报告。他指出,人民政协《共同纲领》规定了建设独立、民主、统一和富强的新中国,要把中国由一个农业国变为工业国,这就是规定了中国科学家的奋斗目标。目前国家财政经济情况已开始好转,但要达到基本好转还需要经过三五年的困难阶段。在这个阶段,需要大批科学家来工作。他希望大家破除门户之见,团结绝大多数的愿意为人民服务的科学家,反对极少数坚决为帝国主义、为官僚资本主义服务的科学家。即使对那些现在还为反动派工作而并不坚决与人民为敌的科学家,只要他们确实愿意改变立场,也应当争取他们为人民的祖国服务。曾昭伦在作总结报告中说:这次会议一是表现了科学界空前的大团结;二是加强了自然科学工作者的组织,产生了自然科学专门学会联合会和科学技术普及协会两个组织,并确定了组织,确定了科学团体的性质和任务;三是使科学界的理论和实际的结合具体地推进了一步。

会议讨论了今后自然科学工作的方针、任务以及普及与提高两方面分工合作的计划。会议的基本收获是使全国自然科学工作者明确了国家建设事业的基本情况及其存在的实际问题,更明确地认识了人民科学的性质和任务,更好地掌握了理论与实际结合和全心全意为人民服务的工作方法,使自然科学界的大团结有了广泛的思想基础和全国性的统一组织。

中国科学院的成立和中华全国自然科学工作者代表会议的召开,为新中国科技发展奠定了基础。中国科学院成立之后,在北京、上海、南京、沈阳、长春等地先后恢复和新建了几十个研究所。部分产业部门和省市也建立了一些研究机构。同时高等学校的数量、规模和水平有较大的发展和提高。这些措施为以后逐步形成中国科学院、高等学校、产业部门、国防部门和地方科研机构五个方面组成的科学研究体系奠定了基础。到1952年,中国科学院已经拥有包括众多学科的31个研究所。

1949年10月到1952年底,广大自然科学工作者做出了很大成绩。地质方面运用地质构造原理、矿床理论的推演及现场钻探的证实,将东北煤田扩大了10倍。气象预报、水生物学、物理学、化学等学科的研究也取得较大的进展。

二、知识分子思想改造运动

要促进新中国各项社会改革运动的深入,需要人们改造思想,更新观念,适应飞速发展的政治经济形势。改造思想,首先是从团结、教育、改造由旧社会过来的知识分子入手。

旧中国的知识分子,绝大部分身受三座大山压迫,具有很强的革命性。中华人民共和国成立后,人民政府关心知识分子的生活,并给他们安排了适当的工作。但由于旧知识分子大多数出身于剥削阶级家庭,长期受封建主义、资本主义等旧思想的熏陶,在思想和灵魂深处难免留下旧社会的烙印。为了帮助旧知识分子摆脱资产阶级世界观的束缚,树立为人民服务的思想,人民政府动员组织他们参加抗美援朝和土地改革等各项社会改革实践,组织他们学习马克思列宁主义和毛泽东思想,以民主的方法,启发他们进行自我教育和自我改造。对旧知识分子的初步改造,使他们的精神面貌发生了一定的变化。他们中间的大多数人拥护中华人民共和国,愿意走由新民主主义到社会主义的道路,但是,旧知识分子中多数在旧社会生活过较长时间,带来的旧思想、旧观点、旧作风和影响还不可能一下子肃清。他们中间个人主义、自由主义的庸俗观点和欧美资产阶级的文化思想,脱离政治、脱离群众的倾向,依然存在。为适应文化教育改革和即将开始的大规模经济建设的需要,1951年秋首先从北京、天津高等院校开始,掀起一场知识分子思想改造运动。

这次运动的主要内容是,认真学习马克思列宁主义和毛泽东思想,彻底肃清封建的、买办的、法西斯主义的思想影响,划清敌我界限;批判资产阶级思想,划清无产阶级思想和资产阶级思想界限;帮助知识分子树立为人民服务的革命人生观,确立工人阶级在政治上、思想上处于领导地位的观念。

11月30日,中共中央发出《关于在学校中进行思想改造和组织清理工作的指示》,要求立即开始准备,有计划、有领导、有步骤地用1~2年时间,在所有大中小学教职员和高中以上学生中普遍开展学习运动,在进行初步的思想改造、培养干部和知识分子的基础上,组织"忠诚老实交清历史"的活动,以清理其中的反革命分子。此后,在全国各地高等、中等学校教师中相继开展思想改造运动。

与此同时,中共中央宣传部就文艺界的一些问题向毛泽东和中共中央作了报告,指出:在进入城市后的主要错误是对毛主席文艺方针发生动摇,在某些方面甚至使资产阶级、小资产阶级的思想影响篡夺了领导。其主要表现是迁就资产阶级、小资产阶级,放弃思想斗争和思想改造工作,缺少对思想工作的严肃性认识;脱离政治,脱离群众;严重的自由主义,缺乏批评与自我批评,缺乏学习。根据中宣部报告,中共中央于1951年11月发出《中央关于在文学艺术界开展整风学习的指示》。到年底,整风学习在全国各地文艺界相继展开。知识分子思想改造运动由教育界扩大到文艺界。

1952年1月5日,政治协商会议全国委员会常务委员会第34次会议作出了《关于开展各界人士思想改造的学习运动的决定》。这样,知识分子的思想改造运动从教育界和文艺界扩展到整个知识界,全体知识分子的思想改造运动广泛地开展。"三反"运动开始后,知识分子思想改造运动同"三反"运动紧密结合,推动运动向纵深发展。

1952年春,知识分子思想改造运动转入组织清理阶段。5月,中共中央作出《中央关于在高等学校中进行批判资产阶级思想运动和准备进行清理中层工作的指示》,指出批判资产阶级思想对于高等学校是政治改革的一个重大步骤,运动的目标是彻底打击学校中的封建、买办、法西斯思想,划清敌我界限;肃清学校中贪污现象,打好在学校中进行清理中层工作和进行教育改革的基础。知识分子思想改造运动中,60%~70%的教师,在做了必要的自我检讨后迅速过关;15%~25%的教师,经过适当批评以后再行过关;13%左右的教师,经过反复的批评检讨以后始予过关;只有2%左右不能过关,需要作适当处理。科学院各研究所的思想改造运动,中央指示要"采取更加慎重的方式",并肯定了北京科学院各研究所"一般不用群众斗争的'过关'方式"①,要求注意将检讨批判政治思想与检讨批判学术思想上的资产阶级影响相结合,防止把思想问题简单化的倾向,防止一种倾向掩盖另一种倾向。在组织处理中,要贯彻"不迫不逼、自愿交代"和"严格审查、宽大处理"的原则。许多知识分子交代了自己的问题,卸掉了历史包袱,迅速获

---

① 中央关于在科学院进行思想改造运动的方针问题给华东局宣传部的复示(1952年6月).见:中共党史教学参考资料.第19册.北京:国防大学出版社,1986.535

得党和人民的谅解与信任。极少数罪行严重而拒不交代的反革命分子受到应有的惩罚。1952年秋,知识分子的思想改造运动基本结束。全国高校教职员的91%,大学生的80%,中学教师的75%,参加了学习。

知识分子思想改造运动是建国后第一次大规模的思想改造学习运动,是新中国在各方面彻底实现民主改革和逐步实行工业化的重要条件之一。通过思想改造运动,知识分子在相当大的程度上克服了帝国主义、封建主义和官僚资本主义的思想影响,提高了爱国主义思想觉悟,同时在一定程度上批判了资产阶级思想,开始树立为人民服务的思想,促进了文化教育的改革。运动中出现了一些偏向,主要是有的单位只看知识分子的缺点错误,对"思想改造"要求过急过高,采取简单粗糙、群众斗争的方法,使部分知识分子的感情受到伤害。

三、新民主主义教育方针与教育体制的确立

中华人民共和国建立前,半殖民地半封建教育是中国教育的主体。全国人口中,文盲占90%,而学龄儿童入学率仅有20%。在落后的乡村,封建私塾为地主独占,农民无入学权利。建国初期,人民政府革故鼎新,大力发展人民教育事业。

1949年12月23日至31日,第一次全国教育工作会议在北京举行。会议讨论了1950年上半年教育工作计划,确定了全国教育工作的总方针。确定中华人民共和国的教育是新民主主义的教育,其主要任务是提高人民文化水平,培养国家建设人才,肃清封建的、买办的、法西斯主义的思想,发展为人民服务的思想。这种新教育是民族的、科学的、大众的教育,教育方法是理论与实践一致,教育的目的是为人民服务。教育必须为国家服务,学校必须向工农开门。按照普及与提高相结合的方针,老解放区的教育以巩固提高为主,新解放区的教育工作的关键是争取、团结、改造知识分子。对中国人办的私立学校,采取保护维持,加强领导,逐步改造的方针。在积累一定经验之后,全面改革旧教育制度。

第一次全国教育工作会议后,人民政府对旧教育进行了一系列改革,并确定了新学制。

(一)用马克思列宁主义指导教育工作,对师生进行思想政治教育。1949年11月,华北高等教育委员会公布了《大学专科学校各系课程暂行规定》,宣布废除国民党设立的"党义"、"公民"、"军事训练"等反动课程和教

材,开设了政治经济学、新民主主义论、社会发展史等马列主义、毛泽东思想新课程。从1950年底起,结合抗美援朝、土地改革和镇压反革命的斗争,进行爱国主义和国际主义教育,肃清封建主义、法西斯主义思想,清除亲美、恐美、崇美的帝国主义奴化思想。

(二)改革学制。1951年10月1日,中央人民政府政务院公布了《关于改革学制的决定》。决定指出,学制改革的主要内容是:确定各种形式的干部学校、补习学校和训练班的地位。缩短初等教育的年限,小学的修业年限为5年,实行一贯制,入学以7周岁为标准;中等教育修业年限为6年,分初高两级,年限各为3年;工农速成学校年限为3至4年;业余中学分初、高两级,修业年限为3至4年;中等专业学校年限为2至4年。高等学校的学制多样化,大学和专门学院修业年限为3至5年,专科学校修业年限为2至3年,专修科修业年限为1至2年。新学制的实施对改造旧学校,促进新中国文化建设起了重要作用。由于新学制"向工农开门",创办了许多工农速成中学、工农干部文化补习班和技术进修班,从学制上确立了工农成人教育在人民教育中的地位,吸引了数以万计的工农群众参加学习。

(三)学习苏联教育经验。建国初期,中共中央提出,要学习苏联的先进办学经验。1950年,在苏联专家的帮助下,开办了中国人民大学和哈尔滨工业大学。其他高等学校也陆续聘请了一批苏联的专家、学者。同时,有组织地翻译了苏联的教学计划、教学大纲、教材和各种文献资料作为参考。中等专业学校、中小学也学习苏联经验,进行教育改革。学习苏联教育的经验,对于肃清半殖民地半封建教育的影响,改革不合理的教育制度有积极的作用,取得了很大的成绩,但也出现了结合中国实际情况不够,生搬硬套的偏向。1952年12月,高等教育部召开北京、天津高等学校负责人座谈会,研究解决这一问题。提出采用苏联的教学计划、大纲与教材,应在不破坏科学系统整体性的原则下,按中国高校具体情况适当压缩和精简。到1953年上半年,教学改革中贪多冒进造成的忙乱现象逐步得到克服。

(四)进行高等学校院系调整。根据国家建设的需要,从1952年下半年开始,对全国高等学校进行了院系调整。调整方针是:以培养工业建设干部和师资为重点,发展专门学院,整顿和加强综合大学。以华北、华东、中南为重点,实行全国一盘棋。经过院系调整,使绝大多数省都有一所综合大学和工、农、医、师等专门学院,并将清华大学、交通大学等改造成多科性工业大学,同时也加强了综合大学和师范院校。高等工科学校基本建成机械、电机、土木、化工等主要工科专业比较齐全的体系。1952年工科招生量比调整前增加了1倍,这对从根本上改变旧中国不能完全培养学科种类比较配套的工程技术人才的落后状况,具有深远的战略意义。同时,也改变了旧中国高等学校法科、文科比重过高的现象。但是,在调整中,由于缺少经验,照搬苏联模式,片面认为旧中国的政法和财经各专业是为反动阶级培养人才和脱离实际的专业,不适当地砍掉一些文科专业,使社会科学多数学科被严重削弱。也出现部分高等学校设置的专业越来越细,专业面过窄,毕业生对工作适应较差的偏向。

与院系调整的同时,还学习苏联经验,按照专业教学或学科研究的需要,高等学校普遍建立了教学研究组(或教研室),成为统一领导和组织教学与科研的基层单位。有些先进教研组(室)逐步形成了学术水平较高的老、中、青相结合的教学、科研工作梯队。

新中国教育方针及教育体制的确定,推动了一系列教育改革。经过三年来的教育改革,从根本上改变了旧中国半殖民地半封建的教育体制,消除了帝国主义、封建买办势力在教育方面的影响,促进了中华人民共和国教育事业的发展。

四、关于电影《武训传》的讨论

电影《武训传》是孙瑜编导的一部以清朝末年武训的生平事迹为内容的传记影片。武训(1838~1898),山东堂邑(今聊城)人,出身于贫穷的农民家庭。青年时因不识字而受人欺骗,决心行乞兴学,让穷孩子都能读书识字。经30年乞讨,武训在50岁之后陆续在堂邑柳林集、馆陶、临清办起三所义学。他在行乞中度过余生。清朝皇帝曾嘉奖武训"乐善好施",被尊为"义乞"、"乞圣"。电影《武训传》分上下两集,系统地描写了少年武训的苦难生活和他从青年时代起由"行乞兴学"而终于获得"苦操奇行"、"千古一人"美誉的一生经历。

影片歌颂的"武训精神",即是武训无拳无勇,"一无钱,二无靠山,三无学校",为谋取穷孩子识字,30年如一日地甘愿吃苦受辱的坚持精神。电影中的武训,头发几乎全部剃去,只在左边蓄着一根小辫,肩上背着布褡子,手上拿着铜瓢,疯疯癫癫地边走边唱:"我扛活受人欺,我不如讨饭随自己。别看我讨饭,我早晚修个义学院。"为了讨几个钱,他用拳头捶着胸口叫喊:"一捶两个钱,一脚三个钱,你们来打呀!"他甚至用吃五毒、吃瓦片、喝脏水、学驴叫等行为来引起人们的"怜悯"和施舍。

《武训传》上映后,北京的《光明日报》《新民报》,天津的《进步报》、上海的《大公报》《大众电影》等报刊,发表40多篇称颂《武训传》和武训的文章。有的文章赞扬武训是中国历史上劳动人民"文化翻身的一面旗帜","站稳了阶级立场,向统治者作了一生一世的斗争","典型地表现了我们中华民族的勤劳、勇敢、智慧的崇高品质"[1]。上海的《大众电影》还公布了《武训传》为1950年最佳影片之一。1951年3月底开始,逐渐出现了相反的意见,否定《武训传》和武训。有的文章认为,武训"是歪曲中国人民斗争,反现实主义的人物"[2],不是我们中国人民的好传统。由此,对《武训传》展开了讨论。

1951年5月20日,《人民日报》发表了毛泽东写的《应当重视电影〈武训传〉的讨论》的社论。社论指出,不应当向人民歌颂武训的"丑恶行为"。毛泽东提醒全党"资产阶级的反动思想侵入了战斗的共产党",某些共产党员丧失了警惕性。他提出应当重视和"展开关于电影《武训传》及其他有关武训的著作和论文的讨论,求得彻底地澄清在这个问题上的混乱思想"[3]。

同日,《人民日报》党的生活栏刊登《共产党员应当参加关于〈武训传〉的批判》一文,指出《武训传》的放映及其所引起的评论,不但证明了文化思想混乱,而且证明了资产阶级的反动思想确实侵入到战斗的共产党。提出:每个看过这部电影或看过歌颂武训的论文的共产党员都不应对于这样重要的思想政治问题保持沉默,都应当积极起来自觉地同错误思想进行斗争。要求党的领导帮助党员用马列主义、毛泽东思想,"对武训、《武训传》以及有关武训各种赞扬文字的反动的错误的思想进行有系统的批判"[4]。

全国各报刊纷纷转载毛泽东为《人民日报》写的社论,并发表了大量的批判文章,在全国范围内展开对武训和《武训传》的批判。教育界首当其冲,教育部于6月4日发出指示,要求把这一讨论普及到每一学校每一教育工作者,肃清"武训精神"的影响,澄清思想上的混乱;并将以武训命名的学校

---

[1] 孙瑜.编导"传"记.光明日报,1951-02-26
[2] 武训不是我们的好传统.进步报,1951-03-25
[3] 毛泽东.应当重视对电影"武训传"的批判.见:毛泽东选集.第5卷.北京:人民出版社,1977.47
[4] 共产党员应当参加关于"武训传"的批判.见:中共党史教学参考资料.第19册.北京:国防大学出版社,1986.302

立即改名。这场"讨论"还扩展到对人民教育家陶行知教育思想的批判。一些曾与陶行知共过事的教育界人士，在报刊上检讨对陶行知及"生活教育"的认识。一些人发表文章，批评陶行知的教育思想，并涉及郭沫若等一大批民主进步人士，形成了建国后文化思想战线上的第一次批判运动。在批判运动高潮中，中央文化部和《人民日报》联合组成"武训历史调查组"，江青参加了领导工作。调查组到武训故乡山东堂邑、临清和馆陶等地进行调查，写成《武训历史调查记》，连载于1951年7月23日至28日的《人民日报》。《调查记》实际上为这次批判运动作了总结。《调查记》带有极大的主观主义和功利主义，不少内容是捕风捉影、道听途说，没有事实根据的。说武训是"为整个地主阶级和反动政府服务的大流氓、大债主和大地主"，这一主要结论是不符合实际的。

电影《武训传》的批判运动，实际上是知识分子思想改造运动的一部分。这场运动提出的不仅是如何评价武训这个历史人物的问题，而且引申到如何看待中国近代历史和中国革命道路。批判过程中大力强调人民解放的道路，只能走革命斗争道路，不能走改良道路，因而在大力歌颂农民战争的形势下，确实起到了宣传这一思想的作用。但批判《武训传》把文学艺术创作过程中的思想认识问题，等同于政治问题，开建国以来学术问题与政治问题混同之先河，把对文学艺术形象的不同认识，形而上学地归结为无产阶级和资产阶级世界观的不同反映，开了试图用统一的思想模式指导文学艺术创作的先声。而且批判的过程中一哄而起，围而攻之，有的文章简单粗暴，非常片面，非常极端，被批评者不能平等地申辩和说明自己的观点，没有贯彻民主讨论的方法。另外，对文艺界思想混乱状况估计过重，批评过于严厉，涉及人数多，《人民日报》一下子点了几十个人的名。对电影《武训传》的批判，在文化思想领域开了一个以政治运动方式，以"围剿"手段任意批判文艺作品及作家的先例，带来严重的消极影响。

五、文化教育事业的恢复与发展

1949年10月至1952年底，中国人民为摆脱文化落后、科技不发达的历史现状，开展了一系列卓有成效的工作，使新中国的文化教育事业在这一时期取得了可喜的成就。

文学艺术方面，1949年7月在北平召开了中华全国文学艺术工作者代表大会，形成了全国新文艺大军在新民主主义革命胜利的旗帜下的第一次大会师。会议确定今后文艺工作者的任务是加强团结,深入现实,扫除旧的文艺影响,努力用文学艺术的武器同全国人民一起参加现实斗争和新中国的建设。大会通过《宣言》,成立了中华全国文学艺术界联合会,选举郭沫若为主席,茅盾、周扬为副主席。第一次文代大会开创了新中国文艺创作的新局面。经过广大文艺工作者的努力,各文艺部门都取得较大的成绩。

人民电影事业得到发展。三年来,共摄制故事片86部(包括1951年前私营厂出品的51部),纪录片57部,译制片101部。拍摄出《钢铁战士》、《白毛女》、《中华女儿》、《新儿女英雄传》、《人民战士》、《内蒙人民的胜利》、《赵一曼》、《上饶集中营》等优秀故事片,还摄制出《百万雄师下江南》、《抗美援朝》等优秀纪录片。1952年,全国共有746所电影院,比1949年增加了105所,电影放映队1 110个,比1950年增加了1倍多①。戏剧方面在"推陈出新、百花齐放"的方针下,对旧剧目进行甄别,推出不少新编剧目。北京设立了中国戏曲研究院,各大行政区建立培养戏曲人才的机构。从革命战争中成长起来的文艺工作团也演出了许多新编剧目。文学创作方面,涌现出许多优秀作品,其中影响较大的有老舍的文学剧本《龙须沟》等,还涌现出巴金、魏巍等反映抗美援朝斗争生活的一批优秀散文。文艺批评队伍也不断发展壮大。这一时期同苏联进行了广泛的文化交流。苏联的许多优秀文学作品译成中文出版,如《奔流》、《钢铁是怎样炼成的》、《夏伯阳》等。中国的一些优秀文学作品也被介绍到苏联。

经过三年的努力,教育事业得到恢复和发展。1952年,全国大、中、小学学生总数已达5 445.1万人,比1949年增加了2 867.2万人;其中高等院校在校生19.1万人,中等专业学校在校生63.6万人,普通中学在校生249万人,小学在校生5 110万人。

文化馆、公共图书馆和博物馆不断增多,文化出版事业迅速发展。1952年全国出版报纸16亿多份,杂志2亿多册,图书7.857亿册②。

三年来,社会科学研究方面也取得了许多成就。广大理论工作者认真学习和宣传马克思列宁主义,参加社会改革运动,进行自我教育,纠正过去"为研究而研究"的学风,确立为人民服务的观点和科学研究与实际相结合

---

① 杨坚白.中华人民共和国恢复和发展国民经济的成就.北京:统计出版社,1956.52

② 国家统计局.伟大的十年.北京:人民出版社,1959.183

的正确方向。哲学方面,发表了大量宣传马克思主义基本原理,尤其是历史唯物主义、劳动创造世界、阶级斗争学说和国家学说的文章和著作。历史学方面,广大史学工作者认真学习和研究马克思主义史学理论,用历史唯物主义观点指导史学的教学和研究,并发表了一些阐述马列主义历史观的史学文章。经济学方面,陈云的经济理论在恢复发展经济过程中逐步走向成熟,许涤新、薛暮桥等对新民主主义经济理论的研究取得了新进展。从1949年10月9日到1950年1月,《人民日报》连载了王学文所著《政治经济学教程绪论》,沈志远的《新民主主义经济概论》、孟宪章的《新民主主义经济教程》、王海奇的《新民主主义经济》(上下册),也在这一时期出版发行。这些著作总结了共产党的新民主主义经济思想。1952年10月30日至31日,《人民日报》连载斯大林的《苏联社会主义经济问题》。11月,中共中央发出指示,号召全体党员和干部学习斯大林的这部著作。党和国家的主要领导人及经济理论工作者,初步开始借鉴苏联经济建设的经验教训,研究社会主义的所有制形式和社会主义制度下的商品、货币和经济规律,探索中国经济建设的道路。

1951年10月、1952年4月和1953年4月,《毛泽东选集》第1卷、第2卷、第3卷相继出版,并很快被译成俄、英、法、日等20多种文字,介绍到许多国家。《毛泽东选集》第1卷收集了毛泽东在第一次、第二次国内革命战争时期的16篇重要著作,第2卷和第3卷收集了毛泽东在抗日战争时期的72篇重要著作。这些著作系统总结了中国共产党领导新民主主义革命的经验教训。《毛泽东选集》第1、第2、第3卷的出版,有力地宣传了毛泽东思想,对新中国的革命和建设有着重要的指导意义,对被压迫民族和人民争取解放的运动,产生了深远的影响。《毛泽东选集》出版后,在全国范围内出现学习毛泽东思想、宣传毛泽东思想的热潮。

总之,三年恢复时期,中华人民共和国的文化教育等项事业不仅得以恢复,而且有所发展。随着国民经济的恢复和经济建设高潮的到来,即将出现一个空前的文化建设高潮。

小　　结

1949年中华人民共和国成立,开创了中国历史发展的新纪元。建国初期的1949年至1952年,中国人民在中国共产党领导下继续完成民主革命遗留的任务,在全国建立新民主主义社会制度,进而为实现新民主主义向社会主义转变作准备。在短短的三年中,实现了中国大陆统一,建立和巩固了各级人民民主政权,没收官僚资本,取缔外国在华特权,稳定了物价,使国民经济得以迅速恢复。在实行政治变革和社会改革过程中,进行了抗美援朝、土地改革、镇压反革命运动。新民主主义国家内部无产阶级与资产阶级之间限制和反限制的斗争也初步展开,进行了"三反""五反"运动。科技、思想文化、教育方面的革故鼎新开始起步。对外关系取得初步进展,新中国以崭新的面貌开始自立于世界民族之林。

思考题:
1. 试述中华人民共和国成立的历史意义。
2. 试述中共七届三中全会确定的国民经济恢复时期的任务和战略方针。
3. 试述中华人民共和国成立初期的外交方针。
4. 国民经济恢复时期财政经济方面取得了哪些成就?分析取得这些成就的原因。
5. 试述《中国人民政治协商会议共同纲领》的主要内容。

第二章 社会主义改造时期

(1953年1月~1956年9月)

内 容 提 要

本章主要叙述国民经济恢复任务完成后,中国共产党为实现中华民族的复兴,根据中国革命"两步走"战略,及时提出了党在过渡时期总路线,开始领导全国人民进行社会主义革命和建设,以实现社会主义工业化为中心,实施发展国民经济的第一个五年计划。政治上召开了第一届全国人民代表大会,制定了《中华人民共和国宪法》;党内开展了反对高、饶反党集团的斗争,社会上进行了肃反运动;国防建设走向正规化、现代化,主张和平统一台湾;外交方面提出了和平共处五项原则,参加了日内瓦会议和万隆会议;经济上对农业、手工业和资本主义工商业进行了社会主义改造,开始进行大规模、有计划的经济建设;思想文化战线,对俞平伯的《红楼梦研究》、胡适的实用主义思想、胡风的文艺思想进行了批判;中共中央召开了第一次知识分子问题会议,开始有计划地发展新中国的文化、教育、科技、卫生、体育事业,改变旧中国遗留下来的旧风俗旧习惯。

第一节 过渡时期总路线与第一届全国人民代表大会

一、过渡时期的总路线

1952年底,国民经济恢复时期结束,新中国进入社会主义改造时期。过渡时期总路线是这一时期我国一切工作的纲。

将中国推进到社会主义社会、最终实现共产主义,是中国共产党创立之初即确定的奋斗目标。由于近代中国是个外无民族独立、内无民主自由的贫穷落后的半殖民地半封建国家,中国共产党将中国革命分作两步走:第一步进行新民主主义革命,实现民族独立和人民解放;第二步转入社会主义革命,消灭私有制,建立以公有制为基本特征的社会主义社会。

1949年3月,面对新民主主义革命即将取得全国胜利,中共七届二中全会决议:"在革命胜利以后,迅速地恢复和发展生产,对付国外的帝国主义,使中国稳步地由农业国转变为工业国,由新民主主义国家转变为社会主义国家。"①当时,中共领导人的设想是:建国后先用3年时间恢复国民经济,然后用10到15年或者更长一点时间,建设新民主主义社会,待工业和整个国民经济得到迅速发展、社会主义因素大大增加、条件成熟后,再向社会主义转变。1949年10月1日,中华人民共和国中央人民政府成立,标志着新民主主义革命基本胜利,中国进入新民主主义社会。因为这时全国还未完全解放,新解放区的土地改革尚未进行,连年战争使国民经济遭受严重破坏,中国人民同帝国主义、封建主义、官僚资本主义残余势力的矛盾仍是中国社会的主要矛盾,所以,当全国政协一届一次全体会议讨论建国、制定《共同纲领》、有些代表提议把社会主义前途写进《共同纲领》时,中共中央没有同意。刘少奇指出:"我们认为这还是不妥当的。因为要在中国采取相当严重的社会主义的步骤,还是相当长久的将来的事情,如在共同纲领上写上这一个目标,很容易混淆我们在今天所要采取的实际步骤。"②1950年6月23日,毛泽东在全国政协一届二次会议上再次指出:"在将来,在国家经济事业和文化事业大为兴盛了以后,在各种条件具备了以后,在全国人民考虑成熟并在大家同意了以后",我们再"从容地和妥善地走进社会主义的新时期"。③1952年9月5日,他在致黄炎培的信中仍说:"要求资产阶级接受社会主义","现在却是言之过早,在少数人想想是可以的,见之实行则是不可以的","至少在第一个五年计划时期不宜如此宣传","在现阶段,允许资产阶级存在","我们只应当责成他们接受工人阶级的领导,亦即接受共同纲

---

① 中共中央档案馆.中共中央文件选集.第14卷.北京:中共中央党校出版社,1987.596

② 刘少奇.加强全国人民的革命大团结.见:刘少奇选集.上卷.北京:人民出版社,1981.435

③ 毛泽东.在全国政协一届二次会议上的讲话.见:毛泽东文集.第6卷.北京:人民出版社,1999.80

领,而不宜过此限度。"①

但是,随着国内外形势的变化,中国共产党的认识也发生了变化。1952年,朝鲜战局基本稳定下来,和谈已在主要问题上达成协议,抗美援朝战争即将结束;民主革命遗留的任务,特别是土地改革,已在全国范围内基本完成,人民民主专政得到巩固,全国出现社会稳定、人民安定团结的政治局面;恢复国民经济的工作胜利完成,工农业生产达到或超过了历史上最高水平。这一切,为新中国进行有计划的经济建设创造了条件。据此,中央决定从1953年起实行发展国民经济的第一个五年计划,主体是实现社会主义工业化。

由于新中国是在旧中国的废墟上建立起来的,经济基础薄弱,科学技术落后,人才短缺,又无经验,加之当时以美国为首的资本主义阵营对中国进行封锁禁运,我们只能争取以苏联为首的社会主义阵营的支持和援助。但是,当时苏联对中国共产党在新民主主义制度下实现工业化,然后再向社会主义过渡的政策很不理解,甚至怀疑毛泽东是铁托式人物(1949年至1950年间,苏联和东欧国家曾发动过一场清洗"铁托分子"的运动),认为"在今天的条件下,单凭自己的力量或自己独特的方法建设社会主义,这种想法本身就是社会主义不共戴天的敌人——民族主义的幻想"②。一些来华访问的外国共产党领导人或在华工作的苏联专家,也批评中共对资本主义"采取的是调情政策","流行着……阶级斗争将熄灭"的观点;说"中国的工人阶级不受重视","存在着资本主义完全复辟的严重危险"等。③ 因此,当新中国编制"一五"计划、同苏联磋商、希望得到苏联更多的援助时,苏方流露出只愿更多帮助社会主义的中国而非新民主主义的中国的意向。这就使中国共产党不得不考虑苏方意见,改变原来的设想。

同时,国内也出现了一些新情况。在农村,刚刚经过土地改革,便出现了土地集中和雇工现象,面临新的贫富分化危险;农民分散落后的个体经济也难以满足工业化日益增长的需要。在城市,"五反"运动中充分暴露了资产阶级惟利是图、损人利己的本质,工人阶级同资产阶级之间存在着严重的

---

① 毛泽东书信选集.北京:人民出版社,1983.441~443
② 转引胡正豪.冷战时代的中国工业化道路选择.华东师范大学学报(哲学社会科学版),1989(4):52
③ [苏]奥·鲍·鲍里索夫,鲍·特·科洛斯科夫.苏中关系.北京:生活·读书·新知三联书店出版,1982.109~110

限制与反限制斗争。这都要求共产党人采用新的政策予以解决。1952年6月,毛泽东对国内主要矛盾做出新的判断:"在打倒地主阶级和官僚资产阶级以后,中国内部的主要矛盾即是工人阶级与民族资产阶级的矛盾,故不应再将民族资产阶级称为中间阶级。"①

根据国内外出现的新形势,中国共产党开始重新考虑向社会主义过渡问题,逐步形成了党在过渡时期的总路线。1952年9月24日,周恩来为制定"一五"计划访苏归来当天,毛泽东在中央书记处会议上听取周恩来关于"一五"计划轮廓问题同苏联商谈情况的汇报后,当即提出:我们现在就要开始用10年到15年的时间基本完成向社会主义的过渡,而不是10年或者以后才开始过渡。②10月,刘少奇率中共代表团访苏,向斯大林详细说明了中共中央领导集体关于从现在起即逐步向社会主义过渡的设想,获斯大林首肯。1953年6月15日,毛泽东在中央政治局会议上第一次对党在过渡时期的总路线作出比较完整的表述。8月11日,周恩来在全国财经会议上的结论报告中引用了毛泽东对过渡时期总路线的表述,过渡时期总路线正式载入党的文件。9月25日,全国政协在庆祝建国四周年的口号中,正式公布过渡时期总路线。12月28日,中共中央转发中宣部编写的《为动员一切力量把我国建设成为一个伟大的社会主义国家而斗争——关于党在过渡时期总路线的学习和宣传提纲》,对过渡时期总路线作出更加完整准确的表述,即:"从中华人民共和国成立,到社会主义改造基本完成,这是一个过渡时期。党在这个过渡时期的总路线和总任务,是要在一个相当长的时期内,逐步实现国家的社会主义工业化,并逐步实现国家对农业、对手工业和对资本主义工商业的社会主义改造。这条总路线是照耀我们各项工作的灯塔,各项工作离开它,就要犯右倾或'左'倾的错误。"③1954年2月,中共七届四中全会正式批准这条总路线,9月,载入全国人大一届一次会议通过的《中华人民共和国宪法》。

中国共产党审时度势,改变七届二中全会的设想,提出过渡时期总路

---

① 毛泽东.对"关于民主党派工作的决定(草稿)"的批语(1952-06-06).见:建国以来毛泽东文稿.第3册.北京:中央文献出版社,1989.458
② 薄一波.若干重大决策与事件的回顾.上卷.北京:人民出版社,1997.220
③ 毛泽东.对过渡时期总路线宣传提纲的批语和修改(1953-12-07).见:建国以来毛泽东文稿.第4册.北京:中央文献出版社,1990.405

线,"是适时的、正确的"①。当时中国出现了向社会主义过渡的有利条件:朝鲜战争即将停止,短期内不可能爆发新的战争,加之苏联的大力支持,为我国社会主义改造提供了有利的国际环境。经过没收官僚资本、统一全国财政经济和稳定物价等斗争,国营工商业和私营工商业的产值比例发生重大变化,国营经济控制了国家经济命脉,居领导地位,为社会主义改造奠定了经济基础。经过两次工商业调整,一半左右的资本主义工商业被纳入不同形式的国家资本主义轨道;农村互助合作运动初步展开,40%的农民参加互助组,少量农业生产合作社开始建立,为社会主义改造积累了经验。各级人民政权的建立和人民民主专政的巩固,为社会主义改造提供了政治保证。

过渡时期总路线包含社会主义工业化和社会主义改造两方面内容(简称"一化三改造")。其中,实现社会主义工业化犹如鸟之主体,对农业、手工业和资本主义工商业的社会主义改造犹如鸟之两翼,二者互相关联,不可分离。只有建立强大的社会主义工业,才能吸引、改组、代替资本主义工业,支持社会主义商业,改组、代替资本主义商业;才能用新技术改造个体农业、手工业;才能迅速扩大生产、积累资金,造就社会主义建设人才。同时,只有对农业、手工业和资本主义工商业实行社会主义改造,才能建立社会主义生产关系,进一步解放生产力,支持社会主义工业发展,最终建成社会主义社会。只有二者有机结合起来,才能使中国实现由新民主主义到社会主义的飞跃。这是一条社会主义革命和社会主义建设同时并举的路线,是变革生产关系和发展生产力的有机统一。其实质,就是使生产资料的社会主义所有制成为中国的惟一经济基础。

过渡时期总路线为全国人民指明了社会主义革命的方向和途径,解决了在中国这样一个经济文化落后的农业大国如何向社会主义社会过渡的重大问题,充实、发展了七届二中全会提出的由新民主主义革命向社会主义革命转变的基本方针,是对马克思列宁主义过渡时期理论的重大发展。

二、第一届全国人民代表大会第一次会议

全国人大一届一次会议的召开,是在中国确立社会主义民主制度、保证实现过渡时期总路线的重大举措。

早在新民主主义革命时期,中国共产党就确定把人民代表大会制度作

---

① 薄一波.若干重大决策与事件的回顾.上卷.北京:人民出版社,1997.224

为新中国的根本政治制度。建国前夕制定的《中国人民政治协商会议共同纲领》明确规定:"中华人民共和国的国家政权属于人民。人民行使国家政权的机关为各级人民代表大会和各级人民政府。各级人民代表大会由人民用普选方法产生之。各级人民代表大会选举各级人民政府。"建国之初,由于召开全国人民代表大会的条件尚不成熟,暂由中国人民政治协商会议执行全国人民代表大会的职权。国民经济恢复时期结束后,中国进入大规模经济建设时期。为了调动广大人民群众参与国家管理和社会主义建设的积极性,召开各级人民代表大会,进一步完备国家体制,健全人民民主制度,加强民主政治建设,便提上了党和国家重要议事日程。

1952年12月24日,周恩来代表中共中央向政协全国委员会第43次常委会扩大会议提出了召开全国人民代表大会及地方各级人民代表大会的建议,获一致赞同,并作为政协建议提交中央人民政府讨论决定。1953年1月13日,中央人民政府委员会第20次会议通过《关于召开全国人民代表大会及地方各级人民代表大会的决议》,同时成立以毛泽东为主席的宪法起草委员会和以周恩来为主席的选举法起草委员会。2月11日,中央人民政府委员会第22次会议审议通过《中华人民共和国全国人民代表大会及地方各级人民代表大会选举法》,规定:"凡年满18周岁之中华人民共和国公民,不分民族和种族、性别、职业、社会出身、宗教信仰、教育程度、财产状况和居住期限,均有选举权和被选举权。"组成以刘少奇为主席的中央选举委员会。

为了准备选民登记,也为了给国家计划经济建设提供准确的人口资料,政务院以1953年6月30日24时为标准时间,对全国人口进行了第一次大规模普查。查得全国人口601 912 371人,其中选民323 809 684人,占18岁以上人口总数97%以上。

1953年下半年,各地根据《选举法》进行了选民登记和选举工作。基层单位的人大代表由选民直接选举;县以上各级人大代表由下一级选出的人大代表选出。1954年6月,基层选举完成,参加选举的选民占登记选民总数85.88%,选出基层人大代表566.9万人。6月至8月,先后召开了县和省、市、自治区人民代表大会,分别选出出席上一级人代会的代表,最后选出全国人大代表1 226人,包括了各民族、各阶层、各民主党派、各人民团体的代表人物,具有广泛的代表性。这是中国历史上第一次规模空前的普选运动,极大地焕发了全国人民翻身解放、当家作主的热情,增强了广大人民群众的民主法制观念,把中国的民主政治推进了一大步,为全国人民代表大会的召开奠定了基础。

1954年9月15日,第一届全国人民代表大会第一次会议在北京中南海怀仁堂隆重举行。大会的任务是:制定宪法;制定几个重要法律;通过政府工作报告;选举新的国家领导人。

毛泽东主持开幕式并致开幕词,指出:"我们的总任务是:团结全国人民,争取一切国际朋友的支援,为了建设一个伟大的社会主义国家而奋斗,为了保卫国际和平和发展人类进步事业而奋斗。"号召全国人民努力工作,"准备在几个五年计划之内,将我们现在这样一个经济上文化上落后的国家,建设成为一个工业化的具有高度现代文明程度的伟大的国家。"强调:"领导我们事业的核心力量是中国共产党。指导我们思想的理论基础是马克思列宁主义。"他满怀信心地宣布:"我们正在做我们的前人从来没有做过的极其光荣伟大的事业。我们的目的一定要达到。我们的目的一定能够达到。"①

大会历时14天,主要有三项议程。15日至21日,主要审议宪法。刘少奇代表宪法起草委员会向大会作了《关于中华人民共和国宪法草案的报告》。经过热烈讨论,20日下午用无记名投票的方式,一致通过了《中华人民共和国宪法》,并于当日由大会主席团发表公告,予以公布。同时,大会还通过了《中华人民共和国全国人民代表大会组织法》、《中华人民共和国国务院组织法》、《中华人民共和国法院组织法》、《中华人民共和国检察院组织法》、《中华人民共和国地方各级人民代表大会和地方各级人民委员会组织法》。

23日到26日,大会主要听取、讨论周恩来代表中央人民政府做的《政府工作报告》。报告全面总结了建国五年来各方面取得的巨大成就,指出政府工作的缺点和改进办法,根据过渡时期总路线,提出今后政府工作的方针和任务。他说:"我们必须用全力来实现宪法所规定的我们在过渡时期的总任务,而这里最主要的事情,就是我们人人都要关心提高我们国家的生产力。我们必须了解,增加生产对于我们全体人民,对于我们国家,是具有决定意义的。只有生产不断地增加,不断地扩大,才能逐步地克服我们人民的

---

① 毛泽东.为建设一个伟大的社会主义国家而奋斗.见:毛泽东文集.第6卷.北京:人民出版社,1999.350

贫困,才能巩固我们革命的胜利,才能有我们将来的幸福。"①大会一致通过《关于政府工作报告的决议》,对中央人民政府在中国共产党和毛泽东主席领导下五年来的努力和取得的辉煌成就表示满意。

27、28日,大会选举新的国家领导人。毛泽东、朱德当选为国家正、副主席;刘少奇当选为全国人大常委会委员长,宋庆龄、林伯渠、李济深、张澜、罗荣桓、沈钧儒、郭沫若、黄炎培、彭真、李维汉、陈叔通、达赖喇嘛·丹增嘉措、赛福鼎·艾则孜为副委员长,彭真兼秘书长;董必武为最高人民法院院长;张鼎丞为最高人民检察院院长。根据毛泽东主席提名,任命周恩来为国务院总理。根据周恩来提名,任命陈云、彭德怀、林彪、邓小平、邓子恢、贺龙、陈毅、乌兰夫、李富春、李先念为国务院副总理,以及国务院各部部长、各委员会主任。大会决定设立国防委员会,毛泽东兼国防委员会主席。根据毛泽东主席提名,任命朱德、彭德怀、林彪、刘伯承、贺龙、陈毅、邓小平、罗荣桓、徐向前、聂荣臻、叶剑英、程潜、张治中、傅作义、龙云为国防委员会副主席,于学忠等81人为委员。大会还通过了一届人大民族委员会、法案委员会、预算委员会人员名单,决定刘格平、张苏、刘澜涛分任三个委员会的主任。至此,大会圆满完成任务,毛泽东宣布大会胜利闭幕。

全国人大一届一次会议的胜利召开,充分显示了新中国政治上的民主性质和全国人民在民主基础上的高度团结。大会通过的《中华人民共和国宪法》及各项法规,用法律形式肯定了中国向社会主义社会过渡的基本途径,集中体现了全国人民的意志,为加强人民民主制度,建立社会主义法制奠定了初步基础。会议确定的人民代表大会制度,成为我国的根本政治制度,得到全国人民热烈拥护。

全国人大一届一次会议后,1954年12月21日至25日,中国人民政治协商会议举行二届一次会议。首届政协主席毛泽东主持开幕式,副主席陈叔通作第一届委员会工作报告,副主席周恩来作政治报告。经过讨论,会议一致通过上述报告,并制定了新的《中国人民政治协商会议章程》,选举了新的政协领导人,毛泽东为名誉主席,周恩来为主席,宋庆龄等16人为副主席。全国政协二届一次会议的中心议题是确定人民代表大会制度实行后政协的性质和任务。规定:人民政协仍是团结全国各族人民、各民主阶级、各

---

① 周恩来.把我国建设成为强大的社会主义的现代化的工业国家.见:周恩来选集.下卷.北京:人民出版社,1984.144

民主党派、各人民团体、华侨和其他爱国民主人士的人民民主统一战线组织，但已不再具有建国初期那种政权或半政权性质，而是一种党派性组织。今后政协的总任务是：在中国共产党领导下，继续巩固和发展人民民主统一战线，更广泛地团结全国各族人民，为建设一个和平民主和伟大的社会主义国家而奋斗。具体任务是：(1)协商国际问题。(2)对全国人大和地方各级人大代表候选人名单及各级政协组成人选进行协商。(3)协助国家机关，推动社会力量，解决社会生活中各阶级间相互关系问题，并联系人民群众，向国家有关机关反映群众意见和建议。(4)协商和处理政协内部各党派团体间的合作问题。(5)在自愿基础上，学习马克思主义，进行思想改造。

全国政协二届一次会议的召开及其通过的《中国人民政治协商会议章程》表明，在中国共产党领导下，各民主阶级、各民主党派和其他爱国民主人士之间的合作关系得到了巩固和发展。全国人大召开之后人民政协继续保留下来，肩负协商大政方针、团结各党派团体、联系广大群众、开展统一战线工作的任务，形成了新中国又一独具特色的政治制度，即中国共产党领导的多党合作与政治协商制度。

三、《中华人民共和国宪法》

全国人大一届一次会议通过的《中华人民共和国宪法》，是采取领导和群众相结合方法制定的中国第一部反映广大人民意志的社会主义类型宪法。宪法起草委员会成立后，毛泽东率宪法起草小组首先用3个多月时间，在研究比较西方主要资本主义国家宪法、借鉴苏联等社会主义国家宪法、总结中国自己经验的基础上，完成了宪法草案"四读稿"；经中央政治局讨论通过后，1954年3月23日，毛泽东主持召开宪法起草委员会第一次会议，代表中国共产党提出宪法草案(初稿)。至6月11日，宪法起草委员会召开了7次全体会议，结合同时在全国政协、各大行政区、各省市领导机关、各民主党派、各人民团体地方组织和武装部队领导机关8 000余人讨论中提出的5 900多条意见，对宪法草案(初稿)进行了逐章逐条讨论修订。6月14日经中央人民政府第30次会议讨论通过并向全国公布。此后，全国有1.5亿人参加讨论，几乎占当时全国选民总数的一半。人民群众拥护这个宪法草案(初稿)，同时也提出了许多修改、补充意见。宪法起草委员会再次进行了修改。9月9日经中央人民政府第34次会议讨论通过，正式提交全国人大一届一次会议审议。

1954年9月中华人民共和国第一届全国人民代表大会第一次会议代表进入会场

1954年9月20日,全国人大一届一次会议一致通过《中华人民共和国宪法》。这是中国人民一百多年以来为新中国诞生而英勇斗争的历史经验总结,也是中华人民共和国成立五年来革命和建设新经验的总结。它肯定了中国共产党领导中国人民走过的新民主主义革命道路,并用法律形式把中国共产党在过渡时期的总路线作为全国人民在过渡时期的总任务确定下来。宪法包括序言,总纲,国家机构,公民的基本权利和义务,国旗、国徽、首都五个部分,4章106条,基本内容如下:

第一,规定了中华人民共和国的国体和政体。国体是人民民主专政,实质是无产阶级专政。政体是实行民主集中制的人民代表大会制度。国家性质"是工人阶级领导的、以工农联盟为基础的人民民主国家"。"中华人民共和国的一切权力属于人民。人民行使权力的机关是全国人民代表大会和地方各级人民代表大会。全国人民代表大会、地方各级人民代表大会和其他国家机关,一律实行民主集中制。"

第二,规定了国家的重大经济政策,确定了向社会主义过渡的方向和途径。指出:中华人民共和国在过渡时期存在着国家所有制、合作社所有制、个体劳动者所有制和资本家所有制四种生产资料所有制形式。对不同经济成分，国家采取区别对待的政策，保证优先发展社会主义性质的国营经济；鼓励、指导和帮助半社会主义性质的合作社经济发展；对富农经济采取限制和逐步消灭的政策；对资本主义工商业采取利用、限制和改造的政策，鼓励和指导它们转变为不同形式的国家资本主义经济，逐步以全民所有制代替资本家所有制。总之，"中华人民共和国依靠国家机关和社会力量，通过社会主义工业化和社会主义改造，保证逐步消灭剥削制度，建立社会主义社会"。

  第三，规定了国家权力机关的职权范围、产生办法及相互关系。全国人民代表大会是国家最高权力机关，行使国家立法权，由各省、市、自治区、军队和华侨选出的代表组成，每届任期四年；代表大会闭会期间，由其选出的常务委员会作为常设机关，行使全国人大会议授予的职权。全国人大有修改宪法、制定法律、监督宪法实施、罢免国家主席和总理等国家领导人以及向国务院及其各部、委提出质问等权力。国家主席由有选举权和被选举权、年满35岁以上中国公民经全国人大选举担任，任期四年，其职权是：根据全国人大或人大常委会的决定，公布法律法令；任免国务院、国防委员会领导人；统率全国武装力量，担任国防委员会主席；召开最高国务会议；对国家重大事务的意见，提交全国人大、人大常委会、国务院或有关部门讨论决定。国务院即中央人民政府，是最高国家权力执行机关和最高国家行政机关，由总理1人、副总理若干人、各部部长、各委员会主任及秘书长组成，其主要职权是：根据宪法、法律和法令，制定行政措施，发布有关决议和命令，并审查其实施情况；向全国人大或人大常委会提出议案；行使全国人大和人大常委会授予的职权；对全国人大和人大常委会负责并报告工作。最高人民法院是国家最高审判机关，对全国人大及其常委会负责并报告工作，独立进行审判。最高人民检察院对国务院所属各部门、各级国家机关、国家机关工作人员和公民是否遵守法律行使检察权，对全国人大及其常委会负责并报告工作，独立行使职权，不受地方国家机关干涉。

  此外，宪法还对地方政权系统及其与中央人民政府的关系做出了规定。中华人民共和国行政区分为三级：省、自治区、直辖市；县、自治县、自治州、市；乡、镇、民族乡。三级均设立人民代表大会和人民委员会，构成地方政权系统。地方各级行政机关，由省长、县长、乡长及若干副职、若干委员组成，其职权是：依照法律规定权限管理本行政区的行政工作，有权停止或改变、撤销下一级人大或所属各工作部门、下级人民委员会的不适当决议和命令，对本级人大和上一级国家行政机关负责并报告工作，服从国务院统一领导。

第四，规定了民族关系和民族政策。中国是个统一的多民族国家，各民族一律平等；禁止对任何民族歧视和压迫，禁止破坏各民族团结的行为；各民族有使用、发展自己语言文字的自由；少数民族聚居的地方实行区域自治；各民族区域自治地方都是中华人民共和国不可分离的部分；在中央国家机关统一领导下，各级区域自治机关可以依照当地民族特点和需要发展本区域的政治、经济、文化事业。

第五，规定了公民享有的自由、权利和义务。中华人民共和国公民在法律上一律平等；有言论、出版、集会、结社、游行、示威、宗教信仰、居住和迁移的自由；人身自由不受侵犯，非经人民法院决定或者人民检察院批准，不受逮捕；公民住宅不受侵犯，通信秘密受法律保护；享有劳动、休息、受教育、从事科学研究和文艺活动、对违法失职国家机关工作人员进行控告等权利或自由；妇女享有同男子平等的权利。同时，公民有遵守宪法法律、劳动纪律、公共秩序及社会公德，爱护和保卫公共财产，依照法律纳税，依照法律服兵役等义务。

宪法规定：中华人民共和国的国旗为五星红旗；国徽是五星照耀下的天安门，周围是谷穗和齿轮；首都是北京。

《中华人民共和国宪法》用国家根本大法的形式把人民民主和社会主义两大原则固定下来，正确恰当地总结了经验，正确恰当地结合了原则性和灵活性，充满民主精神，具有极广泛的群众基础，得到举国一致欢迎和拥护，是新中国走向依法治国的重要标志和新起点。

四、反对高岗、饶漱石的斗争

1953年，正当中国共产党提出过渡时期总路线、实行重大战略转变、全国开始有计划、大规模经济建设之际，党内出现了高岗、饶漱石阴谋分裂党、篡夺党和国家最高权力的严重事件。

高岗、饶漱石篡党夺权阴谋活动绝非偶然。早在建国前高岗担任东北地区党政军主要领导职务时，就把东北当成自己的独立王国。建国后，他又担任了中央人民政府副主席、东北人民政府主席，个人野心更加膨胀，开始觊觎党和国家最高领导权。饶漱石从1943年担任华中局书记、新四军政委起，就多次进行过夺取个人权力的活动，曾以挑拨离间的手段和突然袭击的方式,发动过对陈毅的斗争。建国后,在担任华东局第一书记、华东军政委员会主任期间,继续进行一些不正常活动,表现出很强的个人权力欲。

1952年底,高岗调任国家计委主任。1953年初,饶漱石调任中共中央组织部长。这时,党中央为适应经济建设和社会主义改造的需要,开始酝酿召开党的第八次全国代表大会和首届全国人民代表大会,考虑中央是否增设副主席和总书记、政府是否采用苏联式部长会议制等问题。毛泽东还提出了中央领导人分成一线、二线的主张。高、饶认为这是一次权力再分配的好机会,便勾结起来,加紧篡夺党和国家最高领导权的阴谋活动。

1953年6月至8月全国财经工作会议期间,高岗及其少数追随者利用毛泽东批评"新税制"错误的机会,把财经工作中出现的某些问题说成是路线错误,以批评当时负责财经工作的薄一波为名,把矛头指向刘少奇,"批薄射刘",并散布流言蜚语,造谣中央有宗派,刘少奇有"圈圈",周恩来有"摊摊",企图挑起党内纠纷,达到个人篡权的目的。会后,高岗以"休假"为名到华东和中南地区进行挑拨活动,在一些高级干部中搬弄是非,企图煽动他们对党中央的不满情绪。他曾制造了"两党论"和"军党论"的荒谬理论,把中国共产党分为"根据地和军队的党"与"白区的党"两部分,不顾军队是由党建立和领导的历史事实,胡说"党是军队创造的",把刘少奇、周恩来说成是"白区的党"的代表,把自己说成是"根据地和军队的党"的代表,散布党中央和国家机关掌握在所谓"白区的党"的人手中,扬言要进行彻底"改组",由"根据地和军队的党"的代表人物来掌权,并到处封官许愿,企图拉拢一些人夺取中央领导权。

与此同时,饶漱石也展开了阴谋活动。他不经中央知道,擅自在中组部内发动了对副部长安子文的斗争,并在9、10月间召开的第二次全国组织工作会议上,私自散布安子文草拟的中共八大政治局委员名单,以批评安子文为名,把锋芒指向刘少奇,导演了一出"讨安伐刘"的闹剧。

12月,毛泽东准备到外地休假,依照惯例,提出由刘少奇主持中央日常工作。高岗表示反对,并私下活动由他担任中央总书记或副主席、改换总理人选等,充分暴露其野心家面目。

中央对高、饶的非法组织活动有所察觉后,一再对他们进行教育、挽救。全国财经会议上,首先纠正了在高岗影响下产生的一些不正确意见;毛泽东强调加强党的团结的重要性,明确指出前段财经工作中的问题并未构成路线错误。全国组织工作会议上,中央意识到高、饶的活动是分裂党的错误行为,再次强调党的团结问题。但高、饶不思悔改,继续进行反党阴谋活动,严重危害了党的团结和国家建设事业的正常进行。于是,中央决定对高、饶反党分裂活动进行揭露和斗争。1953年12月24日,中央政治局会议对高、饶的严重错误进行了初步揭露,并根据毛泽东的建议起草了《关于增强党的团结的决议(草案)》,交党的七届四中全会讨论。

1954年2月6日至10日,七届四中全会在京举行。刘少奇受政治局委托向全会作报告,朱德、周恩来、陈云、邓小平等44人作了重要发言。全会揭露、批判了高、饶反党分裂活动,一致通过《关于增强党的团结的决议》,并批准七届三中全会以来政治局的工作和过渡时期总路线,决定年内召开党的全国代表会议。

全会通过的《关于增强党的团结的决议》指出:破坏党的团结,就是帮助敌人危害党的生命。为增强党的团结,《决议》对全党高级干部作出了六条规定,要求党的高级干部要维护党的团结,团结的惟一中心是党中央;要严格遵守民主集中制和集体领导原则,反对任何有损党的威信、党的统一、党的团结的言行;要坚决处理那些破坏团结的人和事,并规定了处理办法。

全会粉碎了高、饶反党分裂阴谋,但对他们仍采取了治病救人、等待觉悟的方针。高、饶不思悔过自新,高以自杀自绝于党,饶也未真正认识自己的错误。为了澄清他们的错误事实,根据中央书记处决定,2月,周恩来、邓小平等分别主持召开了由部分中央委员、候补委员、重要工作人员参加的关于高、饶问题座谈会,对他们的阴谋活动进行了揭露和对证。同时,中央向全党发出传达、学习七届四中全会文件的通知,把高、饶问题向全体党团员、党外积极分子及一些民主人士作了传达。2月18日,《人民日报》发表七届四中全会公报和社论,引导全党全国人民学习全会精神,批判高、饶反党罪行。4月至8月,在中央政治局领导下,东北局、华东局分别召开了本地区高级干部和扩大干部会议,上海和山东等省、市还分别召开了党代表会议,进一步揭发批判了高、饶罪行。

1955年3月21日至31日,在反对高、饶斗争取得决定性胜利的基础上,中国共产党在北京召开了全国代表会议。毛泽东致开幕词,陈云代表中央作《关于发展国民经济第一个五年计划的说明》,邓小平代表中央作《关于高岗、饶漱石反党联盟的报告》,刘少奇、周恩来、朱德等人作了重要发言,毛泽东最后作了结论报告。经过充分讨论,会议一致通过《关于中华人民共和国发展国民经济第一个五年计划草案的决议》、《关于高岗、饶漱石反党联盟的决议》《关于成立党的中央和地方监察委员会的决议》，成立了以董必武为书记的中央监察委员会。

这次党的全国代表会议，作出了开除高、饶党籍，撤销他们在党内外一切职务的决定。反对高、饶的斗争取得最后胜利，全党更加团结统一。

五、肃反运动

1951年至1953年开展的镇压反革命运动，肃清了大部分比较暴露的反革命分子，但是仍有少数暗藏的反革命分子没有肃清，尤其是那些暗藏在党政军机关、团体、企事业单位的反革命分子还没有来得及清理。这些反革命分子不甘心自己的失败，以更加隐蔽、更加狡猾的手段进行各种阴谋破坏活动，企图把整个社会秩序搞乱。特别是随着社会主义改造事业的发展，残余反革命分子的破坏活动有所抬头。1954年，全国工矿企业发生反革命破坏事件340多起、凶杀暗害事件6300多起，死伤干部、群众8300多人。湖北、四川、广东等13个省还发生了8起反革命暴动和19起骚乱事件。暗藏反革命分子的猖狂活动，构成了对社会主义改造和社会主义建设事业的严重威胁。

为了保卫社会主义事业胜利发展，毛泽东在党的全国代表会议上严正指出："国内反革命残余势力的活动还很猖獗，我们必须有计划地、有分析地、实事求是地再给他们几个打击，使暗藏的反革命力量更大地削弱下来，借以保证我国社会主义建设事业的安全。"①

1955年7月1日，中共中央发出《关于开展斗争肃清暗藏的反革命分子的指示》，针对当时揭发出来的"高饶事件"、"潘杨事件"、"胡风事件"，认为随着我国社会主义事业的发展，阶级斗争必然日益尖锐化和复杂化，暗藏的反革命分子已用两面派手法钻进我们的各种机关、事业单位进行阴谋活动，破坏人民民主制度和社会主义事业，为此决定在全国开展一场肃清暗藏反革命分子的运动，要求各级党委组织五人小组领导这个工作。8月25日，又发出《关于彻底肃清暗藏的反革命分子的指示》；10月25日，发出《关于肃清暗藏的反革命分子的运动在群众已经发动之后必须注意保证运动健康发展的指示》，指导运动健康发展。

---

① 毛泽东.在中国共产党全国代表会议上的讲话.见：毛泽东文集.第6卷.北京：人民出版社,1999.392

这场斗争包括两方面内容：一是社会镇反，主要打击公开搞破坏的敌人。人民政府依法逮捕一批进行现行反革命破坏活动或有严重罪恶、拒不投案自首的反革命分子，挖出许多隐藏很深、久捕未获的大犯要犯，侦破一大批反革命案件，大大震慑了敌人，使大批反革命分子和犯罪分子纷纷向人民政府投降，不愿投降者也被迫收敛活动，从而使社会秩序得到进一步安定。二是党政机关等内部肃反，主要清查、打击钻入革命队伍内部的敌人。

运动中，党和国家制定了"提高警惕，肃清一切特务分子；防止偏差，不要冤枉一个好人"的总方针；实行惩办与宽大结合，"首恶必办，胁从不问，坦白从宽，抗拒从严，立功赎罪，立大功受奖"的总政策；执行专门肃反机构与群众运动相结合的基本路线，坚持既反"左"又反右，"有反必肃，有错必纠"，对反革命分子"一个不杀"、留下挽回余地①的原则；通过准备、小组斗争、专案小组工作、甄别定案、复查五个阶段，从1955年7月至1957年底，对全国3 000多万工薪人员分四批进行了清查。

结果，全国共查出反革命分子和坏分子10万多名，其中混入党内的5 000多名，混入青年团内的3 000多名，钻入中央国家机关的220多名；破获一批重大的、长期没有查清的疑难案件、政治破坏事故；查出3 600多名美蒋潜伏和派遣进来的特务分子。同时，查清了177万多人的历史问题，作出结论，使这些人放下了包袱。党组织对干部的政治、历史面貌有了更深刻更全面的了解，推动了审查干部工作的进展。

肃反运动打击了敌人，教育了人民，为社会主义改造和建设高潮的到来提供了安全保证。由于斗争的特殊性和复杂性，运动中曾发生过斗争面过宽现象，造成一些冤假错案，虽在甄别、平反中纠正了一些，但仍有一些后遗症，如"胡风反革命集团案"、"潘汉年、杨帆反革命案"等。

第二节 生产资料私有制的社会主义改造

一、农业、手工业的社会主义改造

建国后，随着土地改革的胜利进行，解放前无地少地的贫苦农民分到了

---

① 逄先知，金冲及.毛泽东传(1949~1976).上卷.北京：中央文献出版社，2003. 623~624

土地,实现了"耕者有其田"。但是,这种分散落后的个体私有经济力量薄弱,增产困难,无法满足国家工业化和人们日益增长的物质需要,且易产生两极分化。因此,中国共产党根据马克思主义基本原理,认为资本主义未用蒸汽机前依靠工场分工能形成新的生产力,我们亦可通过合作社,依靠统一经营形成新的生产力,去动摇私有基础,①决定对个体农业、手工业进行社会主义改造,实行合作化,消灭私有制,把他们引上社会主义共同富裕的道路。

1956年广州市庆祝社会主义改造胜利大会

1951年12月,中央作出第一个《关于农业生产互助合作的决议(草案)》,开始试行对农业的社会主义改造。文件指出:土地改革后,农民存在发展个体经济和进行劳动互助两种积极性,我们党决不能忽视和粗暴挫伤前一积极性,但为克服农民分散经营的困难,使广大贫困农民迅速增加生产、丰衣足食,使国家得到更多的商品粮和其他工业原料,扩大国家工业品销售市场,必须提倡"组织起来",按照自愿互利原则,发展农民劳动互助的积极性。各级党组织要克服消极右倾和急躁"左"倾两种错误倾向以及强迫命令、放任自流两种错误领导方法,坚持积极领导、稳步前进的方针,根据不

---

① 薄一波.若干重大决策与事件的回顾.上卷.北京:人民出版社,1997.197~198

同地区不同情况,有领导地发展临时或常年互助组;在群众已有比较丰富互助经验并有较强领导骨干的地区,有重点地发展一些以土地入股为特点的农业生产合作社(即初级社),并以能否提高生产率、比单干多产粮食及其他农作物、增加农民收入作为检查互助组和合作社工作好坏的标准,确保互助合作运动沿着健康轨道发展。11月12日,中央决定在省委以上领导机关建立农村工作部,邓子恢任中共中央农村工作部部长,加强对互助合作运动的领导。1952年底,全国40%的农户参加了互助组,建立了3 600多个农业生产合作社。

经过一年多实践,根据过渡时期总路线要求,1953年2月15日,中央将上述《决议(草案)》在一处修改后以正式决议公布,全面展开农业的社会主义改造运动。这时,运动的重点是以办互助组为主、试办一些初级社。当年春,初级社即发展到1.4万个。随后,针对有些地方出现的违反农民自愿原则、一哄而起、急躁冒进倾向,中央及时进行了纠正。

10月26日至11月5日,中央召开第三次农业互助合作会议。会前会中,毛泽东两次同中央农工部的负责同志谈话,对农业互助合作运动提出了许多重要理论观点和政策性见解,指出:"对于农村的阵地,社会主义如果不去占领,资本主义就必然会去占领";解决社会主义和资本主义的矛盾,是农村各项工作的"纲","拿起纲,目才能张";我们"要搞社会主义",要走"由社会主义萌芽的互助组,进到半社会主义的合作社(即初级社),再进到完全社会主义的合作社(即高级社)"的道路;批评半年来纠正冒进是"稳步而不前进";认为"发展农业生产合作社,现在是既需要,又可能,潜力很大";要"合理摊派,控制数字",1954年秋收前合作社发展到3.2万个,1957年达70万个,可能时突破100万个,把数字摊派下去,届时检查;"总之,既要办多,又要办好,积极领导,稳步发展";同时还要研究是否"可以不经互助组,就搞半社会主义的合作社,甚至搞完全社会主义的合作社"①的问题。

根据毛泽东的谈话精神,会议重新研究、部署了农业生产互助合作运动。12月16日,中央作出第二个《关于发展农业生产合作社的决议》,把互助合作运动的重点转到了大办初级社。指出:农业个体经济限制着农业生产力的发展,与社会主义工业化之间日益暴露出很大的矛盾。为了进一步

---

① 毛泽东.关于农业互助合作的两次谈话.见:毛泽东文集.第6卷.北京:人民出版社,1999.298~306

提高农业生产力,逐步克服农业同工业发展不相适应的矛盾,党在农村工作中的最根本任务,就是促进农民联合组织起来,经过简单的共同劳动的临时互助组和在共同劳动基础上实行某些分工分业而有少量公共财产的常年互助组,到实行土地入股、统一经营而有较多公共财产的农业生产合作社(即初级社),再到实行完全社会主义的集体农民公有制的更高级的农业生产合作社(即高级社),逐步实行农业的社会主义改造,使农业由落后的小规模个体经济变为先进的大规模生产的合作经济。这种由具有社会主义萌芽、到具有更多社会主义因素、到完全社会主义的合作化发展道路,就是中国共产党所指出的中国农业社会主义改造的道路。决议列举初级社在试办和发展过程中显示出的十大优越性,要求各级党组织坚持积极领导、稳步前进的方针,实行自愿互利、典型示范、国家援助原则,以增加产量、增加社员收入作为办好社的根本标志。要求到1954年秋收前初级社发展到3.58万个,1957年发展到80万个,入社农户达到总农户的20%左右。据此,全国掀起了大办初级社的热潮。结果,1954年春天初级社即发展到9.5万多个,超过计划一倍半还多。

4月,中央农工部召开第二次全国农村工作会议,认为农业社会主义改造运动已经全面展开,农村党组织已经走上社会主义革命轨道,各阶层都被卷入了新的斗争舞台,贫农兴奋积极,中农日益倾向社会主义,富农开始被孤立,农村阶级关系发生了有利于社会主义革命的变化。今后,"党在农村的基本任务,就是开展以互助合作为中心的大生产运动"。要求1955年初级社发展到30~35万个,1957年达130~159万个,入社农户达农户总数的35%左右,1960年前后基本实现农业合作化。会议还讨论了初级社章程,决定在各地试行。

秋收前后,许多农民看到90%以上的合作社增产,停止了在两条道路间的观望摇摆,纷纷要求入社,初级社猛增到22万个。

10月,中央农工部召开第四次农业互助合作会议,分析一年来社会主义改造的大好形势,指出合作经济的优越性已为群众公认,提出1955年春耕前初级社发展到60万个,1957年基本完成初级合作化,第二个五年计划期间转入高级社,再用三个五年计划实现大规模农业机械化。会议认为:当前运动的主要形式仍是初级社,1957年前可由省级以上领导机关批准试办少数高级社,并决定改变过去主要在冬季突击办社的方法,实行全年准备、分批发展、四季都做。会议制定了办好农业社的四条标准,即生产增加、分配合理、接受国家计划、团结帮助社外农民,强调依靠农村党支部办社,改变过去由领导机关派人帮助办社的办法。要求各级党委要如同对待土地改革一样,加强对合作化运动的领导,保证运动迅速健康地发展。

1955年4月,农业合作社发展到67万个,突破原来计划。其中浙江省发展最快,一年内由2 000多个发展到5万多个。由于发展过快,一些地方出现了强迫命令、侵犯中农利益的现象,加上国家统购多购了35亿公斤粮食,引起部分农民对合作化运动的抵触和顾虑,出现了大量杀猪宰羊、砍伐树木、聚众骚动、闹退社的现象,党和政府同农民的关系出现紧张局面。

中央发现上述问题后,于1955年第一季度连续发出指示,要求放慢速度,整顿、巩固现有合作社;基本完成和超额完成计划的地方,"停止发展、全力转向巩固";浙江则要"赶快下马"。3月26日,毛泽东同中央农工部领导人谈话,指出生产关系要适应生产力发展的要求,否则生产力会起来暴动;提出了"停、缩、发"三字方针,即分别不同情况,或停止发展,或实行收缩,或适当发展。4月,中央农工部召开第三次全国农村工作会议,着重研究了"停"和"缩"的问题。根据会议精神,4月至5月各地共收缩2万余个社,巩固了65万个社,解除了农民顾虑,缓和了农村紧张形势。

形势刚刚好转,毛泽东于5月17日中央召开的15省市自治区党委书记会上,根据他调查的情况,批评前段整顿工作是消极情绪,必须改变;"三字方针","基本是发"。会议根据毛泽东的意见,提出了1956年发展到100万个社的计划。毛泽东以为还"少了点",认为可能达到130万个。这样,在对合作化形势的估计及发展速度上,党内产生了分歧。农业合作化运动也以本次会议为转折点,走向高潮。

7月31日,中央召开各省、市、自治区党委书记会议。毛泽东在会上作了《关于农业合作化问题》的报告,对合作化的理论、政策作了全面阐述,对发展速度作了新的部署。其中不乏独到而宝贵的见解,如从当时实际出发,将新老中农分为新老上中农和下中农,把新老下中农同贫农一起作为党在农村的依靠对象,解决了党在农业合作化中依靠农民大多数的问题。但《报告》的主旨是批判前段整顿合作社犯了"右的错误",不点名指责邓子恢等人在合作化运动中"像一个小脚女人","看问题的方法不对";认为在发展问题上,"目前不是批评冒进的问题",也不是"赶快下马"的问题,农民有"走社会主义道路的积极性",党"有能力领导全国人民进到社会主义社会","农村中不久就将出现一个全国性的社会主义改造的高潮"。报告对合作化高潮的到来起了巨大动员作用,但也助长了急躁冒进情绪的发展。

会后,毛泽东的报告印发各级党委,通过反对右倾,合作化运动更加猛烈发展起来。到10月底,合作社增加一倍。

新的胜利使毛泽东认为有必要进一步批判所谓右倾保守思想,促使合作化运动更快发展。10月4日至11日,中央召开扩大的七届六中全会,地委书记以上各级党委负责人388人列席会议。全会有两项议程,一是讨论通过新的关于合作化问题的决议,二是讨论通过关于召开党的"八大"的决议。全会听取了陈伯达、邓小平分别对两个决议草案的说明,特别就第一项内容展开了激烈讨论。最后,毛泽东作了题为《农业合作化的一场辩论和当前的阶级斗争》的总结,公开点名批评邓子恢为首的中央农工部犯了右倾和经验主义错误,提出多数地区用三个冬春、少数先进地区用两个冬春、少数落后地区用4至6个冬春基本完成半社会主义合作化的更激进计划。全会通过了第三个《关于农业合作化问题的决议》,对办社的方针、路线、政策、方法等作出全面、系统的规定;还通过了关于召开党的"八大"的决议。会议存在的严重"左"倾冒进情绪,把合作化运动推向了更高速发展阶段。

11月10日,国务院公布《农业生产合作社示范章程》(草案)。12月,毛泽东主持编辑《中国农村的社会主义高潮》一书,并为之作序,给其中104篇加了按语,介绍、推广各地办社经验。1956年1月,《人民日报》公布毛泽东主持制定的《1956年到1967年全国农业发展纲要(草案)》,提出1956年85%以上农户加入初级社,1958年基本完成高级形式的合作化,向人们描绘了一幅宏伟蓝图,更加鼓舞了全国人民。当月,全国入社农户即达80.3%,基本实现初级合作化。随后,合作化运动转入小社并大社,初级社转高级社阶段。许多刚建立的初级社,马上并社升级,有的农户甚至超越初级社,直接加入高级社。年底,全国共建75.6万个农业社,高级社占87.8%,入社农户达96.3%,基本实现农业生产合作化。同时,农村还建立了供销合作社和信用合作社,消灭私商和高利贷者对农民的剥削,基本完成对整个农业的社会主义改造。

农业社会主义改造的基本完成,使汪洋大海般的农民个体经济变成了集体经济、农民个体所有制变成了合作社集体所有制,这是中国社会的一场深刻变革。五亿多农民在中国共产党领导下走上社会主义道路,又是一个历史性胜利。总的看来,我国的农业合作化运动是成功的,积累了宝贵经验。但也存在要求过急、工作过粗、改变过快、形式过于简单划一的缺点和偏差,长期遗留一些问题,成为后来改革的对象。

在农业社会主义改造的同时,国家对手工业也进行了社会主义改造。

旧中国近代工业十分落后,手工业在国民经济中具有重要作用。据估计,1952年,全国手工业者约1 000万人,手工业年产值约100亿元,占工农业总产值20%以上。人们所需的生产生活资料大多来自手工生产;手工业从事农工产品加工,为国家大工业服务;手工业工人是国营工业技术工人和技术后备力量的重要来源之一;手工业制造的工艺品,可以出口创汇,为国家建设积累资金;手工业为城乡人民提供了更多的就业机会。但因其生产分散、落后、盲目、保守,个体所有制生产关系限制了生产力的发展,因此,必须对其实行社会主义改造。

在手工业社会主义改造中,国家采用了类似农业社会主义改造的方法,坚持统筹兼顾、全面安排、积极领导、稳步前进的方针,以互利为原则,运用说服、示范、国家援助的方法,通过手工业生产小组、到手工业生产供销社、到手工业生产合作社三种形式,逐步将手工业者个体所有制改变为集体所有制,引导手工业者走上社会主义道路。其发展过程,亦如农业社会主义改造一样,呈波浪型。1952年全国有手工业生产合作社3 280个,社员21.8万人,占手工业从业人员的3%;1956年底手工业生产合作社达到10万个,社员509万人,占手工业从业人员的92.2%,基本完成对手工业的社会主义改造。

同时,国家对渔业、盐业、民间运输业、小商小贩等个体经济也进行了社会主义改造,分别把他们组织到各种形式的社会主义性质的合作社中,从而完成了对整个个体经济的社会主义改造。

二、资本主义工商业的社会主义改造

中国的资本主义包括官僚资本主义和民族资本主义两部分。由于官僚资本主义同帝国主义、封建主义勾结在一起,建国后党和政府对其采取了没收政策,将其变成了国营经济。由于民族资产阶级存在两面性,民族资本主义存在不利于国计民生的一面,土地改革完成后,同无产阶级的矛盾成为中国社会的主要矛盾;同时,民族资本主义也存在有利于国计民生的一面,民族资产阶级中大多数人有文化、有技术、有管理经验,长期同共产党合作,拥护宪法,可能接受社会主义改造,为社会主义建设服务。根据马克思、列宁关于对资产阶级实行和平赎买的设想,中央决定依靠建国后无产阶级政治上、经济上的优势地位和自己的正确政策,对其进行和平改造,使其逐步过渡到社会主义,消灭中国最后一个剥削阶级。

建国伊始,国家即用加工订货、统购包销等形式,使私营工商业同国营经济联系起来,对资本主义工商业展开了社会主义改造。1952年底,私营工商业合计445万户,职工和从业人员880余万;私营工业在全国工业总产值中由建国初的63%降为39%,私营商业在全国商业批发额中由建国初的76%降为36%,零售额由85%降为57%。997户公私合营工业的产值占全国工业总产值的5%。①

根据过渡时期总路线,从1953年起,国家对资本主义工商业开始实行系统的有计划的社会主义改造。年初,因为开始实行"一五"计划,许多产品供不应求,加之当时税收、贸易工作中存在失误,资产阶级拒绝国家加工订货、收购包销,盲目发展,与国家计划矛盾加剧,限制与反限制斗争激烈。4月,中共中央统战部部长李维汉率调查组对武汉、上海等地资本主义工业中的公私关系进行了调查,5月向中央提交了《资本主义工业中的公私关系问题》的报告。6月15日,中央政治局讨论并同意了李维汉的报告,决定运用低级的市场收购、初级的加工订货、统购包销和高级的公私合营等国家资本主义形式对资本主义工商业进行改造;并认为公私合营企业中,新生产的价值已不仅分为可变资本和剩余价值,而是首先分为工人工资、企业利润和国营企业利润三部分,三分天下工人阶级有其二;而后企业利润又分为国家税收、资本家股息红利、工人福利、企业公积金四部分,四马分肥,工人阶级得其大半。因此,公私合营是对资本主义工商业进行社会主义改造的最好形式。7月9日,毛泽东在全国财经工作会议上进一步肯定了这种"在人民政府管理之下的,用各种形式和国营社会主义经济联系着的,并受工人监督的资本主义经济……即新式的国家资本主义经济","是带着很大的社会主义性质的,是对工人和国家有利的"②。

为了教育、动员私营工商业者接受社会主义改造,9月7日,毛泽东同民主党派和工商界部分代表谈话,向他们打招呼:"有了三年多的经验,已经可以肯定:经过国家资本主义完成对私营工商业的社会主义改造,是较健全的

---

① 中国社会科学院经济研究所.中国资本主义工商业的社会主义改造.北京:人民出版社,1978.144~145
② 毛泽东.关于国家资本主义.见:毛泽东文集.第6卷.北京:人民出版社,1999.282

方针和办法";"国家资本主义是改造资本主义工商业和逐步完成社会主义过渡的必经之路";国家将用"稳步前进"的方针,至少三至五年,将全国私营工商业基本引上国家资本主义轨道,再用几个五年计划,完成社会主义改造。"在这个问题上既要反对遥遥无期的思想,又要反对急躁冒进的思想。"我们"要有计划地培养一部分眼光远大的、愿意和共产党和人民政府靠近的、先进的资本家,以便经过他们去说服大部分资本家"。①

9月25日过渡时期总路线公布后,在私营工商业者中引起强烈反响。有些人当面歌颂拥护,背后牢骚满腹,说什么"代购代销是进去了一点";加工订货是"进去了一半";公私合营"就全进去了";"上了贼船","船在河中走,只好认头"。充分反映了资本家对社会主义改造既不心甘情愿而又无可奈何的心理状态。

10月23日至11月12日,全国工商业联合会成立大会在京召开,"一致拥护国家在过渡时期的总路线、总任务和对私营工商业采取的利用、限制和改造的政策",号召"全国私营工商业者必须积极经营有利于国计民生的事业,接受人民政府的管理、国营经济的领导和工人群众的监督,并积极适应国家的社会主义改造的要求"。全国工商联成为动员、组织私营工商业者从事社会主义改造的先进群众组织。

随着过渡时期总路线的深入宣传,私营工商业者的思想认识和政治觉悟日益提高,从而为资本主义工商业社会主义改造奠定了思想基础。

1954年,是对资本主义工商业进行社会主义改造和有计划地扩展公私合营的第一年。1月6日至16日,中央财委召开年扩展公私合营计划会议,讨论了《关于有步骤地将有十个工人以上的资本主义工业基本上改造为公私合营企业的意见(草稿)》,决定发展公私合营的方针是:第一步,国家投入少量资金和干部,充分利用原有企业资金、干部和技术改造资本主义工业;采取"驴打滚"、"翻几番"的方法,发展一批,作为阵地,加以巩固,再发展一批,经过几滚几翻,将有10个工人以上的私人工业基本纳入公私合营轨道。第二步改变为社会主义企业。本年工作方针是:"巩固阵地、重点扩展,作出榜样,加强准备";任务是合营651个企业,年产值15亿元左右。具体政策是:(1)作计划、定步骤时,总原则是服从国家计划,统筹兼顾,力求

---

① 毛泽东.改造资本主义工商业的必经之路.见:毛泽东文集.第6卷.北京:人民出版社,1999.291~293

供、产、销平衡,将合营企业的生产列入国家计划,掌握好国家投资,依靠地方训练、配备干部,视资本家自愿条件,对集团性企业按好坏厂合理搭配。(2)处理公私关系时,根据实事求是、公平合理原则清产定股,原有实职人员一般包下来量才使用,公方代表居领导地位,适当安排私方代表,使其有职有权,有事同他们协商处理,保持清醒头脑,稳步前进。会议还讨论了《公私合营工业企业暂行条例(草案)》等文件。3月4日,中央批准会议报告和中财委《意见》。

此后,各地以公私合营为主要形式对私营工业进行改造。中央不断发出指示,指导运动健康发展。9月5日,政务院公布施行《公私合营工业企业暂行条例》。年底,全国合营工业达1 744户,职工53.3万人,产值51亿元,占全部工业总产值的12.3%。①

同时,国家也有计划有步骤地对私营商业进行了改造。1949~1953年为第一阶段,主要是打击投机商业,稳定物价,发展国营和合作商业,利用、限制私营商业,在不改变私有制的基础上进行适当调整。从1954年起,对私营商业的改造进入第二阶段,在自愿原则下变私营为公私合营或国营商业的代销机构,使之迅速大量地纳入国家资本主义轨道。7月13日,中共中央发出《关于加强市场管理和改造私营商业的指示》,阐述了对私营商业改造的必要性,决定采取一面前进、一面安排,前进一行、安排一行的办法,对私商逐步实行各种形式的国家资本主义,稳步予以改造。年底,国营、合作商业批发额达89.3%,零售额达67.5%;国家资本主义商业分别为0.5%和6.4%;私营商业降为10.2%和26.1%。②

1954年是私营工商业改造较快的一年。但因主要是大型企业公私合营,致使大量中小企业在原料、市场方面遇到困难,生产难于维持,劳资关系紧张;因对私商统筹安排不周,致使其经营出现困难,造成商品流通阻塞。对此,从1954年12月到1955年上半年,党和政府采取了一系列措施,使公私关系得到了缓和,工业生产和商品流通明显好转,为新的大规模改造创造了条件。

1955年下半年,随着农业合作化高潮的出现,对私营工商业的改造步伐大大加快。9月至10月,上海205家工厂实现公私合营,棉纺、麻纺、面粉、

---

①② 国家统计局.我国的国民经济建设和人民生活.北京:统计出版社,1958.86,261

碾米、搪瓷等五个行业实现全行业合营。11月,全国近半数私营工商业纳入公私合营轨道。北京、上海又分别实行了棉布、线绒两行业全行业合营。这种按行业公私合营改变了此前单个企业合营的方法,成为公私合营的最高形式,为加速公私合营提供了经验。

为尽快实现私营工商业的社会主义改造,10月29日,毛泽东、刘少奇等党和国家领导人邀请工商界代表座谈,希望他们认清社会发展规律,掌握自己的命运,接受社会主义改造,并向他们宣传解释了党和国家将用"定息"的办法"赎买"资产阶级资产和股金的政策。11月,中央政治局召开各省、市、自治区党委和50万人口以上城市党委负责人会议,讨论加速私营工商业改造问题。会议通过了《中央关于资本主义工商业改造问题的决议(草案)》,决定用全行业公私合营和"定息"赎买的办法,把私营工商业的改造推上新阶段。1956年1月,北京首先掀起全行业公私合营高潮,成立了由国家专业公司、资本家同业公会和职工代表组成的公私合营工作委员会,对申请合营的行业,先批准合营,后清产核资、安排人事、经济改组。1月8日至10日,北京市资本主义工商业全部实现按行业公私合营。15日,北京市各界20万人集会,庆祝北京在全国第一个"进入了社会主义社会"。

北京的行动影响到全国,各地迅速形成按行业公私合营的高潮。1月底,全国私营工业公私合营户数达77.3%,产值达88.7%。其中北京、上海等118个大中城市四个月便几乎全部实现了公私合营。年底,全国私营工业99.0%的户、98.9%的职工、99.5%的产值和私营商业82.2%的户、85.1%的从业人员、93.3%的资本额实现了公私合营,①全国基本完成对资本主义工商业的社会主义改造。

全行业公私合营后,国家对资本家进行了定股、定息和人事安排工作。核清全国公私合营工商业中私股股额24亿元,股东114万人,年息5%,从1956年1月1日算起,先以7年为期付给。从1963年起又延长3年,至1966年9月停止。同时,本着"量材使用、适当照顾"的原则,给资方人员安排工作。至1957年,全国拿定息的71万在职私方人员和10万左右资本家代理人全部安排了工作,②其中一部分代表人物,还在国家机关、经济业务

---

① 中国社会科学院经济研究所.中国资本主义工商业的社会主义改造.北京:人民出版社,1978.228~229
② 苏星.新中国经济史.北京:中共中央党校出版社,1999.319

部门担任了重要职务。

实行全行业公私合营和定息制度,是中国国家资本主义的最高形式。虽然资本家仍以定息剥削人民,但他们已失去了对企业的所有权,企业实质上已转变为社会主义国有企业。

从"四马分肥"到取消定息,国家仅用32.5亿元(包括其间付给安排了工作的资方人员的工资)的廉价资金,不仅买下了全部私营工商企业,而且还"买了这样一个阶级"。我国通过"和平赎买"的办法,取得了对资本主义工商业改造的成功。1956年公私合营工业产值比1955年增长32%,公私合营商业零售额增加15%以上,生产力得到显著提高。

在对资本主义工商业进行社会主义改造中,党和国家积累了丰富经验:(一)正确区分官僚资本和民族资本,在继续保持同民族资产阶级政治联盟的形式下,政治上把民族资产阶级作为人民内部矛盾处理,实行团结、教育、改造的方针,经济上实行有代价的"赎买"政策,使他们感到有生路,减少了阻力,为社会主义改造创造了安定的社会环境。(二)实行一系列从低级到高级的国家资本主义过渡形式,使被改造者逐步适应新的经济制度。(三)对私营工商业者实行"团结、教育、改造"的方针,把对企业的改造和对人的改造结合起来,逐步把原来的剥削者改造成为自食其力的劳动者。当然,在改造过程中,尤其后期,也存在着要求过急、工作过粗的问题:一是把大量并无剥削关系的小商贩、小手工业者或有轻微剥削的小业主当作资本家对待,混淆了剥削者和劳动者的界限;二是把企业和商业网点合并过多,分布不够合理,给人们的生活、就业带来不便;三是对一部分工商业者的安置和处理也不尽恰当,不能发挥其所能。尽管存在这些缺点和偏差,但从总体上讲,党和国家对资本主义工商业改造的方针、政策基本是正确的,取得的成绩是巨大的。

用"和平赎买"的办法实现对资本主义工商业的社会主义改造,是中国共产党创造性运用马列主义基本原理解决中国实际问题的又一光辉范例,是国际共产主义运动史和社会主义发展史上的创举。

三、少数民族地区的社会主义改造

中国是个少数民族多、分布广、社会发展极不平衡的统一的多民族国家。

过渡时期党和国家在民族问题上的总任务是:巩固祖国统一和民族团

结,共同建设伟大祖国大家庭;在统一的祖国大家庭内,保障各民族在一切权利方面平等,实行民族区域自治,在祖国共同事业发展中,与祖国建设密切配合,逐步发展各民族的政治、经济、文化,逐步消灭历史上遗留下来的各民族间事实上的不平等,使落后民族跻身于先进民族行列,共同过渡到社会主义社会。①

为实现上述任务,党和国家采取的根本性措施是在少数民族地区实行社会改革。政治上实行民族区域自治,让少数民族人民当家作主。经济上实行社会主义改造,把各族人民组织起来,使之逐步走上社会主义道路。文化上,肃清大民族主义和狭隘民族主义,创立、发展各民族语言文字,提高教育水平,使之赶上先进民族。鉴于各民族间发展不平衡和历史遗留下来的民族隔阂,党和国家的工作方针是"慎重稳进",用温和、迂回曲折的改良办法,在各族人民自愿和可能的条件下,逐步进行和平改革。同时,坚持自下而上和自上而下相结合的原则,一面依靠群众,逐步发展革命力量,造成上层不能不同意改革之势;一面争取和团结一切可以争取的上层人士,长期同他们合作,使他们跟着国家发展前进。

面对全国即将开始大规模经济建设和社会主义改造,1952年12月,中央提出《关于少数民族地区五年建设计划的原则性意见》,要求1955年底前建立专区以下民族自治区,1957年底建立省级民族自治区;同时以农业、牧业、贸易、交通为重点,发展少数民族地区经济,在人口集中区建立人民生活、生产必需之工业;培养少数民族干部,注重普通政治干部和知识分子的训练等。发出《关于少数民族较少地区必须检查民族政策情况的指示》,要求各地"专门进行一次民族政策执行情况的检查"。

从1953年起,各地一面制定五年计划,一面检查民族政策执行情况。至5月,中央收到各地检查报告192份,发现在执行民族政策中存在大汉族主义、急躁冒进情绪和机械搬用汉族地区工作经验和方法、一些基层干部强迫命令和违法乱纪等问题,造成了某些少数民族不满和愤慨,甚至叛乱,严重阻碍了社会改革的进行。3月16日,毛泽东为中共中央起草了《批判大汉族主义》的党内指示,同时国家派出访问团,到少数民族地区调查研究,帮

---

① 中央批发中央统战部和民族事务委员会党组关于在少数民族地区宣传总路线的意见(1954年1月).见:中国人民解放军国防大学党史党建政工教研室编.中共党史教学参考资料.第20册.1986.299

助各地党政组织发现和解决问题,纠正少数党员、干部的缺点和错误,使民族关系得到了改善。

6月,中央民族事务委员会召开第三次扩大会议,据各地检查报告,认真总结了过去几年党在少数民族地区的工作经验,形成了《关于过去几年内党在少数民族中进行工作的主要经验总结》(简称《工作经验总结》)、《关于推行民族区域自治经验的基本总结》(简称《自治经验总结》)、《关于内蒙古自治区及绥远、青海、新疆等地若干牧业区畜牧业生产的基本总结》(简称《畜牧业生产总结》)三个指导少数民族地区工作的纲领性文件。

9月9日,《人民日报》公布了《自治经验总结》,发表《进一步贯彻民族区域自治的政策》的社论,要求推行民族区域自治,必须在一切工作中充分估计少数民族的特点和具体情况,加强、巩固民族间和民族内部的团结,逐步使自治机关民族化,帮助自治区逐步行使自治权利,在可能条件下尽力发展少数民族区域的政治、经济、文化事业等;公布了《牧区生产总结》,提出了发展畜牧业的各项政策。到1956年,全国建立了2个自治区、25个自治州、47个自治县,民族杂居地方成立了自治乡。这些民族区域自治机构的建立及各项政策的贯彻,推动了少数民族地区的经济发展,为社会主义改造奠定了基础。

在少数民族地区政治、经济发展的基础上,1954年1月,中央批发了中央统战部和民族事务委员会党组《关于在少数民族地区宣传总路线的意见》,指出:党和国家在民族问题方面的总任务是过渡时期总路线的组成部分,在少数民族地区宣传总路线的方针是:(1)已进行过土地改革的农业区和牧业区,凡已采取或具备条件准备采取社会主义改造步骤者,可宣传总路线,但暂不宣传对私营工商业的社会主义改造。(2)已进行土改的农业区,经济还很落后或土改中遗留问题多、民族关系不正常、现无条件采取改造步骤者,暂不作改造宣传,仅宣传工业化。若其中有的地区已实行互助合作政策,可宣传它对发展生产的好处,暂不宣传改变个人所有制。(3)凡未进行土改的农业区和社会改革的牧业区,或未完成社会改革的地区,因还存在封建制、奴隶制等,现在还谈不上社会主义改造,故不宣传总路线,只宣传工业化,宣传现行政策;对个别尚处原始社会的少数民族,也不宣传总路线而只适当宣传祖国的伟大建设和现行政策。在不宣传社会主义改造的地区,若因全国宣传总路线引起波动,应向他们说明社会主义改造的方针主要是依据汉族地区条件提出的,少数民族地区情况不同,仍按现行政策办事。10

月,中央批发了经过一年多实践、修改的《工作经验总结》,正式公布了过渡时期党在民族问题上的具体任务、方针和政策。

政治路线确定之后,干部就是决定的因素。12月,中共中央发出《关于培养少数民族干部问题的指示》,要求各地"积极而稳妥地在各少数民族干部和人民群众中发展党员,培养各少数民族的共产主义干部"。经各地努力,一批少数民族党员、干部迅速成长,从而为少数民族地区社会主义改造提供了组织保证。

同时,党和政府也在少数民族地区开始了社会主义改造的实验。1952年,内蒙古自治区开始试办初级社,至1955年夏,建社6 994个,入社农户达总农户的17.2%。新疆从1953年起大量组织互助组,试办了一批初级社,至1955年上半年,建社1 702个,占全区农户的5.3%;其他少数民族地区也开始组织互助组和初级社。这就为少数民族地区农业社会主义改造积累了经验。但也出现了急躁冒进倾向,个别地方不从实际出发,"硬赶汉区",甚至盲目追求高级形式,建立"直升"合作社,造成部分群众疑虑多、生产松劲、干部力量分散、顾此失彼等问题。1955年2月25日,中央及时向新疆、中南、内蒙分局和广西、湖南等省委发出《关于在少数民族地区进行农业社会主义改造问题的指示》,纠正各种错误倾向,保证运动健康发展。下半年,在全国农业合作化高潮影响下,少数民族农业区也掀起了合作化高潮。至1956年底,90%以上的农户加入了农业生产合作社,基本完成对农业的社会主义改造。

为加速牧区的社会主义改造,1955年12月,中央民委副主任汪锋亲赴青海调查研究。1956年1月13日向中央统战部提出《关于青海畜牧业社会主义改造问题的调查报告》,建议在保护与发展畜牧业生产的原则下,积极稳步地发展牧业生产合作社,对个体牧民进行社会主义改造;同时,有条件地吸收牧主参加合作社或采用公私合营、代牧等方法,对牧主经济进行社会主义改造,废除尚存的封建特权和封建剥削。

2月17日,中央统战部、中央民委党组根据汪锋和各地的报告向中央提出《关于研究在少数民族牧业区对畜牧业经济实行社会主义改造问题的报告》。21日,中央批发了统战部和民委党组的报告及所附汪锋报告。

随之,各牧区根据中央关于"依靠劳动牧民,团结一切可以团结的力量,在稳定地发展畜牧业生产的基础上,逐步地实现社会主义改造"的方针,迅速掀起畜牧业社会主义改造高潮。个体牧民被组织到互助组或牧业生产合作社中;牧主经济则通过合作社或国营牧场代牧、组织公私合营牧场、吸收其参加合作社或国营牧场等形式,在入股、分红、定息比例、自留役用和食用牲畜等方面给予更宽条件予以"赎买",从而实现社会主义改造。至1957年11月,内蒙、青海、甘肃、新疆等主要牧区参加互助合作的牧户达52%,其中入社牧户23%;参加公私合营牧场的牧主占四省牧主总户的19%。到1958年,少数民族牧区85%的牧户参加了牧业生产合作社,基本完成社会主义改造。

同时,少数民族地区的个体手工业通过成立手工业生产合作社,私营工商业通过公私合营,1956年底基本实现社会主义改造。

少数尚处于原始社会的民族,在国家帮助下,自1956年起开始建立互助合作组织,至1958年初,29%的户加入农业社,以后逐步直接过渡到社会主义。

少数民族地区社会主义改造的实现,是党的民族政策的胜利,大大加快了改变少数民族地区落后面貌的速度,少数民族同汉族人民一起步入了社会主义社会。

总结中国社会主义改造的特点,可以归纳为四点:(1)步子稳、速度快、时间短;(2)用和平方式、逐步过渡办法消灭生产资料私有制,避免了社会震荡;(3)把对生产资料私有制的改造和对人的改造结合起来,提高了全国人民的社会主义觉悟和革命、生产积极性;(4)社会主义改造与经济建设同时发展,未因生产关系巨大变革造成生产力下降或破坏。因此,邓小平说:"我们的社会主义改造是搞得成功的,很了不起。这是毛泽东同志对马克思列宁主义的一个重大贡献。"①

社会主义改造的胜利,使新中国的经济结构发生了根本变化。1956年的国民收入中,国营经济所占比重由1952年的19.1%上升到32.2%;合作社经济由1.5%上升到53.4%;公私合营经济由0.7%上升到7.3%。三者合计,公有制经济占92.9%。在工业总产值中,社会主义工业占67.5%,国家资本主义工业占32.5%,资本主义工业下降到接近零。这表明,社会主义公有制经济已在我国占绝对优势,社会主义经济制度已在我国建立,中国由新民主主义社会进入了社会主义社会。社会主义制度的建立,是我国历史上最深刻最伟大的社会变革,为我国生产力的发展开辟了更广阔的道路,成

---

① 邓小平文选.第2卷.北京:人民出版社,1994.302

为此后新中国一切进步和发展的基础,是中国历史发展中一个重要的里程碑。

四、高度集中统一的政治、经济体制的形成

在国民经济恢复时期和"一五"计划期间,由于受主客观条件和历史的影响,新中国逐渐形成了高度集中统一的政治、经济体制。

政治体制的高度集权,早在新民主主义革命时期就奠定了基础。1942年9月1日,为了更好地统一意志、统一力量、统一行动,夺取抗日战争的胜利,中共中央决定:"每个根据地要有一个统一的领导一切的党的委员会(中央局、分局、区党委、地委)","为各地区的最高领导机关,统一各地区的党政军民工作的领导",即实行党的"一元化"领导,但是,"党委包办政权系统工作,党政不分的现象""必须纠正";"为了实行'三三制',党对政权系统的领导,应该是原则的、政策的、大政方针的领导,而不是事事干涉,代替包办。"①这是一种党委领导下党政分开的政治体制。

新中国成立后,1951年11月,中央《关于在人民政府内建立党组和组织党委会的决定》指出:党政之间不是隶属关系,党的领导是通过党的路线、方针、政策及在政权机关内担任公职的党员发挥作用来实现的。试图继续实行党政分开体制。但是,"一五"计划的实施,使党遇到新的问题:建设规模宏大,资金、物资、技术力量严重不足,只有统一领导、统筹安排、集中使用,才能确保"一五"计划的完成。鉴于"新税制"的教训,1953年3月,中央决定:"今后政府工作中一切主要的和重要的方针、政策、计划和重大事项,均须事先请示中央,并经过中央讨论和决定或批准以后,始得执行。政府各部门对于中央的决议和指示的执行情况及工作中的重大问题,均须定期地和及时地向中央报告或请示,以便能取得中央经常的、直接的领导。"②随后,毛泽东提出"大权独揽,小权分散,党委决定,各方去办"的领导原则,使党委包揽了一切大权。1954年6月,中央决定撤销大行政区建制,进一步加

---

① 中共中央关于统一抗日根据地党的领导及调整各组织间关系的决定.见:中央档案馆.中共中央文件选集(1942~1944).第12册.北京:中共中央党校出版社,1986.125~128
② 中共中央关于加强中央人民政府系统各部门向中央请示报告制度及加强中央对于政府工作领导的决定(草案).见:中共中央文献研究室.建国以来重要文献选编.第4册.北京:中央文献出版社,1993.67

强了对各省、市的集中统一领导。1955年10月,学习苏联做法,中央、省委及市委设立工业交通部、财政贸易部、文化教育部,地委、县委设立财政贸易部、文化教育部,中央、省委、大城市党委设立政治政法工作部,分别领导政府对口职能部门,从组织机构上强化了党的"一元化"领导。

高度集中统一的政治体制,实际是集权于少数人,尤其是集权于各级党委的"一把手"。1953年5月,毛泽东批评"过去数次中央会议决议不经我看,擅自发出,是错误的,是破坏纪律的";提出"嗣后,凡用中央名义发出的文件、电报,均须经我看过方能发出,否则无效"。① 这无疑是集权于毛泽东个人。6月至8月,在全国财经工作会议上,通过对"新税制"的批判,政府各部门所有要事均须事先向毛泽东请示,从而更加强化了毛泽东的个人集权。

总之,新中国逐渐形成的政治体制的基本特征是权力高度集中、党政不分和以党代政。在当时情况下对克服分散主义不无积极作用,但它破坏了民主集中制原则,弊端日显。

经济体制方面,这时为了集中全国财力、物力、人力保证各项建设需要,在缺乏经验的情况下,学习苏联经验,逐步形成了高度集中统一的计划经济体制,主要表现如下:

(一)集中统一的计划管理体制。1952年11月,中央人民政府设立国家计划委员会,1954年2月,中央决定"把计划机构逐级建立到基层工作部门及基层企业单位",从而形成自上而下的计划机构体系,编制年度及长期计划,加强国民经济的计划性。国家实行指令性计划与指导性计划相结合的管理体制,对国营及公私合营企业实行直接计划管理,向企业下达指令性指标,由主管部门供应生产资料,商业、物资部门收购、调拨其产品,财政部门统收统支其资金,实际是由国家直接操办企业的经营活动;对农业、手工业和私营企业实行间接计划管理,主要通过经济杠杆、经济政策、行政手段,把它们的经济活动纳入国家计划轨道。随着社会主义改造基本完成,指令性计划的范围越来越大,成为计划管理体制的主要形式。如基建项目绝大部分由中央统一安排。"一五"计划期间预算内基建拨款中,中央项目占

---

① 毛泽东.关于用中央名义发文件、电报问题的信和批语.见:建国以来毛泽东文稿.第4册.北京:中央文献出版社,1990.229~230

79%,地方项目仅占21%。①

（二）以中央集权为主的财政体制。建国之初，经过统一财经工作，建立了中央"统收统支"的财政管理体制。后因统得过死，不能灵活运用资金，改为"划分收支，分级管理"，分为中央、大行政区、省（市、自治区）三级财政。大区撤销后，改为中央、省（市、自治区）和县（市）三级财政。通过划分中央和地方的收支范围，在中央统一领导下分级管理，层层负责，但绝大部分资金集中于中央。"一五"计划期间，中央财政收入占总收入的80%，支出占总支出的75%。

（三）中央直接管理企业和统一调配物资。1954年大区撤销后，原由大区管理的大型国营企业陆续收归中央各部直接管理，形成以"条条"为主的企业管理体制。中央直属企业1953年为2 800多个，1957年增加到9 300多个，产值占中央和地方管理企业的49%。与这种企业管理体制相适应，实行中央统一调配生产资料的物资管理体制。从1950年始，中央政府就对煤炭、钢材、木材、水泥等8种主要物资，在大区间实行计划供应，中央统一调拨。大区撤销后，主要生产资料更由中央统一分配，按其重要程度分为统配物资和部管物资。关系国计民生的通用物资由国家计委统配，专用物资由主管部门平衡分配。1953年，国家统配、部管物资227种，1957年增到532种。

（四）高度集中的商业流通体制。新中国建立后，首先从上到下建立起国营和供销合作商业体系。国营商业实行高度集中的管理体制，由专业公司及其设在各地的分支机构统一管理、统一经营，实行物资大调拨和资金大回笼。1953年改行统一领导、分级管理制度，即对国营商业企业核定资金，实行经济核算；按经济区域设置三级批发机构，分级管理，按合理流向组织商品流通；下放管理权，把过去从专业公司到各地分支机构的专业系统为主，改由专业系统与当地商业行政部门双层领导的管理体制。此外，对私营和个体商业予以统筹安排，给以活动余地，从而形成多种经济成分、多条渠道的商业流通体制。社会主义改造基本完成后，商品零售总额中，国营和供销合作商业占68.3%，公私合营商业占27.5%，私营商业仅占4.2%。从1953年起，根据不同商品在国民经济中的地位，国家还采取了统购统销、派购、议购等购销形式。对外贸易，则实行国家统制政策，进出口业务均由国

---

① 朱镕基.当代中国的经济管理.北京：中国社会科学出版社，1985.43

家外贸公司负责。

（五）高度集中的劳动用工和工资管理制度。建国初期，实行的是多种渠道、多种形式的劳动就业制度，自谋职业与介绍就业相结合，公私企事业单位都有一定的用工自主权。1953年11月，中央作出《关于统一调配干部，团结、改造原有技术人员及大量培养、训练干部的决定》，确定了统一调整、重点配备、大胆提拔干部的原则。统一调配的范围从解放区来的干部、旧公教技术人员，到大学、中专、技校毕业生，到复员退伍军人、工人等，逐步扩大。公私企事业单位逐渐失去自主用人权，从而形成统包统分、能进不能出的"铁饭碗"劳动用工体制。工资管理方面，建国初无统一的工资制度。从解放区进城的干部仍实行供给制，对接管企业的职工和留用的公教人员，基本维持原工资水平。因当时物价不稳、货币不一，工资一般采用"折实单位"或"工资分"的办法，力求货币工资与物价相适应。所以，当时各地各部门的工资标准较乱。1954年全国劳动局局长座谈会后，着手实行统一的工资制度。1956年国务院颁布工资改革方案，规定工资一律按货币单位计算，废止使用工资分和折实单位；全国党政机关工作人员实行统一的职务等级工资制，事业单位实行统一的职务、职称等级工资制，国营企业按行业和企业规模制定各类职工工资等级表，工人实行五级或八级等级工资制；修订和统一技术等级标准，职工定级、升级均按全国统一规定，地方和企业无权机动处置，但企业可按条件自行决定计件工资和建立奖励制度。同时，各省、市、自治区参照中央规定，也统一了地方国营企业的工资制度。

总之，计划经济管理体制的基本特点是经济决策权和管理权的高度集中统一，政府以行政手段调节经济运行，实行以指令性计划为主的产品生产。这种高度集中统一的计划经济管理体制，在当时物资缺乏、经济基础薄弱的条件下，起到了积极作用，有利于把有限资金、物力和技术力量集中起来，保证"一五"计划的完成。但是，由于国家包揽过多，统得过死，不利于发挥地方和企业的积极性，不利于商品经济的发展，许多弊端已在"一五"计划末期暴露，成为后来经济体制改革的内容。

第三节 国民经济的发展

一、第一个五年计划的制定与工业化的起步

早在1944年5月毛泽东即指出："中国落后的原因，主要的是没有新式

工业。日本帝国主义为什么敢于这样地欺负中国,就是因为中国没有强大的工业","要打倒日本帝国主义,必需有工业;要中国的民族独立有巩固的保障,就必需工业化。我们共产党是要努力于中国的工业化的。"[1]因此,七届二中全会提出,革命胜利后,中国共产党的一项重要任务,就是要"使中国稳步地由农业国转变为工业国"。所以,过渡时期总路线把实现社会主义工业化作为了主体。而"一五"计划(1953~1957)的制定和实施,便是中国社会主义工业化的伟大开端。

1951年2月18日,毛泽东提出"三年准备,十年计划经济建设"的主张,国家着手编制"一五"计划。接着,中央成立由周恩来、陈云、李富春等六人组成的领导小组,主持"一五"计划编制工作。1952年8月,提出《五年计划轮廓草案》,赴苏联征询意见、商谈苏援方案,得到斯大林和苏联人民的大力支持。12月,中央作出六项指示:(1)抗美援朝战争仍在进行,要按"边打、边稳、边建"的方针从事建设。(2)工业化的速度首先决定于重工业的发展,必须集中有限资金和建设力量,以发展重工业为重点。(3)充分发挥现有企业潜力,反对保守主义。(4)以科学态度从事计划工作,正确反映客观经济发展规律。(5)吸收群众特别是各部门中先进人物参加讨论计划的编制。(6)首长负责,亲自动手。"一五"计划充分体现了这些精神。1954年4月,陈云任计划编制小组组长。11月,毛泽东、刘少奇、周恩来聚会广州,用一个月的时间,审议了陈云提出的《五年计划纲要》。经中央政治局讨论,1955年3月为党的全国代表会议通过,7月被全国人大一届二次会议审议批准,颁布实施。"一五"计划的制定,前后历时5年,"是全国人民为实现过渡时期总任务而奋斗的带有决定意义的纲领,是和平的经济建设和文化建设的计划"。

"一五"计划包括工业化和社会主义改造两方面内容,基本任务是:集中主要力量进行以苏联帮助设计的156个项目为中心的、由限额以上[2]694个项目组成的工业建设,建立中国社会主义工业化的初步基础;发展部分集体所有制的农业生产合作社、手工业生产合作社,建立对农业和手工业社会主

---

[1] 毛泽东.共产党是要努力于中国的工业化的.见:毛泽东文集.第3卷.北京:人民出版社,1996.146~147

[2] 国家为便于掌握和管理重大建设项目,按中国具体情况,规定出各类基本建设项目的投资限额,凡一个建设项目总投资大于限额者,称限额以上项目。

义改造的初步基础;基本上把资本主义工商业分别纳入各种形式的国家资本主义轨道,建立对私营工商业社会主义改造的基础。

为实现上述任务,"一五"计划首先注意解决了五个问题:(1)优先发展重工业,同时力求各经济部门的发展保持适当比例。(2)建设计划同资金积累进度相适应,并估计到技术力量。(3)地方计划和中央计划相结合,在中央统一领导下,首先保证重点建设,同时发挥地方的积极性、创造性。(4)合理利用沿海工业,积极建设内地新工业基地,使经济建设布局日趋合理并适应国防安全需要。(5)照顾资金积累和改善人民生活两个方面。其次,具体规定了国民经济各部门的投资分配和生产指标。五年内,国家计划总投资766.4亿元,其中基建投资427.4亿元,占55.8%,以便国民经济有巨大发展。为了建立社会主义工业化的初步基础,计划规定:以重工业为主的工业基本建设是五年计划的中心,工业投资占总投资的40.9%,工业基建投资占全部基建投资的58.2%,工业基建投资中,制造生产资料工业的投资占88.8%;将694个限额以上项目中的222个放在东北和沿海地区,基本建成以鞍钢为中心的东北工业基地,利用东北和沿海工业支援新工业区建设;将其余472个项目放在内地,建设华北、西北、华中等新工业区,形成以包钢、武钢为中心的两个新工业基地;在西南开始部分工业建设,为建立新的工业基地作准备。到1957年,全国工农业总产值比1952年增长51.1%,其中工业总产值增长98.3%,现代工业总产值增长104.1%,在工农业总产值中的比重由1952年的26.7%上升到36%。各种工业品产量显著增长,增加许多中国原来不能生产的汽车、飞机等,初步改变中国国民经济极端落后的面貌。关于社会主义改造,"一五"计划规定:到1957年,全国参加初级社的农户达农户总数的1/3左右,参加手工业合作社的人数达210万,私营工业大部分转变为各种形式的国家资本主义,私营商业半数以上转变为各种形式的国家资本主义和合作商业,树立公有经济的更大优势。同时,"一五"计划还就发展水利、林业、交通、运输、邮电、贸易、物资储备、文教卫生、城市公用事业等作出相应规划,体现了综合平衡、全面发展的思想。

从"一五"计划的内容看,它有如下特点:(1)建设规模巨大,发展速度空前。五年内,国家计划投资折合黄金7亿两,是中国历史上亘古未有的壮举。发展速度上,工业总产值年均递增14.7%,其中现代工业年均递增15.3%,是任何资本主义国家都没有过的高速度。(2)优先发展重工业,建立国家工业化的基础。计划规定的对重工业的投资比当年苏联的还要大,

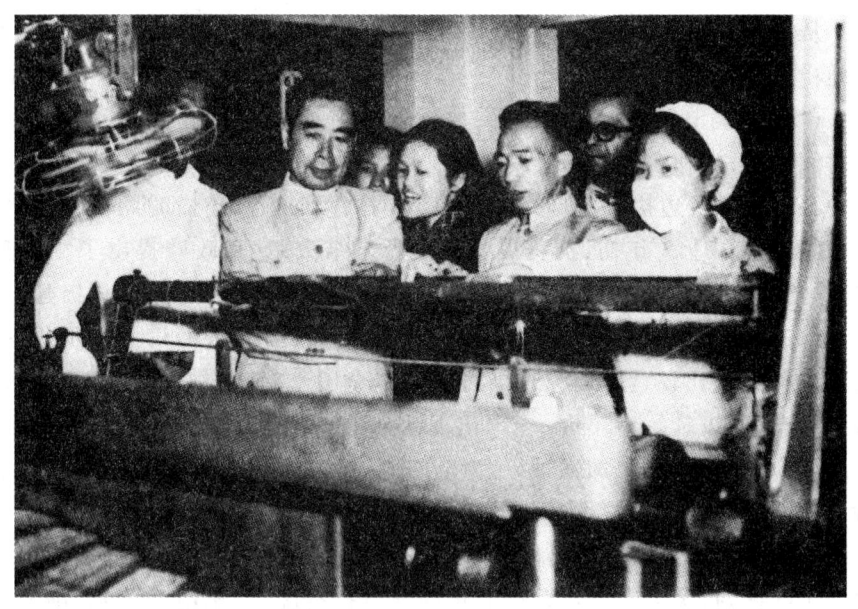

1955年周恩来视察北京国棉一厂

制造生产资料工业的投资高出苏联"一五"计划执行结果的2.9%,包括新建、改建15个限额以上和23个限额以下钢铁企业、107个限额以上电力工业项目、194个限额以上煤矿建设项目、80多个机器制造业项目等。(3)重视文化教育、科技卫生事业的发展。根据五年内国家建设需要100万中等以上专门人才和100万熟练工人的估计,计划对文教卫生部门投资142.7亿元,占总投资的18.6%。1957年与1952年相比,高等学校在校生增加127%,中国科学院增设23个研究所,总数达51个,研究人员由1 200人增加到4 600人。文教卫生系统人员平均工资增加38.2%,高出全国职工工资平均增长数5.2%。(4)发展生产与提高人民生活水平兼顾。计划规定,农民只收很轻农业税,职工工资增长33%,另支50亿元以上福利费。(5)从中国国情出发,按客观规律办事。在编制计划过程中,中央一直强调"量力而行",依靠现有基础,争取较快速度。工业总产值初拟年增20%,后调整为14.7%,执行结果为19.6%。(6)自力更生为主,充分利用外援。计划规定,五年建设所需资金,主要靠国内积累,大部分工程设计、设备,由国内承担。鉴于苏联热诚援助,156个重大项目委托其设计,提供设备。总之,"一五"计划充分反映了全国人民把农业国尽快建成工业国的迫切愿望,规模宏伟,鼓舞人心,稳妥可靠,积极可行,受到全国人民的热烈拥护和欢迎。

从1953年起,全国开始实施"一五"计划,党和政府采取了一系列重大措施:

(一)正确制定每年发展方针,加强年度计划。由于"一五"计划最后确定时间较晚,党和政府便在过渡时期总路线和总任务指导下,以发展重工业为中心,边计划、边执行、边修订,干中学,学中干,不误建设时间,逐步摸索和积累经验。1953年初,抗美援朝战争尚未结束,党和政府提出了"边打、边稳、边建"的方针。1954年,抗美援朝胜利,党和政府提出了"积极建设,稳步前进"的方针。1955年,因前两年农业受灾、国家购了几十亿斤"过头粮",农村关系比较紧张,党和政府提出了"全国平衡,统筹安排,增产节约,重点建设"的方针。1956年,全国出现社会主义改造高潮,党和政府审时度势,提出了"全面规划,加强领导,为全面地提早完成和超额完成五年计划而奋斗"的口号。同时,根据每年的发展方针,党和政府又制定了年度发展计划。一般于上年第四季度提出下年经济发展控制数字,各部门据此制定本部门年度计划;次年上半年总结上年计划执行情况,作出财政决算,确定当年计划,作出财政预算,从而保证"一五"计划逐步实现。

(二)及时调整工农业发展速度,在优先发展重工业的同时,视粮、棉生产情况,适当调整国民经济各部门的发展比例,避免彼此脱节。如1955年,因前两年农业遭灾,粮食增产幅度小,棉花减产,影响到整个国计民生。为保证工业等继续高速发展,党和政府下决心将工业总产值的增长速度压低到7.7%,使之大大低于"一五"计划规定的年增长率,而将农业总产值的增长比例提高为5.4%,比"一五"计划规定的年增长率高1.1%。结果,农业获较大发展,为1956年国民经济各部门,尤其是工业的更快发展,为"一五"计划的提前完成创造了条件。

(三)不断纠正"左"倾冒进和右倾保守倾向。"一五"计划开始实施后,有些部门和地方不顾条件,到处铺开建设项目,造成财政困难和人力、物力浪费,影响了国家重点建设。财政部为保证税收、简化纳税手续,按"公私一律平等纳税"原则,制定"新税制",经政务院批准在全国推行;因其取消对国营和合作社经济的照顾,使私营经济在争夺市场中处于有利地位。商业部为挤出资金支援国家建设,以所谓"泻肚子"的方法,压缩库存、减少收购,致使一些国营企业产品积压,资金周转困难,国家物资储备减少,国营商业经营品种减少,私营工商业乘机发展,造成"公退私进"局面。中央发现后,即于6～8月召开全国财经工作会议,及时纠正了以上由于缺乏经验而出现的失误。1956年1月,受社会主义改造高潮的影响,国家计委提出工业总产值比上年增长22%,粮、棉分别增产9.3%和17%,基建投资增长32%的冒进指标,造成市场供应紧张,财政信贷突破预算,被迫动用国家储备,部分农民闹退社等问题,各方面出现紧张形势。对此,毛泽东提出要重工业,又要人民。周恩来提出不要超越现实条件所许可的范围勉强去做那些客观上做不到的事情。6月20日,《人民日报》发表《要反对保守主义,也要反对急躁情绪》的重要社论。同时,党和政府一再修订计划,压缩指标,从而使大冒进倾向得到纠正,避免了可能出现的"乱子",保证了"一五"计划的提前完成。

（四）实行粮、棉、油等统购统销政策。1953年,随着经济建设大规模展开、人们生活水平提高,对粮、棉、油等需要量日增,超过其增产速度。7、8、9三个月,国家收购49亿公斤粮食,销售62亿公斤,入不敷出。而市场上仍在排队购粮,人心浮动。这一局面如不改变,将直接影响社会主义改造和建设的进行,且有动摇国本之虞。因此,10月16日,中央作出《关于实行粮食的计划收购与计划供应的决议》,对粮食实行统购统销政策,严禁私商经营,从而扭转了国家在粮食购销中的被动局面,稳定了人心。但到1955年春,又出现了农村销粮越多,喊缺粮者越多,生产积极性越低,和城镇居民排队争购粮食制品,全国"人人谈粮食,户户谈统销",人心再次浮动的局面。究其原因,是1954年部分地区受灾,国家从丰收区多购了几十亿斤粮食,农民觉得"统购无底",增产无益,挫伤了农民生产积极性。为此,3月3日,中共中央、国务院联合发出紧急指示,宣布今后3年国家每年征购450亿公斤粮食总数不变,若部分地区受灾需向丰收区增购,决不超过增产部分的40%,稳定了农民情绪。8月25日,国务院颁布《农村粮食统购统销暂行办法》,决定对粮食实行定产、定购、定销"三定"政策,统购统销政策更加完善。同时,国家对棉花、棉布、油料、食糖等农产品也先后实行了统购统销。统购统销政策保证了全国人民生活的最基本需要,安定了人心;调动了农民生产积极性,促进了农业发展;把个体农业经济纳入国家计划轨道,切断了私营工商业同农村的联系,既保证了对农业、手工业和资本主义工商业的社会主义改造,又保证了工业化建设的顺利进行。它是继"稳定物价、统一财政"之后,党和政府在经济战线上进行的第二个伟大战役,对实现过渡时期总路线和"一五"计划具有决定性意义。

（五）持久开展增产节约运动。中国人口多,经济落后,工农业基础十分薄弱,增产节约便成为发展国民经济的基本国策之一。"一五"计划实施过程中,党和政府领导全国人民始终坚持增产节约的方针,通过劳动竞赛、技术革新、提合理化建议、反对浪费、精简机关人员、推行生产责任制、加强经济核算和计划管理、勤俭办社、勤俭办企业、开展先进生产者运动等活动和措施,使增产节约运动取得显著成绩。

同时,党和政府还通过统一调配干部和大力培养建设人才,也保证了"一五"计划顺利实施。

二、国民经济的发展

1953年到1956年,随着社会主义改造的胜利进行,我国生产力得到进一步解放,"一五"计划提前一年基本完成,国民经济获得巨大发展。

大规模基本建设及其取得的伟大成就,是国民经济巨大发展的重要基础和标志。4年内,国家基建投资482.7亿元,占财政总支出的46.4%,实际完成411.7亿元,为"一五"计划基建投资总额的98.7%;开工限额以上项目702个,完工投产246个,连同部分投产达342个。1956年,平均每两天多就有一个大型厂矿企业投产。建国头7年累计,国家新建、改建大小企业1万多个,其中限额以上729个,全部或部分投产400多个,新增工业固定资产155.2亿元,比旧中国近百年积累的工业固定资产还多30多亿元。创立了许多新的工业部门,一定程度上革新了原有工业部门,生产能力大大增加,工业布局开始向内地发展。

重工业是"一五"计划建设的中心。4年内,国家对重工业基建投资151.5亿元,占完成基建投资总额的36.8%。钢铁是工业发展的"粮食",国家基本完成鞍钢的扩建任务,以鞍钢为中心的东北工业基地大为加强;改建、扩建了一批钢铁厂,提高了原有企业生产能力;开始兴建包头、武汉两个钢铁联合企业,新钢铁工业基地正在西北、华中崛起。1956年,新增炼钢能力超过解放前全部炼钢能力,产量达447万吨,是1949年的28.3倍,历史最高年产量的4.8倍,1952年的3.3倍,已能冶炼300多种钢、生产3 700多种钢材,许多过去不能生产的大型钢材和优质合金钢,开始部分生产。

机器制造业是工业的"心脏","制造工作母机的工厂"。解放前,中国未造出一台近代化车床。但在这4年,全国新建33个限额以上大型机器制造厂投入生产,已能制造喷气式飞机、载重汽车、160多种比较精密和高效的机床、1.5万千瓦水轮发电机、1.2万千瓦汽轮发电机、联合采煤机、1 000

立方米高炉、3 700吨的客轮、8 730吨的货轮等等。同时,机器制造业的许多设备都是当时苏联提供的一流产品,这使国家机器制造业不仅在数量上而且在技术上能以先进设备武装国民经济各部门,为国民经济巨大发展创造了有利条件。

电力、煤炭、石油是工业乃至整个国民经济的动力。1956年底,全国新建限额以上电站50个,装机容量达163.8千瓦;建成11万伏、22万伏高压输电线路1 427公里。乌鲁木齐、兰州、郑州等地电厂的建立,初步改变了旧中国电力工业分布不合理现象,基本适应了工业基地建设和开发少数民族地区的需要。开始筹建三门峡、新安江等水电站。电力事业的发展,为新兴工业城市的发展提供了能源条件。煤炭工业4年移交新矿井17处,新增生产能力1 590万吨;与1952年相比,机械化程度有很大提高,拥有当时世界上的新式采煤设备——联合采煤机88部,增长21倍。石油工业也有较大发展。

为保证工业建设的需要,地质勘探工作者踏遍万水千山,与群众报矿、找矿相结合,为国家建设找到了丰富资源。除个别矿种外,主要矿种储量绝大部分完成了"一五"计划勘探量,有的还部分满足了"二五"计划需要。如铁矿,计划探明储量24.7亿吨,实际完成35.8亿吨。石油储量计划探明5 518万吨,实际完成计划一倍多。

为满足人民生活需要,给国家积累更多建设资金,在主要进行重工业基本建设的同时,国家还大力进行了轻工业基本建设。4年对轻工业基建投资26.4亿元,占完成全部基建投资额的6.4%。在北京、石家庄、郑州、西安、乌鲁木齐等地建立了一批大型纺织厂,在广州、佳木斯等地建立了一批大型制糖厂,各地还建了一批造纸厂、肉类加工厂等。

交通运输和邮电基本建设也取得了巨大成绩。4年修建铁路30条,铺轨7 500多公里,超额完成"一五"计划300多公里。1956年,全国铁路营运里程2.65万公里。公路营运里程22.6万公里,比1952年增长10万公里。邮电部门建成了以北京为中心的全国通讯网,邮电设备得到较大改善和成倍增长,开始在铁路上增加邮政专厢,并发展了汽车邮路。

水利基本建设提前超额完成"一五"计划。4年内,国家对长江、淮河、黄河、永定河等水系继续或开始进行大规模治理,兴建了一批大、中、小型水利工程,如汉江杜家台分洪工程,引黄济卫工程,南湾、佛子岭、官厅、梅山水库,射阳、三河节制闸等,在防御洪水灾害和灌溉农田中开始发挥重大作用。

农田水利基本建设成绩显著。1956年,全国灌溉面积达3 600多万公顷,4年扩大1 400多万公顷,并改善了原有灌溉面积。初步控制水土流失面积7万平方公里。另外,国家还兴办了一批国营、地方国营机械化农场,1956年9月达164个,其中新建58个,共拥有土地1 773万亩,拖拉机近4 000台;建立了326个拖拉机站,拥有拖拉机9 800多台(建国时全国只有400多台)。用于农田水利方面的抽水机达39万马力。这就较大地改变了农业生产条件,促进了农业发展。

同时,国家还进行了大规模的城市建设,新兴城市不断出现。与之配套的城市公用事业,如公共交通、文化教育设施、福利设施、生活设施等得到较大发展。

大规模的基本建设开始改变国民经济各部门分布不合理状况。据1953~1955年统计,为在内地建立新工业基地,地质勘探投资的56.9%、交通运输投资的52.1%、农林水利投资的62.3%用在了内地。在工业投资中,沿海新建企业少,投资比重下降,增长速度较慢;内地新建企业多,投资比重上升,增长速度较快。主要工业部门投资的地区分配比重,日益和原料、燃料产区相适应,黑色金属工业主要集中在东北三省,占全国投资的81.7%;棉纺业投资主要集中在河北、陕西、河南、山西等产棉区,占全国投资的73.2%;燃料工业基建投资主要集中在东北、华北地区,煤炭、电力投资分别占全国投资的84.4%和66%。

基本建设取得伟大成就,促进了国民经济高速发展。1956年,全国社会总产值1 639亿元,其中工农业总产值1 252亿元,国家财政收入287.4亿元,均比1952年增长60%左右。国民收入882亿元,比1952年增长50%。

随着国民经济的发展,人民生活水平显著提高。4年增加就业507万人,旧中国遗留的大批失业人员得到了安置。其中广大妇女广泛就业,对改善城镇人民家庭生活、促进国家经济发展、实现男女政治平等有着重大意义。国家职工货币工资比1952年提高36.8%,超过"一五"计划3.8个百分点;扣除物价上涨因素,实际提高28%;加上国家对大多数职工实行了劳动保险、公费医疗、困难补助及其他补贴,为职工兴建大量免费或少量收费的福利设施——住房、食堂、浴池、托儿所、幼儿园等,职工实际生活水平要比工资增长提高得多。农民的生活水平也有较大提高。1956年,农民收入比1952年提高24.3%,消费水平提高15%。

总而言之,社会主义改造时期,国民经济高速发展,人民生活大幅度提高,全国呈现一派空前未有的生机勃勃、兴旺发达景象,为以后更大规模的全面的社会主义建设奠定了基础。

第四节 国防建设和外交关系

一、国防建设

新中国的国防建设同国际形势紧密联系在一起。1953年中国开始大规模经济建设和社会主义改造后,美国并未因侵朝战争失败放弃侵略中国的企图。到1956年,从韩国经日本、中国台湾、菲律宾、印度支那到泰国、巴基斯坦,对中国构成一个半月形军事包围圈,拟从韩国、中国台湾、印支半岛三个方向,对中国发动新的战争。为此,美国于1952年11月开始重新武装日本。8月,同法国制定"纳瓦尔计划",试图把越南作为新的侵华跳板。1954年4月7日,面对越南人民的胜利,美国总统艾森豪威尔声称:如果印度支那失手,就会产生"多米诺骨牌"效应,资本主义世界就会失去缅甸、泰国、马来亚、印度尼西亚等国,动摇由日本、中国台湾、菲律宾结成的"岛屿链",进而波及澳大利亚和新西兰。①大肆煽动反华反共。7月21日,印支停火协议刚在日内瓦签订,美国即以一架英国运输机在海南岛上空被中国误击为借口,派遣联合舰队到海南岛东部海面,派飞机侵入广东省上空击落中国两架巡逻机,扫射海上波兰商船及中国护航舰,向中国挑衅。美国还将运往印支战场的8 000万美元军事物资转运台湾,向台湾出售喷气式战斗机;指示韩国李承晚集团派炮舰"访问"台湾国民党当局;命令太平洋舰队准备"随时采取行动"。蒋介石集团亦大肆购买军火,进行战争动员。9月8日,美、英、法、泰、菲、澳、新(新西兰)、巴(巴基斯坦)8国在马尼拉签订《东南亚集体防务条约》,成立"东南亚集体防务组织",联合反华。10月,美国在南越扶植建立吴庭艳傀儡政权。11月16日,杜勒斯叫嚣要用军事力量阻止中国解放台湾。12月2日,美国同蒋介石集团签订"共同防御条约",宣称"美国有在台湾、澎湖及其附近部署美国陆海空军之权利"。1955年1月,美国国会授权美国总统可在台湾海峡使用武力。美国第七舰队在台湾海峡游弋为蒋介

---

① [美]斯蒂芬·安布罗斯.艾森豪威尔传.下卷.北京:中国社会科学出版社,1989.180~181

石集团撑腰。1956年1月12日,杜勒斯发表"战争边缘政策"。5月4日,美国开始在太平洋进行核试验;21日,第一次用飞机携带氢弹爆炸成功,对中国和世界人民进行核讹诈。同时,美蒋反动派不断用飞机空袭、大炮轰击中国大陆东南沿海地区,并从陆海空三路向大陆派遣特务,盗窃情报,进行暗杀、爆炸等罪恶活动。这一时期,我国国家安全仍受到严重威胁。

中央冷静分析当时形势后认为:一方面,朝鲜战争结束后,美国短期内不可能重新进行战争或扩大侵略战争,我们应抓紧时机进行社会主义改造和工业化建设;另一方面,"帝国主义势力还是在包围着我们,我们必须准备应付可能的突然事变"①,抓紧时机加强国防现代化建设。据此,1953年12月7日至1954年1月26日,中央军委在京召开全国军事系统党的高级干部会议,以过渡时期总路线为指针,总结建国4年来的军事工作,对军事建设的方针、任务和一系列重大问题作出了决定。1956年3月,中央军委又在北京召开扩大会议,根据我国社会主义性质及武装力量情况,确定了新中国的国防战略方针。

新中国的国防战略方针是积极防御,即坚持自卫立场和后发制人原则,维护和平,制止战争,准备以持久战取胜。国防建设的任务是:保卫祖国社会主义建设,保卫国家主权、领土完整和安全,随时准备解放台湾、打击侵略者,维持国内和平秩序。据此,这一时期党和政府对国防建设采取的重大措施有:

(一)建立健全国防建设领导体系和防御体系。1954年9月,全国人大一届一次会议决定设立国防委员会,代替原来的人民革命军事委员会;国务院增设国防部,彭德怀任部长。同月,成立中共中央军事委员会,毛泽东任主席,彭德怀主持日常工作,领导整个军事工作。11月9日,毛泽东根据一届人大常委会二次会议决定,任命粟裕为中国人民解放军总参谋长,刘伯承为训练总监部部长,罗荣桓为总政治部主任兼总干部部部长,叶剑英为监察部部长,黄克诚为总后勤部部长,杨立三为财务部部长,建立全国军事系统中央领导机构。

1955年2月,中央军委将全国原有之东北、华北、西北、华东、中南、西南六大军区改划为沈阳、北京、内蒙、济南、兰州、新疆、南京、广州、武汉、成都、

---

① 毛泽东.在中国共产党全国代表会议上的讲话.见:毛泽东文集.第6卷.北京:人民出版社,1999.392

昆明、西藏12个军区,1956年增设福州军区,分别担负该地区的国防及国防建设任务,形成中央统一领导下的分区防御国防体系。

(二)加强军队现代化建设。1952年7月,毛泽东提出建设正规化、现代化国防部队的要求。1953年,全国军事系统高干会议确定新时期军事工作的总方针和总任务:在现有基础上,积极地有步骤地建设一支强大的现代化的革命军队,为解放台湾,防御帝国主义侵略,保卫国家安全和社会主义建设,保卫亚洲和世界和平而奋斗。

会后,全军迅速开展正规化、现代化建设。首先,统一编制,裁减冗员。军队员额由1954年9月的420万人年底简编为350万人。其次,加强军队政治工作。中央军委于1954年4月颁布《中国人民解放军政治工作条例(草案)》,国家通过向革命战争时期有功人员授予荣誉勋章,各军兵种通过召开英模代表大会,命名各种英雄、功臣称号,激励全军争取更大光荣。第三,实行义务兵役制、军衔制、薪金制三大制度。1955年1月,全军干部由供

1955年,毛泽东为朱德等元帅授勋

给制改为薪金制,体现按劳分配原则,使其更安心部队工作。2月,全国人大常委会通过《中国人民解放军军官服役条例》,实行军衔制。9月,毛泽东主席向朱德、彭德怀、林彪、刘伯承、贺龙、陈毅、罗荣桓、徐向前、聂荣臻、叶

剑英授中华人民共和国元帅衔；周恩来总理向粟裕等在京将领授将军衔。到1965年5月取消军衔制，全军共授10位元帅、10位大将、57位上将、177位中将、1 359位少将及其以下各级军衔。军衔制明确了各级军官在军队中的地位、职责和权力，对保证军队干部质量、加强部队组织性、纪律性，适应现代战争需要具有重要意义。1955年7月，全国人大一届二次会议批准实行《兵役法》，义务兵役制取代志愿兵役制，减少了国家财政开支，保证了部队兵员定期轮换，为国家储备了大量后备兵员，为战时动员奠定了基础。三大制度的实行，使人民解放军正规化、现代化建设进入新阶段。第四，调整、增建军事院校，培养各种军事人才。1955年，军队院校达253所。第五，加强军事训练，"以便迅速把我军提高到足以在现代化的战争中取胜的水平"①。在没有战事、各军兵种增加、武器装备日益改善的情况下，加强军事训练成为军队正规化、现代化建设的中心任务。中央军委提出了"用迅速而有效的办法，掌握现代化武器和其他军事技术，学会组织各兵种联合作战"的训练方针，颁发训练大纲，在全军开始了统一的正规训练。1955年冬在辽东地区组织的首次陆、海、空军联合演习表明，部队战斗力有了较大提高。

　　（三）加强国防工业建设和国防科研工作。1953年1月，毛泽东主持审议国防工业"一五"建设计划时指出："无论抗美援朝战争的结果如何，都要搞国防工业的建设与军工生产。朝鲜战争证明，已不能靠夺取敌人的装备来武装自己了。"②据此，国家"一五"计划安排开工大中型国防工业项目100多个，其中苏联援建的156个项目中，国防工业项目41个，与国防有关的项目51个。1953年8月，中央批准国防工业"一五"建设计划基本任务：集中力量按国家规定的项目和进度，在苏联援助下完成国防工业企业的新建改建任务，完成制式武器的试制生产任务，完成飞机、坦克、舰艇的修理及部分制造任务，初步改变国防工业落后面貌，增强国防力量。结果，通过安排重点项目、保证建设资金、抓紧工程进度、调配管理干部和技术力量、积极争取苏联援助等措施，改建新建了一批军工企业，仿制生产了50多种制式武器和喷气式歼击机等。到1956年，中国军队曾经使用的旧杂式武器和弹

---

① 毛泽东.在高级步兵学校第一期开学典礼上的训词.见：建国以来毛泽东文稿.第4册.北京：中央文献出版社，1990.12
② "当代中国丛书"编委会.当代中国的国防科技事业.上.北京：当代中国出版社，1992.11

药全部淘汰,兵器工业提前一年零四个月实现"一五"计划产值指标,解放军的装备得到较大改善。为反对美国核讹诈,1955年,中央还作出了研制"两弹"——原子弹、导弹的重大决策,指定陈云、聂荣臻、薄一波负责筹建核工业。

（四）加强民兵建设。1954年8月,中央发出《关于民兵工作的指示》,强调"民兵制度必须保留,绝不能取消",使民兵成为保卫国防的重要力量。

（五）加强国防工程、国防交通、国防通信等基础设施建设。到1956年,东南沿海永久性国防工事建设取得重大进展,一批海军基地、岸炮阵地相继建成,空军机场网迅速发展,国防交通网着手建设,重点在西南、西北、东南地区修筑了一批具有国防意义的铁路公路。

为了打击美蒋反动派的战争挑衅和反革命骚扰,党和政府领导全国军民采取了一系列重大战略行动。

（一）撤兵朝鲜,加强国内防务。1953年9月至1955年10月,中国履行朝鲜停战协定,从朝鲜撤回志愿军19个师。同时,仍留部分志愿军在朝,以对付美李集团可能发动的新的进攻。

（二）支援越南人民抗法斗争。应胡志明主席要求,以陈赓、韦国清为首的中国军事顾问团继续留在越南帮助越南人民打击法国侵略者。他们组织的奠边府战役,不仅给法国侵略者以致命打击,且粉碎了美国由印度支那侵略中国的阴谋,巩固了中国南部边防。

（三）痛击来犯之敌,解放东南沿海岛屿。针对美蒋反动派的空袭、炮击、派遣特务等罪恶活动,国内开展了肃反运动,清除了一批特务、反革命分子。边防上,1954年,仅华东驻军和民兵,就击落敌机39架、击伤92架;击沉蒋军大型护航驱逐舰"太平号"及其他舰艇8艘,击毁击伤25艘;摧毁蒋军在沿海岛屿上的炮兵阵地12处、指挥机关4处;解放浙江沿海头门山、田岙、蒋儿岙3个岛屿,毙、伤、俘及接受投诚蒋军3 145名。1955年1月,华东解放军一举解放一江山岛,迫使盘踞在大陈等岛的蒋军仓皇撤退,东南沿海诸岛全部解放。

（四）做好解放台湾和对付美国发动新战争的准备。针对美蒋反动派的战争挑衅,除沿海军民严惩美蒋反动派的侵犯行为外,全国各地通过揭露、控诉、声讨美蒋反动派侵略、压迫中国人民的罪行,激起全国人民保卫祖国的热情,形成同仇敌忾的氛围。

中国人民坚决打击美蒋反动派的一系列胜利,表明中国国防得到进一步巩固,中国人民有能力依靠自己的力量保卫国家安全。1955年5月,根据中国政府要求,经中苏双方友好协商,苏军从中国旅顺口海军基地撤走。至此,除台湾、香港、澳门外,中国基本形成自己独立的国防。

二、日内瓦会议与万隆会议

1953年,面对新的国际形势,为争取一个和平的国际环境,保证过渡时期总路线的贯彻执行,党和政府确定外交战线上的任务是:继续加强同苏联和各人民民主国家的友好合作;积极支援世界上一切爱好和平人民反对新战争危险的和平运动,支援一切被压迫民族和被压迫人民的解放斗争;继续执行国际和平政策及发展与各国经济文化关系的政策,并为此开展积极的外交活动。

首先,促成了日内瓦会议召开。

朝鲜停战协议签订后,为了通过和平协商缓和亚洲两个热点地区——朝鲜半岛和印度支那半岛的紧张局势,1953年8月15日,中国政府根据停战协定第60款规定,提出有关国家在新德里召开圆桌政治会议、和平解决朝鲜等问题的主张,因美国破坏而未成。1953年9月28日,苏联政府提出召开苏、美、英、法、中五国外长会议审查缓和国际紧张局势措施的建议,中国政府表示赞同并宣告:"许多重大国际问题,首先是亚洲问题,如果没有中华人民共和国的参加,是不能解决的。"①但美、英、法三国迟迟不予答应。

1954年1月9日,周恩来再次发表声明,严正指出,只有中华人民共和国参加的五大国会议,才能促进迫切的国际问题的解决,才会有利于缓和国际紧张局势及保障国际和平与安全,并向即将在柏林召开的苏、美、英、法四国外长会议发出警告。

1月25日至2月18日,苏、美、英、法四国外长举行柏林会议。在中国人民坚决斗争和苏联政府坚决支持下,会议决定在日内瓦召开有苏、美、英、法、中五国及相关国家参加的国际会议,讨论朝鲜和印支和平问题。尽管美国坚持在会议公报上写明中国参加并不含有对新中国外交承认的意思,但实际上承认了中国的大国地位。

党和政府十分重视这次会议,任命国务院总理兼外交部部长周恩来为

---

① 中华人民共和国对外关系文件集(1951～1953).第2集.北京:世界知识出版社,1958.154

首席代表,副外长张闻天、王稼祥、李克农为代表,组成了近200人的代表团,要求他们"加强外交和国际活动,以破坏美国的封锁禁运、扩军备战的政策,以促进国际紧张局势的缓和",尽一切努力达成某些协议,"以利于打开经过大国协商解决国际争论的道路"。①

4月26日,有23个国家代表参加的日内瓦会议开幕。会上,中、苏、朝、越四国团结合作,同美、英、法等国展开了复杂斗争。会议历时87天,大致分作两个阶段。

第一阶段,从4月26日到5月7日,主要讨论如何巩固朝鲜战后和平及在民主基础上和平统一朝鲜的问题。中、朝、苏三国代表商定三项原则:(1)6个月内撤退在朝鲜半岛的一切外国军队;(2)在不受外国任何干涉的条件下,由南北朝鲜人民举行自由选举;(3)在独立、和平、民主的基础上,恢复朝鲜的和平统一。由朝鲜外长南日向会议提出。

周恩来在会上多次发言,全面阐述了中国政府对亚洲特别是对朝鲜和印支问题的立场,强烈谴责美国政府在亚洲的侵略政策和战争政策,揭露美李集团破坏停战协定、阻挠朝鲜问题和平解决的罪行,批驳了杜勒斯对中国的攻击和诬蔑,表示中国愿为朝鲜问题和平解决承担一切义务。但因美国等侵朝国家单方面发表《十六国共同宣言》,朝鲜问题无果而终。

第二阶段,从5月8日至7月21日,主要讨论恢复印支半岛和平问题。5月7日,越南人民取得奠边府战役重大胜利,法军遭到毁灭性打击,为会议取得突破性进展创造了有利条件。5月8日,日内瓦会议开始讨论印支问题。美国极力阻挠会议成功。法国外长皮杜尔歪曲印度支那历史,否认越南民主共和国的合法性,无视法国失败的事实,仍提出以战胜者自居的停战建议,遭到中、苏、越三国代表反对,会议陷入僵局。6月12日,法国拉尼埃政府倒台,主张停止印支战争的孟戴斯-弗朗斯组成新内阁,会议出现转机。中国代表团运用利用矛盾、联合多数、孤立少数的策略,抓住和平口号,与苏联、越南代表一致行动,提出和平解决印支问题的八项建议,争得英、法两国支持,使美国陷入孤立地位。6月19日,会议达成《关于在柬埔寨和老挝停止敌对行动的协议》。

之后,由于中国和大多数与会国的共同努力,由于越南人民抗法斗争的

---

① 逢先知,金冲及.毛泽东传.(1949~1976).上卷.北京:中央文献出版社,2003. 554

不断胜利,由于法国新政府采取了比较现实的政策,7月21日,越、老、柬三国交战双方分别在停战协定上签字。法国政府发表了从印度支那撤军以及尊重三国独立、主权、统一和领土完整的声明。中、苏、越、美、英、法、柬、老、南越九方通过《日内瓦会议最后宣言》,保证恢复印度支那和平。美国不满意会议结果,拒绝在最后宣言上签字,为其以后扩大对印度支那的干涉埋下伏笔。

  日内瓦会议是第二次世界大战后举行的一次重要国际会议。虽然关于朝鲜问题未能达成协议,但它签订的恢复印支和平协议,为缓和亚洲紧张局势和维护世界和平作出了贡献。中国作为五大国之一第一次参加重大国际会议并发挥了重要作用,表明中国在国际事务中地位提高,美国孤立新中国的阴谋破产。

  其次,保证了万隆会议成功。

  第二次世界大战后,许多亚洲国家获得独立,非洲人民争取民族独立运动方兴未艾。帝国主义不甘心失败,英、法等国极力维持其在亚、非国家的殖民统治,美国妄图取而代之,把亚洲置于它的奴役之下。1953年10月签订的《美韩共同防御条约》、1954年9月签订的《东南亚集体防务条约》、12月签订的美蒋《共同防御条约》等,使亚洲局势变得错综复杂,潜伏着新的危机。为了团结起来,争取和平稳定的国际环境,消除殖民统治在国际关系上造成的不平等,发展民族经济,1954年4月28日至5月2日,缅甸、锡兰(今斯里兰卡)、印度、印度尼西亚和巴基斯坦五国总理在科伦坡举行会议,讨论召开亚非会议问题。12月28日和29日,又在印尼茂物开会,决定联合发起万隆会议,邀请包括中国在内的25个亚非国家与会。

  中国政府对召开亚非会议始终表示欢迎和支持,决定派周恩来为首席代表出席会议,并制订了《参加亚非会议的方案》,确定了"争取扩大世界和平统一战线,促进民族独立运动,并为建立和加强我国同若干亚非国家的事务和外交关系创造条件"的总方针。[1]

  美蒋反动派对召开亚非会议极端恐惧和仇视,极力进行破坏。1955年4月11日,派特务用定时炸弹炸毁了中国代表团包租的印度航空公司"克什米尔公主号"飞机,造成中国代表团8名工作人员、越南民主共和国代表

---

[1] 逄先知,金冲及.毛泽东传(1949~1976).上卷.北京:中央文献出版社,2003.590

团工作人员和波兰、奥地利记者各1人殉难。事件发生后,周恩来不顾个人安危坚持赴会。17日率代表团抵达万隆,受到印尼人民和华侨的热烈欢迎。

4月18日,亚非会议在万隆独立大厦开幕(故称万隆会议)。29个亚非国家340名代表出席会议。印尼总统苏加诺致《让新亚洲和新非洲诞生吧》开幕词。会议主要议题是经济合作、文化合作、人权和自决权、附属国问题、促进世界和平合作等。许多代表发言,强调加强亚非国家的反帝反殖团结。但因社会制度和意识形态不同,以及长期殖民统治在各国间造成的隔阂,特别是由于美国的挑拨离间,会上有的代表鼓吹既要反对殖民主义,也要反对所谓的"共产主义威胁";有的认为"和平共处"这个词是共产党的语言,反对采用;还有人对新中国的外交政策表示怀疑,无端责难中国可能利用华侨双重国籍对别国搞颠覆活动等。会议面临误入歧途的危险。

为粉碎美国等破坏会议的阴谋,保证会议成功,周恩来率中国代表团进行了大量卓有成效的工作。19日下午,针对一般性发言中某些国家对中国内外政策的误解和非议,周恩来将准备好的发言稿改作书面发言,即席作补充发言,全面阐述了中国的内外政策,指出:"中国代表团是来求团结而不是来吵架的","是来求同而不是来立异的";寻找解除亚非大多数国家被殖民主义造成的灾难和痛苦的办法,就是我们的共同基础;中国将台湾问题、在联合国的合法地位问题搁置不提,就是为了求同而存异;虽然各国思想意识、社会制度不同,但和平共处五项原则完全可以成为我们建立友好合作和亲善睦邻关系的基础;中国信仰社会主义,但仍有其他教徒,它未妨碍中国内部的团结,也不应成为亚非国家团结的障碍;中国决无颠覆邻邦政府的意图,也决不会利用华侨对所在国搞颠覆活动。"相反的,中国正在受着美国公言不讳地进行颠覆活动的害处,大家如果不信,可亲自或派人到中国去看……让我们亚非国家团结起来,为亚非会议的成功努力吧!"①

周恩来的发言,揭穿了美国政府制造与会国与中国不和的阴谋,使与会各国接受了"求同存异"的倡议,为会议的成功打下了基础。

4月22日,中国代表团同印尼政府签订关于解决华侨双重国籍问题条约,以实际行动消除了有关国家对此问题的疑虑。同时,针对某些国家代表

---

① 周恩来.在亚非全体会议上的发言.见:周恩来选集.下卷.北京:人民出版社,1984.153~157

提出"台湾独立"的错误主张及对中美对峙可能造成远东紧张局势的担心,23日下午,在中国、印度、缅甸等八国代表团长会议上,周恩来阐明了中国政府对台湾领土不可动摇的立场,同时提出"中国人民不要同美国打仗。中国政府愿意同美国政府坐下来谈判,讨论缓和远东紧张局势的问题,特别是缓和台湾地区的紧张局势的问题",既坚持了原则,又表现了为谋求亚洲和平愿与美国和谈的灵活态度,赢得广泛同情和赞赏。

经过与会代表共同努力,万隆会议取得圆满成功,4月24日闭幕。会议通过了《关于促进世界和平和合作宣言》,发表了《亚非会议最后公报》,谴责了帝国主义和殖民主义的侵略行径,宣布支持被压迫国家人民争取自由独立的斗争,强调努力发展亚非国家间的经济文化合作,提出了促进世界和平和合作的十项原则。这次会议体现了亚非各国人民团结一致,反对帝国主义和殖民主义、争取和维护民族独立、保卫世界和平与增进各国人民之间友好合作的精神,史称"万隆精神"。

亚非会议期间,周恩来根据中国和平外交总政策,在和平共处五项原则基础上提出"求同存异"方针,进一步丰富和发展了新中国的外交政策。中国代表团卓有成效的工作,为会议成功作出了重大贡献。新中国的国际威望特别是在亚非国家中的威望得到进一步提高。

三、和平共处五项原则的提出及对外关系

和平共处五项原则是新中国对外关系的基本准则。它的提出有个过程。建国前后,毛泽东在《论人民民主专政》、开国大典上的中央人民政府公告等文献中多次提出要在平等、互利和尊重领土主权基础上同一切国家建立外交关系的原则,并被写入《共同纲领》,成为新中国同各国进行外交谈判遵循的原则,为和平共处五项原则的提出奠定了基础。

1953年12月31日,中印两国政府代表团就西藏地方和印度的关系问题在京举行谈判,周恩来对代表团谈话时第一次提出了著名的和平共处五项原则:"那就是互相尊重领土主权、互不侵犯、互不干涉内政、平等互惠和和平共处的原则。"[①]据此,1954年4月29日,双方达成《关于中国西藏地方和印度之间的通商和交通协定》,并写进了上述五项原则。6月下旬,周恩来在日内瓦会议休会期间,应邀访问了印度和缅甸。在先后发表的中印两

---

① 周恩来.和平共处五项原则.见:周恩来选集.下卷.北京:人民出版社,1984.118

国总理、中缅两国总理联合声明中,都郑重地写入了和平共处五项原则。中印联合声明还确认:"这些原则不仅适用于各国之间,而且适用于一般国际关系之中,它们将形成和平和安全的坚固基础。"①

和平共处五项原则是在毛泽东和党中央确定的缓和国际紧张局势总方针指导下,总结新中国实行独立自主和平外交政策成功经验的产物,周恩来对其的概括、提出、推广作出了重要贡献。从此,由中国提出,经中、印、缅三国实践,并向全世界倡导的和平共处五项原则,成为新中国对外关系的基本原则。它主张不分国家大小、社会制度异同,国际间一律平等,和平共处,与美国等帝国主义国家的战争政策、殖民主义政策针锋相对,得到世界上爱好和平人们的广泛响应和支持。新中国的对外关系出现新的局面。

首先,同苏联等社会主义国家的友好关系得到进一步发展。1953年11月,朝鲜金日成首相访华。1954年7月,周恩来出访东德、波兰、苏联和蒙古。9月底至10月中,苏共中央第一书记赫鲁晓夫访问中国,在和平共处五项原则基础上解决了一些历史遗留问题,商定苏军自旅顺口海军基地撤退,基地设备无偿移交中国;苏联将此前中苏联合创办的4个股份公司中的苏方股份移交中国,股份价值由中国以供货方式偿还;中苏联合修建兰州——乌鲁木齐——阿拉木图铁路并组织联运等。双方还签订了科技合作协定、苏联给中国5.2亿卢布长期贷款协定等。同时,中国分别给予朝鲜、越南8亿元人民币赠款,帮助它们战胜侵略者,重建家园;对苏共20大全盘否定斯大林,在兄弟国家、兄弟党关系上的某些错误,进行了善意批评。但是,发展同社会主义国家的友好关系仍是这一时期我国外交工作的重点,社会主义国家间的关系仍是较好的,只是苏共20大后开始出现裂痕。

其次,积极巩固发展同其他邻国的友好关系,周边环境得到明显改善。为给国内革命、建设创造良好外部条件,中国高举维护和平、睦邻友好两面大旗,首先争取同印度、缅甸两个有影响的亚洲国家建立友好关系,以此带动同整个周边国家关系的改善。1953年10月,印度总理尼赫鲁作为非社会主义国家首脑第一次访华。此后,缅甸总理吴努、印尼总理沙斯特罗阿米佐约、巴基斯坦总理苏拉瓦底相继来访,增进了彼此了解,增加了信任。同时,通过邀请日本国会议员代表团访华,安排日侨回国,释放日本战犯,签订民间渔业协定,进行民间经济文化交流等,中日民间友好关系得到较大发展;

---

① 中印两国总理联合声明.1954年6月28日.见:人民日报,1954-06-29

1956年12月周恩来总理和贺龙副总理访问巴基斯坦在机场受到欢迎

通过先与泰国建立秘密接触渠道到邀请泰国人民促进友好代表团公开访华,与泰国的友好关系得以建立。这样,到1956年初,曾对中国存有疑虑甚至敌意的国家改变了态度,为友好、信任、合作气氛所代替,中国的周边环境大为改善。中国对邻国的影响在增强,在国际舞台上说话的分量在加重。

再次,积极支持亚非国家反帝反殖斗争,发展同其他亚非国家的友好关系。这一时期,我国坚决支持了埃及收回苏伊士运河、阿尔及利亚反对法国侵略者的斗争,同叙利亚、也门、埃及等国建立了外交关系。

最后,改变"打扫干净屋子再请客"的方针,实行"走出去"战略,开始发展同西方资本主义国家的关系。这一时期,我国利用日内瓦会议,开始同英、法等国改善关系;通过邀请英国工党领袖艾德礼访华,同英国以及荷兰建立了代办级外交关系;同时从1955年8月1日起,也开始与美国进行大使级会谈。虽然前后持续15年之久,达130多次,无任何实质性进展,但中美双方保持了接触渠道。

总之,这一时期,中国外交开始全方位展开,同各国的友好往来日益频繁。仅1955年到中国访问的就有来自亚、非、欧、澳、美五大洲63个国家的

417个代表团4 760人,比1954年增加64%;中国有221个代表团5 883人次到亚、欧、美、非四大洲33个国家进行友好访问和政治、经济、文化交流活动,比1954年增加2/3。到1956年,中国同68个国家和地区建立了贸易关系。新中国走向全世界的外交格局开始形成。

第五节 台湾的政治与经济

一、蒋介石集团极权统治的加强

从1953年开始,在美国政府的支持下,蒋介石集团在台湾的统治趋于稳定。

为维护其独裁专制统治,蒋介石极力确保自己的"总统"职位。蒋介石是1948年经"国民大会"一届一次会议当选"中华民国总统"的,任期6年,至1954年到期。1954年3月,在"国民大会"一届二次会议上,蒋介石连任"总统",他的亲信陈诚当选"副总统"。按照"中华民国宪法"规定,"总统"只能连选连任一次,但蒋介石因人设法,在第二届"总统"任期届满后,修改了"动员戡乱时期临时条款",使得"总统"在"动员戡乱时期"得连选连任,不受"宪法"关于"总统"连任一次的限制。这样,蒋介石就成为"终身总统"。同时,蒋介石根据"动员戡乱时期临时条款"授予的权力,批准第一届"国民大会代表"继续行使职权,结果使"国大代表"成了"万年国代"。同样,到台的"立法委员"、"监察委员"均成了"资深委员"。

蒋介石集团为加强极权统治,还大力消除异己势力,"吴国桢事件"和"孙立人事件"就是在这样的背景下发生的。1949年12月,受英、美民主思想影响较深的吴国桢接任"台湾省主席"。50年代初,吴因与主持台湾特务工作的蒋经国发生尖锐矛盾,加上蒋介石偏袒蒋经国,疏远吴国桢,所以吴于1953年4月被迫辞去"台湾省主席"一职,远走美国。在美期间,吴公开批评国民党政府过于专权、缺乏民主,在美国舆论界引起了巨大反响。次年3月,蒋介石以"总统"名义命令,撤免吴的"行政院政务委员"一职,并声称要对吴依法查办。后来,台湾当局还要求美国"引渡"吴,虽未成,却致使吴长期流亡美国。这就是"吴国桢事件"。孙立人于1949年8月担任台湾防卫司令,次年,又被提升为上将"陆军总司令"。但毕业于美国军校的孙并非蒋介石的嫡系,加上他对国民党陆军的改革影响到蒋氏父子对军队的控制,所以,蒋介石于1954年6月将孙调离"陆军总司令"职位,改任"总统府参军长",实际上是打入冷宫,解除兵权。1955年8月,发生了孙的旧部属郭廷亮准备发动"兵谏"的事件,孙因此受到牵连,被罢免"参军长"职务。后来,孙被指控纵容部属"叛国"、"犯上",而遭受长期软禁。这就是"孙立人事件"。吴国桢和孙立人,蒋介石手下的一文一武,因不满蒋氏父子的独裁统治,一个流亡美国,一个软禁在台,这两起事件突出地反映了蒋介石集团在台湾极权统治的加强。

二、第一期四年经济建设计划的实施

1949年至1952年,台湾当局通过采取一系列稳定财政经济的措施,恢复了工农业生产,稳定了经济形势,从而使台湾经济度过了"黯淡时期"。1953年,台湾当局开始实施第一期四年经济建设计划,从此,台湾经济进入初步发展时期。

早在1952年,台湾当局就开始着手制定四年经济建设计划。1953年1月,台湾"行政院长"陈诚在"立法院"做报告时,强调以农业培养工业,以工业发展农业的主导思想,并提出制定四年经济建设计划的四项原则:第一,经济整体发展,各业互相配合;第二,以肥料工业和电力工业为重点;第三,集中财力、物力,以较少投资获取较大利益;第四,各项指标取最低、最保守的数字,做到稳妥。[1] 7月,"行政院"成立"经济安定委员会",负责经济计划的设计、审议及实施。

第一期四年经济建设计划从1953年开始执行,该计划可分为农业和工业两大门类:农业部门计划包括农作物、林产、水产、畜产及水利五个分计划。其中农作物计划要求增产粮食,稳定粮价,减少进口,增加出口;林产计划要求增加木材产量,稳定木材价格,进口普通木材,出口高级木材;水产计划要求充分运用美援修造渔船,发展远洋及近海渔业;畜产计划要求推广优良种畜,提高生产效率;水利计划要求加强建设灌溉排水工程,着力筹建大规模的水利工程。工业部门计划包括矿业、制造业、电力、交通运输四个方面。矿业方面重点发展储量大、产量多、设备好的煤矿;制造业方面主要致力于投资少、见效快、产品适销的轻工业的发展;电力方面加强水力资源的利用;交通运输方面注重水陆运输设备的增添。

---

[1] 郭传玺.中国国民党台湾四十年史纲.北京:中国文史出版社,1993.91

从计划投资额来看,第一期四年经建计划共投资新台币779 900万元,其中农业235 800万元,工业451 800万元,交通运输92 300万元。从计划主要增长指标来看,农业生产年均增长4.8%,工业年均增长11.1%,交通运输年均增长7.2%。①

第一期四年经建计划至1956年年底到期。这四年中,实际投资额为658 800万元新台币,仅完成计划额的84.5%。农业生产年均增长6.2%,大大超过原计划指标;农业计划所有21个项目中,有15个达到或超过计划指标,有6个未达到计划指标。工业生产年均增长11.7%,略超原计划指标;工业计划所有25个项目中,有9个超过计划指标,有16个未完成计划指标。交通运输方面,铁路的客货运输,公路的客运等,均较好地完成了计划指标,仅水运货物装卸量未完成指标。②

综观台湾第一期四年经建计划的成效,虽然实际投资额和有些项目未达到预期目标,但工农业生产年均增长率均超过了原计划,基本上实现了本期四年经建计划的主要目标。总之,本期四年经建计划的实施还是比较成功的,这就为实施下一期四年经建计划,并最终实现"进口替代"创造了有利条件。

第六节 思想、文化、教育、科技

一、中共中央关切"知识分子问题"

中国共产党历来重视知识分子,认为"没有知识分子的参加,革命的胜利是不可能的"③。新中国成立后,党和政府对旧社会过来的知识分子采取"包下来"的方针,经过思想改造,使其为新社会服务,同时大力培养新知识分子。经过几年努力,取得很大成绩。1955年,各条战线上的高级知识分子由1949年的6万多人增加到10万多人,为新中国的经济、社会发展做出了积极贡献。由于建国初期主要任务是恢复国民经济和社会改革,科技发展

---

①② 茅家琦.台湾三十年(1949~1979).郑州:河南人民出版社,1988.71~72,72~73

③ 毛泽东.大量吸收知识分子.见:毛泽东选集.第2卷.北京:人民出版社,1991.618

问题、知识分子问题未及摆到突出位置。随着社会主义改造和经济建设的迅猛发展,针对我国知识分子数量上、质量上不能满足需要、对现有知识分子使用存在诸多问题,1955年初,毛泽东提出:我们现在已经进入钻社会主义工业化、钻社会主义改造、钻现代化国防、并且开始钻原子能的历史新时期。"这件事……该抓了"。① 于是,为了充分调动、发挥知识分子的积极作用,提前、超额完成"一五"计划,极大发展我国社会主义生产力,中央把知识分子问题、科技发展问题提上了议事日程。11月,决定召开全面解决知识分子问题的会议,成立由周恩来负总责的研究知识分子问题10人小组,着手筹备,并通知各省、市、自治区党委讨论、研究知识分子问题,特别是京、沪、津、汉等知识分子集中的大城市党委要调查研究六年来知识分子的状况及知识分子政策执行中的问题,供中央决策之用。周恩来等亲自召集座谈会,听取知识分子的意见。

1956年1月14日至20日,中央在京召开知识分子问题会议。中央委员及候补中央委员,中央及国家机关各部门党的负责人,各省、直辖市、自治区党委主要领导,全国性群众团体、高等学校、科研机关、工厂、矿山、文艺界、医院、军队等各方面党的负责人,共1 279人参加。周恩来代表中央作了《关于知识分子问题的报告》,着重传达、阐述了毛主席关于"向科学进军"的指示,肯定了知识分子在社会主义建设中的地位和作用,以及加强党对知识分子领导的问题。

报告深刻论述了我国知识分子在社会主义建设中的地位和作用,提出了党在知识分子问题上的根本任务。指出:社会主义生产的增长和完善,必须在高科技的基础上才能实现。"在社会主义时代,比以前任何时代都更加需要充分地提高生产技术,更加需要充分地发展和利用科学知识。"社会主义建设"必须依靠体力劳动和脑力劳动的密切合作,依靠工人、农民、知识分子的兄弟联盟。我们现在所进行的各项建设,正在愈来愈多地需要知识分子参加"。"知识分子已经成为我们国家的各方面生活中的重要因素",成为"完成过渡时期总任务的一个重要条件"。因此,党在知识分子问题上的根本任务,就是加强领导,克服缺点,采取有效措施,充分发挥现有知识分子的作用,大规模地培养新生力量,以适应社会主义建设的需要。

---

① 毛泽东.在中国共产党全国代表会议上的讲话.见:毛泽东文集.第6卷.北京:人民出版社,1999.395

会议热烈讨论了周恩来的报告,61人在大会上发言,一致表示赞成。会议最后一天,毛泽东发表讲话,指出现在是革技术的命,革没有文化、愚蠢无知的命,没有知识分子是不行的。中国应该有大批知识分子。全党要努力学习科学知识,同党外知识分子团结一致,为赶超世界先进水平而奋斗。

根据会议精神,2月24日,中央作出《关于知识分子问题的指示》,规定了关于知识分子问题的一系列方针政策;批准成立全国科学规划委员会,陈毅为主任(11月改由聂荣臻兼任),李富春、郭沫若、薄一波、李四光为副主任,竺可桢、茅以升等35人为委员。会后,调集600多位科学家编制1956年至1967年全国科学技术发展远景规划、哲学社会科学发展远景规划,以促进我国科学事业的发展。

中央关于知识分子问题会议的召开,极大地鼓舞了知识分子,全国迅速掀起向科学进军的热潮。

为了繁荣、发展我国科学文化事业,针对当时科学文化领域存在的教条主义、宗派主义、形式主义,4月28日,毛泽东在中央政治局会议上总结建国以来戏剧方面实行"百花齐放,推陈出新"方针取得的良好效果,借鉴春秋战国时期诸子百家争鸣促进各种学说发展的历史经验,提出了"百花齐放、百家争鸣"的方针,为中央所批准。他说:"艺术问题上的百花齐放,学术问题上的百家争鸣,我看应该成为我们的方针……讲学术,这种学术也可以讲,那种学术也可以讲,不要拿一种学术压倒一切。你讲得如果是真理,信的人势必就会越来越多。"[1]5月2日,他在最高国务会议上正式宣布了这一方针,并进一步指出:现在春天来了嘛,一百种花都让它开放,不要只让几种花开放,还有几种花不让开放,这就叫百花齐放。春秋战国时代,有许多学派,百家争鸣。现在我们也需要这个。只有反革命议论不让发表,这是人民民主专政。在中华人民共和国宪法范围内,各种学术思想,正确的,错误的,让他们去说,不去干涉他们。[2]

5月26日,中宣部部长陆定一向在京的自然科学家、社会科学家、医学家、文学家和艺术家们作了题为《百花齐放,百家争鸣》的重要讲话,全面阐

---

[1] 毛泽东.在中共中央政治局扩大会议上的总结讲话.见:毛泽东文集.第7卷.北京:人民出版社,1999.54~55
[2] 逄先知,金冲及.毛泽东传(1949~1976).上卷.北京:中央文献出版社,2003.491~493

述了"百花齐放,百家争鸣"的方针。

"百花齐放,百家争鸣"方针的提出,折射出当时中国政治稳定、经济发展、人民团结的国家形象,反映了繁荣科学文化事业的时代要求,在全国知识界引起强烈反响。知识分子思想大解放,对促进我国科学文化事业的发展具有重大意义。

二、文化思想战线上的论争

为了实现过渡时期总路线总任务,中央提出党在思想战线上的最根本任务是宣传唯物主义思想,反对唯心主义思想,使广大干部学会运用马克思主义思想武器改进党和国家工作;使广大人民群众脱离资产阶级思想影响,提高社会主义觉悟。

这一时期党在思想战线上的工作,大致经历了三个阶段。1953年1月到1954年9月为第一阶段。主要通过各级党校、马克思主义夜校、业余大学等,组织干部和知识分子学习列宁、斯大林等人的论经济建设著作,进行和风细雨的正面思想教育,对提高干部、知识分子马克思主义理论水平起了重大作用。1954年10月到1955年7月为第二阶段。对《红楼梦》研究引起的争论,中断了原来的思想教育计划,改以宣传唯物论,批判唯心论为主要内容。一方面通过举办讲演会,对全体干部和500万知识分子普遍宣讲唯物论,批判唯心论;一方面采用群众运动方式,通过批判科学文化界的"资产阶级学术思想"宣传唯物主义,肃清唯心主义思想。结果引起一场大规模思想论争,以致动用专政机关,对胡风等不同文艺派别实行镇压,挫伤了知识分子积极性,造成党和政府同部分知识分子的关系比较紧张,产生了不良影响。1955年8月到1956年12月为第三阶段。随着社会主义改造和建设高潮的出现,知识分子的作用日显重要。为了充分调动和发挥知识分子的作用,开始调整知识分子政策。1955年下半年,虽然继续对影响较大的"资产阶级学术思想"、梁漱溟的"乡村建设"理论、医药卫生界歧视和排斥中医的思想以及工程设计中的复古主义、形式主义等进行批判,但改变了大规模群众运动方式,比较注意说理斗争。从1956年起,由于肯定了知识分子在社会主义建设中的地位和作用,逐步改善了同知识分子的关系,思想战线出现新的面貌。

这一时期,文化思想战线上的论争影响较大的有三次。

(一)对俞平伯《红楼梦》研究中唯心主义观点的批判

俞平伯从20世纪20年代开始研究《红楼梦》，是中国"新红学派"权威。1952年9月，他把旧著《红楼梦辨》增删后，以《红楼梦研究》为名再版发行；1954年3月，在《新建设》杂志上发表新作《红楼梦简论》，总结自己研究《红楼梦》的心得。他对《红楼梦》研究作了许多有价值有意义的工作，同时也难免存在缺点和偏颇。

1954年秋，两个青年文学爱好者李希凡、蓝翎合写了一篇批评俞平伯的文章——《关于〈红楼梦〉简论及其他》，投稿《文艺报》未被采用，由山东大学学报《文史哲》9月号发表。《人民日报》拒予转载。10月10日，《光明日报》又发表了他们《评〈红楼梦研究〉》一文。他们试图用马克思主义观点评论俞平伯在《红楼梦》研究中的非马克思主义观点，认为俞平伯"离开了现实主义的批评原则，离开了明确的阶级观点"，从"抽象的艺术观点"和"反现实主义的唯心论的观点"出发，否定了《红楼梦》的伟大社会意义和杰出艺术价值，用烦琐考证方法把人们引向不可知论，思想根源是胡适《红楼梦考证》中的主观主义、唯心主义。

李、蓝文章引起毛泽东的重视，10月16日，他写信给中央政治局及其他有关同志，并附上李、蓝文章，称"这是三十多年以来向所谓红楼梦研究权威作家的错误观点的第一次认真的开火"；批评《文艺报》、《人民日报》某些人"同资产阶级作家在唯心论方面讲统一战线，甘心作资产阶级的俘虏"；这种"容忍俞平伯唯心论和阻拦'小人物'的很有生气的批判文章的奇怪事情"，值得注意；要求批判俞平伯一类资产阶级知识分子毒害青年的错误思想。从而将原本正常的学术争论变成了批判俞平伯等知识分子学术思想的群众运动。

文艺界党组织迅速传达了毛泽东的信。10月24日，中国作协古典文学部召开关于《红楼梦》研究的讨论会。俞平伯、蓝翎等60多人参加会议。会议认为，俞平伯沿袭了胡适的资产阶级唯心主义、形式主义观点，应通过学术上的自由讨论，肃清古典文学研究中的资产阶级唯心主义观点。指出：自由争辩是学术研究上展开批评和自我批评的良好方式之一，这次讨论仅是开端，希望继续展开。

10月28日，《人民日报》发表《质问〈文艺报〉编者》的文章，指责文艺界某些领导人容忍和颂扬胡适派资产阶级唯心论，对"权威学者"的资产阶级思想委曲求全，对生气勃勃的马克思主义新生力量采取资产阶级贵族老爷式态度，把关于《红楼梦》研究的讨论推上了激烈批判的斗争阶段。

10月31日至12月8日,中国文联和中国作协主席团连续召开8次联席扩大会议,对俞平伯的"唯心主义观点"进行批判,揭发《文艺报》的错误。全国掀起批判俞平伯"资产阶级唯心主义思想"的群众运动,到12月告一段落。

(二)对胡适资产阶级唯心论的批判

胡适是五四新文化运动中的重要人物,在中国旧知识界特别是高级知识分子中有着广泛深刻的影响。因此,要"肃清"科学文化界的"资产阶级唯心主义思想",自然联系到了批判胡适。

1954年10月16日,毛泽东在《关于红楼梦研究问题的信》中即提出要通过批判俞平伯的错误思想把反对胡适派资产阶级唯心主义的斗争开展起来。11月5日,《人民日报》发表《清除胡适的反动哲学遗毒》一文,认为批判文化界的资产阶级唯心主义思想"不能不对准资产阶级唯心论的头子胡适"。11月8日,《光明日报》发表郭沫若同记者的谈话,进一步指出"胡适的资产阶级唯心论学术观点在中国学术界是根深蒂固的,在不少的一部分高级知识分子当中还有着很大的潜势力。我们在政治上已经宣布胡适为战犯,但在某些人的心目中胡适还是学术界的'孔子'。这个'孔子'我们还没有把他打倒,甚至可以说我们还很少去碰过他。"于是,全国又掀起了批判胡适资产阶级唯心论的斗争。中国科学院、中国文联、中国作协多次举行联合批判会;京、津、沪、苏、桂等省市组织了经常性或临时性的批判讨论会;全国绝大多数高校文科系、教研室也召开了各种形式的讨论会;全国省级以上报纸和全国性学术刊物发表了200多篇批判文章,集中批判胡适的"唯心主义哲学思想",如实用主义世界观、真理观、教育学、心理学,以及"大胆假设,小心求证"的实用主义方法论等。1955年1月,中央发出《关于在干部和知识分子中组织宣传唯物主义思想、批判资产阶级唯心主义思想的演讲工作的通知》,3月发出《关于宣传唯物主义思想批判资产阶级唯心主义思想的指示》,在广大干部和知识分子中展开了唯物论和唯心论的宣讲工作,并对学术批评和讨论的方法、原则作出了正确规定。只因揭露、斗争"胡风反革命集团"运动兴起,这些规定未能很好地贯彻执行。

(三)对胡风文艺思想的批判

胡风于1933年在上海参加左翼文化运动,一直在国民党统治区从事革命文艺活动,对进步文化事业作出了一定贡献,曾受到鲁迅肯定。1949年参加全国政协一届一次会议。解放后任中国文联全国委员、中国作协理事、

《人民文学》编辑委员等职,1954年当选全国人大代表。他的一些文艺理论观点同党内一些文艺工作者一直存在分歧。

1952年文艺界整风,有人要求对胡风的文艺思想展开批评。6月8日,《人民日报》转载了胡风派主要成员舒芜在《长江日报》上的检讨文章——《从头学习〈在延安文艺座谈会上的讲话〉》,编者按指出胡风的文艺思想"是一种实质上属于资产阶级、小资产阶级的个人主义的文艺思想"。胡风表示异议,写信给周恩来,要求对其文艺思想进行讨论。据周恩来指示,周扬召集在京部分文艺界人士同胡风举行了座谈。胡风不承认自己的文艺思想有什么错误。中央认为他坚持的错误文艺理论,在一些文艺工作者中有不良影响,决定对其文艺思想作公开批判。1953年初,《文艺报》陆续发表了林默涵、何其芳等批评胡风文艺思想的文章,《人民日报》作了转载。胡风不服,1954年7月向中央政治局递交了一份30万字的《关于几年来文艺实践情况的报告》,对批评进行了反驳。12月,中国文联、中国作协主席团联席会议批评俞平伯和《文艺报》的错误,胡风两次发言。但会议认为他是在"假批评《文艺报》和批评庸俗社会学之名而把关于文学的许多真正马克思主义的观点一律称之为庸俗社会学而加以否定"。①

1955年1月20日,中宣部向中央提出开展批判胡风思想的报告,曲解胡风写给中央报告的原意,说胡风诬蔑党提出的提倡共产主义世界观、提倡作家到工农兵生活里去、提倡思想改造、提倡民族形式、提倡写革命斗争重要题材是插在读者和作家头上的"五把刀子",列举了胡风及其文艺派别五方面的错误思想,认为胡风给中央的报告和在中国文联、中国作协主席团联席会议上的发言是"很有系统地、坚决地宣传他的资产阶级唯心论",他的文艺思想是反党反人民的文艺思想。他的活动是宗派主义小集团活动,其目的就是要为他的资产阶级文艺思想争取领导地位,反对和抵制党的文艺思想和党所领导的文艺运动,企图按照他自己的面貌来改造社会和我们的国家,反对社会主义建设和改造。他的这种思想是"代表反动的资产阶级的思想","是反映目前社会上激烈的阶级斗争",请求对胡风的思想"展开讨论和批判",对胡风小集团中"可能隐藏的坏分子""加以注意和考查"。26日,中央批准了中宣部的报告,遂在全国掀起批判胡风思想的运动。但这时对胡风的问题还是作为人民内部矛盾处理的,只限于理论批判。

---

① 周扬.我们必须战斗.人民日报,1954-12-10

5月13日,《人民日报》以《关于胡风反党集团的一些材料》为题,公布了舒芜辑录的胡风解放前写给他的部分信件以及胡风的《我的自我批判》。编者按指出:"从舒芜文章所揭露的材料,读者可以看出,胡风和他领导的反党反人民的文艺集团是怎样老早就敌对、仇视和痛恨中国共产党和非党的进步作家的。"从此,胡风等人被打成"反党集团",变成敌我矛盾。

　　5月18日,全国人大常委会批准逮捕胡风。《人民日报》又公布了"胡风反革命集团"第二批、第三批材料,并汇编成书,毛泽东作序出版发行。全国展开揭露、批判、清查"胡风反革命集团"的斗争。结果,2 100余人受到牵连,其中92人被捕,62人被隔离审查,73人被停职反省,造成建国后思想文化领域一大冤案。1980年9月被中央平反。

　　从批判俞平伯《红楼梦》研究中的唯心主义观点到批判胡风的文艺思想,中央旨在宣传唯物主义,肃清唯心主义,对全国人民进行马克思主义教育。这是必要的,收到了一定效果。但对不同学术思想采取群众性批判斗争方式,把思想方法、研究方法、学术问题上的唯心主义观点乃至某些需要进一步讨论才能弄清是非的问题,同资产阶级政治立场混为一谈;对俞平伯、胡适思想的批判,缺乏历史唯物主义分析,简单地用政治上的反动抹杀他学术上的成就;尤其对胡风等人的批判,混淆了两类不同性质的矛盾,严重伤害了一些愿为人民工作的知识分子,造成了消极影响,是个沉痛教训。

　　三、文化、教育、科技事业的发展

　　为把中国建成具有高度文化的伟大社会主义国家,党和政府在领导全国人民进行社会主义改造和大规模经济建设的同时,各项文化建设事业也全面展开,并取得显著成绩。

　　四年内,国家支出文教、科学、卫生事业费82.4亿元,占"一五"计划投资总额的57.7%,占国家财政总支出的7.9%,为文化事业发展提供了经费保证。

　　语言文字的改革。语言文字的改革是文化建设的基础性工作。由于汉字繁多,难认难写;汉语方言分歧很大,影响交流;有的少数民族没有文字,阻碍其发展。1952年,国家成立文字改革研究会。1954年改为文字改革委员会。经几年努力,1956年1月,国务院公布第一个《汉字简化方案》,简化54个偏旁、355个汉字,正式在书籍报刊中使用。同时,用拉丁字母代替1918年北洋政府公布的注音字母,制定汉语拼音方案,以北京语音为汉语标准语音,作为普通话在全国推广,从而为统一汉语,提高学习汉语效率及各项事业的发展提供了便捷工具。对尚无文字的少数民族,经过调查研究,到1956年拟出16种民族文字方案,为创立少数民族自己的文字奠定了基础。

教育事业发生巨变。这一时期,通过学习苏联经验,结合我国实际,基本建立新中国的社会主义教育制度。1953年,国家提出整顿巩固、重点发展、保证质量、稳步前进的文教工作方针。学校教育方面,取消私立学校,把各级教育纳入国家事业,有计划按比例培养各种规格建设人才。重点发展高等教育,特别是工科和师范教育,加强研究生培养工作;学制一般改为四年,全国统一招生、统一教学计划,开展教研活动、改革教学方法,添置图书资料、教学设备,教育质量逐步提高。1955年,国家提出合理部署、统筹安排的方针,向内地、边疆地区迁、建一批新校,进一步改变了高校布局不合理状况。1956年,全国高校在校生40.8万人,是1952年的两倍多。中等、初等教育相应发展。1956年,中专在校生81.2万人,比1952年增加28%;普通中学在校生516.5万人,比1952年增加1倍多,普通小学在校生6 346.4万人,比1952年增加24%。学校教育的重大变化不仅是数量增加,更表现在:(1)各级各类学校中劳动人民家庭出身的学生比重超过半数,改变了旧学校只为少数剥削阶级服务的性质。(2)理论联系实际的学风正在形成。1953年7月,政务院作出《关于加强高等学校和中等技术学校学生生产实习工作的决定》,加强实习环节,提高了学生实际工作能力。(3)少数民族学生有较大增加。1956年,全国少数民族在校生405万人,比1952年增加34%。其中大学生5 300多人,中学生27.9万人,小学生377.2万人。社会教育空前发展。各地通过大办文化补习学校,对各级干部进行文化补习;举办工农速成中学,提高劳动模范、优秀工人文化水平。国家设立扫盲工作委员会,1956年3月,成立以陈毅副总理为会长的扫盲协会,展开了大规模扫盲教育工作。到1956年11月,全国接受扫盲教育人数7 000万,其中农民6 200万,职工300万,累计扫除文盲800多万。

科技事业良好起步。旧中国科学技术十分落后,新中国百废待兴、百业待举。这一时期国家瞄准世界新兴科学和技术,确定"重点发展,迎头赶上"的①方针,为以后的发展奠定了宝贵基础。1953年2月24日至5月26日,著名物理学家钱三强率由19个学科26位著名科学家组成的中国科学院代

---

① 薄一波.若干重大决策与事件的回顾.上卷.北京:人民出版社,1997.530

表团访苏,建立了两国科技界的对口联系与合作。回国后,根据我国实际,借鉴苏联经验,逐步建立起包括中国科学院、高等学校、产业部门、地方研究机构四个方面的科研体系。经过几年努力,科研队伍迅速壮大,基本形成条块结合、分工协作、全国规模的科研网。1954年10月,中苏两国签订"科学技术合作协定"。苏联累计向中国提供了8 400多项科技资料、派来数千名专家指导工作,中国派出3 000多专家、实习生到苏联考察、研究,派出6 000多留学生到苏联学习。① 到1956年底,共有1 805名侨居海外的科学家陆续回国,大都成为各方面的学术带头人和科研领路人。这都有力地促进了我国科技事业的发展。1956年,全国科研机构达1 714个,专门科研人员12万。中科院在京新建了一批研究所,在东北、西北、广州、武汉等地筹建了分院,在浙江、云南、广西等省区建立了专门科研基地和研究机构,1955年6月成立了物理数学化学、生物学地学、技术科学、哲学社会科学4个学部,遴选了233位学部委员,1956年研究所达50多个,研究人员4 300多人,分别比1952年增加近1倍到2倍多,成为全国科研中坚。1954年下半年,我国首次在广西发现铀矿。1955年1月15日,毛泽东决策研制核武器;12月,采纳著名科学家任新民关于研制火箭武器和发展火箭技术的建议;1956年2月,采纳钱学森关于建立中国国防航空工业的意见,中国的导弹研制工作提上日程;12月,1956~1967年自然科学和哲学社会科学发展远景规划草案分别拟就;以及四年内新建的一批学科重点实验室,展开的对全国地质的普查和研究,对长江、黄河、淮河的治理研究,对棉蚜等病虫害的研究,对北方炼焦煤的分类研究,对合成橡胶的研究等等,都成为中国科技事业飞速发展的良好起步。这一时期虽是我国科技事业初创阶段,各项科研工作刚刚开始,但仍取得丰硕成果。如1952年到1955年,我国试制成功新机械产品3 500多种,少数达到当时世界先进水平;冶金方面,我国已能冶炼240多种优质钢和合金钢,高炉、平炉利用系数基本达到当时苏联的水平;我国不仅自己设计了400多个大型企业,而且开始设计制造7.5万千瓦水轮发电机;复旦大学试制成功中国第一台可解四阶常系数微分方程组的电子计算机等等。1955年8月,国务院颁布《中国科学院科学奖金暂行条例》,对建国以来34项优秀自然科学成果颁发了奖金。1956年4月3日,世界科学家协会

---

① "当代中国丛书"编委会.当代中国的科学技术事业.北京:当代中国出版社,1992.9~12

成立十周年纪念大会在北京召开，来自苏、美、法、日等17个国家的1400多位科学家出席会议，推举中国著名科学家李四光为世界科协副主席。这是国际科学界对新中国科技水平与成就的承认与最好评价。

文学上的成就。1953年9月23日至10月7日，中国文联在京召开第二次全国文学艺术工作者代表大会。周恩来作政治报告，向文艺工作者提出了发展社会主义现实主义文学艺术，为贯彻过渡时期总路线服务的任务。大会总结了第一次文代会以来的工作，决心为创造更多无愧于时代的伟大作品而奋斗。在第二次文代会精神鼓舞下，许多反映革命斗争史和社会主义现实的优秀作品脱颖而出，一代青年文艺工作者迅速成长。小说创作方面，有影响的作品有杜鹏程的《保卫延安》、李准的《不能走那条路》、赵树理的《三里湾》，以及《铁道游击队》、《把一切献给党》、《高玉宝》等。戏剧方面，浙江省昆苏剧团整理改编的昆曲《十五贯》，1956年在京演出后引起强烈反响，出现"满城争说《十五贯》"的盛况。《人民日报》发表社论祝贺，毛泽东两次观看并向全国人民特别是公安战线的同志推荐。文化部和中国戏剧家协会召开座谈会总结其思想意义和艺术成就。周恩来称赞它"有着丰富的人民性，相当高的思想性和艺术性"，"具有强烈的民族风格"，"为进一步贯彻执行'百花齐放、推陈出新'的方针，树立了良好榜样"，"是改编古典剧本的成功典型"。陈其通的话剧《万水千山》也达到了相当高的思想和艺术水平。此外，诗歌、散文、少数民族文学、儿童文学、文艺评论等，也都取得一定成就。

出版、广播、电影事业的发展。这一时期，中央和各省、市、自治区相继建立了人民出版社和一批专业出版社，奠定了社会主义出版事业的基础。图书品种和数量成倍增长，内容日益丰富，质量不断提高。1956年，全国出版图书2.8万多种，17.8亿多册，比1952年分别增长110%和127%。其中不仅有马列主义经典著作，而且有大批科学论著、文艺作品，更有许多通俗读物和少数民族文字书籍。广播电台发射电力成倍增长，全国2/3的县（市）建立了有线广播站，装设喇叭51万多只，80%在农村，具有中国特色的农村广播网开始建立。全国报纸和杂志的品种、发行数量大幅度增加。1956年，全国区级以上报纸约300种，发行32亿多份；杂志约400种，发行3.5亿多册。四年内，全国电影制片厂、电影放映单位、电影观众成倍增长，仅1956年，全国就摄制影片176部、译制片238部，电影观众达13.5亿人次。许多优秀影片如《祝福》、《董存瑞》等获得广大观众高度赞赏。《智取华山》、《梁山伯与祝英台》等片荣获国际奖。中国自制的 35 毫米电影放映机开始出口。许多流动放映队活跃在城乡。人们的文化生活日渐丰富。

小　　结

在社会主义过渡时期,中国共产党领导全国人民,仅用四年时间便取得了社会主义革命的初步胜利。政治上,确立了人民代表大会制度、中国共产党领导的多党合作制度及民族区域自治制度三项基本政治制度,颁布了《中华人民共和国宪法》,社会主义民主法制建设开始起步。反对高、饶反党集团及肃反运动的胜利,国防现代化建设的展开,使人民民主专政得到进一步巩固。日内瓦会议、万隆会议提高了新中国的国际地位;在和平共处五项原则基础上,新中国外交全方位展开。由于美国支持,蒋介石在台湾的统治得到加强,新中国对台政策由武力解放转向和平统一。经济上,社会主义改造基本完成,确立了生产资料公有制的经济制度;"一五"计划提前一年基本完成,社会主义工业化迈开了坚实步伐。文化、教育、科技、卫生、体育事业获得较大发展;社会主义新风尚正在形成。1956 年底社会主义改造基本完成,标志着社会主义制度已在中国建立,中国开始进入社会主义初级阶段。这一时期是新中国历史上的较好时期之一,全国到处充满勃勃生机。但革命和建设中出现的急于求成苗头、思想文化战线上不切实际的批判,也留下一些后遗症。

思考题:
1. 试述中国共产党在过渡时期总路线的提出经过、内容要点及其辩证关系。
2. 中国农业社会主义改造是怎样实现的?有何经验与不足?
3. 中国资本主义工商业社会主义改造是怎样实现的?有何经验与不足?
4. 中国高度集中的政治、经济体制是怎样形成的?应当如何予以正确评价?

第三章 社会主义建设探索时期

(1956年9月~1966年4月)

内 容 提 要

社会主义改造基本完成以后,中国共产党领导人开始探索中国社会主义建设道路问题,提出一些关于简政放权、调整经济关系、改革经济体制、农业实行生产责任制等方面的新思路。并把工作重点转移到社会主义建设上来。可惜,这种有益的探索未能进一步深入下去,便因指导思想的失误而被迫中断了。

1957年夏季开始的"反右派斗争"严重地扩大化了,1958年又发动了"大跃进运动"和"人民公社化运动"。"大跃进运动"虽然确实增加了一些基础设施,一定程度地提高了社会生产力,但由于严重脱离客观实际,过分夸大人的主观能动性,根本不按经济规律办事,造成国民经济严重比例失调,而且投入巨大,效益极低,浪费非常严重,浮夸风、瞎指挥盛行。"人民公社化运动"追求"一大二公",还一度兴起"跑步进入共产主义"浪潮。超越了中国社会主义发展阶段,盲目地"穷过渡",导致"共产风"盛行,反使农业生产大幅度下降,农民生活日趋困难。

毛泽东为首的共产党领导人对"左"倾错误有所觉察后,进行了若干反省和一些纠正。但是,由于认识上的局限性,纠"左"不得力、不彻底,尤其1959年庐山会议之后,使纠"左"中断,"左"的错误继续发展。随之,出现中华人民共和国历史上罕见的三年困难时期。

国民经济出现严重困难,社会主义建设大大倒退,党和人民政府不得不谋求摆脱困境的措施,对国民经济进行"调整"。经过1961年至1965年整整5年的不懈努力,国民经济得到恢复和发展,国内经济各主要部门各生产环节相互比例关系趋向合理，积累与消费的比例趋向正常，人民生活有很大改善，社会主义建设再次步入良性发展轨道。但是，与此同时，毛泽东越来越关注上层建筑和意识形态领域的"革命"，强调阶级斗争，强调防止和反对资产阶级复辟，还提出警惕党内出现修正主义的问题。1963年春至1966年初，在部分农村和少数城市基层开展了社会主义教育运动，毛泽东明确提出了"以阶级斗争为纲"。阶级斗争扩大化观点，对进行中的国民经济调整工作有一定负面影响，更为后来发动"文化大革命"作了思想上、理论上的准备。

第一节　社会主义建设道路的初步探索

一、毛泽东《论十大关系》的发表

进入1956年，中华人民共和国面临新的形势。生产资料私有制的社会主义改造可望提前完成，社会主义制度即将确立；发展国民经济的第一个五年计划估计可以提前一年完成，将为国家工业化奠定初步基础。但是，中国的社会主义制度，是建立在刚刚从半殖民地半封建社会脱胎出来的贫穷落后的社会土壤上的。如何在中国建设社会主义，中国共产党人缺乏足够的理论和思想准备，在开始阶段提出学习苏联，有其历史的必然性，而且收到了一些积极效果。但是，中国国情不同于苏联国情，中国进入社会主义的世情也不同于苏联进入社会主义时的世情，中国的社会主义建设道路不能照搬"苏联模式"。苏联模式的主要特征是：以高速度增长国民经济、国民生产总值为首要目标，忽视经济效率和经济效益；以重工业为发展重点，以高积累、高投入为发展重工业的手段，忽视国民经济各门类平衡发展以及积累与消费的正常比例关系；以粗放型增长方式为发展经济的主要手段，忽视集约型增长方式的运用和探索；以自力更生、自给自足为经济建设和经济发展目标，建设、发展具有封闭性和半封闭性，布局上"大而全"、"小而全"，搞重复建设，忽视对外开放和内部协调。并形成高度集中的计划经济体制，党政不分、政企不分，以及高度集中的政治体制。苏联和东欧一些国家在社会主义建设中采用苏联模式，由于未能处理好农业和轻重工业之间、中央和地方之间、各民族之间等方方面面的关系，50年代出现了市场货物供应不足、货币不稳、人民不满、民族关系紧张等矛盾。1956年2月，苏共中央书记赫鲁晓夫在苏共第20次代表大会上作了《关于个人崇拜及其后果》的报告,暴露了苏联国内长期存在的个人崇拜、肃反扩大化以及国民经济建设中的许多问题,引起中国共产党的警觉。怎样借鉴苏联经验,避免错误,少走弯路,成为中国必须解决的问题。探索符合中国国情的社会主义建设道路的艰巨任务,历史地落在执政的中国共产党的肩上。

1956年初,全国掀起加快经济建设热潮,但对农业生产及其他方面经济建设的发展规模和发展速度要求过大过快,出现急躁冒进现象。党和国家领导人及时发现后即着手加以纠正,提出既要反保守,又要反冒进。同时党和政府充分重视调动各方面积极因素,致力于社会主义建设。1月中共中央召开关于知识分子问题会议,动员广大知识分子为社会主义建设服务;2月召开第五次全国统一战线工作会议,会议提出,资产阶级作为一个阶级虽然还没有消灭,但已经向工人阶级屈服,知识分子绝大多数已经是工人阶级的一部分,民主党派已经基本上成为为社会主义服务的政治团体,中国共产党的任务是继续巩固和扩大人民民主统一战线,团结一切可能团结的力量,为社会主义建设事业服务。

经过党和国家领导人近半年的调查研究,中共中央政治局经过几次会议讨论之后,毛泽东于1956年4月25日在政治局扩大会议上发表了《论十大关系》的讲话。5月2日,毛泽东又在最高国务会议上对上述讲话精神作了进一步阐述。《论十大关系》(以下简称《讲话》)的主要内容如下:

(一)重工业和轻工业、农业的关系。《讲话》指出,重工业是国家建设的重点,必须优先发展生产资料的生产。但是,决不可因此忽视生活资料尤其粮食的生产。今后农业、轻工业的投资比例要加重一点,用多发展一些农业、轻工业的办法发展重工业。

(二)沿海工业和内地工业的关系。《讲话》指出,过去因为朝鲜战争和国际局势紧张,使我们对沿海工业重视不够,现在看来新的侵华战争和世界大战估计短时间内打不起来,可能有个和平时期,为使工业布局适当平衡而且有利于备战,新的工业大部分应摆在内地,但沿海也可以建立一些新工业。我们必须充分利用和发展沿海的"工业老底子","使我们更有力量来发展和支持内地工业"。

(三)经济建设和国防建设的关系。《讲话》指出,国防建设必须建立在经济建设的基础之上,国防建设不可没有,但只有经济建设发展得更快了,国防建设才能有更大的进步。因此,必须把军政费用降低到一个适当的比例，增加经济建设费用。

（四）国家、生产单位和生产者个人的关系。《讲话》指出，必须兼顾国家、集体和个人三方面的利益，国家和工厂、国家和工人、工厂和工人、国家和合作社、国家和农民、合作社和农民，都必须兼顾，不能只顾一头。

（五）中央和地方的关系。《讲话》指出，有中央和地方两个积极性比只有一个积极性好得多，应当在巩固中央统一领导的前提下，扩大一点地方的权力，给地方更多的独立性，让地方办更多的事情。为建设一个强大的社会主义国家，必须有中央强有力的统一领导，必须有全国的统一计划和统一纪律，同时又必须充分发挥地方的积极性，还要处理好地方之间的关系。

（六）汉族和少数民族的关系。《讲话》指出，我们必须搞好汉族和少数民族的关系，巩固各民族的团结，共同努力于建设伟大的社会主义祖国。汉族"人口众多"，少数民族"地大物博"，为了巩固各民族的团结，我们要着重反对大汉族主义，地方民族主义也要反对，但那一般不是重点。

（七）党和非党的关系。《讲话》指出，究竟是一个党好，还是几个党好？现在看来，恐怕是几个党好。长期共存，互相监督。在这一点上，我们和苏联不同。我们有意识地留下民主党派，让他们有发表意见的机会，对他们采取又团结又斗争的方针。一切善意地向我们提意见的民主人士，我们都要团结。就是那些骂我们的，我们也要养起来，这对党、对人民、对社会主义比较有利。

（八）革命与反革命的关系。《讲话》指出，不镇压反革命，就会对社会主义事业和无产阶级专政造成严重危险。反革命是消极因素、破坏因素，积极因素的反对力量。但在中国条件下，他们中间的大多数将来会有不同的转变。今后社会上的镇反，要少捉少杀；机关肃反要一个不杀，大部不捉。对一切反革命分子，都应给以生活出路，使他们有自新的机会。这样做，对人民事业，对国际影响，都有好处，也可争取化消极因素为积极因素。

（九）是非关系。《讲话》指出，党内党外都要分清是非。在分清是非的基础上，对犯错误的同志必须采取"惩前毖后，治病救人"的方针，一要看，二要帮。好意对待犯错误的人，可以得人心，可以团结人。

（十）中国和外国的关系。《讲话》指出，我们坚持两点论，我们的方针是，学习一切民族、一切国家的长处，但必须有分析、有批判地学，不能盲目地学，不能一切照抄，机械搬运。对于苏联和其他社会主义国家的经验，也应当采取这样的态度。在社会科学方面，马克思列宁主义、斯大林讲的对的方面,我们一定要努力学习;在自然科学方面,我们比较落后,特别要努力向外国学习。外国资产阶级的一切腐败制度和思想作风,我们要坚决抵制和批判,但这不妨碍我们学习资本主义国家先进的科学技术和企业管理方法中合乎科学的方面。

《论十大关系》的基本思想,就是调动一切积极因素,正确处理社会主义社会的各种矛盾,以便把党内党外、国内国外的一切积极因素全部调动起来,"把我国建设成为一个强大的社会主义国家"。这是共产党人探索适合中国国情的社会主义建设道路的初步成果,更激发了全国各部门、各地区、各方面探索"中国式"社会主义建设道路的积极性。

二、中国共产党第八次全国代表大会

在社会主义改造基本完成之际,为了制订新时期社会主义建设的方针路线,中国共产党于1956年9月15日至27日,在北京召开第八次全国代表大会。出席会议代表1 021人,代表全党1 073万党员。国内各民主党派和无党派民主人士代表、国外59个国家兄弟党代表应邀列席了会议。

大会由毛泽东致开幕词,刘少奇代表中共中央作政治报告,周恩来作关于发展国民经济的第二个五年计划的建议的报告,邓小平作关于修改党章的报告。朱德、陈云等68人作了大会发言,吴芝圃、江渭清等45人作了书面发言。大会经过充分讨论,通过了《关于政治报告的决议》、《中国共产党章程》、《关于发展国民经济的第二个五年计划(1958年到1962年)的建议》。

毛泽东在开幕词中指出,中共八大的基本任务是:"总结从七次大会以来的经验,团结全党,团结国内外一切可能团结的力量,为了建设一个伟大的社会主义的中国而奋斗。"

中共八大提出和解决的主要问题如下:

(一)分析了国内外形势,指出中国社会的主要矛盾和党的主要任务。大会指出,自党的七大以来,中国经历了两次具有世界意义的伟大事变,一是推翻帝国主义、封建主义和官僚资本主义的反动统治,建立中华人民共和国;二是取得对农业、手工业和资本主义工商业社会主义改造的决定性胜利。中国无产阶级同资产阶级的矛盾已基本解决,几千年来的阶级剥削制度的历史已基本结束,社会主义的社会制度已基本建立。中国国内的主要矛盾,已是人民对于建立先进工业国的要求同落后农业国的现实之间的矛盾,已是人民对于经济文化迅速发展的需要同当前经济文化不能满足人民需要的现状之间的矛盾。其实质,也就是先进的社会主义制度同落后的社会生产力之间的矛盾。因此,虽然还有阶级斗争,还要加强人民民主专政,但党和全国人民的主要任务,已是集中力量发展社会生产力,实现国家工业化,逐步满足人民日益增长的物质、文化需要。同时,由于中国已经成为独立自主的社会主义国家,同苏联等国结成社会主义阵营,在抗美援朝战争中遏制了美国对朝鲜的侵略,在国际关系中坚持和平共处五项原则,同许多国家建立友好合作关系,促进了亚非地区的和平和国际形势的缓和,所以国际形势对中国进行社会主义建设也是有利的。

(二)制定了既反保守又反冒进,即在综合平衡中稳步前进的经济建设方针。大会提出,要根据需要和可能,合理地规定国民经济的发展速度,把计划放在既积极又稳妥可靠的基础上,以保证国民经济比较均衡地发展。经济建设规划务必使重点建设和全面安排相结合,以使国民经济各部门按比例地发展;增加后备力量,健全储备制度,保证国民经济的均衡发展和计划的顺利进行;正确处理经济和财政的关系,制定财政收入计划考虑到经济发展的可能性和积累与消费间的正确比例关系;制定财政支出计划考虑到建设规模与物资供应间的平衡。总之,既要充分估计到各种有利条件,又要充分估计到各种不利因素和可能发生的困难,在采取重大措施时,要慎重从事,稳步前进,经过试验,逐步推行,确保国民经济在综合平衡中稳步发展。大会还提出第二个五年计划的基本任务,并制订了一系列重要的经济政策。

(三)规定了国家政治生活中必须反对官僚主义、扩大民主、健全法制的基本原则。大会提出,国家工作中的一项重要任务就是进一步扩大民主生活,开展反对官僚主义的斗争。大会指出:1. 要加强对国家工作的监督,鼓励、支持由下而上的批评和揭露,对压制和报复批评者,给予应得的处分。2. 要适当调整中央和地方的行政管理权,克服过去中央有些部门对地方限制过多过死的缺点,把中央机关的部分行政管理权分给地方,发挥中央和地方两个积极性,促进社会主义建设的普遍展开。大会还指出,目前国家工作中的迫切任务之一,就是系统地制定比较完备的法律,健全法制。中国社会主义新的生产关系已经建立,国家的主要任务已经不是解放生产力,而是保护和发展生产力。随着斗争任务的改变,斗争的方法也必须改变,实行"依法办事,是我们进一步加强人民民主法制的中心环节","必须有法可依","有法必依"。

(四)总结党的建设的历史经验和教训,强调加强执政党建设。大会指出,随着革命的胜利和国家状况的变化,中国共产党本身的状况也有了很大变化,党员数量比七大时增加了8倍;党的组织已经遍布全国各地和各个民族;党已经成为领导全国政权的执政党,在人民群众中有很高威信。但是,执政党的地位,又很容易使一些党员滋长骄傲自满情绪,沾染上官僚主义习气,脱离群众,脱离实际,发展主观主义、宗派主义等。大会提出加强执政党建设的许多重大原则和重要措施,主要有:1. 实事求是的思想原则。党要经常注意反对主观主义、官僚主义和宗派主义。2. 群众路线的工作原则。党要坚持从群众中来、到群众中去的领导方法。3. 民主集中制的组织原则。实行集体领导和个人负责相结合,反对个人崇拜、个人专断。4. 维护和巩固党的团结与统一的政治原则。5. 保持党员先进性的原则。新党章作了许多规定,要求每个党员严格遵守党章和国家法律,遵守共产主义道德。

1956年9月中共"八大"在北京召开

大会选出97名中央委员,73名候补中央委员。28日第八届中央委员会举行第一次会议,选举产生新的中央领导机构。毛泽东当选为中央委员会主席,刘少奇、周恩来、朱德、陈云当选为副主席,邓小平当选为总书记。

中共八大是中华人民共和国建立后召开的第一次党的全国代表大会，它在中国共产党、中华人民共和国的历史上，具有重大意义。它为社会主义制度确立后共产党的建设和社会主义建设指明了正确方向，对探索符合中国国情的社会主义建设道路作出了重大贡献。党的八大是一次真正民主、团结、胜利的大会，八大的路线是正确的。但是，由于当时中国共产党对全面建设社会主义的思想准备不足，对某些问题的认识难免存在缺陷，如：未明确指出阶级矛盾已非中国国内主要矛盾，只是在一定范围内存在；分析主要矛盾的实质是先进的社会主义制度同落后的社会生产力之间的矛盾，还认为社会主义制度建立后解放生产力的问题已经解决；对在贫穷落后的中国刚刚建立起来的社会主义制度的先进性估计过高，忽视了新建立的制度或者在新制度运行过程中可能出现、产生某些阻碍生产力发展的方面或因素，仍然需要不断地对新制度进行完善、改革和创新，仍然需要解放生产力；未对可能产生的个人崇拜制定具体有效的防范措施；未对国家实行社会主义法制提出切实的措施，从而无法保证八大提出的路线和许多正确意见在实践中坚持下去。

三、正确处理两类不同性质矛盾理论的提出

社会主义改造基本完成以后，国内主要矛盾已经不是无产阶级同资产阶级的矛盾，而是人民对于经济、文化迅速增长的需要同经济、文化发展不能满足人民所需的状况之间的矛盾。调动全国各族人民的社会主义建设积极性，正确处理人民内部矛盾，促进各项建设事业的全面发展，成为中华人民共和国的一项主要任务。

1956年12月29日，《人民日报》发表编辑部文章《再论无产阶级专政的历史经验》，第一次明确提出两类社会矛盾问题，指出"人民内部的矛盾可以而且应该从团结的愿望出发，经过批评或者斗争获得解决，从而在新的条件下得到新的团结"。

1957年1月，中共中央在北京召开省、市、自治区党委书记会议。毛泽东在会议上作了重要讲话，着重分析国内外形势的变化和党内外的思想动向。他认为1956年是多事的一年，有些地方学生闹事，一些教授也有各种怪议论，党内少数人人心浮动。但是，大多数干部是正常的，共产党的农村和城市政策是正确的，全国大乱子闹不起来。他指出，闹事的原因有些是由于领导上的官僚主义，在政策上犯了错误；有些是工作方法不对；也有些是

反革命分子和坏分子的存在及其破坏。对于闹事,要分清情况分别处理,闹的对的我们应当承认错误,并且改正;闹的不对的,要驳回去;有对有不对的,对的部分接受,不对的部分加以批评。毛泽东提出:怎样处理社会主义社会的敌我矛盾和人民内部矛盾,我们在建设时期对阶级斗争(是部分的)和人民内部斗争(是主要的)经验不足,这是一门科学,应该很好地研究。

2月27日,毛泽东在最高国务会议第十一次(扩大)会议上作了《关于正确处理人民内部矛盾的问题》的重要讲话,第一次提到社会主义社会充满矛盾,社会主义社会要在揭露和解决矛盾中前进,提出两类不同性质矛盾的学说和关于正确处理人民内部矛盾的一系列重要方针、方法。

以毛泽东为代表的共产党人关于社会主义社会矛盾的理论,总结了国际共产主义运动的经验教训,系统地阐述了社会主义社会矛盾产生的根源、矛盾的性质和解决矛盾的方针,提出了区别两类不同性质的矛盾和正确处理人民内部矛盾的学说,在新的历史条件下,丰富和发展了马克思列宁主义,具有伟大的理论意义和实践意义。这些思想,是中共八大路线的继续和发展,对于中国在社会主义改造完成后走政治上民主化、经济上工业化的道路,具有指导作用。

四、经济制度及经济体制建构与改革的初步探索

随着社会主义改造的进程和发展国民经济第一个五年计划的实施,中华人民共和国形成高度集中统一的经济管理体制。这种体制形成的原因,主要是由于"一五"计划建设规模宏大,国家财力、物力、人力(主要是技术力量)有限,为了保证重点建设的需要,有必要由中央集中管理使用经济力量。同时,在全面学习苏联的氛围下,经济体制也仿效苏联模式,这对高度集中统一的经济管理体制的形成产生了重大影响。这一体制主要体现在集中统一的计划管理体制、以中央集权为主的财政体制、中央直接管理企业和统一调配物资及高度集中的商业流通体制、高度集中的劳动用工和工资管理制度等许多方面。其基本特点是:经济决策和管理权的高度集中和统一,由政府以行政手段调节经济运行,实行以指令性计划为主的产品生产。这种体制在当时物资缺乏、经济基础薄弱的条件下,对于恢复国民经济、保障抗美援朝战争的需要、促进社会主义改造的顺利进行、保证重点建设,确实起了积极作用。但是,这种体制下国家包揽过多,统得过死,不利于地方和企业积极性的发挥,不利于商品经济的发展。其不利于生产力发展的许多

弊端,在"一五"计划末期,已初步暴露出来。党和国家领导人对此有所觉察,从1956年春开始,在研究社会主义改造基本完成后的新情况、新问题的时候,对仿效苏联模式的经济体制的改革和新的更符合中国国情的经济体制的建构,进行了有益的探索。这些积极探索,是共产党人探索符合中国国情的社会主义建设道路的最为重要的方面。其主要内容有以下几个方面。

（一）关于"消灭了资本主义,又搞资本主义"的设想。针对社会主义改造后期上海等一些城市出现所谓"地下工厂、商场",有些工商业者"白天社会主义,晚上资本主义"的情况,毛泽东提出,"地下工厂","因为社会需要,就发展起来。要使它成为地上,合法化,可以雇工。""只要社会需要,地下工厂还可以增加。可以开私营大厂,订条约,十年、二十年不没收。华侨投资的二十年、一百年不要没收。可以开投资公司,还本付息。可以搞国营,也可以搞私营。可以消灭了资本主义,又搞资本主义。"①刘少奇提出,可以允许资本家盖工厂,我们国家百分之九十多的社会主义经济,有百分之几的资本主义经济并不可怕,它是社会主义经济的补充,而且它可以在某些方面同社会主义经济作比较,以激发和促进社会主义更健康地发展②。他说:"实际上现在在某些方面社会主义比资本主义落后",我们应当"学习私人资本主义的先进经验"。"我们社会主义经济有空子,既然有空子,就让他(指私营商业户)钻,以便补充我们的不到之处"③。他还说,社会主义经济既要有计划性,又要有灵活性、多样性,使之丰富多彩,主要方法就是利用一定范围内的并受到限制的自由市场、"地下工厂"和农业上的家庭副业、自留地等形式,来"搞社会主义经济的多样性"④。周恩来也说:"在社会主义建设中,搞一点私营的,活一点有好处。"⑤

（二）适当扩大地方、企业权限。毛泽东在《论十大关系》中专门谈了扩大地方权限、调动地方积极性的问题,还谈到"工厂在统一领导下的独立性问题"。刘少奇在中共八大政治报告中也特别强调调动地方经济组织的积极性,指出:"应当保证企业在国家的统一领导和统一计划下,在计划管理、财务管理、干部管理、职工调配、福利设施等方面,有适当的自治权利。"⑥周

---

① 薄一波.若干重大决策与事件的回顾.上卷.北京:中共中央党校出版社,1993.443~436;顾龙生.毛泽东经济年谱.北京:中共中央党校出版社,1991.378~388

②③⑥ 刘少奇论新中国经济建设.北京:中央文献出版社,1993.326~327,333~334,350~351,305~308

⑤ 党的文献,1986(6)。

恩来指出,社会生产力大发展不能光靠集权,应该吸取苏联集权过多的教训。"适当分权给地方就会更好地集权于中央……多多发扬地方民主,就会大大巩固中央领导。否则,中央集权也是官僚主义的,空洞无物的,最集权就等于无权,碰到的事情管一下,碰不到的事情就管不上。""就那么几个人办事,别人都闲起来",是不行的①。他提出:处理好中央集权和地方分权的关系,使中央与地方"双方合作,互相影响","相互监督","唱对台戏",中央领导地方,地方制约中央,就会"减少官僚主义",就能够推动我们的工作,使"人民民主专政的制度实行得更好"②。他还特别强调,所谓分权,主要不在于现有企业归中央还是归地方管理上,而是要真正给地方、企业以权力。

上述思想、观点,为中共八大所接受,适当放权、调整中央与地方及行政部门与企业的关系问题被提到议事日程。1957年11月,国务院制定了《关于改进工业管理体制的规定》、《关于改进商业管理体制的规定》和《关于改进财政管理体制的规定》,经全国人大常委会批准后公布实施,以法规的形式,正式规定适当扩大省、自治区、直辖市的管理权限,并适当扩大企业主管人员对企业内部的管理权限③。

(三)调整产、购、销关系。刘少奇在中共八大政治报告中分析了现行市场管理办法和购销关系,指出:资本主义工商业实行全行业公私合营以前,国营商业对资本主义工业产品实行加工订货、统购包销;国家除对主要农产品粮、棉、油实行统购之外,其余的大部分农产品或委托供销合作社统一收购,或由国营商业直接收购,统一销售或调拨;对于城镇市场,实行严格的管理,统一议定商品价格,并且限制某些私商贩运活动的范围。这些措施在当时是必要的,也收到了成效,但同时也产生了副作用,造成一部分工业品质量下降、品种减少,一部分农副产品减产,一部分物资交流受到妨碍。他特别强调:"现在必须克服这些缺点。我们应当改进现行的市场管理办法,取消过严过死的限制;并且应当在统一的社会主义市场的一定范围内,允许国家领导下的自由市场的存在和一定程度的发展,作为国家市场的补充。"④

陈云在八大发言中重点分析了社会主义改造基本完成以后工商业管理

---

① 周恩来在国务院体制会议上的讲话(1956年6月23日).党的文献,1988(6)
② 周恩来选集.下卷.北京:人民出版社,1984.230
③ 陈云文选.第2版.第3卷.北京:人民出版社,1995.87~104
④ 刘少奇论新中国经济建设.北京:中央文献出版社,1993.313

方面出现的一些新问题,并提出一些新的思路,主要有:应改变工商企业之间的购销关系,把商业部门对工厂实行的加工订货改为由工厂购进原料、销售商品的办法;工业、手工业、农业副产品和商业的很大一部分必须分散生产、分散经营,纠正盲目的集中生产、集中经营的现象;必须取消生产管理中那些原来为了限制资本主义工商业投机活动而规定的办法,对于一部分农副产品应该允许自由收购、自由贩运,禁止互相封锁,以使货畅其流,活跃商品交流;必须使价格政策有利于生产,销售价格必须服从收购价格,只有大量增产,才能保持整个市场价格的稳定;对某些产品的国家计划管理的办法,应有适当的变更,主要是让生产日用百货的工厂,可以按照市场情况,自定指标,组织生产,而不受国家参考指标的约束,根据年终实绩缴纳应缴的利润,这也不会造成国家的损失。陈云特别指出,采取上述措施,绝不会"退回到资本主义的自由市场","而是适合于我国情况和人民需要的社会主义的市场"。"我们的社会主义经济的情况将是这样:在工商业经营方面,国家经营和集体经营是工商业的主体,但是附有一定数量的个体经营。这种个体经营是国家经营和集体经营的补充"。"至于生产计划方面","计划生产是工农业生产的主体,按照市场变化而在国家计划许可范围内的自由生产是计划生产的补充。因此,我国的市场,绝不会是资本主义的自由市场,而是社会主义的统一市场。在社会主义的统一市场里,国家市场是它的主体,但是附有一定范围内国家领导的自由市场。这种自由市场,是在国家领导之下,作为国家市场的补充,因此它是社会主义统一市场的组成部分。"①

(四)改革劳动工资制度。在用工制度上,刘少奇提出,过剩的劳动力应由国家负责,不能叫企业包下来。新招收工人、学徒应当实行合同制。他指出:"现在有些临时失业人员。这种事情以后恐怕不能免,可能长期存在。以后要在这个问题上作准备",要认真研究劳动合同制问题。工厂、企业用工,"只能进来,不能出去,这会把人胀死的"。"要使工厂有个机动性,要的时候有地方来,不要的时候有地方送。"②

在工资制度上,共产党人提出反对绝对平均主义,主张实行按劳分配原则。认为在社会主义制度实现了生产资料全民所有制的情况下,工资已经不再是资产阶级剥削工人的工具,而是工人阶级的国家为工人阶级自己,为

---

① 陈云文选.第2版.第3卷.北京:人民出版社,1995.6~13
② 刘少奇论新中国经济建设.北京:中央文献出版社,1993.319~320

提高劳动生产率,改善工人阶级自己物质福利的工具。它"是通过贯彻按劳付酬和物质鼓励的原则、反对平均主义来实现的"①。1956年,在全国范围进行了工资改革。工资改革的原因、目的和基本原则,负责工资改革工作的宋平有过专门阐释,他指出:国民经济的发展,要求提高工作人员的技术和业务水平,而平均主义的工资制度不改变,是不能很好地鼓励工作人员提高技术、钻研业务的。工资改革的原则是:"克服产业内部的平均主义和不统一的不合理现象,建立产业内部基本上统一、合理的工资等级制度";"要在工资标准上,把复杂劳动和简单劳动,把繁重劳动和轻易劳动加以明显的区别"。要"在改善工资等级制度的基础上,大力推行最能体现按劳取酬原则的计件工资形式,逐步改善奖励和津贴的制度"②。

(五)实行民主办社、推行农业生产责任制。农业合作化运动中要求过急、过渡过快、工作过粗所带来的对农业生产的不良影响日益暴露出来后,共产党人面对现实开始新的思考和探索,提出一些新思路、新主张,还试行对农业生产体制的改革、改进或改善。其中尤以邓子恢、刘少奇、廖鲁言等进行的思考最为深入,提出的意见、建议和主张极富建设性。这主要体现在如下几个方面:1.必须搞好生产。提出:保证增产增收,改善社员生活,这是巩固合作社的物质基础。2.必须贯彻勤俭办社的方针。邓子恢强调,合作社"要尽可能的减少非生产性的开支",坚决反对铺张浪费③。中共中央、国务院1956年4月3日专门发出《关于勤俭办社的联合指示》。3.必须坚持民主办社。邓子恢特别强调"要解决合作社内部矛盾,办好合作社,搞好农业生产,就要实现民主办社、走群众路线"。④ 1956年6月30日全国人大一届三次会议通过的《高级农业生产合作社示范章程》和1956年9月12日中共中央、国务院《关于加强农业生产合作社的生产领导和组织建设的指示》,都强调了加强合作社的民主管理问题。4.试行"统一经营,分级管理"的制度。合作化运动中在合作社规模上"出现片面贪大的偏向"及其所带来的问题暴露之后,中共中央、国务院制止盲目并社,提出合作社的规模在一般山区、丘陵区、平原区分别以100户、200户、300户左右为宜,已建好的社

---

① 刘子久.改进工资制度,提高工资水平.劳动,1956(5)
② 宋平.为什么要进行工资制度的改革.计划经济,1956(3)
③ 邓子恢.在全国农村工作部长会议上的讲话(节录).1956-04-02
④ 邓子恢.论农业合作社内部矛盾与民主办社——在北京市委召开的第三次乡党委书记扩大会议上的讲话(1957-04-20).人民日报,1957-05-07

"不要轻易变动"①。一些地区在巩固合作社过程中,实行"统一经营,分级管理"的办法,邓子恢等对此给予充分肯定,并强调合作社应该社政分工,各负其责,不能社政混一②。刘少奇也认为合作社规模小一点,有点自治权,"适合于历史习惯,适合于人的管理水平,适合于生产工具,适合于生产力"③。5. 必须实行生产责任制。邓子恢特别强调,合作社应当实行生产责任制。他指出,要解决合作社内部的"矛盾",必须"建立和健全合作社从上到下的经营管理制度",实行"统一经营、分级管理、明确分工、个人负责"的"包工、包产、包财务"的三包制度。他对农业合作社中出现的"工包到组,田间管理包到户"、"组包片户包块"、"大活集体干,小活分开干"等不同形式的生产责任制,给予充分肯定,并号召各地因地制宜地予以推广④。刘少奇也认为,"包产到队,分配单位缩小,有利于巩固集体所有制。""分组分户小包工,分给社员的农活只要求他几天内作完,随便他什么时候上地,有个劳动自由。有很多小活适于个人劳动,不能完全否定个体劳动。和工业一样,农业也可以实行个人负责制。"⑤廖鲁言也说:"社员按计划在社内做够了一定的劳动日以后,其余的劳动时间完全由社员自由支配。"⑥6. 必须正确处理合作社内集体与个人的利益关系。邓子恢强调,合作社"除了保证国家税收和合作社必要的公共积累以外,特别要着重保证社员个人收入每年都能有所增加,这样才能够继续发挥广大劳动农民的生产积极性,进一步巩固合作社。"⑦他提出,合作社分配方面要"少扣多分",经营方面要"大的集中,小的分散",处理中农与贫农的利益方面要"双方兼顾"⑧。刘少奇指出:"分配制度是生产关系的重要部分。分配制度搞好了,人们有奔头了,积极了,就能促进生产力的发展。分配制度不合理,就会阻碍生产力的发展。"⑨1956年9月12日《中共中央、国务院关于加强农业生产合作社的生产领导

---

① 中共中央、国务院关于加强农业生产合作社的生产领导和组织建设的指示. 1956-09-12
②⑦ 邓子恢. 一年来农业合作化运动的情况和今后工作(在全国人大一届三次会议上的发言,1956-06-19). 新华半月刊,1956(14)
③⑤ 刘少奇论新中国经济建设. 北京:中央文献出版社,1993.328~329,329
④ 邓子恢. 论农村人民内部矛盾和正确处理矛盾的方针和办法. 中国青年,1957(21)
⑥ 廖鲁言. 关于高级农业生产合作社示范章程(草案)的说明. 1956-06-15
⑧ 中国共产党第八次全国代表大会文献. 北京:人民出版社,1957.361~363
⑨ 刘少奇论新中国经济建设. 北京:中央文献出版社,1993.328

和组织建设的指示》明确指出:"必须坚持按劳取酬、多劳多得和男女同工同酬的原则,按阶级成分谁穷谁多得的原则或按人口分配的原则都是错误的。"7. 提倡合作社发展粮棉生产的同时大力发展林、牧、副、渔及经济作物,"开展多种经营",并鼓励社员在不妨碍集体生产的情况下经营家庭副业。

社会主义改造基本完成之后,面对社会主义改造后的新形势及所带来的新问题,共产党人积极探索切合中国实际的社会主义建设道路,其中对经济体制改革的初步探索,对于全面开展社会主义建设具有指导意义。可惜,后来由于指导思想的失误,这种有益的探索未能进一步深入下去,不仅中断了"探索",而且把"探索"所取得的一些积极有益的成果也抛弃了。

五、民主党派的活动

社会主义改造基本完成以后,中国初步实现从新民主主义到社会主义的转变,各民主党派也随着历史的大潮,实现了这一历史性的转变,制定了为社会主义服务的政治路线,转到了为社会主义服务的道路上。

1956年"社会主义制度已基本建立",中共中央明确提出了同民主党派合作的基本方针是:"长期共存、互相监督"。毛泽东在中共八大开幕词中指出:民主党派"是和我们一道工作的亲密战友,他们一向给了我们很多的帮助,我们对他们表示热烈的欢迎"。同年4月,周恩来在中共浙江省委扩大会议上作了《长期共存,互相监督》的讲话,指出:既然我们在民主革命时期和社会主义改造时期,都能和民主党派共同合作,怎么能够设想进入社会主义建设时期,就不能同民主党派、党外人士继续合作下去呢?这是说不出道理的。他还说,"长期共存,互相监督"的方针,实际上是扩大民主。1957年2月,毛泽东在《关于正确处理人民内部矛盾的问题》中,又阐述了共产党和民主党派"长期共存、互相监督"的方针。

1957年3月25日,民革中央主席李济深在民革三届二中全会上的报告中指出,"长期共存,互相监督"的方针是一个重要的方针,标志着我国的阶级关系发生了根本的变化,人民民主统一战线发展到了一个新的阶段。他还说,对于中国共产党工作中存在的缺点和问题,我们也要积极诚恳地提出批评和建议,以便在考虑问题,决定政策和进行工作的时候,能够更加完善。

社会主义改造完成之后,民主党派投身于社会主义建设的伟大事业,作出了努力和贡献,但也经历了几次重大考验,遭受过严重挫折。

(一)中国国民党革命委员会

中华人民共和国成立后,中国国民党革命委员会在政治协商机关和国家权力机关中,参与了国家各项重大事件的协商和政策法令的制定;动员成员及所联系的群众参加国家的各项政治运动、社会主义改造与社会主义建设事业,投入到反对国内外敌人的斗争中。

1956年2月21日至29日,民革第三次全国代表大会在北京召开,出席代表336人。大会确定,在社会主义革命进行中,民革的首要任务是团结、教育、改造原国民党及与国民党有历史关系的中上层人士;对于晚清和北洋政府时代的军政人员和旧知识分子,也要根据必要和可能进行一些工作;全党要向这些人士展开联系工作,反映他们的意见和要求,帮助他们进行思想改造,使他们能够为社会主义事业贡献力量,和全国人民一道进入社会主义社会。大会号召全体民革成员从各方面加强工作,全力支援解放台湾的斗争,并发表《告台湾军政人员书》。大会选举了民革第三届中央委员会委员132人,候补委员43人。在三届一中全会上,李济深继续当选为主席,何香凝、程潜、谭平山、蔡廷锴、张治中、熊克武、龙云、邓宝珊、陈绍宽为副主席,于振瀛等29人为中央常务委员。这次会议,使民革组织得到了发展。到1956年底,党员人数比三全大会时增加了60%以上,并新建了1个省级组织和6个市(县)级组织,在全国有了24个省、市级组织和53个市县级组织①。

1957年4月,中共开展整风运动,中共中央统战部在北京召开各民主党派负责人和无党派民主人士座谈会,帮助共产党整风。先后召开13次座谈会,有70多人发言。旋即,反右派运动开始,斗争严重扩大化了,民革中央和地方组织的一些负责人及相当一部分成员,被错划为右派分子,造成不幸的后果。9月,民革进行"整风":批判右派分子;进行自我教育,改造政治立场;整顿和改造组织。当时的整风,是在"左"的思想影响下进行的,被看成是两个阶级、两条道路的斗争。特别是后期的"交心"运动,实际上搞人人过关,是场政治大批判。民革的整风运动持续近一年,不但没有达到"自我教育"的目的,反而搞乱了思想,搞乱了组织。

1958年11月12日至12月2日,民革第四次全国代表大会在北京举行,大会要求全体成员必须加速自我改造。会议提出民革仍然是资产阶级

---

① 中国共产党、各民主党派、人民团体介绍.1957人民手册.大公报社,1957.4

性质的政党,大会修改了民革的章程。事实上,反右派运动以后的相当一段时间内,民革的工作基本上处于停顿状态。

中共八届十中全会以后,阶级斗争被提到突出的地位,民革把工作重点转到政治运动上来。批判统战工作中的所谓"投降主义"、"修正主义",开展以阶级斗争为中心内容的爱国主义、国际主义和社会主义教育。一些成员参加了1964年的社会主义教育运动。民革工作中"左"的影响越来越严重。

(二)中国民主同盟

1952年7月,中国民主同盟中央常委扩大会议,改变1950年11月民盟一届六中全会关于发展盟员以小资产阶级知识分子为主的方针,"决定了以中上层为主的发展组织的方针"①。1953年5月,民盟一届七中全会(扩大)确定,民盟的"领导思想"是:"接受工人阶级及其先锋队中国共产党为领导"②。

1956年2月,中国民主同盟召开第二次全国代表大会。会议提出,"一切为了社会主义"是民盟的总方针、总任务。会议号召盟员要在伟大的社会主义事业中,充分发挥积极性和创造性,尽心竭力做好自己岗位的工作,为社会主义事业贡献一切力量。这次大会修改了盟章,改选了民盟中央领导机构。民盟新的中央委员会主席为沈钧儒,副主席为章伯钧、罗隆基、马叙伦、史良、高崇民。丘哲等33人为常务委员。中央委员144人,候补中央委员41人。

5月,民盟在《光明日报》上发表了《对于有关我国科学体制问题的几点意见》,并提出《我们对于高等学校领导体制的建议(草案初稿)》。民盟积极参与国家政治生活,还创办了《争鸣》杂志,宣传共产党的方针及民盟的主张。

在反右派运动中,民盟提出的上述两个文件,被当作反党、反社会主义的纲领,遭到批判。民盟副主席章伯钧、罗隆基被打成反党、反社会主义的"章罗联盟"。民盟的地方组织,也划了许多所谓"章罗联盟"的"分店"。民盟还被指责为在"百家争鸣过程和整风过程中所起的作用特别恶劣",一些成员被错划为右派分子,影响了盟务的开展,损伤了民盟的社会声誉。

1958年初,中国民主同盟中央常委第十七次会议(扩大)在北京举行。

①② 大公报社人民手册编辑委员会.1957人民手册.大公报社,1957.250

会议决定撤销章伯钧、罗隆基、叶笃义、沈志远、马哲民、郭翘然、潘大逵、钱端升、韩兆鹗、曾昭抡、费孝通、黄药眠、潘光旦、李伯球、陈仁炳、彭应文、黄琪翔、钱伟长等人在民盟的领导职务。当年,民盟第三次全国代表大会提出,民盟为"资产阶级政党",并提出了"社会主义改造规划"。此后,民盟工作强调思想改造和阶级斗争,"左"倾思想日益膨胀。

(三)中国民主建国会

1952年7月,中国民主建国会第二次总会扩大会议明确提出,民建是一个新民主主义的政党,接受中国工人阶级的政党即中国共产党的领导,以《共同纲领》为准则,团结中国民族资产阶级,进行自我教育和自我改造,并代表其合法利益。

1953年11月,民建举行总会委员会全体会议,确定今后工作方针和任务是:通过私营工商业的改造工作,增产节约和各项爱国运动,依靠全体会员的努力,培养和提高民建工商业者会员成为工商界中的骨干分子,即认真接受社会主义改造,忠诚接受中国共产党和人民政府领导,并紧密联系、团结工商界群众,正确地发挥带头的、模范的和在人民政府与工商界间的桥梁作用,为贯彻国家过渡时期的总路线而奋斗。

1955年4月,民建在北京召开第一次全国会员代表大会。大会明确民建是中国人民民主统一战线之内的、主要由中国民族资产阶级分子组成的统一战线性质的民主党派。它的主要任务是团结、教育中国民族资产阶级分子积极接受社会主义改造。这次会议选出民建中央领导机构,黄炎培为主任委员,李烛尘、章乃器、南汉宸、盛丕华、施复亮、胡厥文、胡子昂、孙起孟为副主任委员,孙起孟兼秘书长,王绍鏊等39人为常务委员,中央委员157人。

1956年春,全国资本主义工商业的社会主义改造出现高潮,民建在社会主义改造中起了积极促进作用。11月5日至16日,民建一届二中全会在京召开。会议提出,民建当前的方针、任务是进一步培养和提高工商业者会员成为工商界中的骨干分子,协助国家彻底完成对资本主义工商业的社会主义改造,积极参加社会主义建设。会议讨论通过了《关于讨论当前几个主要原则问题的决议》,认为在资本主义工商业全行业公私合营后,中国民族资产阶级的两面性还是存在的。建国7年以来,特别是"五反"以后,这种两面性中的积极的一面在不断地增长和扩大,消极的一面在不断地减少和缩小。正确认识资产阶级的两面性,加强对民族资产阶级分子的教育改造,使之能

"破资本主义,立社会主义",成为社会主义建设事业的积极因素,"变为名副其实的劳动者"①。会议提出,民建拥护共产党提出的长期共存、互相监督的方针,并认为这一方针绝不等同于任何资本主义制度下的"民主政治",因此民族资产阶级接受工人阶级的领导是不容置疑的,但又认为民族资产阶级分子与工人阶级成员在法律上地位是平等的,他们在宪法范围内和社会主义原则下有充分的政治自由。会议要求民建各级组织谦虚谨慎,加倍努力,改进工作;对中国共产党的领导和国家工作中所存在的缺点和错误,进行批评,提出建议,以积极主动的态度,对中国共产党进行监督,同时亦接受共产党的监督;还认为,这样做更有利于加强中国共产党的领导。

民建从一届一中全会到1956年9月底,会员总数从7 034人发展到19 259人,增加了1.7倍;组织单位(包括城市支部、小组在内)从60个增加到112个,省级工作委员会从3个增加到6个。

在反右派运动中,民建中央委员154人中有28人被错划为右派分子,占中委总数的18.2%;民建会员24 156人中有3 147人被划为右派分子,占会员总数的13%。

反右派运动后,民建和工商联合会进行"协作"。1959年2月成立了"协作委员会",胡子昂任协作委员会主任委员。孙起孟、张晓树、项叔翔、罗叔章、黄玠然为副主任委员。

1958年3月,民建发出通知,要求"会员掀起自我改造大竞赛,投入生产大跃进,力争三年内改造成为自食其力的劳动者"。民建和全国工商联合会召开常委联席会议,号召全国工商业者,"开展自我改造大跃进运动"。7月,在上海召开了24省(自治区)和8个大城市参加的"工商界自我改造经验汇报会议",目的是推动工商界"加速改造"。有些地方提出"三个月内改造成为左派"的口号。

1960年2月19日至21日,中国民主建国会第二次全国代表大会和中华全国工商业联合会第三届会员代表大会在北京举行。大会号召全国工商业者,坚决响应共产党的号召,更好地进行思想改造,为祖国的社会主义建设作出更多的贡献。

(四)中国民主促进会

1953年4月,中国民主促进会三届四中全会提出,民进以动员会员和所

---

① 大公报社人民手册编辑委员会.1957人民手册.大公报社,1957.254

联系的群众积极参加国家建设和在实际工作中进行自我改造为主要任务。1953年下半年中国共产党明确提出过渡时期总路线，1954年全国人民代表大会制定了中华人民共和国宪法，民进都表示坚决拥护，并组织会员认真学习。

1956年2月，民进中央常务理事会扩大会议提出，民进的根本任务是：一切为了社会主义，更多更好地贡献力量为社会主义服务。8月，民进召开第二次全国代表大会，明确了在长期共存、互相监督的方针下，民进所应承担的任务和工作方针，并且根据新的形势和新的需要修订了民进章程。新会章明确指出："中国民主促进会是中国共产党领导的人民民主统一战线中的一个民主党派，以中国人民政治协商会议章程总纲为纲领。"①提出，民进团结教育从事文化教育工作的和其他方面的知识分子，并反映他们的意见和要求，代表他们的正当利益。今后发展的对象主要是从事文化教育工作的知识分子，而以高等师范院校、各类中等学校和初等学校的教育工作者以及文化出版工作者为重点，其他高等学校的教育工作者、科学技术工作者、医药卫生工作者、财经政法工作者、体育工作者和文艺工作者以及中上层的社会知识分子等也都应当发展。大会选举了民进第四届中央委员会，在四届一中全会上选举马叙伦为主席，王绍鏊、周建人、许广平、车向忱、林汉达为副主席。吴研因等15人为常务委员，中央委员62人，候补中央委员28人。会后发展了一批新会员，扩大了民进组织。

反右派运动以后，民进在1958年11月召开第三次全国代表大会，提出服务与改造相结合的方针。大会以后，民进会员积极投入技术革命、教育革命和增产节约的群众运动。

国民经济困难时期，民进运用"神仙会"方式，进行形势和总路线教育，帮助会员战胜经济困难。1962年底，民进根据统战工作"调整关系、发扬民主、加强团结、加强教育，充分调动积极因素"的方针，召开"五届三中全会"，提出进行"三个主义"（即爱国主义、国际主义、社会主义）的思想教育，"三个主义"的教育持续进行了三年。

（五）中国农工民主党

1953年2月和7月，中国农工民主党中央执行局先后发出"关于执行三大任务的指示"和"关于加强工作更好地为国家建设服务的指示"。提出，

---

① 大公报社人民手册编辑委员会.1957人民手册.大公报社,1957.255

农工党"要继续加强思想改造","加强爱国主义和国际主义的教育","更好地为国家建设工作服务"。号召全党在过渡时期,"更应巩固接受工人阶级领导的思想,加强团结,蹈厉奋发,向光荣的前途迈进"。

1956年2月,农工党六届二中全会确定以医药卫生界为联系和发展组织的重点,并结合原有基础因地制宜开展工作。中国农工民主党是以中国共产党为首的人民民主统一战线中的一个民主党派,是一个已经接受社会主义并且采取了为社会主义服务的政治路线的政党。农工党中央委员会主席为章伯钧,副主席为彭泽民,委员33人;设中央执行局,委员15人,仍以章伯钧为主席,彭泽民为副主席,由黄琪翔任秘书长。

在反右派运动中,农工党党员被划为右派分子的有1 265人。反右派运动结束后,农工党采用"四大"方式进行整风,掀起了把心交给党(中国共产党)的"交心"运动,强化党员"听、跟、走"(听毛主席的话、跟共产党走、走社会主义道路)的认识。

1958年11月15日至12月10日,农工党第七届全国代表大会在北京举行。会议通过新的党章和有关决议,选举出新的中央委员会。七届一中全会选举季方为中央主席团主席,周谷城、唐午圆、刘树勋、郭则沉、严信民、夏康农、徐彬如、王人旋为主席团委员,郭则沉为中央委员会秘书长。这次大会,把农工党定为资产阶级性质的政党。

农工党"七大"以后,从1959年起,基本上停止了组织发展,主要贯彻服务与改造相结合的方针,推动全党成员积极为社会主义服务和加强自我改造。

1960年7月农工党七届二中全会作出《学习毛主席著作,逐步改造世界观的决议》。采取"神仙会"的方式和"三自三不"①的方针,联系业务实践,组织讨论、学习、参观访问,帮助成员树立克服困难的信心及坚持走社会主义道路的信念。随着阶级斗争理论的升级,农工党的工作受"左"倾思想的影响日益严重。

(六)中国致公党

1956年4月,致公党第六次全国代表大会在北京举行。大会决定,以中国人民政治协商会议章程的总纲为政治纲领,为加速完成国家在过渡时期

---

① "三自三不"即:自己提出问题,自己分析问题,自己解决问题,不抓辫子,不扣帽子,不打棍子。

的总任务,解放台湾,争取继续和缓国际紧张局势和巩固世界和平而奋斗。并号召致公党成员,努力于自己岗位的工作,加强思想改造,全力支持祖国社会主义建设和解放台湾斗争,同时积极采取各种有效方式对其所联系的海外华侨进行宣传工作。明确指出,致公党的主要任务是:利用党与海外华侨洪门的深厚历史关系,根据国家和平共处五项原则和华侨政策,协助与配合侨务机构展开对海外华侨特别是对华侨洪门的宣传教育,做好华侨爱国主义统一战线的工作;在国内,对所联系的归侨侨眷进行团结、教育、改造的工作,帮助他们进行思想改造,为他们服务,带动他们和全国人民一起为建设社会主义社会和解放台湾作出贡献,同时通过他们影响其海外亲友。选出了新的中央委员会,陈其尤为中央委员会主席,官文森为副主席,郑天保为秘书长。中央委员34人。

1957年全国开展反右派运动,致公党刚刚开始的发展组织工作停顿下来。致公党内的反右派运动,存在扩大化的错误,打击面大,伤害了许多人。

1958年11月,致公党六届三中扩大会议决定:加紧进行成员和组织的根本改造,彻底破资产阶级立场,立社会主义立场,努力使致公党从一个资产阶级政党,变成一个真正接受共产党领导的为社会主义服务的政治力量。

从1956年到1966年初,致公党成员通过各种方式,宣传国家的侨务政策,鼓励海外亲友在国内存款,争取侨汇,为祖国社会主义建设作出了贡献。

(七)九三学社

1956年2月9日至16日,九三学社第一届全国社员代表大会在北京举行。会议确定九三学社今后的方针任务是:在中国共产党领导下,全力贯彻宪法的实施,领导社员在社会主义建设事业中,充分发挥积极性和创造性,做好本岗位工作,带动群众共同以全力实现国家建设计划;积极帮助社员学习马克思列宁主义,努力进行思想改造,提高社会主义觉悟;并根据人民政治协商会议章程总纲中的七项准则团结教育社员及其所联系的群众,反映他们的意见,提出建议,代表他们的合理要求。大会修改了社章,选出新的中央委员会,许德珩为主席,梁希为副主席,秘书长为涂长望,中央委员75人,候补中央委员5人。

九三学社支持生产资料私有制的社会主义改造,参加国家政治活动,积极参加社会主义建设事业。反右派运动中,九三学社也受到了冲击。1958年11月,九三学社创刊了该社中央机关刊物《红专》半月刊,宣传国家关于科学文教、医药卫生、工程技术等方面的方针政策,宣传九三学社的政治主张,介绍社务活动情况。

(八)台湾民主自治同盟

台湾民主自治同盟的宗旨是:在中国共产党领导下,与全国人民团结一致,为解放台湾,完成中国领土统一和主权完整,为贯彻国家过渡时期的总任务,把中国建设成为伟大的社会主义国家而奋斗。台盟为解放台湾,完成祖国统一大业,做了大量的宣传鼓动工作。

1959年5月3日至5日,台盟举行"全盟工作会议"。会议确定台盟当前的任务是:在中国共产党的领导下,引导和帮助成员及所联系的群众做好岗位工作,充分调动其积极性,为建设社会主义服务,在服务中继续进行改造。会议决定台盟在组织建设方面,采取巩固为主,一般不发展的方针。并决定台盟继续以联系台胞、促进解放台湾为中心工作。

台盟在具体活动中,积极推动成员和所联系的台胞参加社会主义革命和社会主义建设事业,开展爱国主义和社会主义的思想教育运动,学习马列主义,加强自我改造,调动一切积极因素,加强对台湾宣传工作。

中国共产党领导的多党合作制是由共产党倡导并在长期的新民主主义革命时期、社会主义革命和建设时期形成的行之有效的政治制度。但是,建国以后,这个制度从反右派运动起,几经起落。在"左"的指导思想影响下,对这个制度随意解释、随意贬低、随意破坏,造成了很不幸的后果,教训是深刻的。其主要原因是中国长期以来没有把中国共产党领导的多党合作制的根本政治制度,用法律形式固定下来。中国共产党和各民主党派,在遵守宪法的前提下实行"长期共存,互相监督"的方针,共同参与国家政治,这是中国人民民主专政政体的特色,在实践中还有待于体制化和进一步丰富完善。

第二节 社会主义建设指导方针的失误

一、反右派运动

1957年5月,中国共产党根据八大关于加强执政党建设的决定,在全党范围内开展以正确处理人民内部矛盾为主题,以反对官僚主义、宗派主义和主观主义为内容的整风运动。这次整风运动的目的,是为了发扬社会主义民主,改进党的作风,以便加强党对社会主义建设的领导。这次整风运动,实行开门整风,号召党内外群众帮助共产党整风。5月8日至6月3日,中共中央统战部先后召开13次邀请民主党派负责人和无党派民主人士参加的座谈会,征求他们对共产党的工作及国家政治生活的批评和意见。

有极少数资产阶级右派分子,乘借共产党"开门整风"之机,"大鸣"、"大放",从根本上攻击中国共产党对国家和人民的领导作用,攻击社会主义制度。5月15日,毛泽东写了《事情正在起变化》,要求全党认清阶级斗争形势,注意右派的进攻。对右派估计的分量太重,认为右派占1%~10%。因而导致后来反右派运动中斗争严重扩大化的错误。

6月8日,《人民日报》发表《这是为什么?》的社论,指出:右派企图乘整风之机把共产党和工人阶级打翻,把社会主义的伟大事业打翻,拉着历史向后倒退。这表明,在我们国家里,阶级斗争还在进行着,还必须用阶级斗争的观点来观察问题。随之,报刊发文揭露"右派罪行",指出:在整风运动中,极少数资产阶级右派分子错误地估计了形势,利用共产党整风的时机,打着帮助党整风的旗号,发动了向党向社会主义的猖狂进攻。他们攻击党的各项方针政策和党领导的各项社会改革运动,全盘否定社会主义革命和社会主义建设的伟大成就,夸大党在工作中的缺点和错误,把几亿人民从事的事业说成一团漆黑,一无

1957年6月8日,《人民日报》发表社论《这是为什么?》正式揭开反右运动序幕

是处;污蔑马克思主义是"教条主义",反对马克思列宁主义、毛泽东思想的指导;有些右派分子污蔑无产阶级专政和社会主义制度是产生官僚主义、宗派主义和主观主义的根源,狂热鼓吹西方资产阶级的所谓"民主自由";有人攻击我们国家是"一个上帝,九百万清教徒,统治着五亿农民,非造反不可",并露骨地说:"有在朝党和在野党,你不行我来,我不行你来",要"轮流坐

庄"。还说:"共产党以前扶植各民主党派,是'周公辅成王',现在成王长大成人了,周公要还政",不然"恩人要变作仇人"。还提出要成立所谓"政治设计院",有的甚至公开叫嚷要共产党下台;有人叫嚷要为反革命"平反",鼓吹成立"平反委员会";有人把我们党在国家政治生活中的领导地位攻击为"党天下",认为党天下思想是一切宗派主义的最终根源;有人甚至鼓吹"杀人",杀气腾腾。社论还指出,右派分子的言行表明,他们妄图取代共产党的领导,改变社会主义制度。在他们的煽动、蒙蔽下,一些地方发生少数人罢课闹事,而且有蔓延之势。在这种形势下,对极少数资产阶级右派分子的猖狂进攻不给予反击,不进行批判,全国就要陷入政治思想上的大混乱,就不能巩固新建立起来的社会主义制度,就不可能在社会主义道路上继续前进。

毛泽东和中共中央认为,不打退右派的进攻,是建不成社会主义的。因此,决定把整风运动转向"反右派斗争"。6月8日,中共中央发出《关于组织力量准备反击右派分子进攻的指示》,特别强调,"反右派斗争","是一场大战(战场既在党内,又在党外),不打胜这一仗,社会主义是建不成的,并且有出'匈牙利事件'的某种危险。"①于是,在统一部署下,一场大规模的反右派运动在全国展开。

9月20日至10月9日,中国共产党在北京举行八届三中全会(扩大)。会议主要是总结整风反右的经验,解决经济工作特别是发展农业生产的问题。会上,邓小平的报告全面总结了整风和反右斗争的情况,并对继续深入开展整风反右派运动作了部署。毛泽东作了重要讲话。这次会议改变了对中国知识分子的绝大多数已经是劳动人民知识分子的分析,错误地认为多数知识分子是资产阶级的,而且是"同无产阶级较量的主要力量",是右派分子活动的市场。会议肯定关于中国政治形势的不恰当估计和所谓政治战线上、思想战线上进行社会主义革命的观点,肯定大鸣、大放、大字报、大辩论即"四大"斗争形式。这次会议,不仅没有认识到反右派运动斗争扩大化的错误,反而对这个错误进一步作了理论性的说明,论证其正确性。毛泽东的讲话轻率地改变八大对国内主要矛盾的正确分析,武断地指出:"'八大'决议上有那么一段,讲主要矛盾是先进的社会主义制度同落后的社会生产力之间的矛盾,这种提法是不对的。""无产阶级和资产阶级的矛盾,社会主

---

① 建国以来毛泽东文稿.第6册.北京:中央文献出版社,1992.497

道路和资本主义道路的矛盾,毫无疑问,这是当前我国社会的主要矛盾。""现在是社会主义革命,革命的锋芒是对着资产阶级。"毛泽东还指出:"右派,过去是人民,现在这些人,我看是三分之一的人民,三分之二的反革命。""右派,形式上还在人民内部,但实际上是敌人。我们公开宣布,他们是敌人,我们同他们的矛盾是敌我矛盾。"他还说:"整风有两个任务:一个任务是反右派,包括反资产阶级思想;一个任务是整改,整改里头也包括两条路线斗争。"对于这样的"整风运动","几年不搞,那些老右派,新右派,现在出来的右派,又要蠢蠢欲动;还有些中右分子,中间派,甚至于有些左派会要变。世界上有那么怪的人,只要你松松劲,松那么相当的时间,右倾情绪就要起来,不好的议论,右派言论都要来的。"①因此,他主张反右派斗争要有短暂间隔地持续搞下去。

民主革命胜利和各项建设事业的进展,使毛泽东在全党和全国人民心目中享有崇高的威望,他自己也滋长了党内的个人专断作风,而且对经济建设的速度和规模,产生了主观急躁情绪。这样,根据毛泽东在中共八届三中全会(扩大)上讲话的精神,在全国进一步扩大化地开展了反右派运动。将原来在省市党政机关、大专院校、民主党派和新闻出版界、科技界、文化卫生界开展的"反右派斗争",进一步扩展到省市以下机关、工商界和中小学教师中。反右派运动一直延续到1958年夏天。

1957年夏季开始的反右派运动,迅速扩大成大规模的、疾风暴雨式的、群众性的政治运动,严重扩大了打击面。被戴上右派帽子、划为右派分子的共有552 877人,因为右倾、"中右"、"错误言论"而受到批判或党纪、行政处分的不计其数。反右派运动严重损害了社会主义民主和法制,对社会主义事业造成了不应有的损失和消极影响。

被错划为"右派"的人,大都在整风运动中出于善意,对国家政治生活中某些弊端,或者对本单位、本部门的人事管理、职工生活,或者对某些领导干部的工作作风、思想作风等提了些批评意见。这些意见,从主流方面看,对改进工作、促进社会主义事业是有益的;有的意见,难免有片面性,或者带有情绪,有些偏激,或者有某些观点是错误的。作为执政党的各级整风运动的领导者,应当善于听取这些意见,吸取其合理部分,对某些错误的意见,应当教育和引导。但是,当时却把许多有益的批评意见或者属于思想认识上的

---

① 毛泽东选集.第5卷.北京:人民出版社,1977.475~478

某些错误都视为"反党反社会主义的言论",都说成是"向党进攻",都当作敌我矛盾进行严厉打击和处罚,把他们与地主分子、富农分子、反革命分子、坏分子并列为无产阶级专政的对象,酿成一场历史性的悲剧。

反右派运动严重扩大化的原因,是多方面的。第一,中国共产党是在同国内外阶级敌人、民族敌人进行尖锐复杂的斗争中诞生和发展壮大起来的。经过长期阶级斗争的锻炼,共产党积累了丰富的阶级斗争的经验,比较善于用阶级分析的观点来观察问题和处理问题。在整风运动中出现极少数资产阶级右派"进攻"的形势下,共产党对当时阶级斗争的形势估计得过于严重,改变了八大关于中国社会主要矛盾的正确分析,把极少数资产阶级右派分子的"进攻"夸大为无产阶级与资产阶级、社会主义与资本主义的两个阶级、两条道路之间的一场大战,把大量的人民内部矛盾看成敌我矛盾,而且认为中国也面临出现当时的波兰、匈牙利事件的危险,因此立即组织力量对大批实际不是右派分子的人进行反击,这必然造成反右派运动斗争的严重扩大化。第二,中国共产党领导人在巨大胜利面前,骄傲自满情绪有了增长,听不进不同意见了。第三,整风、反右派运动中,不适当地采用了所谓"大鸣、大放、大字报、大辩论"的"四大"方法,甚至采用了"引蛇出洞"的手段,这不仅造成全国范围的紧张气氛,而且也容易混淆两类不同性质的矛盾。第四,在划定右派分子时,采取"热处理"方法,1957年10月发出的关于右派分子标准的党内指示,没有得到贯彻和执行,各地划定右派分子的实际标准往往以握有反右派运动"生杀大权"的领导者的长官意志而定,这也是造成反右派运动斗争严重扩大化的重要原因。

中共十一届六中全会通过的《关于建国以来的若干历史问题的决议》指出:"在整风过程中,极少数资产阶级右派分子乘机鼓吹所谓'大鸣大放',向党和新生的社会主义制度放肆地发动进攻,妄图取代共产党的领导,对这种进攻进行坚决的反击是完全正确和必要的。但是反右派斗争被严重地扩大化了",在中国共产党和中华人民共和国的历史上,留下了极为深刻的沉痛教训。

二、社会主义建设总路线的制定

中共八届三中全会,总结整风反右经验的同时,还把1956年的反冒进当作右倾加以批判。此后,中共中央在多次会议上对反冒进进行批评,并把主张纠正国民经济中急躁冒进偏向的领导人说成是"促退派",有"右倾思想"。批判"反冒进"的调子越来越高,盲目追求速度的"左"倾思想急剧膨胀起来。

1958年3月8日至26日,中共中央政治局在成都召开扩大会议,讨论1958年计划的第二本账和关于发展地方工业和实现农业发展纲要问题。毛泽东在会上多次讲话,继续批评反冒进,提出"鼓足干劲、力争上游、多快好省"地建设社会主义的总路线的基本观点,并反复强调要"破除迷信,解放思想,敢想、敢说、敢干"。他在讲话中还进一步发展了八届三中全会提出的阶级斗争扩大化的理论,认为中国当前还存在着两个剥削阶级(一个是帝国主义、封建主义、官僚资本主义的残余和资产阶级右派,另一个是民族资产阶级及其知识分子),两个劳动阶级(工人、农民)。成都会议后,各地反右倾保守思想的运动很快铺开了,出现了高指标、瞎指挥,经济工作中急躁冒进的"左"倾错误进一步发展起来。正是在这种形势下,中国共产党召开了八大二次会议。

5月5日至23日,中国共产党第八次全国代表大会第二次会议在北京召开。出席大会的正式代表977人,列席代表389人。会议主要议程是:听取并讨论通过刘少奇代表中共中央作的工作报告;听取邓小平作关于各国共产党和工人党莫斯科会议的报告;听取谭震林作关于农业发展纲要(第二次修正草案)的报告,并讨论通过这个纲要。大会充分讨论了上述三个报告,通过了相应的决议。会议增选25名中央委员和候补中央委员。

这次会议根据毛泽东的意见,改变了八大第一次会议关于国内主要矛盾的正确论述,正式用党的代表大会的名义,肯定中国当前的主要矛盾是无产阶级同资产阶级的矛盾、社会主义道路同资本主义道路的矛盾;肯定毛泽东提出的两个剥削阶级和两个劳动阶级的错误分析,把知识分子的大多数划到剥削阶级的范围里。这就为1957年反右派运动以来阶级斗争扩大化的错误提供了理论根据。

大会正式确定了鼓足干劲、力争上游、多快好省地建设社会主义的总路线。在讨论通过这条社会主义建设总路线的时候,刘少奇在报告中做了必要的说明。他指出,这条总路线是在建国后8年的社会主义经济建设过程中形成的。在1956年1月中共中央召开的知识分子会议上周恩来讲话中,提出了"又多、又快、又好、又省地发展社会主义建设"的方针;4月,毛泽东在《论十大关系》中阐明了多快好省地建设社会主义的基本思想;1957年9月,毛泽东在中共八届三中全会上的讲话又重申了多快好省地建设社会主义的方针;1958年3月成都会议上毛泽东把这一方针概括为"鼓足干劲、力争上游、多快好省地建设社会主义"的总路线。这条总路线的基本点是调动一切积极因素,正确处理人民内部矛盾;巩固和发展社会主义的全民所有制和集体所有制,巩固无产阶级专政和无产阶级的国际团结;在继续完成经济战线、政治战线和思想战线的社会主义革命的同时,逐步实现技术革命和文化革命;在重工业优先发展的条件下,工业和农业同时并举;在集中领导、全面规划、分工协作的条件下,中央工业和地方工业同时并举;大型企业和中、小型企业同时并举;由此,尽快地把中国建设成为一个具有现代工业、现代农业和现代科学文化的伟大的社会主义国家。

从总路线的基本点可以看出,实现总路线的目的是为了建设一个强大的社会主义国家。总路线的形成和发展,也适应了党和国家工作重点转移到经济建设上的需要。但是这条总路线忽视了客观经济规律,片面强调人的主观能动性,片面强调高速度,没有注意有计划按比例综合平衡发展国民经济的原则。

八大二次会议,在急于求成的"左"倾思想影响下,对于"大跃进"运动给予充分肯定,把一些要求稳步发展国民经济的正确意见当作右倾保守批判,并继续批评1956年的反冒进。大会宣称中国正处在"一天等于二十年"的伟大时期,过分地强调"破除迷信,解放思想",提出"插红旗、拔白旗",批评所谓"观潮派"和"秋后算账派"。大会还提出中国工业在15年或者更短的时间内,在钢铁和其他主要工业产品的产量方面赶上和超过英国;农业在提前实现全国农业发展纲要的基础上,迅速地超过资本主义国家;科学和技术在实现"十二年科学发展规划"的基础上,尽快地赶上世界最先进的水平,争取7年赶上英国、15年赶上美国。很显然,这是非常不切合实际的。

大会还提出干部要真正同群众打成一片,要正确地解决中央集权和地方分权相结合的问题,要贯彻中央关于改进管理体制的决定,要精简国家机关和企事业单位的机构,提高劳动利用率和劳动生产率等。

中共八大二次会议在党的工作重点转移到经济建设方面,作出一些相应的正确决定。但是,会议关于对国内主要矛盾等重大问题所作的错误分析、关于经济工作中的急于求成、总路线本身存在的缺点、用进行阶级斗争和搞政治运动的方法进行经济建设的错误指导思想等方面的严重失误,极大地干扰了党的工作重点的转移,并造成更大的冒进。同时,这次会议在党内民主生活方面也产生不良后果。由于会前和会议期间对一系列正确主张的连续批判和指责,使中共中央一部分主要领导人的正确意见受到压制,有些人也不敢讲真话了。党内的民主集中制和中央的集体领导遭到一定破坏,"左"倾思想迅速滋长泛滥起来。

三、大跃进浪潮

生产资料所有制的社会主义改造发展迅速,第一个五年计划提前完成,国民经济获得发展,人民生活得到一定程度改善,"形势喜人",毛泽东以及中央和地方一部分领导人在胜利面前滋长了骄傲情绪,急于求成,夸大主观作用,对社会主义建设发展规律和实际情况认识不足,在批评"反冒进"的同时,指导思想上"左"倾错误滋长并发展起来。

1957年11月,毛泽东率领中国代表团访问苏联并参加有12个社会主义国家共产党和工人党代表参加的莫斯科会议。在会议期间,毛泽东宣称:中国在15年左右时间里,在钢铁等主要工业产品的产量方面,赶上和超过英国。11月13日《人民日报》发表的题为《发动全民,讨论四十条纲要,掀起农业生产的新高潮》的社论中,率先提出"在生产战线上来一个大跃进"的口号。

1958年3月9日至26日,中共中央政治局扩大会议在成都召开,通过《关于1958年计划和预算第二本账的意见》、《关于发展地方工业问题的意见》、《关于把小型的农业合作社适当地合并为大社的意见》等37个文件。这些文件,把各项经济指标比2月间全国人民代表大会通过的第一本账大幅度地提高了。成都会议后,各地出现了高指标、瞎指挥现象,经济工作中急躁冒进的"左"倾错误进一步发展起来。尤其是中国共产党八大二次会议之后,"左"倾错误急剧发展,导致了轰轰烈烈危害极大的"大跃进运动"。

7月23日,农业部发布1958年夏季粮食作物丰产的公报,《人民日报》发表题为《今年夏季大丰收说明了什么》的社论,竟然宣称:现在"只要我们需要,要生产多少就可以生产多少粮食出来"。8月8日,《人民日报》发表社论,号召全民大炼钢铁,要求一年内建成中小转炉200座,以增加年产1 000万吨钢的能力;建成小高炉13 000座,以增加年产2 000万吨生铁的能力。各省、市、自治区,从专区到县、镇,到基层生产队,组织大量人力、物力、财力,用群众运动的办法,开始抢建高炉、转炉,大炼钢铁。

在"大跃进"步步升级的形势下,8月17日至30日,中共中央政治局在北戴河举行扩大会议。会议讨论了1959年国民经济计划和1958年的工业生产、农业生产与农村工作、商业工作、教育方针、民兵工作等问题。会议通

大跃进全民炼钢高潮期间，江苏江阴县马镇人民公社兴建的高炉群

过关于1958年钢产量翻一番达到1 070万吨的决定，关于在农村建立人民公社问题的决议等40项决议。这些文件反映了中国共产党在经济建设方针上的严重失误。

北戴河会议认为，1958年全国的农业生产，在克服右倾保守思想，打破农业技术常规之后，出现飞跃发展的形势，农产量成倍、几倍、几十倍地增长。认为农业产量已经过关，党的工作必须转移到工业上来。会议指出，工业的中心问题是钢铁和机械，关键是钢铁。会议决定，1958年钢产量由原计划620万吨，提高到1 070万吨，即比1957年的535万吨增加一倍。会议确定的1959年的计划指标和第二个五年计划的指标过高，以保证在第二个五年计划期间，将中国建成具有现代工业、现代农业和现代科学文化的伟大社会主义国家，并创造开始向共产主义过渡的条件。

北戴河会议还认为，在完成钢铁生产翻一番和建立人民公社过程中，必须强调"政治挂帅"，大搞群众运动，采用"大鸣、大放、大字报、大辩论"的方针，把抓两个阶级、两条路线的斗争作为推动大跃进和人民公社运动的动力，把社会主义经济建设纳入到阶级斗争的轨道。

北戴河会议，把步步升级的"左"倾冒进推向了极端。从此，大跃进运动进入高潮。以高指标、瞎指挥、浮夸风和"共产风"为主要标志的"左"倾错误更加严重地泛滥起来。

北戴河会议定的1958年全国钢产量指标是1 070万吨,到8月底,全国钢产量只完成450万吨,离指标尚差620万吨,而时间只有4个月了。为此,发动了全民大炼钢铁运动。《人民日报》发表《立即行动起来完成把钢产量翻一番的伟大任务》的社论,指出,1 070万吨钢的任务必须完成,一吨也不能少。号召全党全民立即行动起来,鼓足干劲,苦战4个月,完成钢铁生产任务。提出必须采取中央企业和地方企业同时并举、大型企业和小型企业同时并举、土法冶炼和现代化冶炼同时并举的方针。对现代化的大型企业必须增加任务,但同时必须实行全民炼钢运动。于是,从农业战线上抽调大批劳动力,组织大兵团作战,广泛地组织土法冶炼。

11月和12月,全国抽调9 000万以上的劳动力,建小高炉100万座以上,各机关、学校、工厂、企业、公社都兴建小高炉。全民动手,大炼钢铁,结果是耗费了大量人力、资财建起了小高炉,却因没有炼钢的原材料,只好把群众的铁器甚至做饭用的铁锅收缴上来,投进小高炉。"炼"出的多是无用的废铁砣砣,劳民伤财,造成极大的浪费。

为了实现钢产量翻一番的任务,片面强调炼钢的意义,认为只要有了钢,一切事情就好办了。结果,造成片面发展钢铁工业,与其他工业及农业之间发生了尖锐的矛盾,破坏了经济建设有计划按比例发展的规律。经过4个月的全民炼钢运动,虽然达到了1 100万吨钢的指标,但其中有几百万吨是不能用的废铁,而且影响了农业生产,破坏了工业内部的比例关系,造成了严重的比例失调现象和紧张局面。

农业上的"大跃进",直接导致了浮夸风。8月27日,《人民日报》发表《人有多大胆,地有多大产》的文章,宣称:一亩地要产5万斤、10万斤以至几十万斤红薯;一亩地要产1～2万斤玉米、谷子。《人民日报》9月1日发表的《徐水人民公社颂》,声称徐水公社将要发射亩产山药120万斤、一棵白菜500斤、小麦亩产12万斤、皮棉亩产5 000斤的高产卫星。这反映了在"大跃进"浪潮中,浮夸风和农业高估产达到荒诞的程度。

以毛泽东为代表的中国共产党,抱着良好的愿望发动了全国规模的"大跃进"运动,试图以超常规的速度和方式发展国民经济,在较短的时间内,使国家富强起来。从理论上讲,社会主义要巩固和发展,并最终战胜资本主义,就必须大力发展生产力。发展太慢永远赶不上资本主义,社会主义优越性归根到底要体现在它的生产力的发展要比资本主义生产力的发展更快、更高一些。而且,建设、发展得更快一些,赶上西方发达资本主义国家水平,也是全国人民的共同心愿。广大干部、群众积极投身于"大跃进"运动之中,付出了辛勤的劳动,在发展生产力方面确实取得一些实际成果,增加了一些基础设施和生产能力,如在农田基本建设、基础工业、内地工业等方面,取得了一些积极成果。但是,付出的代价太大了,社会主义各行各业的大跃进,都受到很大损失。基建规模不断扩大,投资总额从上年的 138 亿元增加到 267 亿元,增长 97%。商业、银行无条件支持工业"大跃进"。商业提出工业生产什么就收购什么,生产多少就收购多少。银行提出工业生产需要多少资金就贷给多少,什么时候需要什么时候贷给,打乱了正常的资金流通。工业以钢为纲,全民大炼钢铁,国民经济比例关系严重失调。浪费严重,浮夸惊人。因此说,"大跃进"运动,不仅没有加速发展生产力,反而破坏了生产力的正常、健康的发展。狂热的"大跃进"浪潮,给国民经济带来巨大损失,造成严重的后果。

四、人民公社化运动

人民公社化运动,也是"总路线"旗帜下的产物,而且是伴随着"大跃进"浪潮而产生的,并与"总路线"、"大跃进"一起,合称"三面红旗"。

毛泽东早在 1955 年主编《中国农村的社会主义高潮》一书时就曾提出"小社并大社"的观点,他在《大社的优越性》一文的按语中写道:"小社人少地少资金少,不能进行大规模的经营,不能使用机器。这种小社仍然束缚生产力的发展,不能停留太久,应当逐步合并。有些地方可以一乡为一个社,少数地方可以几乡为一个社,当然会有很多地方一乡有几个社的。不但平原地区可以办大社,山区也可以办大社。"此后,一些地方办高级社追求扩大规模。但是,管理却跟不上,一般规模比较大的高级社,吃"大锅饭"比较严重,影响生产和群众情绪,甚至酿成"退社"风潮。为此,中共中央 1957 年 9 月 14 日发出《关于整顿农业生产合作社的指示》、《关于做好农业生产合作社生产管理工作的指示》、《关于在农业合作社内部贯彻执行互利政策的指示》,指出:"大队、大社一般是不适合于当前生产条件的","除少数确实办好了的大社以外,现在规模仍然过大而又没有办好的社,均应根据社员要求,适当分小。"还明确提出:"生产队是合作社的基本生产单位,一般以二十户左右为宜。""社和生产队的组织规模确定之后,应该宣布今后十年内不予变动。"但是,随着共产党建设社会主义指导思想上"左"的错误思潮的泛滥,随着"大跃进"运动的掀起,农业合作社"组织规模""不变动"已不可能,"变动"已成为必然。农业合作化走向了"左"的极端,兴起了"人民公社化运动"。

1957年底到1958年初,广大农村大搞农田水利、农田基本建设和积肥运动,开始掀起农业生产大跃进。部分地区在这场运动中出现超过社界、乡界、县界范围进行协作的现象。中共中央片面地分析、估价这一"新生事物"。3月,在成都政治局扩大会议上,提出《关于把小型的农业合作社适当地合并为大社的意见》,指出,小社并大社是必然趋势,人多力量大,可以办更大的建设事业。成都会议后,小社并大社之风,又兴盛起来。

1958年夏,湖南宁乡县一人民公社召开成立大会

随着"大跃进"运动的兴起,毛泽东认为为了实现总路线目标,必须全民大办工业、大办农业、大办一切事业。国家经委根据毛泽东的意见起草了《关于发展地方工业问题的意见》,正式提出农业生产合作社要兴办工业。一些农村在农田水利建设高潮中,为了尽可能多地腾出劳动力参加生产,办起了公共食堂、托儿所等,有的还办起了"农业大学"。面对这些新情况、新形势、新生事物,毛泽东等共产党领导人,开始考虑如何更好地使工业与农业结合、教育与生产劳动结合、生产与交换结合、劳动与武装结合,缩小工农差别、城乡差别、脑力劳动与体力劳动差别的问题,酝酿新的农村基层组织结构问题。

陈伯达早在1957年1月就在一个农村调查报告中提出:可以把乡(或村)和社合在一起,使合作社成为真正的基层。这个政社合一的意见当时未被重视。1958年三四月间,毛泽东在和陈伯达的一次谈话中,再次提及政社合一问题,他说:"乡社合一,将来就是共产主义的雏形,什么都管,工农商学兵。"①4月底,刘少奇、周恩来、陆定一、邓力群等人同车去广州向毛泽东汇报工作,在火车上议论半工半读、普及教育、公社、乌托邦、生活集体化、向共产主义过渡等问题,认为"现在建设社会主义,就要为共产主义创造一些顺利条件"。车过郑州时,刘少奇等人把这些想法与河南省委第一书记吴芝圃谈了,希望吴进行"试验"。吴芝圃"热情很高,采取的办法也很快",按照乡社合一、"工农商学"结合的思路办"大社"②。

5月,在中共八大二次会议上,又讨论小社并大社问题,陆定一在发言中说:"毛主席和少奇同志谈到几十年以后我国的情景时,曾经这样说,那时我国的乡村中将是许多共产主义的公社,每个公社有自己的农业、工业,有大学、中学、小学,有医院,有科学研究机关,有商店和服务行业,有交通事业,有托儿所和公共食堂,有俱乐部,也有维持治安的民警等等。若干乡村公社围绕着城市,又成为更大的共产主义公社。前人的'乌托邦'想法,将被实现,并将超过。"③这实际上是描绘未来社会的蓝图。7月1日出版的《红旗》杂志第3期发表陈伯达的文章《全新的社会,全新的人》,传达毛泽东关于人民公社的设想。文章说:"把一个合作社变成一个既有农业合作又有工业合作的基层单位,实际上是农业和工业相结合的人民公社。"第一次公开提出人民公社名称。7月16日出版的《红旗》第4期又刊登陈伯达在北京大学的讲演稿《在毛泽东同志的旗帜下》,讲道:"毛泽东同志说,我们的方向,应该逐步地有次序地把'工(工业)、农(农业)、商(交换)、学(文化教育)、兵(民兵,即全民武装)',组成一个大公社,从而构成为我国社会的基本单位。"

6月底7月初,在郑州召开的六省市农业协作会议上,谭震林把河南省遂平县嵖岈山卫星农业社(由27个高级社合并而成,共6 566户,30 113人)称为"共产主义公社"。会后又召见该农业社干部,讲了一番"工农商学兵办公社"的道理,农业社干部回去后即把农业社名称改为"嵖岈山卫星人民

---

①② 薄一波.若干重大决策与事件的回顾.下.北京:中共中央党校出版社,1993. 731~734

③ 陆定一.马克思主义是发展的.1958-05-19

公社"①。这是河南省建立的第一个人民公社,河南省其他地方也开始试办人民公社。

8月上旬,毛泽东先后视察了河北省徐水、安国和定县,河南省新乡、襄城、长葛和商丘县,山东省历城县和山东省农业科学院等农村和单位。毛泽东在视察河南新乡七里营人民公社时,对人民公社大加赞赏,说:"有这样一个社,就会有好多社。"8月9日,他在山东同当地负责人谈话时说:"还是办人民公社好,它可以把工、农、兵、学、商合在一起,便于领导。"毛泽东的讲话在8月13日的《人民日报》上公开发表后,"人民公社好"的口号传遍全国,一些地区相继出现联乡并社并转办人民公社的热潮。

8月29日,中共中央北戴河政治局扩大会议作出《中共中央关于在农村建立人民公社问题的决议》。《决议》不切实际地认为,原有的农业合作社已不能适应形势发展的需要,决定在农村普遍建立人民公社。公社实行政社合一、工农商学兵相结合的原则,规模一般是一乡一社两千户左右。在农业合作社转人民公社的步骤和做法上,《决议》指出,农业合作社合并为大社转办人民公社的时候,一气呵成最好。同时也指出,不能一气呵成的,也可以分两步走,不要勉强,不能性急,各县都应先进行试点,然后逐步推广。9月10日,《人民日报》发表了这个《决议》,全国的人民公社化运动未经认真试点总结经验,便一哄而起,以超出《决议》估计的速度迅猛展开。

8月底9月初,河南、辽宁已基本上实现了全省的公社化,河北、黑龙江、安徽等省也进入公社化运动的高潮。到10月底,全国基本上实现了公社化。全国共建立人民公社26 578个,参加人民公社的农户达到12 325万户,占全国总农户的99.1%,平均每社为4 637户。

人民公社化运动是不切实际的"穷过渡",但当时党和国家的一些领导人却错误地认为人民公社有极大的"优越性",指出人民公社的基本特点是"一大二公"。所谓大,就是公社的规模大,人多地多,一个公社一般说是万人社或者千户社,一个社等于一个乡。所谓公,就是人民公社比农业生产合作社的公有化程度更高。9月出版的《红旗》杂志第7期发表的《河南省遂平县嵖岈山卫星人民公社试行章程(草稿)》规定:在已经基本上实现了生产资料公有化的基础上,社员转入公社,应该交出全部自留地,并且将私有的房基地、牲畜、林木等生产资料转为公社公有。《红旗》杂志把这个章程作

---

① 李友九.河南信阳来信.红旗,1958(7)

为楷模向全国推荐,许多地方在建立公社过程中,原来在农业合作化中还保留的如自留地、自养牲畜、自营的成片果树、一部分较大型的生产工具等等,都转为社有。人民公社实行工、农、兵、学、商结合的制度,超出了单一的经济组织的范围,成为政治、经济、文化、军事的统一体,公社同乡一级的政权合而为一。这样,所谓公就是实行生产资料公社的直接所有制,有的地方还实行了县联社,实际上实行了生产资料的全民所有制,严重脱离了农村生产力的水平。在分配制度上,实行供给制和工资制相结合的制度。10月25日,《人民日报》发表题为《办好公共食堂》的社论,指出公共食堂在农村和城市将普遍地建立起来,成为中国人民新的生活方式。从此,人民公社"公共食堂化",实行"吃饭不要钱",作为"共产风"的一部分吹遍全国。公社还实行"组织军事化、行动战斗化、生活集体化"等措施。有的公社还提出对社员实行包吃、包住、包穿、包生育、包治病、包婚丧等七包以至"十三包",使各个社队之间和社员之间的穷富拉平。还鼓吹取消商品生产,实行无偿的物资调拨,公社随便平调社员、生产队、生产大队的劳力、资金、土地和财产,实际上是对劳动者实行剥夺;否定集市贸易,否定价值规律,否定"各尽所能、按劳分配"的社会主义分配原则,在全国范围内刮起了平均主义的"共产风"。

人民公社化运动,使"共产风"、浮夸风、命令风、干部特殊化风、生产上的瞎指挥风以及高指标、高估产、高征购、高用粮等等盛行,带来许多负面影响。第一,人民公社化,使原来生产经营重点不同、经济条件各异而贫富程度又参差不齐的几十个甚至更多的合作社合并,实行统一核算,实际上是使穷队共富队的产。第二,人民公社化,把原属全民的银行、商店和其他企业划归公社管理,这与其说是集体所有制向全民所有制过渡,毋宁说是把全民财产无偿地分割给集体经济单位。公社内部"工、农、商、学、兵合在一起",与市场联系极少,这实际是小生产封闭式生产方式的反映。第三,人民公社化,把社员的自留地、家禽家畜家庭副业收归社有,宣称是消灭生产资料私有制残余,其实收归社有的这些东西,大部分是社员的直接或间接生活资料,超越了现实的生产力和群众觉悟的水平。第四,人民公社化,搞生活集体化,办公共食堂等,不顾客观条件,大力推行吃饭不要钱的办法,试行把全部或大部人民生活包下来的供给制。企图过早地否定按劳分配,实行"按需"分配,这不但超越了当时经济承受能力,也不利于调动社员的劳动积极性。第五,人民公社化,组织各种"大办",如大办工业、大炼钢铁、大办交通、大办水利、大办文教等,凭借人民公社组织形式,大规模地甚至无偿地调用农村的人力、物力、财力,破坏了农业生产力,加重了农民负担。第六,人民公社化,助长了"跑步进入共产主义"运动。人民公社运动初起时,一些共产党人把公社内部实行的供给制看作"共产主义的萌芽"①,毛泽东在北戴河会议上也说,"公共食堂,吃饭不要钱,就是共产主义"。《中共中央关于在农村建立人民公社问题的决议》写道:"看来,共产主义在我国的实现,已经不是什么遥远将来的事情了,我们应该积极地运用人民公社的形式,摸索出一条过渡到共产主义的具体途径。"②这就大大助长了人们的急躁冒进和"穷过渡",掀起"跑步进入共产主义"运动。山东范县、河北徐水等地,都提出苦干两年,实现共产主义。湖北省当阳县跑马乡甚至提出,1958年11月7日是社会主义结束日,8日是共产主义开始日。

事实上,人民公社化运动不仅未能推动生产力的发展,展现社会主义的优越性,反而使农业生产大幅度下降,农民生活日益困难,农村形势日趋紧张。

第三节 "左"倾错误的纠正与反复

一、中共中央对"左"倾错误的若干纠正

大跃进和人民公社化运动中"左"倾错误所造成的严重后果,日渐暴露出来。中央领导人通过对农村工作的视察,发现人民公社在所有制、分配等方面存在许多混乱现象。中共中央开始着手纠正已经认识到的"左"倾错误。

1958年11月2日至10日,毛泽东在郑州召集部分中央和地方领导人举行会议(即第一次郑州会议)。会议在充分肯定总路线、大跃进和人民公社化运动的前提下,针对当时普遍存在的混淆社会主义与共产主义、集体所有制与全民所有制的情况,明确指出:(一)要划清社会主义和共产主义的界限,目前人民公社的性质是社会主义的集体所有制,不是共产主义性质的。集体所有制向全民所有制过渡,是有一个发展过程的,不可能在生产力还没

---

① 迎接人民公社化的高潮.红旗,1958(7)
② 人民日报,1958-09-10

有充分发展的条件下,立即完成这个过渡。人民公社的集体所有制,将来即便达到全民所有制,也不等于就是实现共产主义。(二)社会主义时期废除商品经济是违背经济规律的,中国是商品生产很不发达的国家,商品生产不是消灭的问题,而是要利用商品生产、商品交换、价值法则作为有用的工具,以利于发展生产,以利于团结农民。废除商品、货币,对农产品实行调拨,就是剥夺农民。会议针对当时全民大办钢铁、大兴水利、深翻耕地等连续苦战需要休整的实际情况,规定了实行劳逸结合、既抓生产又抓生活、必须关心人的方针。

第一次郑州会议对于人民公社化运动中的问题,虽然还认识得不够深刻,纠正得也不够彻底,但是会议指出集体所有制和全民所有制之间、社会主义和共产主义之间应该有一条界限,不能混淆。这对急于向共产主义过渡的"左"倾错误思想是一种批判,也是中国共产党纠正实际工作中"左"的错误的重要开端。

11月21日至27日,中共中央政治局在武昌召开扩大会议。会议传达第一次郑州会议内容,着重讨论高指标和浮夸风问题。毛泽东在会上作了重要讲话,他针对大跃进运动中的问题指出:破除迷信不要把科学当作迷信破除掉,凡迷信一定要破除,凡真理、科学一定要保护。现在不仅下面作假,而且我们相信,这很危险。他强调必须老老实实,不要弄虚作假。他还反复讲要"压缩空气",要把根据不足的高指标降下来。指出:北戴河会议关于成立人民公社问题的文件有缺点,需要改一下;关于明年钢产量指标定得太高,要改。

在上述两次会议的基础上,中共中央于1958年11月28日至12月10日在武昌召开八届六中全会。会议主要讨论人民公社问题、1959年国民经济计划问题、关于不提名毛泽东作下届中华人民共和国主席候选人问题、改进农村财政贸易管理体制问题以及国际形势问题,并且通过了相应的决议。会议通过的《关于人民公社若干问题的决议》,论述了人民公社所面临的最紧要的理论问题和政策问题,纠正在公社化运动中出现的某些偏向和误解,指出现阶段的人民公社基本上仍然是集体所有制的经济组织。从集体所有制过渡到全民所有制,要经过"一段相当的时间",从社会主义过渡到共产主义,需要经过"更长得多的时间"。实现两个过渡,取决于生产力发展和人民觉悟的水平这些客观存在的形势,而不能听凭人们的主观愿望想早就早、想迟就迟。决议强调,在今后的实际工作中,"必须首先热心于发展我们的生产力,首先用大力实现我们的社会主义工业化计划,而不应当无根据地宣布农村的人民公社'立即实行全民所有制',甚至'立即进入共产主义',等等。那样做,不仅是一种轻率的表现,而且将大大降低共产主义在人民心目中的标准,使共产主义伟大的理想受到歪曲和庸俗化,助长小资产阶级的平均主义倾向,不利于社会主义建设的发展"。指出,在今后一个相当必要的历史时期内,人民公社要"继续发展商品生产和继续保持按劳分配的原则"。并明确规定,社员个人所有的生活资料,仍归社员所有,而且永远归社员所有。还对公社的生产方针、组织社员生产和生活等问题作了一些具体规定。但是,决议仍然保留了一些不正确的东西,例如在公社管理体制上仍然主张实行公社管理区的经济核算、公社统一负责盈亏,对供给制、吃饭不要钱等没有充分认识,未能着手纠正公社内部的"共产风"问题。

中共八届六中全会针对大跃进运动中出现的问题,鉴于1958年国民经济的比例失调,提出经济计划要建立在充分可靠的基础上,注意国民经济各部门按比例发展的客观法则。为此调整了1959年的经济计划,初步降低了北戴河会议所确定的1959年工业生产的高指标,钢的产量指标由原定3 000万吨降为1 800万吨。由于全会错误地认为粮食已经过关,所以粮食产量指标仍定为5 250亿公斤,未降下来。全会对商业、财政、银行等方面的工作提出了若干改进意见,批评经济工作中的浮夸风。但制定的1959年度的工农业生产指标仍然偏高。全会同意毛泽东提出的他不作下届国家主席候选人的建议。

中共八届六中全会以后,在农村开展了整社工作。1958年12月20日,中共中央、国务院作出《关于适应人民公社化的形势改进农村财政贸易管理体制的决定》,指出,农村财政贸易体制应根据统一领导、分级管理的方针,实行机构下放、计划统一、财政包干的办法,也就是"两放、三统一、一包"的办法,即下放人员,下放资产;统一政策,统一计划,统一流动资金的管理;包财政任务。1959年1月13日至26日,全国农村工作会议在北京召开,讨论改进和加强农村人民公社的经营管理问题。2月17日,《人民日报》发表题为《人民公社要建立和健全生产责任制》的社论,要求各地建立"任务到队,管理到组,措施到田,责任到人,检查验收"的集体和个人责任制,批评当时实行"大兵团作战",搞"大呼隆",造成劳动力窝工浪费,效率低,农活质量差的做法。

整社工作虽然取得了一定成绩,但是人民公社内部分配制度上违反按劳分配原则,队与队之间、社员与社员之间贫富拉平的问题仍然存在,一平二调的"共产风"没有完全制止,并且继续搞高估产、高征购。在整社中又不适当地反对所谓本位主义的瞒产私分,引起农民不满。很多省出现了粮食收购任务完不成,市场货物短缺的状况。为了解决这些问题,中共中央在1959年2~4月间又召开了几次会议,继续解决人民公社管理体制和压低工农业生产指标等问题。

2月27日至3月5日,中共中央在郑州举行政治局扩大会议(第二次郑州会议)。会议的主题是继续解决人民公社的所有制、积累同分配的关系和纠正一平、二调、三收款的"共产风"问题。毛泽东在会上作了重要讲话,从理论上、政策上对公社所有制等问题,作了阐述,批评平均主义和过分集中的两种倾向。他强调指出,等价交换在社会主义时期是一个不能违反的经济法则,违反了就是"无偿占有别人劳动成果","是我们所不许可的"。会议要求公社在统一分配上,承认队与队、社员与社员之间的收入可以有合理的差别,实行按劳分配、等价交换的原则。在人民公社体制上,要实行权力下放,三级管理,三级核算,以队(即大队)为基础。还规定在清理"共产风"问题时,旧账一般不算。会议起草了《关于人民公社管理体制的若干规定(草案)》,印发了《郑州会议记录》,规定了整顿和建设人民公社的方针。根据毛泽东的讲话,会议提出十四句话:统一领导,队为基础;分级管理,权力下放;三级核算,各计盈亏;分配计划,由社决定;适当积累,合理调剂;物资劳动,等价交换;按劳分配,承认差别。这次会议在解决人民公社所有制和纠正"共产风"等问题上,起了积极作用。但是,在分配制度上仍然存在一些问题。

第二次郑州会议后,各省、市、自治区普遍召开了六级干部会议,贯彻郑州会议精神,从解决公社内部所有制问题入手来纠正"共产风",受到广大农民群众和基层干部的欢迎。毛泽东在各地传达贯彻第二次郑州会议精神和规定的过程中,以党内通信的方式,提出一些指导性意见。他告诫基层干部:一定要每日每时地关心群众利益,时刻想到自己的政策措施一定要适合当前群众的觉悟水平和当前群众的迫切要求。

贯彻郑州会议精神过程中,中共中央和毛泽东对公社内部的"共产风"问题,有了进一步的察觉和认识。但是,由于是在充分肯定"三面红旗"的前提下贯彻郑州会议精神的,并且采用大辩论的形式批判所谓"观潮派"和"秋后算账派",因此许多干部仍然心存疑惧,采取观望态度,不能根本纠正

"左"的指导思想问题。

3月25日至4月1日,中共中央在上海召开政治局扩大会议。会议提出的《关于人民公社的十八个问题》的会议纪要,规定了整顿人民公社的一些重要政策和具体措施:(1)人民公社三级所有、队为基础的制度,要有一个相当长的稳定时期,不能很快改变。将来从基本生产队所有制改变为基本公社所有制时,不能使任何一个生产队和任何个人在经济上吃亏。(2)对公社化和大炼钢铁中平调生产队的物资、劳动力等项"旧账要算,而且要退赔"。(3)农村公社的全部劳动力,用于农业生产方面的,一般不应少于80%。会议还对1959年国民经济计划指标进行一些调整,其中钢产量由1 800万吨降为1 650万吨。

4月2日至5日,在上海举行中共八届七中全会。由毛泽东主持会议。会议的主要任务是检查人民公社的整顿工作,进一步调整生产指标,通过1959年国民经济计划。全会对主要生产指标作了适当调整。但规定的增长速度仍然很高,甚至比1958年的增长速度还高,因此这个计划仍是严重脱离实际的。全会同意上海政治局扩大会议作出的《关于人民公社十八个问题》的会议纪要,强调人民公社三级所有、队为基础的制度要相对稳定,要实行生产小队的部分所有制。毛泽东在讲话中还提出要在党内造成有话就讲,有缺点就改进的空气。全会还讨论决定了准备向第二届全国人民代表大会第一次会议提出的国家机构领导人候选人的提名方案。

从1958年11月到1959年4月,共产党经过努力,艰难地纠正社会主义建设中出现的若干"左"倾错误。但是,由于坚持对"三面红旗"持肯定态度,因此也就不能从根本上纠正社会主义建设指导方针上的"左"倾错误。

二、第二届全国人民代表大会第一次会议

根据中华人民共和国宪法的规定,第二届全国人民代表大会代表的选举,应该在1958年7月15日以前完成。1957年7月15日第一届全国人民代表大会第四次会议通过决议,确定第二届全国人民代表大会代表的名额,并规定代表的选举提前在1958年6月15日以前完成。第二届全国人民代表大会代表选举产生之后,经过各方面的筹备,到1959年4月,召开第二届全国人民代表大会第一次会议的准备工作基本完成。

4月18日至28日,中华人民共和国第二届全国人民代表大会第一次会议在北京举行。出席代表1 226人,其中女代表150人,占代表总数的

12.2%;少数民族代表179人,占代表总数的14.6%。大会听取国务院总理周恩来作的《政府工作报告》,国务院副总理兼国家计划委员会主任李富春作的《关于1959年国民经济计划草案的报告》,国务院副总理兼财政部部长李先念作的《关于1958年国家决算和1959年国家预算草案的报告》,第一届全国人民代表大会常务委员会副委员长兼秘书长彭真作的《中华人民共和国全国人民代表大会常务委员会的工作报告》。大会代表对上述报告进行了讨论,并通过了相应的决议。

大会通过的1959年度国民经济计划仍然是高指标的,按照这个计划,工业总产值增长41%,农业总产值增长39%。其中钢产量1 800万吨,煤产量3.8亿吨,粮食产量5 250亿公斤,棉花产量1亿担。国家基本建设投资确定为270亿元,比上年增加26%。

大会选出新的国家机构领导人员。选举刘少奇为中华人民共和国主席,宋庆龄、董必武为副主席;选举朱德为全国人民代表大会常务委员会委员长,林伯渠、李济深、罗荣桓、沈钧儒、郭沫若、黄炎培、彭真、李维汉、陈叔通、达赖·丹增嘉措、赛福鼎、程潜、班禅额尔德尼·却吉坚赞、何香凝、刘伯承、林枫为副委员长,彭真兼秘书长;选举谢觉哉为中华人民共和国最高人民法院院长,张鼎丞为中华人民共和国最高人民检察院检察长。大会根据中华人民共和国主席刘少奇的提名,决定周恩来为国务院总理。根据国务院总理周恩来的提名,大会通过由中华人民共和国主席任命陈云、林彪、彭德怀、邓小平、邓子恢、贺龙、陈毅、乌兰夫、李富春、李先念、聂荣臻、薄一波、谭震林、陆定一、罗瑞卿、习仲勋为国务院副总理;习仲勋兼国务院秘书长。并任命了各部、委的部长及主任。

会议还通过《关于西藏问题的决议》。会议完全同意国务院对原西藏地方政府和上层反动集团在1959年3月10日举行叛乱后所采取的各项措施。会议对迅速平定叛乱的中国人民解放军驻西藏部队表示敬意和慰问,对积极协助解放军平定叛乱的西藏僧俗各界人民和各阶层人士表示敬意和慰问。

在第二届全国人民代表大会第一次会议召开的同时,中国人民政治协商会议第三届全国委员会第一次全体会议也在北京召开。李维汉在会上作《关于中国人民政治协商会议第二届全国委员会常务委员会的工作报告》,会议讨论通过了这个报告,会议还讨论了其他议题。全体政协委员列席了第二届全国人民代表大会第一次会议,听取了政府工作报告和其他报告。

会议选举毛泽东为中国人民政治协商会议第三届全国委员会名誉主席,周恩来为主席,彭真、李济深、郭沫若、沈钧儒、黄炎培、李维汉、李四光、陈叔通、陈嘉庚、包尔汉、陈毅、康生、帕巴拉·格列朗杰、阿沛·阿旺晋美为副主席。

三、庐山会议、纠正"左"倾错误的中断

从1958年下半年开始,长期以来工农业生产的高指标给国民经济造成的严重恶果日益明显地暴露出来。1959年5月,农业生产开始急剧下降;周转粮食库存不足,城乡商品粮供应严重匮乏;工业由于内部比例失调,原材料供应不足,已经严重影响到正常生产的进行;市场上出现通货膨胀,副食品和生活日用品供应紧张等现象。为了扭转紧张的局面,必须采取应急措施,降低国民经济计划指标。中共中央决定委托陈云调查落实计划指标。5月,陈云经过调查核实,向中共中央政治局和毛泽东提出关于国民经济计划指标的落实意见。6月13日,中共中央政治局常委经过讨论,同意陈云提出的建议,以中共中央的名义发出《关于调整1959年主要物资分配和基本建设计划的紧急指示》,重新核实了1958年工农业产值,其中钢为800万吨,煤为27 000万吨,粮食为2 500亿公斤,棉为4 200万担。同时压低1959年的计划指标,钢为1 300万吨,煤为33 000万吨,粮为2 750亿公斤,棉为4 620万担。这样以来,工农业生产的指标,基本上与实际情况一致了。

为了进一步总结经验教训,纠正错误,7月2日到8月16日,中共中央在庐山先后召开政治局扩大会议和八届八中全会,即庐山会议。7月2日到8月2日的政治局扩大会议,参加者有中央政治局委员,各省、市、自治区党委第一书记,中共中央和国家机关一些部委的负责人。政治局扩大会议前期定的议题是总结经验,纠正错误。会议开始后,毛泽东首先讲话,他提出19个问题,指出当时的形势是"成绩很大,问题不少,前途光明"。他说,"大跃进"的重要教训之一是没有做到综合平衡。指出,在整个国民经济中,综合平衡是个根本问题。今后安排国民经济计划时,必须以农业、轻工业、重工业的顺序进行。他提出在人民公社和农村工作中,要使生产小队成为半核算单位,恢复农村初级市场,实行粮食的三定政策,办好公共食堂。他还提倡干部读书,总结经验,认识客观经济规律。毛泽东的讲话在肯定"三面红旗"的前提下,提出要总结经验教训,克服缺点错误,主要是"左"倾错误。

会议从7月3日起分东北、华北、西北、华东、西南、中南区六个组进行

讨论。在讨论过程中,对如何估计国内形势的问题出现两种意见,一部分人从实际出发,认真总结1958年的经验教训,批评大跃进运动中的错误,认为农村"共产风"、农村食堂、供给制等损害了农民的积极性,破坏了农村经济的发展;一部分人不满意对实际工作中缺点错误的批评,认为是泼冷水,是右倾。会议期间,中共中央政治局委员、国防部长彭德怀曾在西北组作了几次发言,他7月13日晚给毛泽东写了一封信,14日抄送毛泽东。彭德怀针对当时客观存在的问题及会议讨论的情况,在信中陈述他对1958年以来"左"倾错误及其经验教训的意见。他的信分甲乙两部分,在甲部分中肯定了1958年以来的工作成绩,指出中国经济增长的速度是各国从未有过的,"总路线是正确的"、"成绩确是伟大的",同时也指出1958年工作中存在缺点错误。在乙部分中,彭德怀陈述并分析"大跃进"以来出现的缺点错误以及产生的原因。他指出,"大跃进"的缺点错误造成的突出矛盾,主要是由于比例失调而引起各方面的紧张。在全民炼钢中有失有得,就其失误已经影响到工农之间、城市各阶层之间和农民各阶层之间的关系看,其性质具有政治性。他认为在思想方法和工作作风方面,浮夸风较普遍地滋长起来,小资产阶级的狂热性总想一步跨进共产主义,抢先思想一度占了上风,使我们容易犯"左"的错误,把党长期以来所形成的群众路线和实事求是作风置之脑后。在思想方法上,往往把战略性的布局与具体措施,长远性的方针与当前步骤,全体与局部,大集体与小集体等关系混淆起来。他认为"纠正这些'左'的现象,一般要比反掉右倾保守思想还要困难些"。彭德怀在信的结尾写道:希望"系统地总结一下我们去年下半年以来工作中的成绩和教训,其目的是要达到明辨是非,提高思想,一般的不去追究个人责任"。彭德怀的信整个内容基本上是正确的,对问题的分析也是实事求是的,诚恳的。这种向党的主席写信表达自己意见的方式,也是符合组织原则的。彭德怀向毛泽东递交这封信的本意是给毛泽东作个参考,希望由毛泽东主席出面讲一讲,影响大些。16日,毛泽东把彭德怀的信加上"彭德怀同志的意见书"印发给与会者,要求展开讨论。中共中央政治局候补委员、外交部副部长张闻天作了一个从理论上系统地阐明纠"左"的必要性的发言,并明确表示支持彭德怀的信。中共中央书记处书记、中国人民解放军总参谋长黄克诚17日刚上庐山,他私下表示,彭德怀的信"不太妥当"。但他19日在小组会上的发言对形势总的看法与彭德怀的信一致,对彭的信实质上持肯定态度。湖南省委第一书记周小舟在19日的小组会上发言,明确表示同意彭德怀的信。不少同志对彭德怀信中的观点尤其彭德怀敢于发表意见的精神，表示赞同。就连对彭德怀的信提出质疑或表示反对的人，对彭德怀"有什么意见就讲出来"的精神也是肯定的。

毛泽东不能正确对待批评意见，于23日，在大会上讲话，错误地批判彭德怀的信，认为这封信表现了"资产阶级的动摇性"，是向党进攻。还把黄克诚、张闻天、周小舟关于纠"左"的意见都当作"右倾机会主义"。于是，在毛泽东左右下，政治局扩大会议后期，开展对所谓"彭德怀、黄克诚、张闻天、周小舟反党集团"的斗争，并决定召开党的八届八中全会，进一步清算"以彭德怀为代表"的所谓"右倾机会主义"的错误。

8月2日至16日，中共中央在庐山召开八届八中全会。会议的主要议程是：检查1958年国民经济计划的执行情况和讨论通过1959年国民经济计划；继续揭发批判所谓"以彭德怀为首的右倾反党集团"。

全会开幕时，毛泽东讲了话。他指出，现在有一种分裂倾向，庐山会议已不是反"左"的问题，而是反右的问题了。全会继续错误地批判彭德怀等人，指责彭德怀的信是"右倾机会主义向党进攻，妄图篡党夺权的纲领"，并毫无根据地宣称彭德怀、黄克诚、张闻天、周小舟结成了"军事俱乐部"性质的反党集团，并牵连历史上的问题一起批判。8月11日，毛泽东在全会上再次讲话，把彭德怀等人的正确意见指责为主观唯心主义的经验主义，把彭德怀等人说成是"资产阶级民主主义者"、"党内的同盟者"。8月16日，全会错误地通过《关于以彭德怀同志为首的反党集团的错误的决议》。决议提出把彭德怀、黄克诚、张闻天、周小舟等调离国防、外交、省委第一书记等工作岗位，保留其中共中央委员或候补委员、中央政治局委员或候补委员职务，"以观后效"。毛泽东在一个批示中说："庐山出现的这一场斗争，是一场阶级斗争，是过去十年社会主义革命过程中资产阶级与无产阶级两大对抗阶级的生死斗争的继续。"后来对彭、黄、张、周等人的批判继续升级，牵连影响到许多人。"文化大革命"期间，开国功勋彭德怀、曾是共产党一届领袖的张闻天等被迫害致死，造成一起重大冤案。

在庐山会议上，毛泽东错误地发动对彭德怀等人的斗争之后，随之又错误地开展"反右倾"斗争和"继续跃进"运动。中共十一届六中全会通过的《关于建国以来党的若干历史问题的决议》指出："这场斗争在政治上使党内从中央到基层的民主生活遭到严重损害，在经济上打断了纠正左倾错误的进程，使错误延续了更长时间。"

四、"反右倾"与"继续跃进"

中共八届八中全会期间,中共中央于8月7日向各省、市、自治区党委发出《关于反对右倾思想的指示》。各省、市、自治区党委收到《指示》后都召开紧急会议,部署"反右倾"斗争。全党范围内的"反右倾"运动开始了。8月16日,八届八中全会错误地通过《为保卫党的总路线、反对右倾机会主义而斗争》的决议,指出:"右倾机会主义已经成为当前党内主要危险。"

庐山会议后,从1959年8月到1960年春,全党掀起一场"反右倾"斗争,给社会主义建设事业带来严重恶果。在政治上,这场"反右倾"运动,严重混淆了党内正常的批评与阶级斗争的界限,把坚持实事求是、敢于讲真话、反对"左"倾错误的党员干部,打成反党反社会主义的右倾机会主义分子,给予惩处,打击了广大党员干部的积极性,使党内民主生活遭到严重破坏,同时助长了浮夸、说假话的不良风气。在经济建设上,中断了对"左"倾错误的纠正,错误地转向"反右",又把许多"左"倾错误观点和做法当作正确的东西加以肯定,并继续发动新的跃进运动,从而使"左"的错误进一步延续和发展,造成更大的危害。

中共八届八中全会通过《关于开展增产节约的决议》。根据当时提出的"反右倾、鼓干劲"的精神,全会提出争取在1959年提前三年完成国民经济第二个五年计划的主要指标;从1958年算起的十年内,要在主要工业产品的产量方面赶上英国;要大大提前完成1956年到1967年的农业发展纲要。为此,号召全国人民立即行动起来,开展增产节约运动,掀起新的生产高潮。全会根据国家统计局对1958年国民经济核实的数字,考虑到1959年上半年工农业生产发展的实际情况和夏季出现的大面积的水、旱、虫等灾害情况,决定调整1959年的国民经济计划指标。全会认为,调整后的计划,"仍然是一个继续跃进的计划"。

在国民经济一片"看涨"声中,1960年元旦,中央提出"开门红,满堂红,红到底"的口号,掀起新的"大跃进"运动。第一,制定了更高的、不切实际的"高指标"。1960年3月,二届人大二次会议提出的1960年的计划指标是:工业总产值在1959年增长39.3%的基础上再增长29%,农业总产值在1959年增长16.7%的基础上再增长12%。由于1959年估产偏高,实际上工业总产值要增长41.6%,农业总产值要增长77%。钢(不包括土钢)产量从1 353万吨增加到1 840万吨,增加38%;原煤产量从3.47亿吨增加到4.25亿吨,增加22%;粮食产量从2 700.5亿公斤增加到2 970亿公斤,增加10%;棉花产量从4 820万担增加到5 300万担,增加10%;基本建设投资(预算部分)由267亿元增加到325亿元,扩大了22%。这样高的指标,显然是脱离实际的。但这还只是"第一本账",当时还编制了党内必须确保完成的更高的指标——"第二本账"。比如钢产量,号召完成和超额完成2 040万吨的任务。

第二,继续大搞"小洋群"、"小土群"①。为完成新的"跃进"计划,重新大搞群众运动式的"洋法"、"土法"兴办工业的热潮。在全国有煤、铁资源的县、市和有条件的公社搞起了采煤、挖矿、炼铁、短途运输的小煤窑、小铁矿、小高炉、小转炉、小铁路的所谓"五小成群",及小有色金属矿、小化工、小水泥、小水电等。全国有21个省、市、自治区的"小洋群"、"小土群"职工超出当地职工的半数。

第三,大搞全民性的技术革命运动。1960年1月,中共中央号召在全国"立即掀起一个以大搞半机械化和机械化为中心的技术革新和技术革命运动",要求用大搞群众运动的办法,大气魄、高速度地实现机械化和半机械化,并进而向半自动化、自动化发展。这样,在全国很快掀起了全民性的"双革"运动高潮。

第四,大办城市人民公社,普遍推行城乡公共食堂化。1960年7月底宣布,全国大中城市已经建立1 000多个人民公社,参加人民公社的人口占城市人口总数的77%。据报道,贵州省农村人民公社有94%的社员在公共食堂吃饭。

新的"大跃进",对国民经济造成了更大的破坏,整个国民经济陷于极其困难的境地。

五、中共八届九中全会对"左"倾错误的再次纠正

由于纠正大跃进和人民公社化运动"左"倾错误的中断,共产党在经济工作指导方针上再次发生严重失误,加上连年的自然灾害和苏联政府撕毁援助中国经济建设的合同,造成了国民经济的严重困难。工农业生产大幅度下降,粮食、副食品以及日用工业品奇缺。许多地区流行因饥饿引起的浮肿病,有的地区出现饿死人的现象。

面对惨痛的现实,1960年9月,中共中央转发国家计委党组《关于1961

---

① 指用"洋法"、"土法"建起的小高炉、小平炉、小煤窑等群体。

年国民经济计划控制数字的报告》，完整地提出国民经济"调整、巩固、充实、提高"的方针。11月，中共中央发出《关于农村人民公社当前政策问题的紧急指示信》(即"十二条")，全国农村开展以纠正农村工作中的"左"倾错误为中心内容的整风整社运动，得到广大农民群众的普遍欢迎。

1960年12月24日至1961年1月13日，中国共产党在北京召开中央工作会议。毛泽东在会上讲话，着重提出调查研究的问题。他希望1961年成为一个调查年，实事求是年。他说，我们党是有实事求是传统的，但是，解放以来，特别是最近几年，我们调查做得少了，不大摸底了，大概是官做大了。他要求大兴调查研究之风，一切从实际出发。这次中央工作会议，为中共八届九中全会作了准备。

1月14日至18日，中国共产党八届九中全会在北京举行。全会讨论1961年国民经济计划，听取和讨论李富春《关于1960年国民经济计划执行情况和1961年国民经济计划主要指标的报告》，决定从1961年起，对整个国民经济实行"调整、巩固、充实、提高"的八字方针，重点是调整。要调整国民经济各方面的比例关系，主要是调整农业、轻工业、重工业的比例关系，使国家建设和人民生活得到统筹兼顾，全面安排；要巩固国民经济发展中的成绩，使其向纵深发展；要以少量的投资来充实一些部门的生产能力，使其成龙配套，发挥更大的经济效益；要提高产品质量，增加产品品种，提高管理水平和劳动生产率。

全会认为，当前经济工作中的重要问题是在农、轻、重之间，生产资料和消费资料生产之间，积累和消费之间的比例关系严重失调。全会要求在编制国民经济计划工作中，要按照农、轻、重的次序安排经济。适当调整国民经济各部门的相互关系和发展速度，要努力加强农业战线，适当缩短工业战线。在工业生产的安排中，要贯彻先生产、后基建，先采掘、后加工，先维修、后制造，先质量品种、后数量的原则，以便在现有数量基础上加强薄弱环节，改善质量，降低成本，提高劳动生产率。全会确定1961年的国民经济工作要更好地贯彻以农业为基础、把农业放在首位的方针，争取农业丰收，特别是争取粮食丰收。为此，全会提出全党全民大办农业、大办粮食的号召。

全会指出，由于农业歉收和轻工业原料供应不足而形成的市场商品供应的暂时困难，是一个急需解决的重要问题。要求各有关部门迅速采取措施，帮助轻工业、城乡手工业、家庭副业和郊区农业的发展，增加各种日用品和副食品的生产，同时改进商业工作，活跃农村初级市场，以便逐步改善商品供应情况。

　　根据毛泽东"不能剥夺农民"的讲话精神,全会讨论并通过《关于农村整风整社和若干政策问题的讨论纪要》。《纪要》肯定了贯彻"十二条"后,农村形势开始好转,要求继续做好整风整社工作。强调通过整风整社,进一步调整农村中的生产关系和上层建筑,提高干部和群众的政治水平,整顿干部作风,调整干群关系,加强党组织的堡垒作用,以充分调动农民的生产积极性。《纪要》指出,在整风整社运动中,要彻底检查和纠正"五风",即共产风、浮夸风、命令风、干部特殊风和对生产瞎指挥风,彻底反对贪污、浪费、官僚主义,彻底清算平调账目,坚决退赔平调的财物。《纪要》决定提高粮食、油料、生猪和禽蛋等农副产品的收购价格;调整社员留用自留地的比例,并20年不变;关于养猪政策,确定以私养为主,并鼓励社员发展其他小规模的家庭副业。

　　全会听取并讨论了邓小平关于各国共产党和工人党代表会议的报告,通过了相应的决议。全会对刘少奇为首的中国共产党代表团在莫斯科会议期间的工作表示满意。

　　全会还批准1960年9月中共中央政治局决定成立的六个中央局,即中共中央东北、华北、华东、中南、西南、西北局,各中央局分别代表中央加强对各省、市、自治区党委的领导,以便保证中共中央的方针政策的贯彻执行。随后相继决定:陶铸为中南局第一书记,宋任穷为东北局第一书记,李井泉为西南局第一书记,刘澜涛为西北局第一书记,李雪峰为华北局第一书记,柯庆施为华东局第一书记。

　　中共八届九中全会尽管对中国国民经济困难的程度和调整的意义还有不同的认识,但是毕竟确定了"八字方针",表明国民经济的指导方针已经由"全面大跃进"转向调整,国民经济进入调整阶段。毛泽东在会上号召全党发扬实事求是的优良传统,大兴调查研究之风,推动各级领导干部深入实际、深入基层,着手总结经验,发现和解决问题。

　　六、北京七千人大会

　　中共八届九中全会召开以后,中共中央领导人和各中央局、省、市、自治区主要负责人,都带头深入到基层单位,作调查研究。在全党调查研究的基础上,中共中央陆续制定了《农村人民公社工作条例(草案)》(简称"农业六十条")、《关于减少城镇人口和压缩城镇粮食销量的九条办法》、《关于改进商业工作的若干规定(试行草案)》(简称"商业四十条")、《关于确定林权、保护山林和发展林业的若干政策规定(试行草案)》、《关于城乡手工业若干政策问题的规定(试行草案)》(简称"手工业三十五条")、《关于自然科学研究机构当前工作的十四条意见》(简称"科研十四条")、《国营工业企业工作条例(草案)》(简称"工业七十条")、《中华人民共和国教育部直属高等学校暂行工作条例(草案)》(简称"高教六十条")等规定及工作条例草案,颁发试行,以期进一步纠正大跃进运动以来的错误,切实贯彻"八字方针",调整国民经济。

1961年,全国在调整农村生产关系和贯彻"农业六十条"政策方面,取得显著成效。但是,由于党和各级政府对困难形势估计不足,在整个经济工作中贯彻"八字方针"不够果断坚决,工业的调整工作进展缓慢,因此困难的经济形势未能得到根本扭转。客观形势需要执政的中国共产党发扬党内民主,总结经验教训,采取更得力的措施,迅速恢复和发展国民经济。

1962年1月11日至2月7日,中共中央在北京举行扩大的工作会议。参加会议的有中共中央、各中央局、各省、市、自治区党委及地委、县委、重要厂矿企业和部队的负责干部7 000多人,因此又称"七千人大会"。这次大会分两个阶段。第一阶段从1月11日至29日上午,主要讨论、修改刘少奇代表中共中央所作的书面报告(第一稿),经较大修改,写出"书面报告"第二稿,与会者表示满意,认为"说出了多年想说的话"。第二阶段从1月29日下午至2月7日,主要是"开出气会"。毛泽东在1月29日的大会上说,没有民主就不可能有集中,关键要上下通气。他号召要发扬民主,"开出气会",得到与会者的热烈欢迎。1月30日,毛泽东在全体会议上作重要讲话,郑重指出必须健全党内民主集中制,加深认识社会主义建设的规律,并做了自我批评,把会议推向发扬民主、开展批评与自我批评的高潮。1月31日上午至2月6日,各大组对省委、中央局、国家机关及有关负责人提出批评意见,省委主要负责人都做了检讨。中共中央、国家机关一些部、委的负责人也做了自我批评。中央领导人分别到各大组听取对中央工作的批评意见。大会闭幕后,刘少奇主持对"书面报告"第二稿进行修改,补充了毛泽东关于民主集中制问题的讲话,形成"书面报告"第三稿,作为正式文件下发。

七千人大会初步总结了1958年以来的经验教训。刘少奇在"书面报告"和讲话中总结了建国12年来,特别是近四年来在经济建设方面的基本经验。主要的有以下几条:1. 以农业为基础发展国民经济,是我们的一个根本方针。要有计划按比例地发展社会主义经济,必须正确处理工业和农业的比例关系。工业的发展规模,必须同农业能够提供的农产品和能够腾出的劳动力(包括粮食和工业原料),在一定程度上相适应。2. 不能混淆社会主义的全民所有制和集体所有制的界限,如果混淆二者的界限,不顾生产力的发展水平,违反了客观可能条件和农民的自愿原则,过早过急地把集体所有制改变为全民所有制,就会犯剥夺农民的错误,就会损害以致破坏工农联盟。3. 社会主义经济,要有统一的国民经济发展计划,计划指标必须符合实际,并且适当留有余地。计划工作必须注意综合平衡。4. 必须充分发展商品交换。社会主义商业除国营商业外,还应当有集体所有制商业,在农村中还应该保持农村集市贸易作为补充。5. 社会主义阶段的分配原则是按劳分配,交换原则是等价交换。6. 中国的社会主义建设必须实行自力更生、勤俭建国的方针。7. 必须认真实行精兵简政。这是克服官僚主义、命令主义,加强与群众的联系,提高工作效率,节省开支,保证建设,增加生产的一个根本方针。8. 在社会主义建设事业中,必须加强党的领导,共产党必须把自己的领导与群众的实践结合起来,必须把总路线同各项具体政策结合起来。

"书面报告"指出,当前经济困难的原因,除了自然灾害外,就是1958年以来我们工作中的缺点与错误,其主要表现是:工农业生产的计划指标过高,基本建设战线过长,国民经济各部门的比例关系严重不协调,积累和消费的比例关系严重不协调;在农村人民公社的工作中,一个时期混淆了两种所有制的界限,对集体所有制进行了不适当的过急的变动,违反按劳分配、等价交换的原则,刮了"共产风";在手工业和商业方面,也犯了急于把集体所有制改变为全民所有制的错误;不适当地要求在全国范围内建立许多完整的工业体系,没有因地制宜,而且权力下放过多,分散主义有了严重滋长;对农业增产的速度估计过高,对建设事业的发展要求过急,城市人口增加过多,造成城市供应和农业生产的困难。

刘少奇指出,成绩和缺点恐怕是七个指头和三个指头的关系,一部分地区可以说缺点和错误是主要的。错误的责任首先在中央,其次各省也要负责。他还指出,产生错误的原因,一方面是因为我们在经济工作中的经验不足;另一方面是几年来党内不少同志不够谦虚谨慎,丢掉了党的实事求是和群众路线的传统作风,违反了民主集中制原则。

毛泽东指出,如果没有充分的民主生活,没有真正实行民主集中制,就不能实行批评和自我批评;没有民主,群众和干部不敢讲话,就不可能调动他们的积极性,不可能克服困难;没有民主,就不可能有正确的集中,不可能正确地总结经验,不可能制定出好的路线、方针、政策和办法;如果没有广泛的人民民主,无产阶级专政就不能巩固,政权就会不稳。因此,他强调不论党内党外,都要有充分的民主生活,都要认真实行民主集中制。毛泽东还要求全党努力探索社会主义建设的规律。他指出:认识社会主义建设客观规律,有一个由必然王国到自由王国的过程。在这个过程中,我们要克服盲目性,加强学习,加强调查研究,要把马克思主义普遍真理同中国社会主义建设的具体实际结合起来。毛泽东作自我批评时说:我们这几年工作中的缺点、错误,第一笔账,首先是中央负责,中央又是我首先负责。"凡是中央犯的错误,直接的归我负责,间接的我也有份,因为我是中央主席。我不是要别人推卸责任,其他一些同志也有责任,但是第一个负责任的应当是我。"①

周恩来作了《这几年的社会主义建设工作》的讲话,他分析几年来建设工作中的缺点和错误及当前经济生活中的主要困难,提出克服困难的主要办法,并代表国务院作了自我批评。邓小平作了《党的建设和党内生活问题的讲话》,指出最近几年,党的领导、党的工作是有严重错误的,特别重要的是党的优良传统受到削弱。他提出要把党的优良传统恢复和发扬起来,必须注意健全党的生活,坚持民主集中制。陈云在陕西大组会上讲了话,他指出制定国民经济的发展计划,必须遵循客观规律,从客观的可能出发。

林彪也在会上讲了话,他别有用心地说,造成困难的原因是没有"尊重"并"干扰"了毛泽东的意见。林彪这种明显讨好毛泽东的讲话,阻碍了党认真吸取经验教训。

七千人大会动员全党切实抓好国民经济的调整工作。"书面报告"指出,从农业开始的调整工作已经进行了一年多,还要进行一段时间。1962年是国民经济进行调整工作最关键的一年,必须抓紧做好下列工作:1. 从各方面加强农业战线,力争多生产一些粮食、棉花、油料和其他经济作物。2. 积极增加轻工业和重工业的生产,保证实现国家的生产指标。3. 坚决实行精兵简政的方针,继续压缩城镇人口,精简职工。4. 继续缩短基本建设战线,绝不允许任意追加国家计划以外的建设项目。5. 调整工业企业的生产任务,坚决压缩或者停止那些原料消耗多和产品质量低的企业生产,使那

---

① 毛泽东著作选读.下册.北京:人民出版社,1986.822

些原料、材料消耗少和产品质量高的企业,尽可能地增加生产。6. 认真地做好商业工作,把提高质量,增加品种,提高劳动生产率,降低成本,当作首要任务,坚决扭转某些企业赔钱的状况。

这次会议发扬了党内民主,对于统一全党认识,纠正"左"倾错误,进一步全面贯彻"八字方针",促进国民经济好转,起了积极作用。但是,由于历史的局限,大会还未能从根本上认识"左"的指导思想的错误。虽然大会决定为"反右倾"斗争中处理错了的干部甄别,但对阶级斗争扩大化的错误,没有能够进行认真的清理。

第四节 社会主义教育运动

一、中国共产党八届十中全会

全国范围的调整国民经济工作展开以后,由于认真贯彻执行国民经济的调整、巩固、充实、提高的方针,取得了显著成效。到1962年8月,工农业生产形势好转,国民经济最困难时期已经渡过。但是,经济形势还没有全面好转,还存在困难。在农村,经营管理和生产责任制方面还存在许多问题,需要进一步解决。在工业生产中,不少企业的产品质量不好,劳动生产率很低,生产成本很高,甚至还有大量亏损。因此,全面的中心任务,应当仍然是继续贯彻"八字方针",落实各项政策,争取国民经济的全面好转。

1962年9月24日至27日,中共八届十中全会在北京举行。全会讨论了农业问题,通过《农村人民公社工作条例(修正草案)》,这是根据"农业六十条"草案发布后一年多的经验,将原草案作了进一步修改而写成的。决定将人民公社的基本核算单位改为生产小队,即三级所有,队为基础,30年不变。这对于稳定农民的情绪,调动农民的生产积极性,恢复和发展农业生产,有着积极作用。全会还通过《关于进一步巩固人民公社集体经济,发展农业生产的决定》。全会明确提出,要贯彻以农业为基础,以工业为主导的发展国民经济的总方针,把发展农业放在首要地位。

全会讨论了商业问题,通过《关于商业问题的决定》,提出商业工作的原则是"发展生产,保障供给";方针是为农业生产和工业生产服务,为人民生活服务。规定了国营商业、合作商业和集市贸易三条流通渠道的不同作用。国营商业是主体和领导力量,合作社商业是国营商业的有力助手,集市贸易是国营商业的必要补充。

全会强调加强科学文化教育和科学技术的研究,特别要注意对农业科学技术的研究,大力培养这方面的人才,同时要加强对知识分子的团结和教育工作,使他们充分发挥应有的作用。

全会讨论了国际、国内形势问题,过分地估计了阶级斗争形势的严重性,按照毛泽东的观点把社会主义社会中一定范围内的阶级斗争扩大化和绝对化了。中共八届十中全会公报提出:"在无产阶级革命和无产阶级专政的整个历史时期,在由资本主义过渡到共产主义的整个历史时期(这个时期需要几十年,甚至更多的时间),存在着无产阶级和资产阶级之间的阶级斗争,存在着社会主义和资本主义这两条道路的斗争。被推翻的反动统治阶级不甘心于灭亡,他们总是企图复辟。""这种阶级斗争,不可避免地要反映到党内来。国外帝国主义的压力和国内资产阶级影响的存在,是党内产生修正主义思想的社会根源。在对国内外阶级敌人进行斗争的同时,我们必须及时警惕和坚决反对党内各种机会主义的思想倾向。"还提出"千万不要忘记阶级斗争"的口号,强调对阶级斗争要"年年讲,月月讲,天天讲",只跟少数人讲不行,要使大多数人都知道。经毛泽东审定和改写的这些论断,既违背了马克思主义的基本原理,又不符合中国的实际情况。

在阶级斗争扩大化理论的影响下,中共八届十中全会错误地批判了所谓"黑暗风"、"单干风"和"翻案风"。所谓"黑暗风",是对"大跃进"以来的错误经济形势比较正确的认识和判断的诬蔑与批判。当时许多思想僵化或有意讨好毛泽东的共产党人,认为困难并不严重,形势仍然是好的;另有一些比较实事求是的共产党人则认为困难比较严重,形势比较严峻。毛泽东虽然也说过违背了客观规律,受到惩罚,碰了钉子。但他多数时候表示错误就那么一点,没有什么了不得。1962年2月的西楼会议和5月的中央工作会议认为困难比较严重,强调要把困难估计够,由此制订出一些比较正确的方针和措施。并把"争取快,准备慢"作为工作的基点,设想整个农业经济的恢复不会很快。毛泽东不同意这种看法,并把这两次会议对形势和困难的实事求是的估计说成是"黑暗风",加以批判。毛泽东在1962年8月北戴河会议上,多次讲话强调形势"并非一片黑暗"。他认为自1960年下半年以来,大家只讲黑暗,不讲光明。并严厉地批评说:有那么一些人,专门鼓单干之劲,鼓黑暗之劲,鼓讲缺点错误之劲。在毛泽东这种观点影响下,十中全会批判"黑暗风",一些对困难估计严重的同志,只得重新认识形势、困难,改变自己比较正确的观点。

所谓"单干风"问题,下文将专门阐述。中共八届十中全会把行之有效的农业生产责任制当作"单干风"批判,使各种形式的生产责任制都被废止了,伤害了广大社员的生产积极性,影响了农业生产的发展。

全会对所谓"翻案风"的批判也是完全错误的。彭德怀1962年6月向中共中央和毛泽东主席写了一封长达8万字的信,8月又写了一封短信。这两封信主要是申诉他在党内没有搞"反党小集团",没有"企图篡党的野心",也没有"里通外国"在中国"搞颠覆活动",要求组织审查。这种按照共产党的组织原则向中共中央陈述个人意见的做法,是一个共产党员应当享有的民主权利。但是,中共八届十中全会却把彭德怀的这种做法说成是为自己"翻案",不但当作"翻案风"批判,而且立案审查,这是完全错误的。中共八届十中全会在新增补的中共中央书记处书记康生的策动下,对李建彤写的历史小说《刘志丹》进行了批判。全会错误地把创作《刘志丹》当作是利用小说反党、为高岗翻案,成立了由康生负责的专案组,诬陷、迫害了许多人,制造了一起冤案。中共八届十中全会及其会后对"翻案风"的批判,使正在进行的为"反右倾"运动中被错误打击的人的平反工作中断了,曾经提出给错划的"右派分子"进行改正的工作,基本上没有进行。老的冤案未得到彻底纠正,又制造了新的冤案。

全会增选陆定一、康生、罗瑞卿为中央书记处书记,并增选了中央监察委员会委员。

全会鉴于当时国民经济还存在困难,需要全党团结一致,进一步贯彻"八字方针",继续调整国民经济的形势,采纳了刘少奇等人的意见,提出要把做好当前的经济调整工作放在第一位,不要因抓阶级斗争而干扰经济工作。

中共八届十中全会的正确方面,是坚持对当时国民经济进行调整的"八字方针",对国民经济的恢复和发展起了积极的推动作用。错误的方面是接受了毛泽东关于阶级斗争的错误观点,并把这些错误观点进一步系统化、理论化,从而使政治、思想、文化等方面的"左"倾错误,日益严重地发展起来。

二、"包产到户"问题论争

在农业经济调整中,共产党领导人对于缩小社队规模、把基本核算单位下放到生产队、生产管理上推行"责任制"等调整措施,认识上是一致的。而且在巩固集体经济、反对单干问题上,思想认识也没有根本分歧。中共中央和党的主要领导人都曾明确指出,基本核算单位退到生产队是最后防线,不应当再退①,分田单干,是不行的②。但是,对于农业生产责任制形式问题,在认识上产生严重分歧,发生争论。

农业调整之初,中共中央颁布的《农业六十条(草案)》曾明确指出,农业生产实行"三包一奖制"(包产、包工、包成本、超产奖励),要求"建立严格的田间管理责任制","有的责任到组,有的责任到人"。各地推行生产责任制时,出现包产到户这一比较符合农村生产力水平又深受广大群众欢迎的生产责任制形式。包产到户也有多种形式,较早实行"包产到户"的安徽省将"包工包产责任制"等各种形式的生产责任制统称为"责任田",认为"责任田""是适合当前农业生产力的发展水平和群众的觉悟水平的,是符合当前农业生产以手工操作为主的特点的。只要正确地贯彻执行,它能够发挥对组织和推动生产的积极作用。"③

1961年9月6日毛泽东批转的《各地贯彻执行六十条的情况和问题》说,在生产力破坏严重的地区,相当一部分干部和群众对于集体生产丧失信心,以致发展到"按劳分田"、"包产到户"、"分口粮田"等"变相恢复单干的现象"。还特别提醒注意:"包产到户""带有一定的普遍性"。11月13日《中共中央关于在农村进行社会主义教育的指示》明确指出:"目前在个别地方出现的包产到户和一些变相单干的做法,都是不符合社会主义集体经济的原则的,因而也是不正确的。"要求各地"逐步地引导农民把这些做法改变过来"。12月14日,毛泽东在无锡接见安徽省委第一书记曾希圣时,指出:"包产到户这事不可干。"④

1962年初,在七千人大会上,曾希圣因为安徽省"大跃进"中刮"五风"特别严重受到批判,并把安徽推行"责任田"作为一个问题提出来加以批判,说曾希圣搞"责任田""犯了方向性的严重错误","带有修正主义色彩"。曾希圣被撤职。3月20日安徽新省委常委会议通过《关于改正"责任田"办法的决议》,指出:"责任田"就是包产到户,它与中央精神相违背,只能调动农

---

① 邓小平文选. 第2版. 第1卷. 北京:人民出版社,1994.324
② 刘少奇选集. 下卷. 北京:人民出版社,1985.330
③ 中共安徽省委关于试行田间管理责任制加奖励办法的报告. 1961-07-24
④ 顾龙生. 毛泽东经济年谱. 北京:中共中央党校出版社,1993.556

民的个体积极性,引导农民走向单干,削弱、瓦解集体经济,走资本主义道路。安徽"改正""责任田",遭到基层工作的干部和广大农民群众的抵制。太湖县委宣传部干部钱让能还直接上书毛泽东,"保荐责任田",说"责任田"是农民的创举,80%~90%的农民都拥护"责任田",并用事实说明"责任田"的优越性。宿县符离集区委书记写信给邓子恢,反映农民群众拥护"责任田"。邓子恢从农村工作部派出工作组到安徽做调查,6月中旬到7月中旬,调查组陆续发回调查材料,对"责任田"给予充分肯定,说它是"在集体农业生产的经营管理上找出了一条出路",群众非常拥护,说:"越干越有奔头,最好一辈子不要再变。"7月2日,符离集区党委给邓子恢并中共中央写了《关于"责任田"问题的汇报》,列举了7条理由、10个变化,说明"责任田"方向正确,确实好。邓子恢长期负责农村工作,早在农业合作化时期就重视农业合作社建立生产责任制问题。在1962年5月中央工作会议上,他提出有些地区适合搞包产到户的应该让农民去搞。当他接到来自基层的调查材料和情况反映后,更加坚信包产到户的"责任田"办法是正确的。在毛泽东对"责任田"尚未表态认可的情况下,他冒着挨批和丢"乌纱帽"的危险,把调查材料和安徽方面的来信呈送毛泽东。他应邀在军委总后勤部、解放军政治学院、中央高级党校等单位作关于农业问题的报告,明确表示赞成包产到户。他说:"农活生产责任制不和产量结合是很难包的,因此有的地方包产到户,搞得很好,全家人起早摸黑都下地了",农民责任心增强,大田种得和自留地一样好。他指出:"不能把作为田间管理责任制的包产到户认为是单干,虽然没有统一搞,但土地、生产资料是集体所有,不是个体经济。"①

毛泽东的秘书田家英本来不赞成包产到户,1962年三四月份他率调查组到湖南韶山、炭子冲等地调查,发现农民真心拥护包产到户,于是他转为赞成包产到户。陈云听了他的汇报,称赞他"观点鲜明"。毛泽东听了他的汇报则表示,包产到户是一种后退,反映了落后群众的要求。还说:我们是要走群众路线,但有的时候,也不能完全听群众的,比如要搞包产到户就不能听。田家英又去湖南调查,7月初回到北京向刘少奇汇报,刘少奇表示:应当使包产到户合法起来。他向邓小平汇报,邓小平明确表示:赞成。田家英再次向毛泽东建议:全国各地出现包产到户、分田到户,与其自发地搞,不

---

① 邓子恢.关于农业问题的报告.1962-07-11

如有领导地搞,全国农村可以60%的搞包产到户,40%的仍搞集体统一经营、统一分配。毛泽东未予理睬①。

邓小平7月7日接见共青团三届七中全会与会人员讲话谈到"怎样恢复农业生产"时指出:"农业本身的问题,现在看来,主要还得从生产关系上解决。""生产关系究竟以什么形式为最好,恐怕要采取这样一种态度,就是哪种形式在哪个地方能够比较容易比较快地恢复和发展农业生产,就采取哪种形式;群众愿意采取哪种形式,就应该采取哪种形式,不合法的使它合法起来……刘伯承同志经常讲一句四川话:'黄猫、黑猫,只要捉住老鼠就是好猫。'这是说的打仗……一切看情况,打赢算数。现在要恢复农业生产,也要看情况,就是在生产关系上不能完全采取一种固定不变的形式,看用哪种形式能够调动群众的积极性就采用哪种形式……总的来说,在全国,要巩固集体经济,也就是要巩固社会主义制度,这是根本方向……在农村,还得要调整基层的生产关系,要承认多种多样的形式。照我个人的想法,可能是多种多样的形式比较好。"②很显然,邓小平的思路是从农村实际出发的,其思想内涵极富务实性。从中也能够看到中共十一届三中全会以后他支持农村改革的思想基础。

陈云也认为,包产到户办法,是恢复农业生产必须采取的办法。7月上旬,他向毛泽东当面进言,建议采取包产到户的办法。毛泽东当时未表态,第二天即传出,毛泽东很生气,严厉批评说,"分田单干"是瓦解集体经济,是修正主义③。

6月上旬,陶铸、王任重在广西龙胜县搞调查,召集群众座谈会,讨论如何巩固集体经济的问题。他们估计,"绝大多数干部和群众愿意走社会主义道路",这是主流。认为类似安徽"责任田"的做法,目前还是集体经济,但很容易滑到单干的路上去。凡按一定的标准分田,劳力、肥料不统一调配,各种各收,各自完成征购任务的做法,是"明显的单干(有的叫'包产到户',有的叫'分田到户')"。提出确认集体经济的4条标准是:1. 主要生产资料集体所有;2. 生产统一计划安排;3. 集体劳动(劳动力由生产队统一调配,合理分工,并非所有农活大家都拥到一块集体去干);4. 生产收入统一分

---

①③ 薄一波.若干重大决策与事件的回顾.下卷.北京:中共中央党校出版社,1993.1084,1085~1086

② 邓小平文选.第2版.第1卷.北京:人民出版社,1994.323~324

配。强调应该"从各方面巩固生产队集体经济"①。毛泽东对这份座谈记录大加赞扬,认为它的"分析是马克思主义的,分析之后所提出的意见也是马克思主义的"②。

毛泽东认为邓子恢、田家英主张"包产到户",就是鼓吹单干,对此非常反感。同时他对刘少奇、陈云、邓小平等对此不但没有抵制反而表示赞同,也极为不满。毛泽东判断党内产生了一股单干风,而且越到上层风就越大。从1962年7月中旬开始,毛泽东多次在会议上讲话或插话,批评包产到户,批判"单干风"。7月下旬到8月下旬的北戴河中央工作会议及随之召开的中共八届十中全会预备会议和正式会议,把批判"单干风"作为主要议题之一,重点批判邓子恢,连带批评了田家英。毛泽东对"单干风"的批判,归纳起来有如下几个方面:第一,毛泽东明确表示,不赞成单干。虽然他也赞成田间管理采用责任制的方法,曾说:按地段包工到组、到户、到人,这是进步的管理办法,不能说不好③。但是,他赞成的是"包工",却不赞成"包产"。他把"包产到户"看作"分田到户",看作"单干",更把它与资本主义挂起钩来。他思想上坚持着"集体=社会主义、单干=资本主义"的思维定式,倡导走社会主义道路,反对走资本主义道路,因此反对单干,反对包产到户④。

第二,毛泽东用阶级观点分析"单干"问题。他认为,农村中还有阶级,地主、富农、反革命残余都还存在,而且小资产阶级(农民)又分为富裕阶层、比较贫穷的阶层和中间阶层,那么不同阶级、阶层间的矛盾,就必然存在。他明确指出:"国内主要是社会主义和资本主义的矛盾,在农村表现为贫下中农和富裕中农之间的矛盾。"又说:"富裕农民讲加入合作社是祖业被共产了,他想他的过去。"因此,"分田到户,首先拥护的是富裕中农"。还认为,"单干"就是把5亿多农民都变成小资产阶级。他指出:"资产阶级、地主富农要争夺小资产阶级闹单干,无产阶级如果不注意,集体化就不能巩固。因为小资产阶级有富裕阶层存在,闹单干的可能性就长期存在,这是单干的社会基础。"⑤

第三,毛泽东认为"单干"导致两极分化。他说:一搞包产到户,一搞单

---

① 关于巩固生产队集体经济的问题——在广西龙胜县举行的座谈记录.中南通讯.1962(5)
② 建国以来毛泽东文稿.第10册.北京:中央文献出版社,1996.114
③④⑤ 顾龙生.毛泽东经济年谱.北京:中共中央党校出版社,1993.567,565,568~571

干,半年的时间就看出农村阶级分化很厉害。有的人很穷,没法生活,有卖地的,有买地的,有放高利贷的,有娶小老婆的。一方面是共产党的支部书记贪污、多占、讨小老婆、抽大烟、放高利贷,另一方面是贫苦农民破产①。共产党人以领导农民走上共同富裕道路为己任、为目标,怎么能够允许导致阶级分化(两极分化)的"包产到户"、"单干"的合法存在和发展呢! 毛泽东还提出,我们要代表贫下中农,也代表一部分富裕的农民,所以要按劳付酬,平均不能太多。但是,按劳分配搞多了也不好,搞多了四属五保、困难户就有困难,劳动力多的分得过多,也会发生两极分化②。

第四,毛泽东分析了"单干风来源"。他指出:"单干从何而来?在我们党内,有相当大部分小资产阶级成分,包括许多农民,其中大部分是贫下中农,但有一部分是富裕中农出身,或者本人就是富裕农民,也有一些知识分子,家庭是城市小资产阶级,或者是资产阶级子弟,还有封建、官僚、反动阶级家庭出身的。有的人对社会主义革命缺乏准备。"这就是"单干风"的源头③。

毛泽东明确"表态"以后,北戴河中央工作会议(1962年7月25日至8月24日)中后期,及随之召开的中共八届十中全会预备会议(8月26日至9月23日)和正式会议(9月24日至27日),形成了一边倒形势,对"单干风"(实际上是"包产到户")进行严厉批判,批判的主要矛头对准邓子恢,指责他在困难面前发生动摇,是代表富裕农民阶层搞资本主义农业的要求。还批评中共中央农村工作部搞资本主义,邓子恢是"资本主义农业专家"。实践证明,对邓子恢的批判和指责是错误的。1981年3月,中共中央为邓子恢平反。

中共八届十中全会批判"单干风"的同时,正式通过《关于进一步巩固人民公社集体经济、发展农业生产的决定》,重申:"农业的集体化,提供了农业发展的极大可能性,提供了农民群众共同富裕的可能性。"比起"单干",还是集体经济的力量大,还是集体经济能够使农民摆脱贫困,还是农业的集体化能够适应社会主义工业化。会后,开始在全国范围内纠正"单干风",对农业生产责任制的积极探索浅尝辄止,留下令人痛惜的历史遗憾。

---

①②③　顾龙生.毛泽东经济年谱.北京:中共中央党校出版社,1993.568~570,571、577,570

三、社会主义教育运动

中共八届十中全会以后,各省、市、自治区普遍开展以传达贯彻中共八届十中全会精神为中心,以贯彻落实"农业六十条"和勤俭办社、民主办社的方针为主要内容的整风整社运动。在整风整社运动中,河北省保定地区的有些地方,采取了清账目、清仓库、清财物、清工分(即"小四清")的办法,效果很好。湖南省开展社会主义教育和整风整社运动,揭发了一些问题。

1963年2月11日至28日,中共中央在北京召开工作会议,着重讨论城市社会主义教育问题。会上河北省委和湖南省委分别介绍保定进行"小四清"工作和湖南开展农村社会主义教育的经验。在毛泽东的推荐下,会议印发河北、湖南两省关于社会主义教育、整风整社运动的报告。毛泽东在会上作了重要讲话,提出"阶级斗争,一抓就灵"的不正确论断。在抓"阶级斗争"的思想指导下,会议决定在城市开展"五反"运动,在农村进行社会主义教育运动。

3月1日,中共中央发出《关于厉行增产节约和反对贪污盗窃、反对投机倒把、反对铺张浪费、反对分散主义、反对官僚主义运动的指示》。《指示》要求在县(团)级以上党政军机关和企事业单位、物资部门、文教部门,有领导、有步骤地开展"五反"运动。《指示》指出,这次的"五反"运动,是又一次大规模地打击和粉碎资本主义势力猖狂进攻的社会主义革命斗争。《指示》发出后,在少数城市基层开展了"五反"运动。与此同时,在农村开展了社会主义教育运动的试点工作。许多干部对社会主义教育运动的认识,主要限于经济上的"四清"工作。中共中央也强调,城市的"五反"运动和农村的社会主义教育运动的各个阶段,都必须以增产节约为中心。因此,运动开展的初期,没有影响继续调整国民经济的工作。

5月2日至5月12日,毛泽东在杭州召集有部分中共中央政治局委员和大区书记参加的小型会议,讨论农村社会主义教育运动问题。这次会议制定了《关于目前农村工作中若干问题的决定(草案)》(即"前十条")。20日,中共中央把它作为指导社会主义教育运动的纲领性文件下发,在内部传达。"前十条"重申毛泽东和中共八届十中全会关于阶级斗争的错误论断,指出"被推翻的剥削阶级"向我们进攻的一个重要特点,就是"千方百计地腐蚀干部,篡夺领导权";并断定"有些社、队的领导权,实际上落在他们(被推翻的剥削阶级)手里。其他机关的有些环节,也有他们的代理人"。"前十条"最后引用毛泽东的"指示":如果听任地、富、反、坏、牛鬼蛇神一齐跑出来腐蚀侵袭、分化瓦解我们的队伍,"那就不要很多时间,少则几年、十几年,多则几十年,就不可避免地要出现全国性的反革命复辟,马列主义的党就一定会变成修正主义的党,变成法西斯党,整个中国就要改变颜色了。"这就严肃地把所谓资本主义复辟的危险,提到全党和全国人民面前,人为地制造"紧张空气",提高"阶级斗争"的分量和地位。

应当指出,在农村工作中,尤其在农村干部队伍中,确实存在一些问题。许多社、队存在着账目不清、仓库不清、工分不清等情况,有些干部搞特殊化,多吃多占,个别人甚至贪污腐化;有些干部严重脱离群众,甚至欺压群众,失去了群众的信任,甚至造成对立情绪;有些不法分子采取贿赂干部的手段,套购物资,进行投机倒把;少数基层政权混有个别坏人;极个别地主、富农分子搞反攻倒算。这些问题,确实应当妥善地解决。但是,这些问题绝大多数属于人民内部矛盾,只有极少数带有阶级斗争的性质。如果把这些问题一概用阶级斗争的方式来解决,用群众政治运动的方式来解决,非但不能很好的解决问题,而且势必造成阶级斗争的扩大化。

"前十条"颁发以后,各地调整运动的部署,重新训练干部,进行社会主义教育运动的试点,为大规模地开展农村社会主义教育运动作准备。

9月5日至27日,中共中央在北京召开中央工作会议,着重讨论农村工作和社会主义教育运动问题。会议制定了《关于农村社会主义教育运动中一些具体政策的规定(草案)》,即"后十条"。"后十条"对贯彻执行"前十条"过程中提出的问题,在具体政策方面作了补充规定。它重申要团结两个百分之九十五,强调团结百分之九十五以上的干部是团结百分之九十五以上群众的前提条件。它规定对干部要一分为二,对犯错误干部要以教育为主;要区别搞复辟的阶级敌人同被敌人利用的落后群众,区别投机倒把分子和资本主义倾向比较严重的农民,区别投机倒把活动和正当集市贸易活动;对地、富子女要具体分析。还规定运动要同生产紧密结合,要始终抓生产,要依靠基层党组织和基层干部等,这些规定是正确或基本正确的,但是基本指导思想与"前十条"相同,而且明确提出了"以阶级斗争为纲"的错误论断。

10月14日,中共中央决定向全国宣传两个"十条",做到家喻户晓。1964年3月,中共中央又发出组织干部宣讲队伍,把社会主义教育运动进行到底的指示。社会主义教育运动以试点为基础,由"点"带"面","点""面"

结合,在一定范围内开展起来。1964年,全国有百万以上的干部下基层参加社会主义教育运动。运动内容逐渐由着重清理经济发展为"清政治、清经济、清思想、清组织"的"四清"。对阶级斗争的形势,越估计越严重。5月中旬至6月中旬在北京举行的中央工作会议,认为全国基层有三分之一的领导权不在我们手里。指出,搞好"五反"、"社教"是挖掉修正主义根子,防止资本主义复辟,使国家永不变色的保证。毛泽东在会上讲,担心中央出修正主义,提出中国如果出了修正主义要顶住。刘少奇也认为一年多来运动没搞透是上层干部在起作用,提出要发动群众,要进行夺权斗争。9月,中共中央发布"后十条"修正草案。修正草案认为"社教"运动,是一次比土地改革运动更为广泛、更为复杂、更为深刻的大规模的群众运动。规定整个运动由工作队领导,改变了原来依靠基层组织和基层干部的规定,把放手发动群众放在第一位,强调首先解决基层干部的"问题"。1964年下半年,有的地方在报告中说,基层政权被篡夺以及"和平演变"的情况,到了异常严重的程度。一些单位的主要干部,有的可能是阶级异己分子,有的已经蜕化变质,有的犯了严重的错误。基层政权已经被篡夺和已经变质的,不止三分之一。中共中央明确提出当前的主要危险是右倾危险,并批转了一些地方"夺权斗争"的经验。这对社会主义教育运动影响很大,造成对基层干部打击面过宽,打击过重,以至混淆敌我界限的"左"的错误。

12月12日,毛泽东在关于社会主义教育运动的批示中,提出:"官僚主义者阶级与工人阶级和贫下中农是两个尖锐对立的阶级。"企业领导人中坚持走资本主义道路的人"是已经变成或者正在变成吸工人血的资产阶级分子……这些人是斗争对象,革命对象,社教运动绝对不能依靠他们。"①

1964年12月至1965年1月,中共中央政治局召开工作会议,总结两年来社会主义教育运动的经验教训,讨论通过《农村社会主义教育运动中目前提出的一些问题》,即"二十三条"。"二十三条"提出,"城市和乡村的社会主义教育运动,今后一律简称四清:清政治、清经济、清组织、清思想。""二十三条"对社会主义教育运动中某些"左"的偏向作了纠正。第一,在四清运动与生产建设的关系方面,强调"四清要落实在建设上面","在运动中,自始至终要抓生产"。要求四清运动后,"使生产、建设、科学、文化、教育、卫生、公安、民兵工作,各方面都有所前进"。并把增产还是减产,作为搞好运

---

① 建国以来毛泽东文稿.第11册.北京:中央文献出版社,1996.265~266

动的六条标准之一。还特别指出，未进行四清运动的地区，主要任务是生产建设。第二，在工作方法上，强调"依靠群众大多数，依靠干部大多数（包括放了包袱的干部），实行群众、干部、工作队'三结合'"。"争取多数，反对少数"，"不许用任何借口，去反对社员群众。"第三，在干部政策方面，强调"看待干部，要用一分为二的方法"。干部好的和比较好的是多数，对犯错误的干部要采取"惩前毖后"、"治病救人"的方针和"说服教育、洗手洗澡、轻装上阵、团结对敌"的政策。

"二十三条"仍然存在着严重的错误。第一，对城乡阶级斗争形势作了更为严重的错误估计，认为"我国城市和农村都存在着严重的、尖锐的阶级斗争。在所有制的社会主义改造基本完成以后，反对社会主义的阶级敌人，企图用'和平演变'的方式，恢复资本主义。这种阶级斗争势必反映到党内。有些社、队、企业、单位的领导，受到腐蚀，或者被篡夺"。第二，指出"运动的性质"，是"社会主义和资本主义的矛盾"。要求全党"抓住阶级斗争这个纲，抓住社会主义和资本主义两条道路斗争这个纲"，"把两年多来的社会主义教育运动坚持下去，进行到底，绝对不能松劲"。第三，提出"这次运动的重点，是整党内那些走资本主义道路的当权派，进一步地巩固和发展城乡社会主义的阵地"。并且认为，"那些走资本主义道路的当权派，有在幕前的，有在幕后的。支持这些当权派的人，有的在下面，有的在上面"。"甚至有在省和中央部门工作的一些反对搞社会主义的人"。关于"走资派"的提法，当时人们普遍不理解，城乡社会主义教育运动实际上也没有把重点放在整"走资派"上面。但是，这一理论的提出，为后来"文化大革命"把斗争的矛头指向党和国家的各级领导干部提供了依据。

"二十三条"下达后，各地召开会议，总结前一段城乡社会主义教育运动的经验教训，对社教工作队进行整训，部署下一阶段的运动。到1966年春，全国有三分之一左右的县、社进行了"四清"运动。据1965年7月全国工交系统"四清"工作座谈会纪要的统计，国营工交系统开展"四清"运动的企业、单位有1 800多个，约占总数的3.9%。

1963年至1966年初，在部分农村和少数城市基层开展的社会主义教育（四清）运动，尽管对纠正干部违法乱纪及强迫命令等不良作风和经营管理等方面的问题，起了一定的作用，但是，不切实际地强调阶级斗争，混淆两类不同性质的矛盾，错误地打击了一大批基层干部。"四清"运动中提出并逐渐发展了的"左"的阶级斗争扩大化理论，为后来发动"文化大革命"作了思想上、理论上的准备。当然,"四清"运动中的一些错误还是局部性的,还未发展成为全局性错误。

四、第三届全国人民代表大会第一次会议

在全国的一些农村和少部分城市基层开展社会主义教育运动的同时,共产党和各级人民政府仍然以主要力量继续贯彻八字方针,进一步调整国民经济。到1964年,全国工农业生产有了较大发展,财政和市场状况也显著好转。在国民经济开始全面好转的情况下,1964年12月20日至1965年1月4日,第三届全国人民代表大会第一次会议在北京举行。

第三届全国人大代表3 040人,其中女代表542人,占代表总数的17.8%;少数民族代表372人,占代表总数的12.2%。出席政协四届一次会议的全体委员列席了大会。

这次会议的主要议程有:听取和讨论国务院总理周恩来代表国务院作的《政府工作报告》;选举并决定国家和政府的领导人;通过关于政府工作报告、关于1965年国民经济计划主要指标和1965年国家预算初步安排的决议和其他决议。

周恩来在《政府工作报告》中宣布,1961年开始的国民经济调整任务已经基本完成。工农业生产已经全面高涨,整个国民经济已经全面好转,并且将要进入一个新的发展时期。

《报告》提出:今后发展国民经济的主要任务,总的说来,就是要在不太长的历史时期内,把中国建设成为一个具有现代农业、现代工业、现代国防和现代科学技术的社会主义强国,赶上和超过世界先进水平。为了完成这个伟大的历史任务,从第三个五年计划开始,国民经济发展可以按两步来考虑:第一步,建立一个独立的比较完整的工业体系和国民经济体系;第二步,全面实现农业、工业、国防和科学技术的现代化,使中国经济走在世界的前列。

《报告》强调在今后发展国民经济中,应该注意以下几个问题:第一,正确处理农业、轻工业、重工业的关系。《报告》指出,发展国民经济的计划,应该按照农、轻、重的次序来安排。必须更好地执行以农业为基础、以工业为主导的发展国民经济总方针。工业的发展规模,要同农业可能提供的商品粮食和工业原料相适应。各行各业都应该面向农村,为农业服务。农业的发展,一方面要国家给以必要而又可能的财力、物力的支援,另一方面更重

要的是依靠人民公社的集体力量。

第二,正确处理自力更生同国际合作的关系。《报告》强调,自力更生是革命和建设事业的根本立足点。我们完全能够依靠自己的力量,建立一个独立的完整的现代化的国民经济体系。同时,我们也希望互助互利的国际合作。

第三,实行技术革命。《报告》强调,我们不能走世界各国技术发展的老路,跟在别人后面一步一步地爬行。我们必须打破常规,尽量采用先进技术。要采用先进技术,必须发挥广大人民的聪明才智,大搞科学实验。外国一切好的经验、好的技术,都要吸收过来,为我所用。

第四,实行集中领导同大搞群众运动相结合。《报告》指出,要把任务交给群众讨论;开展比、学、赶、帮竞赛;实行领导干部、专家、群众三结合;既要提倡敢想敢说敢做的革命精神,又要提倡实事求是的科学态度;既要干劲十足,又要劳逸结合;对于群众的各种创造,必须经过试验,逐步推广;必须坚持党的阶级路线,团结一切可以团结的力量,调动各种积极因素,为社会主义建设服务。

大会通过《政府工作报告》和《一九六五年国民经济计划主要指标和一九六五年国家预算初步安排的决议》。大会发出工业学大庆、农业学大寨、全国学习解放军的号召。大会号召全国人民在中国共产党和毛泽东主席的领导下,继续发扬奋发图强、自力更生的英雄气概,为争取在不太长的历史时期内,把中国建设成为一个伟大强盛的社会主义国家而奋斗。

三届人大一次会议选举刘少奇连任中华人民共和国主席,宋庆龄、董必武连任中华人民共和国副主席。选举朱德连任全国人大常务委员会委员长,选举彭真、刘伯承、李井泉、康生、郭沫若、何香凝、黄炎培、陈叔通、李雪峰、徐向前、杨明轩、程潜、赛福鼎、林枫、刘宁一、张治中、阿沛·阿旺晋美、周建人为人大常委会副委员长,刘宁一兼秘书长。选举杨秀峰为最高人民法院院长,张鼎丞为最高人民检察院检察长。会议根据刘少奇主席的提名,通过决定任命周恩来连任国务院总理。根据周恩来总理提名,通过决定任命林彪、陈云、邓小平、贺龙、陈毅、柯庆施、乌兰夫、李富春、李先念、谭震林、聂荣臻、薄一波、陆定一、罗瑞卿、陶铸、谢富治为国务院副总理,周荣鑫为国务院秘书长,并任命了各部、委的部长及主任。

与此同时,中国人民政治协商会议第四届全国委员会第一次会议也在北京举行。郭沫若作政协全国委员会工作报告,会议讨论并通过了这个报告,还通过了政协第四届全国委员会第一次会议决议。会议选举毛泽东为政协第四届委员会名誉主席,周恩来为主席,彭真、陈毅、叶剑英、黄炎培、陈叔通、刘澜涛、宋任穷、徐冰、高崇民、蔡廷锴、韦国清、邓子恢、李四光、傅作义、滕代远、谢觉哉、沈雁冰、李烛尘、帕巴拉·格列朗杰、许德珩、李德全、马叙伦为副主席。

三届人大一次会议提出建设"四化"的宏伟目标,号召全国人民为把国家建设成为社会主义现代化强国而努力奋斗。会后,全国继续开展各项社会主义建设,进一步调整国民经济,国民经济得到进一步恢复和发展。但是,与此同时,执政的共产党在指导思想上"左"倾错误日益膨胀,阶级斗争扩大化理论日益荒谬,这大大影响了社会主义建设的健康发展,使国民经济的发展没能达到应有的高度;而且,共产党及其领袖毛泽东越来越强调"反修防修",对各级领导干部越来越不放心,耸人听闻地把中国整个意识形态领域说成已被"封、资、修"所占领,"资产阶级专了无产阶级的政",中国已经面临"党变修,国变色"的现实危险。因此,发动一场"兴无灭资"的"无产阶级文化大革命",已经是不可避免的了。

社会主义改造基本完成后,全国开始全面社会主义建设,共产党人努力探索中国社会主义建设道路。十年探索,出现了两种趋向,一是基本适合国情的比较正确的趋向,一是脱离实际的"左"倾错误趋向。二者此长彼消,互相扭合,前者居于主导地位,社会主义建设就方向正确,健康发展;后者居于主导地位,社会主义建设就发生误导,遭受损失和挫折。但是,正确趋向终未能完全排斥错误趋向,"左"的错误不断积重,必将导致更大的失误和灾难。正如中共十一届六中全会通过的《关于建国以来党的若干历史问题的决议》所指出:"错误的、过火的政治批判"和"愈来愈严重的'左'的偏差","在后来发展成为'文化大革命'的导火线"。

第五节　国民经济的曲折发展

一、第二个五年计划的制定与实施

1955年8月,国家计委开始编制第二个五年计划和十五年远景计划。1956年1月,全国计划会议对二五计划和十五年远景规划进行专门讨论。4月,国家计委把各部向中央汇报的情况和送计委的草案,加以初步综合,向中央提出第二个五年计划和十五年远景计划报告。这个报告即为编制第二个五年计划草案和十五年远景计划草案的基本蓝本。

关于第一个五年计划执行情况的预计和经验教训。报告提出，从三个年度计划的执行情况和1956年度计划的安排情况来看，第一个五年计划可以争取超额并提前完成。社会主义改造的速度大大超过原计划，将在1957年全部完成。报告特别提出，通过第一个五年计划执行的情况，证明我国的工农业生产和基本建设的速度是能够加快的。我国社会主义建设的规模是巨大的，在建设的路上曾遇到了一些困难。这些困难中最主要的是地质资源情况不明、技术力量不足、建设资金紧张和建设经验不够。报告还提出，大规模的建设应当同适当地提高人民生活的水平相结合，我们进行大规模建设的目的是为全体劳动人民的长远利益，但是我国劳动人民在旧社会的生活水平是极低的，国家在进行建设的同时还必须适当照顾到当前人民生活的改善，只有这样才更有利于发挥他们建设社会主义的积极性。

关于第二个五年计划和十五年远景计划的草案的编制。报告说，各部根据中央反对保守思想的精神，重新进行了编制，比酝酿时的方案大大地前进了一步，各种指标特别是基本建设的指标是很积极的。计委按照把各项建设事业办得又多、又快、又好、又省的要求，对各部计划作了全面综合。报告还针对一些问题的基本方针和指导思想，作了具体说明。提出，必须把建设的重点放在对国民经济的发展、工业化的实现和国防的巩固具有决定意义的重工业方面；必须充分发挥潜在力量；必须采取积极的步骤，使主要工业部门经过第二个五年和第三个五年的努力，在技术方面能够接近世界上先进的水平；必须考虑到工业生产在战时和平时的互相转化问题，特别是机械工业生产的转化问题；必须充分注意工业的专业化与协作的问题；必须充分发挥地方的积极性；必须加强国际之间的协作。

关于第二个五年计划的基本任务。即：继续进行以重工业为中心的经济建设，建立我国社会主义工业化的巩固基础，加速进行工业的技术改造，推进农业和交通运输业的技术改造，进一步发展工农业生产和增强国防力量；除个别的边疆少数民族地区以外，完成对农业、手工业和资本主义工商业的社会主义改造；进一步提高劳动人民的物质生活和文化生活的水平。五年内职工平均工资（按货币计算）将增长35%左右，农民的收入也将增长35%左右，同时消灭失业现象。从总的说，到1962年大多数人可以丰衣足食了。在第二个五年建设的基础上，经过第三个五年计划的实施，就要基本上完成国家的社会主义工业化,建成社会主义社会。我国社会主义工业化最主要的标志,就是在现代技术的基础上建立一个独立的完整的工业体系,保证国民经济的技术改造,保证不断扩大再生产,并且保证国防的巩固。

第二个五年内全国投资总数为1 577.6亿元,比第一个五年预计数532.1亿元增长了将近2倍。在工业项目布局上的原则是:(1)随着新的矿产资源的发现和新的铁路线的延伸,把重要的工厂放在深后方,开辟新的工业基地,建立新的城市,以求在这些工厂建成之后能根本改变我国工业分布的面貌。(2)把工业适当分散地布置在广大国土上,避免过分集中,新建城市的规模不宜过大。(3)注意经济合理的原则,使工业接近原料、燃料、动力的基地和消费市场。(4)充分地和合理地利用近海的老工业基地来建设内地的新工业基地。(5)注意提高各少数民族地区的经济水平。

关于设备和物资的供需平衡、专门人才的供需平衡、民需商品的供需平衡、财政收支的平衡问题,提出一些原则、思路和办法。

9月,中共八大会议上,周恩来作关于发展国民经济的第二个五年计划的建议的报告,会议通过《关于发展国民经济的第二个五年计划(1958年到1962年)的建议》。在反保守的氛围下,二五计划草案编制过程中已经出现日趋冒进的势头,随着急进抢先思潮的泛滥,尤其"大跃进"运动的兴起,二五计划指标被大大突破了。各项建设不再按二五计划执行,在"以钢为纲"、全民大炼钢铁的热潮中,国民经济综合平衡、协调发展的基本经济规律被彻底打破,给国民经济的发展带来灾难性后果。但是,党和国家领导人没有真正认识到这一问题的严重性,国家计委于1960年5月29日提出第二个五年计划后三年补充计划实际安排报告,指导思想是鼓吹继续跃进。国家计委拟定的三年补充计划草案,是一个党内实际安排的方案;还初步设想了1965年的几个主要指标和各大区的布局情况。

随着共产党人对严峻困难的经济形势及经济工作中失误的判断和逐渐认识,共产党提出"调整、巩固、充实、提高"的方针,对国民经济进行全面调整,二五计划和三年补充计划终止执行。1963年,本该是第三个五年计划的开始,由于国民经济调整虽然已经见到成效,但问题仍然不少,因此中共中央1963年9月召开工作会议,确定从1963年起,再用3年时间继续进行调整,然后再实施新的(第三个)五年计划。

二、国民经济的迅速发展

1956年对农业、手工业和资本主义工商业的社会主义改造基本完成以后,中国进入开始大规模全面建设社会主义的时期。中国已从过渡时期的多种经济成分并存的新民主主义经济制度,转变为公有制经济占绝对优势的社会主义经济制度,为生产力的发展开辟了广阔的道路。但是,由于中国是一个贫穷落后、人口众多、生产力发展水平很低的大国,新建立的是一个极不发达的社会主义社会,刚刚步入社会主义社会的初级阶段。共产党人对中国社会主义建设道路进行了初步探索。通过探索,初步提出了中国社会主义经济建设道路的一套理论、方针。

与此同时,共产党及时将理论的探索应用于实践。在生产关系方面,比较有效地调整了企业、合作社与国家之间,企业合作社内部个人与集体之间的经济利益关系,建立了工业企业与农业合作社内部的民主管理制度和一定程度的生产责任制;努力解决农业、手工业与私营工商业在社会主义改造中合并过多、规模过大、统得过死等问题;把工业、财政、商业管理的部分权力,下放给地方和企业,以便进一步发挥地方和企业的积极性;对商业、市场管理,进行了一些研究和分级管理试验;在经济建设方面,加强了综合平衡,及时纠正了1956年出现的急躁冒进倾向,适当调整了发展速度,缩小了建设规模,避免了比例失调的扩大。还大力开展增产节约运动,收到了良好效果。应当特别指出的是,尽管1957年的反右派运动犯了严重扩大化的错误,但党和政府仍然把工作重心放在经济建设上,因此国民经济未因这场政治运动而逆转。

正是这些措施和原因,使得1957年成为中华人民共和国经济发展最好的年份之一。国民经济获得了迅速发展,第一个五年计划超额完成。

第一个五年计划时期的经济发展,是中国历史上的空前壮举。1957年的经济发展形势健康良好,发展速度比较快,并取得了巨大成就。

三、国民经济的严重困难

第一个五年计划的超额完成,中国初步建立了社会主义工业化的基础。在中国经济建设取得巨大成就,社会主义道路的探索获得初步成果的同时,也潜伏着一种"危机"。共产党在政治指导思想上的"左"倾错误滋长起来,致使经济工作以至整个社会主义建设遭到严重挫折。

1957年9月,中共八届三中全会改变了八大路线,虽然当时还没有立即影响到全国工作重点的转移,但已经开始严重干扰国家经济工作。这次会议及其会后错误地批判"反冒进",在思想上批掉了实事求是,在政治上批掉了民主作风,在经济工作上批掉了量力而行和综合平衡,使经济工作指导思想上的急躁冒进、盲目追求速度的"左"倾错误急剧膨胀起来。1957年下半年开始酝酿,1958年5月中共八大二次会议正式通过了"鼓足干劲、力争上游、多快好省地建设社会主义"的社会主义建设总路线。它存在着严重缺陷,即着重强调发挥人的主观能动性,忽视了必须严格遵循客观经济规律,这就大大助长了经济工作中的急躁冒进,紧接着便出现了"大跃进"运动和人民公社化运动。

为推动全面"大跃进",中央采取了把许多经济权限下放给地方的措施。从1958年6月初到6月15日,中央工业部门匆匆忙忙下放了800多个单位,中央各部门所属的企业、事业单位80%下放给地方管理。要求全国七大协作区或有条件的省,都要分别建立比较独立的、完整的工业体系,各地掀起了群众性大办工业的运动。同时,允许地方发行建设公债,管理劳动力的招收、调剂,审批大部分大中型建设项目等,这就为职工队伍和基建规模急剧膨胀开了绿灯。

1958年"大跃进"浪潮的基本内容是工业和农业等各项经济指标竞相拔高。工业"以钢为纲",为了强制推行不切实际的钢产量高指标,大搞群众运动,在全国范围内掀起了空前规模的群众大炼钢铁运动,劳民伤财,破坏了工农业生产的正常秩序。农业"以粮为纲",大放"人造卫星"。在农业增产措施方面,大搞深翻土地和高度密植。这种瞎指挥,浪费了大量的人力、物力,结果由于深翻土地,耕地表层尽是生土,过于密植不能通风,反而造成减产。但是,在"人有多大胆,地有多大产"的呼喊中,层层虚报产量,征购数字一高再高。与此同时,农业生产合作社在急于过渡的思想支配下,并社、联社之风越刮越大,随之掀起了人民公社化运动的高潮。人民公社化,以"共产风"为代表的"五风"狂刮不止,不仅没有发展、提高生产力,反而对生产力产生很大破坏作用,极大地损伤了农民群众的生产积极性,对农业经济造成严重负面影响。

"大跃进"和人民公社化运动,造成了极大的浪费和国民经济部门的比例关系严重失调。1958年冬,党和国家领导人对"大跃进"和人民公社化运动中产生的严重问题有所觉察,采取了一些纠正措施。在整顿人民公社方面,重点是纠正"共产风"和解决人民公社的所有制问题。在纠正"大跃进"中暴露的问题方面,重点是调整经济指标。此外,还积极安排日用必需品和副食品的生产;大力压缩社会购买力,控制粮食、食油销售;加强企业管理工作；清理财政信贷资金；开始初步收回下放过头的经济管理权力等。

从1958年11月第一次郑州会议到1959年7月庐山会议前期的9个月间，中共中央和人民政府对"大跃进"和人民公社化运动中的"左"倾错误，进行了若干纠正，收到了一定的成效。由于这些纠正是在肯定"三面红旗"的前提下进行的，所以对错误的纠正很不彻底，经济指标仍然偏高，人民公社内平均主义和急于过渡的东西仍被视为新生事物。尽管如此，错误毕竟是在逐步地改正，形势朝着好的方面转变。

1959年7月，庐山会议错误地批判彭德怀的所谓"右倾"，进而把反右倾斗争扩大到全国，中断了纠"左"的进程，使"左"倾错误继续发展，造成了更大的危害。高指标、瞎指挥、浮夸风和"共产风"重新泛滥起来，掀起了"继续跃进"之风，严重破坏了国民经济。

1958年到1960年的3年"大跃进"所带来的经济损失十分严重，整个国民经济出现了全局性的困难。其主要表现是：

（一）农业产量下降，工农业比例失调。由于对农业形势判断失误，盲目认为中国农业已能够充分满足工业以及整个国民经济发展的需要，从而只顾高速度发展工业，忽视了农业；由于大办工业，大办水利等，调用了农村中大量的青壮年劳动力；由于农村持续刮起的"共产风"、浮夸风及农村工作的瞎指挥等等，造成农业生产的大幅度下降，致使工农业比例失调。当然，1959、1960、1961年确实发生了严重的自然灾害，影响了农业生产。但是，据有关部门统计，粮食减产总数中，只有1/3是由于天灾造成的。

（二）工交内部比例失调。由于片面强调优先发展重工业，"以钢为纲"，盲目追求脱离实际的钢产量高指标，造成了工业内部部门之间、生产环节之间以及工业和交通运输之间严重的比例失调。如轻重工业方面，"一五"期间，轻重工业总产值大体上是3∶2，1957年到1960年则变为1∶2了。从1960年开始，轻工业总产值大幅度下降。这除了由于保钢，挤了轻工业所需的燃料、运输外，主要原因是由于农业的全面减产，轻工业原料缺乏。轻工产品的下降，很快造成市场供应的危机。

（三）在国民收入的使用额中，积累与消费的比例关系失调。"一五"时期，在国民收入使用额中，积累率占24.2%。1958年至1960年，积累率分别提高到33.9%、43.8%、39.6%，平均为39.1%，积累额共达1 438亿元，比"一五"时期全部积累还多44%。在新增的国民收入中新增的积累所占比重，1957年只占33.3%，1958年占80%，1959年超过100%，即新增的积累

1961年底刘少奇、王光美在广州郊外树林中拣毛栗子、橡子等,研究替代食品问题

额超过当年新增的国民收入,只好侵占上年结转的消费基金。

(四)国家财政收支不平衡,市场上社会购买力与商品可供量差额巨大。三年中,国家财政总收入分别为387.6亿元、487.1亿元、572.3亿元;财政总支出分别为409.4亿元、552.9亿元、654.1亿元;赤字分别为21.8亿元、65.8亿元、81.8亿元。同期,银行对工商业的贷款也猛增。巨大的财政赤字和严重的信贷失衡,使银行不得不大量发行货币。从1958年起连续3年货币的投放大于回笼,年末货币流通量增加了81.7%。这是自统一财经之后从未出现过的现象。"大跃进"造成社会总需求量膨胀,引起社会购买力增加。从1957年到1960年,社会购买力增加了46.8%。但是,市场商品可供量严重不足,不得不大量挖库存。即便如此,1960年社会商品购买力仍大于零售商品货源74.8亿元,年终未实现的购买力达198亿元。

(五)人民生活水平下降。由于农业产量的下降和国民经济全面的严重比例失调,人民生活水平迅速下降,尤其是人民最必需的吃饭穿衣问题,出现了严重困难。由于人们的口粮不足,城镇人口减少口粮标准,以粗代细;农村人口实行"瓜菜代"①,不少地区以草根树皮充饥。而且,填不饱肚皮的人们,劳动的苦累程度却因"大跃进"、"鼓干劲"而有增无减,因此人口的非

---

① 以瓜菜代替粮食。

正常死亡情况十分严重。人口死亡率 1957 年为 10.8‰，1958 年为 11.98‰，1959 年为 14.59‰，1960 年为 25.43‰，全国人口净减 1 000 万。1961 年仍净减 348 万。

1958 年到 1960 年的三年"大跃进"，由于工作重点转移到了经济建设和技术革命上来，动员了空前规模的人力、资金、设备、物资，尽管有惊人的浪费，但也取得了一些成就。第二个五年计划期间新增添固定资产 867 亿元，比第一个五年计划时期增加 75%，其中大部分是 3 年"大跃进"期间增添的。从建国到 1964 年投建的大中型项目，属于"大跃进"期间开工的占 2/3 以上。三年"大跃进"时期新增添的生产能力占 1950 年至 1979 年新增生产能力的比重为：炼钢能力占 36.2%，炼铁能力占 32.7%，采煤能力占 29.6%，机制纸占 33.8%，棉纺锭占 25.9%。对大庆油田的开发，使中国的原油产量由 1957 年的 146 万吨增加到 1960 年的 520 万吨，原子尖端技术有所突破，北京建成十大建筑，等等。

四、国民经济的全面调整

国民经济日益严重困难的惨痛现实，使党和政府不得不谋求摆脱困境的措施。1960 年 9 月，中共中央提出要对国民经济实行"调整、巩固、充实、提高"的"八字方针"。社会主义建设出现新的转机。

1961 年 1 月，中共八届九中全会讨论并通过了 1961 年国民经济计划，正式决定从 1961 年起对整个国民经济实行"八字方针"，调整各个部门已经变化了的相互关系，巩固生产力和生产关系在发展和变革中获得的巨大成果，充实新发展起来的一些事业的内容，提高那些需要进一步改善的新事物的质量。提出："全国必须集中力量加强农业战线，贯彻执行以农业为基础的方针，大办农业，大办粮食。""适当地缩小基本建设的规模，调整发展速度，在已有的胜利的基础上，争取巩固、充实和提高。"①这次会议，标志着中国国民经济的指导方针转向了调整，"大跃进"运动实际上已被停止。

但是，中共八届九中全会对急于求成的"左"倾思想没有彻底清算，而且对整个国民经济困难的严重程度及要不要大幅度压缩经济指标在认识上不尽一致。因此，1961 年 9 月以前，没有对工业生产、基本建设指标坚决削减，主要抓了恢复农业、调剂市场、精简职工等方面的调整工作。这些调整工作

---

① 八届九中全会公报.新华月报，1961(2)

的实施,制止了国民经济的继续恶化,使农业生产、市场供应的紧张局面开始出现转机。但是,对工业生产和基本建设的调整,由于认识不统一,指标没有退够,进展迟缓,成效不大。

中共中央有鉴于此,1961年8月在庐山召开工作会议,着重讨论工业问题。大会发布了《关于当前工业问题的指示》,对工业的调整、管理、生产等方面作出八项规定。其主要内容是:所有工业部门和企业,在今后7年内,必须毫不动摇地执行"八字方针"。在近三年内,执行这一方针必须以调整为中心,一定把工业生产指标和基本建设规模降到切实可行的水平上来;在工业管理方面,改变过去一段时间内权力下放过多、过散的情况,实行高度的集中统一的领导;在全面安排的基础上,集中力量抓中心环节,抓煤炭的数量和质量,抓钢材的品种和质量。对于那些缺乏必要的物质条件而又经营不善的企业,或停产、或关闭、或部分关闭;努力增产日用工业品和农业生产资料,稳定市场。会议还拟定了《国营工业企业工作条例(草案)》(即《工业七十条》)。各行各业在深入调查研究的基础上,先后都制定各种条例和规定,使各方面的工作都有明确的规章可循。

1962年1月,中共中央又召开扩大的中央工作会议(即"七千人大会")。这次大会,虽然没有彻底清算党内"左"的指导思想,但对全党统一对当时形势任务的认识,加强团结,坚决贯彻以调整为中心的"八字方针",促进国民经济的恢复和发展,起了重大的积极作用。

从1961年9月到1962年底,是经济调整的决定性阶段。在这段时间内,采取的主要措施有:

(一)压缩基本建设战线,提高建设的经济效益。

1960年的基本建设总额388.7亿元,1961年削减为127.4亿元,1962年又压缩为71.3亿元。停建缓建了一批项目,留建项目努力提高经济效益,新增固定资产交付使用率1961年由1960年的68.8%提高到74.5%,1962年又提高到79%。

(二)大幅度降低工业生产发展速度,调整工业内部结构。

1962年经济计划指标,经过多次调减,到1962年5月中共中央批准的中央财经小组调整报告,基本上与实际相符。所提出的指标同原计划草案比,工业总产值由950亿元调为880亿元,钢产量由750万吨调为600万吨。如果同1960年的实绩比,工业总产值下降47%。

计划指标调整以后,大多数企业的任务不足,有的企业甚至没有任务。

中共中央和国务院采取了"关、停、并、转"的措施,对中国工业进行了一次大改组,大调整。到1962年10月为止,全国县以上工业企业数,从1961年初算起,共减少了4.4万个,相当于1960年底工业企业数9.6万个的45%。

(三)继续精简职工和减少城镇人口。

1961年已大力精简职工和减少城镇人口,有条件回到农村的职工及其家属都已回农村,因此,再继续精简困难较大。中共中央采取了统一全党思想、制定明确具体切实可行的政策、妥善安排被精简人员及其家属等办法,使这项困难任务得以基本完成。在1961年精简的基础上,又精简职工1 068万人,减少城镇人口1 600万人左右。

(四)进一步改进财政、银行管理体制,保持财政、信贷、市场、外汇的平衡。

1962年3月,中央决定收回几年来银行下放的一切权力,银行业务实行垂直领导,严格信贷和现金的管理。4月,又规定严格控制财政管理,切实加强财政监督,并在财政、银行系统采取了一系列具体办法。同时,在全国开展了清仓核资、清理拖欠贷款、扭亏增盈等项工作。1962年底,全国国营企业亏损额已从1961年的103亿元下降到93亿元。

在商业市场方面,千方百计地安排人民吃、穿、用的问题。1961年9月决定减少粮食征购量,适当进口部分粮食,适当减少城镇居民口粮,农村口粮有所增加。1962年全国人均粮食消费水平提高了3.5%。棉花和其他穿着用品及日用工业品的供应都有不同程度的改善。农村集市贸易恢复,有些大中城市出现农贸市场,对于补充城市供应和促进小商品生产的发展起了积极作用。

在外贸方面,坚持"吃饭第一,建设第二"的方针。减少农副产品出口,维持、增加轻纺工业品及进口原料加工产品的出口;增加进口粮食、化肥和一些短缺原材料。同时,在外汇筹划和使用上,划分轻重缓急,尽力归还苏联债款,努力保持外汇顺差。

(五)进一步调整农村政策。

1962年2月,中共中央决定农村人民公社实行以生产队为基本核算单位的三级集体所有制,至少30年不变。9月,中共八届十中全会通过的《农村人民公社工作条例(修正草案)》正式规定了以生产队为基本核算单位的各项政策。11月,中央发出《关于发展农村副业生产的决定》,规定了恢复和发展农村副业的一系列政策措施。调整农村经济政策的规定,得到广大农民的拥护,大大调动了农民的生产积极性。

经过一年多的努力,国民经济的调整见到了成效,整个国民经济呈现恢复、发展的势头。1963年,经济形势更加好转,党和政府继续进行国民经济的调整工作。

1963年9月,中共中央召开了工作会议。会议认为1963年国民经济的发展呈现出全面好转的局面,但是问题仍然不少。因此,会议确定从1963年起,再用3年时间,继续进行调整、巩固、充实、提高的工作,作为今后经济发展的过渡。

在经济调整工作中,中共中央、毛泽东日益强调加强政治思想工作。1963年底,毛泽东提议经济部门学习人民解放军,加强政治思想工作。1964年又提出"农业学大寨,工业学大庆,全国学人民解放军"的口号。把大寨、大庆作为艰苦奋斗、自力更生、对国家做出重大贡献的先进典型向全国推广,开展比、学、赶、帮、超运动,对于发展工农业生产有积极意义。1963年开始试点、展开的"五反""四清"运动,发动群众揭露干部作风和经营管理中的问题,打击贪污盗窃、违法乱纪行为,对于推动企业和社队整顿,促进生产发展,也有一定作用。

应当看到,中共八届十中全会以后在指导思想上把阶级斗争扩大化和绝对化了,"左"的错误有了进一步发展,对经济工作产生了一些不良影响。在农业方面,自上而下地大反"单干"风,不仅打击了一批领导干部和基层干部,终止了对农业生产责任制的探索,而且使社员的积极性受到压抑,影响了农业的发展。在商业和市场方面,卡得太严,管得太死,使刚刚恢复的多种渠道又陷于停滞,影响了农副业生产的发展和市场的流通。经济工作的重点由"解决吃穿用"逐渐转向"备战"轨道,进行"三线建设",对内地建设要求过急,未能兼顾沿海地区的需要,在生产建设中遗留了不少问题。

但是,1961年到1965年党和政府始终抓住国民经济调整工作不放,贯彻落实"调整、巩固、充实、提高"的八字方针,经济工作的指导方针主流是健康的,使国民经济的调整任务基本完成。

五、国民经济的恢复和发展

经过1961年至1965年整整5年的努力,对国民经济实行"调整、巩固、充实、提高"的方针取得了巨大成效,工农业生产有了恢复和发展。

1965年,全国工农业总产值按当年价格计算,达到2 235亿元,按可比价格计算,同 1957 年相比,增长 59.9%。

1965 年,主要农作物产量,粮食 19 453 万吨,接近 1957 年的水平;棉花 209.8 万吨,比 1957 年增长 27.9%;油料 362.5 万吨,接近 1957 年水平;水果 323.9 万吨,接近 1957 年水平。猪、牛、羊肉产量达 551 万吨,比 1957 年增长 38.3%。水产品产量 298 万吨,接近 1957 年水平。在农业生产中拥有的农业机械总动力达 1 494 万马力,比 1957 年增加 805.5%;农业机耕面积达 1 557.9 万公顷,比 1957 年增长 491%;灌溉面积达 3 305.5 万公顷,比 1957 年增加 20.9%;化肥施用量达 194.2 万吨,比 1957 年增加 420.6%;农村用电量达 37.1 亿度,是 1957 年的 25.5 倍。

1965 年,主要工业产品产量与 1957 年相比,原煤增长 77.1%,达 2.32 亿吨;原油增长 674.7%,达 1 131 万吨;天然气增长 1 471.4%,达 11 亿立方米;发电量增长 250.3%,达 676 亿度;生铁增长 81.3%,达 1 077 万吨;钢增长 128.6%,达 1 223 万吨;成品钢材增长 112.3%,达 881 万吨;水泥增长 138.2%,达 1 634 万吨;平板玻璃增长 48.7%,达 687 万标准箱;木材增长 42.7%,达 3 978 万立方米;农用化肥增长 1 043%,达 172.6 万吨;汽车增长 412.7%,达 40 500 辆;拖拉机 9 600 台;布增长 24.4%,达 62.8 亿米;机制纸及纸板增长 90.1%,达 173 万吨;缝纫机增长 345.3%,达 123.8 万架;自行车增长 128%,达 183.8 万辆;钟表增长 2 711.5 倍,达 1 083 万只;化学药品增长 377.3%,达 10 500 吨;糖增长 69.8%,达 146 万吨。

在交通运输方面,1965 年与 1957 年相比,铁路营运里程增加 36.3%,达 36 400 公里;公路通车里程增加 102.1%,达 51.45 万公里;内河航道通航里程增加 9.4%,达 15.77 万公里;民用航空航线里程增加 49.2%,达 39 400 公里;客运总量增长 50.9%,达 96 334 万人;旅客周转量增长 40.5%,达 697.1 亿人公里;货运总量增长 50.7%,达 121 083 万吨;货物周转量增长 91.3%,达 3 463 亿吨公里。

在商业贸易方面,1965 年与 1957 年相比,社会商品零售总额增长 41.4%,达 670.3 亿元,其中消费品零售总额 590.1 亿元,农业生产资料零售总额 80.2 亿元;外贸部门进出口贸易总额增长 13.3%,达 118.4 亿元。

国民收入总额按可比价格计算的指数,以 1952 年为 100,1957 年为 153,1962 年只有 130.9,1963 年为 144.9,1964 年为 168.8,1965 年为 197.5,比 1957 年增加了 29.1%。1965 年国民收入总额达 1 387 亿元,按全国人口平均每人国民收入 194 元,比 1957 年提高 52 元。1963 年至 1965 年的3年中,国民收入大于支出10亿元,而且全部还清了外债。

在人民生活方面,由于农业还没有完全恢复,1965年全国人均粮食、食油、棉布的消费量,还略低于1957年的水平。但是,由于生产恢复,市场供应增加,全国零售物价和集市贸易价格大幅度回降,1965年只相当于1957年的109%和159%,而且许多农产品调高了收购价格,全国职工在1963年有40%提高了工资级别,生活有所改善。

还应当提出的是,大庆油田经过几年的努力,投入4万多人,7万多吨设备,已在1963年开始了大规模的开采;原子工业攻克了几千个技术难关,进行了上千次的试验,研制了2万多台关键设备,终于在1964年成功地爆炸了第一颗原子弹。

总之,国民经济的全面调整工作卓有成效。国民经济得到恢复和发展,而且国民经济各主要生产部门、生产环节相互比例关系已经趋向合理,积累与消费的比例趋向正常,财政收支平衡,市场稳定,人民生活有很大改善。所有这些,都为国民经济继续向前发展奠定了基础。

第六节 国防建设和外交关系

一、国防建设

国防,是保护国家门户的城垣,保障各项建设的柱石,维护和平安全的盾牌。在"一五"时期国防建设取得伟大成就的基础上,从1957年起到1966年初,十年期间,党和国家注重国防建设的决策没有变。其间虽因政治运动、"左"的思潮及经济困难和中苏关系破裂的影响致使国防建设受到一些挫折,但总的来说,成绩是主流,国防建设在曲折中不断前进和发展。

中国人民解放军继续以现代化、正规化为目标,加强武器装备和战备训练,加强军队的政治思想工作,加强军事科学的研究和军事人才的培养,努力提高素质,从而大大加强了国防建设。

军事院校是培养军队干部的主要途径。1957年10月8日,中国人民解放军海军军事学院在南京成立,方强任院长兼政治委员。海军军事学院的任务,主要是培养掌握现代海军诸兵种协同作战与训练知识的德才兼备的海军军政干部。1960年10月,该院改名为中国人民解放军海军学院。1957年夏中国人民解放军高等军事学院在北京成立,刘伯承任院长兼政治委员,

1958年3月1日开学。该院培养高级军事人才。为加强军事科学的研究，1958年3月15日成立了中国人民解放军军事科学院，叶剑英任院长兼政治委员。

1958年5月27日至7月22日，中共中央军事委员会举行扩大会议，会议检查和总结了建国8年来人民解放军的建设工作，针对当前的国际局势，对国防工作和今后的军事方针进行了讨论，并通过相应的决定。会议指出，新中国成立以来，人民解放军的成绩是显著的，它完成了作战和训练任务，保卫并积极参加了社会主义建设，军队本身建设获得了巨大的成绩，但是，在解放军的现代化建设中也发生了一些教条主义和形式主义倾向的缺点。会议对训练工作中的所谓教条主义倾向进行了不适当的过火批判，使"大跃进"期间人民解放军的正规训练工作和现代化建设受到严重影响。尤其是1959年庐山会议批判彭德怀并罢免了彭德怀国防部部长职务，在军队中揪所谓"彭党"人物之后，对军队建设产生了不良影响。

国民经济调整时期，解放军恢复了正规训练。1964年1月3日，中央军委批转叶剑英的报告，号召全军努力提高训练工作水平。6月，中央军委决定为促进部队的军事训练，在全军举行一次全面的"比武"活动。6、7、8月间，全军分18个区举行"比武"大会，参加表演的有1.3万多人，参观的达10万人。6月15、16日，毛泽东、刘少奇、周恩来、董必武、朱德、邓小平等党、政、军领导人，检阅了北京、济南部队的军事训练汇报表演，对受检阅部队的奋发精神、高昂斗志、顽强作风、精湛技术，给予了高度评价和赞扬。参加受阅的还有民兵队伍。通过全军"比武"活动，检阅了成绩，交流了经验，发现了典型，树立了标兵，对部队的训练起到了示范和推动作用。

1964年10月16日15时中国第一颗原子弹爆炸成功

武器装备现代化是军队现代化的重要标志。50年代，在苏联援助下，进口了一批武器装备,改造和新建了一批军工企业,仿制苏联的武器装备。军队陆续装备了自己生产的大口径火炮、坦克、飞机、舰艇、雷达及通信、工程、防化等武器装备和器材,向武器装备现代化迈出了良好的第一步。中苏关系恶化之后,从苏联进口现代化武器装备及其生产技术已不可能。1959年6月,苏联片面撕毁了中苏双方在1957年10月签订的关于国防新技术的协定,拒绝向中国提供原子弹样品和生产原子弹的技术资料。这反而激发了中国广大科技人员和职工的爱国主义热情及艰苦奋斗的精神,促进了核工业建设的进程。1961年7月16日,中共中央作出《关于加强原子能工业建设若干问题的决定》,决定自力更生,突破原子能技术。1962年11月,中央决定成立以周恩来为首的专门领导机构,领导核武器的试制和核工业建设工作。经过全国各地区、各部门、各部队尤其参加核试验的广大指战员、科技人员、职工的辛勤努力,大力协作,共同奋斗,攻克了几千个技术难关,进行了上千次科学试验,研制了2万多台关键设备,终于在1964年10月16日在中国西部地区成功地爆炸了第一颗原子弹。这次核试验的成功,标志着中国国防现代化进入了一个新的阶段。同日,中华人民共和国政府发表声明,阐明中国对核武器问题的一贯立场。指出:"中国进行核试验,发展核武器,是被迫而为的。"中国政府一贯主张全面禁止和彻底销毁核武器,中国掌握核武器完全是为了防御,打破核讹诈,中国在任何时候,任何情况下,都不会首先使用核武器。

加强军队的政治思想工作,是中国人民解放军的优良传统,是提高军队政治素质,保障军队执行党的路线、忠诚于人民、忠实于民族和国家的法宝。从1957年到1966年初,中国人民解放军继承和发扬这一优良传统,大力开展并日益强化军队的政治思想工作。1960年10月、1961年9月,中央军委两次讨论加强军队政治思想工作问题,并先后作出《关于加强军队政治思想工作的决议》,号召全军大力加强政治思想工作。1963年3月21日,中共中央颁布《中国人民解放军政治工作条例》。这个《条例》总结了几十年来共产党领导人民军队开展政治工作的丰富经验,阐明了军队政治工作的重大原则,为军队政治思想工作制订了准则。

这一时期的军队政治思想工作,创造了一些活泼的形式和很有成效的方法。军队中先后开展了创"四好连队"、"五好战士",学习"南京路上好八连","学雷锋、做好事"等活动,收到了较好的效果,尤其是学雷锋活动,先后涌现出欧阳海、谢臣、王杰等一大批雷锋式的先进个人,军队中形成任劳任怨甘为人民做好事的新的精神风貌。

军队政治思想工作中,也存在一些"左"的错误。1960年10月,中共中央军委扩大会议讨论关于加强军队政治思想工作的问题,国防部部长林彪在会上提出了一套学习"毛泽东著作"的实用主义和庸俗化的"方法",即:"要带着问题学,活学活用,学用结合,急用先学,立竿见影。在用字上狠下功夫。"军队中开展所谓的"活学活用"毛泽东著作活动,召开各种形式的"讲用会",看似"热闹红火",结果使学习毛泽东思想走向教条化。1965年11月18日,林彪提出所谓"突出政治"的"五项原则",鼓吹"政治可以冲击一切",给军队建设造成了严重危害。还应当指出,先后对军队中一批有威望、有功勋的将帅如彭德怀、黄克诚、罗瑞卿等人进行批判、免去其军职并有所"株连"的错误,也对军队建设造成了不良影响。

建设坚强的国防,不仅要建设一支强大的正规军,还必须加强后备武装力量的建设。50年代,全国从农村到城市,普遍建立了民兵组织。1960年4月18日至27日,全国民兵代表会议在北京召开。朱德、林彪、宋庆龄、董必武、邓小平等党和国家领导人出席了开幕式。罗荣桓元帅致开幕词,贺龙元帅代表中共中央、国务院向大会致祝词。总参谋长罗瑞卿大将作了《关于民兵建设问题的报告》,指出:中国的民兵制度,是在中共中央政治路线和军事路线的指导下武装人民的制度。革命战争年代,民兵对中国人民解放事业曾作出了伟大贡献;现在民兵担负着建设社会主义和保卫社会主义的两大任务。全国民兵必须学习人民解放军的优良传统,养成团结、紧张、严肃、活泼的作风。这次会议,对民兵工作起了积极推动作用。

1962年6月19日,毛泽东发出关于民兵工作"三落实"的指示。指出:"民兵工作要做到组织落实、政治落实、军事落实。"这个指示,对加强民兵建设有重要意义。民兵队伍空前壮大,人民战争思想日益深入人心,大大加强了国防力量。

1964年5、6月间,中共中央在北京召开工作会议。由于对新的世界战争危险的严重性和紧迫性作了过分的估计,会议提出加快西南地区战略后方建设的设想,由此开始了加强"大三线"战略后方的建设。1965年4月12日,中共中央发出关于加强备战工作的指示。8月21日,国家建委在北京召开全国搬迁会议。会议提出,搬迁工作必须立足于战争,从准备大打、准备早打出发,坚决地快搬、早搬。9月,中央工作会议讨论第三个五年计划时,同意"三五"计划方针"以国防建设第一,加速三线建设,逐步改变工业布局"的构想。中共中央还发出了"要准备打仗"和"备战、备荒、为人民"的指示。强化国防建设,在当时有必要性,但这种准备大打早打、把国防建设放在第一位,大力建设战略后方的方针,势必影响经济建设的正常秩序,也打乱了国防建设本身的正规化、常规化。

全国各行各业各条战线,10年间受"左"倾错误指导思想的影响,都程度不同地受到了一些挫折,走了一些弯路。相比较而言,国防建设影响较小。人民武装力量日益加强,出色地完成了保卫人民共和国的任务。此间,中国人民志愿军完成了抗美援朝、保家卫国的光荣任务后,到1958年10月26日,全部撤回祖国;人民武装力量平定了西藏叛乱,粉碎了台湾蒋介石集团反攻大陆的阴谋,在中印边界冲突中取得了自卫反击战的胜利。在越南抗美战争期间,鉴于美国在越南不断扩大侵略战争的严重局势,中共中央1965年4月发出指示,号召全党全军和全国人民尽一切可能支援越南人民的抗美救国斗争。根据中越两国政府签订的协议,应以胡志明为首的越南政府的要求,中国人民解放军陆续派出了地空导弹、高炮、工程、扫雷、铁道、后勤等部队32万余人,在越南北方担负防空作战、修建和维护铁路、公路、机场、通信设施、国防工程和沿海扫雷等任务。有4 000多名中国战士的鲜血洒在了越南的土地上,为保卫越南北方的领空,保证其运输线的畅通,做出重大奉献和牺牲。中国人民解放军还无偿地为越南人民军提供了大量军事装备和作战物资,还为越军培训了军事、政治和技术人员6 000余人。中国政府从道义上、物资上、人力上给予越南人民以巨大支援,为越南人民的解放事业作出了重大贡献。

二、平定西藏叛乱

1951年,中华人民共和国中央人民政府和西藏地方政府签订了和平解放西藏的十七条协议。协议确认西藏是中华人民共和国的一部分,"在中央人民政府统一领导之下,西藏人民有实行民族区域自治的权利。"规定西藏和平解放后不变更西藏原有的政治制度和达赖喇嘛的原有的地位及职权;各级僧俗官员照常供职;尊重西藏地区的宗教活动和当地人民的风俗习惯;西藏地区货币藏钞继续在西藏地区流通等等。同时也规定西藏地方政府应自动进行民主改革,藏军应逐步改编为人民解放军。

西藏和平解放以后,中共中央驻西藏工作委员会和人民解放军驻西藏部队,执行十七条协议,采取放慢民主改革的步骤和耐心等待的方针,执行民族政策和宗教政策,受到西藏人民的欢迎和拥护。但是,西藏地方政府多数委员(即葛伦)和上层反动集团,竭力维护农奴制度,反对藏军改编,以至图谋分裂祖国。1956年4月,中央人民政府根据中华人民共和国宪法,决定在西藏地方实行区域自治,成立了以达赖喇嘛为首的西藏自治区筹备委员会。西藏地方政府百般阻挠,致使自治区筹备委员会很难开展工作。为了缓和矛盾,等待把持西藏大权的一些反动分子觉悟,1956年底,中央向西藏地方政府宣布在1962年以前可以不进行民主改革。1958年5、6月间,一些叛乱分子在西藏的昌都、丁青、黑河、山南等地区骚乱,破坏交通,劫掠财物,奸淫烧杀,残害人民,袭击中央驻当地的机关、部队。中央人民政府本着民族团结精神,没有指令解放军驻藏部队进行反击,而是责成西藏地方政府负责惩办叛乱分子,维护社会治安。西藏地方政府和上层反动集团,误把中央政府的宽容态度和等待方针看作是软弱可欺,妄图制造"西藏独立",终于在1959年3月,公开撕毁十七条协议,发动了武装叛乱。

3月10日,西藏叛乱集团利用达赖喇嘛原定到人民解放军西藏军区礼堂看戏这一机会,大肆散布西藏军区部队要扣留达赖喇嘛的谣言,并以此为借口,发动武装叛乱,劫持达赖喇嘛,提出"赶走汉人"、"西藏独立"等反动口号,当场打死反对叛乱的西藏自治区筹备委员会藏族官员堪穷索郎降措,打伤西藏军区副司令员桑颇·才旺仁增等人。叛乱武装包围了人民解放军西藏军区司令部和中央驻在拉萨的机关。

3月10日拉萨叛乱爆发后,达赖喇嘛曾三次给人民解放军西藏军区政治委员谭冠三写亲笔信,声称他已被反动分子劫持,表示正在尽一切可能设法处理反动集团的违法行为。其3月11日的信中说:"反动的坏分子们正在借口保护我的安全而进行着危害我的活动。"3月12日的信中则说:"昨天我通过葛厦,责令非法人民会议必须立即解散,以保卫我为名而狂妄地进驻马布林卡的反动分子必须立即撤走。"①谭冠三给达赖喇嘛复信,对达赖喇嘛的态度表示欢迎,并希望西藏地方政府改变错误态度,负责平息叛乱。3月19日夜,叛乱集团向驻拉萨的人民解放军发动全面进攻。和平解决西藏事变的希望破灭了。

3月20日上午10时,中国人民解放军西藏军区部队奉命对叛乱集团进行讨伐。解放军在藏族爱国僧俗人民的协助下,经过2天多的战斗,彻底粉

---

① 转自新华社政治记者. 评所谓"达赖喇嘛的声明". 人民日报,1959－04－21

碎了拉萨市区的叛乱。4月8日,人民解放军平叛部队挥师南下,叛军不堪一击,一触即溃。山南地区和喜马拉雅山北部的所有边境要点全部被解放军控制。叛军中许多被裹挟的分子纷纷脱离叛军队伍,向人民解放军交出武器回家生产。叛军主力被歼灭,有一部分叛乱分子逃往印度。流窜各地的小股叛乱武装也被清剿,至1962年3月,平叛作战胜利结束。

西藏叛乱的迅速平定,主要是因为西藏人民是爱国的,他们拥护中央人民政府,热爱人民解放军,反对叛国分子。西藏(包括昌都、前藏、后藏3个区域)共有人口120万人,而叛军只有2万人左右,其中多数是因为被裹挟而参加的,而且还有一部分是由金沙江以东原西康地区逃跑过去的叛乱分子,即所谓康巴人。西藏人民绝大多数是极端贫苦的农民和牧民,他们迫切地希望从黑暗的封建农奴制度之下解放出来。西藏上层和中层也有许多爱国进步人士,他们拥护中央人民政府,反对叛乱,并且赞成民主改革。西藏人民绝大多数是反对叛乱分子的,尤其反对他们分裂祖国的行为。同时,中央人民政府平息西藏叛乱的方针政策是正确的。中央政府对待叛乱分子的方针是:首恶必办,胁从不问,立功受奖。平叛政策是:广泛团结一切没有参加叛乱的藏族同胞,保护西藏农、牧、工、商、政、教各界人民的生命财产,尊重西藏人民的风俗习惯和宗教信仰,保护喇嘛寺庙和文物古迹,维护群众利益和社会秩序。坚决平息叛乱,对于俘虏和一切放下武器的叛军,一律不许报复、伤害和侮辱。人民解放军驻藏部队坚决执行中央的平叛方针政策,在西藏人民的协助下,英勇顽强地作战,一举平息了西藏叛乱,维护了祖国的统一。

在西藏地方政府和上层反动集团发动武装叛乱后,国务院于3月28日命令解散西藏地方政府,由西藏自治区筹备委员会行使西藏地方政府职权。决定由自治区筹备委员会副主任委员班禅额尔德尼·却吉坚赞代理主任委员职务,任命委员帕巴拉·卓列朗杰、阿沛·阿旺晋美为副主任委员,阿沛·阿旺晋美兼秘书长。在平叛过程中,国务院命令人民解放军驻藏部队在西藏各地实行军事管制。一俟秩序恢复,陆续建立西藏自治区的各级地方行政机构,并开始执行自治职权。随着叛乱的平息,和平秩序的建立,自治制度逐步完全代替军管制度。

1959年4月,第二届全国人民代表大会第一次会议专门讨论了西藏问题,4月28日通过了《关于西藏问题的决议》。决议同意国务院对于平息西藏叛乱所采取的各项措施,并对平定叛乱的中国人民解放军驻藏部队表示敬意和慰问,对协助解放军平叛的西藏僧俗各界人民和各阶层爱国人士表示敬意和慰问。决议申明:"西藏是中国的不可分割的一部分"。平定西藏叛乱,"完全是中国的内政,不容许任何外国人干涉。"决议指出:"在西藏地区,贯彻地实行在中央人民政府统一领导下的,由广大人民和各界爱国人士当家作主的民族区域自治,贯彻地实行在中央人民政府统一领导下的民主改革,并且依靠各族劳动人民兄弟般的团结和互助,建设繁荣昌盛的社会主义新西藏,这是中华人民共和国的坚定不移的方针。"

达赖喇嘛离开拉萨后,不久到了印度。1959年4月18日,在印度的提斯浦尔经由印度外交官员散发了一份所谓"达赖喇嘛的声明"。"声明"歪曲3月10日至19日拉萨动乱的真相,造谣说动乱是由于解放军向拉萨和西藏增兵,并于3月17日炮击达赖住所罗布林卡宫引起的。还否认达赖喇嘛致谭冠三的信中所说的达赖被劫持的说法,声称达赖喇嘛离开拉萨是"出于他自己的自由意志,而不是被劫持"。更有甚者,"声明"歪曲说和平解放西藏的十七条协议是在"中国政府的压力下"达成的,鼓吹西藏"独立"。中央人民政府利用舆论否认这个声明是达赖喇嘛本人所写,在4月份召开的第二届全国人民代表大会第一次会议上仍然选举达赖喇嘛为人大常务委员会副委员长,试图召唤达赖喇嘛回归。但是,达赖喇嘛终未回归,他离开祖国怀抱,过上了流亡生活,走上与人民为敌的道路。

经过较长时间的筹备,1965年9月1日至9日,西藏自治区首届人民代表大会在拉萨召开,宣告西藏自治区正式成立。阿沛·阿旺晋美当选为自治区主席,周仁山等当选为副主席。当选的37名委员中,藏族占绝大多数,另外还有汉族、门巴族、珞巴族、回族等其他民族的委员。委员中有劳动人民,也有爱国进步的上层人士和宗教界人士。西藏自治区的正式成立,标志着西藏民族区域自治的胜利实现,为西藏地区的稳定和社会经济文化的发展,为广大藏族同胞尤其贫苦的民众走向幸福的新生活,奠定了基础。

三、中印边界冲突

中华人民共和国和印度共和国曾有过睦邻友好关系。1954年4月29日,中印两国签订了关于中国西藏地方与印度之间的通商和交流协定,首次提出和平共处五项原则,并申明:为了两国的根本利益,现在和将来,双方都没有任何理由不将这些原则坚持到底。在一些国际事务中,两国进行了友好合作。中国政府始终珍重和努力维护中印友好关系,但印度政府在与中国友好的同时,却进行了一些不友好的活动,如纵容西藏逃亡分子在印度对中国西藏进行破坏和颠覆活动,特别是1959年西藏叛乱发生以后,印度政府竟公然背弃和平共处五项基本原则,破坏1954年协定,公开支持西藏叛乱分子,掀起反华运动,大大伤害了中国人民的感情,破坏了两国之间的友好关系。

中印边界长约2 000公里,全部没有正式划定过,但有一条传统习惯边界线。当然,一直存在一些争议,并时有摩擦。中华人民共和国成立后,印方不断越过中印双方实际控制线,蚕食中国领土,一再挑起边境冲突,并无理地向中国提出大片领土要求。

在中印东段边界,即不丹以东的一段边界,印度把传统习惯线以北约9万平方公里的中国领土"画入"印度"境内"。早在1945年前后,英国殖民主义者就从印度陆续侵占所谓"麦克马洪线"①以南的中国领土。新中国成立后,特别是1951年西藏和平解放前后,印度军队大规模地向"麦克马洪线"以南地区推进。1959年西藏叛乱发生之后,印度军队竟超越"麦克马洪线",一度侵占朗久、兼则马尼等中国领土。1959年8月25日,侵入朗久的印军对中国驻马及敦("麦克马洪线"以北的中国领土)边防军开火挑衅,造成了中印边界线上10年来的第一次武装冲突事件。

在中印中段边界,即从中国、印度、尼泊尔三国交界处到西段的东南端的一段边界,印度不但把历来属于中国的巨哇、曲惹、什布奇山口、桑、葱莎、波林三多、香札、拉不底等地区"画入"印度"版图",而且从1954年以后,陆续侵占了这些地区。

在中印西段边界,即中国新疆和西藏同拉达克接壤的一段边界,印度把33 000多平方公里的中国领土,"画入"印度"版图"。而且自1958年9月以后,多次派遣武装人员非法窜入中国境内进行侦察、勘查、扰乱和挑衅活动。

中国政府对印度的一系列挑衅和无理进犯行动,据理抗议,一再忍让,努力寻求合理的和平解决办法。中国总理周恩来多次致信印度总理尼赫鲁,表示中国政府愿意竭尽一切努力,在中印两国之间创造一条最和平最安

---

① 1913年10月,英国操纵在印度北部西姆拉召开"中英藏会议",即"西姆拉会议"。英国代表麦克马洪瞒着中国代表,在会议之外,诱迫西藏地方当局的代表与其秘密换文,制造了一条深入到中国西藏境内的所谓"麦克马洪线"作为中印东段边界线。当时中国政府根本不知道,以后中国历届中央政府也从来没有承认过这条由英国殖民主义者强加于中国的"边界线"。

全的边境地带,以根本消除今后发生任何边境冲突事件。还提出双方武装部队立即从东边的"麦克马洪线"和西边的双方实际控制线各自后撤20公里、双方停止边境巡逻、对有争议的边境地点双方不派驻武装人员等项避免"摩擦冲突"的建议。1959年9月,中华人民共和国全国人大常委会通过的《关于中印边界问题的决议》申明:"中国政府一贯主张,中印双方应该考虑历史的背景和当前的实际情况,根据五项原则,有准备有步骤地通过友好协商,全面解决两国边界问题。在此之前,作为临时性的措施,双方应该维持边界久已存在的状况,而不以片面行动、更不应该使用武力改变这种状况;对于一部分争执,还可以通过谈判达成局部性和临时性的协议,以保证边界的安宁,维护两国的友谊。"为谋求和平解决中印边界问题,周恩来总理1960年4月访问印度,和尼赫鲁总理举行会谈。

但是,印度政府没有和平解决边界冲突的诚意,而且不断地制造新的"摩擦冲突",蚕食中国领土。在西段边界,1960年至1961年8月,印度军队侵犯中国领土达17起,并以它非法占领的巴里加斯为据点,扩大巡逻范围,设立新哨所,企图占领桑格藏布河流域印度方面提出"争议"的约1 900平方公里的中国领土。在中段边界,1961年6月,印军50余人侵入中国领土乌热地区,修筑了碉堡等工事。在东线,1962年9月,印军侵入"麦克马洪线"以北的中国领土扯冬地区,并且连续向中国边防部队进行挑衅,制造严重流血事件。对此,中国政府向印度政府提出强烈抗议,并被迫采取有限的自卫;还多次建议和平谈判解决冲突,遭到印度政府的无理拒绝。1962年10月20日,印军10多个旅的兵力在中印边界的东段、西段,同时发动了大规模的武装进攻。中国边防部队遭到严重伤亡,在忍无可忍的情况下,被迫进行自卫反击作战。

中国政府为了谋求中印边界问题和平解决,采取主动措施,于11月21日发表声明,宣布从次日起中国边防军在中印边界全线主动停火。从12月1日起,中国边防军从1950年11月7日中印双方实际控制线后撤20公里,至次年2月完成全线后撤计划。中国政府还主动把缴获印军的武器弹药和其他军用物资全部交给印方;并主动释放和遣返被俘印军。

中华人民共和国政府在中印边界冲突中有理、有利、有节的斗争和中国人民解放军中印边界自卫反击战的胜利,保卫了中国领土,捍卫了祖国尊严。

四、中苏关系破裂

从中华人民共和国成立到 50 年代上半叶,中国外交实行"一边倒",坚定地站在以苏联为首的社会主义"阵营"一边。中苏两国"交善",关系非常密切。随着两国交往的增多,苏联的"大国主义"表现越来越明显,由苏共和中共两党之间的分歧、争论而影响到两国关系,最终导致中苏关系的全面破裂。

1956 年苏共召开二十大,在没有与其他兄弟党通气的情况下,苏共总书记赫鲁晓夫作秘密报告,全盘否定斯大林。他在总结报告中又提出"和平过渡"的论点,认为有可能通过议会道路从资本主义向社会主义过渡。这是关系到国际共产主义运动的大问题,对此中国共产党不理解,而且认为是"极其重大的原则错误"。中国共产党领导人毛泽东、刘少奇、周恩来等在不同场合和苏共领导人谈话时表明了中共的不同意见。4 月 5 日,中国共产党发表《关于无产阶级专政的历史经验》,12 月 29 日又发表《再论无产阶级专政的历史经验》。两篇文章对斯大林的一生作了全面分析,肯定十月革命道路的普遍意义,委婉地批评苏共二十大的一些观点。为了顾全大局,没有对苏共二十大提出公开批评。

1957 年 11 月 14 日,12 个社会主义国家共产党和工人党的代表在莫斯科举行会议。随后,16 日至 19 日又举行 64 个共产党和工人党代表会议。两个会议分别通过《社会主义国家共产党和工人党宣言》和《和平宣言》。会议期间,毛泽东率领的中共代表团和苏共代表团在一些"原则性"问题上发生争论,最主要的是关于从资本主义向社会主义过渡的问题。经过争论,最后通过的宣言对苏共提出的草案中的"和平过渡"问题作了重大修改,吸收了中共方面的一些意见。但是,未能充分表明中共的观点。为此,中共向苏共中央提交一份《关于和平过渡问题的意见提纲》,全面系统地阐明中共的观点,以备案存查。此外,中共代表团还在会议上对苏共二十大提出的关于帝国主义、关于战争与和平等问题提出不同意见。

1958 年 7 月 31 日至 8 月 3 日,苏共中央第一书记赫鲁晓夫访问中国,同毛泽东等中共中央领导人讨论国际形势和中苏关系等问题。在会谈中,中方拒绝苏方此前提出的意在染指中国主权的关于建立联合舰队和长波电台的建议。赫鲁晓夫对此十分恼怒。毛泽东等中共领导人则寸步不让,毛泽东为此对苏联驻华大使尤金说,如果要控制中国,"连半个指头也不行"①。大国主义极盛的苏共领导人,在国际事务中总是要求其他社会主义国家服从他们的"指挥棒",他们对中共领导人拒绝他们提出的无理要求极为不满,从此开始了破坏中苏两党、两国关系的一系列行动。

1959年9月赫鲁晓夫率苏联党政代表团参加新中国成立十周年国庆活动

1959年6月,苏联政府片面地撕毁中苏双方在1957年10月签订的关于国防新技术协定,拒绝向中国提供原子弹样品和生产原子弹的技术资料。9月9日,苏联不顾中国方面多次提出的不同意见,发表了塔斯社关于中印边界事件的声明,偏袒印度,把中苏分歧公开暴露在全世界面前。苏共领导人和苏联报刊,还对中国共产党的内政外交政策,进行大肆攻击。

1960年6月24日至26日,社会主义国家共产党和工人党代表在布加勒斯特举行会议。彭真率中共代表团出席会议,苏共领导人对中共发动突然袭击。会议前夕,苏共代表团向与会各党代表散发苏共中央6月21日给中共中央的"通知书",对中共进行全面攻击。会议期间,苏共第一书记赫鲁

---

① 光辉的成就.下.北京:人民出版社,1984.122

晓夫带头组织对中共的"围攻",骂中共是"疯子",诬蔑中共"要发动战争"、"把帝国主义垄断资产阶级的旗帜拿起来"等等。中共代表团遵照中共中央规定的坚持原则、坚持团结的方针,同苏共代表团进行了严肃的斗争,同时为顾全大局,在会议公报上签了字。并于6月26日散发了一个书面声明,指出赫鲁晓夫在布加勒斯特会议上的做法,在国际共产主义运动中开了一个极端恶劣的先例。苏共未能压服中国共产党,更为恼火,把中苏两党之间的思想分歧扩大到两国关系方面,进一步对中国施加压力。

7月16日,苏联政府突然照会中国政府,片面撕毁343个专家合同和合同补充书,废除257项科学技术合作项目。还决定从1960年7月28日到9月1日,撤走全部在华苏联专家1390名,并终止派遣专家900多名①。这些苏联专家分布在中国经济、国防、文化教育和科学研究等部门的250多个企事业单位,在技术设计、工程施工、设备安装、产品试制和科学研究等方面担负着重要任务。这些苏联专家聘期未满,合同没有到期,中国政府虽然多次挽留,苏联政府始终坚持其决定。苏联专家撤走时,带走了全部图纸、计划和资料,并停止供应中国建设急需的重要设备,大量减少成套设备和各种设备中关键部件的供应,使中国一些重大设计项目和科研项目被迫中断,一些正在施工的建设项目被迫停工,一些正在试验生产的厂矿不能按期投入生产。与此同时,还逼迫中国偿还债款。苏联政府的这一行动,打乱了中国发展国民经济的计划,加重了中国经济的困难,而且进一步破坏了中苏两国之间的关系。

1960年11月,81个共产党和工人党代表在莫斯科举行会议,苏共代表不顾中共和其他许多党代表团的消除分歧、加强团结的愿望,在会议前夕,向代表散发一封更加粗暴地攻击中共的长达6万余言的信件,挑起更加尖锐的论争。

1961年10月,苏共举行二十二大,通过的纲领提出"和平共处"、"和平竞赛"、"和平过渡"的路线和"全民国家"、"全民的党"的观点,中共对此完全不理解,不能接受。苏共二十二大还公开攻击阿尔巴尼亚劳动党,中共代表团团长周恩来在苏共二十二大上发表讲话,对苏共的这一做法提出严肃批评。

1962年4月16日,在苏联驻中国新疆的机构和人员的长期策动诱骗

---

① 人民日报,1963-12-04

下,新疆塔城、裕民、霍城3县居民6万余人跑往苏联。中国政府再三抗议与交涉,苏联政府以"苏维埃法制感"、"人道主义"等为借口,拒绝遣返中国公民。5月25日,苏联又制造了伊犁暴乱事件,被当地军民粉碎。苏联在中国边疆地区进行破坏和颠覆活动,大伤了中国人民的感情,进一步破坏了中苏两国关系。

1963年7月14日,苏共中央发表《给苏联各级党组织和全体共产党员的公开信》,采取歪曲事实的手法,对中国共产党进行攻击。中共决定"答辩",7月20日《人民日报》等报纸全文发表苏共中央的"公开信"。人民日报编辑部和红旗杂志编辑部联合发表文章,公开评论苏共中央的"公开信"。先后发表的评论文章有9篇,称为"九评苏共中央公开信"。这样,中苏两党之间进行了一场公开论战。论战双方,言辞难免有过激之处,而且趋向是越来越激烈,发展到互不承认对方是马克思列宁主义政党。中苏两党关系彻底破裂,两国关系也随之全面破裂。

中苏关系破裂,根据当时形势发展的趋向,这种恶化关系还要升级。但是,在历史发展的长河中,这种相邻国家间的恶化关系,肯定是短暂的。

五、外交工作的进展

从1957年到1966年上半年的10年间,中华人民共和国继续把爱国主义与国际主义相结合作为自己处理对外关系的根本出发点,在国际事务中奉行独立自主的政策,坚持原则,求同存异,不畏强暴,平等待人。努力维护世界和平,不断发展同其他国家以和平共处五项原则为基础的友好合作关系。

在社会主义国家中,中苏关系破裂之前,中国大力加强与各兄弟社会主义国家的友好关系,在政治、经济、文化等方面,友好往来和友好合作有很大发展。中苏关系破裂后,中国日益受到孤立,中国加强同受到苏联攻击的阿尔巴尼亚的关系,两国的友好互助关系有了长足的发展。同时,大力援助受到美国侵略的越南人民的抗美救国斗争,努力发展中越关系;加强同朝鲜民主主义人民共和国的友好关系。

在外交事务中,中国尤其注重与发展中国家的联系和友好合作关系。10年中,中国与以下国家建立外交关系:柬埔寨、伊拉克、摩洛哥、苏丹、几内亚、加纳、古巴、马里、索马里、老挝、阿尔及利亚、乌干达、贝宁、肯尼亚、突尼斯、刚果(布拉柴维尔)、坦噶尼喀和桑给巴尔联合共和国、中非、赞比亚、达荷美、毛里塔尼亚等。中国领导人还进行了大量外访活动,并接待了许多国家领导人的来访,加强了中外联系。中国政府和中国人民对亚洲、非洲、拉丁美洲人民争取民族独立的斗争和民主运动给予无私援助。对印度尼西亚的反华排华活动提出强烈抗议,并进行了坚决斗争。

与此同时,中国还努力发展同发达国家的关系。1964年1月27日,中华人民共和国同法兰西共和国正式建立外交关系。中日之间的民间往来,日益频繁,增强了两国人民的互相了解。对待美国,在坚决反对其侵略扩张政策的同时,开始对话。从1955年8月1日开始,到1960年9月6日,两国大使级会谈举行了100多次会议,虽然没有取得实质性进展,但毕竟开始"接触"、"谈"了。

这一时期,中国先后与尼泊尔、缅甸、蒙古、巴基斯坦、阿富汗等邻国签订了边界条约,正式划定了边界。中国政府按照平等互利、互通有无的原则,积极发展同世界各国的贸易往来。外贸进出口总额(人民币):1950年41.6亿元,1957年104.5亿元,1965年增长到118.4亿元。1965年进口额55.3亿元,出口额63.1亿元,出超7.8亿元。此外,中国对外经济技术合作工作有所发展。60年代初,同中国有经援关系的国家由50年代的19个增加到30多个。苏联政府撕毁合同撤走专家后,随着对外关系的发展,中国开始从西方国家引进一些化纤、化工、石油、冶金、矿山、电子和精密机械等方面的设备和技术,从1960年到1966年,共计用外汇2.8亿美元。在强调独立自主、自力更生原则的情况下,在西方发达国家对中国心存疑忌、世界"反华大合唱"尚未消除、美苏超强大国仍企图制裁和制约中国的情况下,中国的对外贸易和合作发展还是十分缓慢的。

中外关系,有分有合,总的趋势,合之多而分之少。中苏关系破裂,"一边倒"外交方针终结,中国更加务实地谋求对外关系的进展。本着和平共处、平等互利五项原则,中国在与一部分国家建立外交关系的基础上,又结交了一批新的外交、贸易伙伴,中国的对外关系,确实有了新的发展。当然,在对亚、非、拉发展中国家,尤其对一些友好社会主义国家和马克思主义政党及组织的无私援助上,往往只考虑受援者的政治态度,而忽视了"互利"、"互惠"原则,有时甚至不顾自己的国力而强为之。另外,对西方发达国家的资金、技术引进,仍处于保守状态。无疑,这些方面对中国的建设有着不利影响。

第七节 台湾的政治与经济

一、台湾的政治和经济

20世纪50年代中期以后,台湾蒋介石集团的独裁专制统治进一步加强,而台湾经济经过第一期四年经建计划的建设,获得了初步发展。

在政治上,蒋介石集团为维护国民党一党专政的政治体制,极力镇压"反对党"的建党活动,"《自由中国》杂志事件"就是突出的例子。《自由中国》杂志是一家深受资产阶级自由主义影响的政论性刊物,1949年11月在台北创刊,由胡适任发行人。50年代初,发行人一职由雷震接任,主要编辑人有雷震、殷海光等。《自由中国》杂志标榜"反共"、"民主"、"自由",经常对台湾当局进行批评。特别是该杂志的负责人雷震,多次写文章鼓吹民主,反对蒋介石当"终身总统",并呼吁建立一个反对党。著名学者胡适也著文赞扬、支持,并提议新党名称为"中国民主党"。1960年5月18日,《自由中国》杂志联合台籍人士和民社党、青年党共72人,召开选举座谈会,决定即日起成立"地方选举改进座谈会"。6月15日,又宣布立即筹组一个新的政党,并决定新党于9月底正式成立。蒋介石集团对雷震等人进行政治迫害。陈诚指责新党筹组活动"违反国策",国民党控制的报刊攻击"反对党"配合了共产党的"统战",是造成台湾混乱的"颠覆阴谋"。9月4日,台湾当局逮捕了雷震。10月3日,又以"掩护匪谍"和《自由中国》杂志发表过有违"反共抗俄国策"言论等罪名,判处雷震有期徒刑10年,并封闭了《自由中国》杂志。这样,"中国民主党"终被扼杀在摇篮里。胡适在这一事件中也受到很大冲击,国民党内和军内充满了反胡气氛。1965年12月,台湾当局又查封了发表过李敖批评时政文章的《文星》杂志。

蒋介石集团为达到长期盘踞台湾的目的,遂将台湾置于美国的保护伞之下。1954年12月,台湾当局与美国签署了"共同防御条约",以对抗中国大陆。而对台湾人民的反美运动,蒋介石集团则实行严厉镇压政策。20世纪五六十年代,台湾人民不断掀起反美浪潮,其中最著名的是"5·24"反美运动。自50年代初美国"军事援助顾问团"到台后,常常在各地飞车伤人,欺侮妇女,酗酒滋事。美军的霸道行为激起台湾人民的愤怒。1957年3月20日,美军上士雷诺枪杀了"阳明山革命实践研究院"职员刘自然。5月23

日,由美国人组成的军事法庭竟以"正当防卫"为由,宣判雷诺无罪。这一判决激起台湾人民的反美怒潮。24日上午,刘自然的妻子奥特华到台北美国"大使馆"抗议,围观群众情绪激昂。下午1时,6 000多名群众围聚在美国"大使馆"外。不久,愤怒的群众冲入"使馆",将"使馆"门窗、家具打烂,并扯下星条旗,撕碎踩在脚下,还烧毁"使馆"的汽车,在墙上写下"美国佬滚出去"等标语。与此同时,群众捣毁了台北的美国新闻处。台湾当局出动大批警察、宪兵逮捕群众。晚6时,约3万名群众包围了台北市警察局,要求释放被捕群众。警察竟用水龙、催泪弹攻击群众,最后开枪射击,当场打死1人,伤32人。①晚9时许,台湾当局颁布戒严令,并调3个师的军队进入台北市镇压群众。不久,大规模的反美运动被镇压下去了。"5·24"反美运动波及台中和台南,各阶层人士都参加了这场斗争,这充分显示了台湾人民不畏强暴、不甘屈辱的民族精神。

  蒋介石为了巩固和延续其在台湾的专制独裁统治,还精心培植其长子蒋经国在台湾政坛的发展。早在1952年10月的国民党七届一中全会上,蒋经国即当选国民党中央常委,开始进入国民党的权力核心机构。1957年10月国民党"八大"后,蒋经国不仅是国民党的中央常委,而且是"行政院"的"政务委员"。在1963年11月召开的国民党九届一中全会上,蒋经国再次当选国民党中央常委。同年12月,严家淦接替陈诚担任"行政院长"。在严家淦内阁中,蒋经国续任"政务委员",并担任"国防部副部长",作为不负实责的"国防部部长"俞大维的副手。1965年1月,蒋经国又升任"国防部部长"。不久,"副总统"陈诚去世,这为蒋经国的进一步高升消除了最后一个障碍。

  在经济上,台湾当局自1957年至1960年推行第二期四年经建计划。其目标是继续开发资源,增加农业生产,加速发展工矿业,降低成本,提高质量,扩展出口贸易,平衡国际收支,谋求农业与工业及各工业部门之间的密切配合与均衡。第二期四年经建计划实施的结果,农业年均增长5.3%,工业年均增长12%。②农业计划完成得比第一期好,工业没有完成计划。这一时期,台湾当局重点发展电力、肥料和纺织工业,引导工商业创办进口替代工业,并大力发展原料和非耐久消费品工业。同时,鼓励资助民间直接办

---

① 联合报.台北版.1957-05-26
② 茅家琦.台湾三十年,1949~1979.郑州:河南人民出版社,1988.75~76

厂,让民办企业享受低息贷款和官价外汇。

前两期四年经建计划实施后,虽然台湾经济获得了初步发展,但由于台湾经济发展受岛内市场狭小的限制,进一步发展遇到了不少困难。为改变这种状况,1961年初,台湾当局根据经济发展的客观要求,决定迅速由发展内向型经济转向发展外向型经济,把岛内市场伸到国外,参与国际市场竞争,以带动经济发展。而在经济结构上逐步由以农业为主转变为以工业为主。为此,1961～1964年实施的第三期四年经建计划,目标是改善投资环境,提高生产能力,增强产品的国际竞争力,扩展对外贸易,减少对美援的依赖,优化经济结构。在实施计划过程中,继续大力发展劳动密集型工业,进一步鼓励出口,实行外汇改革,完善金融机构和证券交易市场,引进外资技术,发展出口创汇企业。

第三期四年经建计划期间,经济状况大大好于前两期,国民生产毛额1964年比1960年增长44%,经济年均增长率达9.5%,超过计划指标。从1963年起对外贸易即由入超转变为出超,1963年出超2 070万美元,1964年出超5 270万美元,平衡了国际收支。随着生产的发展,带来经济结构的变化。1963年台湾生产净额中农业占48.71%,工业占51.29%,工业生产净额第一次超过农业。[①]到1964年,台湾经济基本实现了由以农业为主的内向型经济,向以工业为主的外向型经济的转变。从1964年起,台湾经济步入"起飞"时期。

总的来看,第二、三两期经建计划期间,台湾经济发展较快。其原因首先是台湾当局在强烈的求生存、求发展和妄图"反攻大陆"的心理驱使下,选择了一条急功近利的发展道路,无论是发展战略还是具体政策,都注重于短期目标。其次,台湾有大量廉价且素质较高的劳动力,这是台湾经济高速发展的重要因素。另外,在台湾经济稳定和发展的过程中,美援起到了相当重要的作用。但是,台湾的资源、市场、资金、技术严重依赖外国,一切政策措施都围绕着对外贸易和国际收支状况转,因此,台湾经济表现出明显的依赖性和脆弱性。

二、人民解放军炮击金门

蒋介石集团在台湾的统治稳定下来以后,在美国支持下不断对大陆沿

---

① 茅家琦.台湾三十年,1949～1979.郑州:河南人民出版社,1988.81～82

海地区进行袭击。1950 年 1 月到 1954 年 8 月,国民党军队袭击骚扰大陆沿海地区 42 次,使用兵力达128 000余人。①1954 年冬到 1955 年春,中国人民解放军加强了沿海地区的作战。1955 年 1 月 18 日,人民解放军陆、海、空三军联合进行了渡海登陆作战,一举解放了一江山岛。2 月,大陈岛、鱼山列岛、披山岛等岛屿,相继解放。至此,浙江沿海岛屿全部解放。1958 年以后,国民党特务对福建沿海多次袭扰,大小金门岛上的国民党军队不断炮击福建沿海村镇,当地人民的生命财产受到严重威胁。

为了惩罚国民党军队的挑衅和骚扰,保护沿海村民生命财产的安全,1958 年 8 月 23 日,中国人民解放军福建前线部队奉命向占据金门岛、马祖岛的国民党军队进行警告性的炮击。金门岛、马祖岛的国民党守军实施反炮击,一场激烈的炮战在台湾海峡展开。8 月 23 日至 10 月 6 日,人民解放军发炮数十万发,全面封锁了金门岛的滩头阵地与飞机场,给国民党军队以沉重打击。台湾当局调动海军、空军援救,美国以第 7 舰队护航,为金门岛运送物资。9 月 4 日,美国国务卿杜勒斯发表声明,宣称:"美国负有条约义务来帮助保卫台湾(福摩萨)不受武装进攻,国会的联合决议授权总统使用美国的武装部队来确保和保护像金门和马祖等有关阵地。"②同时,美军调地中海舰队一部驶往远东,大批美军集结台湾地区。美国胜利女神导弹营也进驻台湾。对此,中华人民共和国国务院总理周恩来于 9 月 6 日发表声明,指出:"美国和蒋介石集团签订的任何所谓条约和美国国会通过的任何有关的决议,对于中国人民是完全无效的,它们决不能使美国的侵略行为合法化,更不能成为美国在台湾海峡地区扩大侵略范围的借口。"③接着,国防部部长彭德怀于 10 月 6 日发表《告台湾同胞书》,指出台湾、澎湖、金门、马祖是中国的一部分,世界上只有一个中国。同时宣布停止炮击金门一周,让金门守军恢复补给,但以没有美国军舰护航为条件,并建议同台湾当局举行谈判,实行"和平解决"。④

10 月 6 日以后,人民解放军采取打打、停停、打打、半打半停的方针。13 日,中华人民共和国国防部发布命令,对金门炮击再停两周。由于台湾当局从 19 日夜到 20 日晨在金门海域引进美国军舰护航,20 日,人民解放军恢复

---

① 郭传玺.中国国民党台湾四十年史纲.北京:中国文史出版社,1993.228
②③ 人民日报,1958 - 09 - 07
④ 人民日报,1958 - 10 - 06

炮击。同日,中华人民共和国国防部发布文告,指出:"中国人民的事绝不允许美国人插手,这是民族大义。执迷不悟的人究竟是极少数。台湾当局迷途知返,接受和平解决的时机,看来尚有所待,我们继续寄以希望。"①25日,国防部部长彭德怀再次发表文告,宣布逢双日不打金门的飞机场、料罗湾的码头、海滩和船只,使大金门、小金门、大担、二担等大小岛屿上的同胞得到充分的供应。至1958年底,人民解放军共击沉、击伤国民党各型舰艇24艘,击伤击落飞机37架,毙伤国民党官兵7 000余人。人民解放军对金门的警告性炮击,一直延续到1978年12月31日。

金门炮战引起了世界关注,西方国家,特别是英国,提出金门、马祖等岛屿应予"非军事化"、"中立化"。美国虽然援蒋,但一方面迫于国际舆论,另一方面也担心金门、马祖炮战成为它重新卷入中国内战的触发点。因此,当炮战进行了一个阶段后,美国国防部部长麦克艾乐建议从金、马撤出重兵。艾森豪威尔总统也认为增兵"不是一件好事"②。

1958年8月人民解放军福建前线某部受命炮击金门

针对金、马"中立化"、"非军事化"问题,台湾当局立即做出反应,称:"任何涉及国军金、马外岛中立化或非军事化的任何决定,均将被视为有损我合法权益。"③为弥合美台分歧,杜勒斯于1958年10月20日访问台湾,23日双方会谈结束,达成"联合公报"。美国确认"金门、马祖与台湾、澎湖在防卫上有密切之关联";台湾当局接受美国的主张,在军事上采取守势,在政

---

① 新华社新闻稿,1958-10-20
② 茅家琦.台湾三十年,1949~1979.郑州:河南人民出版社,1988.62
③ 陈志奇.美国对华政策三十年.台北:中华日报社,1981.162

治上采取攻势,统一中国的主要途径是"实行孙中山先生之三民主义,而非凭借武力"。①这样,美国放弃了使金、马"中立化"、"非军事化"的主张,蒋介石也暂时收束了武装进攻大陆的军事行动。

由于海峡两岸都坚持"一个中国",反对金门、马祖"中立化"、"非军事化",从而打破了美、英等国企图将金、马从中国领土中分离出去的阴谋。

1958年炮击金门之后,随着美蒋矛盾的加深,中共中央抓住时机,加大了和平统一祖国的步伐,更加系统地提出了解决台湾问题的设想。1960年5月,周恩来总理在约见张治中等民主人士时,将中共的对台方针概括为"一纲四目"。"一纲"即台湾必须统一于中国。"四目"包括:台湾回归祖国后,除外交必须统一于中央外,所有军政大权、人事安排等悉委于蒋介石;所有军政及建设经费不足之数,悉由中央拨付;台湾的社会改革可以从缓,必俟条件成熟并征得蒋之同意后进行;双方互约不派特务,不做破坏对方团结之举。②"一纲四目"方针的提出,虽在当时没有得到台湾当局的积极回应,但它为后来"和平统一、一国两制"方针的形成,构筑了基本框架,奠定了原则基础。

三、国民党台湾当局反攻大陆阴谋破产

50年代末60年代初,由于社会主义建设指导思想上的"左"倾错误和严重的自然灾害,加上苏联政府撕毁合同、撤走专家的影响,中国大陆的国民经济发生了严重困难。中苏关系恶化和中印边境冲突,使盘踞台湾的蒋介石集团以为"反共复国"、卷土重来的时机到了,于是阴谋策划反攻大陆。

1962年元旦,蒋介石发表《告全国同胞书》,声称要进行"反共抗暴的革命运动"③。接着,台湾当局成立了以蒋介石为首的"最高5人小组",作为反攻大陆的决策机构。3月,台湾当局下达"征兵动员令",提前开始下年度的"现役征集",原定退伍的军人也无限期地延长服役时间,并将台湾的各种轮船、渔船和车辆纳入"船舶车辆动员编组"。同时,增加了军费预算,决定从1962年5月1日起,在14个月内征收6 000多万美元的"国防临时特别捐"。另外,还成立了"战地政务局",准备登陆成功之后在大陆沿海地区建

---

①③ 茅家琦.台湾三十年,1949~1979.郑州:河南人民出版社,1988.62,64~65
② 中共中央文献研究室.周恩来年谱(1949~1976).北京:中共中央文献出版社,1997.321

立各级政权机构。1962年1月至5月,国民党军队又与驻台美军举行多次联合军事演习。蒋介石调兵遣将,台湾海峡战云密布。

针对台湾海峡的紧张局势,中共中央和中央人民政府利用舆论把蒋介石集团反攻大陆的阴谋适时公之于世,并号召人民做好准备,随时粉碎蒋介石集团的军事冒险。人民解放军加强了福建沿海地区的防务,严阵以待,充分做好战斗准备。全国人民努力生产,巩固后方,支援前线。特别是广大民兵,注意防止和及时消灭潜伏的、空降的国民党特务的破坏活动,从各方面配合、支援解放军。

人民解放军和人民政府还发起政治攻势,奖励国民党起义人员,瓦解蒋军,加强统战工作。1962年7月25日,人民解放军福建前线司令部颁发两个通告,宣布对驾机起义、驾驶舰艇起义的国民党空军、海军人员的奖励规定和联络办法。此后,许多国民党官兵起义归来。1965年7月20日,前南京国民政府代总统李宗仁与夫人郭德洁及程思远从海外归来,政协主席、国务院总理周恩来到北京机场热烈欢迎。随后,毛泽东主席也接见了李宗仁夫妇,并表示欢迎海外的国民党人士回归祖国。

由于中国大陆军民做好了一切反击准备,致使蒋介石集团不敢贸然大举进犯大陆。美国政府虽支持蒋介石集团"反共复国",但不同意蒋介石马上发动军事进攻。1962年6月23日,美国大使卡勃在中美110次大使级会谈中受命面告中国大使王炳南,美国不支持台湾"侵犯大陆的任何意图"[①]。没有美国的支持,蒋介石集团反攻大陆的阴谋无法实现。于是,蒋介石集团一场虚张声势的"反攻圣战"悄然收场。

蒋介石集团反攻大陆的军事冒险阴谋破产之后,1962年10月1日至12月6日,又向广东沿海地区派遣9股匪特,企图在这些地区建立所谓"游击走廊"。国民党特务先后由台湾高雄偷渡到广东沿海的海丰、惠来、电白、台山等县登陆,广东沿海人民公安机关、解放军、民兵和人民群众密切配合,歼灭了这9股共172名武装特务,击沉运送特务的机帆船3艘,缴获一批美制电台、枪支弹药和通讯密码等。[②]1963年6月,广东、福建、浙江沿海地区军民又歼灭了从海上偷渡登陆的62名国民党武装特务。蒋介石集团用小股匪特骚扰大陆沿海地区的阴谋也被粉碎。此后,台湾当局越来越把"反共

---

① 茅家琦.台湾三十年,1949~1979.郑州:河南人民出版社,1988.65

② 人民日报,1962-12-30

复国"作为长期的目标,对大陆更多地采取"七分政治、三分军事"的策略。

第八节 思想、文化、教育、科技

一、学习雷锋活动

雷锋,1939年12月出生于湖南省望城县(今长沙)一个贫苦农民家庭,8岁时成为孤儿。解放后雷锋上了小学,1956年参加工作,1957年加入青年团。1958年秋,雷锋调到鞍山钢铁公司,当了一名推土机驾驶员。1959年冬,雷锋应征入伍成为一名解放军战士。1960年11月,雷锋加入中国共产党,不久任班长。1962年8月15日上午,雷锋在执行任务时,因公殉职,年仅22岁。

雷锋的一生是短暂的,也是闪光的。在部队里,他总是以顽强的意志苦练各项军事科目,积极学习毛泽东著作,全心全意为人民服务。他决心要把自己有限的生命投入到无限的为人民服务中去,竭尽其力,为人民做好事。做好事不留名,甘做无名英雄;党叫干啥就干啥,甘做革命的螺丝钉。雷锋的日记中记载了他的思想和为人民服务做的平凡而有意义的好事。日记中写道:"对待同志要像春天般的温暖,对待工作要像夏天一样火热,对待个人主义要像秋风扫落叶一样,对待敌人要像严冬一样残酷无情。"他入伍不到3年,先后荣立二等功一次,三等功两次,被评为五好战士,他任班长的班一直保持四好班的光荣称号。雷锋先后出席过鞍

雷锋(1939—1962)

山市青年社会主义建设积极分子代表大会、沈阳部队共青团代表会议,被选为抚顺市人民代表。为表彰雷锋的先进事迹,1961年1月,中国人民解放军工程兵政治部发出关于学习雷锋的通报;沈阳部队工程兵党委授予雷锋模

范共青团员光荣称号。

雷锋因公牺牲后,1963年1月7日,国防部批准授予雷锋生前所在班为"雷锋班"。1月23日,共青团中央发布决定,追认雷锋为全国优秀少先队辅导员。3月5日,《人民日报》发表毛泽东"向雷锋同志学习"的题词。随后,又发表刘少奇、周恩来、朱德、邓小平等领导人的题词。周恩来的题词,把雷锋精神概括为:"憎爱分明的阶级立场,言行一致的革命精神,公而忘私的共产主义风格,奋不顾身的无产阶级斗志。"全国一切舆论阵地,对雷锋的先进事迹进行大量报道,把雷锋作为忠于祖国、忠于人民、忠于党,毫不利己、专门利人的共产主义战士的光辉典范,进行大张旗鼓地宣传。在广大干部群众中产生了强烈反响,全国上下迅速掀起学习雷锋的热潮。

全国各条战线、各族人民,响应中共中央的号召,广泛开展学习雷锋活动。学雷锋,见行动,人人争做忠于革命、忠于党,党叫干啥就干啥的"螺丝钉";人人争当公而忘私、热爱劳动、艰苦朴素的标兵;人人争做好事,全心全意为人民服务的观念深入人心,蔚然成风。全国涌现出千千万万个活雷锋,千千万万个无名英雄。

中国人民解放军济南部队装甲兵某部工兵班长王杰,处处以雷锋为榜样,严格要求自己,一不怕苦,二不怕死,一心为革命,成为雷锋式共产主义战士。王杰1962年2月加入共产主义青年团,曾荣立三等功两次。1965年7月,王杰在江苏省邳县帮助民兵训练,在炸药发生意外爆炸的紧急时刻,为掩护在场的12名民兵和人民武装干部的生命安全,他奋不顾身地扑到炸药包上,在场的同志得救了,他却献出年轻的生命。根据他生前的申请,部队党委追认他为共产党员。中国人民解放军总政治部、全国总工会、共青团中央,先后发出通知,号召学习王杰的英雄事迹。11月8日,《人民日报》发表社论《一不怕苦二不怕死——学习王杰同志一心为革命的崇高精神》。11月9日、15日,朱德和周恩来先后题词,在全军全国掀起学习王杰的活动。

1966年2月7日,《人民日报》发表《县委书记的榜样——焦裕禄》的长篇报道。焦裕禄1962年冬被派到河南省兰考县任县委书记,兰考县遭受内涝、风沙、盐碱三大灾害,粮食产量下降到历史最低水平。身患肝癌的焦裕禄到任后,带领全县干部群众进行调查研究,在一年多时间里,他几乎跑遍全县的村村寨寨,跋涉5 000多公里,查清全县84个风口,1 600多个沙丘以及河流地形情况,带领群众因地制宜地治理"三害"。焦裕禄关心群众疾苦,深受群众爱戴。1964年5月14日,焦裕禄逝世,年仅42岁。《人民日报》发表社论,号召广大党员、干部学习焦裕禄不为名、不为利,不怕苦、不怕死,一心为革命,一心为人民,对革命无限忠诚,为人民鞠躬尽瘁的无产阶级革命精神;学习他大搞调查研究,坚持从群众中来到群众中去的领导方法。1966年2月,全国总工会等中央有关部门发出向焦裕禄同志学习的通知。

通过学雷锋活动及学习王杰、焦裕禄等英雄模范人物的活动,全国解放后形成的良好社会风尚得到发扬,教育培养了一代甘愿为人民服务、为革命献身的新人。但是,由于对英雄模范人物"高大全"式的片面宣传,也产生一些消极影响。尤其是片面强调"服从"的"螺丝钉精神",对广大青年缺乏独立思考的培养和训练,形成"盲从"的思想观念。从某种意义上说,这是60年代成长起来的青年能够闻风而动、倾满腔热情投身于"文化大革命"的原因之一。

二、学术界的风波与"左"倾思潮的滋长蔓延

1956年4月中共中央政治局扩大会议讨论毛泽东《论十大关系》的讲话,把"百花齐放,百家争鸣"确定为科学和文化工作的重要方针。5月26日中宣部部长陆定一发表了以《百花齐放,百家争鸣》为题的专门讲话,对这一方针作了比较系统的阐述。指出:所谓"百花齐放,百家争鸣",是提倡人民内部在文学艺术工作和科学研究工作中有独立思考的自由,有辩论的自由。①

1957年2月27日,毛泽东在最高国务会议第十一次(扩大)会议上发表讲话(后来毛泽东根据当时纪录加以整理,作了若干补充,以《关于正确处理人民内部矛盾的问题》为题发表在1957年6月19日的《人民日报》上),指出:"百花齐放、百家争鸣的方针,是促进艺术发展和科学进步的方针,是促进我国的社会主义文化繁荣的方针。艺术上不同的形式和风格可以自由发展,科学上不同的学派可以自由争论。利用行政力量,强制推行一种风格,一种学派,禁止另一种风格,另一种学派,我们认为会有害于艺术和科学的发展。艺术和科学中的是非问题,应当通过艺术界科学界的自由讨论去解决,通过艺术和科学的实践去解决,而不应当采取简单的方法去解决。"②

党的关于科学和文化工作的"百花齐放,百家争鸣"的方针以及毛泽东、

---

① 陆定一.百花齐放,百家争鸣.人民日报,1956-06-13
② 毛泽东选集.第5卷.北京:人民出版社,1977.388,415,409

陆定一对这一方针的阐释,是科学的,对中国的文化和科学事业有正确指导意义,对文化和科学事业的发展繁荣有积极促进作用。但是,在贯彻执行"百花齐放,百家争鸣"方针中,"左"的思想的影响和干扰越来越严重。毛泽东对知识分子的认识也逐渐发生了变化,他认为大多数知识分子仍然属于资产阶级的知识分子。随后,他又提出,对错误思想、毒草和牛鬼蛇神,要进行批判,决不能让它们自由泛滥。这就又把学术上、思想文化上的不同流派上升到政治思想问题上来,导致大批判之风兴盛不衰。随着反右派斗争的扩大化,对"双百"方针的理解和贯彻越来越走向扭曲、歧途。

这一时期,思想文化领域开展了一系列论争,既有基本上属于学术性的讨论、争鸣,也有并非全是学术性的论争,更有完全不属于学术性的论争和批判。在哲学领域,发生了影响比较大的关于思维与存在统一性问题论争,"一分为二"与"合二而一"问题论争,"综合基础论"问题论争,错误地开展对杨献珍、冯友兰等人学术思想的批判。在经济学领域,开展了影响比较大的关于生产力和生产关系、社会主义商品生产、物质利益和按劳分配、经济核算与经济效果、社会主义再生产等问题的讨论,发生了关于过渡时期经济基础问题、关于人口问题、关于国民经济综合平衡问题、关于社会主义制度下价值规律问题的论争,有些论争演化为对一些经济学家、经济理论工作者的批判,尤以对马寅初、孙冶方的批判为最武断,这些批判产生了极其不良的后果。在文艺理论界进行了关于典型、"形象思维"等问题的讨论,开展了对冯雪峰文艺思想及一些当代作家的批判。在史学领域,开展了"为曹操翻案"的讨论和关于历史主义的论争,还对翦伯赞、吴晗、周谷城等史学思想展开批判。在美学领域,1956年下半年兴起了一场美学问题大讨论,针对美的本质、自然美、美学对象等问题展开争鸣,还对美感、审美标准、艺术美等问题进行了讨论。在教育界,开展了关于红与专、政治与业务关系问题的讨论,关于美育问题的讨论,关于"母爱教育"问题的论争,还开展了对"量力性原则"问题的批判。在法学领域,开展了关于法的继承性问题、立法方面存在的问题、法的职能应随着阶级关系的变化而有所调整的问题以及党与法律的关系、政策与法律的关系、法律与政治的关系、无罪推定、政法教育存在的弊端等问题的讨论,对所谓"资产阶级法学"展开全面批判。

中共八届十中全会,把阶级斗争扩大化的思想系统化、理论化,提出反对"翻案风",在康生的鼓动下,错误地批判描写刘志丹革命生平的长篇小说《刘志丹》是为高岗翻案,是"利用小说进行反党活动"。还把当年在西北从事革命斗争的习仲勋、贾拓夫、刘景范等指责为小说的策划人和幕后指挥者,把他们打成"反党集团",进行专案审查。批判《刘志丹》过程中,毛泽东还进一步指出:"凡是要推翻一个政权,总要先造成舆论,总要先做意识形态方面的工作。革命的阶级是这样,反革命的阶级也是这样。"①这就为意识形态领域开展大批判,提供了理论依据。

1963年5月6日,《文汇报》发表江青组织的文章,批评孟超改编的昆曲《李慧娘》是坏戏的典型。说《李慧娘》这个鬼戏,所宣传的要复仇,就是鼓吹向共产党复仇。1965年3月1日《人民日报》发表署名文章《重评孟超新编〈李慧娘〉》,加了编者按语,认为《李慧娘》是一株反党反社会主义的大毒草。把文艺批判引向无限上纲、肆意攻击的歧途。

1963年11月,毛泽东在对文化部工作的指示中,指责文化部为帝王将相部、才子佳人部、或者外国死人部。1963年12月12日和1964年6月27日,毛泽东就文学艺术问题作了两个批示。第一个批示指出:各种文学艺术——戏剧、曲艺、音乐、美术、舞蹈、电影、诗和文学等等,问题不少,社会主义改造在许多部门中,至今收效甚微。许多部门至今还是"死人"统治着。许多共产党人热心提倡封建主义和资本主义的艺术,却不热心提倡社会主义的艺术,岂非咄咄怪事。第二个批示指出:文艺界的各种协会和他们所掌握的刊物的大多数(据说有少数几个好的),15年来基本上(不是一切人)不执行党的政策,做官当老爷,不去接近工农兵,不反映社会主义的革命和建设。最近几年,竟然跌到了修正主义的边缘。1964年1月,中共中央召开文艺座谈会,会上提出,建国以来整个文艺阵地,无产阶级、社会主义占领得很少,封建主义、资本主义的东西,占压倒优势。这种错误估价及毛泽东的两个批示,对文艺界产生的效应无异于强烈地震!根据这些精神,文艺界各协会和文化部直属文艺单位进行整风,对文艺界一些代表人物展开错误批判。

戏剧家田汉根据陕西地方戏《女巡抚》改编的京剧《谢瑶环》受到批判,剧中武则天有句唱词"载舟之水也覆舟",硬说这是号召老百姓起来推翻无产阶级专政。田汉被打成"反党作家"。在全国报纸杂志上遭到批判的小说、电影、戏剧等文艺作品还有:《早春二月》、《北国风光》、《林家铺子》、《不夜城》、《舞台姐妹》、《怒潮》、《抓壮丁》、《红日》、《逆风千里》、《革命家庭》、《兵临城下》等,其实这些作品多数是群众喜闻乐见的优秀作品。著名文化

---

① 红旗,1968(9)。

人田汉、夏衍、阳翰笙、茅盾、孟超等受到错误批判。

1964年夏季开始,批判运动扩大到哲学、经济学、历史学、教育学等各个领域。著名马克思主义哲学家杨献珍,在课堂上讲课讲到"对立统一"时,曾说"一分为二"与"合二而一"都是中国古代思想家对"对立统一"的表达方法。1964年5月29日《光明日报》发表中央党校青年教师、曾听过杨献珍课的艾恒武和林青山的署名文章《"一分为二"与"合二而一"》,引起"一分为二"与"合二而一"问题论争,康生、关锋等更是抓住不放,穷追猛打。1964年第16期《红旗》杂志发表《哲学战线上的新的论战——关于杨献珍同志的"合二而一"讨论报道》的文章,指责杨献珍的"合二而一"论是有目的有计划地用资产阶级反动世界观,对抗无产阶级的唯物辩证法的世界观,是帮助现代修正主义者宣传阶级和平和阶级合作,取消阶级斗争和阶级矛盾。在批判过程中,剥夺了被批判者的申辩权力。把对杨献珍所谓"合二而一"论的批判,作为重大的反党事件处理。杨献珍被打成反党分子,撤销他中央党校副校长职务。

1964年下半年,北京大学教授、哲学家冯定受到批判,他撰写的《共产主义人生观》、《平凡的真理》等对青年有很好教育作用的书,被说成"宣传修正主义的坏书",是"主观唯心主义的大杂烩"。制造了一桩政治陷害事件。

哲学界还对著名哲学家冯友兰的"抽象继承法"思想和所谓"理论——实际——理论"公式展开批判,批判冯友兰的"前线总指挥"是陈伯达,对冯友兰无限上纲、上线,牵强附会,不容许冯申辩。这对这位以"旧邦新命"为新的治学指导思想、试图从"旧学"走向新生境界的大师,造成很大伤害,尤其心灵的伤害,是外人所无法体验的,因此也就很难准确描述。

在经济学界,中国科学院经济研究所所长、著名经济学家孙冶方遭受到批判和迫害。孙冶方早在50年代末,就对中国社会主义建设的重大理论问题和实际问题进行了创造性研究,分析中国经济管理体制的弊端和某些经济政策的失误。孙冶方特别强调客观经济规律的重要性,他的社会主义经济理论体系的基础和核心是价值论,提出:"一切经济问题的秘密就在于如何以更少的劳动获得更多的产品"①,主张把"以最少的社会劳动消耗,有计划地生产最多的满足社会需要的产品"作为社会主义政治经济学的"红

---

① 孙冶方.社会主义经济的若干理论问题.北京:人民出版社,1979.65

线";主张企业实行独立核算,提出利润和资金利润率是反映企业经营管理状况的综合指标,是带动其他一切指标的中心指标和"牛鼻子",因此应当重视资金使用效果、投资效果、生产价格;坚持等价交换不仅适用于不同公有制之间的产品交换,也适用于全民所有制经济内部的产品交换;重视技术进步对社会主义经济的重大作用。1964年,陈伯达、康生等把孙冶方宣判为"中国经济学界最大的修正主义者"。《人民日报》《红旗》杂志公开点名批判孙冶方,给他戴上"修正主义利润挂帅"、"修正主义企业自治"的帽子。

著名经济学家、时任北京大学校长的马寅初,1956年底开始,著书立说,阐述他的国民经济综合平衡理论,并提出"在计划经济中,综合平衡和有计划按比例发展规律是最重要的原则,主管机关一定要全面安排,力求其平,则不仅甲与乙间乙与丙间要求其平,即首尾两端间也要求其平,因此形成一个团团转。"①他还用哲学思想阐述经济理论,强调"理在事中",提出:"团团转动的'理',不是单在平面上转动而已,乃是时时刻刻向上再向上地转动。它的转动必是螺旋式的,不是平面式的。"即"后一转动是前一转动的继续,不过比较高一级而已"②。马寅初的"团团转综合平衡论"提出后,引起不同学术观点的论争。大跃进运动兴起后,马寅初"团团转"理论受到围剿式批判,批判马氏"团团转"理论不是唯物辩证法③,"是反辩证唯物主义,是宣扬了形而上学的机械论和外因论"④。以至指责其是"对我国社会主义建设进行了恶毒的攻击,特别集中地否定我们社会主义国民经济发展的高速度"。并说马寅初"坚持资产阶级纯生产力观点,抹杀了社会主义制度的优越性"⑤。马氏经济理论"是资产阶级的庸俗经济学","马寅初的全部伪说都是彻头彻尾的资产阶级反动理论。"⑥

马寅初是率先认识到中国存在"人口问题"的"敏慧者"之一,根据1954年公布的1953年人口普查结果,全国人口已超过6亿,他开始关注"人口问题"。1955年他打算在全国人民代表大会上就人口问题发言,并已准备了

---

①② 马寅初经济论文选集.增订本.北京:北京大学出版社,1990.707,617
③ 韩佳辰."团团转的联系"不是唯物辩证法.光明日报,1958-04-19
④ 戴园晨.评马寅初先生的"我的经济理论、哲学思想和政治立场".经济研究,1958(5)
⑤ 石世奇,马如章.论马寅初"团团转综合平衡论"的反动实质.新华半月刊,1960(6)
⑥ 韩佳辰.马寅初哲学的破产.新建设,1960(1)

发言稿,但因感到不合时宜而未作发表。1957年第一届全国人民代表大会第四次会议上马寅初提出关于人口问题的书面发言,并以《新人口论》为题在7月5日《人民日报》上发表。他还发表一些关于人口问题的文章和演讲,比较系统地阐述了他关于人口问题的思想和理论。马寅初逆着人口愈多愈好、社会主义永远不会存在人口问题的教条主义之风,提出中国存在着人口问题的新观点,即:中国人口基数大,人口出生率和自然增长率高,人口增长太快,人口质量低,经济底子薄,造成人均各项经济指标低,已经产生并将继续产生人口与经济的种种矛盾和问题。马寅初认为,中国人口问题具有相对人口过剩的性质,是属于人口压迫生产力的类型。他指出,人口发展必须同国民经济发展相适应,并在量上保持一定的比例关系,否则,会表现出许多不适应和矛盾,这实际上就是人口问题的表现形式。因此,他认为控制中国人口增长实属刻不容缓。他提出解决中国人口问题的根本途径和一些具体办法,主要是积极发展生产,控制人口数量,提高人口质量。马寅初"新人口论"的提出,引起关于人口问题的论争,集中表现在对人口的控制与反控制上。以马寅初、吴景超、费孝通、孙本文等为一方,主张可概括为"人口控制论";另一方处于批判者地位,其主张可概括为"人口愈多愈好论"。尽管批判者中也有人曾提出"主张节制生育,适当地控制人口增殖率"[①],但由于对马寅初"新人口论"关于控制人口的依据(人口过多与资源、资金等不足存在矛盾,将制约经济社会的发展)大加批判,大谈人多优势,结果节制生育、控制人口增长便成为缺乏理论依据的空话。从毛泽东到普通老百姓,真正重视控制人口增长者不多,身体力行实行节制生育者更是凤毛麟角,人们尤其工农民众仍以多生孩子为荣。对马寅初的批判更是无限上纲,攻击他的"新人口论"实质"是否定社会主义制度的优越性"[②]。马寅初等人也受到不公正的待遇。对马寅初及其新人口理论的错误批判,片面地认为人多是好事不是坏事,使我们国家人口生育仍然处于无节制状态,确立计划生育基本国策晚了20多年,造成人口的增长超出国家现实发展水平的承受能力,使"人口问题"成为严重影响中国经济、文化发展和社会进步的突出社会问题。

在文艺理论方面,1964年8月,对"中间人物论"、"无冲突论"等展开批

---

①② 戴园晨.评马寅初先生的"我的经济理论、哲学思想和政治立场".经济研究,1958(5)

判,中国作家协会党组书记邵荃麟,作家赵树理、田汉、阳翰笙等被当作资产阶级抵抗社会主义力量的代言人,受到批判。历史学界批判了历史学家翦伯赞、吴晗等的所谓"非阶级观点"、"让步政策论"等。

1965年11月10日,上海《文汇报》发表姚文元的大批判文章——《评新编历史剧〈海瑞罢官〉》。《海瑞罢官》是著名明史专家吴晗的作品,本来是吴晗为响应毛泽东学习海瑞精神的号召而创作的,却被说成是为彭德怀被罢官鸣冤叫屈。姚的批判文章是由江青一手策划、并得到毛泽东支持而且经过毛泽东审阅的。毛泽东的意图一是借此回击他所估计的党内一些人因打倒彭德怀而产生的不满情绪;二是批判时任北京市副市长的吴晗,可以对他认为的水泼不进、针扎不进的北京市委提出一个严重警告。这已经不是思想文化论争、批判,完全是政治斗争了。引发思想文化界一片混乱,大批判文章满天飞,坚持真理、实事求是的学术讨论销声匿迹,武断过火、以势压人的政治批判猖獗起来,无限上纲,横加罪名,百花肃杀,人人自危,为"文化大革命"的爆发作了预演。

三、科学技术成就

为推进科学技术事业的发展,1956年初中共中央召开全国知识分子问题会议,发出"向科学进军"的号召。会后成立国家科学规划委员会,组织专家编制出《1956年至1967年全国科学技术发展远景规划》,提出"重点发展,迎头赶上","以任务带学科"的方针。1958年11月,科学规划委员会和技术委员会合并为国家科学技术委员会,负责领导贯彻执行规划所提出的各项任务。有了规划和专门领导机构,加之在科技战线贯彻执行"百花齐放,百家争鸣"方针,科学技术事业获得迅速发展。到1962年,科技"十二年规划"所提出的主要任务提前5年完成。

期间,1959～1961年,中国处于经济困难时期,苏联政府撕毁了与中国的经济技术协定、撤走在华专家。在严重的经济困难和严峻的国际条件下,中国科技人员,为了祖国建设,呕心沥血,努力攀登科学技术高峰。1961年初,中国贯彻执行国民经济调整方针,国家科学技术委员会和中国科学院联合制定了《关于自然科学研究机构当前工作的十四条意见(草案)》,清理科研战线各种"左"的错误,保证科研工作得以正常进行。

1963年,国家科委制订了第二个全国科学技术规划,即《1963年至1972年科学技术发展规划》,提出"自力更生,迎头赶上"、"全面安排,重点突破"

1956年2月刘少奇同科学家钱学森在一起

的科技发展方针,为中国科技发展规划了重点项目,绘制了宏伟蓝图。

全国科技队伍不断发展壮大。1955年底,全国科技人员40万人,其中专门科研人员8 000人,专门科研机构800多个。到1965年底,全国专门科研机构达1 714个,专门科研人员12万人。中国已经拥有一批高水平科学家和工程师,科学研究取得一些突出成果。

科技工作者对中国自然资源进行调查和勘探,探明许多重要金属矿藏。以李四光为代表的中国地质科学家,运用独创的地质力学方法,研究地壳运动和石油聚集规律,提出中国东部新华夏构造体系的沉降地带是含油远景区。经过勘察、钻探,大庆、大港、胜利等大油田相继发现,并先后开发,从而推翻"中国贫油论"。1965年实现石油自给。

科技工作者和工人紧密合作,研制出一系列较高水平的工矿业机械设备和生产技术。50年代后期,突破世界上研究100多年未解决的高炉冶炼钒钛磁铁矿技术。在科学研究的基础上,无线电、半导体、电子计算机、原子能、宇航等新兴工业,从无到有、从小到大发展起来。1964年6月,第一枚运载火箭试验成功。10月16日,第一颗原子弹爆炸成功。人造地球卫星中的许多关键性技术问题,已经基本解决。一些现代科学的新的分支,如生物物理、分子生物学、电生理学、酶化学、地球化学、地球动力学、岩石力学、物力力学、海洋学、射电天文、近地空间、化学物理、催化动力学、低温物理、高能物理等先后开始研究。1965年，首先成功地完成牛胰岛素的人工合成，这是生命科学中的突出成就。

数学研究方面，在解析数论、哥德巴赫猜想问题、代数数论、堆垒数论等方面取得不少成果。

农业科技的研究和应用，取得显著成果。农业生产技术普遍提高，农作物复种指数和单位面积产量大大增加。中国育成世界上第一个水稻矮秆良种及一批矮化良种，并进行大面积推广，大幅度提高了水稻单产量。

当然，科技事业的发展，并不是一帆风顺的。一个接一个的政治运动和对待知识分子问题上的"左"倾错误，给科技事业带来一定干扰和损害，直接影响到科技事业的发展。

四、思想文化教育战线上的成就

社会主义改造基本完成以后，中国转入全面社会主义建设，哲学社会科学工作也有很大进展。中国科学院哲学社会科学部新建一批研究机构，大部分省区直辖市也建立了研究机构。各学科开始一些系统研究，有计划地组织专家学者编写一大批文科教材。如中央编译局组织人力集中翻译马克思主义著作，先后翻译出版了《斯大林全集》13卷，340多万字；《列宁全集》39卷，近1 500万字。《马克思恩格斯全集》到"文化大革命"前已译出39卷的前22卷，除第20卷外全部出版。还编译出版了《列宁选集》、《马克思恩格斯选集》（因"文化大革命"未公开发行）和大量马列著作单行本。又如，哲学方面成就比较突出。马克思主义哲学在中国的传播和发展，是中国哲学的基本内容，在这方面毛泽东是其主要代表。毛泽东的《论十大关系》、《关于正确处理人民内部矛盾问题》和《人的正确思想从哪里来的？》充满哲学思辨，是运用和发展马克思主义哲学思想的光辉篇章。

哲学工作者对马克思列宁主义毛泽东思想的哲学观点进行了大量的解释、传播和普及工作，有影响的著作有：李达的《〈实践论〉解说》、《〈矛盾论〉解说》、《唯物辩证法大纲》，艾思奇的《历史唯物主义——社会发展史》、《辩证唯物主义讲课大纲》及其主编的《辩证唯物主义与历史唯物主义》，华岗的《辩证唯物论大纲》，杨献珍的《什么是唯物主义？》，孙叔平的《历史唯物主义纲要》及其主编的《辩证唯物主义与历史唯物主义》，冯定的《平凡的道理》等。著名学者熊十力,自新中国成立后,他先后完成《原儒》、《体用论》、《明心篇》、《乾坤衍》等著作。著名哲学家冯友兰,对其新理学体系进行了全面修正,完成了《中国哲学史新编》第一、二册,并于1964年印行。

其他学科,如经济学、教育学、心理学、历史学、考古学等都得到较大发展,取得重大成就。

文化事业在"百花齐放,百家争鸣"方针指引下,发展很快。1965年全国有电影制片厂16个,摄制故事片52部,美术片21本,科教片240本,纪录片378本。有电影放映单位20 363个,艺术表演团体3 458个,剧场2 943个,文化馆2 598个,公共图书馆214个,博物馆214个,广播电台87座。

文学艺术方面,出现一批深受群众喜爱的文艺作品。其中小说《创业史》、《红旗谱》、《青春之歌》、《红岩》、《三家巷》、《山乡巨变》等,电影《林则徐》、《甲午风云》、《万水千山》、《南征北战》、《渡江侦察记》、《董存瑞》、《上甘岭》、《平原游击队》、《红色娘子军》、《红日》、《兵临城下》、《风暴》、《红旗谱》、《青春之歌》、《聂耳》、《白求恩大夫》、《李双双》、《早春二月》、《林家铺子》、《舞台姐妹》、《不夜城》、《女篮五号》等,戏剧《李慧娘》、《谢瑶环》、《海瑞罢官》、《芦荡火种》、《朝阳沟》等,都是比较优秀的作品,在读者和观众中引起热烈反响。

出版事业也得到发展。1965年共出版图书20 143种,总印数21.7亿册,杂志790种,总印数4.4亿册,报纸发行343种,总印数47.4亿份。

教育事业在"一五"期间获得巨大发展。1958年3月24日至4月8日,第四次全国教育行政会议在北京举行。会议提出教育"大跃进"的五项任务,即:大力发展识字运动,扫除青壮年文盲;积极发展工农业余中学和小学,普及小学教育;发展普通中学,提高中学教育质量;加强和改进各级师范教育;改革教育制度、教育内容和教育方法。5月,刘少奇提出国家应该实行全日制学校和半工半读、半农半读学校两种教育制度,多办学校,满足青年人就学的要求。9月19日,中共中央、国务院发出《关于教育工作的指示》,提出跃进规划:全国用3～5年时间,基本扫除文盲,普及小学教育,农业合作社都有中学;用15年左右时间基本上普及高等教育。《指示》提出了教育方针的基本框架,此后经过完善,正式确立国家的教育方针是:教育必须为无产阶级政治服务,必须同生产劳动相结合,使受教育者在德育、智育、体育几方面都得到发展,成为有社会主义觉悟的有文化的劳动者。

在各行各业大跃进不断高涨的形势下,教育大跃进也推向高潮。各类学校纷纷上马,竭尽其力地扩充在校学生,教育事业在数量上有了很大发展。但是,由于片面强调教育为政治服务、教育同生产劳动相结合,冲击了正常教学,尤其是发动教师、学生参加大炼钢铁,参加各种政治运动和生产运动,严重影响了正常教学秩序,教学质量下降。人民公社化运动兴起后,中小学下放到公社办,人民公社不顾客观实际能力"跃进"式地大办小学、农业中学、农业技术学校甚至是农业大学,农村教育量大、质劣的现象更加严重。1960年下半年开始,教育事业进行调整工作。但随着指导思想上"左"倾错误的再次出现和日益泛滥,随着阶级斗争理论的日益升温,教育事业再次受到干扰和破坏。

小　　结

从1956年社会主义改造基本完成,到1966年文化大革命爆发,是中国社会主义建设探索时期,也是中华人民共和国的十年建设时期。这一时期,政治、经济、思想文化、教育、科技、国防建设、对外关系以及民主党派、人民团体、宗教事务等方方面面的工作,既取得显著成绩,也犯过一些错误或者存在一些问题。这一时期,出现两种趋向:一种趋向是正确的或者比较正确的趋向,即根据国际国内形势,结合实际工作中出现的问题,借鉴苏联经验,总结自己的经验教训,探索中国社会主义建设道路,提出、形成了一些正确或比较正确的理论观点、方针政策和实践经验。另一个是错误趋向,即经济工作、经济成分的急于求成和盲目求纯,政治上、思想上、意识形态方面"左"倾思潮滋长,以至错误地提出以阶级斗争为纲。10年中这两种趋向相互交织,此消彼长。错误趋向的积累、发展,尤其它又是以毛泽东为主导的,最终压倒了正确趋向,导致"文化大革命"的发生。

思考题:

1. 简述中国共产党人关于社会主义建设道路初步探索的成果。
2. 反右派斗争严重扩大化的原因及其负面影响是什么?
3. 大跃进运动与人民公社化运动的主要教训是什么?
4. 国民经济全面调整的方针和主要措施是什么?
5. 雷锋精神主要表现在哪些方面?有什么现实意义?

第四章 "文化大革命"时期

(1966年5月~1976年10月)

内 容 提 要

"文化大革命",是一场由毛泽东错误发动,被林彪、江青反革命集团利用,延续十年之久的全国性大动乱。"文化大革命"时期可分为三个阶段:第一阶段,从1966年5月"文化大革命"发动到1969年4月中共"九大"召开。这一阶段主要是摧毁所谓的刘少奇"资产阶级司令部",号召革命造反派进行夺权,全国陷于全面内乱,刘少奇及大批老干部被打倒。第二阶段,从1969年5月到1973年8月中共"十大"召开。在这一阶段,"文化大革命"进入所谓"斗、批、改"阶段,混乱局面继续发展。林彪反革命集团阴谋夺取党和国家最高权力,策划反革命武装政变,谋害毛泽东。"九一三事件"林彪集团灭亡后,周恩来采取措施纠正"左"倾错误,但很快遇到来自江青反革命集团的阻力。第三阶段,从1973年9月到1976年10月粉碎江青反革命集团。在这一阶段,尤其是中共"十大"后,开展所谓"批林批孔"、"评法批儒"和学习无产阶级专政理论的运动。周恩来病重期间,邓小平主持中央日常工作,开始对各方面工作进行整顿,而"四人帮"又发动"批邓、反击右倾翻案风"运动,再次打倒邓小平。1976年4月,全国人民掀起了以"天安门事件"为标志的强大抗议运动。10月,一举粉碎了"四人帮",结束了长达十年的"文化大革命"。

第一节 "文化大革命"的发动

一、"文化大革命"爆发的原因

1966年,正当我国国民经济调整任务基本完成、即将进入新的发展时期之际,毛泽东发动和领导的一场延续十年之久的"文化大革命"爆发了。这场内乱的爆发,既有深刻的社会历史根源,又有带着那个时代特征的思想理论上的准备,而毛泽东领导上的错误,则是"文化大革命"发生的直接原因。

首先,"文化大革命"发生的社会历史根源是复杂的,主要有:(一)由于社会主义运动的历史不长,社会主义国家的历史更短,在探索社会主义社会的发展道路及其规律时,作为执政党的中国共产党,对于迅速到来的社会主义社会和全国规模的社会主义建设事业,缺乏充分的思想准备和理论研究,缺乏必要的可资借鉴的经验。在社会主义改造基本完成以后,在观察和处理社会主义社会发展进程中出现的政治、经济、文化等方面的新矛盾、新问题时,容易把已经不属于阶级斗争的问题仍然看作是阶级斗争,又习惯于沿用过去熟悉而这时已不能照搬的进行大规模疾风暴雨式群众性斗争的旧方式和旧经验,从而导致阶级斗争的严重扩大化。同时,在国际社会方面,中共没有正确认识国际共运中出现的新问题和新情况,对于战争、和平与革命形势等重大问题缺乏科学的判断。在苏美两个超级大国对中国构成威胁和压力的情况下,产生了严重的危机感,在国内进行了"反修防修"运动,使阶级斗争扩大化的错误日益深入到党内,致使党内同志间不同意见的正常争论,也被视为所谓修正主义路线或路线斗争的表现。这就为发动"一个阶级推翻另一个阶级"的政治大革命,提供了客观现实依据。(二)具有很大局限性的传统文化观念对中国社会的影响,为"文化大革命"的发生提供了社会心理基础。这主要表现在,一是封建残余思想的影响使人们对于加强社会主义民主和法制建设认识不足,使党和国家的权力过分集中于个人,党内个人专断和个人崇拜现象滋长起来;二是对社会主义认识与把握出现了偏差,逐渐忽视了科学社会主义关于发展社会生产力的根本原理,幻想在社会生产力尚未高度发展的条件下,通过在党内斗"走资派",在社会上"斗私批修",建立起以平均主义为特征的"一大二公三纯"的社会主义社会。这样,"左"的东西通过积淀于人们思想深处的传统观念得到了强化;具有消极性的传统观念,又带着浓厚的"左"倾色彩在社会上泛滥起来,这为"文化大革命"的发动提供了深厚的社会土壤。

其次,当时思想方面的缺陷和理论上的迷误,是"文化大革命"发生的又一重要原因。从1957年反右派运动到"文化大革命"前夕,一次次越来越"左"的政治运动,使人们的思想逐渐陷入僵化、半僵化和极端化状态。人们普遍带有以领导之是非为是非的思维方式,惟书惟上,容不得独立见解,逐渐失去了辨别是非的勇气和能力。同时,人们在认识问题时往往走向极端,固守"非此即彼"的思维方式。如:对于"破"、"立"问题,认为"破字当头,立也就在其中了",破就是立。对于"左"、"右"问题,认为越"左"越革命,"左"是认识和方法问题,"右"是立场问题,只许反右,不许反"左"。在理论上,随着人们逐步陷入"以阶级斗争为纲"的迷误,进一步错把主观空想社会主义乃至封建主义的某些东西当成社会主义,错把教条主义当作马克思主义来宣传和实行;同时,还把既不姓"社"也不姓"资",或虽姓资但对社会主义建设事业有利的具体经验方法,统统划进了"罪恶"的范畴而加以批判与排斥。理论上的迷误,必然导致行为和结果的荒谬。极左思想被贴上不容争辩、怀疑的"最革命"、"最正确"的标签,为"文化大革命"的发动作了思想上和舆论上的准备。

再次,"文化大革命"是毛泽东亲自发动和领导的。他发动"文化大革命"的主观目的,是为了寻求防止资本主义复辟、巩固社会主义制度的办法,探索中国建设社会主义的道路,但他据以发动"文化大革命"的主要论点则是完全错误的。毛泽东从"左"的观点出发,对国内外阶级关系和国家的政治、社会状况作了完全错误的估计。他认为:一大批资产阶级的代表人物、反革命的修正主义分子,已经混进党内、政府和军队中,相当大的多数单位的领导权已经不在马克思主义者和人民群众手里。党内走资本主义道路的当权派在中央形成了一个资产阶级司令部,它有一条修正主义的政治路线和组织路线,在各省、市、自治区和中央各部门都有代理人。过去的历次政治运动都不能解决问题,只有进行"文化大革命",采取公开的、全面的、自下而上的运动方式,来发动群众揭发上述的黑暗面,才能把走资派篡夺的权力重新夺回来。毛泽东的这些"左"的观点,明显地脱离了作为马克思列宁主义普遍原理同中国革命具体实践相结合的毛泽东思想的轨道。但它之所以能在实践中被接受与贯彻,其重要原因在于:由于国际共运史上没有正确解决领袖、党与群众的关系,当党的工作重心转向社会主义建设这一新任务因而需要特别谨慎的时候，毛泽东的威望也达到高峰。他逐渐骄傲起来，逐渐脱离实际，脱离群众，主观主义和个人专断作风日益严重，日益凌驾于党中央之上，使党和国家政治生活的集体领导原则与民主集中制，不断受到削弱以至破坏。当毛泽东发动"文化大革命"时，林彪、江青、康生等一伙阴谋家则推波助澜，迎合毛泽东的"左"倾错误理论，并将它推向极端，蓄意制造个人迷信，迫害诬陷大批革命干部。在这种情况下，上述各种因素交互作用，这场席卷全国的风暴便势在必行了。

二、"文化大革命"全面发动

(一) 对《海瑞罢官》的批判

1965年11月10日，姚文元《评新编历史剧〈海瑞罢官〉》一文在上海《文汇报》的发表，及随之而来在文艺学术领域里的批判运动，成为"文化大革命"的序幕。

1959年4月，毛泽东为提倡讲真话，提出要学习海瑞"直言敢谏"精神。同年6月，北京市副市长、明史专家吴晗写了《海瑞骂皇帝》，1960年又写成《论海瑞》(后改名为《海瑞罢官》剧本)。翌年初在北京京剧团首次上演，受到广大群众的欢迎和赞扬。由此可知，吴晗写海瑞"刚直不阿"的精神，与庐山会议及反彭德怀的斗争并无关联。

姚文元的《评新编历史剧〈海瑞罢官〉》硬把剧本中所写的"退田、平冤狱"，与1962年的所谓"单干风"、"翻案风"联系起来。他写道："《海瑞罢官》这张'大字报'的'现实主义'究竟是什么？对我们社会主义时代的中国人民究竟起了什么作用？要回答这个问题，就要研究一下作品产生的背景。大家知道，1961年，正是我国因为连续三年自然灾害而遭到暂时经济困难的时候，在帝国主义、各国反动派和现代修正主义一再发动反华高潮的情况下，牛鬼蛇神们刮起了一阵'单干风'、'翻案风'。他们鼓吹什么'单干风'的优越性，要求恢复个体经济，要求退田，就是要拆人民公社的台，恢复地主富农的罪恶统治。""他们希望有那么一个代表他们利益的人物出来，充当他们的政治代理人，同无产阶级专政对抗，为他们抱不平，为他们'翻案'，使他们再上台执政。"[①]这篇文章是1965年初江青在上海与张春桥共同秘密策划、由姚文元执笔写成的，中共中央政治局除毛泽东外，别人均不知道。

---

① 姚文元. 评新编历史剧"海瑞罢官". 文汇报, 1965-11-10

姚文元长达万言的文章见报后，中共中央政治局和书记处因未讨论过姚文，故采取慎重态度，在十多天内，北京各大报刊也均未予转载。身在上海的毛泽东对此不满，下令出小册子向全国发行。上海新华书店急电全国各地的新华书店征求订数。北京市新华书店奉市委之命不表态，更使毛泽东认为彭真领导的北京市委是"针插不进、水泼不进"的"独立王国"。在报界沉默了十多天后，《北京日报》、《解放军报》、《人民日报》以及全国各地的主要报刊，才相继转载了姚文元的文章，但只是把它作为学术问题来讨论。1965年12月21日，毛泽东在杭州对陈伯达等人发表谈话说：《海瑞罢官》的要害问题是"罢官"，嘉靖皇帝罢了海瑞的官，1959年我们罢了彭德怀的官，彭德怀也是海瑞。毛泽东显然是把对《海瑞罢官》的批判当成政治批判来处理的。在他的影响下，到1966年初，对《海瑞罢官》的批判已发展到史学界、文艺界和哲学界，各地报刊充斥着对吴晗和其他学术界人士的批判文章。毛泽东已下决心，要以批判《海瑞罢官》为突破口，开展一场意义深远的政治运动。

		面对上述形势，为了把运动置于正常的学术讨论范围内，中共中央指定的文化革命五人小组①于1966年2月3日召开扩大会议。会议认为：吴晗的问题是学术问题，与彭德怀没有关系，不要提庐山会议，"学术批判不要过头，要慎重"等等。根据会议讨论意见拟定的《文化革命五人小组关于当前学术讨论的汇报提纲》（简称《二月提纲》）强调：不要把学术讨论变为政治批判运动，要坚持在真理面前人人平等的原则，要以理服人，不要像学阀一样武断和以势压人。这个提纲虽然存在"左"的提法，但主要的目的是试图对已经开展的批判加以约束，力求把运动置于共产党的领导之下和学术范围以内。2月7日，这个提纲在北京经向中央政治局常委汇报并取得同意。2月8日，彭真、陆定一与康生等去武汉亲自向毛泽东汇报，毛泽东没有表示不同意见。2月12日，这个汇报提纲以中共中央文件的形式批发全党。

		根据《二月提纲》精神，中宣部没有同意发表关锋、戚本禹对《海瑞罢官》的批评文章，引起毛泽东的极大不满。3月30日，毛泽东在杭州一次会议上，指责《二月提纲》混淆阶级界限、不分是非；中宣部不支持"左"派，是"阎王殿"，要"打倒阎王、解放小鬼"。4月2日，《人民日报》发表江青组织

---

① 五人小组是1964年7月根据毛泽东的指示成立的，组长彭真、副组长陆定一，组员康生、周扬、吴冷西。

戚本禹炮制的《〈海瑞骂皇帝〉和〈海瑞罢官〉的反动实质》一文;《红旗》杂志也发表关锋、林杰的《〈海瑞骂皇帝〉和〈海瑞罢官〉是反党反社会主义的两株大毒草》,吴晗的问题一下子上纲到反党反社会主义性质。4月16日,毛泽东在杭州主持召开了中央政治局常委扩大会议,对所谓彭真的"反党罪行"进行了批判,并宣布撤销文化革命五人小组及《二月提纲》。从批判《海瑞罢官》开始,株连到与吴晗一起写"三家村札记"的邓拓和廖沫沙(邓拓当时为北京市委书记,廖沫沙为北京市委宣传部部长),然后又株连到刊登"三家村札记"的《前线》和《北京日报》。5月8日,《解放军报》发表江青授意署名高炬的《向反党反社会主义的黑线开火》一文,《光明日报》发表了关锋署名何明的文章《擦亮眼睛,辨别真伪》,《文汇报》、《解放日报》同时抛出姚文元的《评"三家村"》一文,戚本禹也在《红旗》杂志上发表《评〈前线〉〈北京日报〉的资产阶级立场》,矛头直指彭真和北京市委。

(二)"文化大革命"的全面发动

1966年5月4日至26日,为了全面发动"文化大革命",中共中央政治局根据毛泽东的意见在北京举行扩大会议,参加会议的有中央政治局委员和有关负责人共76人。会议由刘少奇主持,毛泽东虽然未出席会议,但会议是按照他在杭州主持召开的政治局常委扩大会议的部署进行的。会前,他对会议议题、文件都作了具体指示。会议的主要内容是:(1)通过了会前由康生、陈伯达等人负责起草,经毛泽东几次修改的中共中央通知(后称《五一六通知》)。《通知》从批判《二月提纲》入手,说它是一个为资产阶级复辟作舆论准备的修正主义纲领,错误估计了党内和国内形势,认为当时学术界、教育界、新闻界、文艺界、出版界等文化领域的领导权,都不在无产阶级手里,在中央和中央机关,各省、市、自治区,都有一大批反党反社会主义的资产阶级代表人物,他们是"混进党里、政府里、军队里和各种文化界的资产阶级代表人物,是一批反革命的修正主义分子,一旦时机成熟,他们就会要夺取政权,由无产阶级专政变为资产阶级专政"。《通知》要求"高举无产阶级文化革命的大旗,彻底揭露那批反党反社会主义的所谓'学术权威'的资产阶级反动立场,彻底批判学术界、教育界、新闻界、文艺界、出版界的资产阶级反动思想,夺取在这些领域中的领导权"。同时,还必须批判混进党里、政府里、军队里和各种文化界里的资产阶级代表人物,特别是睡在我们身旁的"例如赫鲁晓夫那样的人物"。《通知》成为发动文化大革命的纲领性文件。(2)会议根据康生的诬陷发言,错误地开展了对彭真、罗瑞卿、陆定

一、杨尚昆等人的揭发批判。会议决定停止或撤销他们的职务,成立专案审查委员会,进行专案审查。(3)撤销1966年2月12日批转的《文化革命五人小组关于当前学术讨论的汇报提纲》(即《二月提纲》)和以彭真为首的"文化革命五人小组"及其办事机构,重新设立中央文化革命小组,隶属政治局常委之下。会后任命陈伯达为组长,康生为顾问,江青、张春桥为副组长,组员有王力、关锋、戚本禹、姚文元等人。这个小组后来逐步取代了中央政治局和中央书记处,实际成为只受毛泽东领导的"文化大革命"的指挥机构。(4)调中共中央华北局第一书记李雪峰兼任中共北京市委第一书记。同时,调中共中央中南局第一书记陶铸担任中共中央书记处常务书记,兼中央宣传部部长;调叶剑英担任中央书记处书记,兼中央军委秘书长,以后请中央全会追任。5月18日,林彪在全体会议上作长篇发言,他引证了古今中外各种政变历史,诬陷中共中央内部有人要搞政变,宣扬"政变经",制造恐怖气氛,并大肆宣扬天才论,鼓吹个人崇拜,称颂毛泽东的话"句句是真理","一句超过我们一万句",谁反对毛主席,"全党共诛之,全国共讨之"。这次中央政治局扩大会议,使"左"倾方针在中共中央占据了统治地位。

从《五一六通知》的发出至中共八届十一中全会的召开,"文化大革命"作为群众性的政治运动在全国急剧展开。这期间,国内出现了以下异乎寻常的事件:

北京大学的一张大字报。5月25日,在中央文革小组和康生的亲自授意下,由康生老婆曹轶欧出面,策动北京大学聂元梓、宋一秀、夏剑豸、杨克明、高云鹏、李醒尘、赵正义等7人写了题为《宋硕、陆平、彭珮云在文化大革命中究竟干了什么?》的大字报,张贴在北京大学大饭厅外。聂元梓当时为北京大学哲学系党总支书记,这张大字报矛头直指北京大学党委和北京市委,批评中共北京市委大学工作部副部长宋硕、北京大学党委书记兼校长陆平、党委副书记彭珮云等人破坏"文化大革命",诬陷北京大学党委和北京市委搞修正主义,声称要"高举毛泽东思想的伟大红旗,团结在党中央和毛主席周围,打破修正主义的种种控制和一切阴谋诡计,坚决、彻底、干净、全面地消灭一切牛鬼蛇神,一切赫鲁晓夫式的反革命修正主义分子,把社会主义革命进行到底"。这张大字报贴出后,立即引起北京大学广大师生的不满,遭到上千张大字报的反击。康生见势不妙,把大字报底稿直接送给了正在杭州的毛泽东。毛泽东指示此文可以由新华社全文播发,在全国各报刊发表。6月1日晚,中央人民广播电台播发了聂元梓大字报的全文。6月2

日，全国各大报纸都全文刊登了这张大字报，《人民日报》并发表了题为《欢呼北大的一张大字报》的评论员文章，诬蔑北京大学是"反党反社会主义的顽固堡垒"，北京大学的党是"假共产党"、"修正主义的党"，号召群众起来将他们"彻底摧毁"。出于对毛泽东和党报的信赖，全国各地报刊连续登载了各界人士支持聂元梓大字报的文章，千千万万封声援聂元梓的信件和电报飞进北京大学，北京大学顿时成了全国"文化大革命"的中心。

改组《人民日报》社。5月31日，经毛泽东批准，陈伯达代表中共中央亲临人民日报社，改组了《人民日报》，撤销了吴冷西的职务，使《人民日报》为中央文革小组所左右。6月1日，《人民日报》发表了由陈伯达授意、修改和审定的题为《横扫一切牛鬼蛇神》的社论。社论指出："我国解放十六年来，无产阶级和资产阶级在意识形态领域内的阶级斗争，一直是十分激烈的。目前的社会主义文化大革命，正是这个斗争的继续发展。"这场斗争是不可避免的，号召"把所谓资产阶级的'专家'、'学者'、'权威'、'祖师爷'打得落花流水，使他们威风扫地"。接着，该报连续发表了《触及人民灵魂的大革命》、《做无产阶级革命派，还是做资产阶级保皇派？》的社论，把《五一六通知》精神捅向全国，煽动和怂恿青少年和亿万群众起来"造反"，用大鸣、大放、大字报、大辩论为武器，揭发批判所谓"反党反社会主义反毛泽东思想的反革命黑帮"、"走资本主义道路的当权派"、"反革命修正主义分子"、"资产阶级反动学术权威"和"一切牛鬼蛇神"，号召把他们揪出来斗倒、斗臭、斗垮，"把无产阶级文化大革命进行到底"。在《人民日报》这些社论的煽动下，全国各地大、中学校掀起了一股把斗争矛头指向学校党委的浪潮。

批准公布中共中央改组北京市委、重组北京新市委和改组北京大学党委、派工作组去北京大学领导"文化大革命"的决定。6月4日，《人民日报》公布了中共中央改组北京市委的决定，由中共中央华北局第一书记李雪峰兼任北京市委第一书记，调中共吉林省委第一书记吴德任北京市委第二书记，北京市的"文化大革命"工作由新市委直接领导；派以张承先为首的工作组到北京大学对"文化大革命"进行领导，撤销北大党委书记陆平、副书记彭珮云的一切职务，改组北大党委，北大党委改组期间，由工作组代行党委职权。

在京主持日常工作的刘少奇等人，面对北京大中学校的混乱局面，在赴杭州征求毛泽东的意见后，召开了中共中央政治局常委扩大会议，决定向北京市的大中学校派工作组，协助各单位组织领导"文化大革命"。此时的刘少奇摸不透毛泽东发动"文化大革命"的真实目的,为了坚持党的领导,使运动限制在一定范围之内,制定了"中央八条",要求在运动中要"内外有别","注意保密","大字报不要上街","不要上街游行示威","不搞大规模声讨会","不要包围黑帮住室"等。此后,北京和各地陆续采用了派工作组进校领导"文化大革命"的做法。

工作组进校后,很快便与向党委"造反"的群众发生矛盾,群众中出现了保工作组和赶工作组的两派势力斗争,尤其是6月18日,北京大学出现了乱批乱斗现象。对此,北大工作组组长张承先向全校作了广播讲话,强调"六·一八事件"是"阶级敌人的报复",要求以后批斗人要经过工作组等等。6月20日,刘少奇将北京大学工作组制止乱批乱斗争事件的简报批发全国,认为"北大工作组制止乱打乱斗现象的办法是正确的、及时的",指示"各单位如果发生这种现象,都可参照北大的办法办理"。7月18日,毛泽东回到北京,陈伯达、江青等人向毛泽东作了汇报,认为北京大学"六·一八事件"是革命行动,毛泽东听信了他们的话。19日,毛泽东指责工作组"镇压学生运动";25日,毛泽东在接见各中央局书记和中央文革小组成员时说:"工作组起坏作用,阻碍运动,统统驱逐之",提出"不要工作组,要由革命师生自己搞革命"。刘少奇、邓小平不得不违心地承担了责任并作了检讨。7月28日,北京市委根据毛泽东的意见,发出《关于撤销各大学工作组的决定》,规定工作组撤销后,大专学校的"文化大革命"由学校师生员工分别选举成立各级文化革命的组织负责领导。

八届十一中全会的召开。为了进一步清除发动"文化大革命"的阻力,1966年8月1日至12日,毛泽东在北京主持召开了中国共产党八届十一中全会,出席会议的中央委员74人,候补中央委员67人,各中央局和各省、市、自治区党委的负责人以及中央文革小组成员、中央有关部门的负责人、首都高校师生的代表47人列席了会议。会议的主要议程是:(1)通过了《关于无产阶级文化大革命的决定》(简称《十六条》);(2)讨论和批准十中全会以来中央在国内国际问题上的重大措施;(3)通过了会议公报;(4)补行5月中央政治局扩大会议关于人事变动的手续。

会议是在十分紧张的气氛中进行的。8月1日,刘少奇代表中共中央报告十中全会至十一中全会期间中央的各项工作,对派工作组承担了责任。毛泽东插话,严厉指责工作组犯了方向性、路线性错误,说工作组实际上是站在资产阶级的立场上,反对无产阶级革命。刘少奇在会上被迫作了自我批评。会议期间,到会的中央一些部委和各大区负责人纷纷发言,检讨了自己"跟不上形势",对"文化大革命""仍然是很不理解、很不认真、很不得力"等等。

会议印发毛泽东于8月1日写的《给清华大学附属中学红卫兵的信》,信中认为红卫兵的行为"说明对反动派造反有理","表示热烈的支持"。这就更增加了会议的紧张气氛。8月7日,会议印发了毛泽东5日写的《炮打司令部——我的一张大字报》。大字报写道:全国第一张马列主义的大字报和人民日报评论员的评论,写得何等好啊! 请同志们重读这一篇大字报和这篇评论。可是在50多天里,从中央到地方的某些领导同志,却反其道而行之,站在反动的资产阶级立场,实行资产阶级专政,将无产阶级轰轰烈烈的"文化大革命"打下去,颠倒是非,混淆黑白,围剿革命派,压制不同意见,实行白色恐怖,自以为得意,长资产阶级的威风,灭无产阶级的志气,又何其毒也! 联系到1962年的右倾和1964年形"左"而实右的错误倾向,岂不是可以发人深省的吗?① 毛泽东使用大字报这种非常手段,提出中央另外有一个"资产阶级司令部",虽然没有点名,但明显是针对刘少奇等中央一线领导人的。所以,这张大字报一发表,会议立即转向对刘少奇的揭发和批判上。

8月8日,全会通过了《中国共产党中央委员会关于无产阶级文化大革命的决定》(简称《十六条》),这是中共中央关于"文化大革命"的第一个正式文件。《十六条》规定:"我们的目的是斗垮走资本主义道路的当权派,批判资产阶级反动学术'权威',批判资产阶级和一切剥削阶级的意识形态,改革教育,改革文艺,改革一切不适应社会主义经济基础的上层建筑,以利于巩固和发展社会主义制度";"运动的重点,是整党内那些走资本主义道路的当权派"。《十六条》又规定,"党的领导要善于发现左派,发现和壮大左派队伍,坚决依靠左派"。强调这次运动的方针和方法是让"群众自己教育自己","自己解放自己"。"要充分运用大字报、大辩论这些形式,进行大鸣大放",要"敢字当头","不要怕出乱子","革命不能那样雅致,那样文质彬彬,那样温良恭俭让"。《十六条》虽然也规定,这次运动要在以毛泽东为首的中央领导下进行,要求各级党委"坚持正确领导","要严格区别两类不同性质的矛盾","要用文斗,不用武斗","抓革命,促生产"以及保护科技人员等,但事实上都无法贯彻执行。《十六条》是一个充满"左"倾错误的文件。

---

① 建国以来毛泽东文稿.12册.北京:中央文献出版社,1998.90

以后,中央文革小组逐渐掌握了中央政治局和书记处的很大部分权力。

8月12日,全会通过了会议公报和中央领导机构的选举。根据毛泽东的提议,增补陶铸、陈伯达、康生、徐向前、聂荣臻、叶剑英为政治局委员,增补李雪峰、宋任穷、谢富治为政治局候补委员。同时,改组了中央书记处,撤销彭真、罗瑞卿、陆定一的中央书记处书记职务和杨尚昆的候补书记职务,补选谢富治、刘宁一为中央书记处书记。政治局常委由7人变为11人,即:毛泽东、林彪、周恩来、陶铸、陈伯达、邓小平、康生、刘少奇、朱德、李富春、陈云。林彪由第六位提升为第二位,成为毛泽东的"接班人",而刘少奇的排名由第二位降到第八位。全会没有重新选举中央副主席,但会后只有林彪被宣布为副主席,刘少奇、周恩来、朱德、陈云等副主席职务都不再提及。这次会议期间及会后,毛泽东"左"倾错误的个人领导,实际上取代了中央的集体领导。

中共八届十一中全会对于"文化大革命"的全面发动来说是一次关键性的会议。会议正式通过的开展"文化大革命"的一系列决定和中共中央领导机构的改组,为"文化大革命"的全面发动准备了一切条件。八届十一中全会是"文化大革命"全面发动的标志。此后,"文化大革命"运动便在全国范围内迅猛开展起来。

三、红卫兵运动

全国性大动乱局面的形成,是从红卫兵运动开始的。"文化大革命"发动初期,出于对毛泽东的个人崇拜,首先由中学生自由组合的秘密团体"红卫兵"组织,在全国迅速发展,并演变成为一场具有极大破坏性和带有狂热无政府主义色彩的红卫兵运动。

1966年5月29日,清华大学附属中学的部分师生秘密成立全国第一个红卫兵组织——清华附中红卫兵。7月28日,清华附中红卫兵写信给毛泽东,并送上以"造反有理"为主题的《革命的造反精神万岁》和《再论革命的造反精神万岁》两张大字报。8月1日,毛泽东写信给清华附中红卫兵,称他们的行动"对反动派造反有理",向他们"表示热烈的支持"。消息传出,首都中等学校、高等学校纷纷建立冠以"毛泽东思想"、"毛泽东主义"等各种名称的红卫兵组织。红卫兵运动迅速由北京向全国发展。

通过红卫兵运动把"文化大革命"之火引向全国,是毛泽东推动运动发展的重要步骤。8月18日,首都百万群众在天安门广场举行"庆祝无产阶

级文化大革命群众大会"。毛泽东身着绿军装,在天安门前首次接见来京进

1966年毛泽东在天安门城楼检阅全国各地来京的红卫兵

行大串连的全国各地的红卫兵和人民群众,并让红卫兵给他戴上了"红卫兵"袖章,再次表示对红卫兵运动的支持。林彪在大会讲话中,鼓动红卫兵"要打倒走资本主义道路的当权派,要打倒资产阶级反动权威,要打倒一切资产阶级保皇派,要反对形形色色的压制革命的行为,要打倒一切牛鬼蛇神","彻底打倒、打垮,使他们威风扫地,永世不得翻身!"此后,红卫兵运动更加风起云涌,遍及各地。在8月31日和9月15日毛泽东第二次、第三次接见来京红卫兵的大会上,林彪强调"打击的重点,是钻进党内走资本主义

道路的当权派",并颠倒黑白地说:"那些吸血鬼、寄生虫,都被你们搞得狼狈不堪。你们做得对,做得好!"到11月26日,毛泽东在北京共8次接见外地红卫兵和师生1 100多万人,进一步助长了红卫兵运动的盲目性和狂热性。

伴随红卫兵运动而起的是极其荒唐的破"四旧"行动。所谓"四旧",指旧思想、旧文化、旧风俗、旧习惯。但由于当时对"新"、"旧"概念没有科学的标准与正确的态度,加之红卫兵的盲目和无知,在林彪、江青等人别有用心的煽动下,"破四旧"成了砸文物、打人、抄家的同义词。1966年6月1日《人民日报》发表《横扫一切牛鬼蛇神》的社论,第一次明确提出,"要彻底破除几千年来一切剥削阶级所造成的毒害人民的旧思想、旧文化、旧风俗、旧习惯"。《十六条》进一步肯定了"破四旧"的提法。8月18日,林彪在接见红卫兵大会上,鼓动红卫兵"大破一切剥削阶级的旧思想、旧文化、旧风俗、旧习惯……扫除一切害人虫,搬掉一切绊脚石"。从8月20日开始,首都红卫兵陆续走上街头,张贴大字报,举行集会,发表演说,开展反对"四旧"活动。《人民日报》8月23日发表社论《好得很》,《红旗》杂志8月21日发表评论员文章《向革命的青少年致敬》,对红卫兵的行动给予很高的评价。由此,"破四旧"很快蔓延到上海、天津和全国各大城市。

"破四旧"先从"改名"开始,对原有地名、街名、医院名、学校名称进行了更改。如将苏联驻华使馆前的"扬威路"改名为"反修路",北京协和医院改名为"反帝医院",北京"全聚德"改名为"北京烤鸭店",天津劝业场改名为"人民商场"等。继改名而起的,便是剪长发,剪长辫子,剪烫过的头发,剪漂亮的裙子,改警服,烧戏装、书画,直至冲击寺院,捣毁文物,抄家打人,解散民主党派,通令宗教职业者还俗等。北京1958年第一次文物普查中保存下来的6 843处文物,竟有4 922处被毁掉,其中大部分被毁于1966年8、9月间。全国许多名胜古迹也遭受到严重破坏和难以挽回的损失。极少数红卫兵在抄家抓人过程中,甚至私设公堂,打人致残、致死。8月27日至9月1日,北京市大兴县的13个公社、48个大队,违法杀害"四类分子"(即地主、富农、反革命分子、坏分子)及其家属325人,其中有22户被杀绝。1966年8、9月份,北京、上海等大城市被抄家的数以万计,抄家之风波及到中小城镇甚至农村。

红卫兵初期的大串连对红卫兵运动起了推波助澜的作用。1966年6月10日,毛泽东在杭州召开的中共中央政治局常委扩大会议上说:全国各地学生要去北京,应该赞成,应该免费。毛泽东对红卫兵的接见,就是肯定了红卫兵的大串连。9月5日,中共中央、国务院发出《关于组织外地高等学校革命学生、中等学校革命学生代表和革命教职工代表来北京参观文化大革命运动的通知》,要求各地组织大中学校学生或学生代表、教职工代表,免费到北京参观"文化大革命"运动。从此,全国各类学校停课"闹革命",开始在全国范围内大串连。这种串连分两种流向:一种是全国各地红卫兵到北京及其他省份串连;另一种是首都红卫兵到外地串连。北京成为全国性串连的集散中心,全国各地铁路运输不堪其负担,串连活动严重冲击了工农业生产。在此情况下,1966年10月29日,中共中央、国务院发出《关于北京大中学校革命师生暂缓外出串连的紧急通知》。11月16日、12月1日又连续发出了有关通知,一律暂停乘坐火车、轮船、汽车来北京和到各地进行串连。1967年2月3日、3月19日,中共中央又连续发出停止全国串连的通知,此后又几次重申停止全国串连的决定。红卫兵运动的大串连逐渐走向低潮。到1968年底,毛泽东发出"知识青年到农村去"的号召后,红卫兵运动便随着"上山下乡"运动而自行泯灭。

四、"文化大革命"风暴席卷全国

中共八届十一中全会以后,"文化大革命"解除了所谓来自中央的"阻力"。在毛泽东《炮打司令部》大字报的号召下,从北京批判工作组开始,"文化大革命"迅速发展成为全国性的批判"资产阶级反动路线"运动,矛头集中指向刘少奇和邓小平。

踢开党委,直接依靠群众的"文化大革命"运动,不仅形成同当时所谓"走资派"的对抗,而且也遭到广大干部、党员和群众不同程度的怀疑和抵制。为破除这种"阻力",1966年9月2日,毛泽东发出最新指示:"凡是镇压学生运动的人都没有好下场!"9月11日,《人民日报》发表《工农群众和革命学生在毛泽东思想旗帜下团结起来》的社论,指出:"学生起来闹革命,把斗争的矛头指向党内走资本主义道路的当权派,指向一切牛鬼蛇神。他们的大方向始终没有错。"10月1日,林彪在国庆大会讲话中指出:"在无产阶级文化大革命中,以毛主席为代表的无产阶级革命路线,同资产阶级反对革命路线的斗争还在继续。"10月3日,《红旗》杂志第13期发表题为《在毛泽东思想的大路上前进》的社论,再一次发出"对资产阶级反动路线,必须彻底批判","要不要批判资产阶级反动路线,是能不能贯彻执行文化大革命的十六条,能不能正确进行广泛的斗批改的关键"。

10月5日，中央军委、总政治部根据林彪的建议，发出《关于军队院校无产阶级文化大革命的紧急指示》，指出："军队院校的文化大革命运动，必须把那些束缚群众运动的框框统统取消，和地方院校一样完全按照十六条的规定办"，并宣布取消"军队院校的文化大革命在撤出工作组后由院校党委领导的规定"。中共中央把这一紧急指示转发

1966年8月31日，毛泽东、林彪、周恩来、江青、康生在天安门城楼检阅红卫兵

全党，指出这个文件"对于全国县以上大中学校都适用"，这就为"踢开党委闹革命"提供了依据。10月6日，北京红卫兵召开10万人的"全国在京革命师生向资产阶级反动路线猛烈开火誓师大会"，通过了《大会通电》，呼吁全国各地"向资产阶级反动路线猛烈开火"。

10月9日至28日，为了进一步排除所谓来自党内各级干部的"阻力"，毛泽东主持的中央工作会议在北京召开。毛泽东在会上主张乱它几个月，大字报要上街，工农兵不要干涉学生的"文化大革命"。陈伯达作了题为《无产阶级文化大革命中的两条路线》的报告，对所谓"资产阶级反动路线"定调说：凡是"压制群众、打击革命积极分子的错误路线，是资产阶级反动路线"；"派出大量工作组去镇压学生运动，这就是犯了路线错误。没有派多少工作组的地方，或者没有派工作组的地方，如果那里镇压革命的学生，同样是犯了路线错误"。并公开点名批判刘少奇、邓小平是资产阶级反动路线的代表，标榜要以"无所畏惧的精神"去批判"资产阶级反动路线"。会后，全国掀起了批判"资产阶级反动路线"高潮。在"打倒一切"、"怀疑一切"的极左思潮下，党和政府机关的绝大部分领导干部被戴上"走资派"、"黑帮"、"资产阶级代表人物"、"反革命修正主义分子"等帽子遭受审查批斗。大批有才华、有成就的知识分子被当作"反动权威"、"修正主义苗子"遭到打击，有的被抄家和坐牢房。所谓的"五类分子"及其子女在反动"血统"论中遭受灭顶之灾。

11月1日，《红旗》杂志第14期发表题为《以毛主席为代表的无产阶级

革命路线的胜利》的社论,指出:"无论什么人,无论过去有多大功绩,如果坚持错误路线,他们同党同群众的矛盾的性质就会起变化,就会从非对抗性矛盾变成为对抗性矛盾,他们就会滑到反党反社会主义的道路上去。"这就使刘少奇、邓小平作为"文化大革命"的第一目标明朗化。在全国"打倒刘少奇"、"刘少奇必须向全国人民低头认罪","打倒邓小平","和刘、邓血战到底"的声浪中,刘少奇作为国家主席在群众心目中的威信动摇了。

按照中共中央关于"文化大革命"的《十六条》决定,中共中央、国务院的《关于工业交通企业和基本建设单位如何开展文化大革命运动的通知》以及中共中央《关于县以下农村文化大革命的规定》,工矿和农村原则上是不搞"文化大革命"的。1966年10月,毛泽东曾设想,"文化大革命"要在1967年春节前结束。但到了11月间,毛泽东支持工人造反派的造反,突破了原定运动仅限于文教部门和党政机关的部署,"文化大革命"风暴席卷了全国的工矿和农村。

11月9日,以潘国平、王洪文等人为头头的"上海工人革命造反总司令部"(简称"工总司")成立。"工总司"《宣言》声称"我们要夺权"。中共上海市委根据《十六条》精神,并经请示中央文革小组,决定采取"不赞成、不支持、不参加"的态度,被王洪文等人诬为"资产阶级反动路线对工人的迫害"。11月10日凌晨,他们煽动、裹胁一部分造反队员冲到上海北站强行登车,要到北京"告状"。中午,又在安亭车站卧轨拦截客车,制造了沪宁全线中断30多小时的"安亭事件"。事件发生后,市委及时向中央报告情况,坚持不承认"工总司",同时派干部到安亭送衣服和食物,动员工人回厂。陈伯达根据周恩来的指示,电告工人回沪。张春桥奉命处理这一事件,11日晚乘飞机到达上海。13日,张春桥参加了上海市委常委会,并与上海市委书记、上海市市长曹荻秋一道,通过电话请示中共中央书记处常务书记陶铸,取得了一致意见:不承认"工总司"是革命的合法组织,不承认"安亭事件"是革命行动。但13日下午,张春桥却擅自承认"工总司"是合法组织,宣布"工总司"的行动是"革命行动","安亭事件"造成的后果全部由华东局和上海市委负责,曹荻秋必须向群众作公开检查。

张春桥的这种做法,与周恩来、陶铸、华东局以及上海市委的意见是截然相反的,与中共中央一系列有关文件的精神也是背道而驰的。但事后,中央文革小组迅速同意了张春桥的处理意见,毛泽东也批准了张春桥的处理意见,并指出:可以先斩后奏,总是先有事实,后有概念。实际上,张春桥之所以敢先斩后奏,就在于他洞悉毛泽东要把"文化大革命"进行到底的决心和支持造反派的态度。上海"工总司"及其行为合法化,"文化大革命"祸水开始流向工矿企业。

11月上旬,从中央到地方,生产主管部门的领导干部都被卷入运动,一些企业领导班子瘫痪,厂矿停工停产事件不断发生。为了限制"文化大革命"对工交企业冲击的范围,根据周恩来的提议,中共中央指示由谷牧、余秋里主持召开工交企业座谈会,讨论工交企业"文化大革命"的问题。会议对工交战线过去17年的成绩作了充分肯定。会议认为:当前文化大革命的冲击,已经使工交战线出现了混乱现象。为确保生产秩序,运动必须在党委领导下分期分批地进行;工人要坚持8小时工作制,业余闹革命,不得擅离岗位,不赞成在工人中建立联合造反组织和在工交企业间开展串连。据此,国务院业务组草拟了《工交企业进行文化大革命的若干规定》(即十五条)。11月22日,毛泽东否定了《十五条》。12月4日至6日,林彪主持中央政治局扩大会议,听取了工交座谈会的情况汇报,否定了这次座谈会。他说:工交战线有严重的阶级斗争,工矿企业的"文化大革命"必须大搞,刘少奇的问题不是50天的问题,而是10年、20年的问题。

12月9日,经毛泽东批准,中共中央发布《关于抓革命、促生产的十条规定(草案)》(简称《工业十条》)。其中规定:让群众在"文化大革命"中自己教育自己;8小时以外的时间,除每周讨论一次生产问题外,由群众自己安排进行"文化大革命";工人有建立革命组织的权力;各单位工人群众之间,工人群众组织之间,可以业余时间在本市进行串连;工人与学生之间可以互相进行串连。这个文件的下达,使"文化大革命"正式扩及全国工交财贸各部门的基层单位。

12月15日,经毛泽东批准,中共中央下达《关于农村无产阶级文化大革命的指示(草案)》(简称《农业十条》)。《指示》对原来坚持把"文化大革命"纳入"四清"部署的规定,改为把"四清"纳入"文化大革命"中去;强调领导"文化大革命"的权力机构是贫下中农文化革命委员会;要建立和发展以贫下中农青少年为骨干的红卫兵;地富反坏右是专政的对象,不允许他们造无产阶级的反;农村的文化大革命同样采取大鸣、大放、大字报、大辩论,实行大民主;社队之间可以串连,还可以组织一批学生下乡串连等。这个文件的贯彻,把"文化大革命"扩展到全国的农村。

第二节　全国大动乱

一、"一月风暴"与"二月抗争"

发动全国性的"夺权"斗争,把"文化大革命"推向一个新的阶段,是毛泽东发动"文化大革命"的既定方针。全国性的普遍"夺权"运动首先从上海兴起,即所谓的"一月风暴"。

1967年1月3日和5日,上海《文汇报》、《解放日报》相继被造反派夺权,成为"一月风暴"的前奏。1月6日,在张春桥、姚文元策划下,以上海国棉十七厂保卫科干部王洪文为头头的上海市工人革命造反总司令部(简称"工总司")等32个造反组织,联合召

1967年6月24日,"上海人民公社"改称"上海市革命委员会"

开了"打倒陈丕显、曹荻秋为首的上海市委大会",宣布不再承认曹荻秋为上海市委书记和上海市长。会后,上海市委、市政府、市人大的所有机构被迫停止办公,造反派夺取了上海市的党政大权。1月14日,《文汇报》发表社论指出:"革命就是一个阶级推翻一个阶级,革命的根本问题就是政权问题。革命就是要夺权。"1月23日,取代中共上海市委的所谓"上海革命造反联络站"宣告成立。2月5日,以张春桥为主任,姚文元、王洪文为副主任的"上海市人民公社"(后改为"上海市革命委员会")宣告成立。

上海夺权事件,始终得到毛泽东的支持。1月8日,毛泽东对上海夺权的行为指示说:"这是一个大革命,是一个阶级推翻另一个阶级的大革命。这件大事对于整个华东,对于全国各省市的无产阶级文化大革命运动的发

展,必将起着巨大的推动作用。"①12日,《人民日报》发表由中央文革小组起草,以中共中央、国务院、中央军委、中央文革小组的名义给上海市各"造反团体"的贺电。贺电说:"你们这一系列的革命行动,为全国工人阶级和劳动人民,为一切革命群众,树立了光辉的榜样。"《人民日报》、《红旗》杂志相继发表了《无产阶级革命派联合起来》、《无产阶级革命派大联合,夺走资本主义道路当权派的权》、《论无产阶级革命派的夺权斗争》等社论,指出:"无产阶级革命派联合起来,向党内一小撮走资本主义道路的当权派夺权。""从党内一小撮走资本主义道路当权派手里夺权,是在无产阶级专政条件下,一个阶级推翻一个阶级的革命,即无产阶级消灭资产阶级的革命。""无产阶级文化大革命的中心任务,归根结底,就是无产阶级从党内一小撮走资本主义道路当权派手中夺权的斗争。这是现阶段我国阶级斗争的焦点,是社会主义和资本主义两条道路斗争的集中表现",公开肯定和支持了上海夺权行动。

  由上海"一月风暴"开始,在全国刮起的"夺权"运动,使全国党政领导机构陷于瘫痪,大批党政干部遭到打击和迫害。在"文化大革命"给党、国家和人民带来严重灾难的局势面前,中央军委和国务院领导人陈毅、谭震林、叶剑英、李富春、李先念、徐向前、聂荣臻、余秋里、谷牧等人,对"文化大革命"的错误做法,特别是对林彪、江青、康生、张春桥、陈伯达等人诬陷老干部,乱党、乱军的做法提出了强烈批评。尤其在2月11日和16日中南海怀仁堂召开的碰头会上,围绕"文化大革命"要不要党的领导,老干部应该不应该都打倒,要不要稳定军队等三个原则问题,展开了激烈斗争,当时被诬称为"二月逆流"。

  2月11日,会议由周恩来主持,中央军委副主席叶剑英针对上海夺权问题质问康生、陈伯达:"上海夺权,改名为'上海公社',这样大的问题,涉及到国家的体制,不经过政治局讨论,就擅自改变名称,你们是想干什么?""我们不读书、不看报,也不懂什么是巴黎公社原则,请你解释一下,什么是巴黎公社原则?革命,能没有党的领导吗?能不要军队吗?"又说:"你们把党搞乱了,把政府搞乱了,把工厂、农村搞乱了,你们还嫌不够,还一定要把军队搞乱。"徐向前激愤地说:"军队是无产阶级专政的支柱,这样把军队乱下去,还要不要支柱啦?难道我们这些人都不行啦,要蒯大富这类人来指挥

---

① 建国以来毛泽东文稿.12册.北京:中央文献出版社,1998.185

军队吗?"

2月16日的会议上,斗争更为激烈,谭震林痛斥张春桥说:"为什么要无理扣押陈丕显?"张春桥回答说:"群众不答应。"谭震林激愤地说:"什么群众?老是群众、群众,还有党的领导哩!不要党的领导,一天到晚,老是群众自己解放自己,自己教育自己,自己闹革命。这是什么?这是形而上学!"又说:"你们的目的,就是要把老干部一个一个打光","蒯大富是什么东西?就是个反革命!搞了个百丑图。这些家伙,就是要把老干部统统打倒"。谭震林气愤至极,一面要走,一面说:"让你们这些人干吧,我不干了,砍掉脑袋、坐监牢、开除党籍,也要斗争到底"。陈毅说:"不要走,要跟他们斗争","虽然没有人选我当老干部的代表,我也要为老干部说话","这些家伙上台,他们就要搞修正主义。在延安,过去有人整老干部整得很凶。……历史上不是证明了到底谁是反对毛主席吗?以后还要看,还会证明"。叶剑英接着说:"老干部是党和国家的宝贵财富,对犯有错误的干部,我们党向来是惩前毖后、治病救人,哪有随便打倒的道理?照这样,人身都不能保证,怎么做工作?"李先念说:"现在这样搞,团结两个95%还要不要?老干部都打倒了,革命靠什么?现在是全国范围内的大搞逼供信。"2月17日,谭震林又写信给林彪,斥骂江青"真比武则天还凶","手段毒辣是党内没有见过的",并表示"这个反,我造定了,下定决心,准备牺牲,斗下去,拼下去"。

2月16日夜,康生指示张春桥、姚文元、王力在人民大会堂整理了一份《二月十六日怀仁堂会议》记录,由江青安排,让他们于17日到中南海向毛泽东作了汇报,并夸大其词,有意渲染了叶剑英、陈毅、李先念、谭震林等人对"文化大革命"中许多非常做法的不满,林彪也将谭震林给他的信送交毛泽东。毛泽东听信了这些汇报。对有人竟敢非议他视为防止修正主义、避免资本主义复辟的"文化大革命",他感到不能容忍。

2月18日夜,毛泽东召集部分政治局委员开会,严厉批评了这些提意见的老同志,指责他们是搞复辟、搞翻案。江青、康生、陈伯达、谢富治等人,利用毛泽东对这些人的错误批评,以"二月逆流"的罪名,从2月25日至3月18日,在中南海怀仁堂召开了7次"政治生活会",对这些老将帅进行了批判,指责他们的发言是"反对毛主席的革命路线"、"反对无产阶级文化大革命"、"保护老干部就是保护一小撮走资派,保护叛徒、内奸、特务"。康生更露骨地指责说:"这是一次政变预演,一种资本主义复辟的预演","这是十一中全会以来发生的一次最严重的反党事件!"与此同时,江青、康生、陈伯达、谢富治等在全国掀起了"反击复辟逆流"的浪潮。此后,中央政治局停止了活动,中央文革小组完全取代了中央政治局。

二、"夺权斗争"、"全国山河一片红"

1967年上海"一月风暴"后,夺权之风迅速遍及全国各地。如果说,此前只有大部分学生、干部和一部分工人卷入了"文化大革命",那么,现在则是全民卷入了"文化大革命"。1月22日,《人民日报》发表经毛泽东审定的社论《无产阶级革命派大联合,夺走资本主义道路当权派的权!》指出:一场无产阶级革命造反派大联合展开夺权斗争的伟大革命风暴,在我们伟大领袖毛主席的伟大号召下,正以排山倒海之势,雷霆万钧之力,席卷全国,震动全世界,号召全国"无产阶级革命派联合起来",进行"自下而上地夺权"。"文化大革命"进入"造反派"全面夺权阶段。

继上海之后,1月14日,山西"革命造反总指挥部"夺了山西省太原市党政大权。25日,贵州"无产阶级革命造反总指挥部"夺了贵州党政大权,《人民日报》为此发表社论,誉其为"西南的春雷"。1月31日,黑龙江"红色造反者"召开誓师大会,宣布全省临时最高权力机关——红色造反者革命委员会诞生,《人民日报》又发表社论,誉其为"东北的新曙光"。这是全国第一个成立的"革命委员会"。当时"造反组织"几乎对各省、市、自治区一级的党政机关都进行了夺权。有些没有夺成,有些中央没有批准。此外,中央各部委也在夺权。正如张春桥等人在"上海人民公社"成立宣言中所说:"要夺权,就要彻底地夺,就要百分之百地夺","一定要把一切被党内走资本主义道路当权派篡夺了的市、区、县各级党政机关以及工厂、企事业单位、农村人民公社、商店、学校、街道等等的党权、政权、财权、文权,统统夺过来,完全、彻底、干净、全部地夺过来!"

从1967年上海"一月风暴",到1968年9月5日西藏、新疆两个自治区的革命委员会成立,全国29个省、市、自治区都先后建立了革命委员会,各基层单位也先后建立了革命委员会,实现了所谓的"全国山河一片红"。

这种"红",是通过夺权,围绕着打倒所谓"刘、邓司令部"在各地的代理人来实现的。由1月6日上海夺权开始,山西、山东(青岛)、贵州、黑龙江相继夺权成功,并取得中共中央批准,权力机关为"革命委员会"。2月19日,为了驾驭夺权运动,防止夺权脱离"文化大革命"的方向,中共中央发出指示,规定各省、市、自治区领导夺权斗争的临时权力机构的名称,和"三结合"

领导理论联系实际的组成要先报告中央,经中央批准后,再在当地报纸上发表。3月17日,中共中央再次发出通知,指示各省、市、自治区一级的夺权,在采取行动之前,应先取得中央同意,派代表来京同中央商量。没有经过中央同意,不要成立临时权力机构(革命委员会),不要在地方报纸上报道和广播电台上广播夺权。随后,各省、市、自治区的夺权和"革委会"的成立,都预先得到中共中央的正式批准。

经中共中央批准,到1968年3月下旬,北京市、青海省、内蒙古自治区、天津市、江西省、甘肃省、河南省、湖北省、广东省、吉林省、江苏省、浙江省的革命委员会先后成立。3月30日,《人民日报》、《红旗》杂志、《解放军报》发表社论《革命委员会好》。社论说:现在,全国已有18个省、市、自治区先后成立了革命委员会,还有一些地区正在酝酿革命委员会的诞生;大量的基层单位,都已经建立起革命委员会。毛主席最近指出:"革命委员会的基本经验有三条:一条是有革命干部的代表,一条是有军队的代表,一条是有革命群众的代表,实现了革命的三结合。革命委员会要实行一元化的领导","组织起一个革命化的联系群众的领导班子"。社论认为,革命委员会是"文化大革命"中的一种创造;各地建立革命委员会是"文化大革命"形势越来越好的重要标志。

从1968年4月8日到9月5日,经中共中央批准,湖南省、宁夏回族自治区、安徽省、陕西省、辽宁省、四川省、云南省、福建省、广西壮族自治区、西藏自治区、新疆维吾尔自治区革命委员会相继成立。9月7日,在北京召开庆祝西藏和新疆两个自治区革命委员会成立、庆贺全国29个省、市、自治区革命委员会成立大会上,周恩来发表讲话说:"我们一定要在全国山河一片红的大好形势下,高举毛泽东思想伟大红旗,好好地迎接我们现在掀起的斗、批、改的新高潮。"同日,《人民日报》、《解放军报》发表社论《无产阶级文化大革命的全面胜利万岁!》,指出:"全国山河一片红",全国各省、市、自治区革命委员会的全部成立,宣告了中国赫鲁晓夫及其在各地区的代理人变无产阶级专政为资产阶级专政的反革命阴谋的彻底破产。

通过全面夺权实现的所谓"全国山河一片红",不但制造了许多冤假错案,而且在夺权过程中建立起来的各级"革命委员会",取代了地方各级人民政府,破坏了中华人民共和国的地方政治制度。

三、刘少奇遭受迫害与大批冤、假、错案的产生

早在1967年2月3日,毛泽东同外宾谈话中就指出:"过去我们搞了农

村的斗争、工厂的斗争、文化界的斗争,进行了社会主义教育运动,但不能解决问题,因为没有找到一种形式,一种方式,公开地、全面地、由下而上地发动广大群众揭露我们的黑暗面。"只有"文化大革命"才是惟一能"解决问题"的一种形式。"一月风暴"和反击"二月逆流"之后,全国形势急转直下,刘少奇等党和国家领导人及广大干部、群众遭到诬陷与迫害。

(一)对刘少奇等党和国家领导人的诬陷与迫害

在大批判的狂潮中,当时属于中国最高领导阶层的许多人大都处于岌岌可危之中,刘少奇首先成为"文化大革命"的头号靶子。从1966年8月7日毛泽东"炮打司令部"大字报在中共八届十一中全会上印发到十月中央工作会议,刘少奇被作为"文化大革命"的头号批判目标,在党内一定范围和干部中已经十分清楚,但当时还是作为人民内部问题。反击"二月逆流"的结果,把对刘少奇的诬陷和迫害进一步升级。1967年3月,康生写信要求对刘少奇设立专案组审查,得到毛泽东批准。4月1日,《人民日报》发表中央文革小组成员戚本禹《爱国主义还是卖国主义——评反动影片〈清宫秘史〉》一文。文中引述了毛泽东"《清宫秘史》是一部卖国主义的影片,应该进行批判"的讲话,并以"八个为什么"定了"党内最大的走资本主义道路当权派"的"八大罪状"。从此,在报刊上以"中国的赫鲁晓夫"的代名词,对刘少奇进行攻击。

4月6日晚,在江青策划下,在中南海第一次揪斗了刘少奇,并呵斥刘少奇回答戚本禹文章中提出的8个问题。4月7日,刘少奇就戚本禹文章中提出的"八个为什么",写了一篇"答辩"大字报在中南海贴出,很快就被撕成碎片。在对刘少奇频繁的批斗中,刘少奇一开口,就有人用"语录本"敲他的脸和嘴,刘少奇失去了说话的权利。4月8日,《人民日报》发表《高举无产阶级的革命批判旗帜》的社论,号召全国人民"把党内头号走资本主义道路当权派,把资产阶级反动路线,批倒、批深、批臭",彻底肃清17年来以它为代表的资产阶级反动路线。5月8日,《人民日报》、《红旗》杂志发表《〈修养〉的要害是背叛无产阶级专政》一文,把刘少奇所著《论共产党员的修养》这本著作,诬为"反马克思列宁主义、反毛泽东思想的大毒草"。5月11日,中共中央发出通知,要求各单位"进一步深入地开展对党内最大的一小撮走资本主义道路当权派的大批判运动"。7月18日,康生、谢富治、戚本禹组织所谓"揪刘火线",动员数十万人围困北京中南海,抄了刘少奇的家。

1968年10月,中共八届十二中全会批准了中央专案审查小组《关于叛徒、内奸、工贼刘少奇罪行的审查报告》。《报告》说："党内头号走资本主义道路当权派刘少奇,是一个埋藏在党内的叛徒、内奸、工贼,是罪恶累累的帝国主义、现代修正主义和国民党反动派的走狗。全会认为,在无产阶级文化大革命中,党和革命群众把刘少奇的反革命面貌揭露出来,这是毛泽东思想的一个伟大胜利,这是无产阶级文化大革命的一个伟大胜利。全会对于刘少奇的反革命罪行,表示了极大的革命义愤,一致通过决议:把刘少奇永远开除出党,撤销其党内外的一切职务。"①后来,刘少奇遭受到更加残酷的政治迫害和人身折磨,于1969年11月12日在河南开封无声无息地含冤离开了人间。

由林彪、江青集团指挥和煽动而遭到诬陷和迫害的还有中共中央副主席、国务院总理周恩来,中共中央副主席、全国人大常委会委员长朱德,以及邓小平、陈云、陶铸、陈毅、贺龙、彭德怀、聂荣臻、徐向前、叶剑英、罗瑞卿等人。贺龙、彭德怀、陶铸、王稼祥、李立三等人先后被迫害致死。

(二) 对广大干部、群众的诬陷和迫害

在林彪、江青煽动和挑唆的诬陷、迫害狂潮中,广大干部群众也未能幸免。1967年3月16日,中共中央印发《薄一波、刘澜涛、安子文、杨献珍等61人的自首叛变材料的批示》和附件,把1936年8月至1937年3月薄一波等人经组织决定出狱一事诬陷为"叛变自首",从而在全国刮起"揪叛徒"妖风,对与此案有关的全国5 000多人进行审查,罗织罪名,栽赃诬陷,残酷迫害。廖鲁言、徐子荣、胡锡奎、刘锡五、王其梅等5人,因长期遭受折磨,含恨离世。7月21日,江青、康生制造了一个诬陷中共第八届中央委员会委员名单,同年8月,康生又制造了一个诬陷第三届全国人民代表大会常务委员会委员名单和第四届全国政协常务委员会委员名单。在这些名单中,仅四届政协常委会委员159人中被分别诬为"特务"、"叛徒"、"里通外国分子"、"反革命分子"的就有74人。林彪、江青诬称有一条所谓"刘少奇叛徒集团组织路线",迫害各省、市、自治区的大批领导干部,先后制造了大量冤案。如"新疆叛徒集团案"、"内人党案"、"东北帮叛党投敌反革命集团案"、"冀东冤案"等等,株连几十万人。其中内蒙古地区的所谓"内人党案",使34.6万多名群众遭到诬陷迫害,1.6万多人被迫害致死。所谓"冀东冤案",使党员、干部、群众824万余人受诬陷,2 900多人被迫害致死。在文艺界、科技

---

① 中共八届十二中全会公报. 人民日报,1968 - 11 - 02

界、卫生界、体育界也有成千上万的人遭受迫害,著名作家、艺术家老舍,赵树理,周信芳等人被迫害致死。

(三)对军队与公检法干部、战士和群众的迫害与摧残

1967年4月16日,江青在人民大会堂接见军内外造反派时说:"成都、武汉,那是问题比较严重的地方,可以冲一冲!"7月14日,谢富治、王力以"中央代表团"的名义到达武汉,四处活动①。他俩违背周恩来关于中央代表团暂不要公开露面的指示,公开出面,支一派,压一派。7月20日,受压的武汉"百万雄师"派的群众上街游行,质问中央文革小组成员王力在武汉的阴谋。武汉三镇,交通中断,街道堵塞,到处可闻反对谢富治、王力之声。这一大规模事件,被说成是武汉军区司令员陈再道搞的兵变。武汉军区司令员陈再道、政委钟汉华随后被撤职,武汉军区所辖独立师被打成"叛军"。解放军总政治部主任、副主任、部长和大批干部遭受到诬陷与迫害。总政治部在被"砸烂"后,实行军管。25日晚,康生等人在新华社电讯稿中提出"揪军内一小撮"的口号。7月27日,林彪、江青等又以中共中央、国务院、中央军委、中央文革小组的名义,在《给武汉市革命群众和广大指战员的一封信》中,又使用了"揪军内一小撮"的提法。

在"揪军内一小撮"与"砸烂总政阎王殿"口号煽动下,造反派冲击军事机关,抢夺枪支弹药,制造事端。这一情况很快引起毛泽东的密切注意和严重不安。他知道军队的动乱将会给中国带来极其危险的局面,因此,面对这种极为严重的动乱局面,毛泽东不得不采取一系列紧急措施,否定了"揪军内一小撮"的提法。林彪、江青、康生为开脱自己,说"揪军内一小撮"是王力等人私自提出的。为转移人们的视线,江青、康生、陈伯达提出了揭露以极左面目出现的"五·一六"反革命组织②的问题。8月底,红得发紫的中央文革小组成员王力、关锋作为"五·一六"的操纵者被隔离审查。

1968年1月,异常活跃的另一中央文革小组成员戚本禹,继王、关之后也被隔离审查。这可以说是极左思潮的一次挫折。随后,全国出现了抵制"文化大革命"和反对林彪、江青一伙倒行逆施的所谓"右倾翻案风"。毛泽

---

① 中央代表团的成员还有余立金抵汉,他遵守纪律,没有公开露面。
② "二月抗争"后,北京成立了一个反对周恩来的"首都红卫兵五·一六兵团"。当时除北京外,全国并不存在一个"五·一六反革命集团"。况且北京这个小组织很快被查封。但"揪五·一六分子"运动,直到"文化大革命"结束才完全停止,涉及群众达千万人。

东对于这种危及他亲自发动的"文化大革命"的"右倾翻案风",当然不会容忍。林彪、江青对于当时在军队中担任重要职务而在某些问题上坚持党性原则、抵制极左错误的解放军代总参谋长杨成武、空军政委余立金、北京卫戍区司令员傅崇碧视为异己。1968年3月,他们制造了所谓"杨、余、傅事件"。他们诬蔑余立金勾结杨成武搞"山头主义"、"两面派",诬蔑余为"叛徒",诬告傅"武装冲击中央文革"等等。3月22日,中共中央发布命令,撤销杨、余、傅的职务,任命黄永胜为中国人民解放军总参谋长。3月25日,军委办事组改组,由黄永胜、吴法宪分别任正副组长,成员有叶群、李作鹏、邱会作等。不久,军委常委不再开会,军委办事组实际上取代了军委常委。林彪、江青在军队制造了大批冤假错案,株连了一大批无辜的干部和群众,有的致残、致死,造成了严重的后果。

林彪、江青一伙为搞乱全国,还把手伸向公、检、法专政机关。1967年8月7日,身为公安部长的谢富治在公安部全体人员大会上,公然提出"砸烂公、检、法"的口号。在公安部内,谢富治伙同康生制造了"罗瑞卿为首的地下黑公安部"等冤案,将225名干部、工人打成"特务"、"叛徒"、"反革命"、"走资派",47人被捕入狱。公安部除谢富治本人和一名兼职副部长外,其他副部长都被逮捕、关押,有的甚至被迫害致死。与此同时,全国各地都发生了冲击公、检、法的严重事件。据不完全统计,全国各地受打击迫害的公安干警共3.4万多人,其中3 600多人被打伤致残,1 200多人被迫害致死,整个公、检、法机关陷于瘫痪状态。

四、"清理阶级队伍"

在"无产阶级专政下继续革命的理论"提出后,1967年11月27日,江青在北京工人座谈会上讲话,说:"在整党建党过程中,在整个无产阶级文化大革命的过程中,都要逐渐地清理队伍,有党内,也有党外;党内的,就是要清除叛徒、特务及犯了严重错误死不悔改的人。"这是在"文化大革命"中第一次提出所谓"清理阶级队伍"的问题。此后,上海等少数地方开始了"清理阶级队伍"活动。

1968年5月13日,姚文元将原载新华社《文化革命动向》第1220期上的《北京新华印刷厂军管会发动群众开展对敌斗争的经验》一文,送毛泽东参阅。19日,毛泽东批示:"建议此件批发全国。……在我看过的同类材料中,此件是写得最好的。"①5月25日,中共中央、中央文革小组转发这一材料,要求全国各地"有步骤地、有领导地把清理阶级队伍这项工作做好"。接着,"清理阶级队伍"在全国展开。

"清理阶级队伍",就是把所谓混入革命队伍里的叛徒、特务、走资派以及地主、富农、资本家、反革命分子、坏分子、右派分子等清理出来,做到"阶级阵线分明"。1968年5月中旬,谢富治在北京市革命委员会第13次全体会议上,就"清理阶级队伍"问题作了讲话。他说:"清理阶级队伍必须同革命的大批判紧密结合。"会议要求清理阶级队伍"必须正确执行党的政策,掌握准、狠、稳的原则。"但事实上,北京和全国各地的"清队"都以"反右"为中心,"狠抓阶级斗争",一大批干部和群众被当作"一小撮阶级敌人"受到"最大限度地孤立和狠狠打击"。由于指导思想的错误、政策界限的模糊和派性的严重存在,许多无辜干群惨遭迫害。仅1970年2月至11月,共挖出所谓的"叛徒"、"特务"、"反革命分子"184万人,逮捕28.48万人,株连了大批干部群众。

五、解放军"三支两军"与工宣队、军宣队进驻学校

上海"一月风暴"后,夺权之风迅速蔓延,全国大乱。要通过"天下大乱"达到"天下大治"的毛泽东,对全国大乱后的失控状态,内心是担忧的。1967年2月3日,他在与外宾谈"文化大革命"时说:"现在流行着一种无政府主义思潮,口号是一切怀疑,一切打倒,结果弄到自己身上……他那个理论就是不行。"同日,《红旗》杂志1967年第3期发表社论《论无产阶级革命派的夺权斗争》。毛泽东对这篇社论的第三部分作了很多修改和增添。其中指出:"必须足够重视革命干部在夺权斗争中的作用",他们"是党的宝贵财富"。"不分青红皂白,反对一切,排斥一切,打倒一切,是违背马克思列宁主义、毛泽东思想的阶级观点的。""只要不是反党反社会主义而又坚持不改和屡教不改的,就要允许他们改过,鼓励他们将功赎罪。"根据这一精神,一批干部被结合进各单位夺权后的领导班子。

在1967年7、8、9三个月最混乱的时期,毛泽东视察了华北、中南和华东地区,沿途发表了一系列谈话,号召各地革命群众实现革命的大联合,提出"在工人阶级内部,没有根本的利害冲突"。在无产阶级专政下的工人阶级内部,更没有理由一定要分裂成为势不两立的两大派组织。并重申"绝大

---

① 建国以来毛泽东文稿.12册.北京:中央文献出版社,1998.495

多数干部都是好的,不好的只是极少数","要解放一批干部,让干部站出来","要扩大教育面,缩小打击面","要允许干部犯错误,允许干部改正错误。不要一犯错误就打倒","要用文斗,不要搞武斗,也不要搞变相的武斗"。毛泽东在谈话中还特别告诫"造反派"头头和红卫兵,"现在正是他们有可能犯错误的时候"。这些指示对稳定全国局面起了一定的积极作用,但是由于毛泽东在全局上始终坚持"文化大革命"的错误理论和实践,仍然认为"全国的无产阶级文化大革命形势大好,不是小好","有些地方前一段好像很乱,其实那是乱了敌人,锻炼了群众"。这样,全国动乱的局面不可能结束。

为了保证"文化大革命"继续进行,毛泽东决定人民解放军介入和支持地方的"文化大革命"。1967年1月23日,中共中央、国务院、中央军委、中央文革小组发布《关于人民解放军坚决支持革命左派群众的决定》。《决定》说:"最近,毛主席指示:人民解放军应该支持左派广大群众。"在此前,解放军已经执行军训、军管的任务。不久,毛泽东又先后赋予人民解放军以支农、支工、军管、军训等重大任务。3月19日,中央军委又作出《关于集中力量执行支左、支农、支工、军管、军训任务的决定》。《决定》规定,军委各部、各军兵种机关的"四大"在3月底告一段落,抽出1/3、1/2甚至2/3的人员投入"三支两军"工作;部队各院校、文艺团体、体工队在整风告一段落后,全部投入这一工作。按照这一《决定》,人民解放军正式介入"文化大革命"。据统计,解放军先后执行"三支两军"任务的有280多万名指战员。在当时全国处于打倒一切、全面内战的混乱情况下,派人民解放军执行"三支两军"任务,对稳定局势,减少工农业生产与人民生命财产的损失,起了一定的积极作用。但由于"文化大革命"的指导思想是错误的,也带来了一些消极的后果,比如"支左"就是支派,助长了派性,从而把派性带到了部队,搞乱了部队的思想;同时也损害了军政、军民团结,造成了军政、军民关系的紧张。1972年8月21日,中共中央发出《关于征询三支两军问题的意见的通知》,决定在已经建立党委的地方,撤销"三支两军"的机构和人员。此后,"三支两军"人员陆续撤回部队。

1968年7月27日,根据毛泽东的指示,北京60多个工厂3万多工人组成的"首都工人毛泽东思想宣传队"(简称"工宣队")进驻北京各大专院校。当工宣队进驻清华大学后,该校群众组织的头头蒯大富下令开枪,打死工宣队员5人,打伤多人。次日,毛泽东接见并严厉地批评了蒯大富、韩爱晶等人。他说:"文化大革命搞了两年,你们现在是一不斗,二不批,三不改。斗是斗,你们少数大专学校是在搞武斗。现在的工人、农民、战士、居民都不高兴,大多数的学生都不高兴……我说你们脱离群众,群众就是不爱打内战。"

8月5日,毛泽东把外国朋友赠送的芒果转送给驻清华大学的工宣队,表示对工宣队的支持。13日,毛泽东、林彪接见了首都工宣队队员。25日,中共中央、国务院、中央军委、中央文革小组发出《关于派工人宣传队进驻学校的通知》,指出:"各地应该仿照北京的办法,把大中城市的大、中、小学逐步管起来",要"以优秀的产业工人为主体,配合人民解放军战士,组成毛泽东思想宣传队,分期分批进入各学校"。要先进大学,后进中、小学。没有两派组织和武斗的学校,也要进入。据此,各地陆续向大专院校、中等专业学校的县镇以上中小学派驻工宣队。

8月26日,姚文元在《人民日报》发表《工人阶级必须领导一切》,传达了毛泽东的指示:"实现无产阶级教育革命,必须有工人阶级领导,必须有工人群众参加,配合解放军战士,同学校的学生、教员、工人中决心把无产阶级教育革命进行到底的积极分子实行革命的三结合。工人宣传队要在学校中长期留下去,参加学校中全部斗、批、改任务,并且永远领导学校。在农村,则应由工人阶级的最可靠的同盟者——贫下中农管理学校。"文章说:"凡是知识分子成堆的地方,不论是学校,还是别的单位,都应有工人、解放军开进去,打破知识分子独霸的一统天下。"随后,全国大、中、小学进驻了工宣队和军宣队,一些军事院校派驻了工人和军管人员。在农村,各地陆续向学校派出贫下中农代表队或毛泽东思想宣传队。工宣队、军宣队进驻学校,在当时情况下对于制止和结束极度混乱局面,起了一定的作用。但由于工宣队、军宣队不熟悉文化教育业务,执行了"左"的方针和政策,对学校和教育事业的发展也产生了很大消极影响。

六、中国共产党第九次全国代表大会

(一)中国共产党八届十二中全会

1968年9月,在实现了所谓"全国山河一片红"后,中共中央于10月13日至31日在北京召开八届十二中全会。这次会议是在极不正常的情况下召开的,原97名八届中央委员和73名候补中央委员中,被定为"叛徒"、"特务"、"里通外国分子"和有"政治历史问题"的高达71%,只有40名中央委员和19名候补中央委员出席,不到法定人数的一半。开会时从与会的候补中央委员中增补10人为中央委员,才勉强超过中委的半数。而被扩大吸收参加会议的中央文革小组全体成员和各省、市、自治区革命委员会负责人,解放军的主要负责人达74人,占出席会议总数133人的55%以上。毛泽东主持了会议。这次会议的主要内容是:

总结中共八届十一中全会以来"文化大革命"中的问题。毛泽东在开幕式上要大家讨论一下,究竟"文化大革命"是否必要,是否正确,成绩是否是主要的。会议认为,毛泽东关于"文化大革命"的部署以及在"文化大革命"中各个时期的一系列重要指示都是正确的。会议认为经过两年来的阶级斗争,"摧毁了以刘少奇为代表的妄图篡党、篡政、篡军的资产阶级司令部及其各地的代理人,夺回了被他们篡夺的一部分权力","文化大革命已经取得了伟大的、决定性的胜利"。这样,全会对"文化大革命"的理论和实践作了完全的肯定。会议上,康生、江青等人借讨论毛泽东提出的"文化大革命"是否必要的问题,又一次批判了"二月逆流",把李富春、陈毅、叶剑英、李先念、徐向前、聂荣臻等分割在几个组里进行围攻批斗。

全会通过关于对刘少奇的《审查报告》。全会批准中央专案审查小组提出的诬陷刘少奇的《关于叛徒、内奸、工贼刘少奇罪行的审查报告》,这是由江青、康生、谢富治所控制的中央专案审查小组,采取种种非法手段,通过刑讯逼供和捏造诬陷拼凑而成的。并根据这个假材料,对刘少奇作出"永远开除出党,撤销其党内外一切职务"的决议,号召"全党同志和全国人民继续深入展开革命大批判,肃清刘少奇等党内最大的一小撮走资派的反革命修正主义思想"。《审查报告》和《决议》是在中央工作和党内生活极不正常和全会根本无法进行切实讨论的情况下通过的,刘少奇也完全被剥夺了申辩的权利。

全会通过召开中共第九次全国代表大会的决定。全会认为,经过"文化大革命"的风暴,已经从思想上、政治上、组织上为召开中共第九次全国代表大会准备了条件。在通过的《中国共产党章程(草案)的决定》中,规定林彪"是毛泽东同志的亲密战友和接班人"。全会于10月31日通过公报,公报充分肯定了"文化大革命是在我国无产阶级专政条件下,无产阶级反对资产阶级和一切剥削阶级的一次政治大革命"的错误结论。毛泽东在闭幕式上讲了话,他说:"这次无产阶级文化大革命,对于巩固无产阶级专政,防止资本主义复辟,建设社会主义是完全必要的,是非常及时的。"会议还作了实行"革命大联合和革命三结合","认真做好清理阶级队伍工作","认真做好整党建党工作"以及工人阶级宣传队"永远领导学校"的部署。

八届十二中全会继续和发展了中共八届十一中全会的错误,从组织上完成了打倒刘少奇的程序,为中共九大的召开奠定了错误的基调。

(二)中国共产党第九次全国代表大会

随着"文化大革命"的进行,在狂热的个人崇拜气氛中,中国共产党第九次全国代表大会于1969年4月1日至24日在北京召开,出席大会的代表共1 512人,代表党员约2 200万人。这次大会是在全国省、市、自治区一级党委以及基层党的组织都不能正常工作或者根本没有恢复起来的情况下召开的,因此,代表的产生不是通过各级党组织逐级选举,而是通过"协商",实际是由指定而产生的。

大会的主要议程是:林彪代表中共中央作政治报告;修改中国共产党章程;选举党的中央委员会。林彪宣读的政治报告以"无产阶级专政下继续革命的理论"为核心,极力宣扬"文化大革命"的必要性和"丰功伟绩",强调"我国的无产阶级文化大革命,是一场大规模的、真正的无产阶级革命"。全面肯定了指导"文化大革命"的错误理论、方针和方法,使指导"文化大革命"的错误理论进一步合法化。报告把党的全部历史说成是两条路线斗争的历史,虚构了一个根本不存在的以刘少奇为头子的"资产阶级司令部",把叛徒、内奸、工贼的帽子强加在刘少奇的头上。报告对当时国内阶级斗争形势作了完全错误的估计,把整个社会主义历史阶段始终存在着阶级斗争的错误理论作为党的"基本路线"加以宣扬,说刘少奇一伙是一个"反革命修正主义集团",要在中国"复辟资本主义"。报告规定了"认真搞好斗、批、改,把上层建筑领域中的社会主义革命进行到底"的"战斗任务",提出各单位的斗、批、改大致要经过建立三结合的革命委员会、大批判、清理阶级队伍、整党、精简机构、改革不合理的规章制度、下放科室人员等几个阶段。报告在对国际形势的估计上,夸大了帝国主义发动世界大战的危险性,过分地强调要准备打仗。

"九大"通过的党章对毛泽东思想作了歪曲和夸大的阐述。总纲中说,"毛泽东思想是在帝国主义走向全面崩溃,社会主义走向全世界胜利时代的马克思列宁主义","把马克思列宁主义提高到一个崭新的阶段"。"九大"通过的党章对"八大"党章的正确内容作了错误的修改,删掉了党员的权利,取消了党员的预备期,取消中央书记处和中央监察委员会机构。"九大"通过的党章,违背了党的组织原则,称林彪"一贯高举毛泽东思想伟大红旗,最忠诚、最坚定地执行和捍卫毛泽东同志的无产阶级革命路线",规定林彪是"毛泽东同志的亲密战友和接班人"。

大会选出170名中央委员和109名候补中央委员,其中原八届中央委员和候补中央委员只有53人。毛泽东当选为中央委员会主席,林彪当选为副主席。毛泽东、林彪、周恩来、陈伯达、康生当选为中央政治局常委。当选为中央政治局委员的,除上述5名中央政治局常委外,还有叶群、叶剑英、刘伯承、江青、朱德、许世友、陈锡联、李先念、李作鹏、吴法宪、张春桥、邱会作、姚文元、黄永胜、董必武、谢富治。当选为中央政治局候补委员的有纪登奎、李雪峰、李德生、汪东兴。陈云、李富春、陈毅、聂荣臻等老一代无产阶级革命家被排除在政治局之外,林彪、江青一伙的骨干成员黄永胜、吴法宪、张春桥、姚文元等人则进入政治局,并占据半数以上的位置。

中共"九大"是在经过将近三年的"文化大革命"的大动乱时期召开的,这时已打倒了所谓以刘少奇为首的"资产阶级司令部",全国除台湾省外的29个省、市、自治区的党委、人民委员会都被夺了权,全部建立了"革命委员会"。中共九大的召开,使这些所谓"伟大胜利"得到了肯定和承认。1981年中共十一届六中全会通过的《关于建国以来党的若干历史问题的决议》是这样评价中共"九大"的:"党的九大使'文化大革命'的错误理论和实践合法化,加强了林彪、江青、康生等人在党中央的地位。九大在思想上、政治上和组织上的指导方针都是错误的。"①中共"九大"标志着"文化大革命"第一阶段的结束。

第三节 林彪集团的形成和覆亡

一、"斗、批、改"运动

"九大"后,"文化大革命"进入了"斗、批、改"阶段。"斗、批、改"问题在"文化大革命"开始时的《十六条》中就提出来了。"九大"再次把"斗、批、改"作为主要任务。其主要内容是:建立三结合的革命委员会,大批判,清理阶级队伍,整党,精简机构,改革教育和文艺,改革不合理的规章制度等。其

---

① 中共中央文献研究室."关于建国以来党的若干历史问题的决议"注释本.北京:人民出版社,1985.31~32

目的在于彻底否定所谓"反革命的修正主义路线",巩固并发展"文化大革命"的成果。而林彪、江青一伙则企图利用"斗、批、改"运动,来实现其篡党夺权的阴谋。

在"斗、批、改"过程中,中共中央批转了"六厂二校"①的经验。其核心内容是以阶级斗争为纲,贯彻"无产阶级专政下继续革命的理论",开展革命大批判,不停地向一小撮阶级敌人发动猛烈进攻。该文件对全国"斗、批、改"运动产生了重大影响。

"大批判"为"斗、批、改"开路。"九大"前,姚文元等就编造了刘少奇的所谓"黑六论",即"阶级斗争熄灭论"、"驯服工具论"、"群众落后论"、"入党做官论"、"党内和平论"、"公私溶化论",对其进行批判。"九大"后,又进一步批判刘少奇的所谓"人性论"、"唯生产力论"、"利润挂帅论"、"物质刺激论"、"福利主义"、"洋奴哲学"等。"大批判"把一切都纳入"两个阶级、两条路线、两条道路斗争"的框框里,造成思想上的极大混乱。

"九大"后继续"清理阶级队伍"。当时主要在两方面进行。一是在全国范围内开展"一打三反"运动。1970年1月31日和2月5日,中共中央相继发出指示和通知,号召对反革命分子进行检举、揭发、清查、批判,把隐藏的阶级敌人及其在经济领域的犯罪分子揭露出来。由于指导思想的极左,制造了许多冤假错案。二是继续清查"五·一六分子"。1971年2月8日,中共中央作出《关于建立五·一六专案联合小组的决定》,清查实际上并不存在的全国性的"五·一六"分子,使数以百万计的无辜者遭受磨难。林彪、江青一伙利用"清理阶级队伍",清洗对其抵制和不满的人,以巩固他们攫取的党和国家的权力。

"教育改革"和"文艺革命"是"斗、批、改"的重要内容。江青、张春桥、姚文元通过《全国教育工作会议纪要》,全盘否定了"文化大革命"前17年教育事业的成就。他们诬蔑这17年的教育是"资产阶级专了无产阶级的政",这17年的文艺工作贯穿着一条"反党反社会主义的黑线",等等,因此必须对教育、文艺等进行"改革"和"革命"。教育"改革"主要是:政治挂帅;工宣队进驻并领导学校;知识分子与知识青年要下放或到农村接受再教育;学制要缩短,高等学校废除考试制度,直接招收"工农兵学员"。文艺方面的

---

① "六厂二校"是:北京针织总厂、北京新华印刷厂、北京化工三厂、北京北郊木材厂、北京二七机车车辆厂、北京南口机车车辆机械厂、北京大学、清华大学。

所谓"革命",是"样板戏"独占舞台,百花凋零。所谓"改革"或"革命",是对教育和文艺事业的严重摧残和极大破坏。

为了防止所谓"党变修",1968年元旦,《人民日报》、《红旗》杂志、《解放军报》发表社论,公布了毛泽东提出的50字整党建党方针:"党组织应是无产阶级先进分子所组成,应能领导无产阶级和革命群众对于阶级敌人进行战斗的朝气蓬勃的先锋队组织。"11月又提出"吐故纳新"。"九大"后,毛泽东提出,党需要重建。此后,已停止两年多的各级党组织开始重新建立。在整党过程中,所谓"吐故",主要是把被诬称为"叛徒"、"特务"、"死不改悔的走资派"的党员清除出去;所谓"纳新",则把一些"造反派"头头、打砸抢分子拉入党内。这样,不仅打击和迫害了许多正直的党员干部,而且使一批投机分子、野心家、打砸抢分子混入党内,造成了党组织的严重不纯。

"斗、批、改"运动是"左"倾错误的继续和发展。它又为别有用心的林彪、江青一伙所利用,使他们在篡党夺权的道路上又迈进了一步。

二、林彪集团篡党夺权阴谋暴露

林彪在民主革命时期有过赫赫战功,但由于身体有病,建国后长期没有担负具体工作。1959年庐山会议后,他接替彭德怀出任国防部部长,并担任中央军委副主席、中共中央副主席,主持国防和军队工作。在"文化大革命"特定条件下,他的个人野心不断膨胀,鼓吹个人崇拜,赢得了毛泽东的信任,一跃成为惟一的中央副主席。他拉帮结伙,排斥异己,逐渐形成了包括黄永胜、吴法宪、李作鹏、邱会作等在内的反革命政治军事集团。中共"九大"上,林彪被正式选为中共中央副主席,"九大"通过的党章又明确规定了林彪的"接班人"地位。由他控制的中共中央军委办事组取代了中央军委。与林彪关系甚为亲密的黄永胜、吴法宪、叶群、李作鹏、邱会作也都进入了中共中央政治局。他们在党、政、军内已经控制了很大一部分权力。随着权势的增大,林彪等人的反革命野心也急剧膨胀起来。"九大"以后,江青、张春桥、姚文元也进入中央政治局,与林彪集团的矛盾日益加剧。林彪自知身体不佳,可能在毛泽东之前死去,担心羽翼渐丰的江青一伙抢先夺权,因此加紧了篡夺党和国家最高权力的活动。

林彪的抢先夺权活动,首先表现在九届二中全会关于设不设国家主席问题的争论上。

"文化大革命"风暴一起,随着刘少奇被打倒,国家主席一职实际上已不再存在。1970年3月8日,毛泽东提出召开第四届全国人民代表大会修改宪法的意见,并提出建议:改变国家体制,不设国家主席。3月17日至20日,中共中央召开工作会议,讨论召开四届人大和修改宪法问题,虽然也有一些人提出要设国家主席并请毛泽东担任此职的意见,但到会的大多数人赞成毛泽东提出的不设国家主席的建议。

林彪集团把四届人大看作是他们实现篡夺党和国家最高权力的大好机会。林彪希望通过第四届全国人民代表大会,名正言顺地当上国家主席,而毛泽东不设国家主席的建议,必然使林彪的野心落空。4月11日,林彪提出了一个书面建议:在宪法上规定设国家主席,并虚伪地建议由毛泽东担任。中央政治局将林彪的意见向毛泽东报告。4月12日,毛泽东断然批示:"我不能再作此事,此议不妥。"他还拿中国历史上三国时期的典故为例,指出孙权劝曹操当皇帝,曹操说孙权是要把他放在炉火上烤。我劝你们不要把我当曹操,你们也不要做孙权。毛泽东的批示,无疑对林彪是一记闷棍,但林彪并不就此罢休。5月中旬,林彪对他的党羽再次强调:要设国家主席,不设国家主席,国家没有一个头,名不正言不顺。叶群更露骨地说:"如果不设国家主席,林彪怎么办?往哪里摆?"①一语道破了林彪想当国家主席的野心。7月中旬,毛泽东在召开的修改宪法起草委员会会议上,又一次申明了"设国家主席,那是形式,不要因人设事"的意见。8月22日,中共中央召开政治局会议,林彪再次坚持设国家主席,又遭到毛泽东的反对。毛泽东在会上作了重要讲话,希望这次全会开成一个团结的会、胜利的会,不要开成一个分裂的会、失败的会。于是,林彪串通同伙,继续加紧准备,指使党羽搜集"称天才"的材料,准备在正式讨论宪法会议上发难。

1970年8月23日至9月6日,中国共产党第九届中央委员会第二次全体会议在江西庐山举行。会议由毛泽东主持,周恩来宣布了会议的三项议程:1.讨论修改宪法;2.审定国民经济计划;3.讨论战备问题。林彪经过精心策划和部署,会议一开始,便发动了一次有计划、有组织的进攻。8月23日,在全会开幕会上,林彪在事前没有向中共中央请示报告的情况下,突然发表鼓吹"天才"论观点的长篇讲话,讲话说:"毛主席是天才,我还是坚持天才这个观点",谁不承认"天才"论观点,"谁就是不符合马列主义的起码原则",敲打不同意这种提法的江青集团。他还宣称,一定要把毛主席的伟

---

① 中共中央党史研究室.中共党史大事年表.北京:人民出版社,1987.373

大领袖、国家元首、最高统帅的地位,用法律形式固定下来,继续坚持设国家主席的主张。这样,林彪集团与江青集团的矛盾表面化了。由于与江青有矛盾并看到林彪的权势炙手可热,原属江青集团的陈伯达投靠了林彪集团。8月24日,陈伯达、吴法宪、叶群、李作鹏、邱会作分别在各组会议上发起进攻。陈伯达在华北组会上煽动说:有人反对毛泽东当国家主席,反对称毛泽东为"天才","反革命分子听说毛主席不当国家主席,高兴得手舞足蹈"。叶群在中南组会议上说:关于"天才"论的观点,"刀搁在脖子上也不收回"。吴法宪在西南组会上发言说:有人利用毛泽东的"伟大谦逊",贬低毛泽东思想。随后,华北组第二号简报(全会第六号简报)抢先出笼,刊登了陈伯达等人的发言。林彪集团企图将全会的内容纳入他们篡党夺权的轨道,全会一时被搅乱。

毛泽东及时识破了林彪一伙的阴谋。8月25日,他主动召开中央政治局扩大会议,决定各组停止讨论林彪的讲话,收回华北组的第二号简报,责令陈伯达检讨。毛泽东、周恩来又分别找林彪、吴法宪、李作鹏、邱会作谈话,要他们向中央作检查。8月31日,毛泽东发表《我的一点意见》,严厉批评陈伯达"采取突然袭击,煽风点火,惟恐天下不乱,大有炸平庐山,停止地球转动之势"。同时尖锐批评了"天才"论观点,明确指出:"是英雄创造历史,还是奴隶创造历史,人的知识是先天就有的,还是后天才有的,是唯心论的先验论,还是唯物论的反映论,我们只能站在马列主义的立场上,而决不能跟陈伯达的谣言和诡辩混在一起。"又说:"不要上号称懂得马克思,而实际上根本不懂马克思那样一些人的当。"从而挫败了林彪一伙篡权的阴谋。全会恢复了对原定议程的讨论,并决定在适当时候召开第四届全国人民代表大会。9月6日,全会闭幕,中共中央宣布对陈伯达进行审查。

中共九届二中全会后,在党内开展了批陈(伯达)整风运动。11月10日,中共中央作出《关于传达陈伯达反党问题的指示》。12月22日,根据毛泽东的建议,周恩来主持召开华北会议,揭发和批判了陈伯达的罪行,并根据中共中央的决定,改组了北京军区。从1971年1月下旬开始,在党的各级领导机关逐步开展了"批陈整风"运动。在"批陈整风"运动中,毛泽东多次要求全党特别是高级干部认真学习马列著作,弄通马克思主义。毛泽东指出:"请告各地同志,开展批陈整风运动,重点是批陈,其次才是整风。"1971年4月,中共中央召开批陈整风汇报会,林彪集团的主要成员黄永胜、吴法宪、叶群、李作鹏、邱会作被迫作了检查。周恩来代表中共中央作总结时明确指出：黄、吴、叶、李、邱在政治上犯了方向路线错误，在组织上犯了宗派主义错误，站在陈伯达分裂党的路线上去了。九届二中全会使林彪认识到，他在毛泽东心中"失宠"了。

三、"九·一三"事件

中共九届二中全会上的较量，以林彪集团的失败告终。但林彪并不甘心他的失败，一面作假检讨以应付中央，一面在暗地里加紧策划反革命政变活动。

林彪为了实现篡夺党和国家最高权位的野心，早在1969年10月，就指使吴法宪任命其子林立果为空军司令部办公室副主任兼作战部副部长。后吴法宪把指挥空军的大权，私自交给林立果。1970年10月，林立果把身边的一批帮派骨干分子组成所谓"联合舰队"，作为发动反革命政变的骨干力量，不断在上海、杭州、广州等地发展扩大。

1971年2月12日，林彪、叶群携林立果一起到苏州，密谋策划反革命武装叛乱的行动计划。3月18日，林立果从杭州到上海。21日，林立果接到林彪、叶群的指令，纠集"联合舰队"的主要成员周宇驰（空军司令部办公室副主任）、于新野（空军党委办公室副处长）、李伟信（空军某部政治部秘书处副处长）、许秀绪（空军司令部雷达部技勤处副处长）等人，在上海巨鹿路一座楼房的密室内密谋发动反革命武装政变的计划。他们认为：目前林彪的实力和权势占优势，但正在起变化。林彪接班有三种可能，一是和平过渡接班；二是"被人抢班"；三是"提前接班"。对于第一种，可能需五六年时间，但很难预料林彪的地位是否能保住；对于第二种，他们认为以毛泽东的威望，林彪随时都可能被赶下台，使接班落空；只有第三种可以"提前接班"，办法就是搞掉B-52（他们称毛泽东的代号）。

接着，他们研究了反革命政变计划的实施要求。林立果根据"武装起义"的谐音，把这个武装政变计划称为《"571工程"纪要》。3月22日至24日，他们炮制成了反革命政变计划——《"571工程"纪要》，《纪要》内容包括可能性、必要性、基本条件、时机、力量、口号和纲领、实施要点、政策和策略、保密和纪律等九个部分。《纪要》认为毛泽东对他们已"不放心"，"与其束手被擒，不如破釜沉舟"。《纪要》认为，他们"在组织上、思想上、军事上的水平有相当提高，具有一定的思想和物质基础"，所以要在"军事行动上，先发制人"。《纪要》的纲领口号是："打倒当代的秦始皇B-52"，"推翻挂着社会主义招牌的封建王朝",或"夺取全国政权",或制造"割据局面"。《纪要》规定的手段是,"利用上层集会,一网打尽",或"利用特种手段,如毒气、细菌武器、轰炸、'五四三'(一种导弹代号)、车祸、暗杀、绑架、城市游击小分队"等。《纪要》提出的策略是"打着 B-52 的旗号打击 B-52 的力量"。《纪要》强调"对泄密者、失职者、动摇者、背叛者严厉制裁",并要求他的党羽"不成功,便成仁"。《"571 工程"纪要》反革命政变计划,赤裸裸地暴露出林彪集团穷凶极恶的面目。

林彪集团根据《"571 工程"纪要》的规定和要求,立即行动起来,加快了发动武装政变的步伐。

(一)召开所谓"三国四方"会议。1971 年 3 月 31 日,林立果按照《"571 工程"纪要》规定,在上海召开会议,确定京、沪、杭是他们的三个点,上海由王维国(7341 部队政委)为"头",南京由周建平(南京部队空军副司令员)为"头",杭州由陈励耘(7350 部队政委)为"头"。北京的江腾蛟(南京军区空军政委)是第一线指挥,由他"进行三点联系,配合协同作战"。林立果把这次会议称为"三国四方会议"①。

(二)建立反革命政变组织。除以黄、吴、李、邱组成的死党和控制的力量外,林立果、周宇驰、江腾蛟等还在北京、上海、广州、杭州等地建立了"分舰队",并设立了十多处秘密据点。在这些秘密据点里,他们制定了联络暗号、密语、誓词,并进行捕俘、格斗、使用各种轻型武器和驾驶车辆等特种训练。他们还在这些秘密据点里私藏了大量枪支、弹药、电台、窃听器及党和国家的机密文件,建立了以北京为基点的秘密通讯网。

(三)进行效忠林彪的"感情训练"。为了使"571 工程"的每个成员都能效忠林家,以使在必要的时候,赴汤蹈火,拼死卖命,对其都进行了"感情训练"。1971 年 3 月,林立果在广州成立的"战斗小分队",把林立果的"指示"编成语录歌来唱。4 月,在上海建立的"上海小组",《入组须知》中规定每个成员必须树立"无限忠于敬爱的林副主席、忠于叶主任(叶群)、忠于林副部长的深厚无产阶级感情"。同时,他们反复进行"路线交底",散布"现在的斗争是争夺领导权的斗争","有人要夺林副主席的权","要以枪杆子保卫接班人"等等。7 月 14 日,林立果在广州散布说:"当前路线斗争尖锐复杂,在 9 月份,中央要召开九届三中全会,10 月要召开四届人大,可能出现

---

① "三国"指上海、南京、杭州,"四方"指"三国"的负责人和北京的江腾蛟。

权力重新分配,要去斗争,要搞根据地。"

正当林彪一伙密谋策划,准备武装政变时,思想敏锐的毛泽东警觉到可能出现的危险。8月14日,毛泽东离开北京作南巡活动,先后在武汉、长沙、南昌、杭州,同湖北、湖南、河南、广东、广西、江西、福建、江苏、浙江、上海等省市的党政军负责人,以及武汉、广州、福州、南京四个军区负责人进行多次谈话。在这些谈话中,毛泽东着重谈了庐山会议上的斗争,指名批评了林彪、陈伯达、黄永胜、吴法宪、叶群、李作鹏、邱会作等人。在武汉,毛泽东说:他们是"有计划、有组织、有纲领的","有人急于想当国家主席,要分裂党,急于夺权。"毛泽东还说:"虽然在北京开了工作会议,几个大将作了检讨,但吞吞吐吐","林彪不开口,这些人是不会开口的",因此,"庐山这件事,还没有完,还没有解决",林彪"当然要负一些责任"。又说:"我就不相信我们军队会造反,我就不相信你黄永胜能够指挥解放军造反!军下面还有师、团,还有司、政、后机关,你调动军队来搞坏事,听你的?"同时,不指名点了林立果,"二十几岁的人捧为'超天才',这有什么好处?"在长沙,毛泽东当着许多人的面质问广州军区司令员丁盛、政委刘兴元说:"你们同黄永胜关系这么密切,来往这么多,黄永胜倒了,你们得了?!"在杭州,当掌握杭州警备大权的陈励耘来看望毛泽东时,毛泽东当面问道:"你同吴法宪的关系如何?吴法宪在庐山找了几个人,有你陈励耘,有上海的王维国,还有海军的什么人,你们都干了些什么!"毛泽东明确提出林彪问题,表明他不仅不再信任林彪,而且认为林彪已经成为反对他的另一个司令部的头头。

毛泽东还特地把许世友从南京叫来,向他强调"搞马克思主义,不要搞修正主义;要团结,不要分裂;要光明正大,不要搞阴谋诡计"的三项基本原则。南巡途中,毛泽东还多次带领被接见的各地党政军负责人唱《国际歌》、《三大纪律、八项注意》,并说:"不仅要唱,还要讲解,还要去做",作到"团结起来","一切行动听指挥"。

"批陈整风"运动和毛泽东南巡的讲话,对于动员党员、干部起来同林彪一伙作斗争起了重要作用,也为应付林彪一伙可能发动的事变,作了思想准备。

林彪一伙对毛泽东的南巡极为不安,千方百计了解毛泽东南巡谈话内容。9月5日晚,在北京的周宇驰通过电话了解到毛泽东的谈话内容后,于6日亲自驾机到北戴河,将电话记录移交给叶群、林立果。同日凌晨,武汉军区政委刘丰将毛泽东在武汉的谈话内容告诉了在武汉陪外宾的李作鹏,李作鹏当天返回北京,将密报分别告诉了黄永胜、邱会作,当晚又由黄永胜将这份情报告诉了叶群。林彪、叶群接到广州、武汉两个地方的情报后,十分紧张,决定立即发动武装政变。9月7日,林立果向"联合舰队"下达了一级战备命令。9月8日,林彪在北戴河下达了武装政变手令:"盼照立果、宇驰同志的命令办。"他们决定实行两项方案,第一,乘毛泽东外出巡视之机,先搞南线,在上海杀害毛泽东,同时,也在北京动手,然后,林彪以"接班人"身份宣布接班;第二,南逃广州,另立中央,制造割据局面。同日晚至10日,林立果、周宇驰、江腾蛟等人具体部署了在上海谋害毛泽东的各种措施,决定用火焰喷射器和四〇火箭筒打毛泽东乘坐的火车,或让王维国带上手枪,乘毛泽东接见时动手。他们还准备在毛泽东乘坐的专列通过时,炸掉苏州附近的铁路桥。

毛泽东对林彪一伙的最终摊牌是有所预料的,所以突然改变行程,机智地采取了行动。9月11日下午,毛泽东乘列车提前离开了上海,并于当日晚上10点多钟安全通过苏州车站,通过硕放铁桥。9月12日下午,毛泽东乘坐的列车驶进北京站。毛泽东的行动打乱了林彪一伙的部署,使林彪集团妄图在旅途中谋害毛泽东的阴谋破灭。

当林彪得到谋害毛泽东的阴谋破灭后,决计南逃广州,另立中央。9月12日,在北京的林立果与周宇驰开始商定南逃的方案,并指示空军司令部副参谋长胡萍安排了8架飞机,准备13日南逃广州。王飞、于新野等人,根据周宇驰的指示,拟定了南逃人员的名单,同时,还搜集了大量机密文件、胶卷、录音带,以便为他们即将成立的"中央"服务。当晚8时,林立果乘256号三叉戟飞到山海关,供林彪、叶群使用。当晚10时,周恩来追查256号专机突然去山海关的行动,并通过李作鹏向山海关机场下达指示,256号专机必须有总理、黄永胜、吴法宪、李作鹏4个人一起下命令才能起飞。林彪、叶群、林立果见阴谋败露,决定改南逃为北叛。9月13日凌晨1时50分,256号飞机向北飞越中蒙边境,进入蒙古上空,途经蒙古温都尔汗坠落,机毁人亡。这就是震惊中外的"九·一三"事件。

"九·一三"事件表明,"文化大革命"并不能像它宣称的那样反修、防修,保证党和国家不改变颜色。林彪,这个被寄于保证党和国家不改变颜色的"亲密战友"和"接班人",原来是一个十足的野心家、阴谋家。他的叛逃,客观上宣告了"文化大革命"的理论和实践的失败。"九·一三"事件也证明了,领袖个人选择自己接班人的做法是错误的,"这是沿用了一种封建主义的做法",这种做法永不可取。

从中共九届二中全会到"九·一三"事件的发生,毛泽东虽然领导全党同林彪集团进行了重大斗争,但并未认识到"文化大革命"的错误,从而结束这场内乱。林彪集团虽然垮台了,"文化大革命""左"的指导路线仍在继续着。

四、批林整风运动

"九·一三"事件后,周恩来协助毛泽东采取了一系列有力措施,对林彪反革命集团的成员及其罪行进行了清理,保持国家和社会的稳定。1971年9月18日,中共中央发出通知,向全党高级干部通告了林彪叛逃事件。10月1日后,开始由党内到党外逐步传开。10月3日,中共中央决定撤销军委办事组,成立军委办公会议,由叶剑英负责主持日常工作。同时,决定成立"中央专案组",由周恩来等人负责,审查林彪、陈伯达反党集团的问题。但林彪集团的主要成员黄永胜、吴法宪、李作鹏、邱会作拒不向中央作任何揭发、交代,而且活动频繁,毁灭罪证。9月24日,中共中央命令他们离职反省,交代问题。12月11日,中共中央发出通知,将中央专案组整理的《粉碎林陈反党集团反革命政变的斗争(材料之一)》发给群众讨论。之后,又陆续发出材料之二和材料之三,在全国展开了"批林整风"运动。

"批林整风"运动的主要内容是:第一,批判林彪集团发动反革命政变的罪行;第二,批判林彪一伙鼓吹英雄创造历史的唯心史观和"天才"论;第三,批判林彪一伙阳奉阴违,口是心非的反革命两面派行为以及结党营私、招降纳叛的山头主义和宗派主义;第四,以毛泽东"要搞马克思主义,不要搞修正主义;要团结,不要分裂;要光明正大,不要搞阴谋诡计"的三项基本原则为主要内容,在全党、全军、全国人民中进行一次思想政治教育,加强党的领导的教育和组织纪律教育。

"九·一三"事件后,周恩来在毛泽东的支持下,主持中共中央的日常工作。在这期间,周恩来竭力排除江青一伙的干扰破坏,结合批林整风运动,为纠正理论和实践两方面的"左"倾错误,为克服在经济、组织、外交等领域造成的危害,为落实党的知识分子政策,作了不懈的努力。

"九·一三"事件,对毛泽东也是一个严重打击,使毛泽东也平下心来,反省"文化大革命"中的所作所为。1971年11月14日,毛泽东在接见成都地区座谈会的成员时,为"二月逆流"平反说:"你们再不要讲他们(指谭震林等人)'二月逆流'了。'二月逆流'是什么性质？是他们对付林彪、陈伯达、王、关、戚。"这就实际上为"二月逆流"的错案平了反。1972 年 1 月 6 日,陈毅在北京逝世,毛泽东特地参加了这次追悼会,并给陈毅以高度评价。

1972 年 4 月 1 日出版的《红旗》杂志,以《正确理解和处理政治和业务的关系》为题,提出"对业务工作中的客观规律认识越多,钻研技术越深,就对人民的贡献越大,就更有利于社会主义革命和建设事业",那种认为生产抓多了,就是"生产第一";业务抓多了,就是犯"业务挂帅"的说法,是一种"糊涂观念"。"'冲击'社会主义生产和业务的'政治',绝不是无产阶级政治,只能是地主资产阶级政治、修正主义政治。所谓'政治可以冲击其他',就是企图用地主资产阶级的政治'冲击'社会主义的经济基础,'冲击'无产阶级专政,'冲击'党的马克思列宁主义路线"。

4 月 24 日,《人民日报》发表了根据周恩来的意见改写的《惩前毖后,治病救人》的社论,针对"文化大革命"中林彪、江青制造的冤、假、错案,重申了党的干部政策。文章指出：要相信百分之九十以上的干部是好的和比较好的,要严格区分两类不同性质的矛盾,即使"犯了错误",大多数是可以改的。不论是老干部、新干部、党内同志、党外同志,都要坚持"团结——批评——团结"的方针。经过长期革命斗争锻炼的老干部是党的宝贵财富,不但要看干部的一时一事,而且要看干部的全部历史和全部工作,要以全党利益为出发点,关怀他们,教育他们,信任他们,发挥他们的作用。

这篇社论对于解放和使用老干部,在一定程度上起到了重要作用。8 月 1 日,国防部为庆祝建军 45 周年举行盛大招待会,陈云、王震、滕代远等一批被迫害的老干部出席,并陆续出来工作。1973 年 3 月,经毛泽东批准,中共中央作出《关于恢复邓小平同志的党的组织生活和国务院副总理职务的决定》,"文化大革命"初期被打倒的"资产阶级司令部"的第二号人物邓小平复出了。1973 年 12 月,毛泽东会见参加军委会议的同志时,提出要给贺龙、罗瑞卿、杨成武、余立金、傅崇碧平反,并作自我批评说："我是听了林彪一面之词,所以我犯了错误。"

在政治上和组织上清算林彪集团的罪行、落实干部政策的同时,周恩来还集中精力整顿经济秩序,恢复科技、文教和卫生工作。1972 年 10 月 1 日,为庆祝中华人民共和国成立 23 周年,《人民日报》、《红旗》杂志、《解放军报》联合发表经周恩来审定的《夺取新的胜利》的社论,指出："继续全面地落实毛主席的干部政策、知识分子政策、经济政策等各项无产阶级政策",

"要提倡又红又专,在无产阶级政治统帅下,为革命学习业务、文化和技术",表达了周恩来力图恢复党的八大正确路线的意愿。

10月14日,《人民日报》刊登了《无政府主义是假马克思主义骗子的反革命工具》等三篇文章,这组文章是根据周恩来关于批判极左思潮的指示精神而组织的。文章针对"文化大革命"中的极左思潮和无政府主义,尖锐指出:林彪一类政治骗子煽动无政府主义,只要民主,不要集中;只要自由,不要纪律;叫嚷"砸烂一切",这是破坏社会主义的劳动纪律,瓦解社会主义生产。12月5日,国务院起草了《1972年全国计划会议纪要》,提出了整顿企业的若干措施。国家计委也起草了《关于坚持统一计划,加强经济管理的规定》。至此,国家的各方面情况有了很大转机。

1973年8月20日,在充分掌握事实的基础上,中共中央批准专案组《关于林彪反党集团反革命罪行的审查报告》,并通过决议,永远开除林彪及其反革命集团主要成员陈伯达、叶群、黄永胜、吴法宪、李作鹏、邱会作等人的党籍,撤销他们的党内外一切职务。

批林整风运动的开展,对于动员群众起来揭发林彪一伙的反党罪行,在全党进行一次思想、政治方面的教育起了一定的作用,尤其在周恩来主持工作这段时间,国家形势有了明显的转机。但是,由于仍受"左"倾思想的指导和江青等人的干扰破坏,它不可能彻底完成在思想上、政治上、组织上全面清算林彪一伙反党罪行的历史任务。1972年10月14日,《人民日报》刊登的批判极左思潮的文章,被张春桥、姚文元攻击为"毒草"。他们在《人民日报》社内大批所谓"修正主义"、"右倾回潮",把批判极左思潮和落实党的知识分子政策诬蔑为"复辟"。此时,毛泽东也错误地认为当时的任务仍然是反对"极右"。他在一次谈话中说:林彪"是极右、修正主义、分裂、阴谋诡计、叛党叛国",从而否定了周恩来提出的批判极左的正确意见。此后只准批判林彪的极右,不准再批极左。1973年1月1日,《人民日报》、《红旗》杂志、《解放军报》发表《新年献词》,强调批林整风的重点是批判林彪反革命修正主义路线的极右实质。此后,"文化大革命"以来党内的"左"倾错误,不但得不到纠正,反而继续发展了。

五、中国共产党第十次全国代表大会

1973年5月20日至31日,中共中央在北京召开了中央工作会议,为召开中共第十次全国代表大会作了准备。会议着重讨论了"十大"代表产生的办法和修改党章的原则两个问题,通过了《关于党的"十大"代表产生的决定(草案)》。代表的条件强调必须贯彻执行毛主席的无产阶级革命路线,特别是所谓在第十次路线斗争中经过考验锻炼,表现好的、联系群众、为群众信任的,也包括一部分犯了严重错误,作了检讨,愿意改正,并取得群众谅解的老干部。关于党章修改问题,会议同意经毛泽东审定的《中央政治局关于修改党章问题的请示》中的若干规定。会议决定由张春桥、姚文元、王洪文负责中央党章修改小组,在中央政治局领导下,起草《中国共产党章程(草案)》。会议宣布王洪文、华国锋、吴德列席政治局会议并参加政治局工作,王洪文成为毛泽东推选的培养接班人。7月,由张春桥、姚文元、王洪文负责起草的《在中国共产党第十次全国代表大会上的报告(草稿)》、《关于修改党章的报告(草稿)》、《中国共产党章程(草案)》,经中央政治局讨论,并由毛泽东审阅,批示"原则同意"。

中国共产党第十次全国代表大会于1973年8月24日至28日在北京举行。出席大会的代表有1 249人,代表了2 800万党员。毛泽东主持了大会开幕式。大会选出以毛泽东为主席,周恩来、王洪文、康生、叶剑英、李德生为副主席的主席团,张春桥为主席团秘书长。

大会主要议程是:1. 周恩来代表中共中央作政治报告;2. 王洪文代表中共中央作关于修改党章的报告,并向大会提出《中国共产党章程(草案)》;3. 选举中国共产党第十届中央委员会。

大会通过的由张春桥、姚文元起草,经毛泽东审定,由周恩来宣读的政治报告共分三个部分:关于"九大"路线;关于粉碎林彪反党集团的胜利;关于形势和任务。《报告》仍然坚持"无产阶级专政下继续革命的理论",坚持党在整个社会主义历史阶段的总路线,坚持"文化大革命",对"九大"以来的路线作了完全肯定,认为"九大"以来的政治路线和组织路线是正确的。《报告》强调了党内路线斗争的长期性,认为这种党内路线斗争"还会出现十次、二十次、三十次"。《报告》对林彪集团的反革命罪行,作了进一步的揭发和批判。代表们一致拥护中共中央的决议,永远开除资产阶级野心家、反革命两面派、卖国贼林彪的党籍,永远开除林彪反革命集团主要成员陈伯达的党籍,撤销其党内外一切职务,一致拥护中共中央对林彪反党集团其他主要成员的处理和采取的全部措施。《报告》最后指出,为巩固和发展"文化大革命"成果,各条战线还要继续深入进行"斗、批、改"。

大会通过的由王洪文所作的关于修改党章报告,也同政治报告一样,继续坚持了"九大"党章的错误,没有作出根本性的修改。它删去了林彪在"九大"党章中"高举马克思主义、列宁主义、毛泽东思想伟大红旗,突出无产阶级政治"一段话,又在党章总纲中增加了"我国的无产阶级文化大革命,就是在社会主义条件下,无产阶级反对资产阶级和一切剥削阶级,巩固无产阶级专政,防止资本主义复辟的政治大革命"的错误内容,并把所谓"反潮流"精神写进了党章总纲。

8月25日至27日,各代表组进行讨论。27日下午,大会主席团举行会议,讨论通过了十届中央委员会委员、候补中央委员候选人名单。8月28日,大会举行第二次全体会议,通过了周恩来的政治报告、王洪文关于修改党章的报告和《中国共产党章程》。接着,投票选举出195名中央委员和124名候补中央委员。虽然增加了一部分久经考验的、在"文化大革命"中备受迫害的老干部,如邓小平、王稼祥、乌兰夫、李井泉、谭震林等人,但并没有在组织上根本改变九大的错误。

8月30日,中共第十届一中全会在北京举行,选举毛泽东为中央委员会主席,周恩来、王洪文、康生、叶剑英、李德生为中央委员会副主席。选出的中央政治局常委有:毛泽东、王洪文、叶剑英、朱德、李德生、张春桥、周恩来、康生、董必武等人。新产生的中央领导机构成员中,王洪文跃居为党的中央副主席,张春桥进入中央政治局常委,江青、姚文元当选为政治局委员。江青、张春桥、姚文元、王洪文结成"四人帮",江青反革命集团的势力得到了加强。

中共"十大"虽然揭露并批判了林彪反革命集团的罪行,但是,由于"文化大革命"的错误指导方针没有改变,党的"十大"并未因林彪反革命集团的粉碎而将"文化大革命"停下来,从根本上总结历史经验教训。中共"十大"标志着全国人民从与以林彪反革命集团斗争为主的"文化大革命"第二阶段,向与以"四人帮"斗争为主的"文化大革命"第三阶段过渡。

第四节 各条战线的整顿

一、批林批孔运动

随着林彪反革命集团的覆灭,毛泽东在思想上陷入深刻的矛盾之中。一方面希望恢复安定团结,发展国民经济;另一方面始终坚持"文化大革命"

的理论和实践,防止任何否定"文化大革命"的努力。此时,江青集团的势力日益膨胀起来,加紧了夺取国家最高权力的阴谋活动。他们把周恩来、邓小平视为其夺权道路上的最大障碍,利用毛泽东的矛盾心理,千方百计制造事端,诬蔑攻击周恩来和邓小平,使党和国家再次陷入危难之中。

1973年5月,毛泽东在一次中央会议上提出了批孔问题,最早把林彪与中国历史上的孔子联在一起。7月4日,毛泽东与王洪文、张春桥谈话时,再次指出:林彪同国民党一样,都是"尊孔反法"。8月7日,毛泽东又批示《人民日报》刊登广州中山大学教授杨荣国《孔子——顽固地维护奴隶制的思想家》一文。9月23日,毛泽东接见埃及副总统沙菲时又说:秦始皇是中国封建社会第一个有名的皇帝,中国历来分两派,一派讲秦始皇好,一派讲秦始皇坏。我赞成秦始皇,不赞成孔子。毛泽东的"批孔"思想给江青一伙在舆论宣传上以可乘之机,江青立即指示北京大学和清华大学的写作班子,翻查了林彪住所留下来的一些摘录孔子和儒家著述的语录和卡片,整理成《林彪与孔孟之道》的材料,送给了毛泽东并建议开展一个所谓"批林批孔"运动。同时,江青等人在他们所控制的宣传阵地,大肆兜售影射史学。

1974年1月1日,《人民日报》、《红旗》杂志、《解放军报》联合发表了《元旦献词》,强调指出:在新的一年里,"继续贯彻'十大'精神","继续深入搞好批林整风"。"要继续展开对尊孔反法思想的批判","中外反动派和历次机会主义路线的头子都是尊孔的,批孔是批林的一个组成部分",为开展"批林批孔"大造舆论。

1月18日,毛泽东批发中共中央1974年1号文件,转发了由江青主持选编的《林彪与孔孟之道(材料之一)》,一场"批林批孔"运动立即在全国开展起来。

毛泽东发动这场批判运动,不仅是因为林彪私下推崇孔孟之道,借以从思想根源上批判林彪集团,而且要借宣传所谓历史上法家坚持变革和批判儒家反对变革,进一步肯定"文化大革命"的理论和实践。他认为,孔子是主张倒退的,"凡属倒退行为,结果都和主持者的原来的愿望相反。古今中外,没有例外",林彪也是如此。而江青等人推动"批林批孔"运动则另有图谋。他们接过毛泽东"批林批孔"的口号,把矛头指向了周恩来,妄图利用这场运动打倒周恩来为首的一批中央领导人,实现由她来"组阁"的目的。

(一)煽动军队参与批林批孔运动。1974年1月24日,江青等人在北京召开了驻京部队"批林批孔"动员大会。同时,又以个人名义,给海军、空军、南京部队、广州部队等领导机关写信,煽动军队参与批林批孔运动。2月8日,王洪文、张春桥在一次会议上攻击总参领导"右倾手软,右得不能再右了",总政"可以夺权",总后"垮得越彻底越好"。3月5日,江青召集总政文化部副部长陈亚丁等人开会,鼓动他们到部队"放火烧荒"。3月6日,王洪文听取总参汇报时说:揭总政领导问题,这次我们要下个决心,一定要揭开,"揭不开就砸,砸不开,就用炸弹炸"①。

(二)批"党内的大儒"。在江青、康生、张春桥、姚文元操纵下,报刊上大量刊登了他们的写作班子"梁效"、"池恒"、"罗思鼎"等炮制的文章,批"党内大儒",把矛头对准周恩来和一大批被解放的老干部。1974年1月4日,《人民日报》发表署名"唐晓文"的文章《孔子杀少正卯说明了什么》,把孔子写成"宰相儒",借批"宰相儒",影射周恩来。2月1日出版的《红旗》杂志发表《广泛深入地开展批林批孔运动》的短评,宣称:"一个批林批孔的群众运动正在全国掀起","我们党同林彪之间围绕着反孔还是尊孔的斗争,实质上是社会主义时期前进和倒退,革命和反革命的两个阶级,两条路线的斗争",并暗示"这场斗争还没有结束"。2月2日,《人民日报》发表《把批林批孔的斗争进行到底》的社论,号召"各级领导都要站在斗争的前列,把批林批孔当作头等大事来议,当作头等大事来抓"。4月1日,《红旗》杂志发表署名"罗思鼎"(上海市委写作组)的《评〈吕氏春秋〉》和"梁效"(北京大学、清华大学两校大批判组)的《孔丘其人》,这是姚文元亲自布置和授意用"宰相儒"攻击、影射周恩来的两篇黑文。

《孔丘其人》把孔子描绘成"开历史倒车的复辟狂"、"虚伪狡猾的政治骗子","七十一岁、重病在床","还拼命挣扎着爬起来摇摇晃晃地去见鲁君"。而《评〈吕氏春秋〉》则说:"历史现象常常会有相似之处。《吕氏春秋》这种以折衷主义形式表现出的反动思潮在今天仍还可以看到","他们常常摆出一幅平正、公允的面孔,用似是而非、模棱两可的态度来掩盖自己的极右本质,表面上不偏不袒,实质上千方百计保护反动派,对革命派则是力图置之死地而后快"。6月12日,江青在人民大会堂接见"梁效"、"唐晓文"等御用班子成员时大谈:"从奴隶社会到封建社会,一直到社会主义社会",儒法斗争一直"继续到现在"。6月14日,江青在人民大会堂举行的"批林批孔"大会上,再次提出揪"现代大儒",把矛头直接对准周恩来。

---

① 解放军报,1976-12-14

(三)批"右倾回潮"。在"批林批孔"运动中,江青等人以"批林批孔"为旗号,再次掀起所谓批判"右倾回潮"浪潮。1973年12月28日,谢静宜指令《北京日报》加编者按发表所谓《一个小学生的来信和日记摘抄》,利用北京海淀区中关村一个小学生的来信大做文章,把一个小学五年级学生吹捧成"反潮流典型"。编者按语说:"教育战线上修正主义路线的流毒还没肃清","要警惕修正主义回潮"。1974年1月,江青、迟群、谢静宜又利用河南唐河县马振扶公社一个女学生因未答完考卷受到教师批评而自杀的事件,把马振扶公社中学诬为"复辟"、"回潮"的典型,在全国各地大批"师道尊严"和"右倾回潮"。在文艺方面,又开展了对晋剧《三上桃峰》的批判,说"桃峰"即是王光美搞社教时"蹲点"的地方,因此,戏的要害是"为刘少奇翻案"、"否定无产阶级文化大革命"。2月28日,《人民日报》发表了由姚文元亲自修改,又经江青、张春桥定稿署名"初澜"的《评晋剧〈三上桃峰〉》一文,全国各大报也作了转载,全国立即刮起一股反"文艺黑线回潮"黑风。

"批林批孔"运动是由毛泽东批准发动的。毛泽东试图从二千多年前的孔子身上,从中国历史所谓"儒"与"法"的斗争史上,寻找打倒刘少奇、林彪等人的理论依据。江青一伙利用了毛泽东的"批孔"思想,借"批林批孔"之机,在"儒家"和"法家"方面大做文章,胡诌什么毛泽东思想是"对历史文化遗产的继承",是法家思想的继续,"儒法斗争二千多年,儒家要复辟,法家反复辟","从封建社会到社会主义社会都贯穿这个问题"等;并把他们自己标榜为中央领导中的"法家集团",为他们的夺权活动服务。1974年4月10日,毛泽东对江青等人另搞一套的图谋有所察觉后,以中共中央名义发出通知,规定"批林批孔运动在党委统一领导下进行,不要成立战斗队一类群众组织,也不要搞跨行业、跨地区一类的串连"。对江青一伙的行为进行了多次批评。尽管如此,毛泽东对江青、张春桥、姚文元、王洪文等人,基本上是重用和信任的,认为他们的思想观点和自己是一致的,是坚决拥护"文化大革命"的。由于江青一伙的破坏,使粉碎林彪反革命集团以来刚刚趋向好转的局势又恶化起来,全国重新出现了大动乱的局面。

二、四届人大一次会议重提实现"四个现代化"

1975年1月8日至10日,周恩来受毛泽东的委托,在北京主持召开了中共十届二中全会。全会讨论了四届人大的准备工作,决定将《中华人民共和国宪法修改草案》、《关于修改宪法的报告》、《政府工作报告》和全国人民代表大会常务委员会、国务院成员的候选人名单,提请全国人民代表大会讨论。全会肯定的《政府工作报告》虽然在总的方面仍然是错误的,但其中关于实现农业、工业、国防和科学技术的现代化目标,在当时情况下,对于引导人民积极从事社会主义建设是有积极意义的。全会提请全国人民代表大会讨论的政府人选名单基本上也是适宜的。全会选举邓小平为中共中央副主席、中共中央政治局常委,从而抵制了江青一伙妄图"组阁"的阴谋。

1975年1月13日至17日,第四届全国人民代表大会第一次会议在北京举行。出席会议的代表2 864名。大会的主要议程是:1. 修改宪法;2. 听取并通过政府工作报告;3. 选举和任命国家领导工作人员。1月13日,大会在北京人民大会堂举行,朱德主持了大会的开幕式,张春桥代表中共中央作《关于修改宪法的报告》;周恩来代表国务院作《政府工作报告》。14日至16日,全体代表讨论中共十届二中全会提请会议讨论的《中华人民共和国宪法修改草案》和上述两个报告。

周恩来作的《政府工作报告》,重申了三届人大一次会议政府工作报告提出的"在本世纪内,全面实现农业、工业、国防和科学技术的现代化,使我国国民经济走在世界的前列",成为社会主义的现代化强国宏伟目标。17日,大会一致通过修改后的《中华人民共和国宪法》和《关于修改宪法的报告》,通过了关于政府工作报告的决议,批准了周恩来所作的《政府工作报告》。大会选举朱德继续担任全国人大常务委员会委员长,选举董必武、宋庆龄、康生、刘伯承、吴德、韦国清、赛福鼎、郭沫若、徐向前、聂荣臻、陈云、谭震林、李井泉、张鼎丞、蔡畅、乌兰夫、阿沛·阿旺晋美、周建人、许德珩、胡厥文、李素文、姚连蔚等22人为副委员长,任命周恩来为国务院总理,邓小平、张春桥、李先念、陈锡联、纪登奎、华国锋、陈永贵、吴桂贤、王震、余秋里、谷牧、孙健为副总理。

四届人大一次会议的召开,向全国人民重新提出了把中国建设成为社会主义现代化强国和发展国民经济的正确方针,确定了以周恩来、邓小平为核心的国务院人选,使一批老干部又重新担任了国家的重要职务,这些都具有重要意义。但是,这次大会仍然是在"文化大革命"动乱形势下召开的,会上通过的报告和决议,都不可避免地受到"左"倾错误的影响,大会对"文化大革命"和"批林批孔"运动仍作了充分的肯定,继续提出把"批林批孔"运动进行到底。

三、各条战线的全面整顿

四届人大一次会议后,周恩来病重,毛泽东决定由邓小平主持党政日常工作。这位"文化大革命"初期被当作"另一个最大的走资本主义道路的当权派",在几经起落后又一跃而成为担负党、政、军主要领导职务的主持中央日常工作的实际负责人。

此后,邓小平开始按照四届人大一次会议确定的把我国建设成为社会主义现代化强国的宏伟目标,根据毛泽东提出的安定团结,把国民经济搞上去的意见,着手对交通、工业、农业、科技、军事等各条战线进行全面整顿。

铁路是国民经济的龙头。工交战线上的整顿首先从铁路运输开始。由于"批林批孔"运动,造成徐州、南昌、南京、太原等铁路局和铁路分局的运输长期堵塞,阻碍津浦、京广、陇海、浙赣四条铁路大干线的畅通并影响其他铁路干线的运输,严重影响了工业生产。3月5日,中共中央作出《关于加强铁路工作的决定》,规定全国铁路由铁道部统一管理;恢复和健全铁路系统的各项规章制度;增强纪律性,反对派性;调整充实各级领导班子,逮捕一小撮破坏铁路运输的坏头头。会后铁道部部长万里亲率工作组,先后赴徐州、太原、郑州、长沙等地,对问题严重的路局进行了重点整顿。由于认真贯彻了会议精神,使全国铁路运输的形势迅速好转。到4月份,堵塞严重的几条铁路都疏通了,全国20个铁路局中的19个超额完成计划。铁路运输系统整顿取得的成效,不仅使铁路运输形势明显改观,而且为其他工业部门的整顿提供了宝贵经验。

铁路的整顿,带动了钢铁工业的整顿。5月8日至29日,中共中央在北京召开了钢铁工业座谈会。29日,叶剑英、邓小平接见了参加钢铁工业座谈会的17个省、市、自治区的党委工业书记、常委和11个大钢厂的负责人。邓小平在会上作了题为《当前钢铁工业必须解决的几个问题》的讲话,指出钢铁工业重点要解决四个问题:第一,必须建立一个坚强的领导班子;第二,必须坚决同派性作斗争;第三,必须认真落实政策;第四,必须建立必要的规章制度。① 6月4日,中共中央发出《关于努力完成今年钢铁生产计划的指示》,要求各省市、自治区党委加强对钢铁工业的领导。经过一个月的整顿,到6月份,欠产严重的鞍钢、武钢、太钢等大型企业逐步向好的方面转变,全

---

① 邓小平文选.第2卷.北京:人民出版社,1994.8~11

国钢的平均日产量达到7.24万吨,超过全年计划平均日产水平。在工业整顿的基础上,7月中旬,国家计委开始起草《关于加快工业发展的若干问题》(简称工业20条),系统提出了恢复和发展工业生产的具体措施。8月18日,邓小平在国务院讨论此文件时,作了题为《关于发展工业的几点意见》的讲话,就工业支援农业、引进技术设备、企业科研工作、企业管理秩序、产品质量、规章制度、按劳分配原则等问题,提出了重要意见,得到普遍赞同,对当时的工业整顿产生了积极影响。

经过几个月的整顿,铁路基本上做到了"四通八达,畅通无阻",群众高兴地称赞铁道部部长万里说:火车正点万里行。5~6月份,钢、原煤、原油、化肥、水泥等主要工业产品的产量,创造了历史上月产量最高水平。工业产量的回升,使1975年工业总产值比1974年增长15.1%。

"文化大革命"以来,中国的科技事业遭到严重破坏,当时主要的科研机构如中国科学院等单位都处于半瘫痪、半取消状态,为了改变这种与发展国民经济、实现现代化的要求极不适应的情况,邓小平提出对科技工作进行整顿。

1975年7月,中共中央派胡耀邦到中国科学院主持工作。胡耀邦通过广泛的调查研究,于8月11日作了一个《关于科学技术工作的几个问题》汇报提纲,重点讲了6个问题:1.关于肯定科技战线上的成绩问题;2.关于科技工作的组织领导问题;3.关于科技战线的具体路线问题;4.关于科技战线知识分子政策问题;5.关于科技十年规划轮廓的初步设想问题;6.关于院部和直属单位的整顿问题。《汇报提纲》特别强调了红与专的关系,指出:对科技部门"一定要做到既有坚强的政治领导,又有切实具体的业务领导","应当朝又红又专的方向努力"。"科学技术也是生产力",科研应走在前面。9月26日,胡耀邦就中国科学院有关问题向邓小平作了汇报,邓小平强调科研必须走在国民经济前面,"要看到科研也是生产力";"科技工作要进行整顿,归根到底是领导班子问题",对一不懂行、二不热心、三有派性的人不能留;对有水平的人要爱护和赞扬,为科研创造条件,解决科研人员的后顾之忧。同时,邓小平还强调学校应"以学为主","我们有个危机,可能发生在教育部门,把整个现代化水平拉住了"。《汇报提纲》是在科技领域系统地提出纠正"左"倾错误、恢复和建立正确政策的重要文件,在一些问题上提出了改革科技体制的重要思想。但这个文件由于毛泽东的不满意而未能下发。

随着工交、军队、科技整顿的开展,对农业的整顿也逐步展开。1975年9月15日至10月19日,中共中央先后在昔阳、北京召开了全国农业学大寨会议。邓小平代表中共中央和国务院在开幕式上讲话,强调实现四个现代化的关键是农业现代化,并提出要落实农村干部政策。中共中央在《关于大力发展养猪业的通知》中强调,不能把社员正当的家庭副业当作资本主义倾向去批判。农村的整顿当时着重强调农业学大寨。这次会议后,全国掀起了农业学大寨高潮。但全国农业学大寨是"左"倾思想的产物,不可能收到明显成效。

　　在工业、农业、军队、科技整顿的同时,邓小平还抓了教育和文艺方面的整顿。邓小平对各条战线上的整顿,是开始纠正"文化大革命"给全国带来的混乱局面,实际上也是对"文化大革命"的全面否定。这是毛泽东所不能容忍的,江青集团也以此作为反对邓小平的"依据"。随着毛泽东提出的限制"资产阶级法权"理论问题和评论《水浒》的开展,邓小平的全面整顿很难再继续下去。

第五节　"四五"运动和粉碎"四人帮"

一、"全面专政"理论与评《水浒》

　　毛泽东虽然对邓小平委以信任,但对他并不十分放心。所以,当邓小平的全面整顿取得一定成效时,毛泽东又发出"学习无产阶级专政理论"的指示。

　　1974年10月20日,毛泽东在会见外宾时谈到无产阶级专政理论时说:"总而言之,中国属于社会主义国家。解放前跟资本主义差不多,现在还实行八级工资制,按劳分配,货币交换,这些跟旧社会没有多少差别。所不同的是所有制变更了。"12月26日,毛泽东在长沙又与周恩来等人讨论了这个问题。他说:"我国现在实行的是商品制度,工资制度也不平等,有八级工资制,等等。这只能在无产阶级专政下加以限制。所以,林彪一类如上台,搞资本主义制度很容易。因此,要多看点马列主义的书。"又说:"列宁说,'小生产是经常地、每日每时地、自发地和大批地产生着资本主义和资产阶级的'。工人阶级一部分,党员一部分,也有这种情况。无产阶级中,机关工作人员中,都有发生资产阶级生活作风的。"毛泽东上述中心内容就是"限制资产阶级法权"和"对资产阶级全面专政"①。这些观点是毛泽东对马克思关于资产阶级权利问题的论述和列宁关于小生产的论述的误解,也是"无产阶级专政下继续革命"错误理论在经济方面的继续和发展。

毛泽东关于理论问题的指示,迎合了江青、张春桥等人的需要。1975年2月9日,《人民日报》发表《学好无产阶级专政的理论》的社论,传达了毛泽东关于理论问题的谈话内容。22日,《人民日报》刊发了张春桥组织编选的《马克思、恩格斯、列宁论无产阶级专政》。《人民日报》和《红旗》杂志在编者按中公布了毛泽东关于理论问题的指示。毛泽东指出:"列宁为什么说对资产阶级专政,这个问题要搞清楚。这个问题不搞清楚就会变修正主义。要使全国知道。"编者按要求各级党委充分理解毛泽东关于理论问题的指示,"把无产阶级专政理论的学习抓紧抓好","把无产阶级专政下的继续革命"进行到底。3月1日,姚文元在《红旗》杂志上发表《论林彪反党集团的社会基础》一文,反复论证了资产阶级法权是产生新的资产阶级分子的经济基础,并别有用心地提出了"现在,主要危险是经验主义"的口号,借批判所谓经验主义,给老干部扣上"经验主义"的帽子。4月1日,《红旗》杂志第4期又登载张春桥《论对资产阶级的全面专政》一文,在论证毛泽东提出的关于无产阶级专政理论时,强调"现在我们的主要危险不是教条主义,而是经验主义"。"经验主义是修正主义的帮凶,是当前的大敌",号召"提高识别经验主义的鉴别力,否则就会变修"。接着,《红旗》杂志、《文汇报》、《解放日报》、《学习与批判》等报刊,配合江青、张春桥等人批判经验主义的需要,发表了"梁效"的《批判因循守旧,坚持继续革命》、"罗思鼎"的《回顾"三反"、"五反"运动》等不少文章,影射周恩来、邓小平是"经验主义",是"复辟旧制度"。

江青、张春桥关于"经验主义"的提法引起毛泽东的重视。4月23日,毛泽东在新华社关于学习无产阶级专政理论问题的请示报告上批示:"提法似应提反对修正主义,包括反对经验主义和教条主义,二者都是修正主义的,不要只提一项,放过另一项。""我党真懂马列的不多,有些人自以为懂了,其实不大懂,自以为是,动不动就训人,这也是不懂马列的一种表现。"②5月3日,毛泽东召集在京的中央政治局委员谈话,再次批评了以江青为首

---

① 建国以来毛泽东文稿.13册.北京:中央文献出版社,1998.413~414
② 中共中央文献研究室.毛泽东传(1949~1976).下.北京:中央文献出版社,2003.1730

的"四人帮",他说:"你们只恨经验主义,不恨教条主义,28个半(布尔什维克)统治了4年之久,打着共产国际旗帜,吓唬中国党,凡不赞成的就打倒。"还强调:"要搞马列主义,不要搞修正主义;要团结,不要分裂;要光明正大,不要搞阴谋诡计。不要搞'四人帮',你们不要搞了,为什么照样搞呀?为什么不和200多个中央委员搞团结?搞少数人不好,历来不好。"又说:"我看问题不大,不要小题大做,但有问题要讲明白。上半年解决不了,下半年解决;今年解决不了,明年解决;明年解决不了,后年解决。我看批判经验主义的人,自己就是经验主义。""我看江青就是一个小小的经验主义者。"①根据毛泽东的意见,中央政治局于5月27日至6月3日连续3次召开会议,对江青等人进行了批评。江青、王洪文在十分被动的情况下,被迫作了自我批评。6月28日,江青写信给"毛泽东、在京的政治局各位同志"说:"几次政治局会议上同志们的批评、帮助,思想触动很大","当我认识到'四人帮'是个客观存在,我才认识到有发展成分裂党中央的宗派主义的可能,我才认识到为什么主席从去年讲到今年,达三四次之多,原来是一个重大原则问题"。至此,"四人帮"的行为不得不有所收敛。

姚文元、张春桥文章的发表,毛泽东是知道的,也是经毛泽东批准的。毛泽东虽然对江青等人进行了批评,但仍然是在信任的基础上的批评,因此,"四人帮"的问题不可能得到解决。

早在1973年12月21日,毛泽东在接见参加军委会议的人员时曾评论过《水浒》。他说,《水浒》不反皇帝,专门反对贪官,后来就接受招安。如果中国出现了修正主义,大家要注意啊!1975年8月14日,毛泽东与北京大学中文系一位教师谈话时,又谈到对古典小说《水浒》的评价问题。他说:"《水浒》这部书,好就好在投降。做反面教材,使人民都知道投降派。《水浒》只反贪官,不反皇帝。屏晁盖于一百零八人之外。宋江投降,搞修正主义,把晁的聚义厅改为忠义堂,让人招安了。宋江同高俅的斗争,是地主阶级内部这一派反对那一派的斗争。宋江投降了,就去打方腊。这支农民起义队伍的领袖不好,投降。李逵、吴用、阮小二、阮小五、阮小七是好的,不愿意投降。鲁迅评《水浒》评得好,他说:'一部《水浒》,说得很分明:因为不反对天子,所以大军一到,便受招安,替国家打别的强盗——不'替天行道'的

---

① 中共中央文献研究室.毛泽东传(1949~1976).下.北京:中央文献出版社,2003.1732~1733

强盗去了。终于是奴才'。"①

当日，姚文元知道毛泽东关于《水浒》的谈话后，便立即写信给毛泽东，说关于《水浒》的评论对于中国在本世纪和下世纪坚持马克思主义，反对修正主义，把毛主席的革命路线坚持下去，都具有"重大的深刻的意义"。他提出将毛泽东的谈话和他的信"印发政治局在京同志"，增发出版局、人民日报社、红旗杂志社、光明日报社，以及北京大批判组谢静宜和上海市委写作组，并组织或转载评论文章。经毛泽东批准，中共中央转发了关于《水浒》的谈话。8月31日，《人民日报》转载了《红旗》杂志第9期《重视对〈水浒〉的评论》。9月4日，《人民日报》登载《开展对〈水浒〉的评论》的社论。此后，各报刊纷纷发表文章，掀起了一个以批投降派，影射周恩来、邓小平的评论《水浒》的高潮。

评论《水浒》运动干扰了邓小平对各条战线上的整顿工作，也为后来毛泽东发动"批邓、反击右倾翻案风"运动作了舆论准备。

二、"批邓、反击右倾翻案风"

邓小平主持的对各条战线的全面整顿，实质上是在纠正"文化大革命"中所实行的错误政策。整顿所取得的明显效果，客观上又引起了广大干部、群众的反思，动摇了"文化大革命"一概正确性的观念。这种形势，不但触怒了"四人帮"，也为毛泽东所不容。因此，从1975年11月开始，毛泽东又发动了所谓"批邓、反击右倾翻案风"运动。

如前所述，邓小平在进行全面整顿工作时，曾遇到"四人帮"的抵制和阻挠。在毛泽东和政治局大多数成员的支持下，邓小平与江青等人进行了坚决斗争，这就更加引起了"四人帮"对邓小平的仇视，他们随时准备伺机反扑。1975年秋，毛远新从辽宁调到北京，担任毛泽东的联络员。他利用这种特殊身份，从9月底到11月初，多次向毛泽东作歪曲情况的汇报，挑动毛泽东对邓小平的不满情绪。毛远新说："今年以来，在省里工作，感觉到一股风，比1972年借批极左而否定文化大革命时还要凶些。""我很注意小平同志的讲话，我感到一个问题，他很少讲文化大革命的成绩，很少批判刘少奇的修正主义路线"，"三项指示为纲"，"其实只剩下一项指示，即生产搞上去了"。他由此引申出一个大问题："担心中央，怕出反复。"毛远新的这些话

---

① 建国以来毛泽东文稿.13册.北京：中央文献出版社，1998.457

对毛泽东产生了很大影响。毛泽东一直把"文化大革命"看作是他对马克思列宁主义的创造性发展和重大贡献,是他一生所做的"两件大事"之一(另一件是把蒋介石集团赶到台湾岛),不允许任何人否定它。当他听到江青集团的诬告后,便不能容忍了。他一改支持邓小平的态度,重新对邓表示不信任。

8月13日和10月13日,清华大学党委副书记刘冰和党委其他三位同志两次联合给毛泽东写信,反映清华大学党委书记迟群和副书记谢静宜(这二人都是"四人帮"的骨干分子)在工作作风、生活作风及群众关系上的一些错误。信是邓小平转送给毛泽东的。几个共产党员通过正当的组织手续向党中央主席反映他们所在单位负责人的一些情况,是完全符合党章规定原则的,是党内生活的正常现象。但是刘冰等人的信却受到了毛泽东的指责,毛泽东在信上作了如下批示:"清华大学刘冰等人来信告迟群和小谢。我看信的动机不纯,想打倒迟群和小谢。他们信中的矛头是对着我的。"他还认为,邓小平转了刘冰等人的信,就是偏袒、支持刘冰,断定"清华所涉及的问题不是孤立的,是当前两条路线斗争的反映"。毛远新在毛泽东面前极力为迟群等人辩护,说迟群"在执行主席的教育革命路线上是比较坚决的,十个指头七个还是好的"。毛泽东同意毛远新的看法。他批评邓小平为代表的一部分老干部说:"一些同志,主要是老同志思想还停止在资产阶级民主革命阶段,对社会主义革命不理解、有抵触,甚至反对。对文化大革命两种态度,一是不满意,二是要算账,算文化大革命的账。"此后,根据毛泽东的意见,政治局部分委员几次开会,对邓小平作了错误的批评,停止了他的大部分的工作,让他"专管外事"。

11月3日,清华大学党委常委召开扩大会议,由北京市委负责人传达毛泽东对刘冰等人来信的批示。这实际上是所谓"批邓、反击右倾翻案风"运动的开端。11月24日,中共中央在北京召开"打招呼会议",会上宣读了经毛泽东审阅批准的《打招呼的谈话要点》。这个文件说:中共中央认为,毛泽东的指示非常重要。"清华大学出现的问题绝不是孤立的,是当前两个阶级、两条道路、两条路线斗争的反映。这是一股右倾翻案风。""有些人总是对这次文化大革命不满意,总是要算文化大革命的账,总是要翻案。"这实际上是不点名地批判邓小平。"四人帮"抓住时机,在政治局里围攻批斗邓小平,掀起"批邓、反击右倾翻案风"的恶浪,并逐步把"批邓"扩展到全国各地区、各部门。1976年1月21日和28日,毛泽东先后提议,并经中央政治局通过,确定华国锋任国务院代总理并主持日常工作,邓小平完全"靠边站"了。

1976年2月25日,中共中央召集各省、市、自治区和各大军区负责人会议。华国锋代表中共中央讲话。他指出:"当前,就是要搞好批邓,批邓小平同志的修正主义错误路线,在这个总目标下把广大干部、群众团结起来","对邓小平同志的问题,可以点名批判。""四人帮"乘机进行阴谋活动,3月2日,江青私自召集参加"打招呼会议"的12个省、自治区负责人开会,大骂邓小平。说邓小平"在去年4月底,不请示主席,擅自斗争一个政治局委员",并诬陷邓小平"代表买办、地主阶级",是"国际资产阶级代理人",是"大汉奸"。毛泽东发现后批示:"江青干涉太多了"。但"四人帮"的猖狂活动并未有所收敛。

3月3日,中共中央发出《毛主席重要指示》的文件,在党内指名批判邓小平。3月10日,《人民日报》发表《翻案不得人心》的社论,攻击邓小平。社论引用了毛泽东的一段语录:"社会主义革命革到自己头上了,合作化时党内就有人反对,批资产阶级法权他们有反感。搞社会主义革命,不知道资产阶级在哪里,就在共产党内,党内走资本主义道路的当权派。走资派还在走。"从此,以邓小平为代表的一些老干部就被污蔑为"正在走的走资派"而受到错误批判。在这之后,报纸上陆续发表了毛泽东批评邓小平的几段语录,指责邓小平"不抓阶级斗争",说邓小平代表"资产阶级"等等,这就更加推动了"批邓、反击右倾翻案风"运动的发展。

毛泽东对邓小平批评的不断升级,使"四人帮"欣喜若狂。他们利用手中掌握的宣传舆论大权,齐声鼓噪,企图把重新工作的一批老干部统统打倒。为此,他们炮制了一个"老干部是民主派,民主派就是走资派"的反动公式。1976年《红旗》杂志第3期发表了"池恒"的《从资产阶级民主派到走资派》一文,胡说老干部"思想上停止在旧阶段","在新民主主义革命时期革过别人的命"的人,"到了社会主义革命时期总是同革命唱反调,成了走资本主义道路的当权派"。江青等人说:"走资派不光中央有,地方有,政府机关有,工矿企业也有,大单位有,小单位也有","走资派不是几个人,而是一层人,几层人"。他们给重新工作的老干部扣上"复辟狂"、"还乡团"、"翻案派"、"算账派"等帽子,煽动层层揪"正在走的走资派"。这就迫使大批领导干部无法进行工作,许多单位又陷于瘫痪、半瘫痪状态。

8月,江青等人决定印发邓力群按照邓小平多次讲话精神起草的《论全党全国各项工作的总纲》（初稿），胡耀邦、胡乔木主持起草的《关于科技工作的几个问题》（讨论稿）和国家计委根据国务院指示起草的《关于加快工业发展的若干问题》（讨论稿），诬称这三个文件是"三株大毒草"，是"邓小平修正主义纲领的产物"。8月23日，《人民日报》发表题为《抓住要害，深入批邓》的社论。社论说"三株大毒草"集中反映了邓小平"那条反革命的修正主义路线的极右实质"，系统地表达了邓小平的"修正主义观点"，号召掀起一个批判所谓"三株大毒草"的高潮。之后，"四人帮"在舆论上发起强大攻势，在他们掌握的报刊上连篇累牍地发表批判所谓"三株大毒草"的文章。据统计，从8月13日至10月6日，在短短的50多天的时间里，仅《人民日报》发表的这类文章就有110篇之多。

"四人帮"企图通过欺骗宣传把邓小平等一批领导干部搞臭，然后由他们的帮派分子取而代之，达到篡党夺权的目的。但结果与他们愿望相反，他们的拙劣表演正好进一步暴露了他们的反动面目。广大干部、群众认为，三个文件根本不是什么"大毒草"，而是说出了我们的心里话；三个文件不是反毛泽东思想的，而恰恰是系统地阐述毛泽东思想科学原理的。所以尽管"批邓、反击右倾翻案风"的运动表面上沸沸扬扬，喧嚣一时，但由于它违背民意，不得人心，实际上受到了广大干部、群众不同形式的抵制，这就注定了这场运动必然会走向失败的结局。

但是，"批邓、反击右倾翻案风"运动造成的后果是极其严重的。它使由邓小平主持并已经开始取得成效的全面整顿工作中断了，已经好转的正常的生产秩序和工作秩序又被打乱了，已经纠正的错误政策和错误做法又恢复了，使刚刚走向恢复和发展道路的国民经济又陷入停滞倒退状态了，全国再次陷入一片混乱之中。

三、"四五"运动

1976年1月8日，中共中央副主席、国务院总理、政协全国委员会主席周恩来因患癌症，医治无效，于9时57分在北京逝世，终年78岁。

周恩来是中国共产党、中华人民共和国的主要领导人之一，中国人民解放军的主要创建人之一，中国杰出的革命家、政治家、军事家和外交家。他在中国新民主主义革命、社会主义革命和社会主义建设事业中建立了不朽的功绩。在"文化大革命"中，他同林彪、江青两个反革命集团的破坏活动进行了各种形式的斗争。虽然他处境困难，但他顾全大局、任劳任怨、忍辱负重，为继续进行党和国家许多必要的工作，为尽量减少"文化大革命"所造成的损失，为保护大批党内外的干部，作了坚持不懈的努力。在"四人帮"猖狂反扑，全国再度陷入混乱，正需要他力挽狂澜，带领人民同江青一伙斗争时，他却与世长辞了。他的逝世，引起了全党、全军、全国各族人民的极大悲痛。

1月10日和11日两天，党和国家领导人、各界群众代表1万多人，怀着敬爱和极其沉痛的心情，前往北京医院向周恩来遗体告别。11日下午4时45分，当周恩来的遗体送往八宝山火化时，首都百万群众冒着凛冽的寒风，自动伫立在从北京医院到八宝山的几十里长街的两旁，为周恩来的灵车送行。灵车过处，人们脱帽肃立，泪珠滚滚，许多人失声痛哭，出现了古今中外从未见过的极其悲壮的送灵场面。遵照周恩来生前的遗言，他的骨灰撒在祖国的江河大地。

1月12日至14日，首都各界群众代表4万多人在劳动人民文化宫举行隆重吊唁仪式，沉痛悼念周恩来总理。1月15日，党和国家领导人及各界群众代表5 000人在人民大会堂举行周恩来追悼大会。中共中央副主席、国务院副总理邓小平代表中央致悼词。悼词高度评价了周恩来光辉战斗的一生，指出，周恩来忠于党，忠于人民，他为争取中国人民解放事业和共产主义事业的胜利，英勇斗争、鞠躬尽瘁，无私地贡献出了自己毕生的精力。周恩来的逝世，对于我党、我军和我国人民，对于我国社会主义革命和社会主义建设事业，对于国际反帝、反殖、反霸的事业和国际共产主义运动事业，都是巨大的损失。

正当全国人民用各种方式悼念周恩来的时候，"四人帮"却设置重重禁令，千方百计地压制、破坏人民的悼念活动。姚文元利用手中掌握的宣传大权，指令《人民日报》和新华社不报道首都和全国各地群众悼念活动的消息，《红旗》杂志不刊登周恩来遗像，不刊登讣告和悼词，报纸不发群众向周恩来遗体告别的照片及首都百万人民泪洒几十里长街哭送灵车的照片。姚文元甚至不准新华社发行纪念周恩来的新闻照片。"四人帮"还对人民群众自发的悼念活动横加阻挠，不准佩带黑纱，不准戴白花，不准设灵堂，不准开追悼会。更有甚者，他们在报刊上炮制反动文章，诬蔑攻击周恩来，咒骂悼念周恩来的人民群众。1976年2月23日，《光明日报》头版刊登《孔丘之忧》的小评论，把人民群众悼念周恩来诬骂为"哭丧妇"。3月5日，新华社播发了沈阳部队广大指战员纪念毛泽东发出"向雷锋同志学习"伟大号召13周年的电讯稿，被"四人帮"控制的《文汇报》在刊载这条消息时，故意删去周恩来给雷锋的题词。3月25日,《文汇报》刊登题为《走资派还在走,我们就要同他斗》的通讯,竟然说:"党内那个走资派要把被打倒的至今不肯改悔的走资派扶上台",这是明目张胆地攻击周恩来和邓小平。

与此同时,"四人帮"对"批邓、反击右倾翻案风"运动推波助澜,使全国的形势日益恶化。他们的倒行逆施,激起了人民极大的义愤。人民群众怀着对周恩来的爱,怀着对"四人帮"的恨,怀着对党和国家前途的忧虑,在酝酿、积聚着一场伟大的反对"四人帮"的群众抗议运动。

这场运动最初是由全国各地的星星之火点燃的。从1976年2月下旬以来,南京、哈尔滨、北京、福州、杭州、贵阳、厦门、重庆、郑州、太原、西安、呼和浩特、徐州等几十个大中城市的一些群众发出了抗议"四人帮"的吼声。他们有的贴出大字报、大字标语;有的散发传单;有的发表演讲,以抒发悼念周恩来,痛恨"四人帮"的感情。

人民群众对"四人帮"的大规模抗议活动,首先是从南京开始的。在《文汇报》制造的反周恩来事件发生后,南京的青年学生带头发出了反对"四人帮"的战斗呐喊。从3月下旬开始,南京大学等高等院校的学生抬着周总理的遗像和花圈到梅园新村和雨花台烈士陵园举行悼念活动。当他们在大街上进行时,许多工人、干部、战士自动加入他们的游行队伍。人们在街头贴出了"谁反对周总理,我们就和他们拼到底!""把《文汇报》的黑后台揪出来示众!""打倒张春桥!"等大字标语,并把这样的标语刷在南来北往的火车厢上,让消息传遍祖国的四面八方。连续几天,南京人民通过集会游行,张贴大字报、小字报,发表演讲,把反对"四人帮"斗争的烈火越烧越旺。

南京日益高涨的革命形势,使"四人帮"又恨又怕。他们诬蔑南京人民的革命行动是"对着中央的",是"分裂中央"的错误行为。4月1日,在"四人帮"的操纵下,以中共中央的名义向江苏省委发出电话通知,声称"对这次政治事件的幕后策划人,要彻底追查",开始了对南京群众的镇压。

南京群众的英勇斗争,在全国产生了巨大的影响,给全国人民以极大鼓舞。人民抗争的滚滚洪流汇集到首都北京,引起了4月5日"天安门事件"的爆发。

从3月底开始,北京的工人、学生、干部、军人及各界群众,络绎不绝地来到天安门广场,举行悼念周总理的活动。人们在人民英雄纪念碑前敬献花圈、花篮,张贴悼词、标语,散发传单,朗诵诗词,发表演说,表达他们对人民的好总理周恩来的悼念之情,痛斥"四人帮"的倒行逆施,并表示对代表党的正确领导的邓小平的支持。

4月2日以后,群众斗争的规模愈来愈大,以不同的形式出现的诗词、标语、传单和演说的内容反"四人帮"的倾向更加明朗化。人民正酝酿着利用清明节祭奠先人和革命烈士的传统习俗,掀起一场声势浩大的斗争。就在这时,北京市各单位普遍传达了中共中央关于"南京事件"的电话通知。并说什么:"清明节是鬼节","送花圈是四旧","天安门有反革命分子捣乱",要求人们不要到天安门广场去,企图阻挡人民群众的革命斗争。但这道禁令不仅没有起到丝毫作用,反而引起了人民更大的反抗。广大群众蔑视"四人帮"的禁令,每天到天安门广场去的人更多了。4月4日,一场声势浩大的群众抗议活动终于爆发了。

4月4日是清明节,又是星期日,首都北京的悼念活动达到了高潮。这一天到天安门广场的京内外群众达200万人次,花圈总数2 000多个。整个广场人潮似海,天安门前、纪念碑下花圈如山。人民被压抑已久的感情像火山一样喷发了!天安门广场的悲壮气氛感人肺腑,人民抗争的怒潮激动人心,充分显示了蕴藏在人民之中的伟大力量。

同日,在杭州的西子湖畔,在郑州的"二七"纪念塔前,在西安古城钟楼以及全国几十个城市,都出现了成千上万人民群众悼念周总理,声讨"四人帮"的伟大斗争场面。

人民群众声势浩大的斗争场面,使"四人帮"及其党羽心惊胆战。他们对革命群众恨之入骨,攻击悼念活动具有"反革命"性质,并采取各种卑劣手段,歪曲事实真相,为镇压群众运动制造借口。4日晚,主持中央政治局工作的华国锋召集部分在京政治局委员开会,研究数日来天安门广场发生的情况。华国锋说:"一批坏人跳出来了,写的东西有的直接攻击主席,很多攻击中央","很恶毒的"。吴德说:"看起来是一次有计划的行动。邓小平从1974年至1975年作了大量的舆论准备……今年出现的这件事是邓小平搞了很长时间的准备形成的。""性质是很清楚的,就是反革命搞的事件。"会议认为,这"是反革命煽动群众借此反对主席,反对中央,干扰、破坏斗争的大方向"的反革命行动。决定采取紧急措施,应付"更大事端",其中包括当晚开始清理花圈和标语,布置工人民兵和公安人员围住纪念碑,阻止群众去送花圈和集会,并调动卫戍部队在二线待命。当时毛泽东病重,联络员毛远新将中央政治局会议讨论的情况向毛泽东写了书面报告。报告说:政治局分析了天安门前悼念活动的情况,认定"这次是反革命性质的反扑",决定当日晚清理花圈、标语和抓"反革命"。毛泽东圈阅批准了这个报告。深夜，北京市委组织了5 000名工人民兵和3 000名警察，出动200辆卡车，把天安门广场的花圈、标语、诗词等洗劫一空，并抓走了57个自愿看守花圈的人。

5日清晨，当人们来到天安门广场时，看到花圈、条幅不见了，诗词、标语被撕毁了，还听说看守花圈的人被抓走了，出现在人们面前的到处是一片被践踏过的凄惨景象以及由民兵、警察在人民英雄纪念碑周围组成的三道戒备森严的封锁线。人们很快就明白了是怎么回事。群众被激怒了，他们高呼着"还我花圈"、"还我战友"的口号，冲破封锁线，汇集到人民英雄纪念碑下。一些人以为花圈藏在人民大会堂地下室内，于是拥到人民大会堂东门口，要求归还花圈，并同警戒人员发生了冲突。

当时，有一个青年揭露了洗劫花圈的经过，于是人民涌向广场东南角民兵、警察和卫戍区联合指挥部所在地的小灰楼前，要求归还花圈，但里边的人态度蛮横。中午后，人们出于义愤，把楼前停放的民兵副总指挥的小汽车点火烧掉了，随后，又烧了一辆给民兵送饭的面包车和指挥部的两辆吉普车。下午5时，小灰楼也被点火烧了。

下午6点30分，天安门广场所有的高音喇叭一齐开放，反复播送着北京市委第一书记吴德的讲话，声言"天安门广场有坏人进行破坏捣乱，进行反革命破坏活动"，要人们立即离开广场。之后，大部分人开始离去。9时35分，天安门广场所有的灯全部开亮了，1万民兵、3 000名警察和5个营的警卫部队，手持木棍、皮带，封锁了天安门广场，把200多人包围在纪念碑前，进行毒打，随后逮捕了他们。

4月6日凌晨，部分在京中央政治局委员听取了北京市委关于天安门事件的汇报，认为群众的行动是"反革命暴乱性质"，还建议北京市委将天安门事件写成材料，通报全国，以便让各地了解情况，有所准备。会后，毛远新向毛泽东书面报告了这次会议的决定，毛泽东表示同意。

4月7日，毛泽东同意公开发表《人民日报》记者关于天安门事件的"现场报道"和4月5日吴德在天安门广场的广播讲话。经姚文元组织炮制的"现场报道"捏造罪名，诬陷群众悼念周恩来是"反革命活动"，天安门广场发生的事件是"反革命政治事件"，"妄图扭转当前批邓和反击右倾翻案风的大方向"。毛泽东据此作出错误决定：撤销邓小平一切职务，保留党籍，以观后效。晚上，中共中央政治局开会。根据毛泽东的提议，通过了《中共中央关于华国锋同志任中共中央第一副主席、国务院总理的决议》和《关于撤销邓小平党内外一切职务的决议》。一个小时后,中央人民广播电台向全国广播了这两个决议。

晚年的毛泽东与华国锋

伟大的"四五"运动虽然被镇压下去了,但它具有重大的意义。这场全国范围声势浩大的悼念周恩来,声讨"四人帮"的群众抗议运动,实质上是拥护以邓小平为代表的中国共产党的正确领导的义举,是反对"左"倾错误,争取社会主义民主的人民革命运动。它充分显示了人民群众大无畏的英雄气概和创造历史的伟大力量。这个运动,鲜明地表现了全国人心的向背,为后来粉碎江青反革命集团奠定了坚实的群众基础。

四、毛泽东逝世

"四五"运动被镇压下去之后,"四人帮"更加猖獗。他们在全国继续掀起"批邓、反击右倾翻案风"的恶浪,到处追查所谓"政治谣言",收缴所谓"反动诗词",镇压革命群众,并把矛头指向大批老干部,企图乘机篡党夺权。这预示着党和国家将面临一场新的更大的灾难。

与此同时,中国又相继发生了一连串不幸事件。

1976年7月6日,中共中央政治局常委、全国人大常委会委员长朱德因病医治无效,于15时1分在北京逝世,享年90岁。朱德是中国共产党和中华人民共和国的主要领导人之一,中国人民解放军的创建人之一,中国杰出的革命家、政治家和军事家。他为争取中国人民解放事业和共产主义事业的胜利,英勇斗争,无私地贡献了自己的毕生精力。他在长期的革命斗争和社会主义建设事业中建立了不朽的功绩,深受全国人民的爱戴。他的逝世,在全国人民中引起了深切的哀痛和思念。

7月28日,河北省唐山、丰南地区发生强烈地震,并波及天津、北京地区。这次地震为7.8级,震中强度为11度,震中地区损失惨重,累计死亡242 769人、重伤164 851人,百万人口的工业城市——唐山被夷为平地,财产损失不可计数。这是300多年来京津唐地区发生的破坏性最大的一次地震。在唐山大地震发生的前后,四川的龙陵、松潘等地也发生了7级以上的强烈地震,给人民的生命财产造成了巨大损失。8月4日,中共中央、国务院派出了以华国锋为团长的中央慰问团慰问受灾群众,并成立了抗震救灾指挥部,全力开展抢险救灾。但江青集团却认为"抹掉了唐山算得了什么",攻击中共中央抓抗震救灾是"以救灾压批邓"。

唐山大地震发生一个多月后,又一个巨大的不幸降临到中国人民头上。1976年9月9日,中共中央主席、中央军委主席、政协全国委员会名誉主席毛泽东,在患病后经过多方精心治疗,终因病情恶化,医治无效,于0时10分在北京逝世,享年83岁。当日下午4时,中央人民广播电台播出了中共中央、人大常委会、国务院、中央军委发出的《告全党全军全国各族人民书》,沉重地宣布了这一消息。噩耗传来,全国人民莫不感到悲痛万分。

毛泽东是中国最伟大的马克思主义革命家、战略家和理论家,中国共产党、中国人民解放军和中华人民共和国的主要缔造者和领导人。在半个多世纪的时间里,他为中国共产党和中国人民解放军的创立和发展,为中国各族人民解放事业的胜利,为中华人民共和国的缔造和中国社会主义事业的发展,建立了不可磨灭的功勋。他为世界被压迫民族的解放和人类进步事业作出了重大的贡献。以毛泽东为代表的中国共产党人在长期的革命斗争中,根据马克思列宁主义的基本原理,结合中国革命实践中的一系列独创性的经验作了理论概括,形成了适合中国国情的科学指导思想——毛泽东思想,对马克思列宁主义的发展作出了重大贡献,成为中国共产党和中国人民的宝贵精神财富。

毛泽东晚年有过重大错误,尤其在"文化大革命"中犯有严重错误,但毛泽东的错误,终究是一个伟大的无产阶级革命家所犯的错误。他在犯严重错误的时候,还始终认为自己的理论和实践是马克思主义的,是为巩固无产阶级专政所必需的,这是他的悲剧所在。他在全局上一直坚持"文化大革命"的错误,但也制止和纠正过一些具体错误,保护过党的领导干部和党外著名人士,使一些负责干部重新回到重要的领导岗位。他重用过林彪等人,也领导粉碎了林彪反革命集团。他重用过江青等人,也对他们进行过批评和揭露,不让他们夺取最高领导权的野心得逞,这对后来顺利地粉碎"四人帮"起了重要作用。他晚年仍警觉地注意维护国家的安全,顶住了苏联大国霸权主义的压力,执行了正确的外交政策。在"文化大革命"中,中国共产党没有被摧毁并且还能维持统一,国务院和人民解放军还能进行许多必要的工作,中华人民共和国的社会主义根基仍然保存着,社会主义建设还在进行,国家仍然保持统一并且在国际上发挥重要影响,这都同毛泽东的巨大作用分不开。他犯的错误与他一生无可争议的巨大功绩相比,仍然是次要的。他在中国人民中享有崇高的威望,一直受到全党和全军、全国各族人民的崇敬和爱戴。

为了表达全国各族人民沉痛悼念毛泽东的心情,中共中央、人大常委会和国务院发出公告,宣布从9月9日至18日,全国各地和我驻外使领馆及其他驻外机构,一律下半旗志哀,同时在全国停止一切娱乐活动。9月18日下午3时,首都百万人民在天安门广场举行极其隆重的追悼大会。在追悼大会上,由中共中央第一副主席、国务院总理华国锋致悼词。悼词概述了毛泽东在中国新民主主义革命、社会主义革命和社会主义建设事业中为党为人民所建立的丰功伟绩,号召全国人民化悲痛为力量,继承毛泽东主席的遗志,团结一致,在党中央的领导下,把毛泽东主席开创的无产阶级革命事业进行到底。

毛泽东主席的逝世,在国际上引起了强烈的震动,各国新闻机构迅速报道了这一消息。许多国家的领导人、马列主义政党和组织以及知名人士纷纷向中国领导人发来唁电、唁函,或发表声明或政府首脑到我驻外大使馆去吊唁。一些国家的政府还作出决定,宣布全国哀悼日,举行追悼大会,沉痛悼念毛泽东主席。许多国家的人民也举行了各种形式的悼念活动。一些国际会议也临时中断议事日程,全体起立,为毛泽东主席默哀。这充分显示了毛泽东主席在国际上的崇高威望和世界各国人民对他的深厚感情。

五、"四人帮"集团被粉碎

在毛泽东病危时和逝世后,"四人帮"认为这是他们夺取党和国家最高领导权千载难逢的时机,于是他们便秘密串连,加紧进行篡党夺权的阴谋活动。

江青利用自己的特殊身份,想方设法要把毛泽东所存的文件、手稿和其他材料搞到手,企图把这些文件封锁起来,然后加以篡改,当作他们篡党夺权的"重磅炸弹"。由于中央政治局大多数同志的抵制,这个阴谋未能实现,但其险恶用心却昭然若揭。

9月11日,王洪文撇开中央办公厅值班室,在中南海另设"值班室",并通知各省、市、自治区,重大问题要及时向他们请示报告,妄图取代中共中央的领导,由他们一伙发号施令,指挥全国。这个情况被党中央发觉。次日,中央通知各省、市、自治区,要他们有事直接向华国锋请示,从而挫败了"四人帮"企图控制中央权力的尝试。

"四人帮"为了篡党夺权的需要,还无中生有地伪造了一个"按既定方针办"的所谓毛泽东的"临终遗嘱"。这个所谓"临终遗嘱",最早出现在1976年9月16日《人民日报》、《解放军报》、《红旗》杂志联合发表的题为《毛主席永远活在我们心中》的社论中。此后,他们便开动一切宣传机器,大肆宣扬这六个字。毛泽东追悼会的第二天,即9月19日,姚文元密令新华社,在报道各省、市、自治区和各大军区举行的毛主席追悼会的消息和各地负责人所致的悼词时,要突出所谓"临终遗嘱","不要怕重复","凡有这句话的都要摘入新闻","没有者,要有类似的话"。他一再叫嚷:"宣传的总方针是六个大字:'按既定方针办',要让它覆盖版面。"之后,全国各种报刊连篇累牍地发表文章,不厌其烦地宣传这六个字。

除了文的一手,"四人帮"还准备发动反革命叛乱夺取政权。早在8月间,王洪文在上海就提出要"警惕中央出了修正主义,要准备上山打游击",希望尽快用存放在仓库中的枪支弹药进一步武装上海民兵,搞所谓"第二武装"。随后,74 000多枝枪、300多门炮、各种弹药1 000万发便很快分到基层单位。毛泽东逝世后,"四人帮"利用"第二武装"搞反革命政变的步伐加快了。

"四人帮"的上述活动表明,这个反革命集团篡党夺权、发动反革命政变的行动已迫在眉睫,他们的阴谋一旦得逞,党、国家和人民将陷入一场更大的灾难之中。在这个危急的紧要关头，以华国锋、叶剑英、李先念为核心的中共中央政治局代表人民的共同愿望和根本利益，经过多次酝酿和磋商，决定采取非常措施解决"四人帮"的问题。

10月初，叶剑英邀请华国锋等到玉泉山住所，共同商讨解决"四人帮"问题。他们分析了党同"四人帮"斗争的形势、性质和特点，一致认为，"四人帮"是一个反革命集团，党同这个反革命集团的斗争是捍卫党的团结统一，捍卫马列主义和毛泽东思想的重大斗争。这个斗争已经超出了党内思想斗争的范围，因此不宜采取党内思想斗争的一般方法来解决。但是，为了避免引起动乱，又要尽量做到合法解决。接着，他们又研究了粉碎"四人帮"的行动方案和部署。根据大多数政治局委员和老同志多次酝酿的意见，叶剑英提出采取智取的办法，决定在召开会议时，突然宣布对"四人帮"成员实行隔离审查，然后立即召开政治局会议，通过并宣布这一决定。随后，叶剑英又和汪东兴及有关人员进一步研究了行动的时间、地点、执行人员等项事宜，作了周密细致的具体部署。

10月6日13时，发出了当日20时召开政治局常委会议的通知。会议内容有三项，其中一项是讨论《毛泽东选集》第五卷的出版问题。"四人帮"成员除王洪文、张春桥出席外，还扩大姚文元参加。

晚上8时，当王洪文、张春桥、姚文元按照会议通知先后进入中南海怀仁堂会场时，华国锋代表中共中央宣布了对他们实行隔离审查的决定。随即，他们三人分别由监护人员送至被隔离的住所接收审查。与此同时，中央对江青、毛远新等也实行了隔离审查的措施。因为"四人帮"长期把持宣传大权，为了防止意外，耿飚奉命率人接管了新华社、中央人民广播电台等宣传机关。这样，在前后不到1个小时的时间里，中共中央就顺利地处置了"四人帮"，取得了这场斗争的关键性胜利。

"四人帮"被隔离审查后，他们在上海的党羽因和主子的联系中断而恐慌起来。他们不了解北京到底发生了什么事，于是通过各种渠道刺探情报。8日晚，当他们得知王、张、江、姚发生了"最严重情况"的消息后，便立即在康平路市委办公室召开紧急会议，决定铤而走险。中共中央对"四人帮"在上海的余党要发动反革命武装叛乱的情况已经掌握，为了控制事态的发展，中央采取了几项果断措施。一方面，命令沪宁一带的人民解放军陆、海、空军部队严阵以待，随时准备给铤而走险的暴乱分子以歼灭性的打击；另一方面，将"四人帮"在上海的余党马天水、徐景贤、王秀珍等几个首要分子先后

1976年10月,安徽省合肥市群众集会欢庆粉碎"四人帮"

召到北京开会,使暴乱分子群魔无首,不敢贸然举事。接着又把一批富有斗争经验的干部派到上海担任领导职务,打乱了他们的暴乱部署。这样,迅速控制了事态的发展。

14日,中共中央正式宣布了粉碎"四人帮"的消息。上海1 000万人民声讨"四人帮"的怒涛席卷全市,受蒙蔽的民兵纷纷掉转枪口,反戈一击。"四人帮"苦心经营和策划的这场反革命武装暴乱未来得及登台上演,就顷刻土崩瓦解,彻底宣告失败。至此,在十年"文化大革命"中给党、国家和人民造成严重危害的江青反革命集团,终于被彻底粉碎了。

江青反革命集团是中国共产党历史上作乱最久的一个阴谋集团,粉碎这个反革命集团,是全党、全军、全国各族人民长期斗争的结果。这一历史性的胜利,从危难中挽救了党,使国家避免了一场大灾难。以此为标志,结束了长达十年内乱的"文化大革命",使中国进入了新的历史发展时期。

第六节 "文化大革命"中的国民经济

一、工业学大庆运动

大庆,是60年代初出现的中国工业战线上的一面红旗。"工业学大庆",是自60年代以来,在全国工业战线开展的以学习大庆油田先进事迹和经验为中心的群众性运动。

1959年9月底,石油工人在著名地质学家李四光的科学理论指导下,在东北松辽盆地陆相沉积中,找到了工业性油流,打破了地质学界长期存在的"中国贫油论"。时值建国十年"大庆"之际,油田因此被命名为"大庆油田"。石油工业部从1960年5月起,集中全国30多个石油厂矿、院校的4万多职工,在大庆油田进行石油大会战。以铁人王进喜为代表的大庆职工,在极其艰苦的条件下,以自力更生、奋发图强、为中国人民争气的爱国主义精神,不怕苦不怕死的"铁人"气概,"三老四严"、干部与群众坚持"三同"的管理方法,只用了3年多的时间,就基本建成了大庆油田,并使原油稳产高产。到1963年,大庆油田产量达600万吨,使中国基本做到石油自给。

"铁人"王进喜

毛泽东对大庆油田会战给予热情鼓励和高度赞扬。1964年2月5日,中共中央发出《关于传达石油工业部〈关于大庆石油会战情况的报告〉的通知》。通知指出,石油工业部总结的大庆石油会战的基本经验是:(1)社会主义的现代化企业，必须革命化；(2)高度的革命精神与严格的科学精神相结合；(3)现代化企业要认真搞群众运动；(4)认真做好基础工作，狠抓基层建设；(5)领导干部亲临前线，一切为了生产；(6)积极培养和大胆提拔年轻干部；(7)培养一个好作风；(8)全面关心职工生活；(9)全面地学习人民解放军的政治工作。通知指出：大庆油田的经验不仅工业部门适用，在其他部门也适用，或者可作参考。2月13日，毛泽东在春节座谈会上发出"学习石油部大庆油田的经验"的号召。12月21日，周恩来在三届人大一次会议上所作的《政府工作报告》中，总结了大庆油田的典型经验，向全国发出"工业学大庆，农业学大寨，全国学解放军"的号召。由此，全国工交战线开始了学习大庆经验的运动，涌现出许多学大庆的先进单位和先进典型，产生了一些大庆式企业。

"文化大革命"期间，大庆仍然是毛泽东树立的工业战线的一面红旗，因而它不可避免地受到"左"的思想的干扰。当时，大庆的一切经验几乎都和阶级斗争相联系，如批判"刘少奇的修正主义路线"，后来又批判林彪、陈伯达的"反革命、反大庆的罪行"。1971年6月20日，《人民日报》发表题为《工业学大庆》的社论，指出，大庆是在与刘少奇"修正主义路线"坚决斗争中成长起来的先进典型；大庆是活学活用毛泽东思想的榜样；大庆的道路，"是按照毛主席的无产阶级革命路线发展工业的道路"。学大庆，就要像大庆那样，用毛泽东思想统帅一切，"两论"起家，以毛泽东的哲学思想为指针，坚持辩证唯物论和历史唯物论，自觉改造世界观，解决阶级斗争、生产斗争、科学实验中的各种问题。学大庆，就要实行政治建厂，突出无产阶级政治，坚持"四个第一"，大兴"三八作风"，开展"四好运动"等。"九·一三"事件后，学大庆除了仍然坚持政治挂帅、以阶级斗争为纲、坚持党的基本路线、坚持无产阶级专政下继续革命外，还强调学习大庆认真贯彻"鞍钢宪法"，坚持自力更生、勤俭建国方针，发扬艰苦奋斗的传统，以及"一不怕苦、二不怕死"，"革命加拼命"的"大庆精神"、"铁人精神"。① "反击右倾翻案风"运动开始后，大庆又被说成是与"右倾翻案"对着干的典型；1977年的全国工业学大庆会议上，又总结了大庆与"四人帮"斗争的经验。大庆经验被不断模式化、绝对化。

"文化大革命"期间，大庆人仍艰苦创业，使原油产量逐年增加，1976年

---

① 革命加拼命的凯歌——大庆油田持续高速度发展的十五年. 人民日报,1975-12-28

原油产量比1965年增长6.7倍,平均每年递增20.4%。1976年的工业总产值等于1966年的4.4倍,1976年的财政上缴额等于1964年的4倍,17年累计财政上缴总额等于国家给大庆总投资的14.3倍。从1963年起,大庆先后向各新油田输送大批干部、工人,支援大批物资、设备。采油方面,大庆独创了一套分层采油、分层注水、分层测试、分层改造的采油新工艺、新技术。采油速度(每年采出油量占地质储量的比例)达到当时国际先进水平。在全国处于动乱、内战的情况下,大庆能取得这样的成就,确是很难得的,这与大庆人艰苦创业的"铁人精神"是分不开的。

正因为大庆人紧紧抓住生产环节不放,曾被林彪、江青一伙污蔑为"黑旗"、"唯生产力论"。1975年批"资产阶级法权"时,张春桥说:"现在学大庆,不得要领。"他还说:"大庆那个岗位责任制,不是什么新发明,王熙凤整顿大观园,也就是老妈子、小丫头来个岗位责任制。"1975年2月,江青看了反映大庆人艰苦创业的电影《创业》后,指责《创业》"在政治上、艺术上都有严重问题",并授意于会泳等人捏造《创业》的十大罪状。7月25日,毛泽东指出:"此片无大错,建议通过发行。不要求全责备。而且罪名有十条之多,太过分了,不利调整党的文艺政策。"①毛泽东虽谈的是文艺问题,当然也是对大庆早期创业史的肯定。

工业学大庆运动,对促进中国工业生产起了积极作用,大庆经验和学大庆运动基本上是对的,但在"左"倾错误指导思想居于主导地位的年代,必然打上"左"的烙印,产生一些消极的影响。

二、农业学大寨运动

位于太行山深处的山西省昔阳县大寨村,自1952年冬办初级社开始,在陈永贵带领下,艰苦奋斗,自力更生,顽强与穷山恶水作斗争,逐步改变了恶劣的生产条件,粮食产量逐年增加,成为农业战线上自力更生、艰苦奋斗建设社会主义新农村的典型。特别是1963年严重受灾后,大寨人不要国家一分钱,迅速恢复与发展生产,重建家园。大寨的先进事迹和经验迅速被传播、推广。1964年2月,全国农业工作会议交流了大寨的经验,中央人民广播电台举办了"学大寨、赶大寨"的专题节目。2月10日,《人民日报》发表《用革命精神建设山区的好榜样》的社论。6月,毛泽东在中央工作会议上

---

① 建国以来毛泽东文稿.13册.北京:中央文献出版社,1998.450

指出:"农业主要靠大寨精神,自力更生。"12月,周恩来在全国人大三届一次会议的政府工作报告中,把大寨经验进一步概括为"政治挂帅、思想领先的原则,自力更生、艰苦奋斗的精神,爱国家、爱集体的共产主义风格"。直到"文化大革命"前,农业学大寨主要是学习大寨人自力更生、艰苦奋斗发展农业生产的经验。因此,它对促进我国农业生产的发展发挥了积极的作用。

"文化大革命"开始后,大寨逐渐由自力更生、艰苦奋斗建设社会主义新农村的先进典型,变为"无产阶级专政下继续革命"的极左样板。中国共产党八届十一中全会决议,正式发表毛泽东"农业学大寨"的"最高指示",确立了大寨作为政治斗争的典型。此后,大寨经验随政治气候的变化而不断翻新。1967年初,大寨总结了"紧紧抓住阶级斗争这个纲"的经验。九大后,为适应新的形势,中共昔阳县委总结了大寨领导班子抓五种人的新经验(五种人是:坏人;蜕化变质分子;热衷于走资本主义道路的人;老好人;思想停留在民主革命阶段的人)。1974年,在批林批孔运动中,大寨经验被概括为"在党的基本路线指引下,普及、深入、持久地进行了上层建筑领域的社会主义革命"。1975年在批判所谓资产阶级法权运动中,大寨经验又变为"总是对资产阶级法权进行必要的限制"。

大寨党支部书记陈永贵

在1975年9月召开的第一次全国农业学大寨会议上,学大寨运动达到高潮。当时中共中央号召,通过农业学大寨运动,使全国1/3的县到1980年建成大寨县。粉碎"四人帮"后,由于"文化大革命"中"左"倾错误仍继续发展,中共中央于1976年12月在北京召开第二次全国农业学大寨会议。后来,随着党的正确路线的恢复,尤其是党的十一届三中全会后,农业学大寨的"左"的经验逐步受到抵制、揭露、否定和批判。1980年11月23日,中共中央转发了山西省委《关于全省农业学大寨经验教训的初步总结》,标志着全党和全国人民在农业学大寨问题上,基本上完成了拨乱反正的任务。

在"文化大革命"时期,学大寨成了推行极左路线的政治运动,给农业发展造成严重损害。第一,在学大寨运动中,不断地、人为地制造阶级斗争,形成阶级斗争扩大化。当时,学不学大寨,真学还是假学被看成是农村两个阶级、两条道路斗争的集中表现,以致把一些坚持正确意见的领导干部当作"反革命修正主义分子",进行残酷斗争和无情打击,对群众的生活小事也上纲上线,乱批乱斗,加深了"文化大革命"给农村造成的破坏。第二,片面强调"以粮为纲",不断割资本主义尾巴,致使多种经营受到排挤,农业内部结构失衡,甚至取消乡镇集贸市场,给农村经济造成很大破坏。更甚者,有些地区为"改天换地",盲目围湖造田、毁林开荒、毁草种粮,造成了一些地区生态环境的逐渐恶化。第三,在"左"倾思想指导下,生产关系搞穷过渡,产品分配搞平均主义的现象泛滥。"文化大革命"初期,昔阳就在全县实行了大队核算,后来又在大寨公社实行公社所有制。这种穷过渡风曾在全国范围内程度不同地刮起。分配中的"大寨工"、"大概工",挫伤了农民劳动的积极性,受到群众的反对与抵制。

1980年11月23日,中共中央转发山西省委《关于全省农业学大寨经验教训的初步总结》,在批语中指出:"全国各地学大寨的农业先进典型绝大多数在生产上、建设上都是有成绩的,有贡献的。""'文化大革命'以来,在山西省内推行大寨经验的错误以及由此造成的严重后果,山西省委已经承担了责任。就全国范围来说,主要的责任,在当时的党中央。"①农业学大寨运动,程度不同地改变了农业的基本生产条件,尤其以改土治水为中心的农田基本建设,至今农业仍受其惠。而且,大寨人自力更生、艰苦奋斗的精神,在今天仍是应该发扬的。

三、"三五"计划的制定与三线建设

"三五"计划原应从1963年开始,但由于"大跃进"和自然灾害的影响,只好推迟。1963年初,中央批准成立由李富春、李先念、薄一波、谭震林、陈伯达、邓子恢、程子华、薛暮桥8人组成的计划领导小组,编制国民经济长期

---

① 国家农业委员会.农业集体化重要文件汇编(1958~1981).北京:中共中央党校出版社,1981.1053

计划和"三五"计划。在 2 月 20 日的领导小组会上,李富春认为:长期计划要从远处着眼,近处着手。"三五"计划的目标,应集中解决人民的吃、穿、用问题。会后,他将上述设想写成《关于编制长期计划工作的要点》报送党中央。中央赞成李富春提出的设想,并决定继续对国民经济进行调整。

同年 9 月 5 日至 27 日,党中央召开工作会议,讨论农村工作、1964 年国民经济计划和工业发展问题。会议确定,把 1963 年至 1965 年作为"二五"计划到"三五"计划的过渡阶段,执行以农业为基础、以工业为主导的发展国民经济总方针,按照解决吃、穿、用,加强基础工业,兼顾国防,突破尖端技术的次序安排经济计划。随后,邓小平提出在"三五"计划内要建设 5 亿亩稳产高产农田,第二步再搞 5 亿亩;"三五"期间就是要努力解决吃、穿、用问题。

1964 年 5 月 15 日到 6 月 17 日,中央召开工作会议,讨论国家计委提出的《第三个五年计划(1966~1970)的初步设想》。《设想》拟定"三五"计划的中心任务是:第一,大力发展农业,基本上解决人民的吃、穿、用问题;第二,适当加强国防建设,努力突破尖端技术;第三,与支援农业和加强国防相适应,加强基础工业,继续提高产品质量,增加产品品种,增加产量,使我国国民经济建设进一步建立在自力更生的基础上。相应地发展交通运输业、商业、文化、教育、科学研究事业,使国民经济有重点、按比例地向前发展。①这个计划被称为"吃穿用计划"。

当时,中国的周边呈现出"山雨欲来风满楼"的紧张局势:美国在越南战争中采取了扩大战争的步骤,把战火烧到了中国的南大门;在北方,中苏边境冲突不断加剧;在东南沿海,美国侵占着中国领土台湾和台湾海峡,并支持国民党武装袭扰大陆;在西南方向,自 1962 年 10 月中印边界自卫反击战以来,中印双方一直处于军事对峙状态。面对如此严峻的周边形势,确实必须加强国防。然而,当时的中国工业布局,从军事经济学的角度审视,显得非常脆弱。从备战的角度对中国工业布局进行大调整,按战略纵深进行新的配置,也就成为编制第三个五年计划的迫切任务。

1964 年 4 月 25 日,军委总参谋部作战部提出了一份《关于国家经济建设如何防备敌人突然袭击的报告》。报告认为这方面的问题相当严重:一是工业布局过于集中;二是大城市人口多;三是主要铁路枢纽、桥梁和港口多集中在大城市及其附近,容易遭到破坏;四是所有水库的紧急泄水能力都很

---

① 建国以来重要文献选编.18 册.北京:中央文献出版社,1998.448

小。建议由国务院组织一个专案小组,研究采取一切可能的措施,以防备敌人的突然袭击。报告引起了毛泽东的高度重视。毛泽东批示:"此件很好,要精心研究,逐步实施。"国务院为此成立了专案小组,以李富春为组长,薄一波、罗瑞卿为副组长。

面对这种严峻的国际形势,毛泽东于1964年6月8日在中央工作会议上讲话,讲话的重点之一是三线建设问题。他指出:在原子弹时期,没有后方不行,要下决心搞好三线建设。8月19日,李富春、薄一波、罗瑞卿联名向中共中央和毛泽东建议:一切新建项目不放在第一线;在第一线的现有老企业,特别是军工和机械工业,能迁移的就迁移到三线、二线,能一分为二的,就部分迁移到三线、二线;在第一线的全国重点高校和科研设计机构,凡能迁移的就迁移到三线、二线,不能迁移的,也应一分为二;今后一切新建项目,都应贯彻执行分散、靠山、隐蔽的方针。这样,随着大、小三线建设的开展、备战气氛的增加,"三五"计划的方针、任务,由重点解决吃、穿、用转向以备战为中心。

1965年6月16日,毛泽东在听取编制第3个五年计划和长远计划问题的汇报时,认为"三五"计划投资项目和指标都偏高。他说:"鉴于过去的经验,欲速则不达,还不如少一点慢一点能达到。……总而言之,第一是老百姓,不能丧失民心;第二是打仗;第三是灾荒。计划要考虑这三个因素。"后来,周恩来把毛泽东提出的这三条,概括为"备战、备荒、为人民",成为60~70年代中国国民经济计划工作,乃至社会主义建设工作所遵循的指导方针。[①]

国家计委根据毛泽东的指示,对"三五"计划的投资、项目和主要生产指标进行了调整,于7月21日向国务院作了汇报。汇报中提出:"三五"计划实质上是一个以国防建设为中心的备战计划,要从准备应付帝国主义早打、大打出发,把国防建设放在第一位,抢时间把三线建设成具有一定规模的战略大后方。

9月20日,陈毅在中外记者招待会上谈到中国政府的外交政策等问题时指出:中国人民在反对帝国主义的战斗中,愿意做出一切必要的牺牲。如果美帝国主义决心要把侵略战争强加于我们,那就欢迎他们早点来,欢迎他们明天就来。11月中旬,毛泽东在华东地区视察时谈到战备问题时指出:要争取快一点把后方建设起来,把小三线搞起来。打起仗来,不要靠中央,

---

① 中共中央文献研究室.毛泽东传(1949~1976).下.北京:中央文献出版社,2003.1363

要靠地方自力更生,粮食和棉花都要储备一些,要自己搞点钢,制造武器。要修工事、设防,多挖些防空洞。1966年3月12日,毛泽东在给刘少奇的信中指出:农业机械化应与备战、备荒、为人民联系起来,第一是备战,第二是备荒,第三是国家积累不可太多。

三线建设就是在这种严峻的国际形势下,在"备战、备荒"方针的指导下,于60年代中期到70年代初期,集中对西南、西北内陆地区开展的以备战和国防工业为中心的大规模经济建设。所谓"三线"是相对沿海一线和与沿海相邻的二线而言的,大致包括四川、云南、贵州、陕西、甘肃、青海、宁夏7省区,以及山西、河南、湖南、湖北4省西部地区。三线建设上马,标志着中国经济建设指导思想,由原来确立的大力发展农业,提高人民生活水平为中心,转向以加强国防建设为中心;建设的重点从沿海地区转向西南、西北内陆地区。

1965年与1966年是三线建设的第一个高潮。1965年2月26日,中共中央、国务院发布《关于西南三线建设体制问题的决定》,决定成立三线建设委员会。由国务院有关部委和有关省市领导人组成的西南、西北三线建设委员会相继成立,西南三线由李井泉、程子华、阎秀峰负责(彭德怀1965年到西南三线担任副总指挥)。西北三线由刘澜涛、王林、安志文、宋平负责(各有关省市自治区也成立了相应的指挥机构)。全国各路建设大军云集三线地区,主要是进行基础工业建设。主要投资集中于以成昆、湘黔等铁路,攀枝花钢铁厂、酒泉钢铁厂和重庆工业基地等为主的铁路、冶金和国防工业建设上。此后,由于"文化大革命"而造成的动乱,严重地影响了三线建设的顺利进行,致使一些原定按期完成的建设项目不得不拖延工期。

1969年3月,苏联边防军入侵中国黑龙江省珍宝岛地区,随后又在中苏边界西段制造新的流血事件,遭到中国守军的自卫还击和中国政府的强烈抗议,中苏关系进一步恶化。1970年5月20日,毛泽东在《全世界人民团结起来,打败美国侵略者及其一切走狗》的声明中指出:"新的世界大战的危险依然存在,各国人民必须有所准备。"不久又提出了"深挖洞,广积粮,不称霸"的方针。正是在中苏发生严重武装冲突的背景和"备战、备荒"的方针指导下,三线建设又再次出现了高潮。全国性的挖防空洞和加紧三线建设的备战工作,重点由西南三线逐步向湘西、豫西、鄂西转移,同时为了建设小三线,实现各地区经济与军事工业自成体系和自给自足,突出强调要大力发展地方的"五小"工业(小煤矿、小钢铁厂、小化肥厂、小水泥厂和机械厂)。

各行各业齐头并进,绝大部分生产能力是在这一高潮中形成的。三线建设差不多经过了三个"五年计划",直到1978年才落下帷幕。国家"三五"和"四五"计划的投资,大部分用在了三线建设上。其建设规模之大,投资之多,动员之广,行动之快,在西部建设史上是前所未有的。据不完全统计,仅在1964年下半年到1965年,在西南、西北三线部署的新建和扩建、续建的大中型项目就多达300多项,由一线迁入三线的第一批工厂有49个。三线建设的重点地区是西南,大头在四川。所谓"两基一线"的工业布局(即以重庆为中心的常规兵器工业基地、以攀枝花为中心的钢铁工业基地和成昆铁路线),是四川三线建设的重中之重。

三线建设是我国基本建设史上的空前壮举。三线建设改善了中国工业布局极不平衡的状况,奠定了西部工业的基础。经过多年的集中建设,建成或初步建成了一批大中型骨干企业,如攀枝花钢铁厂、酒泉钢铁厂、成都无缝钢管厂、四川德阳第二重型机械厂、六盘水、宝顶山和芙蓉山等大型煤矿、贵州铝厂、刘家峡、丹江口等大型水力、火力发电厂等等。到70年代末,建成了30多个工业基地,基本形成了一个具有一定规模,以重工、军工为主体,门类比较齐全的战略后方基地。由于一大批三线企业陆续建成投产,使西部地区工业产值平均增长速度一度高于全国平均水平,使中国东西部工业布局极不平衡的状况发生了较大变化。三线建设也带动了内地资源的开发,促进了地方经济,特别是少数民族地区经济与社会的发展。

三线建设改善了西部地区的交通闭塞状况。在三线建设时期,新建了成昆、川黔、襄渝、湘黔、焦枝等8 000多公里的铁路干线,修建了25万公里的公路,整治了长江、嘉陵江、乌江、金沙江等主要航道,并新开辟了一批航线。"蜀道难"的四川形成了四通八达的水陆交通网。全省铁路运营里程达2 600公里,公路通车里程居全国第一位,内河航运里程达8 800多公里。

三线建设使一批新兴工业城市在西部崛起。攀枝花钢铁工业基地,绵阳—长虹电子产业,地处少数民族地区的西昌以"中国航天城"而闻名天下。这批新兴工业城市在今天的西部大开发中将成为经济增长的要素、聚集点和辐射源。三线建设者们那种艰苦奋斗、无私奉献的精神,为人们留下了一份宝贵的精神遗产。他们的业绩,在西部开发史上写下了重重的一笔。

需要指出的是,三线建设也留下了一些宝贵的经验教训。这主要表现为:

(一)毛泽东对国际局势的看法是"山雨欲来风满楼",早打、大打、打常规战争、打核战争。从对战争与和平这一判断出发,在经济发展战略上,将备战放在第一位。60年代,正是第三次科技革命蓬勃发展的时期,日本、韩国及亚洲四小龙抓住了这一时机,实现了经济的腾飞。中国也本应审时度势,利用沿海地区经济发展优势,采取对外开放政策,加快沿海地区的发展,从而促进全国经济的发展,加快社会主义现代化建设步伐。但是,由于把战争形势估计得过于严重,以至于一方面对第三次科技革命视而不见,关起门来搞建设;另一方面,在经济发展战略和经济发展布局上出现重大失误,把过多资金投入到三线地区而放弃了东南沿海等发展工业基础较好的地区,使我国经济在这一重大历史机遇面前失之交臂。

(二)正是因为对战争的威胁估计过分,导致在三线建设的部署上要求过急,铺开的摊子也过大了一些,这对于解决人民的吃、穿、用问题不能不带来一些影响。"三五"基本建设投资完成1 028.7亿元(原定850亿~900亿元),工业基建规模过大,国民收入中的积累额增加,使积累和消费失调的矛盾突出起来,使人民的吃、穿、用问题没有得到很好的解决。

(三)三线新建项目的选址,要"分散、靠山、隐蔽"。这是中央根据毛主席提出的"大分散、小集中"和"依山傍水扎大营"的指示,以及西南三线的地貌条件确定的。这个方针无可非议。但是,当时作为国防部长的林彪极力主张重要的军事企业不仅越分散越好,而且要进山洞。这样,一些部门注重了安全,却忽视了长远经济效益。于是,有些对环境条件要求较高、生产精密设备的企业,也进了川、云、贵的溶洞。由于溶洞湿度很大,又漏水,不得不又迁出洞来。有些企业,摆在山坳里,只要在公路上看不到它,就算是隐蔽了。有的企业,顺山势在60公里长的地区分散布置车间,形成一串"羊粪蛋"。企业这样布点,不仅建设费用增加,给生产也带来不利的影响。一些沿海大城市的重点高等学校和科研、设计机构,也到三线建分校、分所,工作难以开展,事后又不得不迁回,造成不少损失。同时,小三线建设在布点上也执行"散、山、洞"方针,把新建企业和老企业一分为二搬迁到小山沟里,不仅交通不便,物资供应困难,而且职工与家庭两地分居,难以稳定。这样的企业,大部分没有维持下去,不仅造成了很大的浪费,使搬迁企业的生产也受到了影响。

正是由于"钻山沟"太深,布点过于分散,信息闭塞,交通不便,造成投入多,产出少;设备好,效益低;规模大,竞争力弱,留下了经济效益低下的严重后遗症。加以许多企业产品以军工为主,过分单一,以致在实行市场经济的形势下,陷入了困境。1983年起,中央决定对三线企业进行产品结构和组织结构的调整,加快了军转民步伐和外向型经济的发展,进行转轨改制。

四、"四五"计划的制定与实施

第四个五年计划(1971~1975)是在"文化大革命"初期的无政府状态被遏制、1969年国民经济逐渐恢复的基础上着手编制的。1970年2月15日至3月21日,中共中央召开全国计划会议,着手制定1970年国民经济计划并编制第四个五年计划。会议拟订了《第四个五年计划纲要(草案)》。当时,由于对国际形势作了不切实际的分析,认为新的世界大战随时可能爆发,因此把对付国外敌人的突然袭击和大规模入侵当做压倒一切的中心任务。同时,由于有了1969年的经济回升,经济建设中急于求成、盲目追求高指标、高速度的"左"倾思想再度抬头。这些必然会影响第四个五年计划的编制。

1970年8月召开的中共九届二中全会上,中央将做了部分修改的《纲要草案》作为参考文件在会议上印发。1971年3月,中央将此《纲要草案》中主要指标作为1971年计划的附件下发执行。

第四个五年计划依然沿袭着急于求成、盲目冒进的弊病,片面强调多积累,过分突出建设重工业,一味追求生产上的高指标,而忽视了经济效益和人民生活,严重脱离了当时的实际。所以,在"四五"计划实施的第一年,在经济发展中就出现了积累过高、基本建设规模过大的严重问题。其中积累在国民经济中的比重逐年上升:1969年为23.2%,1970年上升为32.9%,1971年又增至34.1%。而基建投资总额也急剧上升:1969年基建投资总额为186亿元,1970年上升为295亿元,1971年增至321亿元。随着基建规模和重工业生产急剧膨胀,造成了盲目增加职工的现象。到1971年底,全国职工总数已高达6787万人。职工人数迅猛增长,致使工资支出和粮食销量大大超过计划。原计划1971年全民所有制职工工资总额为296亿元,而实际上达到302亿元,原计划1971年的粮食销量为397亿公斤,实际上达到427.5亿公斤。这就使得1971年国民经济发展中出现了"三个突破",①造成了市场供应紧张、经济不稳的局面,国民经济出现了危险信号。

---

① 即在1971年,职工人数突破5000万,工资支出突破300亿元,粮食销量突破400亿公斤。

1971年"九·一三"事件后,针对"三突出"问题,周恩来克服重重困难,在极其困难的条件下,调整了"四五"计划的主要指标,提出《第四个五年计划纲要(修正草案)》,对各项指标有所降低;控制基建规模,加强劳动工资管理,减少粮油购销差额。这些努力使国民经济比例严重失调状况有了好转。但由于"文化大革命"仍在进行,江青一伙不断干扰,"四五"计划始终没有能够完整、正确地实施,国民经济的发展起伏较大。1975年按《纲要(修正草案)》检查计划的执行结果:工农业总产值完成计划的101.7%,其中工业总产值完成100.6%,农业总产值完成104.5%,一些主要产品的产量,如棉花、棉纱、钢及铁路货运量等均未完成计划。

五、动荡中的国民经济

"文化大革命"十年期间,经济工作始终处于"左"倾错误思想的统治之下,再加上林彪、江青两个反革命集团的干扰和破坏,使我国国民经济遭到了一场空前的劫难,造成了巨大损失,概括起来讲,主要表现在以下几个方面:

(一)国民经济发展起伏不定。在1965年,国民经济出现了蓬勃发展的局面,甚至在1966年"文化大革命"爆发前的上半年,几乎所有工业产品的技术经济指标都创造了建国以来的最高水平。但随着"文化大革命"的发动,打乱了中国经济正常发展的进程,使经济建设的发展局面发生逆转。

(二)经济增长速度大大降低,经济损失严重。从1967年至1976年,工农业总产值年平均增长7.1%,不但低于1953年至1965年的年平均增长7.9%的速度,也低于1977年至1984年的年均增长8.3%的速度。除1967、1968年两年,工农业总产值连续下降外,尤其在1974年到1976年的3年间,由于"批林批孔"运动和"反击右倾翻案风"运动的冲击,"四人帮"的干扰破坏,再加上唐山大地震等自然灾害,国民经济损失巨大。据初步统计,这3年工业总产值损失1 000亿元,钢减产2 800万吨,财政收入减少400亿元。生产的下降,造成经济上的巨大损失。据有关方面估算,这十年的经济损失约5 000亿元人民币。中国耽误了宝贵的十年时间,错过了大发展的良机,与世界经济水平的差距更加扩大了。

(三)国民经济主要比例关系严重失调。在农、轻、重工业比例关系上,片面强调发展重工业,挤了农业和轻工业,造成农、轻、重比例严重失调。在工业内部,由于片面强调"以钢为纲",原材料工业,特别是能源工业跟不上加工工业的发展。尤其是重工业在全国投资总额中所占比重由"一五"计划时期的36.1%,上升到"三五"计划时期的51.1%、"四五"计划时期的49.6%。因此,在1966年到1976年,在工农业总产值中,重工业由32.7%上升到38.9%,农业由35.9%下降到30.4%,轻工业由31.4%下降到30.7%。① 在农业内部,由于片面强调"以粮为纲",林、牧、副、渔各业及经济作物受到排挤,甚至毁林开荒、毁草种粮、围湖造田,破坏了生态平衡。在工农业与交通运输业关系上,交通运输的发展远远落后于工农业生产的发展,从而限制了国民经济的发展。

(四)经济效益显著下降。从积累效果上看,每百元积累所增加的国民收入逐年下降,"一五"计划时期为35元,而"文化大革命"期间的"三五"计划和"四五"计划时期分别降低到26元和16元。在工业方面,每百元资金所实现的利税,由1966年的34.5元降到1976年的19.3元;在商业方面,每百元资金实现的利润也大幅度下降,由1957年的20元下降到1976年的9.7元;在基本建设方面,固定资产的交付使用率大大降低,由"一五"计划时期的83.7%,下降到"三五"计划时期的59.5%和"四五"计划时期的61.4%。② 非政策性亏损企业的数量不断增加,亏损额越来越大。

(五)人民生活水平长期得不到提高。由于高积累、低效益,国民收入增长缓慢、人口增长过快等因素的影响,人民生活水平没有得到提高。"文化大革命"十年中,全民所有制各部门职工的平均工资由1966年的636元,下降到1976年的605元,降低了4.9%。③ 农民平均纯收入没有增加,许多地区的农民甚至连温饱也难以保证,靠国家救济过日子。"文化大革命"期间,除粮食外,人均占有主要农产品产量所增无几,甚至下降。1965年人均占有棉花2.95公斤,油料5.05公斤,肉猪0.17头,猪牛羊肉7.7公斤,水产品4.15公斤。到1976年人均占有棉花降到2.2公斤,油料降到4.3公斤,肉猪、牛羊肉和水产品略有增长,分别达到0.18头、8.4公斤和4.8公斤。④ 十年中,国家用于住宅、公共设施、学校、医院等公益事业的经费大量减少,造成了一系列严重的社会问题,人民的衣、食、住、行没有得到多大的改善,严重影响了工人、农民生产劳动的积极性和生产力的发展。

---

① 中国统计年鉴(1984).北京:中国统计出版社,1984.27
② 吴群敢,柳随年.中国社会主义经济简史(1949~1983).哈尔滨:黑龙江人民出版社,1985.419~420
③④ 中国统计年鉴(1984).北京:中国统计出版社,1984.460,167

"文化大革命"中,中国国民经济虽然遭到巨大损失,但由于周恩来、邓小平等老一辈无产阶级革命家和全党、全国各族人民的共同斗争和坚持不懈的努力,使"文化大革命"的破坏受到一定程度的限制,特别是由于广大工人、农民、科技人员在十分困难的条件下艰苦创业、辛勤劳动,由此,中国国民经济仍然取得了进展,并且在若干领域取得了一批重要成就,主要表现在以下几个方面:

　　(一)工农业生产得到一定程度的发展。据统计,工农业总产值由1966年的2 534亿元,增加到1976年的4 536亿元,其中农业总产值由910亿元增加到1 258亿元,工业总产值由1 624亿元增加到3 278亿元,工农业主要产品的产量也有较大的增长。①

　　(二)在农业方面,粮食产量保持了比较稳定的增长。十年中,农业生产条件有了一定改善,水利设施、农田基本建设成绩不小,农业机械、农业用电量、化肥、农药有显著增长,广大农村干部和农民始终坚持在生产第一线艰苦奋斗、辛勤劳动。在这个基础上,粮食产量保持了比较稳定的增长。由1966年的21 400万吨增加到1976年的28 631万吨,增长7 231万吨,年平均增长率为2.95%②,这样的增长速度是不慢的。在人口猛增的情况下,人均占有粮食产量由1965年的272公斤增加到1976年的302.5公斤,增加了30.5公斤③,应当说,这个成绩是不小的。

　　(三)在工业、交通和邮电通信基本建设方面取得了一批重要成就。1976年全国主要工业产品年产量与1966年相比,大都有所增长:钢、原煤、天然气、发电量等主要工业产品产量分别从1966年的1 532万吨、2 520万吨、11亿立方米、825亿千瓦小时增加到1976年的2 046万吨、4 830万吨、101亿立方米、2 031亿千瓦小时,分别增长了0.3倍、1倍、8倍和1.5倍。在工业产品中,尤其是石油工业发展迅速,大庆油田形成了年产5 000万吨的生产能力,天津大港油田、山东胜利油田相继建成。1976年全国原油产量达到8 716万吨,相当于"文化大革命前"1965年的7.7倍④,使中国由"贫油国"一跃成为自给有余的产油国。随着石油工业的发展,石油化学工业迅速崛起。

---

①②④　新中国五十年(1949~1999).北京:中国统计出版社,1999.542~549,545,553

③　中国统计年鉴(1984).北京:中国统计出版社,1984.167

十年间，中国新建了一批技术先进的大型工业企业。冶金工业方面，新建了四川攀枝花钢铁基地、甘肃酒泉钢铁厂、贵州铝厂、成都无缝钢管厂等重要企业；机械工业方面，建设了湖北十堰第二汽车制造厂、四川德阳第二重型机械厂、陕西富平压延厂、四川大足汽车制造厂等一大批企业；煤炭工业方面，建设了贵州六盘水、四川宝顶山、芙蓉山和山东兖州等大型煤矿；电力工业方面，建成了刘家峡、湖北丹江口等水力电厂，湖北葛洲坝大型水电站和唐山陡河火电站也动工建设。

十年间，中国建成了一些内地铁路干线和桥梁。建成了成（都）昆（明）线、湘黔线（湖南株洲至贵州贵阳）、焦枝线（河南焦作至湖北枝城）、襄渝线（湖北襄樊至重庆）、京原线（北京至山西太原）等一批铁路干线，太（原）焦（作）线、枝（城）柳（州）铁路也全面动工，宝（鸡）成（都）铁路电气化工程完成并交付使用。著名的南京长江大桥于1968年底全面建成通车。此外，还建成一批高水平的公路大桥。为了适应石油工业的发展，大庆至秦皇岛和秦皇岛至北京的输油管道分别于1974年和1975年竣工。

1976年4月，纵贯八省、市的京沪杭中同轴电缆1800路载波通信干线建成并交付使用，开始用微波传送电视节目。同年5月，又建成了以北京为中心连接全国20多个省、市、自治区的微波通信干线。同时，还和日本共同建设了海底电缆，使国际通信有了较大发展。十年间，我国造船工业、电机制造工业也取得了一些重要成就。上述这些先进的大型企业、交通干线和其他工程的建成，对中国国民经济的发展起了重要作用。

中国国民经济在十年动乱中所取得的上述各方面的进展和成就，并不是"文化大革命"的成果，而是全党和全国人民在极不寻常的条件下抵制"左"倾错误，同林彪、江青两个反革命集团作坚决斗争，特别是广大干部、工人、农民、解放军指战员、科技人员积极工作、辛勤劳动所取得的。如果没有"文化大革命"，国民经济的发展速度一定会更快，社会主义建设所取得的成就一定会更大。

第七节　国防建设和外交关系

一、国防建设与军队整顿

"文化大革命"的发动，使国防建设遭受了极大损害。由于林彪、江青反革命集团的干扰和破坏,使军队建设遭受到严重的挫折和损失,延缓了军队现代化建设的步伐。许多军事领导机关受到冲击,枪支弹药遭到抢劫,军事干部被打倒。培养军事人才的125所军事院校减少到43所,军事工厂大部分停产,军队装备无法改善,尖端技术的研究也被迫中断,部队机构臃肿,纪律涣散,事故成堆。

军队的稳定关系国家的安全和社会的稳定。毛泽东和中共中央在发动"文化大革命"的同时,力争根据国内外形势,排除干扰,保证军队的稳定,促进国防事业的发展。1966年10月5日,中央军委发出《关于军队院校无产阶级文化大革命的紧急指示》,指示军队和军队院校不干涉、不介入地方的"文化大革命"。1967年1月,林彪等人提出"揪军内走资派"、"打倒带枪的刘邓路线"的口号时,毛泽东指出这是"毁我长城",予以痛斥。中共中央和中央军委多次发布命令和通告,不准冲击军事领导机关,不准到部队抓人。

林彪反革命集团被粉碎后,为加强军队的建设,提高部队战斗力,中央军委于1972年4月19日发出《关于办好教导队,加速轮训部队基层干部的指示》,指出:"要充分看到林彪的破坏给部队造成的恶果。办好教导队,抓紧基层干部的轮训,提高他们的毛泽东军事思想水平和组织指挥能力,是整顿好、建设好军队的一个重要方面,是整军备战的迫切需要。"1973年12月8日,中央军委转发了中共中央批准的全军院校调整领导小组《关于全军恢复和增建四十一所院校的报告》,提出了恢复和增建院校的原则和方案,对学制、校址、编制、名额等问题都做了明确规定,以提高干部的军政素质和专业技术水平,适应军队建设和战备的需要。《报告》转发后,总参谋部、总政治部、总后勤部、各军兵种及有关军区,先后把41所院校恢复和建立起来。其中指挥学校19所,医务学校12所,专业技术学校10所。到1975年,这些院校的恢复和建立基本完成,全军院校达到84所。

1973年12月12日,毛泽东在中央政治局会议上提出大军区司令员互相对调的建议,并批评"政治局不议政,军委不议军",提议邓小平参加军委,任中国人民解放军总参谋长。22日,中央军委根据中共中央的决定发布命令,对八大军区司令员实行调动。

1975年1月,邓小平任中央军委副主席兼中国人民解放军总参谋长,主持军委日常工作。1月25日,邓小平在总参机关团以上干部会上提出:"我们这个军队有好传统。从井冈山起,毛泽东同志就为我军建立了非常好的制度,树立了非常好的作风。""可是从1959年林彪主管军队工作起,特别是在他主管的后期,军队被搞得相当乱。现在,好多优良传统丢掉了,军队臃肿不堪。"①2月5日,中共中央发出通知,取消军委办公会议,成立中共中央军事委员会,由叶剑英主持。6月24日至7月15日,中央军委在北京召开了扩大会议,会议分析讨论了国际形势和军队现状,批判了林彪的反革命罪行,着重讨论解决军队调整、编制、体制等问题。叶剑英和邓小平在会上作了重要讲话,提出了军队整顿的任务和要求。7月14日,邓小平在扩大会议上指出:军队存在的主要问题是"肿、散、骄、奢、惰"五个字;他强调指出,要调整好各级领导班子,"选人要选得对","要加强干部学习,增强党性,反对派性,加强纪律性,发扬艰苦奋斗的传统作风"②。邓小平还讲了军队的编制、体制问题,整顿问题,军委的工作问题,整编中的干部问题,高级干部的责任问题。7月15日,叶剑英作总结讲话,对军队整顿问题作了具体部署,强调:要彻底批判和清除资产阶级的派性,增加无产阶级党性;要提高纪律性,发扬艰苦奋斗的传统;要加强军队中党的工作和政治工作;要自上而下地调整好各级领导班子,不容许任何野心家插手军队。

会后,根据这次会议精神,中共中央转发了邓小平和叶剑英的讲话,并成立了以叶剑英、聂荣臻、粟裕等组成的领导小组,对军队各大单位的班子迅速作了调整,把一批坚持派性的人调了下去,落实了党的干部政策。7月20日至8月4日,经中共中央批准,中央军委召开国防工业重点企业会议,研究军工企业的整顿问题。邓小平、叶剑英、李先念等到会讲话。8月3日,邓小平在接见国防工业重点企业代表时,再次强调:第一,"一定要建立敢字当头的领导班子","配备好一、二把手";第二,"一定要坚持质量第一",把科研工作抓紧,"科技人员应当受到重视","要给他们创造比较好的条件,使他们能够专心致志地研究一些东西";第三,"一定要关心群众生活"③,解决职工吃肉吃菜问题。军队整顿的开展,不仅对全国各条战线的整顿都产生了重大影响,而且对后来粉碎江青反革命集团,稳定全国局势,起了重要作用。

"文化大革命"期间,尽管国防工业受到严重干扰和破坏,但由于广大科技人员的努力,仍然研制成了一批新的武器装备,并取得了一定成就。1966年10月27日,中国在本国国土成功地进行了导弹核武器的试验;1967年6月17日,中国第一颗氢弹在西部地区上空爆炸成功;1969年9月29日,中

---

①②③ 邓小平文选.第2卷.北京:人民出版社,1994.1,15~20,25~27

国又胜利地进行了一次新的氢弹爆炸,成功地进行了首次地下核武器试验。中国的导弹、氢弹核武器试验成功,填补了中国人民解放军武器装备的重大空白,标志着中国的科学技术和国防力量正快速地向前发展,这对于打破美苏核垄断,增强中国防御力量,维护世界和平,都具有十分重大的意义。

中国人民解放军在"文化大革命"十分混乱的情况下,仍然保卫着祖国的安全。1967年9月10日,印度军队60余人在乃堆拉山口越过中国—锡金边界,侵入中国境内,中国人民解放军英勇还击,打退了敌人的入侵。同时,在"文化大革命"期间,中国人民解放军还相继击落美国军用飞机、美制蒋U-2型高空侦察机、美国军用无人驾驶高空侦察机多架,保卫了祖国的安全。

二、珍宝岛事件与中苏谈判

自60年代初中苏关系破裂后,苏联即在中苏边境地区不断进行挑衅、颠覆活动,挑起边界纠纷。截至1969年3月,苏联方面挑起的边境事件竟达数百起之多,其中最严重的是1969年3月的珍宝岛事件。

珍宝岛位于乌苏里江主航道中心线中国一侧,属黑龙江省虎林县,历来是中国的领土,中国边防部队一直在岛上执行巡逻守卫任务。从1967年起,苏联军队多次侵入珍宝岛及其附近岛屿,干扰我边民生产。中国政府一再严正要求苏方停止入侵活动,恢复边境安宁。但苏联方面对此置若罔闻,反而频繁侵入中国边境挑衅。1969年3月2日晨,苏联边防军70余人,乘2辆装甲车、1辆卡车和1辆指挥车,侵入乌苏里江上的珍宝岛(时值乌苏里江冰封季节),向执行巡逻任务的中国边防军进行挑衅。中国边防军向入侵的苏军多次发出警告,但他们置若罔闻,并首先开枪开炮,打死打伤中国边防军战士多名,制造了严重的流血事件。中国边防军在忍无可忍的情况下,被迫实行自卫还击,给入侵者以应得的惩罚。当日,中国外交部照会苏联驻华大使馆,就苏联边防军挑起的严重边境武装冲突事件,向苏联政府提出最强烈的抗议。

3月4日至12日,苏联又出动边防军和飞机,连续入侵珍宝岛。15日晨,苏联出动坦克20余辆、装甲车30余辆、步兵200余人,在飞机的掩护下,再次向珍宝岛发动大规模武装进犯。中国守岛部队和民兵奋起自卫,给苏军以迎头痛击。下午,苏军又用重炮向中国境内纵深开火,并不断派遣增援部队向珍宝岛中国军队冲击,但又一次被中国边防军打退。是日,中国边

60年代中国边防士兵与屡次入侵的苏军交涉

防军经9小时激战,击退了苏军的3次进攻,将入侵者全部赶出珍宝岛。当天,中国外交部照会苏联驻华大使馆,向苏联政府提出紧急强烈抗议,要求苏联方面立即停止侵入中国领土和武装挑衅,否则,由此而产生的一切严重后果,概由苏联政府承担全部责任。17日,苏联边防军又先后出动坦克3辆,步兵100余人,在猛烈炮火的掩护下,再次向珍宝岛发起攻击。中国边防部队以前沿和纵深的火炮猛烈轰击登岛的苏联边防军,毙伤入侵者一部,其余的仓皇逃窜。

在珍宝岛自卫反击战中,参战的中国边防军指战员和民兵,不畏强暴、不怕牺牲、勇敢战斗,半个月内连续粉碎了苏联的多次武装进犯,取得了这场战斗的胜利,为保卫祖国的神圣领土,为维护国家的尊严做出了出色的贡献。珍宝岛自卫反击战的胜利,给予苏联霸权主义者以沉重打击,大大鼓舞了中国人民反对外来侵略的信心和勇气。

苏联挑起的中苏边界武装冲突事件,不但激起了中国人民的满腔怒火,而且遭到了世界各国爱好和平人民的强烈反对。为了掩盖事实真相,欺骗世界舆论,苏联政府先后于3月15日和29日就中苏边界问题发表声明,把珍宝岛说成"是苏联领土不可分割的一部分",并搬出中俄《北京条约》的附图,说该图标明的分界线,在珍宝岛地区"直接沿乌苏里江的中国江岸通过",企图以此证明珍宝岛属于苏联领土。5月24日,中国政府发表声明,阐述中苏边界问题的真相,严厉驳斥了苏方歪曲事实真相的种种谬论。明确指出:珍宝岛从来就是中国的领土。1860年以前,乌苏里江还是中国的内河,1860年中俄《北京条约》才规定中俄两国以乌苏里江为界。根据公认的国际法准则,凡通航界河均以主航道中心线为界,并以此划分岛屿归属。珍宝岛位于乌苏里江主航道中心中国一侧,而且一直在中国的管辖之下。中俄《北京条约》附图是1861年勘界前沙俄政府单方面绘制的,附图上的红线既不能表明边界线在江中的确切位置,更不是为了划分岛屿的归属,根本不能证明珍宝岛属于苏联。事实上,中俄《北京条约》签订后,双方一直是按照主航道中心线划分岛屿归属,并进行管辖的。这在1908年5月5日沙皇俄国阿穆尔州边界官库兹明给中国官员的信中也是明确承认的。中国政府的声明在以充分的事实揭穿了苏联的谎言后严肃指出,珍宝岛事件是苏联方面蓄意挑起的,是苏联长期恶化中苏关系,破坏中苏边界现状,企图以军事威胁中国和占领中国领土的必然结果。中苏边界问题发展到今天这种地步,责任完全在苏联方面。

  苏联政府不顾中国政府的一再警告,一意孤行。继珍宝岛事件之后,又在中苏边界西段不断挑起纠纷,制造新的流血事件。6月10日,苏军侵入新疆维吾尔自治区裕民县巴尔鲁克西部地区,枪杀和绑架中国牧民。8月,苏军出动直升机、坦克和数百名步兵,侵入裕民县铁列克提地区,打死打伤中国边防战士多名。此外,苏联边防军还在7月间侵入黑龙江省八岔岛地区进行武装挑衅。对于上述事件,中国政府都向苏联方面提出了强烈抗议,要求苏联方面停止一切挑衅活动,并提出通过谈判解决中苏边界问题。

  4月28日,毛泽东在中共中央九届一中全会上的讲话中,提出了"要准备打仗"的要求。8月28日,中共中央发布《中国共产党中央委员会命令》,要求各省、市、自治区各级革命委员会,各族革命人民,中国人民解放军驻边疆部队全体指战员,充分作好反侵略战争的准备,防止敌人突然袭击。9月17日,《人民日报》刊登了庆祝中华人民共和国成立20周年的口号29条,其中关于备战的口号是"备战、备荒、为人民"和"提高警惕,保卫祖国!随时准备歼灭入侵之敌!"毛泽东亲自加上的一条口号是:"全世界人民团结起来,反对任何帝国主义,社会帝国主义发动的侵略战争,特别要反对以原子弹为武器的侵略战争!如果这种战争发生,全世界人民就应以革命战争消灭侵略战争,从现在起就要有所准备!"10月17日,根据毛泽东关于国际形势有可能突然恶化的估计,林彪作出《关于加强战备,防止敌人突然袭击的紧急指示》,要求全军进入紧急战备状态,抓紧武器的生产,指挥班子进入战时指挥位置等。18日,黄永胜等以"林副主席第一号命令"下达了这个《紧急指示》。在这前后,根据中共中央的统一部署,一些领袖人物和党政干部疏散到外地,做好了应对新的世界大战的准备。

1969年9月11日,苏联部长会议主席柯西金在参加了越南劳动党中央委员会主席兼国家主席胡志明的葬礼后,从河内返回莫斯科,途中在北京机场作短暂停留。周恩来总理在机场与他会晤,双方就中苏两国的边界问题、贸易问题以及两国关系中的其他问题坦率地交换了意见。两国总理一致同意:中苏之间的原则争论不应当妨碍两国国家关系的正常化;中苏两国不应该为边界问题而打仗;中苏边界谈判应该在不受到任何威胁的情况下举行;双方为此应该首先签订一个关于维持边界现状、防止武装冲突、双方武装力量在边界争议地区脱离接触的临时措施的协议,并进而谈判解决边界问题。但是苏联政府出尔反尔,在双方副外长级谈判中,苏方拒绝履行两国总理达成的谅解。10月7日,中国政府就中苏边界问题发表声明指出,中国政府始终认为,要认真解决中苏边界存在的问题,就必须进行全面谈判。8日,公布中国外交部文件——《驳苏联政府1969年6月13日声明》,文件引用了大量的无可争辩的历史资料,有力地驳斥了苏联政府在6月13日声明中歪曲历史,为老沙皇侵略罪行辩护的荒谬论点。同时,提出全面解决中苏边界问题的5项主张。

由于中国军队在中苏边界地区保持高度警惕,严阵以待,使苏联方面不敢轻举妄动,又由于中国政府在外交上同苏联进行针锋相对的斗争,不断揭露苏联扩张主义的阴谋,在这种情况下,苏联政府被迫同意举行中苏边界谈判。10月20日,中苏边界谈判在北京举行,中国政府代表团团长乔冠华,苏联政府代表团团长库兹涅佐夫率领各自的代表参加了谈判。

中苏边界谈判的举行,使边界地区的紧张局势得到缓和,这是有利于两国利益的。1969年10月至1978年6月,关于边界问题的中苏副外长级的谈判,先后进行了15轮。由于苏联方面缺乏诚意,尽管谈判进行了多次,却未达成协议,中苏关系未能得到改善。而要使中苏边界问题得到全面的、公平合理的解决,苏联方面必须放弃霸权主义、扩张主义的立场,放弃对中国的军事威胁,这是解决问题的症结所在。

1974年,在中国南部海域,人民解放军海军舰艇部队取得了西沙群岛自卫反击战的胜利。

西沙群岛历来就是中国的领土,南越阮文绍集团不仅继承日、法帝国主义的衣钵,长期侵占中国西沙群岛的珊瑚岛,而且非法宣布中国南沙群岛的南威、太平等岛归其"管辖"。1974年1月中旬,南越西贡当局悍然出动海、空军,入侵中国西沙群岛中的永乐群岛。他们用军舰撞坏中国渔轮,派遣武装部队强占中国甘泉岛和金银岛。1月19日,南越海军派出3艘驱逐舰和1艘护卫舰,在飞机的配合下,向琛航岛进行猛烈炮击和轰炸,打死打伤中国渔民多人。中国南海舰队出动2艘扫雷舰和4艘猎潜艇奋起迎击。在渔民和民兵的配合下,一举击溃入侵之敌,取得了这次海战的胜利,控制了西沙群岛。

中国外交部于1月20日发表声明,对西贡当局派遣武装部队侵犯中国领土表示极大的愤慨和强烈的抗议,声明重申了1951年8月15日周恩来外长在《关于美英对日和约草案及旧金山会议的声明》中表明的立场:"西沙群岛和南威岛正如整个南沙群岛及中沙群岛、东沙群岛一样,一向为中国领土。"声明强调指出,"中国领土是不容侵犯的,为了维护领土和主权,中国政府和中国人民有权采取一切必要的自卫行动"。声明还提出,对于俘获的西贡军事人员,将在适当时机予以遣返。1月29日,新华社授权公布:中国政府决定,被俘获的南越军队官兵48名,美国人1名,将分批遣返。第一批西贡军队伤病俘5名,美国病俘1名,于1月31日在广东深圳遣返,这充分显示了中国政府的人道主义精神。

西沙群岛自卫反击战的胜利,再次显示了中国人民解放军的强大威力。不管是哪国反动派,如果胆敢侵犯中国的领土和主权,必将碰得头破血流,落得一个可耻失败的下场。

三、中华人民共和国在联合国合法地位的恢复

中国是联合国创始会员国和安理会五个常任理事国之一。中华人民共和国成立以后,作为中国惟一合法的政府,理应由它享有在联合国的一切权利。但是,美国政府坚持敌视新中国的政策,操纵联合国,长期把中华人民共和国排斥在联合国之外。

70年代,大批第三世界国家加入了联合国,它们在联合国的地位大大提高,发挥着愈来愈大的作用。随着中国国际地位的提高,第三世界国家及其他主持正义的国家强烈要求恢复中国在联合国的合法权利。美国操纵联

合国,阻挠中国重返联合国的局面已无法维持了。

在这种形势下,美国变换手法,除继续坚持"重要问题"的老提案外,又炮制了一个所谓"双重代表权"的新提案,既不反对联合国接纳北京,又反对驱逐蒋介石集团,主张中华人民共和国和台湾都在联合国拥有席位。

1971年7月间,美国总统尼克松的国家安全事务助理基辛格秘密访问北京时,曾就这个方案试探中国领导人的态度,周恩来当即表示反对。他说:中国不是联合国会员国已经很久了,中国可以再等一段时间,但决不会接受任何形式的双重代表权。但美国政府不顾中国政府的反对,一意孤行。8月2日,美国国务卿罗杰斯公开抛出"双重代表权"提案,主张北京进入联合国,但反对驱逐台北;中国在安理会的席位,由联合国大会决定。对此,周恩来立即作出反应。他在8月5日与中国驻加拿大大使及6日与美国记者的两次谈话中明确表示,中国决不会接受任何形式的"双重代表权"。可是,美国政府仍于8月17日向联合国秘书长递交了一份备忘录和一封信,主张"中华人民共和国应当有代表权",同时又主张应当规定不剥夺台湾当局的"代表权",企图在联合国内制造"两个中国"。中国政府对此表示坚决反对。8月20日,中国外交部发表声明,指出,美国政府明目张胆地制造"两个中国",中国政府和中国人民绝对不能容忍,并且坚决反对。声明宣布,只要在联合国出现"两个中国"、"一中一台"、"台湾地位未定"或其他类似情况,中国政府就坚决不同联合国发生任何关系。在中国政府表明了自己的严正态度后,美国被迫作出一个小小的让步,提出安理会的中国席位属于北京,但仍坚持把台湾当局留在联合国内。

9月22日,联合国总务委员会对即将召开的第26届联大议事程序进行表决时,美国遭到失败。总务委员会决定把关于驱逐蒋介石集团,恢复中华人民共和国合法席位的提案,放在美国"双重代表权"提案的前面。这样,就可以先讨论通过前一个提案,从而使"双重代表权"的提案自然报废。

从10月18日开始,第26届联大就恢复中华人民共和国在联合国的合法权利问题进行了一周的专门辩论。25日,联合国大会对美国和日本两国政府联合炮制的把蒋介石集团的代表驱逐出联合国需要2/3的多数票才能通过的所谓"重要问题"提案进行表决时,以59票反对,54票赞成,15票弃权,否决了美、日的联合提案,连美国的北约大部分盟国都投了反对票或者弃权票。当这一表决结果在电子计票牌上显示出来时,会场上立即沸腾起来,热烈的掌声持续了两分钟之久。一些对中国友好国家的代表,高声欢呼,互相拥抱,坦桑尼亚的代表从会场后排跑到前排,高兴地跳起舞来。台湾当局代表刘锴见大势已去,立即宣布退会。一个半小时后,联合国大会又对阿尔巴尼亚、阿尔及利亚等23个国家要求恢复中华人民共和国在联合国的一切合法权利和立即把蒋介石集团的代表从联合国一切机构中驱逐出去的联合提案进行表决,结果以76票赞成、35票反对、17票弃权的压倒多数通过。这时,会议大厅里又一次响起了雷鸣般的掌声,出现了欢呼、跳跃的热烈场面。为了避免出现难堪的局面,台湾"外交部长"周书楷在大会表决前就率"代表团"悄然离开会场。

中华人民共和国在联合国合法地位的恢复,对美国霸权主义是一个沉重打击。美国通讯社说,"这是美国自联合国成立以来遭到的最惨重的失败","美国政府人士感到吃惊","感到悲伤"。对此,美国政府极为恼火,却又无可奈何。10月26日,国务卿罗杰斯在记者招待会上说,美国政府欢迎中华人民共和国进入联合国,同时,"对联合国剥夺'中华民国'在该组织的代表深表遗憾"①。

同日,联合国秘书长吴丹给中国外交部代部长姬鹏飞发来电报,正式通知中华人民共和国政府,联合国大会决定恢复中华人民共和国在联合国的一切合法权利,并接纳中华人民共和国为安理会常任理事国,邀请中国政府派出代表团出席本届联大会议。29日,中华人民共和国政府就此发表声明。声明指出,联大投票结果反映了世界各国人民要求同中国人民友好的大势,也说明超级大国操纵联合国和国际事务的蛮横作法,已经越来越没有市场;中国政府对坚持原则、主张正义的一切友好国家的政府和人民表示衷心的感谢。同时,痛斥了美、日制造"两个中国"的阴谋。声明宣布:中华人民共和国政府即将派出自己的代表团参加联合国的工作,并同一切爱好和平正义的国家及人民站在一起,为维护各国的民族独立和主权,为维护国际和平,促进人类进步事业而共同奋斗。

11月15日,中华人民共和国代表团正式出席第26届联大会议,受到与会各国代表的热烈欢迎,57个国家的代表和大会主席致欢迎词。乔冠华团长在大会上发言,阐明了中华人民共和国的对外政策。

中华人民共和国在联合国合法地位的恢复,是中国外交战线的一个重大胜利。这一胜利,是中国人民坚持原则、长期斗争的结果,也是与广大第

---

① Kwan Ha Yim. 中国和美国(1964~1972). 纽约,1973.232

三世界国家和其他友好国家主持正义、大力支持分不开的。这一事件,具有重要的意义:(1)大大提高了中国的国际地位,使蒋介石集团在外交上陷于空前孤立,它不得不承认这是"迁台以来的最大挫折"。几乎在一夜之间,有20多个国家和台湾国民党当局断交,承认中华人民共和国。这种形势,有利于中国统一大业的进行。(2)中国重返联合国并担任安理会常任理事国,大大增强了第三世界国家在联合国的力量,有利于打破超级大国控制联合国及操纵国际事务的局面,也有利于国际反帝、反殖、反霸事业的发展。从此,作为联合国安理会常任理事国之一的中国,在联合组织内为实现联合国宪章的宗旨、维护世界和平、加强各国友好合作、促进人类进步事业等方面作出了自己的不懈努力。

四、中美、中日关系正常化

60年代末,中国的国际影响日益扩大,国际地位不断提高,在国际生活中发挥着越来越大的作用。美国朝野一部分有识之士有鉴于此,纷纷批评政府错误的对华政策,要求实现中美关系正常化。1969年3月20日,参议员爱德华·肯尼迪在"中美关系全国委员会"上发表演说,批评"20年来,我们的政策是战争政策","现在我们必须把我们战争政策转到寻求和平政策","我们必须寻求新的政策"。他抨击当时美国政府执行的是无视现实的政策,指出:中国幅员辽阔,人口众多,在世界上应占重要一席[①]。

尼克松就任美国总统后,着手修正对华政策,寻求打开美中关系大门的途径。1969年2月,他指示他的国家安全事务助理基辛格"探索同中国人和解的可能性"。不久,他又请法国总统戴高乐把美国新政府谋求同中国对话的想法转告中国政府。7月下旬至8月初,尼克松出访亚欧一些国家时,又请巴基斯坦总统叶海亚和罗马尼亚总统齐奥塞斯库把美国想同中国对话的信息转达给中国领导人。此后,尼克松本人也频频向中国方面发出信号。1970年2月18日,尼克松在国会发表对外政策报告时表示:一个伟大的、生气勃勃的中国,不应继续孤立在国际大家庭之外。他保证要"尽力采取同北京改善实际关系的步骤"。他后来又多次表示,愿同中国政府接触、对话和谈判,"最后必须建立关系"。10月初,他对美国《时代》周刊记者谈话时说,他希望到中国去。下旬,他又请第三国领导人转告中国方面,美国愿意派一

---

① Kwan Ha Yim. 中国和美国(1964~1972). 纽约,1973. 186

个高级使节访问北京。与此同时,尼克松还采取了一系列具体措施来缓解同中国的关系,如取消美国人到中国旅行的限制,放宽对中国贸易的限制,1970年恢复了华沙中美大使级会谈,等等。

尼克松发出的上述信号,得到了中国方面的响应。毛泽东、周恩来敏锐地抓住世界局势发生变化这一有利时机,采取灵活机动的措施,打破国际关系中的坚冰,开创对外关系的新局面。1970年12月18日,毛泽东在会见美国友人埃德加·斯诺时说,中国欢迎尼克松访华,"他作为旅行者来也行,作为总统来也行。因为目前中美两国之间的问题要跟尼克松解决"①。这是中国领导人向尼克松发出的一个重要信息。1971年4月,中国邀请美国乒乓球队访问北京,随后,周恩来又亲自会见了他们。这个事件当时在世界上反响较大,被国际舆论誉为"乒乓外交"。通过"小球转动了大球",打开了中美人民友好交往的大门。4月下旬,中国经巴基斯坦转交给美国政府一封未署名的信件,信中表示:中国"愿意在北京公开接待美国总统的特使(例如基辛格先生),或美国国务卿,或甚至美国总统本人"。

美国收到了中国的信件后,尼克松于5月17日通过巴基斯坦复信给周恩来总理,表示他愿意接受邀请访问北京,并建议在他访问之前,由基辛格和周总理或另一位适当的中国高级官员举行初步的秘密会谈。中国同意了尼克松的请求。7月9日,基辛格取道巴基斯坦秘密到达北京。9日至11日,基辛格与周恩来举行了会谈,16日,发表了会谈公告。公告宣布,获悉尼克松总统曾表示希望访问中华人民共和国,周恩来总理代表中国政府邀请尼克松总统于1972年5月以前的适当时间访问中国。尼克松总统愉快地接受了这一邀请。10月20日,基辛格再次访问中国,在北京与周恩来总理会谈,为尼克松总统访华事宜进行具体安排。

1972年2月21日至28日,尼克松总统访问了中国。21日下午,毛泽东会见了尼克松,就中美关系和国际事务认真、坦率地交换意见。21日至26日,周恩来等中国领导人与尼克松总统等美国客人,就中美两国关系正常化以及双方关心的其他问题进行了多次会谈。尼克松表示,过去自己的观点同杜勒斯有相似之处,现在认为美国和中华人民共和国的关系应该改变,要顺应潮流,否则将为潮流所淹没;美国同中华人民共和国之间较好的关系,将对所有国家有利。

---

① 毛泽东与埃德加·斯诺谈话.1970-12-18

1972年2月周恩来总理在北京机场迎接来访的美国总统尼克松

2月28日，中美双方在上海发表了《联合公报》。公报阐明了两国在当时国际形势下的共同点及各自的立场。中国方面重申：台湾问题是阻碍中美关系正常化的关键问题；中华人民共和国政府是中国的惟一合法政府，台湾是中国的一个省，早已归还祖国；解放台湾是中国的内政，别国无权干涉；全部美国武装力量和军事设施必须从台湾撤走。中国政府坚决反对任何旨在制造"一中一台"、"一个中国，两个政府"、"两个中国"、"台湾独立"和鼓吹"台湾地位未定"的活动。美国方面声明："美国认识到，在台湾海峡两边的所有中国人都认为只有一个中国，台湾是中国的一部分。美国政府对这一立场不提出异议。"它重申它对于由中国人自己和平解决台湾问题的关心。考虑到这一前景，它确认从台湾撤出全部美国武装力量和军事设施的最终目标。在此期间，它将随着这个地区紧张局势的缓和逐步减少它在台湾的武装力量和军事设施。

联合公报还指出：中美两国的社会制度和外交政策有着本质的区别，但是双方同意，各国不论社会制度如何，都应该根据尊重各国主权和领土完整、不侵犯别国、不干涉别国内政、平等互利、和平共处的原则来处理国与国的关系。中美两国准备在它们的相互关系中实行这些原则。双方声明：任何一方都不应该在亚洲—太平洋地区谋求霸权,每一方都反对任何其他国家或国家集团建立这种霸权的努力。中美双方还同意在科学、技术、文化、体育和新闻等领域进行人民之间的联系和交流,以扩大两国人民之间的了解,同意为逐步发展两国间的贸易提供便利。

中美联合公报的发表是中美关系史上的一个重要的里程碑。它所确立的两国关系的准则,为中美两国关系走向正常化和以后不断扩大交往开辟了新的前景。对峙了二十多年的中美关系逐步走向正常化,有利于亚洲—太平洋地区的和平与稳定,进一步孤立了台湾蒋介石集团,有利于台湾回归祖国统一大业的完成。

1973年2月,基辛格第三次访问中国。周恩来总理、姬鹏飞外长同他举行了会谈。22日,中美双方发表了会谈公报。公报重申了上海公报的各项原则和双方为实现关系正常化所承担的义务。双方一致认为,现在是加速关系正常化的适宜时机。为此目的,他们约定要扩大两国在各方面的接触,双方商定了一项扩大贸易以及科学、文化和其他方面交流的具体计划。为了便于就中美关系正常化问题交换意见,双方商定将在双方的首都设立"联络办事处"。同年5月,中美两国分别在华盛顿和北京建立了联络处,双方关系逐渐改善。此后,两国政府又经过多次谈判,终于在1979年1月1日正式建立了外交关系。

美国总统尼克松访华,对中日关系产生了重大影响。日本朝野各界人士纷纷谴责佐藤政府的错误对华政策,要求实现中日邦交正常化的呼声越来越高。

佐藤内阁辞职后,1972年7月7日,以田中角荣为首相的日本新内阁组成。田中就职后立即宣布把实现日中邦交正常化作为自己的首要任务。他表示,"日中邦交正常化的时机已经十分成熟","要加紧实现和中华人民共和国的邦交正常化"。8月11日,日本外相大平正芳会晤了正在日本访问演出的上海舞剧团团长兼中日友好协会副秘书长孙平化和中国中日备忘录贸易办事处驻东京联络处首席代表萧向前,请他们转告中国政府:田中首相决定为谈判日中邦交正常化访问中国。12日,中国外交部长姬鹏飞授权宣布:中华人民共和国国务院总理周恩来欢迎并邀请日本首相田中角荣访问中国,谈判并解决中日邦交正常化问题。

9月25日,日本内阁总理大臣田中角荣访问中国。在访问期间,周恩来和田中角荣就中日邦交正常化问题及双方关心的其他问题进行了多次会谈。27日,毛泽东会见了田中。日本方面对过去日本军国主义者发动的侵华战争表示反省;中国政府从中日两国人民的友好考虑出发,放弃对日本赔偿战争损失的要求。29日,中日两国政府在北京签署《联合声明》。声明宣布中日两国不正常状态自即日起宣告结束;两国政府决定自即日起建立外交关系,并尽快互换大使;日本国政府承认中华人民共和国政府是中国的惟一合法政府;中国政府重申:台湾是中华人民共和国领土不可分割的一部分。日本国政府充分理解和尊重中国政府的这一立场。两国政府同意在互相尊重主权和领土完整、互不侵犯、互不干涉内政、平等互利、和平共处各项原则的基础上,建立两国间持久的和平友好关系;两国任何一方都不应在亚洲和太平洋地区谋求霸权,每一方都反对其他国家或国家集团建立这种霸权的努力;两国政府确认,在相互关系中用和平手段解决一切争端,而不诉诸武力和武力威胁;两国政府同意进行以缔结和平友好条约以及贸易、航空、航海、渔业等协定为目的的谈判。

同日,日本外相大平正芳在中国举行记者招待会。他代表日本政府宣布:"作为日中邦交正常化的结果,日蒋条约已失去了存在的意义,并宣告结束。"随后,日本与台湾国民党当局断绝了"外交关系",各自撤回了自己的"大使"。1973年初,中日两国互设大使馆,互派大使。

中日邦交正常化的实现,是中日两国人民长期艰苦努力的结果,它揭开了中日关系史上新的一页。中日友好关系的建立和发展,不仅符合中日两国人民的根本利益,也有利于亚太地区和世界的和平与稳定。此后,两国在政治、经济、文化、科技等各个领域的交流不断扩大,两国关系进入了一个新的发展时期。

"九·一三"事件后,周恩来主持中央日常工作,他在毛泽东的支持下,执行正确的对外政策,打开了中国外交的新局面。从1971年10月到1972年底的一年多当中,共有25个国家先后同中国建交,这对于维护世界和平产生积极影响,也为中国开展对外经济技术交流,发展对外贸易创造了有利的条件。

五、毛泽东划分"三个世界"的理论

60年代,世界各种政治力量经历了一个大动荡、大分化、大改组的过程。进入70年代以后,各种政治力量的对比发生了巨大变化。世界形势虽形成了美苏争霸的格局,但摆脱了殖民统治,获得了独立的广大亚、非、拉国家却不断兴起、壮大,形成了一支反殖、反帝、反霸斗争的巨大革命力量。毛泽东在对这种国际形势进行科学分析的基础上,提出了关于"三个世界"划分的理论,号召第三世界国家联合起来反对霸权主义。

1974年2月22日,毛泽东在会见来华访问的赞比亚总统卡翁达时说:"我看美国、苏联是第一世界。中间派,日本、欧洲、澳大利亚、加拿大是第二世界。咱们是第三世界。""第三世界人口很多。亚洲除了日本,都是第三世界。整个非洲都是第三世界。拉丁美洲也是第三世界。"同年4月6日,国务院副总理邓小平率中国代表团出席联合国大会第六届特别会议。10日,他在大会上发言,全面阐述了毛泽东关于"三个世界"的理论,引起了世界各国的注意,使这一理论得到广泛传播,得到了大多数国家的赞同。

毛泽东关于"三个世界"划分的理论,是依据列宁关于帝国主义使世界分为压迫民族和被压迫民族,而国际无产阶级必须和被压迫民族共同斗争的理论,分析了当代世界各种基本矛盾的发展变化以及各国在国际上所处的政治、经济地位而得出的科学论断,它具有极其丰富的内容。

美国和苏联是第一世界,它们都是超级大国。超级大国的特点是:依靠远比别国强大的经济力量和军事力量,进行世界范围的经济剥削、政治压迫和军事控制,成为当代国际最大的剥削者和压迫者。两个超级大国不但想把亚、非、拉的发展中国家置于它们各自的控制之下,而且还要欺负那些实力不如它们的发达国家。同时,每一个超级大国都以独霸全世界为目的,为此,它们之间又展开激烈的争夺,成为世界局势动乱的根源和新的战争的策源地,严重地威胁着世界和平。

第二世界基本上是资本主义、帝国主义国家。它们是中间派,具有两面性,同第一世界、第三世界既有矛盾的一面,又有联系的一面。对第一世界,它们既受超级大国的剥削、控制、欺负,又和超级大国有着千丝万缕的联系;对第三世界,它们也进行压迫、剥削、掠夺,但又能和第三世界国家一起反对超级大国。总起来看,第二世界国家都在不同程度上具有摆脱超级大国的要求,因此可以成为第三世界在反霸斗争中争取或联合的力量。

广大亚、非、拉国家形成了第三世界,大洋洲和欧洲的一些发展中国家也属于第三世界。第三世界国家有100多个,地域辽阔,人口众多,其面积占世界面积的2/3,人口占世界总人口的3/4。第三世界国家都有相似的苦难经历,面临着共同的任务和问题。过去它们长期遭受殖民主义、帝国主义的压迫和剥削,现在虽然取得了政治上的独立,但还面临着肃清殖民主义残余、巩固民族独立、发展民族经济的任务,特别是它们都受着超级大国的压迫、控制、剥削,因此,第三世界国家都有强烈的反殖、反帝、反霸斗争要求,是革命的主力军。

中国是一个社会主义国家,但经济发展比较落后,也是一个发展中国家,属于第三世界。毛泽东在1974年2月1日的一次谈话中指出:"中国属于第三世界。因为政治、经济各方面,中国不能跟富国、大国比,只能跟一些比较穷的国家在一起。"①

中国和广大的第三世界国家一样,在过去都曾经遭受到帝国主义的侵略、奴役、剥削,现在虽然建立了社会主义国家,但仍面临着反对超级大国的霸权主义,发展民族经济的任务。共同的经历、共同的斗争、共同的任务,把中国和第三世界国家紧密地联系在一起。因此,中国政府和中国人民把坚决同第三世界其他国家一起为反对帝国主义、殖民主义、霸权主义而斗争,看作是自己神圣的国际主义义务,并且在这些斗争中和第三世界国家互相支援,团结战斗,共同前进。

"文化大革命"期间,尽管中国经济十分困难,但仍然向第三世界国家提供了相当数量的援助。在印度支那三国,特别是越南人民的抗美救国战争中,中国政府和中国人民在道义上、物资上、人员上对他们进行了巨大的、无私的援助,中国援越物资价值在200亿美元以上,其中绝大多数是无偿的,一小部分也是无息贷款。中国政府还派出了相当数量的工程技术人员、军事人员直接帮助越南,为了越南的民族解放和建设事业,4 000多名中国同志长眠在越南的土地上。对此,越南共产党总书记黎笋在1975年9月访华时当面向毛泽东表示感谢。他说,如果没有中国这个辽阔的后方,没有中国提供的援助,越南是不可能成功的。"我们一直认为,能向我们提供最直接、最紧急和生死关头援助的,是中国。"越南人民之所以能够取得抗美救国战争的彻底胜利,并使全国得到统一,是与中国人民对他们的援助分不开的。

中国对非洲国家为争取民族解放、维护国家独立、发展民族经济也尽力进行援助。中国耗资十几亿元,费时六载,帮助坦桑尼亚和赞比亚修筑了一条长达1 860公里的铁路,为发展这两个国家的民族经济做出了自己的贡献。

中国虽然向亚、非、拉第三世界国家提供了很多帮助,但从来不把这些援助看作是单方面的赐予,而认为这些援助是相互的。中国在对发展中国

---

① 人民日报,1977-11-01

家提供援助时,绝对不附带任何条件,不要求任何特权。提供援助的目的不是造成受援国对中国的依赖,而是帮助受援国走上自力更生、独立发展的道路。中国的这种做法,在第三世界各国中受到广泛赞扬,他们把中国看作是自己最可靠的朋友。

毛泽东关于划分"三个世界"的理论,揭示了新的历史时期世界政治的基本格局和国际斗争的战略态势。它不仅是中国外交工作的重要指导方针,而且为国际无产阶级和被压迫民族团结一致,争取一切可以争取的力量,结成最广泛的统一战线,反对美苏两霸的斗争,提供了强大的思想武器。三个世界的划分,为中国外交工作提供了新的战略性指导原则,指明中国作为第三世界国家,在继续发展与第三世界国家友好合作关系的同时,要联合一切可以联合的力量,结成最广泛的国际反霸权主义统一战线。这个战略性指导原则,为改善和发展包括美国在内的不同类型国家的友好合作关系提供了一个符合实际的理论依据,为中国日后实行对外开放政策铺平了道路。当然,这一理论对美苏发动战争的危险估计过于严重,立足于应付战争,对国内建设产生了不良影响。

第八节 台湾的政治与经济

一、台湾政坛的变迁

1966～1976年,中国大陆在轰轰烈烈地开展"文化大革命",中央对台工作实际上陷于停顿,海峡两岸的统一问题暂时被搁置。同一时期,台湾政坛也发生了重大变迁。

1966年3月,台湾当局召开"国民大会",选举第四届"总统"和"副总统"。蒋介石当选"总统",严家淦当选"副总统"兼任"行政院长"。1969年3月,"行政院"局部改组,原"副院长"黄少谷辞职,由蒋经国升任。1972年5月,台湾当局再次召开"国民大会",蒋介石、严家淦连任正、副"总统"。5月26日,国民党中常会接受严家淦提案,提名蒋经国出任"行政院长"。6月1日,蒋经国正式就任"行政院长"。

蒋经国出任"行政院长"前后,国民党当局为回应台湾上下要求改选"中央民意代表"的强烈呼声,决定开始"中央民意代表"的增选和补选工作。先是于1969年从台北市和台湾省增补了11名"立法委员";接着于

1972年选出增额"国大代表"53人,增额"立法委员"51人,增额"监察委员"15人。这批增额"中央民意代表"与原在大陆选出的"万年国代"、"资深委员"待遇不同,增额"立法委员"每3年改选一次,增额"国大代表"、"监察委员"每6年改选一次。同时,蒋经国担任"行政院长"后,对"行政院"进行较大改组,起用了不少新人。如"台北市长"张丰绪、"基隆市长"陈政雄、"桃园县长"吴伯雄、"政务委员"李登辉等。另外,蒋经国为了缓和日益严重的省籍冲突,提出了"台人治台"的口号。① 当时,在台湾的各级行政和"民意"机关中,都吸收了一些台籍人士,如"行政院副院长"徐庆钟、"内政部长"林金生、"交通部长"高玉树、"台湾省主席"谢东闵、"台北市长"张丰绪,以及"行政院政务委员"连震东、李登辉、李连春等。这样,在台湾当局的统治集团中就多少掺入了一些新生力量,从而在一定程度上扩展了国民党在台湾的统治基础,缓和了台湾当局所承受的政治压力。

1975年4月5日,蒋介石病逝。次日,国民党中常会召开临时会议,决定由"副总统"严家淦继任"总统"。28日,国民党中央委员会召开临时全会,修改"党章",保留"总裁"名义(永远属于蒋介石),设"主席"一职,并推蒋经国任之。至此,台湾当局的党政大权已基本控制在时任国民党主席和"行政院长"的蒋经国手里,严家淦只不过是个挂名"总统"而已,新的党政领导核心已初步形成。

二、台湾经济的"起飞"

20世纪60年代中期至70年代初期,是台湾经济实现"起飞"的"黄金时期"。在这一时期,台湾当局先后实施了1965～1968年的第四期经建计划,1969～1972年的第五期经建计划和1973～1976年的第六期经建计划。

第四、五两期经建计划的重点大致相同,均在于改善投资环境,增加投资,改进经济结构,提高生产技术和管理水平,发展加工出口工业,改善国际收支状况。只是第四期经建计划较注重于发展加工出口工业,第五期经建计划较注重于农业问题。这两期计划实施期间,台湾经济发生了一系列显著的变化,主要表现为:经济结构从以农业为主转为以工业为主;经济战略以进口替代为主转向以加工出口为主;工业内部重工业比重增加,纺织工业、电子电器工业迅速发展。这些变化表明以加工出口工业为主体的出口

---

① 茅家琦.台湾三十年,1949～1979.郑州:河南人民出版社,1988.211

导向型经济在台湾最终确立。①

为确保实现台湾经济的转型,以加快台湾工业的"起飞",台湾当局自1966年起,先后在高雄、楠梓、台中设立了加工出口区。在这些加工出口区,台湾当局实施了一些特殊的政策,主要包括:简化行政手续;放宽外汇及外贸管理;免税减税,缩短过关时间;限制区内物资流向等。从绩效来看,这些加工出口区的设立和运作,吸引了大量外资,扩展了对外贸易,增加了就业机会,引进了先进技术和设备。在设立加工出口区的同时,台湾当局还推行了一些其他促进经济发展的政策和措施,如实行减税制,以奖励投资;实行退税制,以鼓励外销;增加对民营企业的贷款等。这些举措都对台湾工业的"起飞"起了重要作用。

总的来看,第四、五期经建计划期间,台湾工业发展比较迅速。据统计,第四期经建计划期间工业年均增长率为17.8%,其中1968年增长率高达22.3%;第五期经建计划期间工业年均增长率为21.3%,其中1971年增长率高达24.1%。②台湾工业之所以能迅速"起飞",除了前述台湾当局采取了一系列正确的经济发展战略和策略外,还得益于较好的经济基础、美国的大量援助以及有利的国际环境等。

与台湾工业的快速发展形成鲜明对照的是,台湾农业的缓慢发展。据统计,1965~1973年间台湾农业年均增长率为3.5%,其中1969~1972年间农业年均增长率只有1.6%。③尽管这一时期台湾当局采取了一系列发展农业的措施,但收效不大,不足以扭转台湾农业的不景气状况。这主要是由于台湾分散的小土地占有制经营方式,不利于农业的机械化和专业化;农业收入偏低而成本偏高,严重影响了农民生产和投资的积极性;加上农村劳动力严重不足等因素,结果造成了台湾工业发展的"黄金时期"与农业发展的相对缓慢并存的不平衡局面。

1973年10月,第四次中东战争的爆发引起了世界石油危机。这对于石油主要依赖进口的台湾经济造成了严重冲击,导致台湾物价普遍上涨,贸易逆差激增,经济增长速度放缓。为应付石油危机和经济困境,台湾当局决定终止1973~1976年的第六期经建计划,并于1974年起开始实施"十项建设"工程和一系列稳定经济的举措。从此,台湾经济进入调整时期。

---

①②③ 茅家琦.台湾三十年,1949~1979.郑州:河南人民出版社,1988.158~162,157,185

第九节 思想、文化、教育、科技

一、"活学活用毛泽东思想"运动

毛泽东思想是以毛泽东为主要代表的中国共产党人,把马克思列宁主义普遍原理和中国革命实践相结合的产物,是关于中国革命的正确的理论原则和经验总结,是中国共产党集体智慧的结晶。毛泽东的"科学著作"是毛泽东思想的集中概括。毛泽东思想内容丰富,是一个完整的科学思想体系。毛泽东思想是中国共产党的宝贵的精神财富,长期以来一直是中国共产党人的行动指南。随着中国革命的节节胜利,尤其在新中国成立后,许多共产党人自觉学习毛泽东思想并运用毛泽东思想的立场、观点和方法来研究解决实践中出现的新情况、新问题。这种学风是健康的,效果是良好的,但随着"左"倾思潮的滋生蔓延,学习毛泽东思想被推向教条化、庸俗化。其间,始作俑而影响又最大最坏者,当属林彪。

林彪于1959年9月接替被罢免的彭德怀出任国防部长,并主持中央军委工作。此后,他大搞对毛泽东的个人崇拜,宣传学习毛著"一本万利",要"背警句",鼓吹毛泽东思想是"顶峰",并提出"活学活用,学用结合,急用先学,立竿见影"的口号,在军队中掀起了一场逐渐背离毛泽东思想科学体系的"活学活用毛泽东思想"运动。在毛泽东的赞许和支持下,这场运动由军队推向全国。

"活学活用"作为一场运动正式开始于1964年。针对林彪的这种主张和作法,邓小平、罗荣桓当时就尖锐指出:这是对毛泽东思想的"庸俗化"、"简单化","贬低了毛泽东思想的意义"。对于"文化大革命"以前的"活学活用",固然不能全盘和简单否定。它的确为部队及其他各行各业培养了一大批先进模范人物,但"文化大革命"期间的这场"活学活用"运动,误把毛泽东的个人思想等同于毛泽东思想科学体系,并教条地把毛泽东个人的一切言论都作为毛泽东思想来学习,因而它具有更为严重的消极后果。它助长了人们对毛泽东的个人崇拜、神化和盲从情绪,当毛泽东犯错误甚至犯"文化大革命"这样的全局性错误的时候,全国人民仍疯狂迷信地高呼"紧跟毛主席就是胜利!""誓死捍卫毛主席的无产阶级革命路线!""彻底砸烂刘邓修正主义路线!"之类的口号,使"文化大革命"时期的"活学活用"运动,达到了登峰造极的地步,从而为林彪等反革命野心家所利用。他们打着毛泽东思想的旗帜,严重背离和践踏了毛泽东思想的科学体系,给党和国家在政治、思想、文化等各方面造成极大的混乱和损失。

"突出政治"口号的提出是在1964年。这年12月29日,林彪在一次谈话中指出:"1965年的工作要突出政治,大力加强政治思想工作。"1965年11月18日,林彪提出所谓"突出政治"的五项原则,第一项就是:活学活用毛主席著作,特别要在"用"字上狠下工夫,把毛主席的书当成全军各项工作的"最高指示"。对于"突出政治"的提法,毛泽东是十分赞成的,并对不赞成的同志进行了严厉批评。12月2日,毛泽东在一个报告批示中指出:那些不相信突出政治,对于突出政治表示阳奉阴违,而自己另外散布一套折中主义(即机会主义)的人们,大家应当有所警惕。在此后不久召开的全军政治工作会议上,会议引用了林彪关于毛主席的话"句句是真理","一句顶一万句"之类的言论,认为"突出政治"就是突出毛泽东思想。凡是毛主席指示的,就要坚决拥护,坚决照办,上刀山下火海也要保证完成。会议指出:一定要更高地举起毛泽东思想伟大红旗,掀起一个更广泛、更深入的活学活用毛主席著作的新高潮。除部队系统之外,一些省、市、自治区为配合"活学活用毛泽东思想"运动,先后出版了一大批学习材料,如河南人民出版社1964年6月出版的《活学活用毛泽东思想的好榜样》,上海人民出版社1965年8月出版的《活学活用毛主席著作的尖兵》等。

"文化大革命"爆发后,"活学活用毛泽东思想"运动变为推行"左"倾指导思想的工具。林彪出于不可告人的目的,对这场运动更为热心和卖力。1966年6月6日,《解放日报》发表《高举毛泽东思想伟大红旗,把无产阶级文化大革命进行到底》。该文按照林彪的提法,要求"读毛主席的书,听毛主席的话,照毛主席的指示办事,做毛主席的好战士","念念不忘阶级斗争,念念不忘无产阶级专政,念念不忘突出无产阶级政治"。9月18日,林彪在一次谈话中,强调要"把学习毛主席著作提高到一个新阶段"。他说:"毛主席比马克思、恩格斯、列宁、斯大林高得多。""毛泽东思想是最高水平的马克思列宁主义。"甚至说,"毛主席这样的天才,全世界几百年、中国几千年才出现一个。毛泽东是世界最大的天才"。1967年10月1日,林彪在国庆纪念大会的讲话中,宣称要"把全国办成毛泽东思想的大学校"。10月12日,《人民日报》发表《全国都来办毛泽东思想学习班》的社论。此后中央及全国各地陆续举办各种形式的"毛泽东思想学习班",林彪任中央毛泽东思想学习班主任。12月8日,林彪在一次谈话中说:"以毛泽东思想挂帅,搞好人的思想革命化,是政治中的政治,灵魂中的灵魂,核心中的核心。"

随着"活学活用毛泽东思想"运动的升温,毛泽东的各种著作大量发行。据统计,仅1967年,《毛泽东选集》就出版8 640多万部,《毛主席语录》出版3.5亿册,《毛泽东著作选读》出版4 750多万册,《毛主席诗词》出版5 700多万册。毛泽东著作发行到世界上148个国家和地区。更有甚者,这种极不正常的"活学活用",被当做检验革命与否的标准。由此,工农商学兵,男女老少,有文化的,没文化的,人人都"读毛主席的书",背诵毛主席语录,背诵"老三篇",唱毛主席语录歌,跳"忠"字舞。从中央到地方,各级都定期不定期地举办活学活用毛泽东思想讲用会、宣讲会、经验交流会及活学活用毛泽东思想积极分子表彰会、代表会等。一时间,"活学活用毛泽东思想"被搞成"向毛主席献忠心"的造神运动。浙江省江山县水泥厂的一位工人说,通过"活学活用",使他"头顶蓝天望北京,脚踏石山炼忠心"①。实际上,人们的思想被严重地扭曲,被禁锢得近乎麻木和愚钝了。

1967年毛泽东、林彪、周恩来、陈伯达在天安门城楼

林彪通过大树特树毛泽东,在1969年4月召开的中共"九大"上,被破例规定为"毛泽东同志的亲密战友和接班人"而载入党章。然而这个"语录不离手,万岁不离口"的"副统帅",到头来却是一个"当面说好话,背地下毒手"的大野心家、阴谋家和反革命两面派。随着"九·一三"事件林彪身败

---

① 学好用好毛主席的光辉哲学思想——浙江省江山县江山水泥厂活学活用毛主席哲学思想的经验.杭州:浙江人民出版社,1970.22

名裂,一场轰轰烈烈的具有特定含义的"活学活用毛泽东思想"运动随之悄然结束。

二、无产阶级专政下继续革命理论

在"文化大革命"中,毛泽东"以阶级斗争为纲"的理论进一步发展并日趋完备,其具体表现就是"无产阶级专政下继续革命的理论"的提出和系统化。1967年5月18日,《人民日报》发表了与《红旗》杂志社编辑部合写,经毛泽东审阅的重要文章《伟大的历史文件》,第一次提出了"无产阶级专政下进行革命"的概念。11月6日,《人民日报》、《红旗》杂志、《解放军报》发表编辑部文章《沿着十月社会主义革命开辟的道路前进——纪念伟大的十月社会主义革命50周年》。文章第一次把毛泽东关于"文化大革命"的论点正式确定为"无产阶级专政下继续革命的理论"。

这个理论并不见于毛泽东个人的著述或谈话中,但它在发表、出台之时经过了毛泽东的审定和同意,代表了毛泽东晚年"左"倾思想理论的基本点。这一理论的提出既为开始了一年之久的"文化大革命"找到了系统的理论依据,也为正在进行的这场运动提供了理论指导。因而这一理论在当时被誉为是"在马克思主义发展史上,树立了第三个伟大的里程碑",后被作为根本指导思想写进了中共九大、十大通过的党章和四届人大通过的宪法之中。

"无产阶级专政下继续革命"的理论,主要包括六个方面的内容:(一)必须用马克思列宁主义的对立统一的规律来观察社会主义社会;(二)在社会主义这个历史阶段中,还存在着阶级、阶级矛盾和阶级斗争,存在着社会主义同资本主义两条道路的斗争,存在着资本主义复辟的危险性,因此,必须把政治战线和思想战线上的社会主义革命进行到底;(三)无产阶级专政下的阶级斗争,在本质上,仍然是政权问题,无产阶级必须在上层建筑中包括各个文化领域中对资产阶级实行全面的专政;(四)社会上两个阶级、两条道路的斗争,必然会反映到党内来,党内一小撮走资本主义道路的当权派,就是资产阶级在党内的代表人物;(五)无产阶级专政下继续进行革命,最重要的,是要开展"无产阶级文化大革命";(六)"无产阶级文化大革命"在思想领域中的根本纲领,是"斗私批修",解决人们的世界观问题。

这个理论有它特定的历史背景下所确立的特定的含义。它是毛泽东关于社会主义阶段阶级斗争的"左"倾错误观点发展到"文化大革命"时期的总概括,也是"文化大革命"的总的指导思想。对"无产阶级专政下继续革命"理论的认可,反映了毛泽东晚年在社会主义若干重大问题上的认识误区。

(一)阶级斗争问题上的严重失误。由于对国际和国内形势作了不切合实际的错误判断,毛泽东主张进行全面的阶级斗争,发动群众批斗所谓的"叛徒"、"内奸"、"特务"、"修正主义分子"、"走资派"、"牛鬼蛇神"等"阶级敌人";过分强调、迷信阶级斗争,只讲对立性不讲统一性,只讲斗争性不讲同一性;片面强调、宣传"共产党的哲学就是斗争的哲学"、"阶级斗争一抓就灵",把斗争作为一把万能的钥匙;认为不斗争就必然要出问题,提出不斗则退、不斗则修、不斗则垮的观点,甚至认为中国八亿人民,不斗行吗?这种斗争,混淆了敌我矛盾和人民内部矛盾的界限,把斗争形式的丰富性、多样性理解为阶级斗争的绝对单一形式。

(二)党内斗争问题上的严重失误。早在庐山会议期间,毛泽东就犯了把党内意见、认识分歧称之为"党内阶级斗争"的错误。在"文化大革命"发动的过程中,毛泽东进一步把他与刘少奇等其他党和国家领导人之间的正常的意见分歧,看作是党内资产阶级司令部与无产阶级司令部的斗争,并把大批忠诚于革命事业的干部打成"走资本主义道路的当权派"。到1976年,他又提出了"党内资产阶级"的理论。这是他在"批邓和反击'右倾翻案风'"运动中对党内斗争中的"左"倾理论的又一发展。他认为,"搞社会主义革命,不知道资产阶级在哪里,就在共产党内,党内走资本主义道路的当权派。走资派还在走"①。这就把所谓的"走资派"当作一个阶级,给党的建设造成很大的混乱。

(三)在"斗私批修"问题上的严重失误。毛泽东把"斗私批修"作为思想领域的根本纲领。这其中,斗私是关键。林彪曾对毛泽东的"斗私批修"思想作过解释。他说:"斗私,就是用马克思列宁主义、毛泽东思想同自己头脑里的'私'字作斗争。批修,就是用马列主义、毛泽东思想去反对修正主义,去同党内一小撮走资本主义道路的当权派作斗争。这两件事是相互联系的,只有很好地斗掉了'私'字,才能更好地把反修斗争进行到底。"②也就是说,只有狠挖思想上的'私',狠斗'私'字一闪念,才能提高思想政治觉悟,才能有效地反修防修。应当承认,公私是一对矛盾,提倡大公无私的精神风貌和道德品质,对培养良好的社会风尚,净化社会环境,显然具有积极

---

① 翻案不得人心.人民日报,1976-03-10
② 林彪.在中华人民共和国成立十八周年庆祝大会上的讲话.人民日报,1967-10-02

的意义。但在社会主义发展的初始阶段,在提倡共产主义道德观念的同时,又必须承认正当的个人利益存在的必要性和合理性。因此,在公私关系中,正当的个人利益应当受到国家和法律的保护。但在"文化大革命"时期,抹杀了正当的个人利益和不正当的个人利益之间的界限,忽视了生产力发展水平的限制,把个人正当的物质利益和要求当作资本主义来批判,这实质上是传统的禁欲主义在作怪。

所以,"无产阶级专政下继续革命的理论",是对马克思主义无产阶级革命和无产阶级专政理论的严重误解和曲解,是阶级斗争扩大化和阶级斗争中心论的产物。在这种极左错误理论指导下,"无产阶级文化大革命"向着更"左"的方向发展。

三、"教育革命"与知识青年上山下乡运动

"文化大革命"全面发动前夕,1966年5月7日,毛泽东在写给林彪的一封信(即《五·七指示》)中,对建国后的学校教育作了一个错误估计,认为学校是被资产阶级知识分子统治着。这反映了他自1962年中共八届十中全会以来在教育问题上的"左"倾错误已发展到十分严重的地步。

"文化大革命"开始后,在毛泽东这种错误思想的指导下,中共中央对教育工作制定了一系列极左政策。在1966年5月中央政治局扩大会议通过的《五·一六通知》中,提出要彻底批判教育界的"资产阶级反动思想",夺取教育领域中的领导权。8月,在中共八届十一中全会通过的《十六条》中明确规定:"改革旧的教育制度,改革旧的教学方针和方法,是这场无产阶级文化大革命的一个极其重要的任务。在这场文化大革命中,必须彻底改变资产阶级知识分子统治我们学校的现象。"

林彪、江青集团利用毛泽东和中共中央上述"左"倾错误推波助澜,诬蔑建国后17年的教育是"封建主义、资本主义、修正主义的一套破烂",建国以来教育工作中推行的是一条"反革命修正主义教育路线",鼓动对这条路线要进行大批判。同时,他们还利用所窃取的"文化革命"领导权,全盘否定党的教育方针、路线和政策,肆意破坏党对教育工作的领导。

在"左"倾错误思想的指导下,中国教育事业遭到了一次空前浩劫,与其他领域相比,教育战线是重灾区。纵观"文化大革命"期间的教育战线,大致可以分为三个阶段。

从"文化大革命"全面发动到1969年4月中共"九大"召开,是教育战

线的全面混乱时期。"文化大革命"伊始,在极左思潮和林彪、江青一伙的煽动下,大、中学校的青年学生缺乏政治经验,涉世不深,出于对共产党和毛泽东的信赖与忠诚,出于对"防止国家改变颜色"的真诚愿望,盲目加入到打倒资产阶级在学校的"代表人物"和批判所谓"资产阶级反动学术权威"的活动中。他们张贴大字报,揪斗学校的领导干部和教师,许多学校出现了乱打乱斗的混乱局面。一些学校的负责人被停职或撤职,教育行政部门和学校的领导班子基本陷入瘫痪状态。学校停课"闹革命"。红卫兵运动兴起后,青年学生先是冲到社会上破"四旧",接着又在全国进行所谓"大串连",后来又介入地方上的文化革命运动,参与各地的夺权斗争,使社会各方面的秩序混乱不堪。

为了制止武斗,整顿学校秩序,根据毛泽东和中共中央的指示,1968年7月后,各地陆续向大中城市的大专院校、中等专业学校和县以上的中、小学派出"工宣队",并赋予这样的任务:"在学校中长期留下来,参加学校中全部斗、批、改任务。并且永远领导学校。"农村中、小学则由当地社队派出贫下中农代表进驻学校。这一措施的实行,使学校的武斗基本平息。

从1969年4月中共"九大"后到1971年9月林彪集团垮台,这是教育战线上的所谓"斗、批、改"阶段。各级各类学校在"工宣队"或"贫管会"的领导下,掀起了所谓"斗、批、改"和"教育革命"的高潮,进一步破坏了教育事业。

从1971年"九·一三"事件后到1976年10月江青反革命集团被粉碎,是教育战线上整顿与反整顿的激烈斗争阶段。周恩来主持中央日常工作期间,为了挽救教育危机,中共中央和国务院采取了一系列措施对教育战线进行整顿。1975年邓小平主持中央日常工作期间,再次对教育战线进行整顿。四届人大一次会议恢复了国家教育部,任命周荣鑫为部长。周荣鑫根据周恩来、邓小平等中央领导人的指示,部署对教育的整顿工作。

然而,江青集团攻击邓小平、周荣鑫对教育的整顿是"否定教育革命,反对毛主席的无产阶级教育路线"。张春桥竟说:"宁要没有文化的劳动者而不要有文化的剥削者、精神贵族。"接着,"四人帮"又在全国掀起了"教育革命大辩论"的浪潮,全盘否定教育整顿的成绩,打击和迫害教育战线上的干部和教师,周荣鑫竟被迫害致死,江青的爪牙迟群等人掌握了教育大权,教育工作的整顿又一次夭折。十年"文化大革命",造成了中国教育事业的大破坏、大倒退。它耽误和影响了几代人,阻碍了全民族科学文化水平的提高,造成了各条战线人才青黄不接、后继乏人的局面,延缓了国家现代化建设的进程。

知识青年上山下乡发端于50年代中后期,直到60年代前半期,在解决城镇就业问题,建设祖国边疆和社会主义新农村,以及知识青年与工农相结合等方面,进行了积极的探索。但"文化大革命"时期的"知识青年上山下乡运动",则具有特定的含义。它是为安排知识青年劳动就业和"反修防修"而进行的一场政治运动。

早在1955年9月,毛泽东在《中国农村社会主义高潮》的按语中,谈到关于"组织中学生和高小毕业生参加合作化的工作"时,发出了"一切可以到农村中去工作的这样的知识分子,应当高兴地到那里去。农村是一个广阔的天地,在那里是可以大有作为的"①。这段按语,后来成为指导上山下乡运动的方针。1956年1月,中共中央在《1956年到1967年全国农业发展纲要(草案)》中指出:"城市的中小学生毕业的青年,除了能够在城市升学就业的以外,应当积极响应国家的号召,下乡上山去参加农业生产,参加社会主义建设的伟大事业。"这是中共第一次使用"下乡上山"的概念,即对知识青年参加农业生产的概括。1965年以后,因强调"向山区进军",才改称为"上山下乡"。② 国家的号召提出后,上山下乡的知识青年逐年增多。据统计,1962、1963两年,全国16个地区动员和组织下乡插队的城市知识青年近10万名;1964年,全国有30万知识青年上山下乡;1965年,全国共有32万城市知识青年上山下乡。从1955年毛泽东发出号召,到1966年夏全国共有百万知识青年上山下乡。知识青年上山下乡,是与城镇就业困难,广大农村和边疆需要大批有文化的建设人才等问题相联系的。这一时期的政策是比较稳妥的,大多数下乡知青的思想也是比较安定的。

"文化大革命"开始后,由于招生考试制度被废除,滞留在社会上的初、高中毕业生越来越多,到1968年已高达400多万人。而国民经济又处于衰退状态,绝大多数工矿和基层无法招收新工人。为了解决大量中学毕业生的出路,同时也为了"反修防修"、加强知识青年世界观的改造,1968年底,毛泽东又发出"再教育"号召,强调:"知识青年到农村去,接受贫下中农的再教育,很有必要。要说服城里干部和其他人,把自己初中、高中、大学毕业

---

① 毛泽东选集. 第5卷. 北京:人民出版社,1977. 247~248
② 刘小萌. 中国知青史——大潮(1966~1980年). 北京:中国社会科学出版社,1998. 前言11

的子女,送到乡下去,来一个动员。各地农村的同志应当欢迎他们去。"从此,一场全国性的大规模知识青年上山下乡运动骤然兴起,之后,知识青年上山下乡基本上成为一种制度。这种作为"反修防修"的运动,实际上也成为解决中学毕业生出路的应急措施。

自"文化大革命"开始以来的初、高中毕业生,除已回乡、下乡和分配工作的以外,纷纷走上了"上山下乡"的道路。有的地区因初中毕业生全部上山下乡,而不得不停办了高中。有些地方,在校的初、高中一二年级学生,也随毕业生到农村参加劳动。以后的应届毕业生也都走上了这条道路,一直延续到"文化大革命"结束之后。据统计,1967~1979年间,全国上山下乡的知识青年共达1 647万人。

广大上山下乡的知识青年到农村和边疆,经受了锻炼,为开发、振兴祖国的不发达地区作出了贡献,涌现出了像邢燕子、韩志刚、董加耕、徐建春等许许多多的典型人物。许多知识青年在推广农业科技、传播农机知识、普及文化教育、为农民送医送药、改变贫困地区落后面貌等方面取得了出色成绩,这是不容抹杀的。就"文化大革命"期间的知识青年上山下乡运动来说,它在许多方面造成了消极后果。其一,破坏了中学教育。有的地区因初中毕业生全部上山下乡停办了高中。许多初、高中在校生也随毕业生下乡锻炼,使在校的中学生数量急剧下降。其二,造成了一代人的不幸。中学生正处在求学的黄金时代,由于上山下乡,使他们许多人失去接受正规学校教育的机会,而成为在文化、学识上准备不足的一代,这不仅给国家造成巨大损失,也给个人带来很大不幸。同时,由于环境艰苦、生活困难、思想苦闷,严重地影响了他们健康成长。这使我国原本不发达的基础教育受到一次巨大冲击。其三,大批知青下乡,把城镇就业困难的问题转嫁给农村,一定程度上增加了农民的负担,比如农民要为知青盖宿舍、提供口粮等。其四,知青上山下乡强调让他们接受贫下中农再教育,有文化的人接受没文化或文化低的人的"教育",使"知识无用论"的观念更加具体化,对中国的教育事业从深层上产生了消极影响。

四、文艺界的批判与"样板戏"

"文化大革命"首先是从文化领域掀起的,因而这个领域受到的破坏也最严重。这场运动发动后,林彪、江青一伙利用所窃取的"文化大革命"领导权,在全国刮起了一场"否定一切"、"打倒一切"的黑风。在破"四旧"的名义下,煽动红卫兵盲目焚烧古典书籍、文物字画,破坏名胜古迹,肆意践踏中国的传统文化,使中华民族几千年来的优秀文化遗产遭受到一次空前浩劫,造成了不可弥补的损失。同时,他们挥舞"文艺黑线专政论"的大棒,对建国以来文化界所取得的巨大成绩一笔抹煞,胡说文化领域是"资产阶级专了无产阶级的政";诬蔑全国的报刊、广播、书籍、文艺作品、电影、戏剧、曲艺、美术、音乐、舞蹈等,都充斥着"封建主义、资本主义、修正主义"的东西,声称要用无产阶级的"铁扫帚"在这些领域来一个"大扫除"。

文化部门的主要领导人陆定一、周扬、林默涵、夏衍、陈荒煤、邵荃麟、田汉等被打成"反革命修正主义分子"、"文艺黑线"的"祖师爷"、"大红伞"、"总头目",并遭到批斗和迫害。文化界的知名人士也惨遭迫害,不少人被诬陷为"黑线代表人物"、"反党反社会主义分子"、"牛鬼蛇神",在对他们进行了多次"深揭、猛批、狠斗"后,有的被关进"牛棚",有的被投入监狱。著名历史学家翦伯赞、吴晗,著名作家、文艺理论家老舍、赵树理、冯雪峰,京剧表演艺术家马连良、盖叫天、周信芳,黄梅戏表演艺术家严凤英,电影艺术家应卫云、郑君里,画家潘天寿等一大批文化界著名人士在"文化大革命"中被迫害致死,至于广大普通文化工作者,受迫害的人数则无从计算。

在文化界人士受迫害的同时,他们的作品也受到批判,建国以来出现的优秀小说、电影、戏剧等,几乎都被诬蔑为"大毒草"而遭到批判。特别是一批与刘少奇、彭德怀、贺龙等老一辈无产阶级革命家的活动有关的历史题材的作品,如影片《燎原》、《怒潮》、《红河激浪》、《洪湖赤卫队》,长篇小说《保卫延安》、《刘志丹》、《小城春秋》等,被诬蔑为替"叛徒"、"走资派"歌功颂德、树碑立传而遭到挞伐。不但作者受迫害,而且株连许多人,仅李建彤的小说《刘志丹》一案,上下左右被株连者即达上万人之多。

当"文化大革命"进入"斗、批、改"阶段后,主管全国文化工作的国家文化部所属单位、文联、各种艺术家协会及其工作人员,全部被下放到干校劳动改造,接受再教育。在"文化大革命"期间,文艺舞台百花凋零、万马齐喑,一片萧条残破景象。全国所有的文艺演出团体基本上停止了演出活动。即使演出,也只能是唱"语录歌"、"造反歌",跳"忠字舞",无艺术性可言。当时占据中国舞台的,是江青树立的八个所谓"样板戏"——现代京剧《红灯记》、《沙家浜》、《智取威虎山》、《奇袭白虎团》、《海港》,芭蕾舞剧《红色娘子军》、《白毛女》和交响乐《沙家浜》。以后又陆续推出钢琴伴唱《红灯记》,现代京剧《龙江颂》、《杜鹃山》等一批剧目。"样板戏"是经过文艺工作者不断探索、辛勤劳动而产生出来的,但江青为了扩大自己在文艺界的影响,竟将功劳据为己有,说成是她"领导"的"京剧革命"的成果。虽然"样板戏"的艺术水平较高,尤其是唱腔和表演手法较新颖,但江青下令全国文艺演出团体只能演这几台戏,这就造成了文艺舞台"样板戏"一花独放百花凋零的局面。

70年代初,中国文艺界可以称为"样板戏"的世界,不仅广播电影不厌其烦地播映,各种其他艺术形式,如钢琴演奏、交响音乐乃至地方戏,也纷纷仿效和移植"样板戏"。人们说:"八亿人民八年看了八出戏",确实是当时文艺状况的真实写照。

"文化大革命"时期的"样板戏"《红灯记》剧照

"样板戏"所贯彻的"三突出"原则①,明显是个人崇拜的英雄史观在文艺创作理论上的典型反映,是要突出江青个人及其所实行的"左"倾文艺路线。这不能不造成人民文化生活的单调乏味。在电影方面,全国电影制片厂六七年间未拍摄出一部故事片,而"文化大革命"前的故事片经江青等人的筛选,几乎找不出一部可以公开上映,银幕上除了"新闻简报",就是"样板戏"的舞台纪录片。这种局面严重影响了中国文化艺术的存在和发展。

作为人们精神食粮来源的图书报刊的出版也受到巨大冲击。1965年全国图书出版共20 143种,报纸343种,杂志790种。"文化大革命"开始后,全国的图书、杂志、报纸的出版数急剧下降,到1968年,图书下降到3 694种,杂志降

---

① "三突出"原则是:在所有人物中突出正面人物;在正面人物中突出主要英雄人物;在主要人物中突出最主要的中心人物。

到 22 种,报纸降到 42 种①。与此同时,全国大多数出版社的业务基本停顿,除了大量印刷毛泽东著作,几乎无书可出,一时造成了严重的"书荒"。

十年"文化大革命"对中国的文化事业造成了极大破坏。但广大文艺工作者在老一辈无产阶级革命家和全国人民的支持下,对文化工作中的"左"倾错误进行了一定程度的抵制,同林彪、江青两个反革命集团所推行的法西斯文化专制主义进行了勇敢斗争,并且在极其艰苦的环境中辛勤耕耘,因而在荒芜的文化园地中也开出了几朵小花。虽然它还比较屡弱,但却具有顽强的生命力,终于战胜了冰雪严寒,迎来了百花盛开的文艺春天。

五、科技事业的艰难发展

在"文化大革命"的十年里,国家科学技术事业也遭到了严重破坏。林彪、江青一伙诬蔑科技战线执行了一条"反革命修正主义路线",肆意破坏共产党对科技事业的领导及各项方针、政策,打击和迫害科技人员,一些著名科学家被迫害致死。在"知识越多越反动"的年代里,广大科技人员的工作积极性和聪明才智受到严重挫伤;在对知识分子"再教育"的旗号下,许多科研机构被解散,科研人员被下放"劳动锻炼",全国 300 多种科技期刊停刊。这不仅使许多研究课题被迫中断,而且荒废了研究人员的业务,造成了令人痛惜的损失。作为中国科研机构最集中的单位中国科学院,大批研究所被拆散,很多项目被迫下马。全院 100 个研究单位和 6 万职工,到 1973 年只剩下 53 个科研单位和 2.8 万名工作人员了。十年浩劫,使建国 17 年来逐步培养起来的科技力量元气大伤,"文化大革命"前中国本来已逐步缩小的同国外先进技术水平的差距又拉大了。

科技事业在"文化大革命"中虽然遭到很大破坏,但仍取得了某些进展。这是由于以下几个原因:(一)"文化大革命"开始后,中共中央对一些有贡献的科学家和科学技术人员实行特殊保护政策,毛泽东出面保护了一批有影响的科学家。周恩来根据中央和毛泽东的指示,在艰难的情况下,采取各种措施,使一些科研人员能够继续从事他们的研究工作。(二)周恩来、邓小平先后主持中央日常工作期间,采取一系列有力措施,尽量减轻"左"倾错误和"四人帮"对科技战线的破坏,为科技事业的发展创造条件。(三)广大科技人员,虽然身处逆境,但他们热爱祖国、热爱共产党、热爱社会主义的赤子

---

① 中国统计年鉴(1984).北京:中国统计出版社,1984.501~503

之心并未改变。他们在极其艰难的条件下，仍孜孜不倦地进行科学研究。正是由于上述三个原因，所以科研工作还能进行，某些课题的研究还能继续下去，并且取得了一批重要成果，其中若干领域的成果在新中国经济建设史上具有划时代的意义，同时也处于世界先进水平。

核技术和航天技术成果处于世界先进水平。1966年10月27日，中国首次发射中程导弹试验成功，导弹飞行正常，核弹头在预定的距离精确地命中目标，实现了核爆炸。1967年6月17日，中国第一颗氢弹在西部地区爆炸成功。从首次爆炸原子弹到爆炸氢弹，中国仅用了2年零8个月，而美国用了7年零4个月，苏联用了4年，英国用了4年零7个月，法国用了8年零6个月，这说明中国核技术发展速度达到了世界领先地位。1969年9月23日，中国成功地进行了首次地下核试验。此后，又先后进行了几次新的核试验，均获得圆满成功。1970年4月24日，中国成功地发射了第一颗人造地球卫星。这颗卫星重173公斤，比苏、美两国当年发射的第一颗卫星都大。1971年3月3日，中国又发射了一颗科学实验人造地球卫星，第一次成功地向地面发回了各种科学试验数据。1972年研制成功第一艘核潜艇。1975年11月26日，又发射了一颗返回式遥感人造地球卫星，卫星运转正常，并按预定计划返回地面。这样，中国成为继美国和苏联之后第三个掌握了卫星回收技术的国家。

在电子技术方面，中国的进步也是明显的。1973年8月26日新华社报道，中国第一台每秒钟运算100万次的集成电路电子计算机，由北京大学、北京有线电厂和燃化部有关单位共同设计制成。经3 000小时的试算运转证明，这台计算机性能稳定，质量良好，主机的解题能力，外部设备和管理，语言编译、符号汇编三套程序等主要指标，均已达到设计要求。这标志我国电子技术的研究和开发进入了一个新阶段。以后，又研制了多种型号的计算机，并逐步将计算机应用于生产实践。此外，激光技术、微波通讯技术等方面也取得了一系列成果。

在新型材料方面，1968年7月，第一机械工业部有关研究单位和工厂在全国许多科研单位和工厂的大力支援和协助下，试制成功人造金刚石，并投入了生产。当时世界上只有少数几个国家才能掌握生产人造金刚石技术，这表明中国在该项技术方面已跨入世界先进行列。在精密机械方面，1969年2月，上海工具厂研制成功高精度铲磨机，用它加工出来的齿轮滚刀达到世界第一流水平。1973年2月，机械工业部门在发展组合机床方面取得显著成绩,并在汽车、拖拉机、电机等行业广泛应用,大大提高了生产效率和产品质量。

在农业科技方面也取得了许多重要成果。中国农业科技工作者经过多年不懈的努力,1973年,中国农业科学院与湖南农业科学院袁隆平等人共同培育成强优势的籼型杂交水稻。这种杂交水稻根系发达,分蘖力强,茎秆粗壮,穗大粒多,适应性广,抗逆性强,米质优良。这项技术在国际上居于领先地位,解决了国际上已经研究了几十年而没有解决的一个高难度的科研课题。同时,这项技术的经济效益也是巨大的,1974年经小面积试种和优质鉴定,1975年即在湖南、广西、江西、广东等南方13省、区试种,面积达5 600亩,1976年示范推广面积达到208万多亩。截至1981年累计种植面积达到3.3亿亩,按平均每亩增产50公斤计算,增产稻谷165亿公斤。推广后比一般水稻增产20%,大大推动了世界"绿色革命"的浪潮,为中国乃至世界粮食增产做出了重大贡献。

在基础研究方面,中国在若干领域取得了某些高水平的成果。在生物科学方面,科学工作者继首次在世界上用人工方法合成牛胰岛素后,又成功地用X光衍射法完成了分辨率为2.5埃的猪胰岛素晶体结构的测定工作,达到国际先进水平。1973年10月,中国科学院生物学教授童第周和美籍华裔科学家牛满江教授在中国科学院动物研究所进行合作研究,第一次通过动物实验证明了细胞质里的核糖核酸对细胞的分化、个体发育和性状遗传有显著作用。这一实验成功,不但为细胞学的基础理论做出了新贡献,而且为医学和农业的实践开辟了新的广阔的道路。

在天文学方面,1966年7月,中国独立编纂的1969年和1970年中国天文年历胜利完成,天文年历只有少数几个科学技术发达的国家才能够独立编纂。1969年9月22日,中国一支科研队对新疆地区发生的日全食现象进行了综合观测,取得了大量资料,使中国的日食研究进入世界先进行列。此外,科技工作者还研制成了一批具有国际先进水平的天文观测仪器。在医学方面,中国的针刺麻醉、断肢再植、切除大型肿瘤、治疗大面积烧伤等项技术,均具有世界先进水平。

在动乱的岁月中,中国科学工作者克服重重困难,进行了几次大规模的科学考察。1966年和1967年,全国由近30个学科的100多名科学工作者组成的综合考察队,对珠穆朗玛峰海拔7 000多米的地区进行了全面系统的科学考察,取得了一系列完整的、重要的科学资料。1976年7月,中国万吨级科学调查船——"向阳红5号"和"向阳红11号"在太平洋广阔海域首次进行远洋科学调查获得成功,取得了多学科的第一手资料,为发展中国海洋科学事业做出了贡献。

这些重大成就的取得,绝不是"文化大革命"的成果,如果没有"文化大革命",中国科技战线所取得的成果一定会更多、更大。60年代末到70年代初,正是发达国家全面开展新技术革命的时期,科学研究、科技发明及其在生产中的应用,都以更大的规模和更快的速度发展着,新技术层出不穷。不仅发达的资本主义国家,而且中国周边一些原本不太发达的国家也通过"科技兴国"使经济腾飞。而处于动乱中的中国,除了极少数领域外,几乎处于停滞不前状态,贻误了发展科学技术的良机,拉大了与世界科学技术先进水平间的差距。

小　　结

"文化大革命"的发动,既有深刻的社会历史根源,又有带着那个时代特征的思想理论上的准备,而毛泽东领导上的错误,则是其发生的直接原因。在"文化大革命"十年中,全局性的"左"倾错误始终占支配地位。这场内乱使整个中国陷入空前的浩劫,全国各项工作和国民经济遭到巨大损失。但同时由于全党和全国各族人民的共同斗争和坚持不懈的努力,"文化大革命"的破坏受到一定程度的限制,全国的粮食生产、工业交通、基本建设和科学技术等方面在仍然十分艰难的条件下取得了一些进展,并且在若干领域取得了一批重要成就。学习本章要重点掌握："文化大革命"的起因、过程、性质和后果,"左"倾错误对中国革命和建设的严重危害,林彪、江青两个反革命集团的罪行和给国家造成的严重灾难,尤其是要认真总结"文化大革命"的深刻教训,防止类似"文化大革命"的悲剧在中国重演。

思考题:

1. "文化大革命"的起因、性质和后果是什么?
2. 试析"无产阶级专政下继续革命"理论。
3. 试述林彪、江青两个反革命集团的形成及危害。
4. "文化大革命"的深刻教训有哪些?

第五章 中国特色社会主义开拓时期

（1976年10月～1989年6月）

内容提要

这一时期是中国从十年内乱结束逐步走向社会主义全面开拓和建设时期。这一时期可划分为三个阶段。第一阶段，从1976年10月"文化大革命"结束至1978年12月中共十一届三中全会召开，是从"后文革"时期走向新时期的过渡时期。这一时期，一方面，"文化大革命""左"的势力得到批判和清理；另一方面，是"后文革""左"的势力与邓小平为代表的正确力量进行初步斗争的时期，"后文革""左"的势力得到一定的抵制和遏止。这一时期史称"徘徊的两年"。第二阶段，从1979年12月十一届三中全会至1981年6月十一届六中全会，是完成清理"文化大革命"和"后文革""左"的势力及"左"的思想体系，开始酝酿开创社会主义新时期蓝图的阶段。这一时期，建国以来特别是"文化大革命"中的大是大非问题得到了彻底澄清，马克思列宁主义、毛泽东思想得到了恢复、继承和发展，并从政治、经济、思想和文化等各个领域全面开始了中国的社会主义事业的伟大建设。第三阶段，从1981年6月十一届六中全会到1989年6月十三届四中全会中央领导集体的调整，是中国为全面实施建设中国特色社会主义事业开拓进取的阶段。这时期，中国从经济到政治、从农村到城市、从沿海到内地，全面实行了改革和开放，并取得了巨大的成就。中国共产党人与来自"左"的和右的各种势力和思潮进行了尖锐甚至激烈的斗争，从而捍卫了改革开放的成果，引导中国人民沿着改革开放的道路前进。

第一节 在徘徊中前进

一、全国揭批"四人帮"

1976年10月粉碎"四人帮"的胜利,结束了"文化大革命"10年内乱,中国进入了新的历史发展的转型时期。这一阶段可以说是中国特色社会主义开拓时期的酝酿、准备和发动阶段。

在新的历史发展的转型时期,中国共产党和全国人民面临的主要任务是揭发批判江青反党集团的罪行,清查他们的帮派体系,肃清其流毒和影响,彻底纠正"文化大革命"及其以前的"左"倾错误,使全党全国工作真正转移到马列主义、毛泽东思想的轨道上来,迅速实现政治上的安定团结,恢复和发展国民经济。

中国共产党领导全国人民首先开展了揭批江青反党集团的斗争。1976年10月18日,中共中央将王洪文、张春桥、江青、姚文元反党集团事件通知各级党组织,传达到全党和全国人民。10月20日,中共中央成立由华国锋和在京的政治局委员组成的专案组,审查王、张、江、姚的反党罪行。从12月开始到次年9月,分三批下发了《王洪文、张春桥、江青、姚文元反党集团罪证材料》。全党全军和全国人民掀起了声势浩大的揭批江青反党集团的斗争。

这场斗争,前后经历了三个阶段。第一个阶段,结合宣讲罪证材料之一,集中揭发批判王、张、江、姚篡党夺权的反党阴谋活动和反对毛泽东,篡改马列主义、毛泽东思想,迫害周恩来等老一辈无产阶级革命家的罪行,同时,中共中央还对王、张、江、姚的政治历史作了严肃认真的审查。第二个阶段,结合宣讲罪证材料之二,集中揭批他们的罪恶历史和反党面目。第三阶段,从1977年8月中国共产党第十一次全国代表大会之后,结合宣讲罪证材料之三,深入揭批他们的反党理论、思想及其在各方面的表现,清除他们在各条战线、各个领域的影响。

清查同江青反党集团篡党夺权阴谋活动有牵连的人和事,是揭批斗争的一个重要组成部分。中共中央强调指出,对于江青反党集团及其余党组成的帮派体系,一定要彻底摧毁,对于同这个集团的篡党夺权有牵连的人和事,一定要彻底清查。同时,要严格掌握党的方针政策,最大限度地孤立和打击江青反党集团及其一小撮罪行严重而不肯悔改的死党。到1978年,全国绝大多数地区和单位的清查工作基本结束。

在这场斗争中,许多地方还把揭批江青反党集团与揭批林彪反党集团相联系,使揭批运动向纵深推进,不仅分清了路线是非,而且还有利于彻底清除这两个反党帮派体系。这一场全国范围的揭、批、查运动,经过历时两年多的尖锐斗争,在大部分地区和部门取得了基本胜利,获得了重要成果。

(一)揭批林彪、江青两个反党集团的斗争,教育了广大干部和群众,提高了识别真假马克思主义和真假社会主义的本领。

(二)揭发和批判了他们篡夺党和国家最高领导权的阴谋活动,查证了其主要成员长期隐瞒的罪恶历史,也清查了他们的帮派体系,夺回了被他们篡夺的很大的一部分权力,基本上摧毁了这股猖獗10年,给中国人民带来空前灾难的反党政治势力。

(三)揭发和批判了他们打着"革命"、"高举"的旗号,肆意歪曲和篡改马列主义、毛泽东思想,推行假社会主义、封建法西斯专政的反党两面派的本质和手法,使广大群众增强了同以伪装出现的反党分子作斗争的能力,增强了保卫真正的社会主义经济和社会主义政治而斗争的本领。

(四)初步调整加强了若干省、市、自治区党委和中央党政机关的领导班子,党政军各级组织的领导权,绝大多数掌握在人民可以信赖的干部手中。同时,冤假错案的平反工作,也开始部分地进行,人民渴望已久的安定团结的政治局面开始出现。

(五)中共中央和国务院相继召开了农业、工业、铁路、计划等各方面的工作会议,发动群众,联系经济领域的实际,开展了关于搞好生产,实行各尽所能、按劳分配的原则,尊重科学技术,遵守规章制度,坚持计划经济等问题的讨论。运用多种形式,把揭批林彪、江青反党集团同恢复被破坏的国民经济结合起来,努力使经济工作纳入正常发展轨道,生产秩序和工作秩序开始走向正常。

通过对林彪、江青集团的揭批斗争,中国共产党清除了这个长在自身上多年的毒瘤。同时,全党和全国人民也从这场斗争中吸取了不少经验教训,对极左政治的本质及其危害有了深刻的认识。这一切为即将开展的全党和全国工作重心向社会主义现代化建设的转移创造了良好的政治条件。正如胡乔木所言:"这个政治革命是非常必要的,没有这场革命斗争,要在1979

年实行全党工作重心的转移是不可能的。"①

二、"左"倾错误指导思想的继续和影响

随着揭批林彪、江青反革命集团的深入和全国各项工作的逐步恢复与开展,人们从不同的角度、在不同的程度上已经觉察到"文化大革命"和毛泽东的"左"倾错误,越来越强烈地要求纠正"文化大革命"的"左"倾路线和方针,进行拨乱反正,恢复中国共产党的正确路线、方针、政策和优良传统。中国共产党能不能正视和纠正自己所犯的错误,包括毛泽东所犯的错误在内,有没有勇气进行正确的自我批评,成为能否拨乱反正的关键问题。可是,这种必然的趋势和正当的要求却遇到了严重的阻碍。从1976年10月粉碎江青反革命集团到1978年12月中国共产党十一届三中全会召开前的两年零三个月时间,党和国家的工作出现了徘徊前进的局面。其主要原因,在客观上是由于10年"文化大革命"造成的思想上、政治上的混乱不容易在短期内消除,中国共产党全面清理"左"倾错误也需要进行一定的思想组织准备;在主观上则是由于当时担任中共中央主席的华国锋在指导思想上继续犯了"左"的错误。

华国锋是由毛泽东在1976年"批邓"运动中提议担任中共中央第一副主席兼国务院总理的。他同江青集团间无密切关系,同时也不存在明显的矛盾对立。然而,华国锋在1976年春成为接班人后,便成了江青一伙篡夺最高领导权所必须极力反对者。华国锋同其他领导人一道领导了粉碎江青反革命集团的斗争,并在碎粉江青反革命集团之后,做了有益的工作。但是,他继续坚持"左"的错误,特别是提出和推行"两个凡是",阻碍了拨乱反正工作的正常进行。

1976年10月26日,华国锋对中共中央宣传部门负责人指出当前需注意的主要问题是:(1)要集中批"四人帮",连带批邓;(2)"四人帮"的路线是极右路线;(3)"凡是毛主席讲过的,点过头的不要去批";(4)"天安门事件"要避开不说。这里他第一次提出了"两个凡是"。1977年1月,华国锋要把"两个凡是"写进他准备的一个讲话提纲中。2月7日,《人民日报》、《红旗》杂志、《解放军报》发表经汪东兴决定、报华国锋批准的社论:《学好文件抓住纲》,公开提出"凡是毛主席作出的决策,我们都要坚决拥护,凡是

---

① 胡乔木谈中共党史.北京:人民出版社,1999.5

毛主席的指示,我们都始终不渝地遵循"的错误方针。3月10日至22日,中共中央召开工作会议,并部署了当年的工作任务。华国锋在这次会议的讲话中,除了再次强调"两个凡是"的错误方针外,还把"四人帮"以极左面目从事的种种倒行逆施,说成是极右,要求批判"四人帮"的极右实质,而不去批极左。他继续沿用"文化大革命"中的一些错误提法,强调全党必须坚持"以阶级斗争为纲"和"无产阶级专政下继续革命"的理论,肯定"文化大革命"是七分成绩、三分错误。"七分成绩是在毛主席领导下取得的,三分错误是林彪、陈伯达、'四人帮'干扰破坏造成的。如果不这样看,就会发生有损我们旗帜的问题。"他坚持认为"批邓、反击右倾翻案风"是完全正确的,仍然认定天安门事件是"反革命事件"。上述事实说明,华国锋从理论到实践都是在坚持和延续"文化大革命"的"左"倾错误,这就严重阻碍了中国共产党指导思想和指导方针的转变,使拨乱反正出现步履艰难、徘徊前进的局面。

在"两个凡是"错误方针的指导下,以邓小平、陈云为主要代表的一大批遭受严重迫害、有着崇高威望和领导能力的老干部得不到解放和恢复工作,大批冤假错案的查证平反工作被拖延搁置,某些极左思潮严重的地区和部门,又制造了一些新的冤假错案。华国锋在继续维护旧的个人崇拜的同时,更热衷于制造和接受对他自己的个人崇拜,并且接受大肆宣传"你办事,我放心"和"要宣传华国锋同志"的毛泽东语录。他自己还大量题词,赞赏那些吹捧自己的"颂歌"和"颂书"。在经济建设上他重犯了"左"倾冒进的错误,出现了一些新的失误。显然,由华国锋领导纠正中国共产党内的"左"倾错误,特别是恢复中国共产党的优良传统和作风是不可能的。

"两个凡是"无论在理论上和实践上都是极端错误和有害的。在理论上,它违背了毛泽东倡导的马列主义基本原理同中国革命具体实践相结合的根本思想,把领袖神化,把毛泽东的言论绝对化,反对实事求是,反对坚持真理和修正错误;在实践上,它维护了毛泽东晚年的错误,阻挡粉碎"四人帮"后拨乱反正的斗争,而这一斗争关系到中国共产党和全国人民的根本命运,关系到是否坚持四项基本原则的大问题。正因为如此,"两个凡是"一出笼,就受到广大干部和群众的坚决抵制和批评。粉碎"四人帮"之后,叶剑英、李先念多次向华国锋提出,要让邓小平重新出来工作,这反映了全国人民强烈的愿望。在1977年3月中共中央工作会议上,陈云、王震也提出要让邓小平出来工作和要为天安门事件平反的建议。他们严肃指出:为了中国革命、中国共产党的需要,让邓小平重新参加中央的领导工作是完全正确的,完全必要的。要查一查"四人帮"在天安门事件上的诡计。天安门事件是我们民族的骄傲,是全国人民阶级斗争和路线斗争觉悟大提高的集中表现,不承认天安门事件的本质和主流,实际上就是替"四人帮"辩护。这次会议揭开了拨乱反正的序幕。4月10日,邓小平在致中共中央的信中,针对"两个凡是"的错误方针提出:"我们必须世世代代用准确的、完整的毛泽东思想来指导我们全党、全军和全国人民,把党和社会主义的事业,把国际共产主义运动的事业,胜利地推向前进。"5月3日,中共中央转发此信,肯定了邓小平的正确意见。5月24日,邓小平在一次谈话中又指出:"'两个凡是'不行。按照'两个凡是',就说不通为我平反的问题,也说不通肯定1976年广大群众在天安门广场的活动'合乎情理'的问题。""这是个重要的理论问题,是个是否坚持历史唯物主义的问题。""马克思、恩格斯没有说过'凡是',列宁、斯大林没有说过'凡是',毛泽东同志自己也没有说过'凡是'"。"毛泽东思想是个思想体系。""我们要高举旗帜,就是要学习和运用这个思想体系"[①]。邓小平的信和谈话,是中国共产党重新确立马克思主义思想路线的开端,是实现历史性转折的开端,是全党思想解放的先导。

三、中国共产党第十一次全国代表大会

在揭批"四人帮"取得初步成效、全党全国人民强烈要求邓小平出来工作的情况下,中国共产党于1977年7月16日至21日在北京召开了十届三中全会。出席会议的除了中央委员、候补中央委员以外,一些地方和军队的主要负责人也列席了会议。全会通过了四项决议:(1)关于追认华国锋任中共中央主席、中央军委主席的决定;(2)关于恢复邓小平中共中央委员,中央政治局委员、常委,中共中央副主席,中央军委副主席,国务院副总理,中国人民解放军总参谋长职务的决议;(3)关于把王洪文、张春桥、江青、姚文元永远开除出党,撤销其党内外一切职务的决议;(4)关于提前召开中国共产党第十一次全国代表大会的决定。邓小平在会上作了重要讲话,强调"要对毛泽东思想有一个完整的准确的认识,要善于学习、掌握和运用毛泽东思想的体系来指导我们各项工作。只有这样,才不至于割裂、歪曲毛泽东思想,

---

[①] 邓小平文选(1975~1982).北京:人民出版社,1983.35~36

损害毛泽东思想"①。他指出:"毛泽东同志倡导的作风,群众路线和实事求是这两条是最根本的东西。"③邓小平的这些话,对于批判"两个凡是"和拨乱反正起了重要作用。

这次全会巩固和发展了粉碎江青反革命集团的胜利成果,为中国共产党第十一次全国代表大会的召开作了准备。

1977年8月12日至18日,中国共产党第十一次全国代表大会在北京举行。出席大会的代表1 510名,代表3 500多万名党员。大会的议程有三项:(1)中央委员会的政治报告;(2)修改中国共产党章程和关于修改党章的报告;(3)选举中央委员会。

1977年8月中共第十一次全国代表大会宣告"文化大革命"结束

华国锋代表中国共产党中央委员会作政治报告。报告总结了同江青反革命集团的斗争,宣告"文化大革命"已经结束,重申在本世纪内把中国建设成为社会主义的现代化强国,是新时期中国共产党的根本任务。报告还提出了党在当前和今后一个时期内的八项主要任务:(1)一定要把揭批"四人帮"的伟大斗争进行到底;(2)一定要搞好整党整风,加强党的建设;(3)一定要把党的各级领导班子整顿好,建设好;(4)一定要抓革命,促生产,把国民经济搞上去;(5)一定要搞好文化教育领域的革命,大力发展社会主义的

---

①③ 邓小平文选(1975~1982).北京:人民出版社,1983.39,42

文化教育事业;(6)一定要强化人民的国家机器;(7)一定要发扬民主,健全民主集中制;(8)一定要贯彻执行统筹兼顾、全面安排的方针。

　　叶剑英作关于修改党章的报告。报告就党的性质和指导思想、党在整个社会主义历史阶段的基本纲领和党的基本任务、党的民主集中制、党的干部路线、保持和发扬党的优良传统和作风,以及对党员和党的基层组织的要求等作了说明。报告指出,党章第一次写进了"在本世纪内,党要领导全国各族人民把我国建设成为农业、工业、国防和科学技术现代化的社会主义强国"①的目标。强调不但要民主,尤其要集中,必须加强党的纪律。为维护民主集中制的原则和纪律,防止和纠正各种危害党和群众关系的现象,党章规定设立纪律检查委员会。党章规定新党员一律经过一年的预备期才能转为正式党员,以保证党员的政治质量。

　　大会在充分协商和酝酿的基础上,以无记名投票方式选出中央委员201人和候补中央委员132人,组成了中国共产党第十一届中央委员会。大会通过了关于政治报告的决议、《中国共产党章程》和关于修改党章的报告。

　　8月18日,邓小平致闭幕词。他强调,一定要恢复和发扬毛泽东为我们树立的群众路线,保持实事求是,批评与自我批评,谦虚谨慎、戒骄戒躁、艰苦奋斗,民主集中制的优良传统和作风。他号召全党全军和全国各族人民高举和捍卫毛泽东思想的伟大旗帜,为在20世纪内把中国建设成为伟大的社会主义的现代化强国,对人类做出较大的贡献而努力奋斗。

　　8月19日,中国共产党第十一届中央委员会举行第一次全体会议,选举了中央机构。中央委员会主席:华国锋;副主席:叶剑英、邓小平、李先念、汪东兴。中央政治局常务委员会委员:华国锋、叶剑英、邓小平、李先念、汪东兴。中央政治局委员:华国锋、韦国清、乌兰夫、方毅、邓小平、叶剑英、刘伯承、许世友、纪登奎、苏振华、李先念、李德生、吴德、余秋里、汪东兴、张廷发、陈永贵、陈锡联、耿飚、聂荣臻、倪志福、徐向前、彭冲。中央政治局候补委员:陈慕华、赵紫阳、赛福鼎。

　　中国共产党第十一次全国代表大会,在揭批江青反革命集团和动员全党全军全国各族人民建设社会主义现代化强国方面起了积极作用。但是,由于当时历史条件的限制,大会没有能够纠正"文化大革命"的错误理论、政策和口号。大会的政治报告在宣告"文化大革命"已经结束的同时,仍然肯

---

① 中国共产党第十一次全国代表大会文件汇编.92

定了"文化大革命"的所谓"功绩",仍然坚持党内有"走资派"、"资产阶级就在共产党内"、"无产阶级在上层建筑其中包括各个文化领域专政"和"文化大革命"还要进行多次的错误观点。并把"坚持以阶级斗争为纲"和"坚持无产阶级专政下继续革命"作为十一大路线的基本内容肯定下来。政治报告认为林彪、江青两个反革命集团推行的是一条"极右的反革命修正主义路线",并据此规定全党要继续"反右",而不是纠正严重的"左"倾错误。十一大通过的党章,虽然对十大党章作了不少修改,增加了许多正确的内容,但未能从根本上否定九大和十大党章中的"左"倾错误观点。在经济建设上强调不切实际的高指标和高速度,造成新的失误。因此,中国共产党第十一次全国代表大会没有能够从理论体系和指导思想上完成拨乱反正、正本清源的历史任务。

四、第五届全国人民代表大会第一次会议

1978年2月18日至23日,中国共产党十一届二中全会在北京举行。这次会议的任务是从政治上、思想上和组织上为五届人大和五届政协会议的召开作准备。会议讨论通过了中央政治局提出的《政府工作报告》、《1976年到1985年发展国民经济10年规划纲要(草案)》、《中华人民共和国宪法修改草案》和《关于修改宪法的报告》等文件,决定分别提交五届人大和五届政协会议审议。

1978年2月26日至3月5日,第五届全国人民代表大会第一次会议在北京召开。出席大会的代表共3 497人。

2月26日,华国锋代表国务院在会上作了题为《团结起来,为建设社会主义的现代化强国而奋斗》的政府工作报告。报告总结了第四届全国人民代表大会以来的工作,重申了在本世纪内要把我国建设成为农业、工业、国防和科学技术现代化的社会主义强国的宏伟目标。由于受"左"倾思想的影响,报告仍宣扬"坚持无产阶级专政下继续革命"、"深入开展阶级斗争"等错误理论。特别是在经济建设方面,提出了一些急于求成的"左"倾冒进计划。如提出:1978年至1985年要新建和续建128个大型项目,其中有10个大型钢铁基地,8个大煤炭基地,10个大油气田,30个大电站,6条铁路新干线和5个重点港口等。

3月1日,叶剑英作关于修改宪法的报告。报告强调了制定宪法和实施宪法的重要性,指出我们的国家要大治,就要有治国的章程,宪法就是治国

的总章程。不论什么人,违犯宪法都是不能容许的。"我们要在一切工厂、农村、学校、部队、机关中,建立起一个为从事革命、生产、工作、学习所必要的,安定团结的良好秩序,使广大干部和群众都能在团结、紧张、严肃、活泼的空气中为社会主义事业作出自己的最大贡献。"①

3月5日,大会通过了《中华人民共和国宪法》和关于政府工作报告的决议,以及中华人民共和国国歌新歌词②。选举和决定了国家领导工作人员。大会选举叶剑英为全国人民代表大会常务委员会委员长,宋庆龄、聂荣臻、刘伯承、乌兰夫、吴德、韦国清、陈云、郭沫若、谭震林、李井泉、张鼎丞、蔡畅、邓颖超、赛福鼎、廖承志、姬鹏飞、阿沛·阿旺晋美、周建人、许德珩、胡厥文为副委员长。选举江华为最高人民法院院长,黄火青为最高人民检察院检察长。根据中共中央的提议,决定华国锋为中华人民共和国国务院总理③。会议根据国务院总理华国锋的提议,决定邓小平、李先念、徐向前、纪登奎、余秋里、陈锡联、耿飚、陈永贵、方毅、王震、谷牧、康世恩、陈慕华为国务院副总理。会议还决定郭沫若为中国科学院院长,胡乔木为中国社会科学院院长。

五届人大一次会议,在动员、组织全国各族人民建设社会主义现代化强国方面起了重要作用。但是,由于受"左"倾指导思想的影响,继续执行一些"左"的政策,特别是在经济工作上急于求成,提出了一些不切实际的高指标,造成国家财政困难和国民经济比例更加失调的严重后果。

与此同时,中国人民政治协商会议第五届全国委员会第一次会议于2月24日至3月8日在北京举行。会议通过了《中国人民政治协商会议章程》和决议。选举邓小平为第五届全国政协主席,选举乌兰夫、韦国清、彭冲、赵紫阳、郭沫若、宋任穷、沈雁冰、许德珩、欧阳钦、史良(女)、朱蕴山、康克清(女)、季方、王首道、杨静仁、张冲、帕巴拉·格列朗杰、周建人、庄希泉、胡子昂、荣毅仁、童第周为副主席,选举齐燕铭为秘书长,丁光训等243人为常务委员。会议提出全国政协的基本任务,就是"要加强全国各族人民的大

---

① 人民日报,1978-08-08
② 1982年12月4日第五届全国人民代表大会第五次会议决定:恢复《义勇军进行曲》为中华人民共和国国歌,撤销本届人大一次会议1978年3月5日通过的关于中华人民共和国国歌的决定。
③ 1980年9月10日第五届全国人民代表大会第三次会议接受华国锋辞去总理职务的请求,同时决定任命赵紫阳为国务院总理。

团结,发展工人阶级领导的,以工农联盟为基础的,团结广大知识分子和其他劳动群众,团结爱国民主党派、爱国人士、台湾同胞、港澳同胞和国外侨胞的革命统一战线,把一切可以团结的力量都团结起来,并且尽量地把消极因素转化为积极因素,反对国内外敌人,进一步巩固无产阶级专政,为在本世纪内把我国建设成为社会主义现代化强国而奋斗"①。这次会议充分体现了在中国共产党的领导下,全国各族人民和各种爱国力量的大团结,爱国统一战线的更加巩固和发展。

第二节 历史性转折

一、关于真理标准问题的讨论

华国锋坚持推行"两个凡是"的错误方针,阻碍了大量历史遗留问题迅速彻底的解决,限制了对实际生活中出现的新问题的正确研究处理,使国民经济的恢复和各方面工作都不能顺利进行。这种情况,使广大干部和群众对"两个凡是"错误方针越来越不满意,实事求是、解放思想已成为不可阻挡的历史潮流。由此,一场关于真理标准问题的讨论,在全国逐步展开。

1978年5月10日,在中共中央党校副校长胡耀邦精心组织下,《理论动态》发表了《实践是检验真理的唯一标准》一文,11日又以特约评论员名义发表在《光明日报》上,新华社于当天全文转发。12日,《人民日报》、《解放军报》予以转载,随后绝大多数报纸也陆续转载,从而在全国引起一场关于真理标准问题的讨论。

《实践是检验真理的唯一标准》一文,矛头直接指向"两个凡是"的错误方针。文章以摆事实、讲道理的态度,阐述了如下重要观点:(1)检验真理的标准只能是社会实践。一个理论,是否正确地反映了客观实际,是不是真理,只能靠社会实践来检验,实践不仅是检验真理的标准,而且是惟一的标准。这是马克思主义认识论的一个基本原理。马列主义、毛泽东思想之所以被人们认为是真理,正是千百万群众长期实践证实的结果。(2)理论与实践的统一,是马克思主义的一个最基本的原则。凡是科学的理论,都不会害怕实践的检验。而且,只有坚持实践是检验真理的惟一标准,才能使伪科

---

① 中国人民政治协商会议章程.人民日报,1978-08-10

学、伪理论现出原形,从而捍卫真正的科学和理论。这一点,对于澄清被"四人帮"搞得混乱不堪的理论问题,具有特别重要的意义。(3)革命导师是坚持用实践检验真理的榜样。他们并不认为自己提出的理论是绝对真理或"顶峰",可以不受实践检验的,并不认为只要是他们作出的结论不管实际情况如何都不能改变,更不要说那些根据个别情况作出的个别论断。(4)任何理论都要不断接受实践的检验。我们不仅承认实践是检验真理的标准,而且应从发展的观点看待实践的标准。任何思想、理论,即使是已经在一定的实践阶段上证明为真理,在其发展过程中仍然要接受新的实践的检验而得到补充、丰富或者纠正。文章最后指出:我们要完成新时期的总任务,"面临着许多新的问题,需要我们去认识,去研究,躺在马列主义、毛泽东思想的现成条文上,甚至拿现成的公式去限制、宰割、裁剪无限丰富的飞速发展的革命实践,这种态度是错误的"。

文章发表以后,在全国引起了强烈的反响,受到广大干部和群众的普遍赞同和拥护。许多报刊纷纷发表文章,展开热烈的讨论。同时也遭到坚持"两个凡是"方针的人的非难和反对。有的人指责这篇文章在理论上是"荒谬的",思想上是"反动的",政治上是"砍旗"。但是,思想解放的潮流是不可阻挡的,这场关系到中国共产党的思想路线的原则争论终于在全国展开了。

1978年6月2日,邓小平在全军政治工作会议的讲话中,针对"两个凡是"的错误观点,精辟地阐述了"实事求是"是"毛泽东思想的出发点、根本点"的科学论断,批判"两个凡是"只不过是当收发室,把毛泽东讲过的一切"照抄照转照搬",谁不这样谁就"违反了马列主义、毛泽东思想,违反了中央精神","犯了弥天大罪"的错误方针。邓小平还阐述了《实践论》中关于实践是检验真理的惟一标准的观点,支持了《光明日报》所发表的关于真理标准的讨论。他强调指出,我们面临的一个十分严重的任务,是要肃清林彪、"四人帮"的流毒,拨乱反正,打破精神枷锁,使我们的思想来个大解放。① 邓小平的这篇讲话冲破了"两个凡是"对拨乱反正设置的障碍,为重新确立实事求是的思想路线,实现历史性的转折,作了重要的思想理论准备。

6月24日,《解放军报》发表了由罗瑞卿支持起草和修改的特约评论员

---

① 邓小平文选(1975~1982).北京:人民出版社,1983.109~114

文章《马克思主义的一个最基本的原则》。文章进一步系统地阐明了实践是检验真理的惟一标准这个马克思主义的基本原则，从理论上回答了对这一原则的责难和挑战。文章最后指出，"尊重实践，尊重科学，破除迷信，解放思想，我们就能够推动理论，获得新的真理"。

9月16日，邓小平在听取吉林省委常委汇报工作时的谈话中又一次批评了"两个凡是"的错误。他尖锐指出，什么叫高举，怎么样高举，是个大问题。"凡是毛泽东同志圈阅的文件都不能动，凡是毛泽东同志做过的、说过的，都不能动。这是不是叫高举毛泽东思想的旗帜呢？不是！这样搞下去，要损害毛泽东思想。"这"是形式主义的高举，是假的高举"①。

在邓小平、叶剑英、李先念、陈云、胡耀邦等中共中央大多数领导人的正确引导和大力支持下，广大干部和群众冲破华国锋等设置的重重障碍，积极参加关于真理标准问题的讨论，批判"两个凡是"的错误方针。从6月到11月，全国绝大多数省、市、自治区党委，人民解放军总部，各大军区，中共中央和国家机关各部门的主要负责人和大批理论宣传工作者相继发表文章或讲话，一致认为，坚持实践是检验真理的惟一标准这个马克思主义的原则，具有重大的理论意义和现实意义。但是，也有极少数人继续宣扬"两个凡是"的方针，在11月至12月召开的中共中央工作会议上再度挑起争论。只是由于受到与会的大多数人的激烈批评，他们才被迫作出检讨和进行了一些解释。随后，中国共产党十一届三中全会对这场历时近一年的讨论作了总结。

关于实践是检验真理的惟一标准问题的讨论，是一场震动中国社会各个领域的两种世界观和方法论的讨论。它是中华人民共和国建立以来全国性的马克思主义教育运动和思想解放的一个良好开端，这场讨论的实质在于是否坚持真正的马列主义、毛泽东思想。经过这场讨论，大力宣传了中国共产党的辩证唯物主义的思想路线，促进了全国人民破除迷信，解放思想，坚持理论和实际相结合，实事求是，一切从实际出发的原则；批判了"两个凡是"的错误方针，从理论上进行拨乱反正，开始把人们从多年盛行的教条主义和个人崇拜的精神枷锁中解脱出来；逐渐端正了对马列主义、毛泽东思想的科学态度，使广大干部和群众开始懂得用坚持真理、修正错误的原则来对待毛泽东晚年的理论观点和言论，识别"文化大革命"及以前的重大是非问题；引导人们冲破了种种"禁区"和障碍，注意研究当前的新情况，解决新问

---

① 邓小平文选(1975～1982). 北京：人民出版社，1983. 121～123

题,发展马列主义、毛泽东思想。它对于中国共产党和国家的各项工作从"左"倾错误中转到正确的轨道上来,起了巨大的推动作用,为中共十一届三中全会的召开作了重要的思想准备。

二、中共十一届三中全会

1978年12月18日至22日,中国共产党第十一届中央委员会第三次全体会议在北京举行。参加会议的中央委员169人,候补中央委员112人。中共中央主席华国锋,副主席叶剑英、邓小平、李先念、陈云、汪东兴出席了会议。各地方和中央有关部门的负责人列席了会议。

在全会召开前,中共中央于1978年11月10日至12月15日在北京召开了工作会议,就中央政治局根据邓小平指出的全党工作重点转移到社会主义现代化建设上的问题,展开了认真的讨论。陈云在发言中提出,实现安定团结是保证党的工作重点顺利转移的关键。为此,要解决"文化大革命"中遗留的一些重大问题和一些重要领导人的功过是非问题。他提出,要肯定天安门事件是"一次伟大的群众运动";要肯定彭德怀对革命的贡献,把他的骨灰移放到八宝山革命公墓;薄一波等61人被错定为"叛徒集团"一案应予平反;陶铸、王鹤寿等被错定为"叛徒"案件也应平反,不能留尾巴;康生的错误严重,应该给予批评。陈云的发言,对大会起了巨大的推进作用。与会者又提出了"一月风暴"、"二月逆流"、"批邓、反击右倾翻案风"等许多在"文化大革命"中被颠倒了的重大是非问题;并对华国锋提出和坚持的"两个凡是"的错误方针,两年来领导工作中的失误问题和恢复中国共产党的优良传统以及农业方针等问题,提出了中肯的批评和建议。邓小平在闭幕会上作了《解放思想,实事求是,团结一致向前看》的重要讲话,强调了以下四个问题:(1)解放思想是当前的一个重大政治问题。解放思想,开动脑筋,实事求是,团结一致向前看,首先是解放思想。只有思想解放了,才能正确地以马列主义、毛泽东思想为指导,解决过去遗留的问题,解决新出现的一系列问题。"一个党,一个国家,一个民族,如果一切从本本出发……就要亡党亡国"①。(2)民主是解放思想的重要条件。他强调要真正实现民主集中制,当前特别需要强调民主。"一个政党,就怕听不到人民的声音,最可怕的是鸦雀无声"②。(3)处理遗留问题为的是向前看,是为了顺利实现全党工作

①② 邓小平文选(1975~1982).北京:人民出版社,1983.133,134

重心的转变。(4)研究新情况,解决新问题。邓小平的讲话为即将召开的十一届三中全会提出了基本的指导思想。

十一届三中全会的主要任务,就是确定把全党工作重点转移到社会主义现代化建设上来,扭转1976年10月以来党的工作在徘徊中前进的被动局面,从根本上冲破长期"左"倾错误的严重束缚,开始全面地认真地坚决地拨乱反正,以解决建设社会主义现代化强国的一系列根本问题。

全会重申大规模的疾风暴雨式的群众阶级斗争已经基本结束,果断地停止使用不适用于社会主义社会的"以阶级斗争为纲"、"无产阶级专政下继续革命"等口号,作出了把工作重心转移到社会主义现代化建设上来的战略决策。全会认为,"现在,全国范围内揭批林彪、'四人帮'的群众运动已经基本上胜利完成","就总体上来说,实行全党工作中心转变的条件已经具备"。因此,"现在就应当适应国内外形势的发展,及时地、果断地结束全国范围内的大规模的揭批林彪、'四人帮'的群众运动,把全党工作的着重点和全国人民的注意力转移到社会主义现代化建设上来"①。全会要求:"全党、全军和全国各族人民同心同德,进一步发展安定团结的政治局面。并且立即行动起来,鼓足干劲,群策群力,为在本世纪内把我国建设成为社会主义的现代化强国而进行新的长征。"②

全会讨论了"文化大革命"中发生的一系列重大政治事件,审查和解决了党的历史上一大批冤假错案和一些重要领导人的功过是非问题。全会指出,1975年邓小平主持中央工作期间,各方面工作取得很大成绩,全党、全军和全国各族人民是满意的。决定撤销中共中央发出的有关"反击右倾翻案风"运动和天安门事件的错误文件;审查和纠正了过去对彭德怀、陶铸、薄一波、杨尚昆等所作的错误结论,肯定了他们对党对人民的贡献。全会决定永远废止过去那种脱离党和群众监督设立专案机构审查干部的方式。这些决定实际上是对"文化大革命"及其以前"左"倾错误的否定,从而促使党的政治路线更好地转移到马克思主义的正确轨道上来。

全会深入讨论并一致认为,必须进一步继承和发扬毛泽东所倡导的马克思主义学风,坚持实事求是,一切从实际出发,理论联系实际的辩证唯物主义思想路线。全会坚决批判了"两个凡是"的错误方针,充分肯定必须完整地准确地掌握毛泽东思想的科学体系,高度评价了关于真理标准问题的

---

①② 三中全会以来重要文献选编.上卷.北京:人民出版社,1982.4,5

讨论,确定了解放思想,开动脑筋,实事求是,团结一致向前看的指导方针。全会指出,中国共产党在理论战线上的崇高任务,就是领导教育全党和全国人民历史地、科学地认识毛泽东的伟大功绩,完整地、准确地掌握毛泽东思想的科学体系,把马列主义、毛泽东思想的普遍原理同社会主义现代化建设的具体实践结合起来,并在新的历史条件下加以发展。

全会决定在组织上健全党的民主集中制,健全党规,严肃党纪,反对突出个人和宣传个人崇拜,加强党的集体领导。全会指出,任何党员,在党纪党规面前,都是平等的。为了维护党规党纪,切实搞好党风,全会决定并选举产生了中央纪律检查委员会。陈云为第一书记,邓颖超为第二书记,胡耀邦为第三书记,黄克诚为常务书记,王鹤寿为副书记。为了加强党的领导机构,全会增选陈云为中央政治局委员、政治局常务委员、中央委员会副主席,增选邓颖超、胡耀邦、王震为中央政治局委员,增补黄克诚、宋任穷、胡乔木、习仲勋、王任重、黄火青、陈再道、韩光、周惠为中央委员,将来提请中共十二大予以追认。在全会结束后三天举行的中共中央政治局会议上,确定胡耀邦为中共中央秘书长兼宣传部长,胡乔木、姚依林任副秘书长,宋任穷任中央组织部长,并免去汪东兴的中共中央办公厅主任等职务。上述决定标志着党的正确组织路线的重新确立。

全会提出了要注意解决好国民经济重大比例严重失调的问题,作出了关于加快农业发展的决定。全会指出,在经济建设问题上,必须采取一系列新的重大措施,对陷于失调的国民经济比例关系进行调整,对权力过分集中的经济管理体制着手认真地改革,在自力更生的基础上积极发展同世界各国平等互利的经济合作,注意引进先进技术和设备,并大力加强四化建设所必需的科学教育工作。上述思想,是中国共产党对外开放,对内搞活经济的重要方针的开端。

全会鉴于过去由于社会主义民主和法制不够健全的严重教训,强调必须充分发扬社会主义民主,根据民主集中制原则加强国家各级机构的建设,充分保障人民的民主权利。对于人民内部的思想政治生活中的问题,只能用民主的方法解决。为了保障人民民主,必须加强社会主义法制,使民主制度化、法律化,使这种制度和法律具有稳定性、连续性和极大的权威,做到有法可依,有法必依,执法必严,违法必究。保证在法律面前人人平等,不允许任何人有超越法律之上的特权。

十一届三中全会是建国以来党的历史上具有深远意义的伟大转折,它的历史功绩,就在于从根本上冲破了长期"左"倾错误的严重束缚,端正了党的指导思想,重新在全党确立了马克思主义的政治路线、思想路线和组织路线,作出了将全党的工作重心转移到社会主义现代化建设上来的重大决定,结束了粉碎江青反革命集团后党和国家工作两年徘徊、步履艰难的局面,在领导工作中实现了一系列具有重大意义的转变。它为中国共产党和全中国人民在新的历史时期发展确立了符合中国实际国情和社会需要的正确轨道。

中国共产党由此掌握了拨乱反正的主动权,随即开始有步骤地解决建国以来的许多历史遗留问题,使中国在经济上和政治上很快都出现了很好的形势。

三、平反冤假错案

在"文化大革命"中,林彪、江青反革命集团为了篡党夺权,煽动"怀疑一切、打倒一切",对广大干部和群众进行残酷迫害,蓄意制造了大批冤假错案。仅国家干部被立案审查的就占当时国家干部人数的17.5%。特别是中央、国家机关副部长以上和地方副省长以上的高级干部被立案审查的高达75%。[①] 粉碎江青反革命集团后,特别是中共十一届三中全会以来,平反假案、纠正错案、昭雪冤案,成为拨乱反正的重要内容,成为所有受害者及其家属以至广大人民群众的强烈要求,成为增强全党,全国各族人民团结,为建设社会主义现代化强国而奋斗的重要条件。

平反冤假错案的工作最早始于1976年10月粉碎江青反革命集团之后。当时,党内外广大干部、群众强烈要求纠正"文化大革命"的错误,拨乱反正,平反冤假错案。但是,由于当时历史条件的限制和华国锋推行"两个凡是"的错误方针,严重阻碍了平反工作的顺利进行。1977年12月,中共中央组织部和各级党组织发动广大干部和群众,进行大量的调查研究,坚决平反冤假错案。在实际工作中坚持实事求是、有错必纠的原则,提出凡是不实之词,凡是不正确的结论和处理,不管是什么时候,什么情况下搞的,不管是哪一级,什么人定的和批的,都要改正过来,打开了在全国范围内落实干部政策、平反冤假错案的新局面。全国各地相继为一些著名人士如科学家赵九章、熊庆来,乒乓球运动员容国团,艺术家周信芳、郑君里、严凤英、潘天

---

① "关于建国以来党的若干历史问题的决议"注释本.北京:人民出版社,1983.473

寿、盖叫天,上海市副市长、国际问题专家金仲华,原清华大学党委副书记刘冰等平了反。这期间虽也为"文化大革命"前17年公安工作进行了平反,中央军委为许光达平了反,但总的说来,在全国有影响的大案、要案的复查与平反,还没有提到日程上来。全国平反冤假错案的工作还仅仅是开始。

在邓小平、陈云等人的推动下,十一届三中全会和全会前的中央工作会议,实事求是地审查和解决了党史上一批重大的冤假错案和一些重要领导人的功过是非问题。全会决定为"右倾翻案风"、"天安门事件"、"二月逆流"平反,审查纠正了对彭德怀、陶铸、薄一波、杨尚昆等人所作的错误结论,并且为所谓"61人叛徒集团"、"新疆叛徒集团"、"东北叛徒集团"等平反。中共中央对在全国有重大影响的冤假错案的纠正与平反,为全党树立了榜样。从此,拨乱反正、平反冤假错案的工作以更大的规模,在更大的范围内展开。到十一届六中全会召开前的两年半时间里,不仅纠正了"文化大革命"中的冤假错案,还纠正了一些建国后至"文化大革命"前的重大冤假错案。

(一)为党和国家、军队的一些领导人平反。三中全会后,中共中央发出了为贺龙、乌兰夫、彭真、谭震林、习仲勋、邓子恢、谭政、黄克诚、陆定一、罗瑞卿,以及瞿秋白、李立三、张闻天、肖劲光、肖华、李德生、杨成武、余立金、傅崇碧等人平反的文件。中国共产党十一届五中全会为原中共中央副主席、中华人民共和国主席刘少奇平反昭雪,恢复刘少奇作为伟大的马克思主义者和无产阶级革命家、党和国家领导人之一的名誉,肯定他一生忠于党和人民,为中国革命和建设建立的不可磨灭的功绩;过去因刘少奇问题受株连的人和事,都应复查和澄清,凡属冤假错案,一律予以平反。

(二)对全国各地发生的事件、案件进行复查平反。中共中央从1978年11月工作会议起,先后为武汉"七二〇事件"、宁夏青铜峡"反革命暴乱事件"、云南沙甸事件、"三家村反党集团"等进行复查和平反。

(三)为在"文化大革命"中被错判的反革命案件、刑事案件,冤杀、错杀案件予以改判或平反。十一届三中全会以来,全国各地人民法院,按照中央有关规定,全面复查了"文化大革命"以来判处的反革命案件和普通刑事案件,凡属冤假错案者都作了实事求是的纠正。同时,对"文化大革命"期间判处的刑事案件作了全部复查,对其中造成冤杀、错杀的案件,根据全错全平,部分错部分平的原则,实事求是地给予改判纠正。据不完全统计,"文化大革命"期间,以反革命罪判处死刑的有10 402人,加上其他案件,共判处死刑23 921人,冤杀错杀情况十分严重,特别是以反革命罪而冤杀错杀的很突出。

这是冤假错案中后果最严重的一部分。中共中央指出,决不能使受林彪、江青反革命集团迫害的人沉沦冤海。对此,各级人民法院作了大量的认真纠正、改判或平反昭雪的工作。一批在"文化大革命"中因同林彪、"四人帮"进行英勇斗争而惨遭杀害的优秀共产党员如辽宁省的张志新、吉林省的史云峰等人,得到了平反昭雪。

(四)推倒了"文化大革命"期间强加给中央许多部门的不实之词。如推翻了将原文化部污蔑为"帝王将相部、才子佳人部、外国死人部"等;取消了强加给全国统战、对外联络、民族、宗教、档案等工作部门的所谓错误路线帽子;撤销了1966年2月《部队文艺工作座谈会纪要》和1971年8月《全国教育工作会议纪要》等错误文件;为河南省唐河县马振扶公社中学事件平反;推翻了教育战线的所谓"两个估计",解除了广大知识分子身上的精神枷锁。

(五)对从建国到"文化大革命"前的一些历史老案进行复查和纠正。其中主要有:完成了改正错划右派分子55万人的工作;为所谓"谭政反党集团"、邓子恢和原农村工作部犯路线错误问题等错案彻底平反。此外,为青海省1958年平叛斗争扩大化涉及的问题平反;宽大释放参加西藏叛乱的全部服刑人员;为全总党组第三次扩大会议复查平反;为华北"山头主义"平反;国务院科技局为50年代归国的留美科学家彻底平反;对志愿军被俘归来人员问题进行复查等。

在纠正冤假错案的同时,中共中央还落实了国民党起义投诚人员和两航(原中国、中央两家航空公司)起义人员政策。中共中央决定,凡因历史问题或主要因历史问题而被戴上历史反革命帽子或其他帽子的,一律摘掉,被关押、劳改的予以释放,被管制的予以解除,给他们恢复公民权利,按起义投诚人员对待;因追究历史问题被开除公职的,能工作的安排工作,恢复工资级别。据统计,全国共为40万国民党起义投诚人员落实了政策。同时,中共中央还决定摘掉278万人的地主、富农帽子,改正被错划为资本家的小商小贩、手工业者70万人。

1981年6月,中共十一届六中全会作出彻底否定"文化大革命"的决定,这就为"文化大革命"中一切冤假错案作了总的平反。至此,拨乱反正、平反冤假错案的工作取得了全面的胜利。

中共十一届六中全会以后,中共中央继续落实了以下有关政策:关于落实居住在祖国大陆的台湾同胞和去台人员在祖国大陆亲属政策(到1982年10月,全国去台人员在大陆的亲属285万人大部分已落实政策);继宽大释放在押的国民党县团以上党政军特人员之后,又宽大释放了在押的原国民党县团以下党政军特人员4 237人;为在1946至1983年国民党空军驾机起义,回到祖国大陆的101人颁发了证明书,给外国专家、宗教爱国人士落实政策;清退"文化大革命"中抄查的财物;中央机关作了检查高级知识分子政策的工作。此外,中共中央还集中精力对30~40年代历史问题作了实事求是的复查和纠正。

到1982年底,大规模的平反冤假错案工作基本结束。据不完全统计,中央和全国各地有300多万名干部的冤假错案得到平反,数以千万计的因与这些干部有亲属关系或工作关系而受到株连的干部和群众也由此得到解脱。

平反冤假错案和落实各项政策,极大地调动了各方面建设社会主义的积极性,医治和弥补了"左"倾错误给人们带来的精神创伤和物质损失,巩固和发展了安定团结的政治局面,得到全国各族人民的拥护,在国际上产生了良好的政治影响。

四、《中共中央关于建国以来党的若干历史问题的决议》

各条战线拨乱反正工作的深入发展,迫切要求中国共产党对建国32年来的历史经验进行系统、深刻的总结,对一系列重大的历史问题、现实问题和理论问题,作出明确的决议,以统一全党全军全国人民的思想认识,团结一致地为建设社会主义现代化强国而奋斗。1980年2月中共十一届五中全会之后,在中央政治局、中央书记处的领导下,由邓小平、胡耀邦主持开始了《关于建国以来党的若干历史问题的决议》的草拟工作。邓小平对《决议》的起草提出了三条指导思想:第一,确立毛泽东同志的历史地位,坚持和发展毛泽东思想。这是最核心的一条。第二,对建国32年来历史上的大事,哪些是正确的,哪些是错误的,要进行实事求是的分析,包括一些负责同志的功过是非,要做出公正的评价。第三,通过这个决议对过去的事情做个基本的总结。总结宜粗不宜细。总结过去是为了引导大家团结一致向前看。① 胡耀邦、叶剑英、陈云、赵紫阳、李先念等也提出了重要意见。《决议》草稿先后经中央书记处、4 000名党员负责干部、50余名老干部、中央政治局和十一届六中全会预备会数次讨论,广泛征求了党内外的意见。经主要由

---

① 邓小平文选(1975~1982).北京:人民出版社,1983.255~256

胡乔木负责的起草小组七易其稿,多次修改,历时1年零4个月,使《决议》草稿日臻完善和成熟。

为了审议和通过《关于建国以来党的若干历史问题的决议》并改选和增选中央主要领导成员,中共中央于1981年6月27日至29日在北京召开十一届六中全会。中央政治局常委胡耀邦、叶剑英、邓小平、赵紫阳、李先念、陈云、华国锋主持会议。全会审议并一致通过了《关于建国以来党的若干历史问题的决议》。

《决议》共分八个部分:建国以前28年历史的回顾;建国32年历史的基本估计;基本完成社会主义改造的7年;开始全面建设社会主义的10年;"文化大革命"的10年;历史的伟大转折;毛泽东同志的历史地位和毛泽东思想;团结起来,为建设社会主义现代化强国而奋斗。

(一)《决议》运用马克思主义的辩证唯物主义和历史唯物主义,对建国32年来党的重大历史事件特别是"文化大革命"作出了正确的总结。《决议》指出:"中国共产党在中华人民共和国成立以后的历史,总的说来,是我们党在马克思列宁主义、毛泽东思想指导下,领导全国各族人民进行社会主义革命和社会主义建设并取得巨大成就的历史。社会主义制度的建立,是我国历史上最深刻最伟大的变革,是我国今后一切进步和发展的基础。"《决议》从10个方面阐明了建国32年来所取得的主要成就。《决议》同时指出,新中国建立的时间不长,我们取得的成就只是初步的。由于党领导社会主义事业的经验不多,对形势的分析和对国情的认识有主观主义的偏差,"文化大革命"前就有过把阶级斗争扩大化和在经济建设上急躁冒进的错误。后来,又发生了"文化大革命"这样全局性的、长时间的严重错误,这就使得我们没有取得本来应该取得的更大成就。《决议》强调指出,"我们的成就和成功的经验是党和人民创造性地运用马克思列宁主义的结果,是社会主义制度优越性的表现,是全党全国各族人民继续前进的基础。"忽视或否认取得的成就及成功经验,忽视或掩盖错误,这两种倾向都是错误的。"坚持真理,修正错误",这才是中国共产党必须采取的辩证唯物主义的根本立场。从这个指导思想出发,《决议》以很大篇幅对建国32年来重大历史事件特别是"文化大革命"进行了重要的总结,科学地分析了在这些事件中党的指导思想的正确和错误,对产生错误的原因也作了实事求是的分析,明确了经验教训,使全党全国人民的思想进一步统一到马列主义、毛泽东思想的基础上来,使社会主义现代化建设事业取得更大的胜利。

（二）《决议》实事求是地评价了毛泽东在中国革命中的历史地位，科学地概括了毛泽东思想的基本内容，充分论述了毛泽东思想作为中国共产党的指导思想的伟大意义。《决议》在回顾中国共产党60年光辉战斗历程的基础上指出：毛泽东是伟大的马克思主义者，是伟大的无产阶级革命家、战略家和理论家。他虽然在"文化大革命"中犯了严重错误，但就他的一生来看，他对中国革命的功绩远远大于他的过失。他的功绩是第一位的，错误是第二位的。他为中国革命和建设所做的伟大贡献，他对全世界被压迫民族的解放和人类进步事业所做的伟大贡献是不朽的。《决议》阐述了毛泽东思想的科学含义、形成过程、基本内容和伟大意义。指出毛泽东思想是马列主义普遍真理同中国革命具体实践相结合的产物，是马列主义在中国的运用和发展，是被实践证明了的关于中国革命的正确的理论原理和经验总结，是中国共产党集体智慧的结晶。《决议》把毛泽东思想的独创性的理论分为新民主主义革命、社会主义革命和社会主义建设、革命军队建设和军事战略、政策和策略、思想政治工作和文化工作、党的建设等六个主要方面，并逐一概括了其丰富和发展马列主义的精湛内容。《决议》接着阐述了毛泽东思想的活的灵魂，是贯穿于毛泽东思想的各个组成部分的立场、观点和方法，即实事求是、群众路线、独立自主等三个基本方面的内容。《决议》强调指出，如何对待毛泽东思想，有两种态度是完全错误的：一种是否定一切的虚无主义，这种观点认为毛泽东晚年犯了错误，就主张不再提毛泽东思想，否认它的科学价值，否认它对我们事业的指导作用；另一种是肯定一切的教条主义，他们认为毛泽东过去说过的话、做过的事全都是不可移易的真理，只能照抄照搬，他们无视毛泽东晚年的错误，否认毛泽东思想的发展。《决议》认为，正确的态度是，坚持毛泽东思想，学习和运用它的立场、观点和方法来研究实践中出现的新情况，解决新问题，以符合实际的新原理和新结论丰富和发展党的理论，保证党的事业沿着马列主义、毛泽东思想的轨道继续前进。

（三）《决议》总结和肯定了十一届三中全会以来逐步确立的适合中国情况的建设社会主义现代化强国的正确道路。这条道路的基本点是：第一，在社会主义改造基本完成以后，中国所要解决的主要矛盾是人民日益增长的物质文化需要同落后的社会生产力之间的矛盾。第二，社会主义经济建设必须从中国国情出发，量力而行，积极奋斗，有步骤分阶段地实现现代化的目标。第三，社会主义生产关系的变革和完善必须适应于生产力的状况，有利于生产的发展。第四，在剥削阶级作为阶级消灭以后，阶级斗争已经不是主要矛盾。第五,逐步建设高度民主的社会主义政治制度,是社会主义革命的根本任务之一。第六,社会主义必须有高度的精神文明。第七,改善和发展社会主义的民族关系,加强民族团结。第八,在战争危险依然存在的国际环境下,必须加强现代化的国防建设。第九,在对外关系上,必须继续坚持反对帝国主义、霸权主义、殖民主义和种族主义,维护世界和平。第十,必须把中国共产党建设成为具有健全的民主集中制的党。这10个基本点,是建国以来正反两方面的经验总结,是"文化大革命"中沉痛教训的总结,也是粉碎江青反革命集团后各项工作在徘徊中前进的两年的经验总结。这两个基本点,实际就是十一届三中全会以后中共中央所坚决贯彻执行的路线、方针和政策。

十一届六中全会一致同意华国锋辞去中共中央主席、中央军委主席的职务的请求。全会对中央主要领导成员进行了改选和增选。选举结果是:胡耀邦为中共中央委员会主席,赵紫阳、华国锋为副主席,邓小平为中央军事委员会主席。中共中央政治局常委有:胡耀邦、叶剑英、邓小平、赵紫阳、李先念、陈云、华国锋。全会增选习仲勋为中央书记处书记。全会认为,这次对中共中央主要领导成员的改选和增选,对于加强中央在马克思主义基础上的集体领导和团结一致,保证三中全会以来党的正确路线和方针政策的充分实现,将起重要的作用。

十一届六中全会选举胡耀邦为中共中央委员会主席

中共十一届六中全会是继十一届三中全会以后党的历史上又一次具有重大意义的会议,是总结经验、团结前进的会议。全会通过的《关于建国以来党的若干历史问题的决议》,进一步统一了全党的认识,加强了全党的团结,标志着中国共产党胜利地完成了指导思想上的拨乱反正。尤其是会议对毛泽东在中国革命和中国社会主义建设中历史地位的实事求是的评价,对毛泽东思想内容的科学界定和准确概括,对毛泽东思想历史地位和指导作用的科学阐释,有着深远的意义。这一工作,今天看来无疑是邓小平理论提出、形成和发展的逻辑基础,是新时期及未来社会主义事业继承发展的重要一环,是当代中国政治思想发展史上一项意义深远的巨大成就。

1981年6月邓小平任军委主席

五、民主党派的活动

1976年粉碎"四人帮"以后,特别是中国共产党十一届三中全会以来,中国共产党在统战工作中认真纠正"左"倾错误,强调要尊重民主党派的独立自主,尊重他们在宪法范围内的政治自由、组织独立和法律上的平等地位。支持他们发展组织成员、健全各级领导班子。调动了各民主党派的积极性,各民主党派的活动日趋活跃。他们为巩固和发展安定团结的政治局面,为发扬民主、加强法制、建设四化、促进祖国统一,都做出了大量的、不可磨灭的贡献,受到了全国人民的一致称赞。

1979年10月,各民主党派相继在北京召开了各自的全国代表大会,它们是民革"五大"、民盟"四大"、民建"三大"、民进"四大"、农工民主党"八大"、致公党"七大"、九三学社"三大"和台盟"二大"。朱蕴山、史良、胡厥文、周建人、季方、黄鼎臣、许德珩、蔡啸分别当选为民革中央主席、民盟中央主席、民建中央主任委员、民进、农工民主党、致公党、九三学社中央主席和台盟总部理事会主席。这些会议标志着民主党派的发展开始进入了一个新的历史时期。

1981年12月21日至1982年1月6日,全国统战工作会议在北京召开。2月12日,中共中央转发了《全国统战工作会议纪要》,对全国的统战工作提出了新的要求:进一步肃清"左"的思想,放手让各民主党派独立自主地开展工作,发挥他们的主动性和创造性。统战部门不要干涉,不要包办代替,要使中国共产党领导的多党派合作制,在四项基本原则的政治基础上进一步发展。

1982年9月,胡耀邦在中共第十二次全国代表大会的报告中强调,为了加强同各民主党派的亲密合作,要坚持"长期共存,互相监督,肝胆相照,荣辱与共"的基本方针①,十六字方针更进一步表述了共产党与民主党派患难与共、团结合作的友党关系。这一方针是中国共产党在新的形势下,对统一战线理论和政策的深化与发展,成为中国共产党与各民主党派长期合作的战略方针。

为了鼓励各民主党派独立自主地开展工作,从1982年10月到1983年10月,中共中央有关部门先后批发了《关于民建、工商联开展经济咨询服务工作情况和今后的意见》、《转发中央统战部、国家民委关于民主党派为边疆地区建设服务挂钩会议的报告》等文件,支持民主党派开展为四化建设服务的各项活动,对民主党派积极开展的"智力支边"活动,给予了高度评价,并要求各地统战部门和民委做好"搭桥开道"和疏通工作,帮助他们解决支边工作中的困难。

1983年11月到12月,各民主党派又在北京分别召开了全国代表大会,他们是:民建"四大"、民进"五大"、台盟"三大"、农工民主党"九大"、致公党"八大"、九三学社"四大"、民盟"五大"和民革"六大"。各民主党派认真总结了1979年以来的工作,确定了今后五年的任务,修改了各自的章程,并选出了下一届中央领导机构。上述会议的召开,使民主党派的活动变得更加活跃,他们为服务四化所开拓的领域更加广泛,在国家政治生活中,所发挥的作用更大。中国共产党十一届三中全会以来,中共中央和国务院每当有重大决策的时候,都要召开党外人士座谈会,通报情况,共商国是。各民主党派在这些协商会上积极献计献策。在1982年修改宪法时,民主党派提出1 000多条修改意见,有许多建议被采纳,在第六届全国人民代表大会召开前夕,各民主党派领导人参加了关于国家领导机构人事安排的协商,在中国共产党整党工作中,民主党派对共产党内的不正之风提出了诚恳的批评和加强党的队伍建设的意见,他们还积极组织学者、专家在经济、教育、科学和医疗卫生等许多领域,通过调查研究、专题座谈,向中共中央、国务院和其他部门提出建议,为国家的重大决策的制定,提出了十分有价值的意见。从七

---

① 新时期统一战线文献选编.北京:中共中央党校出版社,1985.233

届政协一次会议到七届政协二次会议,全国政协共收到政协提案2 005件,办复1 987件。在全国人民代表中,民主党派和无党派人士代表的比例,从四届人大的8.2%,上升到六届人大的18.2%。据1985年6月统计,各民主党派成员中有5 000多人被选为各级人大代表,有1.4万人担任了各级政协委员,在全国政协副主席和全国人大常委会副委员长中,民主党派也约占1/3。另一份资料表明,到1990年4月,担任中央部门副部长和省级政府副省长级职务的各民主党派和无党派人士共13名。

各民主党派充分发挥各自的优势,积极办学、咨询服务、智力支边、引进资金与引进项目。据不完全统计,从1980年到1985年下半年,各民主党派共兴办各类学校1 200所,学员达58万人,举办各类培训班2 270多个,已结业学员合计达56万人,举办各种讲座7 670次,听众达100万人次。在智力支边方面,从1982年到1985年6月,民革、民盟、民建、民进、农工和九三学社共完成了支边项目3 000多项,支边成员有6 000多人。在引进项目方面,从1983年到1986年,民革、民建、九三学社、致公党和台盟的成员,通过牵线搭桥引进项目就有1 600多项,引进资金15亿元,邀请专家讲学2 000多人次。他们还接待了来大陆探亲、旅游的港澳同胞、台湾同胞、海外侨胞和外籍华人10万人次,为促进祖国和平统一作出了重要贡献。①

民主党派自身建设有了很大发展。据统计,从1985年到1989年,民革成员由24 249人发展到39 133人,民盟由54 903人发展到99 092人,民建由31 275人发展到50 949人,民进由23 119人发展到46 061人,农工民主党由20 539人发展到44 822人,致公党由4 242人发展到10 223人,九三学社由19 589人发展到45 276人,台盟由886人发展到1 205人。民主党派的思想建设和组织建设也有了很大的发展。

1990年2月,中共中央发表了《坚持和完善中国共产党领导的多党合作和政治协商制度的意见》。这个文件是在总结了中国共产党同各民主党派长期合作的宝贵经验,吸取国内外政治斗争的经验教训,经过同各民主党派多次充分酝酿协商,广泛听取各方面意见的基础上形成的。它首次明确了中国社会主义事业的领导核心——中国共产党是执政党,各民主党派是接受共产党领导、与中共通力合作、共同致力于社会主义事业的亲密友党,是参政党。这就阐明了在中国社会主义政党体制中,共产党与各民主党派

---

① 人民日报,1985-03-28,1985-09-27,1986-09-24

的关系及各民主党派的性质、地位和任务。这个文件的发表,为各民主党派的自身建设及其各项工作指明了方向。

第三节　开创中国特色社会主义建设事业

一、中国共产党第十二次全国代表大会

1980年2月,中共十一届五中全会根据形势的需要,决定提前召开中国共产党第十二次全国代表大会。经过两年多的准备,1982年8月6日,中共中央在北京召开了十一届七中全会。全会审议和通过了中央委员会向中共十二大的报告及《中国共产党章程(修改草案)》,并决定将这两个文件提交中共十二大审议。全会还讨论并通过了分别给刘伯承、蔡畅的致敬信,表达了全党对他们的亲切问候和崇高敬意。

1982年8月30日,中国共产党第十二次全国代表大会举行预备会议,胡耀邦主持会议并讲了话。会议通过了中共十二大的议题,选出由252人组成的中共十二大主席团,选举赵紫阳为大会秘书长,通过由29人组成的代表资格审查委员会,通过《关于确认十一届三中全会、四中全会增补中央委员的决定的决议》。

1982年9月1日至11日,中国共产党第十二次全国代表大会在北京举行。出席大会的正式代表1 545人,候补代表145人,代表全国3 965万余党员。大会的历史任务是总结六年的历史经验,进一步肃清10年内乱遗留的消极后果,全面开创社会主义现代化建设的新局面,确定继续前进的正确道路、战略步骤和方针政策。

9月1日,邓小平致开幕词,阐明中共十二大的历史地位、任务和指导思想,强调"我们的现代化建设,必须从中国的实际出发"。"把马克思主义的普遍真理同我国的具体实际结合起来,走自己的道路,建设有中国特色的社会主义,这就是我们总结长期历史经验得出的基本结论。"[①]同日,胡耀邦作了《全面开创社会主义现代化建设的新局面》的报告。

大会认真讨论了邓小平的开幕词,审议并通过了胡耀邦的政治报告的决议、《关于中国共产党章程》的决议和中央纪律检查委员会的工作报告的

---

① 邓小平文选(1975～1982).北京:人民出版社,1983.371～372

决议。

大会总结了中共十一届三中全会以来的思想、政治、组织、经济、文化、军事、党的工作等七个方面所取得的巨大成就,宣告粉碎江青反革命集团以来,特别是从十一届三中全会开始的历史性的转变已经胜利实现。大会明确提出中国共产党在新的历史时期的总任务是团结全国各族人民,自力更生,艰苦奋斗,逐步实现工业、农业、国防和科学技术现代化,把中国建设成为高度文明、高度民主的社会主义国家。

大会实事求是地确定了中国经济建设的战略目标、战略重点、战略步骤和一系列正确方针。规定从1981年到20世纪末的20年中,中国经济建设总的奋斗目标是力争使全国工农业的总产值翻两番,即由1980年的7100亿元增加到2000年的28000亿元左右。经济建设的战略重点是解决好农业、能源和交通、教育和科技问题,并必须力争到20世纪末全国人口不突破12亿。经济建设的战略步骤是20年分两步走,前10年主要是打好基础,积蓄力量,创造条件;后10年要进入一个新的经济振兴时期。

大会提出了努力建设高度的社会主义精神文明的重大战略决策。大会指出,在建设高度的物质文明的同时,一定要努力建设高度的精神文明。是否坚持这个方针,将关系到社会主义的兴衰和成败。建设社会主义精神文明,是全党的任务,是各条战线的共同任务。

大会进一步肯定了十一届三中全会以来党所确立的努力建设高度的社会主义民主的根本方针。大会指出,建设高度的社会主义民主,是我们的根本目标和根本任务之一。社会主义民主的建设必须同社会主义法制的建设紧密地结合起来,使社会主义民主制度化、法律化。大会还指出,特别要教育和监督广大党员带头遵守宪法和法律。

大会继续坚持独立自主的对外政策。大会指出,中国共产党坚持在马克思主义的基础上,按照独立自主、完全平等、互相尊重、互不干涉内部事务的原则,发展同各国共产党和其他工人阶级政党的关系。和平共处五项原则是中国同各国发展关系的一贯原则;反对霸权主义,维护世界和平,发展同第三世界国家和人民的友好合作是中国的一贯立场。

大会强调提出把党建设成为领导社会主义现代化事业的坚强核心。大会根据党的现状和十二大党章的精神,着重指出党的建设上的几项任务:健全民主集中制,使党内政治生活进一步正常化;改革领导机构和干部制度,实现干部队伍的革命化、年轻化、知识化、专业化;加强党在工人、农民、知识分子中的工作,密切党同群众的联系;有计划有步骤地进行整党,使党风根本好转。

大会审议通过的《中国共产党章程》清除了十一大党章中"左"的错误,继承和发展了七大和八大的优点,系统地总结了历史上党的建设的经验,反映了党的现实生活的要求,因而是一部比较充实和完善的党章。新党章特别规定了党的领导主要是政治、思想和组织的领导。"这是过去的党章所没有解决的问题"①。新党章还作出了许多新的重要规定,如加强党的纪律检查委员会工作职权的规定、对党的民主集中制和集体领导原则的规定以及把主席制恢复成总书记制的规定等。

大会还在党的组织上实现了最高领导层的新老合作和交替。对于这方面,9月6日,叶剑英、陈云在大会上作了重要讲话,阐明了在新的历史时期解决干部队伍新老合作和交替的意义与方针。大会经过充分酝酿和民主选举,选出由正式委员210名、候补委员138名组成的第十二届中央委员会;选出由172名委员组成的中央顾问委员会;选出由132名委员组成的中央纪律检查委员会。

9月11日,中共十二大胜利闭幕。12日至13日举行了中共十二届一中全会。全会选举万里、习仲勋、王震、韦国清、乌兰夫、方毅、邓小平、邓颖超、叶剑英、李先念、李德生、杨尚昆、杨得志、余秋里、宋任穷、张廷发、陈云、赵紫阳、胡乔木、胡耀邦、聂荣臻、倪志福、徐向前、彭真、廖承志为中央政治局委员,姚依林、秦基伟、陈慕华为中央政治局候补委员;选举胡耀邦、叶剑英、邓小平、赵紫阳、李先念、陈云为中央政治局常委;选举胡耀邦为中共中央委员会总书记;选举万里、习仲勋、邓力群、杨勇、余秋里、谷牧、陈丕显、胡启立、姚依林为中共中央书记处书记,乔石、郝建秀为候补书记;决定邓小平为中共中央军事委员会主席,叶剑英、徐向前、聂荣臻、杨尚昆为副主席。全会还批准了中共中央顾问委员会、中共中央纪律检查委员会第一次全体会议分别选出的领导机构。其中,中央顾问委员会主任为邓小平,副主任为薄一波、许世友、谭震林、李维汉,中央纪律检查委员会第一书记为陈云,第二书记为黄克诚,常务书记为王鹤寿。

中国共产党第十二次全国代表大会总结了拨乱反正的经验,制定了全面开创社会主义现代化建设新局面的纲领,修订了新党章,是党的历史上一

---

① 胡乔木谈中共党史.北京:人民出版社,1999.202

次重要的代表大会,它揭开了中国社会主义现代化建设的历史新篇章。

二、《中华人民共和国宪法》的修订与六届人大一次会议的召开

十一届三中全会之后,中国共产党总结了历史的经验教训,尤其是"文化大革命"破坏法制的严重教训,开始恢复和加强法制建设。另外,十一届三中全会之后几年改革开放的社会主义现代化建设实践,使国家各个方面已经有了很大的变化和发展,1978年宪法已经不能适应形势的需要,全面修订新宪法就被提上了议事日程。

1980年8月30日至9月10日,在北京召开的全国人大五届三次会议充分讨论了进一步发展社会主义民主和法制的问题,通过了关于修改宪法和成立宪法修改委员会的决议。经过一年半的工作,宪法修改委员会广泛征求各地方、各部门、各方面的意见,经过认真详细的讨论,于1982年2月拟定了《中华人民共和国宪法修改草案》讨论稿。全国人大常委会、全国政协常委会、各民主党派和人民团体领导人、中共中央各部门、国务院各部门、人民解放军各领导机关以及各省、自治区、直辖市的负责人,对讨论稿提出了修改意见。4月,宪法修改委员会向第五届全国人大常务委员会提交了《中华人民共和国宪法修改草案》,会议通过了《中华人民共和国宪法修改草案》,决定由全国人大将宪法草案公布,交付全国各族人民讨论。全国各族人民积极热情地投入到宪法草案的大讨论之中,提出了大量的各种类型的意见和建议。根据全民讨论的结果,宪法修改委员会对宪法草案又进行了多次修改,于11月23日提交全国人大审议。11月26日至12月10日,第五届全国人民代表大会第五次会议在北京举行。经过人大代表们的认真讨论和审议,会议通过了新的《中华人民共和国宪法》。与1954年宪法、1975年宪法和1978年宪法相比,新宪法充满了新的时代特色,其主要内容如下:

第一,新宪法明确规定以四项基本原则作为建设社会主义现代化国家的根本指导思想。新宪法《序言》通过简单回顾一百多年来中国革命的历史,阐明了一个基本道理:坚持社会主义道路,坚持人民民主专政,坚持中国共产党的领导,坚持马列主义毛泽东思想,这四项基本原则是中国人民在长期斗争中所作出的决定性选择,是全国各族人民团结前进的共同的政治纲领,也是社会主义现代化建设顺利进行的根本保证。宪法《序言》明确提出:"今后国家的根本任务是集中力量进行社会主义现代化建设。中国各族人民将继续在中国共产党领导下,在马克思列宁主义、毛泽东思想指导下,坚

持人民民主专政,坚持社会主义道路……把我国建设成为高度文明、高度民主的社会主义国家。"①

第二,新宪法继承和发展了1954年宪法的人民民主原则和公民权利平等的精神,确认了以法治国的原则。新宪法规定,中华人民共和国是工人阶级领导的、以工农联盟为基础的人民民主专政的社会主义国家。国家的一切权力属于人民。人民依照法律规定,通过各种途径和形式,管理国家事务,管理经济和文化事业,管理社会事务。新宪法恢复了1954年宪法确认的——后来被1975年宪法取消的、1978年宪法未予恢复的——公民在法律面前一律平等的原则,增加了公民的人格尊严不受侵犯的条文,更加具体地规定了公民的人身自由等,扩大了公民的基本权利。新宪法还明确规定,宪法是国家的根本大法,具有最高的法律效力。全国各族人民、一切国家机关和武装力量、各政党和社会团体、各企事业单位组织,都必须以宪法为根本的活动准则,都必须遵守宪法和法律。任何组织和个人都不得有超越宪法和法律的特权。

第三,新宪法规定了我国"在坚持国营经济为主导的前提下,发展多种形式经济"②的社会主义经济制度,肯定了正在进行的经济体制改革的成果。新宪法规定,我国社会主义经济制度的基础是生产资料的社会主义公有制。国营经济是国民经济中的主导力量,劳动群众集体所有制是农村中的主要经济形式。在法律规定范围内的城乡劳动者个体经济,是社会主义公有制经济的补充,国家保护个体经济的合法的权利和利益。国家在实行计划经济的同时,通过计划的综合平衡和市场调节的辅助作用,保证国民经济按比例地协调发展。新宪法对扩大国营经济和集体经济经营管理自主权方面也做出了明确规定。新宪法还规定,允许外国企业和其他经济组织或者个人依照中国法律规定在中国投资,同中国的企业或其他经济组织进行各种形式的合资,其合法权利受国家法律保护。

第四,新宪法还对国家机构做出了许多重要的新规定。这些新规定主要是:1. 加强人民代表大会制度,扩大人大常委会的职权;2. 恢复设立国家主席和副主席;3. 国家设立中央军事委员会,领导全国武装力量;4. 国务院实行总理负责制,各部、委实行部长、主任负责制,国家增设审计机关,加强对财政、财务活动的监督;5. 县以上的地方各级人大设立常委会,地方各级

---

①② 十二大以来重要文献选编.上册.北京:人民出版社,1986.217,144

人民政府分别实行省长、市长、县长、区长、乡长、镇长负责制;6.改变人民公社的政社合一的体制,设立乡政权;7.国家主席、副主席,全国人大委员长、副委员长,国务院总理、副总理等国家领导人连续任职不得超过两届等。

第五,新宪法充实了有关社会主义精神文明建设的条款。新宪法规定,在建设高度物质文明的同时,努力建设高度的社会主义精神文明,是中国人民建设社会主义的一项根本任务。国家通过普及理想教育、道德教育、文化教育、纪律和法制教育,通过在城乡不同范围的群众中制定和执行各种守则、公约,加强社会主义精神文明建设。

第六,新宪法对民族区域自治和国家统一的原则也做出了明确规定。新宪法恢复了1954年宪法明确规定的后来被1975年宪法删除的关于民族区域自治权的条款,而且根据国家情况的新变化增加了新的内容,体现了国家充分尊重和保障各少数民族管理本民族内部事务的民主权利的精神。新宪法明确规定,各民族自治区地方都是中华人民共和国不可分割的一部分,制止制造民族分裂的行为。新宪法还根据一国两制的原则,拟定了对统一后的台湾、香港、澳门作为特别行政区地位的条款,为"一国两制"下的祖国统一奠定了法律依据。

总之,新宪法科学地总结了我国社会主义发展的历史经验,立足于改革开放之后的现实国情,面向建设中国特色社会主义的新形势,继承了1954年宪法的优点,克服了1975年宪法和1978年宪法的缺陷,把十一届三中全会以后的战略转变和拨乱反正所取得的成果,以根本大法的形式确定下来,是一部颇具民族特色和时代特色的社会主义宪法。

1983年6月6日至21日,第六届全国人民代表大会第一次会议在北京举行,这是按照五届人大五次会议通过的新宪法选举产生的首届全国人民代表大会,出席代表2 978人。这次会议的主要任务是:审议政府工作报告,审查和批准国民经济和社会发展计划、国家决算,选举和决定新的一届国家领导人员,组成新的一届国家领导机构。

6月6日,赵紫阳代表国务院向大会作政府工作报告。报告指出,自1978年2月五届人大一次会议以来的五年,是中国在政治上和经济上克服种种困难走上健康发展轨道的五年,是人民心情舒畅、国家蒸蒸日上的五年。报告提出此后五年政府的主要任务是:动员全国各族人民完成和超额完成第六个五年计划,制定和执行第七个五年计划,把以经济为中心的各项建设事业继续推向前进,争取国家财政经济状况和社会风气的根本好转,全面开创社会主义现代化建设的新局面。报告还指出中国正在和将要进行的各项改革,目的是要克服妨碍社会生产力发展的原有制度中的弊端和缺陷,逐步形成适合中国国情的新的经济体制,建设具有中国特色的社会主义。这种改革是在社会主义自身基础上的自我改进,自我完善。改革的每一个步骤和措施,必须有利于完成国家计划规定的各项任务,有利于国民经济协调发展,有利于各项经济活动取得较高的经济效益;有利于兼顾国家、企业、个人三者的利益,确保国家财政收入逐年有合理的增长。为了在"七五"期间有步骤地全面展开经济体制改革,要着重解决:(一)改革计划体制,加强国家对国民经济的有效管理和指导;(二)按照社会化大生产的要求组织生产和流通,发展统一的社会主义市场;(三)改革财政体制和工资制度、劳动制度,正确处理中央与地方、国家与企业、企业与职工的关系。报告最后指出,今后五年,国家的社会主义经济建设和其他各项工作都很重要,一定要发扬艰苦奋斗的创业精神,实事求是,埋头苦干,使社会主义现代化建设迈上更加坦荡的康庄大道。

6月7日,姚依林作《关于1983年国民经济和社会发展计划的报告》,王丙乾作《关于1982年国家决算的报告》,杨尚昆作《中华人民共和国全国人民代表大会常务委员会工作报告》,江华作《最高人民法院工作报告》,黄火青作《最高人民检察院工作报告》。

会议经过认真讨论,通过了全国人民代表大会民族委员会、法律委员会、财政经济委员会、教育科学文化卫生委员会、外事委员会、华侨委员会的组成人员。会议分别批准了上述各项报告,并通过了相应的决议。会议决定设立国家安全机关。

会议选举和决定了国家领导工作人员。会议选举李先念为中华人民共和国主席,乌兰夫为副主席,选举彭真为第六届全国人大常委会委员长,决定赵紫阳为国务院总理,选举邓小平为中央军委主席。会议选举陈丕显、彭冲、王任重、史良、朱学范、阿沛·阿旺晋美、班禅额尔德尼·却吉坚赞、赛福鼎、周谷城、严济慈、胡愈之、荣毅仁、叶飞、廖汉生、韩先楚、黄华为第六届全国人大常委会副委员长,王汉斌为秘书长,选举丁光训等133人为六届全国人大常委会委员。会议决定万里、姚依林、李鹏、田纪云为国务院副总理,方毅、谷牧、康世恩、陈慕华、姬鹏飞、张劲夫、张爱萍、吴学谦、王丙乾、宋平为国务委员,同时决定了国务院其他组成人员。会议决定叶剑英、徐向前、聂荣臻、杨尚昆为中央军委副主席,余秋里、杨得志、张爱萍、洪学智为中央军委委员。会议选举郑天翔为最高人民法院院长,杨易辰为最高人民检察院检察长。

在6月21日的闭幕会上,李先念主席、彭真委员长作了重要讲话。李先念指出,全国人民当前的中心任务是,同心同德,奋发图强,认真贯彻中共十二大和六届人大的精神,继续朝着把中国建设成为现代化的、高度文明、高度民主的社会主义强国的宏伟目标前进。他强调坚持四项基本原则,十亿人民的前进就有了正确的方向。他希望台湾同胞、港澳同胞和国外侨胞为祖国统一贡献力量,希望台湾当局以民族大义为重,同我们一起来谱写新的历史篇章。彭真指出,宪法代表十亿人民的根本利益和长远利益,同时也保护每个公民正当的个人利益和当前利益。要动员一切力量,切实保证宪法在国家生活和社会生活各个方面的贯彻执行。要按照宪法的规定加强社会主义民主和法制建设,在宪法的基础上,坚持不懈地沿着使社会主义民主制度化、法律化的道路前进。

六届全国人大一次会议,对于领导和动员全国各族人民,巩固和发展安定团结、生动活泼的政治局面,保证国家在各方面的方针政策的正确执行和经济建设的健康发展,具有重大而深远的意义。

与六届人大一次会议召开的同时,中国人民政治协商会议第六届全国委员会第一次会议于6月4日至22日在北京举行。会议选举邓颖超为政协第六届全国委员会主席。选举杨静仁、刘澜涛、陆定一、程子华、康克清、季方、庄希泉、帕巴拉·格列朗杰、胡子昂、王昆仑、钱昌照、董其武、陶峙岳、周叔弢、杨成武、肖华、陈再道、吕正操、周建人、周培源、包尔汉、缪云台、王光英、邓兆祥、费孝通、赵朴初、叶圣陶、屈武、巴金为六届全国委员会副主席。会上有297人当选为政协全国委员会常务委员,彭友今当选为秘书长。会议通过了《中国人民政治协商会议第六届全国委员会第一次会议决议》。这次会议生动地体现了中国共产党领导的,由各民主党派和各人民团体参加的,包括全体社会主义劳动者、拥护社会主义的爱国者和拥护祖国统一的爱国者的广泛的爱国统一战线的巩固和发展。

三、中国共产党全面整党

1983年10月11日至12日,中共中央在北京召开了十二届二中全会,讨论整党问题。全会一致通过《中共中央关于整党的决定》。

《决定》认为,经过十一届三中全会以来的拨乱反正,党的作风和党的组织得到了初步的整顿,党的状况有了明显的改善,健康力量在党内已占强大的优势。但也必须看到,十年内乱的流毒还没有肃清,党内思想、作风和组织严重不纯,纪律松弛等问题,仍相当严重。在改革、开放、搞活的新的历史条件下,必然经常受到资本主义腐朽思想和封建主义残余思想的影响和腐蚀,因而有必要集中精力进行一次整党。

《决定》指出:这次整党的任务是统一思想,整顿作风,加强纪律,纯洁组织。整党总的目的和要求,就是要在马列主义、毛泽东思想的指导下,依靠全党同志的革命自觉性,正确运用批评和自我批评的锐利武器,揭露和解决党内存在的思想、作风和组织严重不纯的问题,实现党风的根本好转,努力把党建设成为领导社会主义现代化事业的坚强核心。

这次整党的步骤是:从中央到基层组织,自上而下、分期分批地整顿。每个单位党组织的整顿,也要自上而下,先领导班子、领导干部,后党员群众。整党的基本方法是:在认真学习文件,提高思想认识的基础上,开展批评和自我批评,分清是非,纠正错误,纯洁组织。在整党过程中,自始至终都要加强思想教育,着眼于提高广大党员的思想觉悟。对党员的组织处理,一般要放在整党后期进行。同时对组织处理的基本原则政策和党员登记办法作了明确的规定。《决定》还特别强调整党必须防止走过场。

为了保证整党工作的日常领导,全会选举产生了中央整党工作指导委员会。主任为胡耀邦,副主任为万里、余秋里、薄一波(常务副主任)、胡启立、王鹤寿,并选举邓力群等16人为委员,王震等5人为顾问。

这次整党从1983年11月开始,到1987年5月基本结束,历时三年半。参加整党的党员有4 300多万。

这次整党实际上分三期进行。第一期是中共中央、国家机关各部委和各省、市、自治区一级单位以及解放军各大单位,第二期是地、县两级单位,第三期主要是农村的区、乡、村。第一期整党于1983年冬陆续展开,第二期、第三期整党大都在1984年底先后展开。三期整党,基本上都是按照中共中央整党决定部署进行的,并注意了从每期整党单位的实际出发,根据整党形势和建设、改革形势发展的需要,在突出解决的重点问题上,各有侧重。第一期整党中,为加强领导,中指委和中央军委共派出了有850人参加的90个整党工作联络小组,并成立了中共中央和国家机关10个口整党工作指导小组。结合整党的过程,中指委相继发出11个通知和有关文件。这对第一期和以后各期整党工作起了重要指导作用。第二期整党开始后,中指委明确指出：要把增强党员的党性，纠正新的不正之风，保证改革的顺利进行和促进政治经济形势继续健康地发展，作为地、县两级整党的突出重点来抓。第三期整党开始后，各省、市、自治区共派出宣讲员和联络员63万人深入农村帮助整党。1986年5、6月，中指委要求把解决区、乡、村党员干部中存在的严重的以权谋私和严重违法乱纪问题，作为突出的重点认真抓好。1987年初以来，对广大党员普遍进行了坚持四项基本原则、反对资产阶级自由化的正面教育，着重解决根本政治原则和政治方向问题。三期整党作为整党工作的全过程，是互相联系、互相促进的。实践证明，这次整党确定的从党的中央机关到基层组织的自上而下、分期分批展开的原则是正确的。

  这次整党是有成绩的，不少地方、部门和单位的成绩还比较显著。第一，在统一思想方面，全党从高级干部到广大党员，通过系统学习整党文件，通过开展彻底否定"文化大革命"和普遍进行党性、理想、宗旨的教育，澄清了模糊认识，加深了对党的十一届三中全会以来的路线、方针、政策的理解，明确了坚持改革、开放、搞活和大力发展社会主义有计划的商品经济，是建设富强、民主、文明的社会主义国家的必由之路；明确了"文化大革命"中的两派，是在错误理论指导下进行活动的，在总体上都是错误的。从而进一步消除了派性和"左"的流毒，大大提高了贯彻执行中共十一届三中全会以来的路线方针政策的自觉性，增强了抵制资本主义、封建主义腐朽思想侵蚀的能力。第二，在整顿作风方面，各地努力查处了一些党员干部严重违法乱纪，严重以权谋私和严重不负责任的官僚主义案件，基本上刹住了党政机关干部经商办企业等新的不正之风；在农村整党中大都进行了清理财务的工作，党员和干部带头归还长期拖欠的公款、公物，带头为群众办实事。这样，密切了党群关系，党风有了不同程度的好转。第三，通过整党，开展批评与自我批评和严格党内组织生活的传统得到恢复和发展，党员的组织纪律观念较以前有所加强。军队在整党中教育广大党员讲党性、顾大局、守纪律，在短时间内顺利完成了裁减军队员额100万的艰巨任务，并在对越自卫作战、抢险救灾、教育训练、后勤建设和国防科研等方面取得了新的成就，部队的军政素质明显提高。在整党中，对原来处于瘫痪半瘫痪状态的党组织进行了整顿，对"文化大革命"中的"三种人"（即造反起家的人、帮派思想严重的人、打砸抢分子）和犯有严重错误的人进行了认真清理。整党期间，全国（不含广西）清理出"三种人"5 449名，犯有严重错误的人43 074名。广西在这次整党中，专门用了一段时间处理"文化大革命"的遗留问题，共清理出严重违法乱纪分子27 919名（其中干部6 042名），犯有严重违法乱纪错误的人13 154名。通过全党党员登记和组织处理，对一批有严重问题和不合格党员进行了处理。开除党籍的共有33 896人，不予登记的共有90 069人，缓期登记的共有145 456人，受留党察看、撤销党内职务和向党外组织建议撤销党外职务、严重警告等纪律处分的共有184 071人。同时，对一批有问题和软弱涣散的领导班子进行了调整，县级以上领导班子有一半左右进行了不同程度的充实，有力地保证了党的方针、路线、政策的贯彻执行。

但是，整党工作发展不平衡，有一部分单位，包括一些党政领导机关，没有全面完成整党的四项基本任务，有的甚至走了过场，即使整党搞得比较好的单位，在党风和其他方面也还遗留了一些问题。因此，党内思想、作风和组织不纯的问题仍然不同程度地存在，需要在今后经常的党的建设中继续加以解决。

这次全国整党，是在新的历史条件下，中国共产党加强自身建设的一个重大步骤，是用常规方式而非以往搞"运动"方式对党的思想、作风、纪律和组织进行全面整顿的一次实践，积累了一些正确处理党内矛盾和问题的重要经验。问题在于，党的建设还是应从制度上抓起，建立完善、有效的党的监督制度和党的纪律约束机制，才是使执政的中国共产党永葆生命力和战斗力的重要条件。

四、中国共产党第十三次全国代表大会

1987年10月20日，中共中央在北京召开了第十二届中央委员会第七次全体会议。全会决定，10月25日在北京召开中国共产党第十三次全国代表大会。全会讨论通过了中央委员会向十三大的报告和《中国共产党章程部分条文修正案》，原则同意《政治体制改革总体设想》并决定将主要内容写入大会报告，确认1987年1月政治局扩大会议关于接受胡耀邦请求辞去总书记和推选赵紫阳代理总书记的决定。全会还确认中央政治局关于撤销沈图中央委员职务的决定。

10月25日至11月1日，中国共产党第十三次全国代表大会在北京隆重举行。出席大会的代表1 936人，代表着全国4 600多万党员。全国人大常委会党外副委员长、全国政协党外副主席、各民主党派、全国工商联负责人和无党派爱国人士，少数民族、宗教界知名人士以及党内部分老干部和其他有关负责人，应邀列席大会。邓小平主持了大会。赵紫阳受十二届中央委员会委托，向大会作了题为《沿着有中国特色的社会主义道路前进》的报告。

报告概述了中国从十一届三中全会以来9年间的历史性成就。报告指出,这次大会的中心任务是加快和深化改革。报告着重对社会主义初级阶段进行了系统的深刻的理论上的阐述。报告指出,正确认识中国社会现在所处的历史阶段,是建设有中国特色的社会主义的首要问题,是我们制定和执行正确的路线和政策的根本依据。在近代中国的具体历史条件下,不承认中国人民可以不经过资本主义充分发展阶段而走上社会主义道路,是右倾错误的重要认识根源;以为不经过生产力的巨大发展就可以越过社会主义初级阶段,是"左"倾错误的认识根源。中国社会主义初级阶段不是泛指任何国家进入社会主义都会经历的起始阶段,而是特指中国在生产力落后,商品经济不发达条件下建设社会主义必然要经历的特定阶段。中国处于社会主义初级阶段,包含两层含义:(1)我国社会已经是社会主义社会,我们必须坚持而不能离开社会主义;(2)我国的社会主义社会还处在初级阶段,我们必须从这个实际出发,而不能超越这个阶段。报告提出了党在社会主义初级阶段的基本路线,这就是:领导全国各族人民,以经济建设为中心,坚持四项基本原则,坚持改革开放,自力更生,艰苦创业,为把中国建设成为富强、民主、文明的社会主义现代化国家而奋斗。

报告根据社会主义初级阶段的基本国情和经济发展的客观规律,确定了中国经济发展战略。报告指出,党的十一届三中全会以后,中国经济的战略部署大体分为三步走。第一步,实现国民生产总值比1980年翻一番,解决人民的温饱问题。这个任务已基本实现。第二步,到20世纪末,使国民生产总值再增长一倍,人民生活达到小康水平。第三步,到21世纪中叶,人均国民生产总值达到中等发达国家水平,人民生活比较富裕,基本实现现代化。报告强调,经济发展战略的实现,从根本上说,要依靠经济体制改革的加快和深化。

关于经济体制改革,报告指出,当前深化改革的主要任务是:围绕转变企业经营机制这个中心环节,分阶段地进行计划、投资、物资、财政、金融、外贸等方面体制的配套改革,逐步建立起有计划商品经济新体制的基本框架。

关于政治体制改革,报告指出,政治体制改革的关键首先是党政职能分开。报告还从进一步下放权力、改革政府工作机构、改革干部人事制度、建立协商对话制度、完善社会主义民主政治的若干制度、加强社会主义法制建设等方面进行了论述。报告强调,不进行政治体制改革,经济体制改革不可能最终取得成功。

报告强调在改革开放中加强党的建设的重要性。指出,党必须经得起执政和改革开放的考验,这是新时期党的建设必须解决的最重大的课题。报告重申必须从严治党,严肃执政党的纪律。

报告阐明马克思主义是在实践中不断发展的科学。马克思主义需要有新的发展,这是时代的大趋势。并指出,马克思主义的历史唯物主义从来认为,生产力是一切社会发展的最终决定力量。一切有利于生产力发展的东西,都是符合人民根本利益的,或者是社会主义所允许的。

大会经过认真讨论后,于11月1日分别通过了十二届中央委员会报告的决议,关于党章部分条文修正案的决议,关于中央顾问委员会工作报告的决议,关于中央纪律检查委员会工作报告的决议。大会以无记名投票方式选举了十三届中央委员会、新一届中央顾问委员会和中央纪律检查委员会。十三届中央委员会委员有175名,中央候补委员有110名,中央顾问委员会委员有200名,中央纪律检查委员会委员有69名。至此,大会胜利闭幕。

11月2日,中国共产党第十三届中央委员会第一次会议在北京举行。到会的中央委员173人,中央候补委员106人。中央顾问委员会、中央纪律检查委员会委员列席了会议。会议选举了中央机构。中共中央政治局委员:万里、田纪云、乔石、江泽民、李鹏、李铁映、李瑞环、李锡铭、杨汝岱、杨尚昆、吴学谦、宋平、赵紫阳、胡启立、胡耀邦、姚依林、秦基伟;中央政治局候补委员:丁关根。中共中央政治局常务委员:赵紫阳、李鹏、乔石、胡启立、姚依林。中央委员会总书记:赵紫阳。中共中央书记处书记:胡启立、乔石、芮杏文、阎明复;候补书记:温家宝。

全会决定邓小平为中共中央军事委员主席,赵紫阳为第一副主席,杨尚昆为常务副主席。全会批准陈云为中央顾问委员会主任,薄一波、宋任穷为副主任,王平等27人为常务委员。批准乔石为中央纪律检查委员会书记,陈作霖、李正亭、肖洪达为副书记,王德英等8人为常务委员。

中国共产党第十三次全国代表大会在党的历史上具有极其重要的历史地位。这次大会对党的十一届三中全会以来九年间10亿人民丰富生活的实践经验进行了创造性理论概括。首次系统地阐明了社会主义初级阶段理论,明确提出了党在这个阶段的基本路线,并依据这个理论和路线制定了全面改革的基本方针和行动纲领,展示了建设富强、民主、文明的社会主义现代化国家的蓝图,激励全党全国各族人民为建设有中国特色的社会主义而

中共十三届一中全会当选的政治局常委赵紫阳、李鹏、乔石、胡启立、姚依林

努力奋进。这次大会在实现党中央领导机构的年轻化方面又迈出了较大的一步,这是党的事业兴旺发达、后继有人的生动体现,对党的正确路线持续稳定地贯彻下去,提供了重要的组织上的保证。这次大会作为一个全面系统地加快和深化改革的大会而载入党的史册。

五、第七届全国人民代表大会第一次会议

第七届全国人民代表大会第一次会议于1988年3月25日至4月13日在北京举行。万里宣布会议开幕,李鹏代表国务院作政府工作报告。

报告指出,五年来,在改革开放的推动下,我国国民经济持续发展,总的形势是很好的;经济体制改革从农村到城市全面展开,取得了重大进展,积累了丰富的经验;在经济体制改革的带动下,改革逐步在科技、教育、文化、政治等领域展开,日益显示出重大作用;不断扩大对外开放,积极发展对外经济技术交流与合作,进一步改变了过去的封闭半封闭状态;改革和建设的实践有力地推动着人们思想观念的更新,加强了社会主义精神文明的建设。

报告强调,今后五年,我们要加快和深化改革,推动生产力发展,实现第七个五年计划,制定和实行第八个五年计划。到1992年,力争在不断提高经济效益的基础上,使国民生产总值达到15 500亿元左右,平均每年增长7.5%左右。实现了这个目标,就可以在20世纪末实现国民生产总值翻两番,为人民生活达到小康水平打下牢固的基础。

为此,李鹏在报告中提出了国务院要在今后五年里努力完成以下十项主要任务:(1)大力发展农业生产和加强基础工业、基础设施的建设,以保持国民经济的持续稳定增长。(2)加快科学技术和教育事业的发展和改革,把经济建设切实转到依靠科技进步和提高劳动者素质的轨道上来。(3)以深化企业改革为中心进行综合配套改革,逐步确立新经济体制的主导地位。(4)不失时机地加快实施沿海地区经济发展战略,进一步扩大对外开放。(5)切实搞好政府机构改革,努力克服官僚主义,提高工作效率和严肃政纪法纪。(6)进一步加强社会主义民主和法制建设,维护民族平等和民族团结,巩固和发展全国安定团结的政治局面。(7)大力进行社会主义精神文明建设,促进改革开放和现代化事业的顺利发展。(8)既立足现实又面向未来,认真贯彻实行计划生育和加强环境保护这两项基本国策。(9)在发展生产的基础上继续增加城乡人民收入,改善人民物质文化生活。(10)随着经济建设的发展,进一步加强国防建设。

报告还指出,在过去五年里,我们坚决执行独立自主的和平外交政策,在外交工作中取得了重大成就,开创了新的局面。中国正在致力于本国的发展,希望在和平共处五项原则的基础上同世界各国友好合作。我们全部外交工作,都服务于和平与发展两大目标。

姚依林作关于1988年国民经济和社会发展计划草案的报告,王丙乾作关于1987年国家预算执行情况和1988年国家预算草案的报告,宋平作关于国务院机构改革方案的说明,陈丕显、郑天翔、杨易辰分别向大会提交六届全国人大常委会、最高人民法院、最高人民检察院的书面工作报告。

会议分别审查批准了上述各项报告,并通过了相应的决议。会议通过了宪法修正案、全民所有制工业企业法和中外合作经营企业法,通过了成立澳门特别行政区基本法起草委员会的决定、关于设立海南省的决定、关于建立海南经济特区的决议。

会议选举杨尚昆为国家主席,王震为国家副主席,万里为人大常委会委员长,习仲勋等19人为副委员长,彭冲为秘书长,邓小平为国家中央军委主席,决定李鹏为国务院总理,赵紫阳、杨尚昆为国家中央军委副主席,选举任建新为最高人民法院院长,刘复之为最高人民检察院检察长,表决通过了国务院组成人员,姚依林、田纪云、吴学谦任国务院副总理,李铁映等9人任国务委员。

1988年3月24日至4月10日,七届政协一次会议在北京召开。李先念当选为全国政协主席,王任重等28人当选为副主席,周绍铮当选为秘书长。

七届人大一次会议和七届政协一次会议,对中国改革开放总方针、总政策的贯彻实施,社会主义民主和法制的健全和发展,以及社会主义现代化建设的顺利进行,产生了极为重大的影响。

六、政治体制的初步改革

十一届三中全会以后,中国共产党在致力于经济体制改革的同时,又提出政治体制改革的问题。

中共十一届三中全会曾经指出:"实现四个现代化,要求大幅度地提高生产力,也就必然要求多方面地改变同生产力发展不适应的生产关系和上层建筑,改变一切不适应的管理方式、活动方式和思想方式。因而是一场广泛、深刻的革命。"[①]在拨乱反正的过程中,中国共产党认识到,中国现行政治体制存在着一些重大缺陷,主要表现是:权力过分集中,官僚主义严重,没有把党内民主和人民民主制度化、法律化,缺乏人民当家作主的必要形式,人民对于滥用权力的现象无可奈何,党政不分,以党代政,政党国家化,重政策领导轻依法办事,重人治轻法治。因此,1979年10月30日,邓小平明确指出,"我们要在大幅度提高社会生产力的同时,改革和完善社会主义的经济制度和政治制度,发展高度的社会主义民主和完备的社会主义法制。"[②] 1980年2月,中共十一届五中全会提出了全面改革的思想。同年8月,邓小平在题为《党和国家领导制度的改革》的讲话中,对政治体制改革的必要性、意义、方针、政策、内容和步骤等作了系统的、精辟的论述。这篇经中共中央政治局讨论通过的讲话,是进行政治体制改革的指导性文件。中共十二大肯定了邓小平关于政治体制改革的思想。胡耀邦在十二大政治报告中指出:"建设高度的社会主义民主,是我们的根本目标和根本任务之一。""我们一定要按民主集中制的原则,继续改革和完善国家的政治体制和领导体制,使人民能够更好地行使国家权力,使国家机关能够更有效地领导和组织

---

① 三中全会以来重要文献汇编.上册.北京:人民出版社,1982.4
② 邓小平文选(1975~1982).北京:人民出版社,1983.180

社会主义建设。"①

中共十二届三中全会以后，经济体制改革的步子大大加快，因而现行政治体制与之不相适应的问题更加突出。不进行政治体制改革，经济体制改革不可能最终取得成功。因此，1986年以来，中共中央多次强调政治体制改革的方针不变。1987年10月召开的中共十三大，把政治体制改革提上全党日程。指出政治体制改革的近期目标，是建立有利于提高效率、增强活力和调动各方面积极性的领导体制。改革的长远目标，是建立高度民主、法制完备、富有效率、充满活力的社会主义政治体制。1988年3月，李鹏在向七届人大一次会议所作的政府工作报告中，也指出："加快和深化经济体制改革的同时，积极而又稳妥地推进政治体制改革，加强社会主义民主和法制建设，巩固和发展安定团结的政治局面。"②

政治体制改革是从党内领导体制的改革入手的。十一届三中全会决定成立中央纪律检查委员会，并选举了委员会的领导成员。十一届五中全会决定恢复"文化大革命"以前处理日常工作卓有成效的中共中央书记处，作为中央政治局和它的常务委员会领导下的日常工作机构。全会还讨论通过了《关于党内政治生活的若干准则》，作为党的重要法则。中共十二大对党的组织制度作了进一步改革。其一，设立顾问委员会、纪律检查委员会。其二，改主席制为总书记制。党中央不设主席，只设总书记，总书记负责召集中央政治局、政治局常委会议和主持中央书记处的工作。这次改革有利于加强党的集体领导，防止个人专断局面的形成。中央和省一级设顾问委员会，这既发挥了老同志对党的事业的参谋作用，又有利于克服实际存在的干部领导职务终身制的现象。十二大党章还明确规定，党的各级领导干部，无论是选举产生还是上级任命的，他们的职务都不是终身的，都可以变动或解除。中共十三大报告明确指出，政治体制改革的关键首先是党政职能分开。党的领导是政治领导，即政治原则、政治方向、重大决策的领导和向国家政权机关推荐重要干部。党对国家事务实行政治领导的主要方式是使党的主张经过法定程序变成国家意志，通过党组织的活动和党员的模范作用带动广大人民群众，实现党的方针、路线、政策。该报告并对改革政府工作机构、改革干部人事制度、建立社会协商对话制度、完善社会主义民主政治的若干

---

① 中国共产党第十二次全国代表大会文件汇编.36~37
② 新华月报,1988(4),12

制度、加强社会主义法制建设作了原则规定。

其次,改革政府机构。1982年3月2日,赵紫阳在五届人大常委会第22次会议上作了《关于国务院机构改革问题的报告》。报告指出,为加强集中统一领导,提高工作效率,减少副总理,设国务委员,由国务院总理、副总理、国务委员和秘书长组成国务院常务会议。国务院由现有副总理13人减为2人(后增加4人)。国务委员的职位相当于副总理级。针对部门林立、机构臃肿的情况,则采取撤委并部、大大削减直属机构的方针,撤销重叠机构,合并业务相近的部门。方案实施结果,国务院部委、直属机构、办公机构由100个裁并为61个,工作人员总编制缩减了1/3左右。在国务院机构改革的基础上,各省、市、自治区和地市两级政府机构,以及县和基层政权两级机构也相继进行了改革。到1984年9月,这一改革基本完成。1988年4月,七届人大一次会议通过的国务院机构改革方案,决定撤销部委12个,新组建部委9个,保留部、委、行、署32个,转为事业单位的1个。改革后的国务院组织部委41个。这个方案的实施,对增强机构活力、提高工作效率、减少工作中职能交叉和机构重叠状况,是一次较大的推动,也为以后政府机构的进一步改革打下了良好基础。

再次,改革国家政权体制。1979年五届人大二次会议通过的《中华人民共和国地方各级人民代表大会和地方各级人民政府组织法》,彻底改变了"文化大革命"中的"革命委员会"体制。县以上地方各级人民代表大会均设立常务委员会,由主任和副主任、委员若干人组成。地方各级革命委员会改为人民政府,恢复省长、市长、自治区主席和县长等地方政府领导称谓。地方人民代表大会及其常委会是地方的国家权力机关,地方人民政府是地方的行政机关,地方人民政府组成人员由地方人民代表大会及其常委会分别选举、罢免或者任命。地方人民政府对地方人民代表大会及其常委会负责并报告工作。五届人大五次会议审议通过的《中华人民共和国宪法》,对国家政权机构作了许多重要的新规定。

此外,党和国家在民主法制建设、干部队伍的新老交替和革命化、年轻化、知识化、专业化建设方面做了大量的工作,取得了巨大进展。

综上所述,十一届三中全会以来,党领导人民进行的政治体制改革,已取得了初步的成绩,但也必须清醒地看到,这还只是一个小小的序幕。由于种种现实和历史条件的限制,要完全克服现行政治体制中的弊端,还是一项艰巨复杂的任务,需要全党和全国人民作出更大的努力。

七、1989年政治风波的平息

为了全面贯彻落实中共十一届三中全会以来的路线方针政策,克服来自"左"的或右的干扰,1979年3月30日,邓小平在中共中央召开的理论工作务虚会上的讲话中,系统地提出了坚持四项基本原则问题。他说:"我们要在中国实现四个现代化,必须在思想上政治上坚持四项基本原则。这是实现四个现代化的根本前提。这四项是:第一,必须坚持社会主义道路;第二,必须坚持无产阶级专政;第三,必须坚持共产党的领导;第四,必须坚持马列主义、毛泽东思想。"①他严肃指出:"社会上有极少数人正在散布怀疑或反对这四项基本原则的思潮,而党内也有个别同志不但不承认这种思潮的危险,甚至直接间接地加以某种程度的支持。"②因此,必须同怀疑和反对四项基本原则的思潮作坚决的斗争。1980年1月,中共中央在首都人民大会堂召集干部会议,邓小平代表中共中央作了《目前的形势和任务》的报告,重申坚持四项基本原则的重要性,并指出:"现在,特别是在青年当中,有人怀疑社会主义制度,说什么社会主义不如资本主义,这种思想一定要大力纠正。"③1980年2月,中共十一届五中全会讨论通过的《关于党内政治生活的若干准则》第一条就明确规定,在实现四个现代化的斗争中,全党必须坚持四项基本原则。1981年7月,邓小平在《关于思想战线上的问题的谈话》中,明确提出坚持四项基本原则的核心,是坚持共产党的领导;并批评思想战线上软弱无力的现象,指出有的人"就是要脱离社会主义的轨道,脱离党的领导,搞资产阶级自由化"④。1981年8月,中共中央宣传部召开了思想战线问题座谈会,会上胡乔木讲了话,实事求是地批评了电影文学剧本《苦恋》和以此为题材拍摄的电影《太阳和人》所反映的资产阶级自由化倾向。1982年9月,中共十二大通过的党章,在总纲中明确指出,"在现阶段,坚持社会主义道路,坚持人民民主专政,坚持党的领导,坚持马克思列宁主义、毛泽东思想,集中力量进行社会主义现代化建设,是全党团结统一的政治基础。"⑤党必须"反对一切'左'的和右的错误倾向"。这样,坚持四项基本原则,就成为中国共产党在新的历史条件下党规党纪的一项重要内容。1982年12月,五届人大五次会议通过的《中华人民共和国宪法》,在序言中写上

---

① ② ③ ④ 邓小平文选.第2卷.北京:人民出版社.1994.164~165,166,250,390.
⑤ 中国共产党第十二次全国代表大会文件汇编.81

了坚持四项基本原则的内容。这样,坚持四项基本原则就成为全国各族人民团结奋斗的政治基础,并具有法律效力。

中共十一届三中全会以来,邓小平和其他中央领导人,以及中共中央文件,几乎每年都要讲到坚持四项基本原则,反对资产阶级自由化问题。其中邓小平讲得最早、最多、最深刻。

坚持四项基本原则是我们立国治国之本,是中国革命历史发展的必然结论。中国共产党是全中国人民的领导核心。中国从五四运动起,在有关中国命运的问题上,进行过多次大论战,论战的实质就是中国民主革命是由资产阶级领导还是由无产阶级领导,中国是走资本主义道路还是走社会主义道路。半个世纪以来的历史证明,中国没有共产党的领导,不搞社会主义,是没有前途的。在改革、开放的新时期,同样是如此。无论是搞经济体制改革,还是搞政治体制改革,是进行物质文明建设,还是进行精神文明建设,都是在中国共产党的领导下进行的,都是为了完善社会主义制度,而不是放弃和削弱党的领导,改变社会主义制度。马列主义、毛泽东思想是全党全国人民的根本指导思想,是制定和执行各项政策的指南。中国人民今天所需要的民主,只能是社会主义的民主,而不是资产阶级的个人主义的民主。在中国,剥削阶级虽然已经消灭,但是阶级斗争还将在一定范围内长期存在,决不可以忘记对极少数敌视和破坏中国社会主义制度的敌对分子进行斗争,任何时候,决不可放下人民民主专政这个武器。

坚持四项基本原则,就要旗帜鲜明地反对资产阶级自由化。思想文化界一些人却借改革开放之机,发表各种背离四项基本原则的言论,鼓吹资产阶级自由化思潮,否定社会主义制度,主张把资本主义那一套都搬过来。一搞经济体制改革,他们就要走资本主义道路,讲政治体制改革,他们却要照搬西方资本主义那一套。实际上,这就是把中国现行的政策引导到资本主义道路上去。如果继续听任资产阶级自由化思潮滋长蔓延,中国共产党就会失去凝聚力和战斗力,中国又会成为一盘散沙,安定团结的政治局面就会被破坏,那样,就根本不可能进行改革,就无法集中精力搞社会主义现代化建设。因此,必须把坚持四项基本原则,反对资产阶级自由化同坚持改革、开放、搞活的总方针结合起来。但由于在实际工作中反对资产阶级自由化不力,到1986年底,发生了波及北京、上海、合肥等城市的学潮。学潮发生不久,邓小平指出,"应该说:从中央到地方,在思想战线上是软弱的,丧失了阵地,对于搞资产阶级自由化是个放任的态度","要旗帜鲜明地坚持四项基本原则,否则就是放任了资产阶级自由化"。① 经过1986年底至1987年初执行反对资产阶级自由化的政策,提高了广大群众特别是青年学生的觉悟,暂时扭转了资产阶级自由化严重泛滥的局面。中共中央总书记胡耀邦,因在反对资产阶级自由化问题上的失误,在1987年1月16日召开的政治局扩大会议上,请求辞去总书记职务,得到批准,由国务院总理赵紫阳代理总书记。但赵紫阳对反对资产阶级自由化的斗争,态度消极。一度收敛的资产阶级自由化思潮又泛滥起来。1988年末到1989年初,在国际反社会主义势力猖獗的背景下,在国内的一些大城市,特别是在北京,搞资产阶级自由化的人跃跃欲试,而那些因对社会上以权谋私和腐败现象不满走上街头的天真的青年学生,却成为极少数阴谋分子制造动乱的工具。

1989年4月15日胡耀邦因病逝世。首都高校的悼念活动很快发展为政治性示威游行,甚至出现了占领天安门广场的非法行动和更大规模的非法游行示威。在西安、长沙、成都等地,发生了严重的打、砸、抢、烧等犯罪活动。动乱制造者提出了一系列政治要求,核心是否定反对资产阶级自由化。在这种情况下,4月24日,中央政治局常委在李鹏主持下召开会议(赵紫阳于4月23日赴朝访问),认为一场有计划、有组织的反党反社会主义的政治动乱已经来临,决定在中央成立制止动乱小组。25日,邓小平发表重要谈话,指出这不是一般的学潮,而是一场否定共产党领导、否定社会主义制度的政治动乱。26日,《人民日报》发表题为《必须旗帜鲜明地反对动乱》的社论,使绝大多数干部了解了动乱的性质,一些学生也开始认识到问题的严重性。5月4日以后,全国各地的局势趋向平稳。但由于出访回国的中共中央总书记赵紫阳改变原来态度,甚至违背中央确立的立场和方针,否定中央关于极少数人已经制造动乱的判断,认为对于学潮的宣传"放开了一点,游行作了报道,新闻公开程度增加一点,风险不大"。由于赵紫阳对动乱的软弱态度和新闻舆论的错误导向,局势急遽恶化,全国各地的示威游行活动规模越来越大。5月13日开始,部分学生到天安门广场绝食,要求同政府"对话"。由于舆论的错误导向,全国各地前往北京声援的人数越来越多。全国各大中城市的游行示威活动加剧,局势十分紧张。但赵紫阳在5月16日晚中央政治局常委召开的紧急会议上,不同意多数常委关于坚决反对与制止

---

① 坚持四项基本原则,反对资产阶级自由化.369~370页,北京:人民出版社,1987.369~370

动乱的意见,仍然坚持退让。为防止事态进一步恶化,中央政治局常委于17日开会决定北京部分地区实行戒严,并于19日晚召开首都党政军机关干部大会,号召迅速结束动乱。赵紫阳称病请假没有出席大会。根据李鹏签署的国务院令,自20日10时起,首都部分地区实行戒严。

6月3日,当部分戒严部队按计划进入首都指定地区时,发生了路口设置路障、阻截军车的严重事件。中共中央认为,这场由学潮演变成的动乱,终又酿成了反革命暴乱,而且形势还在恶化,共和国处在危急的关头。在这种情况下,驻守首都周围的戒严部队奉命强行开进,平息这场暴乱。6月4日晨,停留在天安门广场的数千名学生被劝告、勒令和平撤离。以天安门广场全部完成清场任务,戒严部队全部到位为标志,这场波及全国的政治风波终于平息。

八、新的中央领导集体的形成

平息动乱后,中共中央为确立新的中央领导集体,领导全国人民沿着十一届三中全会开辟的建设中国特色的社会主义现代化道路继续前进,于1989年6月23日至24日在北京召开十三届四中全会。会前,中央政治局举行了扩大会议,为全会的召开做了必要的准备。

出席十三届四中全会的中央委员170人,候补中央委员106人,列席会议的中顾委委员184人,中纪委委员68人,有关方面负责人29人。会议的主要内容是:(一)审议并通过了李鹏代表中央政治局提出的《关于赵紫阳同志在反党反社会主义的动乱中所犯错误的报告》,并根据赵紫阳所犯的严重政治错误,决定撤销他担任的中共中央总书记、政治局常委、政治局委员、中央委员、中共中央军委第一副主席的职务。随后召开的七届全国人大常委会第八次会议,又撤销了他的中华人民共和国中央军事委员会副主席的职务。(二)对中央领导机构的部分成员进行了必要的调整。选举江泽民为中央委员会总书记,增选江泽民、宋平、李瑞环为中央政治局常委,增补李瑞环、丁关根为书记处书记,免去胡启立中央政治局常委、中央政治局委员、中央书记处书记的职务,免去芮杏文、阎明复书记处书记的职务。(三)决定继续坚决执行党的十一届三中全会以来的路线、方针和政策,继续坚决执行党的十三大确立的"一个中心、两个基本点"的基本路线。(四)高度评价了以邓小平为代表的老一辈无产阶级革命家、人民解放军、武警部队和公安干警在制止和平息首都反革命暴乱中所发挥的重大作用和贡献,并提出全党特别要注意抓好治理整顿、惩治腐败、稳定局势等几件大事。十三届四中全会以江泽民为核心的新的中央领导集体的确立,对于保证十一届三中全会以来党的路线、方针、政策的连续性,保证国家的政治稳定和经济发展,具有重大的意义。

四中全会后,中共中央相继制定了《中共中央、国务院关于近期做几件群众关心的事的决定》、《中共中央关于加强宣传、思想工作的通知》、《中共中央关于加强党的建设的通知》,并转发了《中央组织部关于在部分单位进行党员重新登记工作的意见》,下大力气抓党的建设、政治思想工作和政治稳定,努力克服"一手比较硬、一手比较软"的现象,取得了很大成绩。同时,认真抓治理整顿,以实现社会经济的稳定与发展。治理整顿和深化改革是1988年9月中共十三届三中全会决定的,但经济过热和通货膨胀的势头在1988年仍继续发展,治理整顿一时难以见效。1989年春夏之交的政治风波后,西方资本主义国家对中国实行所谓"经济制裁",更给经济发展带来困难。为进一步治理整顿和深化改革,中共中央于1989年11月上旬在北京召开了十三届五中全会。五中全会的主要内容是:(一)审议并通过了《中共中央关于进一步治理整顿和深化改革的决定》。全会认为,中共十三届三中全会决定对国民经济治理整顿是正确的,今后要坚定不移地执行治理整顿和深化改革的方针。这是克服当前经济困难,实现国民经济持续、稳定、协调发展的根本途径。全会决定从1989年算起,用三年或者更长一些时间,基本完成治理整顿的任务。决定还规定了治理整顿的一系列主要目标。(二)根据邓小平的多次请求,全会讨论并通过了《关于同意邓小平同志辞去中共中央军事委员会主席职务的决定》;并决定江泽民为中央军事委员会主席,杨尚昆为军委第一副主席,刘华清为副主席,杨白冰为秘书长;决定增补杨白冰为中共中央书记处书记。

中共十三届五中全会以后,国内政治局势进一步稳定。1990年1月,根据《中华人民共和国宪法》的有关条款,国务院决定:自1990年1月11日起,解除在北京部分地区的戒严。3月,七届全国人大三次会议决定接受邓小平辞去中华人民共和国军事委员会主席职务的请求,选举江泽民为中华人民共和国军事委员会主席。

中国政治局势的稳定为治理整顿和深化改革提供了良好的环境。经过十三届四中全会后一年多的治理整顿和深化改革,到1990年底,已经取得明显成效。这主要表现在:其一,通货膨胀得到控制。固定资产投资规模的压缩和消费基金增长过快势头的控制,使社会总需求大于社会总供给的矛盾趋于缓和,市场商品供应丰富,物价稳定。其二,调整经济结构工作有了良好的开端。不仅调整了工农业比例,增加了对农业的投入,而且工业生产内部的结构也得到了调整。重点建设加快,一批项目建成投产。其三,流通领域的混乱现象得到初步整顿,并开展了"三角债"的清理工作。其四,国民经济保持了一定的增长速度,对外贸易和对外经济技术交流继续发展。1990年出口贸易顺差131亿美元,改变了1984年以来连年逆差的状态。对周边国家的开放迈出了新的步伐,并新开辟了上海浦东开发区。其五,科技、教育和各项社会事业得到进一步发展。另外,在治理整顿的基础上,到1990年底,"七五"计划顺利实现,计划所规定的国民经济和社会发展各项指标,绝大部分完成或超额完成。

第四节 社会主义民主法制建设

一、社会主义民主政治建设

中共十一届三中全会,总结了历史经验,特别是吸取了"文化大革命"的严重教训,提出了发展社会主义民主以及使民主制度化、法律化的任务,开辟了中国社会主义民主政治建设的新时期。

1979年3月,邓小平在党的理论工作务虚会上强调指出:没有民主就没有社会主义,就没有社会主义现代化,社会主义愈发展,民主也愈发展。在中共十二大、十三大上,中共中央把建设高度的社会主义民主,作为完善社会主义制度的根本保证,作为社会主义现代化建设总目标、总任务的一个组成部分。与此同时,党和国家采取了一系列加强民主建设的重大措施。

(一)恢复和发展党内的民主。十一届三中全会以来,中国共产党着力恢复和发展党内的民主,健全党的集体领导制度和民主集中制,使党内政治生活由过去长期不正常的严重状态逐步恢复到马克思主义的正确轨道上来。首先,切实保障党员的各项民主权利,允许党员发表不同意见。十一届三中全会以来,党中央一再重申不抓辫子、不扣帽子、不打棍子的"三不主义",鼓励党员敢讲话,讲真话,解放思想,开动脑筋。《关于党内政治生活的若干准则》和历次党的代表大会制定的党章,都比较充分地规定了党员的民主权利和保障这些权利的措施。这些规定,对活跃党内民主生活,调动广大党员的积极性、创造性,起了很好的作用。其次,恢复和健全党的集体领导制度和民主集中制。十一届三中全会以来,在消除党内个人崇拜、健全集体领导制度和民主集中制等方面,做了很大的努力。党章和党内有关法规规定,在高度民主的基础上实行高度的集中,党员个人服从党的组织,少数服从多数,下级组织服从上级组织,全党各个组织和全体党员服从党的全国代表大会和中央委员会。此外,还规定了党内选举要体现选举人的意志,党的各级委员会实行集体领导和个人分工负责相结合的制度,禁止任何形式的个人崇拜,保证党的领导人的活动处于党和人民的监督之下等。这些规定对于健全党的民主制和集体领导制度,起到了很好的作用。第三,明确规定党必须在宪法和法律的范围内活动,中共十二大把党必须在宪法和法律范围内活动作为一项根本原则,明确写进了党章。从中央到基层,一切党的组织和党员的活动,都不能同国家的宪法和法律相抵触。1982年新宪法更是明确规定:决不容许任何组织或个人有超越宪法和法律的特权。第四,改革党对国家的领导体制,解决权力过分集中和党政不分、以党代政的问题。

(二)加强人民代表大会制度。如前所述,1979年7月五届人大二次会议通过的《关于修改〈中华人民共和国宪法〉若干规定的决议》恢复和加强了人民代表大会制度,特别是决定在县以上地方设置各级人民代表大会常务委员会作为地方国家权力机关,以便加强对县以上地方各级人民政府的管理和监督。1982年12月五届人大五次会议制定的新宪法,对完善人民代表大会制度又作出了一系列新的规定:(1)扩大了全国人大常委会的职权。全国人大常委会由过去只能制定法令改变为可以制定基本法律之外的其他法律,并可在不与基本法律的基本原则相抵触的情况下,对基本法律作部分的补充和修改。(2)省级人大及常委会享有制定地方性法规的权力。(3)县级以上地方人大设立常委会。(4)人大代表的直接选举,由过去的乡、镇、市辖区和不设区的市扩大到县一级。

上述情况表明,我国的人民代表大会制度正在日趋完善,各级人大及其常委会做了大量工作,有力地推动了社会主义民主和法制建设。这突出地表现在以下几个方面:(1)制定和通过了包括《中华人民共和国宪法》在内的一系列重要的法律和地方性法规。(2)按照宪法赋予的职权,加强了监督工作。认真审议决定重大问题,选举决定各级政权的领导成员。(3)全国人大先后审议通过了"六五"、"七五"、"八五"计划和每年的经济社会发展计划、财政预算,批准了中英、中葡关于香港和澳门问题的联合声明等。地方人大也负责决定一些本地区的重大事项。（4）加强了人大及其常委会的自身建设。根据宪法规定，六届全国人大设立了民族、法律、财经、教科文卫、外事、华侨6个专门委员会，七届全国人大又增设了内务司法委员会。全国人大常委会2/3的成员参加了各专门委员会的工作。一些省、市人大也设立了专门委员会，加强了专门委员会的经常性工作。各级人大常委会的工作正在逐步走向制度化、规范化。

（三）改革党内和国家的选举制度。1979年7月，五届全国人大二次会议制定的地方各级人民代表大会选举法和地方组织法，第一次用国家基本法律的形式确立了差额选举制度。1986年11月通过的关于修改选举法和地方组织法的两个规定，明确规定选举各级人大代表和地方国家机关组成人员，必须依法实行差额选举，不能经过预选实行等额选举。党章和《关于党内政治生活的若干准则》对党内选举也作出了新的规定。随着选举制度的改革，选举的民主程度不断提高。

（四）发挥人民政协、民主党派和人民团体的作用。十一届三中全会以来，人民政协以社会主义建设和改革开放中的重大问题为主要内容，开展了多层次、多渠道的政治协商和民主监督工作。政协六届、七届全国委员会先后就经济体制改革的方针，"七五"、"八五"计划的制定和实施，以及社会主义物质文明和精神文明建设，提出了许多重要的意见和建议。中国共产党和人民政府充分尊重各民主党派的意见，对于重大问题事先与民主党派通气和协商，听取和吸收了有关的重要意见和建议。各民主党派广泛地参加各级国家政权，同共产党一道管理国家。在六届和七届全国人大代表中，民主党派人士都占代表总数的18.2%。人民团体的活动得到了恢复和发展，并同国家生活发生越来越密切的联系。工会、共青团和妇联作为共产党领导下的三个规模最大、最广泛的群众组织，发挥了党和政府联系人民群众的桥梁和纽带作用。

（五）进一步加强和扩大基层民主。十一届三中全会以来，基层民主制度建设、企事业民主管理和基层群众自治等都有了较大的发展。首先，企事业的民主管理开始走向法律化和制度化。七届全国人大一次会议通过的《全民所有制工业企业法》以及中共中央和国务院颁发的《全民所有制工业企业职工代表大会条例》，明确了企业的工会委员会是职工代表大会的工作机构，负责职工代表大会的日常工作，从而初步理顺了职工代表大会和工会的关系，并且具体地规定了职工代表大会在实现民主管理和民主监督方面的各项职权，使职工通过职工代表大会进行民主管理能够真正落到实处。其次，基层群众自治进入了新的发展阶段。到1986年底，全国已经建立8万多个居民委员会和94.9万多个村民委员会。六届人大常委会第23次会议于1987年11月通过了《村民委员会组织法（试行）》，肯定了村民委员会建设的成功经验和做法，具体规定了村民委员会的性质、任务、设立原则、组织机构和工作规则。村民委员会的组织形式有利于调动农村基层广大农民的积极性和创造性，使村民通过基层自治活动，逐步增强民主意识，养成民主习惯，学会民主管理，为整个国家的民主建设奠定了广泛的基础。

二、社会主义法制建设

十一届三中全会以来，中国的社会主义法制建设取得了重大进展。

法制建设的重大成就在立法方面的表现尤为明显。如前所述，1982年12月，五届全国人大五次会议通过并公布了《中华人民共和国宪法》。这部宪法以法律的形式确认了中国各族人民奋斗的成果，规定了国家的根本制度和根本任务，是国家的根本大法，具有最高的法律效力。

除《中华人民共和国宪法》外，从1979年到1990年，全国人大及其常委会制定各类法律及法律性决定近20件。这期间，国务院规定、颁布了一些行政法规，各省、自治区、直辖市也制定、颁布了一大批地方法规。在关于国家机构的法律方面，制定或重新制定了《选举法》、《地方各级人民代表大会和地方各级人民政府组织法》、《人民法院组织法》、《国务院组织法》、《民族区域自治法》等；在刑事立法方面，制定了《刑法》、《刑事诉讼法》、《关于严惩严重破坏经济的罪犯的决定》等；在民事法律方面，制定了《民法通则》、《继承法》、《涉外经济合同法》等；在行政法方面，制定了《国籍法》、《学位条例》、《律师暂行条例》、《兵役法》、《中国公民出境入境管理法》、《居民身份证条例》等；在经济立法方面，制定了《计量法》、《统计法》、《专利法》、《土地管理法》、《森林法》、《中外合资经营企业法》等等。上述各类各层次立法情况表明，社会主义法制正向社会生活的各个领域扩展，社会主义法制体系已经初步形成。

从普法方面看，人民群众的法律知识不断充实，法制观念大大加强，依法办事的自觉性逐步提高。自1986年起，司法和宣传部门组织普及法律知识活动。到1990年，已基本完成"十法一例"的普及工作。经济领域也开展了以经济合同法、商标法、专利法等法律法规为内容的"十法六例"普及工作。通过普法和各种形式的法律宣传教育,人们知法守法,依法办事,运用法律手段维护自己的合法权利的自觉性大为增强。

从司法和执法方面看,司法机关依法打击刑事犯罪,严惩经济犯罪,审判各类纠纷案件,有效地保证了广大人民群众的生命、财产安全和合法权益,保证了改革开放的进行。与此同时,行政执法工作大为加强,公安、税务、工商、海关、物价、卫生、环保等行政执法部门建立,充实了机构,增加了人员,积极开展执法活动,对处理经济纠纷、制裁违法活动,发挥着越来越重要的作用。

此外,还开展了包括扫黄、除"六害"在内的社会治安综合治理工作,坚决制止和取缔一切败坏社会风气的丑恶现象,进一步净化了社会空气。

三、公审林彪、江青集团

1980年9月20日,五届全国人大常委会第十六次会议决定,成立最高人民检察院特别检察厅和最高人民法院特别法庭,检察、审判林彪、江青反革命集团案主犯,任命最高人民检察院检察长黄火青兼特别检察厅厅长,最高人民法院院长江华兼特别法庭庭长。会议决定特别法庭公开进行审判,特别法庭的判决是终审判决。

林彪、江青集团是新中国建立以来罪行最重、危害最大的两个反革命集团,他们严重触犯刑律,应由司法部门依法追究刑事责任。国家公安部于1980年4月下旬开始对林彪、江青集团在押犯进行侦查、预审,侦查终结后,移送到最高人民检察院。最高人民检察院对公安部移送的案卷材料、证据进行了审查,并讯问了被告,确认林彪、江青两个反革命集团罪行严重、证据确凿,于11月6日向最高人民法院特别法庭起诉。起诉书指出,以林彪、江青为首的反革命集团主犯林彪、江青、康生、张春桥、姚文元、王洪文、陈伯达、谢富治、叶群、黄永胜、吴法宪、李作鹏、邱会作、林立果、周宇驰、江腾蛟等,在"文化大革命"中,互相勾结,狼狈为奸。凭借其地位和权力,施展阴谋诡计,利用合法的和非法的、公开的和秘密的、文的和武的各种手段,有预谋地诬陷、迫害党和国家领导人,企图篡党篡国,推翻无产阶级专政的政权。林彪、江青反革命集团给国家和民族造成的灾难是难以估量的。起诉书列举了两个反革命集团犯有4大罪状、48条罪行之后指出,他们所犯的严重罪行都有大量确凿的证据。全国各族人民,特别是遭受诬陷、迫害和遭受株连的广大干部与群众,以及一度被蒙蔽、欺骗的干部、群众,都是他们罪行的见证人。根据《中华人民共和国刑法》第9条关于适用法律的规定,特别检察厅确认10名罪犯触犯了《中华人民共和国刑法》,分别犯有颠覆政府、分裂国家罪、武装叛乱罪、反革命杀人、伤人罪、反革命诬告陷害罪、组织领导反革命集团罪、反革命宣传煽动罪、刑讯逼供罪、非法拘禁罪,应当追究刑事责任。起诉书还指出,依照《中华人民共和国刑事诉讼法》第11条第5项规定,对已经死亡的林彪、康生、谢富治、叶群、林立果、周宇驰不再追究刑事责任。

1980年11月20日,最高人民法院特别法庭开庭公审林彪、江青两个反革命集团案中的10名主犯。在两个月零五天里,特别法庭第一审判庭、第二审判庭先后开庭42次,进行法庭调查和法庭辩论,有49名证人和被害人出庭作证,对873件证据进行了认真的审查,做到凡是认定的犯罪事实,都有充分确凿的证据。1981年1月25日,特别法庭作出判决:判处江青、张春桥死刑,缓期2年执行,剥夺政治权利终身①;王洪文无期徒刑,剥夺政治权利终身;姚文元有期徒刑20年,剥夺政治权利5年;陈伯达、黄永胜、江腾蛟有期徒刑18年,剥夺政治权利5年;吴法宪、李作鹏有期徒刑17年,剥夺政治权利5年;邱会作有期徒刑16年,剥夺政治权利5年。这是历史正义的判决,体现了全国人民的要求和愿望,恢复了社会主义法制的尊严,标志着中国民主与法制建设已进一步走上了健康发展的道路。

1981年3月6日,五届人大常委会第十七次会议听取了最高人民法院院长兼特别法庭庭长江华关于审判林彪、江青反革命集团案主犯的情况报告,对最高人民检察院特别检察厅和最高人民法院特别法庭的工作表示满意。鉴于最高人民检察院特别检察厅和最高人民法院特别法庭的任务已经完成,决定予以撤销。

四、打击经济犯罪和刑事犯罪活动

随着改革开放政策的实施,在中国经济生活中,走私贩私、贪污受贿、投机倒把、盗窃国家和集体财产等严重违法犯罪活动有了明显的增加,在少数地区、少数人员中还相当猖獗。鉴于此,1982年1月11日,中共中央发出《紧急通知》,指出对这种严重违法犯罪行为,全党要抓住不放,雷厉风行地

---

① 1983年1月25日,最高人民法院刑事审判庭作出裁定,对林彪、江青反革命集团案的主犯江青、张春桥原判处的死刑缓期2年执行的刑罚,依法减为无期徒刑,原判处剥夺政治权利终身不变。

加以解决。对于那些情节严重的犯罪干部,首先是包括担任重要职务的犯罪干部,必须依法逮捕,加以最严厉的法律制裁。3月8日,五届全国人大常委会第二十二次会议通过了《关于严惩严重破坏经济的罪犯的决定》。4月13日,中共中央、国务院发布《关于打击经济领域中严重犯罪活动的决定》。《决定》指出,经济领域的各种犯罪活动,比1952年"三反"时严重得多,如果听任其发展,就将对中国社会主义事业和前途产生极大的危害,必须予以坚决打击。《决定》要求各级组织,要集中力量抓紧处理大案要案,要着重整顿党的组织、干部作风和严密各项管理制度,并规定了各项有关政策,以指导打击经济领域犯罪活动的开展。

在中共中央和国务院的正确领导下,各有关部门共同努力,打击严重经济犯罪活动的斗争取得了显著成效。各级公安、检察机关经过大量艰苦的工作,侦破了一批大案要案。人民法院依法审判了一些严重经济犯罪分子。据1982年底初步统计,当年全国揭出并立案审查的各类经济犯罪案件有16.4万件,已结案8.6万件,依法判刑的近3万人,追缴赃款赃物计3.2亿元。1983年至1987年,全国法院共审结严重经济犯罪案件288 064件,判处人犯351 376名。① 从各地查处的重大案件来看,其主要特点是:国家机关、团体、企业事业单位和集体经济组织进行经济犯罪活动突出,其数额之巨大,情况之严重,影响之恶劣,为建国以来所罕见,并且一般都有干部牵连在内,甚至涉及极少数负责的领导干部;一些不法分子千方百计地采取新的形式钻政策、制度和管理上的空子,以各种"公司"、"中心"、"商行"的名义,利用合同或制造假合同进行投机诈骗的犯罪活动;内外勾结,上下串通,共同犯罪的情况突出,一些有前科劣迹的人被当作"能人"、"财神"重用,重新作案。针对上述特点,在严惩严重破坏经济的罪犯时,中央强调既要旗帜鲜明,态度坚决,又要依法办事,严格划清罪与非罪的界限,经得起历史的检验。对国家机关、团体、企事业单位的领导人员构成犯罪的,一定要依法追究刑事责任,决不能"以罚代刑"或以党纪、政纪代刑;在追究经济犯罪分子本人的刑事责任的同时,要打破犯罪分子的保护伞、关系网,依法追究包庇犯、窝赃、销赃犯的刑事责任,对因官僚主义、严重失职、助纣为虐,给国家和集体造成严重损失的国家工作人员,要依法追究其玩忽职守的责任。

---

① 人民日报,1988-04-03

经济犯罪活动严重地妨碍了社会主义建设、改革和开放,影响社会安定,腐蚀人们的思想和生活,像白蚁似的危害着社会主义大厦。因此,打击严重经济犯罪活动的斗争,是一场反对资本主义腐朽思想腐蚀的斗争,是社会主义社会在新的历史条件下的一种特殊形式的阶级斗争。

在坚决打击严重经济犯罪活动的同时,开展了严厉打击刑事犯罪活动的斗争。1983年9月,六届全国人大常委会第二次会议通过了《关于严惩严重危害社会治安的犯罪分子的决定》和《关于迅速审判严重危害社会治安的犯罪分子的程序的决定》,各级公安、检察、法院等部门坚决贯彻执行这两个决定,依法从重从快惩处了一批严重危害社会安定的刑事犯罪分子。1983年8月到1987年底,全国各级法院共审结刑事案件1 692 955件,判处人犯2 047 839名。[①] 在被判处的全部人犯中;处5年以上有期徒刑、无期徒刑直至死刑(含死缓)的,占38.1%;处5年以下有期徒刑、拘役、管制和免予刑事处分的,占61.12%;宣告无罪的,占0.7%。在审结的全部刑事案件中,属于杀人、强奸、抢劫、爆炸、流氓犯罪集团等7个方面的严重刑事犯罪案件占40.46%,人犯占45.47%。在判处无期徒刑和死刑(含死缓)的罪犯中,90%以上是属于这7个方面的犯罪。

经过几年的斗争,全国刑事犯罪案件发案率逐年下降,1981年为万分之八点九,1982年为万分之七点四,1983年为万分之六,1984年至1987年则稳定在万分之五左右。

随着对外开放,一些腐朽的东西也跟进来了,社会上出现了吸毒、嫖娼、拐卖妇女儿童等丑恶现象,引起了党和政府的高度重视。1991年9月七届全国人大常委会第二十一次会议通过了《关于严惩拐卖绑架妇女、儿童犯罪分子的决定》和《关于严禁卖淫嫖娼的决定》,在全国开展了社会治安综合治理和重点治理,取得了一定的成效。

第五节 经济体制改革和对外开放

一、第五个国民经济五年计划

"五五"计划(1976~1980年),即中华人民共和国发展国民经济的第五

[①] 人民日报,1988-04-18

个五年计划。"五五"计划没有正式单独编制,是同最初的"六五"计划编在一起的,称作《1976~1985年发展国民经济十年规划纲要(草案)》。1975年1月13日,国务院总理周恩来在第四届全国人民代表大会第一次会议上作《政府工作报告》时提出:"我国国民经济的发展,可以按两步来设想:第一步,用十五年时间,即在1980年以前,建成一个独立的比较完整的工业体系和国民经济体系;第二步,在本世纪内,全面实现农业、工业、国防和科学技术的现代化,使我国国民经济走在世界的前列","从国内国际的形势看,今后的十年,是实现上述两步设想的关键的十年。在这个时期内,我们不仅要建成一个独立的比较完整的工业体系和国民经济体系,而且要向实现第二步设想的宏伟目标前进。国务院将按照这个目标制定十年长远规划、五年计划和年度计划。"①

国务院在1975年6月16日至8月11日召开研究长远规划的务虚会,在大量调查研究的基础上,拟定了发展国民经济十年规划纲要草案。10月26日至1976年1月23日,全国计划会议召开,讨论发展国民经济的10年规划和1976年计划。12月25日、27日,中共中央政治局审议了经计划会议讨论修改的《纲要》草案,并决定修改后试行一年,再作进一步修订。②1977年11月24日至12月11日,全国计划会议召开,研究长远规划问题,经过讨论,国家计委向中共中央政治局提出《关于经济计划的汇报要点》。要点提出的指标是:到1985年,粮食产量达到4 000亿公斤,钢产量达到6 000万吨,原油达到2.5亿吨。为了实现上述目标,在工业方面要新建和续建120个大项目,其中包括30个电站、8个大型煤炭基地、10个大气油田、10个大型钢铁基地、9个大有色基地、10个大化纤厂、10个大石油化工厂、十几个大化肥厂以及新建续建6条铁路干线,改造9条老干线,重点建设秦皇岛、连云港、上海、天津、黄埔等5个港口。③ 1978年2月5日,中共中央政治局批准了汇报要点。1978年2月26日至3月5日召开的五届全国人大一次会议审议批准了修订后的《1976年到1985年发展国民经济十年规划纲要(草案)》。

---

① 周恩来.向四个现代化的宏伟目标前进.见:周恩来选集.下.北京:人民出版社,1984.479
② 中央财经领导小组办公室.中国经济发展五十年大事记.北京:人民出版社、中共中央党校出版社,1999.276
③ 苏星.新中国经济史.北京:中共中央党校出版社,1999.634

《纲要》根据在本世纪内实现中国现代化的中心任务,确定了"五五"期间发展国民经济的奋斗目标:到 1980 年,建成中国独立的、比较完整的工业体系和国民经济体系。主要内容是:

在工农业生产方面,"五五"期间工农业生产总值平均每年增长 8.6%,后三年平均每年增长 10.4%,其中农业总产值平均每年增长 4.5%,后三年年增长 5.8%,工业总产值平均每年增长 10.2%,后三年年增长 12%。1980年,基本实现农业机械化,全国粮棉平均亩产上《纲要》,粮食产量达到 3 350亿公斤,棉花 6 000 万担,钢 3 600 万吨,煤 6.5 亿吨,原油 1.3 亿～1.5 亿吨,发电量 3 000 亿度,铁路货运量 11.5 亿～12 亿吨。

在财政收支方面,五年合计财政收支各 5 100 亿元。

在基本建设方面,5 年内国家预算内基本建设投资 1 780 亿元,全国基建投资总额 2 030 亿元。"五五"计划时期,大中型项目的建成投产率为 7.4%,比"一五"计划时期 15.5% 低 8.1%。[①] "五五"后三年,要把在建的项目拿到手,并开辟一些新战场,为"六五"计划期间的大发展做准备。

"五五"时期,国内生产总值平均增长速度为 6.5%,工业总产值平均年增长 9.6%,农业总产值平均每年增长 3.2%,财政总收入平均每年增长7.3%,财政总支出平均每年增长 8.4%。[②]

二、国民经济的调整与"六五"计划

粉碎"四人帮"后,全国期盼已久的四化建设终于得以进行,国民经济得到迅速恢复和发展,生产建设取得很大的成就,经济建设形势好转。但由于长期"左"的错误遗留的国民经济主要比例失调和对经济体制、经济效益、人民生活等方面存在的严重问题估计不足,对林彪、"四人帮"制造推行的"左"的经济理论对经济造成的严重后果估计不足,对带有很大恢复性质的经济形势没有进行实事求是的分析和冷静的估计,头脑又开始发热,盲目冒进,急于求成,追求新的跃进,加剧了当时国民经济比例关系的失调,给经济发展带来一些新的困难,对以后经济的发展产生了不利影响。

---

① 彭敏. 当代中国的基本建设. 上册. 北京:中国社会科学出版社,1989.270
② 中央财经领导小组办公室. 中国经济发展五十年大事记. 北京:人民出版社、中共中央党校出版社,1999.329

这两年经济工作的失误主要表现在两个方面:(1)脱离国情,片面追求高速度,经济发展目标不切实际。1977年1月,国务院要求到1980年在全国基本上实现农业机械化,使农林牧副渔主要作业的机械化水平达到70%左右。11月,国家计委召开全国计划会议。会议提出,到2000年,工业每年以10%以上、农业每年以4%~5%的速度持续地大步前进。在2000年以前全国实现四个现代化,使国民经济走在世界前列。到那个时候,农业将成为世界上第一个高产国家,许多省的工业水平将赶上和超过欧洲的某些发达国家。(2)"左"的方针政策仍在实行。为了达到高指标,过分突出钢铁和重化工为主的重工业,盲目强调大干快上,使本来已经过大的基本建设规模继续扩大。1978年7月至9月,国务院务虚会议从错误的形势估计出发,提出要组织国民经济新的大跃进,要以比原来设想的更快的速度实现中国的四化,要在本世纪末实现更高程度的现代化,要放手利用外资,大量引进先进技术设备。1978年,化工部门同国外签订了8个以石油为原料的化工成套设备和1个以煤炭为原料的化肥厂的合同,这9个项目的投资(含国内工程投资),共需160多亿元,加上其他部门的引进,共计22项。这些项目需要外汇130亿美元,约合人民币390亿元,加上国内工程投资200多亿元,共需600多亿元。

宏观经济决策的失误,使本来已经不协调的国民经济比例关系更加失调。到1978年,积累率上升到36.5%,基本建设投资年增长率达31%,占财政收入的37.2%,而同期国民收入增长率为12.3%。1976到1978年,在工农业总产值中,农业所占比重由30.4%下降到27.8%,工业由69.6%上升到72.2%;在工业产值中,轻工业由44.2%下降到43.1%,重工业由55.8%上升到56.9%。农轻比重进一步降低,重工业比重进一步上升。煤炭和石油工业采掘、采储比例失调,能源工业与整个工业、原材料工业与加工工业的供求矛盾突出。重工业与轻工业争能源、争原材料的矛盾更为突出。1978年,全国缺发电能力1 000万千瓦,使20%的工业生产能力闲置,机械工业的加工能力超过了可供钢材的3~4倍。铁路超载,港口压船,邮电通讯紧张。

积累基金比1977年增长了30%以上,消费基金只增长了10.8%,使积累率由1977年的30.3%进一步上升到1978年的36.5%,1978年成为中华人民共和国成立以来除"大跃进"时期外积累率最高的年份(1959年为

43.9%,1960年为39.6%①)。整个五年计划期间积累率33.3%,比第四个五年计划还高。

上述情况表明,如果再不下决心对国民经济进行调整,中国的经济建设将会陷入更大的困境,造成更加严重的损失。

1978年12月,中国共产党十一届三中全会把纠正经济建设中的急于求成,解决国民经济的比例失调、管理混乱和改革权力过分集中的经济管理体制等问题提上了议事日程。根据三中全会关于解决国民经济比例失调的精神,中共中央在1979年初多次召开会议,分析中国经济建设的现状,总结历史经验,研究解决国民经济比例严重失调的方针和办法。1979年3月14日李先念、陈云在给中共中央的信中指出,"现在国民经济是没有综合平衡的。比例失调的情况是相当严重的。要有两三年的调整时期,才能把各方面的比例失调情况大体上调整过来"②,并建议在国务院下,设立由陈云任主任、李先念任副主任、姚依林任秘书长的12人财政经济委员会,作为研究制定财经工作方针和决定财经工作大事的决策机关。3月27日,中共中央决定成立财经委员会。3月30日,邓小平指出:"在经济比例失调的条件下,下决心进行必要的正确的调整,是我们的经济走向正常的、稳定的发展的前提。"③4月5日至28日,中共中央在北京召开工作会议,针对国民经济比例严重失调的情况,决定用3年时间对国民经济实行"调整、改革、整顿、提高"的八字方针。会议指出了这次调整的主要任务和所要采取的12项主要措施。会议进一步明确了这次调整以及实现四化的指导思想是:一定要从基本国情出发,走出一条在社会主义制度下实现中国特色的现代化道路。1979年6月,在五届人大二次会议上正式通过了"调整、改革、整顿、提高"的方针,标志着中国经济工作的指导思想开始了根本性转变,这是在经济领域中进行拨乱反正的重大成果。

调整国民经济的工作经历了两个阶段。1979年到1980年底为初步调整阶段。在农业方面,调整农业政策和农业的内部结构。1979年9月,中共十一届四中全会作出《中共中央关于加快农业发展若干问题的决议》后,国

---

① 苏星.新中国经济史.北京:中共中央党校出版社,1999.638
② 李先念,陈云.关于财经工作给中央的一封信.见:三中全会以来重要文献选编(上).北京:人民出版社,1982年.72
③ 邓小平文选.第2卷第2版.北京:人民出版社.1994.161

家大幅度地提高了粮食、棉花、油料、猪、禽、蛋等18种农副产品的收购价格,减免了收入低的农村社队的农业税和社队企业的工商税。农民与农村社队当年增加收入154亿元,使农业基础得到加强,农业的发展成为这个时期国民经济迅速增长的重要推动力量。在工业方面,调整工业内部的比例关系,着重发展轻工业。在积累与消费方面,缩短基建规模,注重人民生活的改善。经过调整,积累率由1978年的36.5%下降到1980年的31.6%。1979年到1980年,城乡人民的收入都有所增加。

经过1979年至1980年的初步调整,对于改变多年来僵化的管理体制,消除单独行政手段的许多弊病,探索按经济规律管理经济等方面进行了有益的尝试,各项工作都取得了明显的进展,积累了宝贵的经验。但是,在经济工作中,仍然存在许多问题,国民经济重大比例关系失调的状况未从根本上改变,基建规模仍在扩大,片面追求高速度的倾向仍然存在。为了使经济工作进一步摆脱"左"倾思想的束缚,使国民经济健康稳定地发展,1980年12月,中共中央召开工作会议,着重讨论了经济形势和经济调整问题。会议决定从1981年起,对国民经济实行进一步的、全面的、大幅度的调整。

从1981年起,国民经济进入了进一步调整时期。中共中央制定和实施了一系列具体的调整措施。

第一,控制基本建设投资规模。1981年3月,国务院下达《关于加强基本建设计划管理,控制基本建设规模的若干规定》,将1981年的基本建设投资规模由1980年的558亿元,缩减为442亿元,下降20.7%,全国基本建设总规模要由国务院确定,基本建设计划的审批权集中在中央与省、市、自治区两级,新建、扩建的大中型项目由国家计划委员会审批。

第二,严格财政和信贷管理。1981年,国务院作出了关于平衡财政收支、严格财政管理的八项决定,1981年各项事业费、行政费和国防开支费共减少64亿元。

第三,抓好农业和轻工业的生产。1981年3月,国务院转发国家农委《关于积极发展农村多种经营的报告》,提出决不放松粮食生产,积极开展多种经营,对轻工业继续采取特殊优先的政策。1981年,轻工业总产值占工业总产值的比重达到51.5%,这是自1970年以来轻工业总产值比重第一次超过重工业总产值。

第四,稳定市场物价。1980年12月,国务院发出《关于严格控制物价,整顿议价的通知》,强调集中统一,严格检查,稳定市场物价。1982年国务院发布《物价管理暂行条例》，规定按照商品对国计民生影响大小的不同，分别采取国家定价、国家规定范围内的企业定价和集市贸易价。

经过调整，中国的经济形势发生了很大变化。1984年工农业总产值达到10 627亿元，其中农业和轻工业在工农业总产值的比重分别为34.8%和30.9%，农、轻、重的比例基本协调。积累与消费的比例关系基本得到改善，1981年至1984年的积累率分别是28.3%、28.8%、29.7%、31.2%。国民经济的发展呈持续稳步增长的趋势。1979年至1984年，社会总产值、工农业总产值、国民收入的年平均增长速度分别为9.1%、9.1%、8.3%。总之，经过全党全国人民的努力，国民经济的发展逐步摆脱了比例关系严重失调的局面，开始走上按比例稳步发展的轨道。[①]

在国民经济调整中，中共中央和国务院制定并实施了"六五"计划。

根据中共十二大所确定的中共在新时期的总任务和全面开创社会主义现代化建设新局面的纲领，按照中共中央提出的经济建设的战略部署，在认真总结中国社会主义建设经验、全面分析当时国民经济和社会发展现状的基础上，国务院在认真调查研究的基础上编制了国民经济第六个五年计划（1981～1985），1982年11～12月召开的五届人大五次会议审议批准该计划，这一计划是在1980年国务院拟订的从1981年到1985年的第六个五年计划的基本轮廓和主要指标的基础上进一步完善的计划。

"六五"计划的基本任务是：继续贯彻执行调整、改革、整顿、提高的方针，进一步解决过去遗留下来的阻碍经济发展的各种问题，取得实现财政经济状况根本好转的决定性胜利，并且为第七个五年计划期间的国民经济和社会发展奠定更好的基础，创造更好的条件。

"六五"计划的特点是：强调提高经济效益，反对片面追求发展速度；要求保证能源、交通等重点建设；强调积极稳妥地加快经济体制改革的进程；要求全面整顿现有企业，努力提高企业的经营管理水平；提出严格控制人口增长和加强环境保护。

国务院总理赵紫阳代表国务院向五届人大五次会议作了《关于第六个五年计划的报告》，报告指出，自1979年以来，随着国民经济的调整，农业、轻工业和重工业的比例关系，积累和消费的比例关系，已经基本上趋于协

[①] 邓力群.经济体制改革若干问题的研究宣传提纲.见：邓力群文集.第1卷.北京：当代中国出版社，1998.625

调,改革的进程有可能也有必要适当加快,今后要一方面抓紧制定经济体制改革的总体方案和实施步骤;另一方面,更要积极深入地进行各项改革的试验,重点作三件事:其一,对国营企业逐步推行以税代利,改进国家和企业的关系;其二,发挥中心城市的作用,解决"条条"和"块块"的矛盾;其三,改革商业流通体制,促进商品生产和商品交换。通过这三项改革,把整个经济体制改革带动起来。①

"六五"计划是继续贯彻执行调整、改革、整顿、提高的方针,使国民经济走上稳步发展的健康轨道的五年计划;是进一步推进中国现代化建设,使人民生活继续得到改善的五年计划;是从中国实际情况出发,走社会主义现代化经济建设新路子的五年计划。

到1985年,各族人民在中国共产党和国务院组织领导下,共同努力,"六五"计划规定的工农业生产、交通运输、基本建设、技术改造、国内外贸易、教育科学文化、改善人民生活等方面的任务和指标,绝大部分都已提前完成或超额完成。在这五年中,工农业总产值平均每年增长12%,农业总产值平均每年增长8.1%,财政总收入平均每年增长11.6%,财政总支出平均每年增长10.3%。② 中国的社会主义现代化建设取得了惊人的成就,全国的经济和社会面貌发生了深刻的变化,与前几个五年计划相比,六五计划期间的发展是十分迅速的,解决了长期希望解决而没有解决的吃饭穿衣问题,找到了一条中国式的发展社会主义农业的新路子,实现了粮食自给、棉花自给有余,这些成就的取得充分证明了中国共产党的路线、方针、政策的正确。

"六五"计划的实施,使中国经济实现了具有深远意义的转变:在经济和社会发展的战略上,从片面追求工业特别是重工业产值产量增长转向以提高经济效益为中心,注重农、轻、重协调发展,注重经济、科技、教育、文化、社会的全面发展;在经济体制上,从管得过多、统得过死的僵化体制转向公有制基础上有计划发展商品经济要求的、充满生机和活力的新体制;在对外关系上,从封闭半封闭状态转向积极利用国际交换的开放型经济。

三、"三步走"发展战略

"三步走"发展战略是中国改革开放的总设计师邓小平继承毛泽东、周

---

① 赵紫阳.关于第六个五年计划的报告.新华月报,1982(11)
② 中央财经领导小组办公室.中国经济发展五十年大事记.北京:人民出版社、中共中央党校出版社,1999.383

恩来关于中国经济发展战略思想,总结中国社会主义建设经验并结合中国建设的实际,高瞻远瞩地提出的一条适合中国情况、发展国民经济的稳妥的经济发展实施步骤。

中华人民共和国成立初期,毛泽东曾多次论述经济建设的步骤和发展战略思想。① 周恩来也在三届人大一次会议和四届人大一次会议上提出发展国民经济的两步设想,使中国国民经济走在世界的前列。②

随着中共十一届三中全会决定把工作重点转移到社会主义现代化建设上来,制定发展经济的战略目标就被提上了日程,邓小平对这一具有重要意义的战略问题进行了设想。

1979年12月16日,在会见日本首相大平正芳时,邓小平率先提出了"小康"概念并确定了20世纪末的指标:"我们实现的现代化,是中国式的四个现代化。我们的四个现代化的概念,不是像你们那样的现代化的概念,而是'小康之家'。到本世纪末,中国的四个现代化即使达到了某种目标,我们的国民生产总值人均水平也还是很低的。要达到第三世界中比较富裕一点的国家的水平,比如国民生产总值人均一千美元,也还得付出很大的努力。"③考虑到中国人口多、耕地少、底子薄的实际情况,劳动生产率、财政收支、外贸进出口都不可能一下子大幅度提高,邓小平在论证实现本世纪发展经济的指标时认为,到20世纪末,国民生产总值翻两番,人均达到800~1 000美元,达到小康水平,在此基础上,"再花三十年到五十年时间,接近发达国家的水平"。④

邓小平这一战略构想为中共十二大所接受,大会规定"从1981年到本世纪末的二十年,我国经济建设总的奋斗目标是,在不断提高经济效益的前提下,力争使全国工农业的总产值翻两番,即从1980年的7 100亿元增加到2000年的28 000亿元左右。实现这个目标,我国国民收入总额和主要工农业产品的产值将居于世界前列,整个国民经济的现代化过程将取得重大进展,城乡人民的收入将成倍增长,人民的物质文化生活可以达到小康水

---

① 毛泽东选集.第4卷.北京:人民出版社,1991.1447 又见:建国以来毛泽东文稿.第2册.北京:中央文献出版社,1988.534
② 周恩来选集.下卷.北京:人民出版社,1984.439、479
③④ 邓小平文选.第2卷.北京:人民出版社,1994.237,417

平"。① 对于实现十二大的战略目标是有可能的,邓小平十分自信:"最近几年的情况,表明这个宏伟的目标是能够达到的。"② 为实现翻两番的目标,邓小平将20世纪的奋斗目标分解为两步走,到1990年前先实现翻一番的任务,从1990年到2000年,在翻一番的基础上,再翻一番:"二十年的时间分为前十年、后十年。前十年为后十年做准备。"③

为了增强政策的预见性和连续性,邓小平进一步把两步走战略发展为三步走战略:"第一步在八十年代翻一番。以一九八〇年为基数,当时国民生产总值人均只有二百五十美元,翻一番,达到五百美元。第二步是到本世纪末,再翻一番,人均达到一千美元。实现这个目标意味着我们进入小康社会,把贫困的中国变成小康的中国。那时国民生产总值超过一万亿美元,虽然人均数还很低,但是国家的力量有很大的增强。我们制定的目标更重要的还是第三步,在下世纪用三十到五十年再翻两番,大体上达到人均四千美元。做到这一步,中国就达到中等发达的水平。"④ 中共十三大报告关于经济发展战略的提法,就是根据邓小平上述论述而提出的:在社会主义初级阶段,发展社会生产力所要解决的历史课题,是实现工业化和生产的商品化、社会化、现代化。我们的经济建设,肩负着既要着重推进传统产业革命,又要迎头赶上世界新技术革命的双重任务。完成这个任务,必须经过长期的有步骤、有阶段的努力奋斗。党的十一届三中全会以后,中国经济建设的战略部署大体分三步走。第一步,实现国民生产总值比1980年翻一番,解决人民的温饱问题。这个任务已经基本解决。第二步,到本世纪末,使国民生产总值再增长一倍,人民生活达到小康水平。第三步,到下个世纪中叶,人均国民生产总值达到中等发达国家水平,人民生活比较富裕,基本实现现代化。然后,在这个基础上继续前进。

由上述可见,稳步发展经济的战略思想,是中华人民共和国领导人一以贯之的思想。邓小平继承了毛泽东、周恩来发展经济的战略思想,并赋予其新的内涵,作为社会主义初级阶段中国人民为之奋斗的目标。这一发展战

---

① 胡耀邦.全面开创社会主义现代化建设的新局面.见:十二大以来重要文献选编.上册.第2卷.北京:人民出版社,1986.14
②④ 邓小平文选.第3卷.北京:人民出版社,1993.70,226
③ 邓小平文选.第2卷.北京:人民出版社,1994.237

略目标,如实揭示了中国共产党在社会主义初级阶段所要解决的主要矛盾,即不断满足人民群众日益增长的物质文化需要同落后的社会生产力之间的矛盾,因而是一个切实可行的经济发展战略目标。

在实践上,实施"三步走"发展战略目标也取得了可喜的成绩。按照"三步走"发展战略,在中国共产党的领导下,经过全国人民的共同努力,到1995年,全年国民生产总值为58 478.1亿元[①],提前5年实现了国民经济发展翻两番的任务,这样,就为实现"三步走"的经济发展战略奠定坚实的基础,中国人民昂首阔步地为实现第三步目标而奋斗。

四、社会主义经济体制的改革

根据生产关系一定要适应生产力状况的规律,判断一种所有制结构是否合理的标准,只能是这种所有制结构是否适应现实的生产力状况,是否能促进生产力的发展。"经济体制改革的一个重要课题,就是要根据我国生产力的状况,建立合理的生产资料所有制结构"[②]。中国的经济体制改革首先是从农村开始的。自农业合作化后,由于长期受到"左"倾指导思想的影响,人民公社实行"政社合一"和"三级所有,队为基础"的集中管理体制,农民缺少自主权,严重挫伤了农民的生产积极性,农业生产的发展和农民生活的改善都比较缓慢,致使农业生产长期处在徘徊状态。全国粮食产量1958年为2亿吨,可是20年后的1978年才达到3亿吨,年平均只增加500万吨左右。1977年,全国农村有1.5亿人口的口粮不足。1978年,全国有139万个生产队(占全国生产队总数的29.5%)年人均分配在50元以下,约2亿多农民的温饱问题还没有得到解决。[③]

关于真理标准问题的讨论解放了人们的思想,在此基础上召开的中共十一届三中全会提出了改革经济体制的任务[④],认为必须大力恢复和发展农业生产,要求全党必须集中精力把农业尽快搞上去。只有这样,才能保证

---

① 中央财经领导小组办公室.中国经济发展五十年大事记.北京:人民出版社、中共中央党校出版社,1999.493
② 邓力群.经济体制改革若干问题的研究宣传提纲.见:邓力群文集.第二卷.北京:当代中国出版社,1998.465
③ 吴敬琏.当代中国经济改革:战略与实施.上海:远东出版社,1999.106
④ 中国共产党第十一届中央委员会第三次全体会议公报.见:三中全会以来重要文献选编.下册.北京:人民出版社,1982.6

整个国民经济的迅速发展,才能不断提高全国人民的生活水平。全会通过了《关于加快农业发展若干问题的决定(草案)》和《农村人民公社工作条例(试行草案)》,规定了发展农业生产的一系列政策措施和经济措施。这两个文件在1979年1月下发。

随着新的农村经济政策的贯彻,广大农民要求改革"三级所有,队为基础"的管理形式,并创造了多种形式的生产责任制。1978年,安徽、四川部分地区率先实行包产到组、包产到户的责任制形式。1979年,全国有一半以上的生产队实行了包工到组,有1/4的生产队实行了包产到户。这些生产责任制的实行,对于改革过去生产队范围内吃"大锅饭"、搞平均主义的做法起了重大作用。

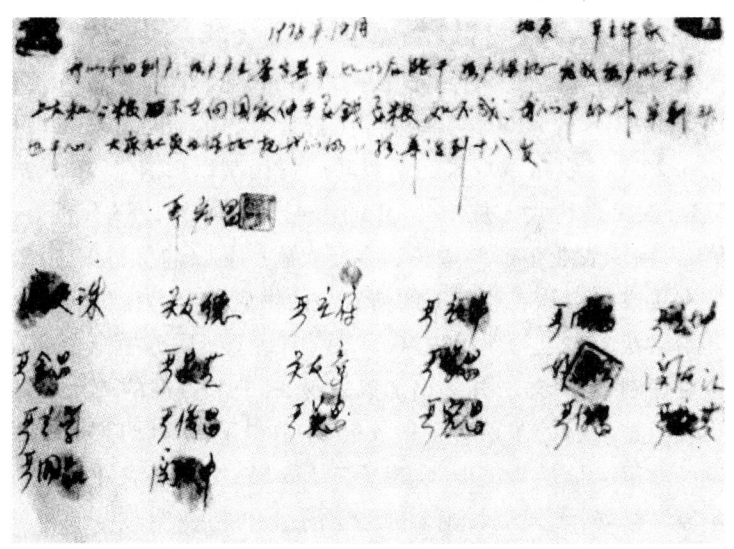

安徽省凤阳县小岗生产队社员1978年签订的全国第一份包干合同书

对各地农民自发创造的各种形式的农业生产责任制,中央及时给予肯定并予以推广。1980年9月,中共中央召开省、市、自治区党委第一书记座谈会,讨论加强和完善农业生产责任制的问题。会议肯定"包产到户"这一生产责任制形式,认为它是依存于社会主义经济的,而不会脱离社会主义轨道。1982年1月,中共中央批转了《全国农村工作会议纪要》,《纪要》明确指出,"目前实行的各种责任制,包括小段包工计酬,专业承包联产计酬,联产到劳,包产到户、到组,包干到户、到组等等,都是社会主义集体经济的生产责任制,不论采取什么形式,只要群众不要求改变,就不要变动。"此后,农村以家庭承包为主的多种形式的生产责任制逐步在全国推广起来,并且日趋完善和巩固。据1982年底统计,全国实行家庭承包责任制的生产队,已占生产队总数的80%以上。

1983年1月,中共中央印发的经中央政治局讨论通过的《当前农村经济政策的若干问题》,进一步肯定了以农户或小组为单位的联产计酬责任制。1983年成为联产承包责任制全面落实,并向农村经济体制改革纵深发展的一年。同年底,全国实行家庭承包责任制的农户占农户总数的90%以上。1984年1月,中共中央发出《关于一九八四年农村工作的通知》,作出延长土地承包期的规定。1985年1月,中共中央、国务院在《关于进一步活跃农村经济的十项政策》中宣布:联产承包责任制和农户家庭经营长期不变。这标志着中国农村经济体制改革迈出了重大的一步。

中国农村实行家庭联产承包责任制以后,农业总产值由1978年的1 459亿元增加到1988年的5 300亿元,按可比价计算,10年间增长82.8%,平均每年增长6.2%。"农村试行家庭承包联产责任制以后,广大农民的收入提高很快"。① 农民人均收入从1978年的134元增加到1988年的545元,增长3.1倍。"由于农业生产的增长和主要农副产品收购价格的提高,使得国内市场上直接或间接与农业有关的消费品的供应状况大为好转……整个农村经济开始活跃起来了"。②1989年11月,中共十三届五中全会再次肯定了联产承包责任制这种形式,并提出加以完善、补充和提高的要求。

实践表明,"农村的改革有了很大突破,取得了举世瞩目的成就"③。中国农村经济取得了长足的进步,实现了三大突破,突破了农业就是种植业的传统农业经济格局,实现了农业多种经营的综合发展;突破了农村就是农业的传统农村经济格局,实现了农村经济的综合发展;突破了农业封闭内向型发展的格局,逐步向外向型经济转化。

改革农村人民公社管理体制,是农村经济体制改革的重要内容。1979年9月,四川广汉县首先开始人民公社体制改革的试点,实行政社分开,取消"三级所有,队为基础",建立乡、行政村,生产队改为独立经营的农业社。随后,吉林、甘肃、广东、辽宁等省部分地区也实行了政社分开的试点。1982

---

①②③ 邓力群. 经济体制改革若干问题的研究宣传提纲. 见:邓力群文集. 第2卷. 北京:当代中国出版社,1998.483、464,606~607,483、464

年12月,在五届人大五次会议上通过的《中华人民共和国宪法》中明确规定,乡人民政府是地方的基层人民政府。从1983年开始,政社合一的体制改革迅速推广到全国。到1984年底,全国28个省、市、自治区全部完成建乡工作,已经实行政社分开的公社占总数的98.36%,人民公社体制改革的任务基本完成。1985年6月,最后249个人民公社完成建乡任务[①],全国农村人民公社政社分开,建立乡政府的工作全部结束。建乡前,全国共有56 000多个人民公社、镇,政社分开后,全国共建92 000多个乡(包括民族自治乡)、镇人民政府,同时建立了村民委员会82万多个。[②] 政社分开,建立乡政府,乡政府只是农村基层政权组织,不像人民公社那样直接介入经济活动,实际结果是废止了推行长达20多年高度集中的人民公社体制,使农民从管得过死的体制下解放出来。

改革农村流通体制,在整个农村经济体制改革中占有重要的地位。农村流通领域的改革主要从两个方面入手。一是改革农副产品的购销体制。1979年后,国家采取了提高农副产品价格,逐步缩小统购、派购产品的品种范围,直到基本取消统购、派购制度的措施;农民在取得了生产经营自主权之后,又获得了产品销售的自主权,从而使农村的产业结构得到合理的调整,各种经济作物及牧业、渔业的生产得到较大的发展,促进了商品生产及流通,丰富了市场供应。二是疏通农村商品流通渠道。为搞活农村商品流通,适应城乡商品生产发展的需要,国家取消了对集市贸易、长途贩运的不合理限制,采取产品、价格、市场三开放的措施,促进了农村集市贸易的发展,多层次、多成分、多渠道的农村流通体制逐渐形成。此外,对农村供销社合作社体制作了相应的改革,使农村供销社成为农民自己的合作商业组织。

农村经济体制改革的成功,推动了城市经济体制改革,为以城市为重点的整个经济体制改革提供了极为有利的条件。1978年至1984年是城市经济体制改革的试验探索阶段。扩大企业经营自主权,增强企业活力是城市经济体制改革的出发点。1978年首先在四川重庆钢铁公司等6家企业进行了扩大企业自主权的试点。到1980年,全国试点工业企业扩大到6 600个。通过扩权,企业拥有制订生产计划、产品销售、资金使用、劳动人事等方面的

---

① 孙健.中国经济通史.下卷.北京:中国人民大学出版社,2000.1895
② 马齐彬,陈文斌等.中国共产党执政四十年.北京:中共党史资料出版社,1989.534

部分权利,初步改变了企业被统得过死、缺乏活力的状况。试点企业的产值、实现利润、上交利润的增长速度以及产品质量等项经济指标,都明显高于未扩权企业。

在扩大企业自主权的基础上,1981年在工商业中推行了经济责任制,进一步明确企业对国家应承担的经济责任,实行责、权、利的统一。1982年有80%的预算内工业企业和35%的独立核算商业企业,实行了企业包干的经济责任制形式。1983年6月,全民所有制企业实行了第一步利改税,即在企业实现利润中,先征收55%的所得税,税后利润采取多种形式在国家和企业之间进行合理分配。从1984年10月起,又实行了第二步利改税,企业依法纳税,不再上交利润。

在实行企业扩权和经济责任制的同时,国家采取了发展多种经济形式的政策。1981年10月,中共中央在《关于广开门路,搞活经济,解决城镇问题的若干问题》中强调,实行多种经济形式并存是一项战略决策,要迅速地发展城镇集体所有制经济和个体经济。国务院先后发布了关于城镇集体经济和个体经济若干政策决定,就资金筹集、经营场地、供销渠道、收益分配等问题制订了具体政策。1982年,全国城镇、集体和个体劳动者人数比1978年增长36.5%。

1984年10月,中共十二届三中全会作出了《中共中央关于经济体制改革的决定》,《决定》指出,经济体制改革的基本任务是建立起具有中国特色的、充满生机和活力的社会主义经济体制,促进生产力的发展。《决定》规定经济体制改革的中心环节是增强企业特别是增强全民所有制的大中型企业的活力。围绕这一中心环节,要相应地建立起统一性和灵活性相结合的计划体制,建立起符合国民经济发展需要的价格体系和政企分开的国家机关管理经济的体制,以及能充分反映按劳分配原则的劳动工资制度。这个《决定》标志着中国城市经济体制改革进入了全面展开的阶段。

《决定》的颁发,为推进国有企业改革指出了方向,经过多年的努力实践,中国以城市为重点的整个经济改革取得了显著的成效。

(一)改变了经济成分的结构。由单一的社会主义公有制转变为以公有制为主体的多种所有制形式和多种经营方式并存的格局。在大力发展社会主义公有制经济的同时,发展了作为必要和有益的补充的个体经济、私营经济和"三资企业"。到1987年底,全国城乡个体工商业有1 372.5万户,全国雇工8人以上的私营企业达11.5万户。到1989年9月底,全国批准外资投资企业累计有20 278家,协议资金额达321.7亿美元,外商实际投资141亿美元,其中批准的中外合资企业11 286家,合作经营企业7 712家,外商独资企业1 230家。

(二)以增强企业活力为中心的扩大企业自主权的改革有很大进展。到1987年7月底,全国实行承包的预算内大中型企业已占大中型企业总数的56.8%。1979年至1986年,预算内的工业企业上缴利税的年增长率为0.13%,而承包后的1987年和1988年,上缴利税的增长率为11%,大幅度增加了国家财政收入。

(三)改变了过去集中过多,统得过死的计划体制,调动了各个利益主体的积极性,增强了经济发展的活力和动力①,加快了国民经济发展速度。1988年与1980年相比,按可比价格计算,我国国民生产总值增长了1.16倍,提前并超额实现了国民生产总值翻一番的目标。

(四)建立社会主义市场体系,逐步理顺价格体系。在改革中大大减少了国家指令性计划,逐步增加指导性计划和市场调节的比重。经济运行机制向计划经济和市场调节相结合的方向转变。扩大了消费品市场和生产资料市场;资金市场、技术市场、劳务市场正在形成。对价格体系和价格管理体系进行了初步改革,改变了单一的国家定价方式,形成国家定价、国家指导价、市场调节价三种价格,适应了有计划商品经济发展的要求。

(五)国家对企业的管理,逐步由主要依靠行政手段和指令性计划转向主要运用经济手段、法律手段和必要的行政手段。同时,金融、财政、外贸体制也进行了初步改革。在金融体制方面,建立以中央银行体制为主体、多种金融机构相配合的金融体系;在财政体制方面,将财政预算管理体制由"统收统支"改为"划分收支,分级包干"体制,建立区、乡级财政管理体制,开展社会集资,缓解资金供求矛盾。在外贸体制方面,调整中央对外贸易领导机构,实行多渠道经营,专业进出口公司开始代理业务,建立海外贸易机构。

(六)劳动就业制度改革逐步深入。1986年,国务院颁布了在国营企业实行以劳动合同制为核心的四项劳动制度改革的暂行规定,规定从1986年起,国营企业新招工人一律实行劳动合同制,这样可以逐步改变企业实行多年的"能进不能出,能上不能下,一次分配定终身"的"铁饭碗"制度。经过

---

① 邓力群.经济体制改革若干问题的研究宣传提纲.见:邓力群文集.第1卷.北京:当代中国出版社,1998.607

几年的试验,深圳、株洲、盐城等城市和部分企业先后试行了劳动全员合同制。如湖南株洲市自1988年开始试行全员合同制,江苏盐城全市国营企业都实行全员合同制。全员合同制有步骤、有计划地进行,为国营企业转换机制、增强活力创造了有利条件。

随着经济体制改革的推进,经济建设进一步向着社会主义市场经济体制之路迈进。

五、对外开放政策的实施

对外开放是中共中央在十一届三中全会前后,在总结了30多年国内经济建设和对外关系的历史经验,研究了国际环境之后慎重作出的重要战略决策[①],是中国作为一个主权国家为了发展社会主义经济而实行的一项大政策[②],也是载入中华人民共和国宪法的一项长期的基本国策。

对外开放政策既源于对"左"的闭关政策的反思和矫正,又源于对变化了的国际政治经济形势的深刻而清醒的分析。中国是社会主义国家,进行现代化建设必须自力更生。但是,在一个时期,由于外国的封锁禁运和背信弃义,由于指导思想上的"左"倾错误和林彪、江青集团的干扰破坏,以及人们对自力更生方针的片面理解,在对外经济关系方面长期实际执行的是自给自足、闭关锁国的错误政策,这是影响中国经济发展的重要原因之一。从世界历史上看,经济落后的发展中国家要想在较短时间内赶上或超过发达国家,必须实行对外开放,利用和吸收国外资金、技术和管理经验。在当代,一切国家的生产和消费都已成为世界性的了。世界各国为了在新的产业革命中占据有利的地位,都在努力发展对外经济交流,千方百计地设法利用国外的市场、资源、信息、技术和资金,以便在激烈的国际竞争中壮大自己的实力。特别是处于社会主义初级阶段的中国,人口众多,生产力发展不平衡,商品经济不发达,科学技术落后,资金比较紧张,因此,必须在坚持独立自主、自力更生的基础上,以平等互利的原则,积极发展对外经济、技术关系,扩大对外贸易,利用外国资金,引进先进技术,广泛开展各种形式的双边或多边的经济技术合作、交流,取各国之长,补中国之短,才能加速中国经济的发展,才能增强自力更生的能力。

[①②] 邓力群.经济体制改革若干问题的研究宣传提纲.见:邓力群文集.第2卷.北京:当代中国出版社,1998.487,528

1978年12月，中共十一届三中全会明确提出大力发展中国对外经济关系，实行对外开放政策，要求"在自力更生的基础上积极发展同世界各国平等互利的经济合作，努力采用世界先进技术和先进设备"。①这是对中国长期处于闭关自守状态的根本否定。1980年12月，邓小平在中共中央工作会议上的讲话中指出：要继续"执行一系列已定的对外开放的经济政策，并总结经验，加以改进"②。1981年11月，五届人大四次会议政府工作报告，全面系统地阐明了实行对外开放的客观必然性、基本内容和目的。1982年9月召开的中共十二大进一步肯定了对外开放的战略，强调要促进国内产品进入国际市场，大力扩展对外贸易，要尽可能地多利用一些可以利用的外国资金进行建设，要积极引进一些适合中国情况的先进技术，特别是有助于企业技术改造的先进技术，努力消化和发展，以促进中国的生产建设事业。1982年12月，中国对外开放政策的基本方针，写入了《中华人民共和国宪法》，用国家根本大法的形式，加以固定化、法律化，使之成为一项长期的基本国策。1984年5月，六届人大二次会议提出，要把体制改革和对外开放作为今后经济工作的两件大事来抓。邓小平多次指出，中国的对外开放政策本世纪内不变，下个世纪也不变并阐明对外开放包括三个方面：一是对西方发达国家开放，二是对苏联和东欧国家开放，三是对第三世界发展中国家开放。1984年10月中共十二届三中全会通过的《关于经济体制改革的决定》，要求改革外贸体制，扩大对外经济技术交流和合作的规模，办好经济特区，进一步开放沿海港口城市。要利用外资，吸引外商来中国举办合资、合作经营企业和独资企业。强调对外要开放，国内各地区之间要互相开放。1987年10月召开的中共十三大和1988年3月至4月召开的七届人大一次会议指出，要进一步扩大对外开放的广度和深度，积极发展对外经济技术交流与合作，尽快改变过去的封闭和半封闭状态。由此可见，对外开放政策是在三中全会后的实践中不断完善和发展起来的，是中国对外经济政策的一个历史性转折。

中国实行改革开放政策，是和坚持社会主义制度相联系的。改革是在社会主义制度内的改革，开放是在社会主义制度基础上的开放。作为改革

---

① 中国共产党第十一届中央委员会第三次全体会议公报.三中全会以来重要文献选编.下册.北京：人民出版社，1982.6

② 邓小平文选.第2卷.北京：人民出版社，1994.363

开放的总设计师,邓小平对中国政治制度的改革深思熟虑,他认为中国不引进资本主义制度,但可以借鉴其选拔干部方面的具体制度和经验,"不论资排辈,凡是合格的人就使用"①。

十一届三中全会后,中共中央、国务院在实施对外开放政策方面采取了一系列重要步骤,取得了开拓性的进展。

(一)建设经济特区和对外开放地区。1979年4月,邓小平提出试验办特区设想。1979年7月,国务院批准广东、福建两省在对外经济活动方面,实行特殊政策、灵活措施,包括建设特区。1980年8月五届人大常委会通过决议,批准国务院提出的《中华人民共和国广东省经济特区条例》。从那时起,中国陆续建立了广东省的深圳、珠海、汕头和福建省的厦门四个经济特区,把它们办成对外开放的窗口。经过几年的建设与改革,这些地方的面貌发生了深刻的变化,生产迅速发展,经济实力增强,技术不断提高,出口大量增加,经济的外向型程度日益增强。

在经济特区发展取得经验的基础上,沿海开放城市和开放地区的建设也迈出了新的步伐。1983年,中共中央和国务院确定海南以对外开放促进岛内开发的方针,授予海南行政区在对外经济活动方面以更多的自主权。1987年8月,国务院向全国六届人大常委会提出议案,建议撤销海南行政区,并将其所辖区域从广东省划出,单独建省,9月5日,全国人大常委会通过此议案。1988年2月,中共中央决定设立中共海南省(筹建)工作委员会。4月13日,全国人大七届一次会议批准海南建省,同时批准国务院提议关于建立海南经济特区的决定。1984年中共中央和国务院决定对大连、秦皇岛、天津、烟台、青岛、连云港、南通、上海、宁波、温州、福州、广州、湛江、北海(包括防城港)等14个沿海城市实行开放政策。1985年又将长江、珠江三角洲和闽南三角洲、胶东半岛、辽东半岛作为新的开发区。

1988年4月,国务院决定扩大天津、河北、辽宁、江苏、浙江、福建、山东、广西等省市、区的沿海经济开放区范围。

至此,中国的对外开放形成了"经济特区——沿海开放城市——沿海经济开放区——内地"这样一个有层次、有重点、由沿海向内地逐步推进的开

---

① 邓小平文选.第2卷.北京:人民出版社,1994.225

放格局。①

为了利用上海在人才技术和管理方面的优势,最大限度地利用国际资源,带动本地区和腹地经济的发展,1990年4月,中国政府作出开发、开放浦东新区的决定。1992年8月,中共中央国务院决定对重庆、岳阳、武汉、九江、芜湖5个沿江城市实行沿海开放城市政策,同时,开放哈尔滨、长春、呼和浩特、石家庄四个边境、沿海地区省会城市及太原、合肥、南昌、郑州、长沙、成都、贵阳、西安、兰州、西宁、银川等11个内陆省会城市,享受沿海开放城市的优惠政策,为所在省区的发展注入了活力。这样,在中国形成了全方位、多元化、多层次的对外开放的格局,对加速现代化建设的进程具有重大意义。

(二)改革外贸经济管理体制。此前的外贸管理体制是经营管理权集中在中央,外贸经营单位对盈亏不负责任,这一体制不改变,不能促进外贸工作提高经济效益,也不利于对外贸易的进一步发展。因而,要发展对外贸易,必须对外贸经济管理体制进行改革。对于出口商品管理,1980年6月规定除原油、成套设备等16种大宗商品由外贸专业公司直接经营外,其他商品由各部门、各地方、各企业分头经营,1982年1月决定实行分类经营方法,粮食、原油等23种重要商品由外贸专业公司统一成交,工业等方面173种比较重要的商品,由地方、部门交叉经营,外贸部组织协调,其他商品分散经营。1984年9月决定对外贸体制实行政企分开,简政放权,实行进出口代理制,进一步实行工贸、技贸结合和对部分商品实行许可证制度等。同时,还实行了外汇留成等鼓励出口的优惠政策和措施。到1986年底,由外贸部批准成立的进出口贸易企业已有800多家,初步改变了外贸"独家经营"的局面。1986年,中国进出口贸易总额达738.5亿美元,比1978年增长2.6倍。1987年外贸进出口总额比1986年增长了2%。

实行对外开放的国策,给中国社会经济注入了新的活力,产生了多方面的巨大成果。到1989年9月,全国批准外商投资企业累计有20 278家,其中中外合资企业有11 286家,合作经营企业7 712家,外商独资企业1 230家。外商直接投资的迅速增加,促进了原有企业的技术改造。技术引进规模扩大,经国家批准的技术引进合同3 530项,金额为205.5亿美元,有力地促进了中

---

① 胡绳:论中国的改革和开放.见:胡绳全书.第3卷(上).北京:人民出版社,1998.120

国的技术进步。对外承包工程和劳务合作迅速崛起,开始参与国际竞争。1988年与118个国家和地区共签订了承包工程和劳务合同7 164项,累计合同金额103亿美元,派出劳务人员和各种工程技术人员30多万次。由改革开放初期仅有几家企业从事对外工程承包和劳务合作发展成为一支门类比较齐全、具有较强国际竞争力的队伍。我国已成为国际承包劳务市场上的一支新兴力量。对外开放使深圳从原来仅有几个贫穷渔村的小集镇发展成具有轻纺、电子、建材和食品4大行业的现代化工业城市,并能生产电脑磁盘、特种电线、彩色电视机等较高技术的产品。事实说明,对外开放是中国发展经济的必由之路,是完全正确的,因而得到全国绝大多数干部和群众的衷心拥护。

第六节 "一国两制"方针的构想

一、台湾的政治与经济

20世纪70年代后期至80年代后期,中国大陆正处于改革开放和中国特色社会主义的开拓时期,而台湾则处于"蒋经国时代"。

1976年11月12日至18日,国民党在台北举行了第十一次代表大会。这次大会再次推举蒋经国为国民党主席,从而确立了蒋经国在党内的领袖地位。1978年2月19日至3月25日,"国民大会"一届六次会议在台北召开。此次会议选举蒋经国为"总统",谢东闵为"副总统"。蒋经国提名孙运璇为"行政院长",组成新的"政府"。至此,台湾以新强人蒋经国为核心的党政集权政治格局已基本形成,这标志着"蒋经国时代"的正式到来。

"蒋经国时代"台湾当局政治路线的核心是"革新保台",其主要内容包括"党务革新"和"政治革新"两大部分。"党务革新"和"政治革新"最早提出于1969年的国民党"十大",但在蒋经国主掌党政大权之前,台湾当局的所谓"革新"并未超出专制政党体制的窠臼。20世纪70年代末至80年代初,台湾国民党当局面临着日益加大的内外压力。岛内,党外势力的政治活动在经历了一段时间的沉寂之后开始复兴,特别是1977年11月发生的"中坜事件"和1979年12月发生的"高雄事件",更加剧了党外势力与台湾当局的矛盾,推动了党外政治运动的发展。岛外,1979年1月,中美正式建交,台湾在国际社会日益孤立。不久,中共相继提出了"和平统一"的倡议和"一国两制"的方针,这使国民党在台湾建立的"反共戡乱"专制政治体制失去了基础,全面而深入的"党务革新"、"政治革新"已势在必行。

1978年2月,在国民党十一届二中全会上,蒋经国明确提出,党务工作的基本目标"就是要使本党成为现代化的民主政党、战斗体的革命政党"①。为此,国民党在党务方面采取了党政分开的措施,按照政党政治的架构调整党务工作,同时要求党员加强与民众的联系,重视对基层青年民众的组训工作。这在一定程度上缓和了国民党当局与台湾社会之间的矛盾。然而,国民党"党务革新"的举措满足不了台湾岛内日益高涨的要求政治改革的呼声。1982年9月,党外人士尤清等首次公开提出"十二条组党构想"。1983年9月,"党外编辑作家联谊会"成立。1984年5月,部分党外"立委"、"国代"和省、市议员成立"党外公职人员公共政策研究会",随后又在各地成立了十多个地方分会。1986年9月,部分党外人士不顾台湾当局的禁令,成立了带有"台独"色彩的民主进步党。同时,在亚太地区出现了一股要求民主、反对专制的潮流。特别是1986年3月菲律宾马科斯独裁政权被推翻,给长期实行军事戒严的国民党当局造成极大震撼。美国也敦促国民党当局解除戒严,开放党禁,实行政党政治。面对内外压力,在1986年3月国民党召开的十二届三中全会上,蒋经国提出了"政治革新"的主张。此后,国民党当局相继采取了一系列调整内外政策的措施,包括解除戒严、开放党禁报禁、开放台湾民众赴大陆探亲、调整"中央民意机构"、实行地方自治法制化、推动"党务革新"、进行"总统"集体接班的部署等。国民党的所谓"政治革新",其目的是在新的形势下以变求存,它虽没有突破"动员戡乱体制"的范围,但解严、开禁确是40多年来台湾政治中的一大变革,台湾的政治体制由此发生了重大变化,开始由一党专制的极权政治向所谓的"西方式"政党政治过渡。

1988年1月,蒋经国去世。随之,台籍"副总统"李登辉继任"总统",并出任国民党主席。这标志着台湾"蒋经国时代"的结束和"李登辉时代"的开始。

台湾经济自20世纪70年代中期以后开始进入调整时期。当时,为应对世界石油危机所造成的困境和调整台湾经济内部的比例关系,台湾当局一方面着力推行"六年经济建设计划"(1976~1981),另一方面在完成"十

---

① 郭传玺.中国国民党台湾四十年史纲.北京:中国文史出版社,1993.248

项建设"的基础上开始实施"十二项建设"。"六年经济建设计划"的主旨是调整经济结构,建立以资本密集型及技术密集型为主的工业。该计划实施初期,台湾经济曾出现好转和高增长。然而,到了1979年,受美台"断交"和第二次世界石油危机的影响,台湾经济增长速度放缓。而此时原计划的大部分经济指标已经完成。新的经济形势要求台湾当局制定更为长期的战略性发展目标,所以台湾当局另行制定了"十年经济建设计划"(1980～1989)。"六年经济建设计划"的实施,虽在一定程度上促进了台湾经济的发展,对台湾经济结构的某些环节也起到了调整作用,但并没有从根本上解决台湾经济的缺陷和弊端。

"十二项建设"是由"十项建设"发展而来的。"十项建设"从1973年起分别展开,至1979年底先后完成,包括4项重工业建设和6项交通建设。这10项建设工程进口了许多优良设备与器材,培训了大批工程技术人员,建成了大量基础设施,从而在台湾经济调整时期承担了"脱胎换骨"的重任。1977年9月,台湾当局宣布继"十项建设"之后再进行"十二项建设"。"十二项建设"于1978年开始实施,包括5项交通建设、2项工业建设、3项农业建设和2项社会文化建设,其中有4项是"十项建设"的延伸和扩大,其余皆为新设项目。到1985年底,先后有7个项目基本完成,总投资额达2 500亿元新台币,未完成项目成为后来"十四项建设"的续建工程。[①]"十二项建设"的大部完成,加强了台湾的基础设施,改善了台湾的经济环境,为此后台湾产业的升级提供了有利条件。

进入20世纪80年代中期以后,由于台湾内外经济环境的变化,新台币兑美元汇率大幅升值,工资也大幅上涨,劳动力短缺,劳动密集型加工出口工业逐渐丧失优势,导致民间投资意愿低落,经济发展陷入困境。为此,台湾当局于1986年提出了实行自由化、国际化、制度化的经济转型,进一步健全和完善市场经济机制,并以产生升级和拓展美国以外的外贸市场作为重点调整内容,确定以通讯、信息、消费电子、半导体、精密器械与自动化、航天、高级材料、特用化学与制药、医疗保健以及污染防治等十大新兴产业为支柱产业。经过几年的经济转型,台湾经济在自由化、国际化方面取得了一定进展,产业升级初见成效,出口产品的市场和结构也发生了很大变化。

---

① 封汉章.台湾四十年纪实.石家庄:河北人民出版社,1992.106

二、"一国两制"方针的构想

"一国两制"方针的构想,是中国共产党在十一届三中全会以后,为实现祖国的和平统一所提出的一项重大决策。

1979年1月1日,全国人大常委会发表《告台湾同胞书》,明确提出了解决台湾问题、实现祖国和平统一的大政方针。[①]1981年9月30日,全国人大常委会委员长叶剑英进一步阐明了实现祖国和平统一的九条方针,建议国共两党对等谈判,实现第三次合作,共同完成祖国统一大业。[②]这九条方针已包含有"一国两制"的思想内容,在国内外产生了强烈反响。

1982年9月,英国首相撒切尔夫人访华。中共中央顾问委员会主任邓小平同她就共同关心的国际问题和香港前途问题,进行了会谈和讨论。在香港前途问题上,邓小平说:"中国收回香港后,在中国的管辖之下","香港仍将实行资本主义,现行的许多适合的制度要保持"[③]。这可以说是邓小平关于"一国两制"思想的雏形。

1983年6月,邓小平在会见美国新泽西州西东大学教授杨力宇时,又一次阐述了大陆和台湾和平统一的设想。他强调指出:"制度可以不同,但在国际上代表中国的,只能是中华人民共和国。我们承认台湾地方政府在对内政策上可以搞自己的一套。""祖国统一后,台湾特别行政区可以有自己的独立性,可以实行同大陆不同的制度。"[④]1984年2月,邓小平在会见美国乔治城大学战略与国际问题研究中心代表团时,对"一国两制"的含义作了进一步阐明。他说:"统一后,台湾仍搞它的资本主义,大陆搞社会主义,但是是一个统一的中国。一个中国,两种制度。香港问题也是这样,一个中国,两种制度。"[⑤]同年6月,邓小平在分别会见香港工商界访京团、香港知名人士钟士元等人时再次明确指出:"我们的政策是实行'一个国家,两种制度',具体说,就是在中华人民共和国内,十亿人口的大陆实行社会主义制度,香港、台湾实行资本主义制度。"[⑥]至此,邓小平关于"一国两制"方针的构想完全形成,并被作为我国的一项重要国策加以贯彻执行。

以邓小平为核心的中共第二代领导集体提出的"一国两制"的创造性

---

① 人民日报,1979-01-01
② 人民日报,1981-10-01
③④⑤⑥ 邓小平文选.第3卷.北京:人民出版社,1993.13,30,49,58

构想,是恢复对港、澳行使主权,实现大陆、台湾统一,完成祖国统一大业的最佳途径和指导方针,它充分考虑了台、港、澳三地的历史和现实情况。台湾、香港、澳门目前都存在着完整的资本主义制度,那里的经济制度、政治制度、生活方式和人们的思想状况,都与大陆不同,而且短期内无法根本改变。这三个地方的人民已经习惯于资本主义制度,对大陆的社会主义制度不了解,不适应,同时还存在疑虑,面临着意识形态、社会制度、生活方式等方面的差异。为实现祖国统一,要大陆变为资本主义是绝对不行的,硬要台、港、澳居民接受社会主义也是行不通的。这就必须采用"一国两制"这个科学构想。

"一国两制"的构想,是中国共产党在十一届三中全会以后,摆脱"左"倾错误,解放思想,从当前中国和世界局势的实际情况出发,尊重台湾、香港、澳门的历史和现状,为实现祖国和平统一所采取的一项重大决策。它可使大陆和台、港、澳能够充分发挥各自的经济优势,合作交流,互为补充,互相支援,共同发展,使国家日益繁荣强大,从而提高中华民族的国际地位。

"一国两制"的构想,为解决国际争端找到了新途径,有利于世界和平。这种构想不仅为世界上处于分裂状态的国家,用和平方式解决统一问题开拓了一条新途径,更为当今国际上一系列矛盾和争端的解决提供了有益的启示。

三、香港、澳门问题的解决

随着中华人民共和国国力的日益增强和国际威望的不断提高,中英、中葡关系逐渐向着友好的方向发展。到了 20 世纪 80 年代,和平妥善地解决香港、澳门问题的条件日趋成熟。根据"一国两制"方针的构想,中华人民共和国政府积极谋求香港、澳门问题的妥善解决。

1982 年 9 月,英国首相撒切尔夫人访华,国务院总理赵紫阳和中共中央顾问委员会主任邓小平先后同她就香港前途问题进行了会谈。双方领导人阐述了各自的立场,本着维持香港繁荣和稳定的共同目的,同意通过外交途径进行商谈。这就为妥善解决香港问题奠定了良好的基础。

然而,在此后的一年多时间里,由于英国政府仍然顽固坚持殖民主义的立场,致使中英谈判未能顺利进行。对此,中国政府和人民以及广大香港同胞进行了坚决的斗争,最终迫使英国政府转变了态度。

1984 年上半年,中英两国政府就香港问题进行了多次磋商,在基本问题上达成了一致的意见。8月至9月,中英两国政府代表团又进行了三轮建设性的会谈,终于在9月18日全部达成协议。9月26日,中英两国政府在北京草签了《中华人民共和国政府和大不列颠及北爱尔兰联合王国政府关于香港问题的联合声明》。中英《联合声明》宣布:"中华人民共和国政府决定于1997年7月1日对香港恢复行使主权。""根据中华人民共和国宪法第31条的规定,设立香港特别行政区。""除外交和国防事务属中央人民政府管理外,香港特别行政区享有高度的自治权。"[1]12月19日,中英《联合声明》在北京正式签字。

1984年12月19日中英两国关于香港问题的联合声明在京签字

1985年4月,英国女王伊丽莎白二世签署了由上、下两院分别通过的将香港归还中国的法案,从而使这项法案成为一项法律。中国六届人大三次会议也于同年4月批准了中英《联合声明》,并通过了成立香港特别行政区基本法起草委员会的决定。5月27日,中国外交部副部长周南和英国驻华特命全权大使伊文思爵士,在北京分别代表本国政府,互换了中英《联合声明》批准书,并共同签署了互换批准书的证书。至此,中英《联合声明》正式

---

[1] 新华月报.1984-09

宣告生效。从这一天开始,香港进入过渡时期。

随着香港问题的解决,澳门问题的解决也提上了议事日程。1985年5月,葡萄牙共和国总统拉马略·埃亚内斯访华。为此,中国外交部发布新闻公报,宣布:中葡两国同意近期内就解决澳门问题举行谈判。1986年6月,两国政府代表团在北京就澳门问题进行了第一轮谈判。9月至10月,又进行了两轮会谈。双方代表经过坦诚、深入、广泛地讨论,取得了基本一致的意见。双方决定,为了具体讨论和修订中葡双方会谈中所提出的全部协议文件草案,在双方政府代表团下成立一个工作小组。

1987年3月,中葡两国政府举行了第四轮会谈。3月26日,两国政府代表团草签了《中华人民共和国政府和葡萄牙共和国政府关于澳门问题的联合声明》。中葡《联合声明》宣布:"中华人民共和国政府将于1999年12月20日对澳门恢复行使主权。""对澳门恢复行使主权时,设立中华人民共和国澳门特别行政区。"澳门特别行政区"除外交和国防事务属中央人民政府管理外,享有高度的自治权"。[①]4月11日,应中国政府邀请,葡萄牙总理卡瓦科·席尔瓦访华。13日,中葡关于澳门问题的《联合声明》在北京正式签字。1988年1月15日,中葡两国政府在北京互换了关于澳门问题的《联合声明》的批准书,该《联合声明》即日起生效。中葡《联合声明》的正式签署和生效,宣告400多年来遗留下的澳门问题得以圆满解决。

香港、澳门问题的圆满解决,是中华人民共和国本着"一国两制"方针的构想,努力完成祖国统一大业所取得的巨大成就。为稳定港、澳局势和保持其繁荣,中国政府采取的方针、政策、措施和步骤,是积极稳妥和灵活务实的,得到了国内人民的支持和国际社会的肯定。同时,香港、澳门问题的解决,也为台湾问题的和平解决以及当今世界通过和平谈判解决国与国之间悬而未决的历史遗留问题,树立了两个成功的范例。

第七节 国防建设和外交关系

一、对越自卫反击战

中越两国人民在长期的革命斗争中,一直是互相支援并肩战斗的。在

---

① 人民日报.1987-03-27

越南抗法、抗美战争期间，中国人民发扬国际主义精神，为越南人民的解放事业做出了举世公认的民族牺牲。战后，又积极援助越南人民医治战争创伤，恢复经济，重建家园。近30年间，中国向越南提供的军事、经济等援助，总值超过200亿美元。但是，越南黎笋等人上台以后，出于其民族扩张主义的狂妄野心，背信弃义，认友为敌，把中国当作"头号敌人"，疯狂地驱赶、掠夺、迫害越南华侨和华裔越南人，把20多万人强行赶入中国境内。1978年7月3日，中国政府照会越南政府，由于越方不顾中国政府的耐心劝告，不断加剧反华排华，中国被迫决定停止对越南的经济技术援助，并调回援越工程技术人员。此后，越南政府不断派出武装人员和民兵，一再侵犯中国领土，公然在中国的土地上埋设地雷，修筑工事，任意开枪开炮，酿成严重流血事件。从1978年下半年到1979年初，越南武装挑衅就达700多次，打死打伤中国边防人员和居民300余人。1979年2月8日至12日短短5天中，越南武装人员侵入中国云南、广西边境地区30多次，打死打伤中国人员34人，严重地威胁和破坏了中国边境地区的建设与安全。中国政府忍无可忍，被迫决定对越南地区霸权主义者进行惩罚性的自卫反击作战。1979年2月14日，中共中央发出《关于对越进行自卫反击、保卫边疆战斗的通知》。《通知》指出，近几个月来，越方侵我土地，毁我村庄，杀我军民，破坏我边疆地区的和平安定。同越南侵略者打交道，委屈已不能求全，忍耐已经被当作软弱可欺，劝告、警告一概成了耳边风。他们欺人太甚，我们忍无可忍，中央经过反复考虑，决定进行自卫反击、保卫边疆的战斗，给越南侵略者以应有的惩罚，保卫四个现代化的顺利进行。我们的目的是为了求得边疆地区的和平和安定，以利于四个现代化的顺利进行。战斗的地区、时间和规模，都是极为有限的，都是根据这一目的确定的。我们决不要越南的一寸土地，也决不允许别人侵占我们的一寸土地。[①]2月16日，中共中央在北京召开党、政、军副部长以上干部报告会，邓小平代表中共中央在会上就关于对越南进行自卫反击的问题作了报告。

自卫反击作战自2月17日起至3月16日止，历时28天，中国边防部队攻克了越南谅山、高平、老街三个省会和17个县、市，摧毁了越南在北部地区针对中国构筑的大量军事设施。3月5日，中国边防部队奉命撤回国内。

---

① 中共中央关于对越进行自卫反击、保卫边疆战斗的通知.见：三中全会以来重要文献选编（上）.北京：人民出版社，1982.65

同日,新华社发表声明:"由于越南侵略者不断对我国进行武装挑衅和入侵,中国边防部队自2月17日起,被迫自卫反击,现在已达到预期的目的,中国政府宣布,自1979年3月5日起,中国边防部队开始全部撤回中国境内。"中国政府郑重声明,如果越南当局在中国边防部队撤出以后,再对中国边境进行任何武装挑衅和入侵活动,中国方面保留自卫还击的权力,并且建议中越双方迅速举行谈判。3月16日,中国外交部长黄华召开中外记者招待会,宣布中国边防部队对越南侵略者的自卫反击战斗已经达到预期目的,今天已从越南撤离完毕,回到中国境内。当日,中共中央发出关于胜利结束对越自卫反击,保卫边疆战斗的通知。

这次反击越军入侵战斗的胜利,教训了地区霸权主义者,维护了中国的尊严,保卫了边境人民的生命财产安全。同时,也支援了柬埔寨人民反对侵略者的斗争,提高了中国的国际威望。

二、国防建设与军队改革

中共中央十一届三中全会以后,人民解放军全面贯彻军队和国防现代化、正规化的建设方针,军政素质有明显提高,军队的整编和改革取得重大进展。部队的军事训练、思想政治工作、院校建设、后勤保障、军事学术研究和防卫作战能力有所加强,干部的指挥能力和专业水平有新的提高。人民解放军在保卫祖国、抢险救灾和参加社会主义建设方面,都做出了巨大贡献。

1981年9月,人民解放军北京部队和空军部队,在华北某地举行了规模较大的现代条件下的军事演习。这次演习在军队军政素质、装备水平、合成军队作战能力、运用现代化手段防御敌人入侵的能力等方面,都迈出了新的一步,中国人民解放军已成为一支训练有素的、有战斗力的、完全可以依赖的强大的人民武装力量,"这次演习,检验了部队现代化、正规化建设的成果,较好地体现了现代战争的特点,摸索了现代条件下诸军兵种协同作战的经验,提高了部队军政素质和实战水平。"①1980年5月,中国首次从本土向南太平洋预定海域发射运载火箭获得成功。1981年9月,中国成功地首次用一枚运载火箭发射三颗卫星。1982年10月,中国向预定海域用潜艇在水下发射运载火箭成功,标志着中国运载火箭技术有了新的发展。1984年4

---

① 邓小平文选.第2卷.北京:人民出版社,1994.395

月和1986年2月,连续发射地球同步卫星成功,并准确地在预定位置定点。"六五"期间,国防科技战线取得国防专项发明奖300多项、国家科技进步奖500项、自然科学奖112项。中国航天技术开始走向世界。国防实力明显增强。

现代化建设新时期我国自行研制的高自动化新一代导弹驱逐舰

十一届三中全会以后,军队着手自身改革。1985年军委扩大会议之后,军队在指挥体制、编制、教育训练、政治工作、后勤建设、国防科研、军事院校等方面进行了一系列改革,精简整编;加速实现干部队伍年轻化,教育训练被提高到战略位置,"军(事)、政(治)、文(化)、民(用技术)一体化"训练全面实行,陆军野战军全部改为集团军,并筹建陆军航空兵,初步形成具有中国特色的后备力量体系,国防科研和国防工业走"军民结合、平战结合"的道路,投入经济建设的主战场。1985年6月,中国政府决定军队减少员额100万。经过两年的努力,完成了这项任务。精简整编结果,师团单位减少4 054个,军级单位减少31个,大军区减少4个,总部机关人员编制精简近一半,县、市人民武装部划归地方建制2 592个,铁道兵并入铁道部,撤销基建工程兵,炮兵改为总参谋部炮兵部,装甲兵改为总参谋部装甲兵部,工程兵改为总参谋部工程兵部。各级领导班子减少副职干部,机关部队的76种职务由军官改为士兵担任,官兵比例由1∶2.45改变为1∶3.3。1985年成为中国的

"裁军年",在国际上产生重大影响。

改革使军队出现新格局。陆军集团军已构成了以装甲兵、步兵组成的地面突击力量,以炮兵、防空兵、航空兵组成的火力支援力量,以通信兵、工程兵、防化兵、气象兵、电子对抗部队组成的作战保障力量,以运输兵、卫生兵、管线兵等组成的后勤及技术保障力量,空军已成为以航空兵为主体,合成高炮、地空导弹、空降兵及雷达、通信等作战和保障部队的合成军种。海军装备日趋电子化、自动化,老式炮艇、鱼雷艇已被新型的导弹驱逐舰、核潜艇、科研实验船、深潜救生艇等所取代,整个海军具有相当规模的立体攻防能力。海军一类舰艇保持数,1987年比1979年增长4倍。军队政治工作在继承优良传统的基础上得到改革创新。1986年12月,中央军委扩大会议通过《中央军委关于新时期军队政治工作的决定》,进一步明确了新时期军队政治工作的地位和指导思想,强调政治工作仍然是军队的生命线,是战斗力的重要源泉。新时期军队的中心任务是进行现代化建设,一切工作都要服从于这个中心,但现代化、正规化离不开革命化,离不开政治工作。军队思想政治工作的重要任务,是适应军队现代化建设和未来反侵略战争的需要,把干部战士培养成有理想、有道德、有文化、有纪律的革命军人,提高整个部队的思想道德素质和科学文化素质。改革军事院校体制。1979年以来,军队院校陆续恢复和创办,先后进行了编制体制、招生制度、教学内容、教育方法和管理手段的改革,开始形成符合中国国情的军事技术体系。部队一半以上的高中级军官都经过正规培训,全军院校已拥有一批博士和硕士授予单位,从根本上改变了军队干部的知识和年龄结构。

加强对外交往。1979年至1987年,人民解放军出国访问的各类代表团有200多个,计3 000余人。同时派出考察、进修、参加学术会议的专家、学者数千人,并有2艘军舰到巴基斯坦、孟加拉国和斯里兰卡进行了友好访问。人民解放军接待了来自五大洲的400多个军事代表团(组),来访的外国军舰近40艘。到1987年底,人民解放军已同80多个国家的军队建立了联系。在60多个国家设立了武官处,同时有40多个国家在中国派驻了武官。

人民解放军在建设社会主义物质文明与精神文明和保卫社会主义共和国等方面作出了重大贡献。1984年到1987年,全军腾出力量支援国家和地方建设项目以及公益事业总计18 700多项。向地方开放59个机场、20个军港码头、300多条铁路专用线和100多个仓库,并且调整了上千处军事设施,实行军民合用或交地方使用。全军参加地方抢险救灾7.5万多次,救出遇险群众98万余人,抢运各种救灾物资760多万吨。从1981年开展义务植树活动以来,到1985年底,军队支援地方植树1.4亿多株,飞播造林1.6万亩。军工企业在完成军工生产任务的同时,大力发展民用产品,满足人民群众的需求。军队在培养军地两用人才方面取得显著成绩。军队首创军民共建社会主义精神文明活动,积极参加全国的精神文明建设,使新时期的群众工作增添了新内容。为了加强军队的正规化、现代化和革命化,1988年在全军实行了新的军衔制度。随后,作为武装力量重要组成部分的人民武装警察部队也实行了军衔制。人民解放军和武警部队是社会主义国家和人民利益的捍卫者,他们在社会主义改革开放建设事业中,建立了巨大的功绩。中国人民解放军和武警部队受到全国人民的爱戴。

三、外交关系的发展

十一届三中全会后,中国继续坚决执行独立自主的和平外交政策,在和平共处五项原则的基础上,积极发展同世界各国的友好合作关系,坚决反对霸权主义,维护世界和平。同时,基于国际新的形势和国内社会主义建设的需要,对外交方针政策也做了必要的调整。对国际问题的基本看法是:争取较长时期的和平是可能的,战争是可以避免的。一个和平的国际环境,对于中国的现代化建设是必要的,也是有利的。要建设社会主义现代化,要改革开放,在和平共处五项原则的基础上,同世界一切国家建立和发展外交关系和经济关系。"坚持独立自主的外交政策,调整外交格局,开展对外交往,提高了我国的国际威望,吸引愈来愈多的人们了解中国、关注中国,同中国人民建立和发展平等友好的关系。"[①]新时期的外交工作,取得了重大的成就,开创了新的局面。

1979年1月1日,中华人民共和国与美利坚合众国正式建立外交关系。1月29日至2月5日,国务院副总理邓小平访问美国,促进了中美两国人民的友谊和两国友好关系的发展。中美双方保持着高层接触,经贸关系、科技交流和人员往来有进一步发展。但是,美国有些人总是企图以种种借口干

[①] 邓力群.在城市经济改革思想教育工作座谈会上的讲话.见:邓力群文集.第2卷.北京:当代中国出版社,1998.506

涉中国的内政,这势必损害中美关系。中美关系只有在严格遵守中美三个公报的基础上,才能稳定发展。1978年8月12日,中日和平友好条约在北京签订,为两国友好睦邻关系奠定良好基础。1982年中日建交10周年时,中日两国政府首脑互访。1983年11月23日至30日,中共中央总书记胡耀邦访问日本。胡耀邦同日本首相中曾根康弘就国际形势和两国关系交换了意见,双方一致同意把中日关系三原则扩大为四原则,即"和平友好、平等互利、互相信赖、长期稳定"。共同表示要开创中日友好的新世纪,决定建立中日两国各界老、中、青代表参加的"中日友好21世纪委员会"。1984年9月10日,中日友好21世纪委员会首次会议在京举行。1992年中日建交20周年之际,中日双方举行各种纪念活动,中共中央总书记江泽民访日,日本明仁天皇和皇后访问中国,中日睦邻友好关系更加巩固。"中日两国和两国人民的友好合作关系得到全面的发展"①。

  中国和苏联之间在80年代后期,终于实现了符合两国人民意愿的关系正常化。1989年5月,苏共总书记戈尔巴乔夫访华,破裂了20多年的中苏两国关系开始正常化。1990年后,中国总理李鹏、中共中央总书记江泽民先后访苏,使两国的睦邻友好关系进一步发展。原苏联解体后,中国同独联体诸国及立陶宛、拉脱维亚、爱沙尼亚三国都保持了友好的外交关系。1982年12月20日至1983年1月17日,中国国务院总理赵紫阳先后对埃及、阿尔及利亚、摩洛哥、几内亚、加蓬、扎伊尔、刚果、赞比亚、津巴布韦、坦桑尼亚和肯尼亚11国进行正式友好访问。访问期间,中国和津巴布韦两国政府签订了一项经济技术合作协定。赵紫阳宣布了中国同非洲国家经济技术合作的四项原则,即平等互利,讲求实效,形式多样,共同发展。

  1984年,中国领导人李先念、赵紫阳、胡耀邦出访亚洲、南欧、东欧、西欧、美国、加拿大等18个国家;有20余位外国元首和政府首脑先后访华;高级官员之间的磋商继续进行;民间的各种活动也十分活跃;中国新参加了一些国际性组织,并在其中发挥着应有的作用。

  中国共产党自1977年后,相继恢复和发展了同南斯拉夫、意大利、西班牙、比利时等国共产党的友好关系。到1987年底,中国共产党同世界上80多个共产党和共产主义组织有着各种联系和接触。1989东欧剧变,除了民

---

① 胡绳.论中国的改革和开放.见:胡绳全书.第3卷(上).北京:人民出版社,1998.107

主德国已和联邦德国合并外,中国对其他东欧国家仍根据既定的外交方针和政策保持着正常的关系。

中国从不参加军备竞赛,历来主张全面裁军。1982年6月,中国政府代表团团长、国务委员兼外交部长黄华出席第二届裁军特别联大。黄华在会上发言中阐述了中国政府关于裁军问题的原则立场,提出了有关制止核军备竞赛、防止核战争的主要措施。1985年6月,中国政府决定把军队裁减至100万人。中国政府多次向全世界宣布,在任何时候、任何情况下决不首先使用核武器,并已在1986年春宣布今后不再进行大气层核实验。

1983年到1987年,中国主要领导人访问了46个国家,足迹遍及五大洲。接待了来自89个国家的元首和政府首脑。中国同世界各国在经济、科技、文化、教育、卫生、体育等方面的合作与交流日益扩大。在此期间,中国先后同安提瓜和巴布达、安哥拉、科特迪瓦、莱索托、阿拉伯联合酋长国、玻利维亚、格林纳达、尼加拉瓜、伯利兹、乌拉圭等10个国家建立了外交关系。到1989年9月,与中国建交的国家达135个,中国平等互利的外交政策和建立国际和平秩序的努力,为改革开放和现代化建设创造了有利的国际环境。

第八节 思想、文化、教育、科技

一、关于"人道主义"、"异化"问题的讨论

关于"人道主义"、"异化"问题的讨论是发生在1980~1983年间在哲学界、文艺界的一场理论思想大讨论。自1980年开始,围绕着人道主义和异化的讨论经久不息。据有关部门统计,到1983年,有关文章已达七百余篇,有两百多种杂志参与了这次讨论。《人民日报》、《光明日报》、《文汇报》、《中国社会科学》、《文学评论》以及《国内哲学动态》等权威报刊接二连三地发表综述文章。与人生观大讨论相比,这场大讨论是在更高的思想层面上展开的,它持续地吸引着广大知识分子的理论兴趣,产生了非同凡响的影响和意义。

早在20世纪50年代中后期,在我国理论界就有人提出过对人性问题的探讨和研究。不过,在1957年以后的所谓学术批判中,人性论、人道主义变成了批判的对象,一次次被不加分析地斥之为"反动的地主阶级、资产阶

级的人性论和人道主义",谁承认人道主义就被看作是唯心史观。在这种"左"倾政治环境下,理论界被搞得十分混乱,人们长期地认为人道主义与阶级斗争不可调和、人道主义与共产主义不可同日而语、马克思主义中不存在人道主义等。"文化大革命"结束后,特别是在十一届三中全会之后,在思想理论战线的拨乱反正中,许多知识分子在讨伐"文化大革命"中法西斯暴行的过程中,重新提起人性、人道主义的研究,希望通过讨论和研究来完整准确地了解马克思主义的问题。

1980年春,王若水、李鹏程、薛德震等人先后公开发表《人是马克思主义的出发点》、《四个现代化与人》、《马克思主义的人性论初探》等文章,揭开了人性论的讨论序幕。在人性论的争鸣中,人道主义的问题被重新提出,并成为讨论的中心议题。在讨论中,重点探讨了人道主义与马克思主义的关系问题。汝信、王若水等先后发表《人道主义就是修正主义吗?——对人道主义的再认识》、《为人道主义辩护》等文章,公开探讨人道主义与马克思主义的关系问题。汝信指出,马克思主义和人道主义果真绝对对立、水火不相容吗?只要我们不抱成见地采取科学的态度,那就不得不承认,当马克思开始作为一个共产主义者踏上自己的发展道路时,他最关心的也正是有关人的问题。他对资本主义社会里的人的处境和地位的深刻分析以及对未来共产主义社会里的人的展望,都贯穿着一种把人的价值放在第一位的人道精神。① 王若水指出,什么是人道主义,它有共同的原则,简单地说就是人的价值。"人的价值"这个词,马克思曾在肯定的意义上多次用过,它并不是资产阶级专用的术语。我们所主张的人道主义也不是别的人道主义,而是马克思主义的人道主义。② 汝信、王若水的文章引起哲学界的热烈讨论,很多知识分子参与到研究和讨论之中。在人道主义讨论中,大多数人的观点赞同马克思主义包含有人道主义,认为马克思主义的人道主义是存在的,是马克思主义学说的重要内容之一。

在人道主义的讨论中,邢贲思、王复三等人则持对立的观点。他们认为,马克思主义与人道主义分属于两个不同的思想体系,它们的理论出发点、基本原则、社会变革手段和研究方法都是相矛盾和不相容的。马克思、

---

① 汝信.人道主义就是修正主义吗?——对人道主义的再认识.人民日报,1980-08-15
② 王若水.为人道主义辩护.文汇报,1983-01-17

恩格斯虽然青年时期使用过"人性"一词,而且也没有完全摆脱费尔巴哈人道主义的影响,但实际上,他们都主张从现实的一切社会关系的总和、从分析资本主义的生产关系中来考察人的本质,反对把现实的人变成抽象的人的观点。他们还认为人道主义原则与社会主义精神文明也是相抵触的,今天的社会主义精神文明建设不能停留在人道主义的水平。①

关于异化问题的讨论与人道主义问题的讨论是同时进行的。异化问题的讨论主要涉及三个方面的内容:什么是异化,异化理论在马克思主义中的地位,社会主义社会是否存在异化。其中,异化理论在马克思主义中的地位和社会主义社会是否存在异化是争论的焦点。

1980年6月,王若水在《人民日报》新闻业务学习班上讲课时,重点谈了异化问题。这个讲话内容的一部分以《谈谈异化问题》为题发表在《新闻战线》第八期上。文章指出,异化这个概念在欧洲已经流行好几十年了。马克思写《1844年经济学—哲学手稿》时已经讲了异化问题。究竟什么是异化?打个比方说,一个母亲生了个儿子,她很心疼他,也很爱他,辛辛苦苦把他养大,教育大。可是这个儿子慢慢长大后,成了一个逆子,不仅不受母亲管,倒反过来管他的母亲,欺侮或虐待母亲。这个过程用哲学的语言讲,就是异化。异化,就是异己化。在资本主义社会里,存在着商品拜物教、货币拜物教。商品是人创造出来的,货币也是人创造出来的,结果倒过来了,好像金钱万能,金钱成了神,金钱本来是死的东西,倒过来把人统治住了。物把人统治住了,马克思把这个叫做劳动的异化。社会主义社会是否存在异化呢?实践证明还是有异化,不仅思想上有异化,而且有政治上的异化,甚至经济上的异化。一些论者赞同王若水的观点。他们认为,所谓异化,就是主体在发展过程中,由于自己的活动而产生出自己的对立面,然后这个对立面又作为一个外在的、异己的力量而转过来反对或支配主体本身;异化理论在马克思主义的形成过程中起了关键的作用,是马克思为历史唯物主义奠定的基石;成熟时期的马克思主义在继续使用劳动异化理论这些概念,不断发展、丰富和深化在这些问题上的思想;劳动异化理论和历史唯物主义是一致的;社会主义社会存在着异化,是社会主义一切弊端的集中表现,其根源不在于社会主义社会本身,而是由于生产力水平不高、封建思想和资产阶级思想的腐蚀、社会民主不完善所致等等。

---

① 秦英君.当代中国哲学思想史.开封:河南大学出版社,1999.309

一些论者则反对王若水的观点,他们认为,异化是一个具体的概念,它在不同的历史条件下具有不同的内容,因此不能把它和存在于一切事务中、贯穿于一切过程始终的唯物辩证法的规律等同起来;异化劳动理论不过是马克思从费尔巴哈的唯物主义向马克思主义过渡的中间环节,它包含了新哲学的萌芽,但还不是新哲学本身,它带有明显的人本主义痕迹;成熟时期的马克思主义用剩余价值论代替了劳动异化论,同异化理论决裂了;社会主义不产生异化,这是历史发展的必然,因为异化作为一种社会现象,不是从来就有的,也不会永远不断产生和存在下去。①

1983年3月7日至13日,中共中央宣传部、中共中央党校、中国社会科学院和教育部,在中共中央党校联合召开了全国纪念马克思逝世100周年学术报告会,周扬在会上作了题为《关于马克思主义的几个理论问题的探讨》的报告。报告专门论述了马克思主义与人道主义的关系和社会主义社会中的异化问题。周扬的这个报告基本上囊括了王若水等人的人道主义和异化理论观点。由于这次会议的重要以及周扬本人的声望,这个报告在全国引起了广泛的关注。这次会议之后,人道主义和异化问题的讨论进入高潮。

1983年10月,在北京召开的中共中央十二届二中全会专门讨论了邓小平提出的加强思想战线工作的问题。不久,中共中央就做出了要在理论界和文艺界进行反对精神污染的斗争的决定。报刊上出现了一些将前几年讨论中主张马克思主义、人道主义和社会主义社会存在异化现象的观点,作为理论战线上的精神污染进行批判的文章,使这场讨论的性质起了变化。11月6日,《人民日报》发表了周扬对新华社记者的谈话。周扬就发表论述"异化"和"人道主义"文章的错误作了自我批评。②

1984年1月3日,胡乔木在中共中央党校作了题为《关于人道主义和异化问题》的长篇报告,对这场人道主义和异化问题大讨论中的一些理论问题作了全面总结。报告认为,人道主义有两个方面的含义:一个是作为世界观和历史观;一个是作为伦理原则和道德规范。这两个方面既有联系又有区别。作为世界观和历史观的人道主义,是同马克思主义对立的资产阶级唯心主义思想体系,在今天已经没有任何意义可言;而作为伦理原则和道德规

---

① 秦英君. 当代中国哲学思想史. 开封:河南大学出版社,1999.315~316
② 拥护整党决定和清除精神污染的决策. 人民日报,1983-10-06

范的人道主义,则应该以"社会主义人道主义"的名称提倡实行。关于异化问题,报告认为,一些人提出的"思想异化"、"政治异化"、"权力异化"以及"经济异化",都是对异化的滥用,把社会主义社会里出现的一些消极现象简单化为一个社会主义的异化,不可避免地会在社会上散布对社会主义、共产主义和党的领导的不信任情绪和悲观心理。报告最后强调指出:"宣传人道主义世界观、历史观和社会主义异化论的思潮,不是一般的学术理论问题,而是关系到是否坚持马克思主义的基本原理和能否正确认识社会主义实践的重大现实政治意义的学术理论问题。在这个问题上的带有根本性质的错误观点,不仅会引起思想理论的混乱,而且会产生消极的政治后果。"①胡乔木的报告,为长达三年的大讨论画上了句号。

二、学术事业的重建和发展

1976年,随着揭批"四人帮"运动的深入,人们迫切要求冲破当时中共中央领导人所设置的"两个凡是"理论的禁锢,在邓小平领导和支持下,一场关于真理标准问题的大讨论,冲破了长期以来束缚人们思想的"左"倾理论,促进了全国人民思想的大解放。中共十一届三中全会确立了"解放思想,实事求是"的思想路线,邓小平表示在学术研究上要"坚持百家争鸣的方针,允许争论。不同学派之间要互相尊重,取长补短。要提倡学术交流。"②"我们要永远坚持百花齐放、百家争鸣的方针。"③"双百"方针为学术事业的重建与发展提供了理论指导和重要保证,这样,为"文化大革命"所中断的哲学、政治学、法学、经济学、文学、历史学、社会学、教育学得到重建与发展。

(一)哲学的重建与发展。"文化大革命"期间,"四人帮"唯心主义盛行,形而上学猖獗,丰富多彩的马克思主义哲学被简单化、庸俗化和公式化。"文化大革命"结束后,哲学界通过对中国哲学史、哲学现代化、真理多元化、实践唯物主义的讨论和争鸣,使这一时期成为哲学思想发展最快、哲学思想最活跃的时期。

关于哲学史的探讨,1982年由武汉大学、中山大学等九院校集体编写了两卷本《中国哲学史》。该书对中国哲学体系的建构作了可贵的探索,将中

---

① 胡乔木.关于人道主义和异化问题.理论月刊,1984(2)
②③ 邓小平文选.第2卷.北京:人民出版社,1994.57,256

国四千余年中国哲学的发展归纳为由原始五行阴阳思想到老子、由稷下道家到荀况、由董仲舒到刘禹锡、由周敦颐到王夫之和由龚自珍到孙中山等五个发展的圆圈,并且对这些大圆圈中的小圆圈,以及各个圆圈中的各个环节中的起承转合进行了分析,反映和代表了这一时期中国哲学史研究的学术水平。

关于哲学现代化问题的讨论,通过讨论在两方面取得了共识,一是把反映新的科学成就的哲学观点渗透到马克思主义哲学中去,使其在内容上得到丰富和深化,二是使马克思主义哲学实现以现代化建设为目标的应用化。

真理多元化的讨论。中华人民共和国成立后,哲学界普遍认为,真理只存在于一种学说之中,马克思主义是惟一真理。1985年,哲学界就真理是一元化还是多元化进行讨论,普遍认为,应当澄清或划清三个界限:一是不能把多种科学理论或科学方法可以描述同一客体事物及其规律与真理多元化混为一谈;二是不能把独断论与真理一元论混为一谈;三是不能把学术上提倡多学派与真理多元化混为一谈。

实践唯物主义的讨论。真理标准问题的讨论,推动了哲学界对马克思主义哲学本质的再认识。1987年,一些学者提出以实践唯物主义去重新表述马克思主义哲学并以它来建构新体系。这次讨论,对实践唯物主义的基本范畴,如"本体"范畴、"外部自然界的优先地位"和"实践"等概念意见分歧严重。理解上的分歧和争鸣,正是中国哲学思想活跃的标志,也是对马克思主义哲学认识加深的表现。

马克思主义哲学体系的建构。中国马克思主义哲学教科书体系,最早是从20世纪30年代苏联哲学教科书移植过来的,中华人民共和国成立后,曾发挥了重要作用。80年代,现代技术革命、社会主义改革开放和实践及世界哲学的发展,对马克思主义哲学提出了新的课题,中国哲学工作者在研究这些课题时在内容上作了突破,在理论上进行创新,主要成果有黄楠森"唯物辩证法草图"、高清海《马克思主义哲学基础》和用实践唯物主义建构哲学教科书所形成的体系,对原有的马克思主义哲学教科书体系进行了重大突破。

(二)政治学的重建与发展。在中国,没有现代意义上的政治学。其在中国的出现,主要是近代西学东渐的结果,戊戌变法和辛亥革命是西方政治学理论在中国的传播和演示。五四之后,在中国形成了以改良中国政治为主线的资产阶级政治学派和从事职业革命的马克思主义知识分子群体。中华人民共和国成立后,受当时苏联教育体制的影响,把政治学视为"资产阶级"的货色,在1952年高等院校调整中,高等学校取消了政治学这门学科,1957年反右派之后,政治学及一切政治问题的学术研究成为禁区。中共十一届三中全会的召开,为中国政治学的恢复提供了良好的发展机遇。1980年中国政治学会的成立,标志着政治学的重建,此外,地方政治学会的建立、政治学科研机构的设置、高等学校政治学系的开办、政治学教材和著作的出版、政治学及相关刊物的创办、大量政治学论文的发表、政治学队伍的成长,为政治学的发展奠定了基础。

在政治学的发展过程中,学术讨论对这一学科深化具有重要作用。关于政治学基本问题的讨论,如对"政治"概念的内涵讨论,有"国家权力说"、"阶级统治说"、"治人活动说"、"社会管理说";关于政治学的研究对象的讨论,有"政治"对象说、"国家"对象说、"社会政治关系的发展规律"对象说、"阶级统治"对象说、"政治体系"对象说。这些政治学基本问题的讨论,有助于政治学体系的建构和学术的正常发展。

关于民主问题的讨论。民主问题是政治学的重要内容,也和社会主义政治建设密切相关。一种意见认为,民主是国家制度,是社会主义社会立国的根本;一种意见认为,民主属于上层建筑,归根到底是为经济基础服务的,在这一意义上说,民主是手段,同时,社会主义是一个包括经济、政治、文化全面发展的有机整体,社会主义政治建设本身具有相对独立的意义和内容,在这个意义上说,民主又是目的,忽视民主是目的的一面,把它看作可有可无、无足轻重的东西,在理论上和实践上都是有害的。[①]

关于政治体制的改革。论者主要围绕政治体制改革的内涵、目的、突破口、核心、基本范围和内容诸问题讨论,发表不同意见和看法。政治体制改革这一学术问题,是随着改革的发展向政治学提出的课题,这一问题的讨论也有助于政治体制改革的推进。

建立具有中国特色的马克思主义政治学。这是政治学家张友渔在1980年中国政治学会开筹备会时提出的政治学努力的目标:"马克思主义和中国政治实践相结合的,以分析和解决中国和世界在理论上实际存在的政治问题为目的的政治学",它要"既符合马克思主义的原则,又富有中国的特色"[②]。

[①][②] 李明山,左玉河.当代中国学术思想史.开封:河南大学出版社,1999.483,488

(三)法学的重建与发展。中华人民共和国成立后,废除国民党的法律,移植苏联法学,其主要特点是强调法律的阶级性、国家意志和强制性,把法律看作是进行阶级斗争的工具。在法学教育方面,经过1952年院系调整,全国设立法律系的大学从34所减少到6所①,1957年之后,法学教育和研究逐渐萎缩直至停止。

随着中共十一届三中全会将工作重点转移到经济建设上来,国家重视法学的恢复和建设工作。法学重建主要是恢复法学院校的建制,设立法律系,1978年全国有5所院校招收法律专业的学生,以后相继招收硕士生、博士生,为法学的发展和繁荣培养了一大批人才。1982年7月,中国法学会成立,此外法学研究机构的设立和法学研究人员队伍的壮大,为法学的发展奠定了基础。

关于法的本质属性的争论。一种意见认为,法只有一种属性,即法的国家意志性,是统治阶级意志的国家化与法律化;另一种意见认为,法有两种属性,即阶级性和社会性,到共产主义社会随着阶级的消失只有社会性了;第三种意见认为,法的阶级性与社会性是完全统一的,没有无社会性的阶级性,也没有脱离阶级性的社会性。这一争论,有助于法学研究向深层次发展。

关于建立中国特色的法律和法学体系的争鸣和讨论。对当代中国法律体系的理解,有人认为,以本国现行的法律规范为基础,以按照一定的标准划分的部门法为主题,以宪法为统帅,组成多层次多部门的、内容和谐一致、形式完整统一的有机整体;有的认为,法律体系的范围更广些,因此就要进一步研究法律体系与立法体系、法制体系和社会行为规范体系(包括法律、纪律、道德和乡规民约)的联系与区别。有人还对法律体系和法学体系的关系作了探讨,认为法律体系是法学体系赖以存在的基础和前提,法学体系的建立决定于法律体系;两者又有区别,法律体系属于国家的政治法律制度,法学体系则是社会科学的门类,是社会意识形态的一种。

对宪法相关问题的讨论。传统意见认为,宪法是阶级与阶级力量对比的集中体现。有的意见与此相反,主张宪法的实质是分权,宪法是市场经济的产物,法治的核心是宪法,宪法是人权的保障书。"文化大革命"时期的违

---

① 方流芳.中国法学教育观察.见:20世纪的中国:学术与社会·法学卷.济南:山东人民出版社,2001.339

宪引起学者的关注,就违宪的含义进行讨论。狭义违宪观认为,违宪是指国家机关制定的法律、行政法规、地方性法规和其他规范文件(决定、命令、决议、指示、规章等)或采取的措施同宪法相抵触,以及国家主要领导人行使职权时违反宪法的规定。广义违宪观坚持,一切国家机关和武装力量、各政党和社会团体、各企事业组织以及公民的行为,凡是违反宪法的规定,都是违宪。有人主张将违宪分为直接违宪和间接违宪。直接违宪是指法律、法规和其他规范性文件或国家工作人员行使职权时违背宪法的规定;间接违宪是指违法行为。为了确保宪法的实施,应设立专门的宪法保障机构,或者设立在全国人大和人大常委会领导之下的宪法委员会,负责审查违宪;或者设立一个由全国人大领导的与全国人大常委会平行的宪法委员会;或者设立宪法法院,负责审理违宪案件。

著名法学家的科研工作为法学的发展做出了重要贡献。张友渔有关参与制定法律时的报告和讲话,言之有物,论述深入浅出,在社会上产生了较大影响;他为解决法学理论问题而撰写的专著,高屋建瓴,立意深远,有力地推动了法学的研究。

著名比较法学专家沈宗灵在1987年出版了《比较法总论》,全面系统地论述了比较法的理论问题,成为这一领域的填补空白之作。该书把世界法律主要分为民法法系、普通法系、苏维埃社会主义法律制度和当代中国社会主义法律制度四大法系,对当代中国社会主义法律问题进行了研究。

著名诉讼法学家陈光中选择具有代表性的英、美、法、德、日、苏、南斯拉夫、罗马尼亚等国的刑事诉讼程序进行比较研究,1988年主编出版了《外国刑事诉讼程序比较研究》一书,对于全面了解外国尤其是西方发达国家的刑事诉讼制度有重要的参考价值,对于提高当代的刑事诉讼水平、健全刑事诉讼立法也有重要作用。

为了提高中国法学的研究水平,沟通东西方法学,借鉴西方法学的研究成果,法学界还编译出版了"外国法律文化"、"当代法学名著译丛"等丛书,对繁荣中国法学很有意义。

(四)经济学的重建与发展。中华人民共和国成立后,在很长一段时间中,追求生产关系的纯洁性,不重视发展经济,经济处在可有可无的地位,特别是林彪、四人帮极左思想,反对发展社会生产力,以阶级斗争代替生产斗争,把发展生产、繁荣经济、改善群众物质生活说成是"修正主义"、"资本主义",以平均主义代替按劳分配,搞脱离生产发展的实际水平和客观需要的穷过渡,造成经济建设大破坏①。经济学的研究处于停滞状态。

十一届三中全会后,解放思想、实事求是的思想路线鼓舞经济学家去解决现代化建设实践所提出的许多新课题,经济学研究取得了很大进展,主要有卓炯彻底的商品经济论。他认为,社会分工决定产品的商品性,社会主义社会不应该消灭商品经济,相反,商品经济的命运才开始,社会主义经济是有计划的商品经济。卓炯这一理论的提出在经济学界产生了一定影响。薛暮桥《中国社会主义经济问题研究》(人民出版社1979年出版)主要强调社会主义要按经济规律办事,对中国社会主义现代化建设的道路、社会主义经济管理体制的改革问题作了研究,是一部从理论与实践结合上研究社会主义经济问题的重要著作。著名经济学家于光远《政治经济学社会主义部分探索》第1、2、3卷,分别在1980年12月、1981年7月、1985年10月出版,该书对政治经济学社会主义部分的主要理论问题,包括政治经济学社会主义部分的研究对象、逻辑结构、经济规律的客观性、社会主义发展阶段、社会主义所有制、社会主义基本经济规律、有计划按比例发展规律、社会主义制度下的商品生产和价值规律、按劳分配、经济效益、再生产、地租、生产劳动和非生产劳动等基础经济理论问题进行了广泛而深入的研究。于光远的研究对建立社会主义政治经济学学科具有重要的学术意义和实践意义。

(五)文学的重建与发展。1976年10月,粉碎四人帮,新中国历史揭开了新的一页,从1977年开始,文学界对文革时期的极左文艺思潮如"三突出"论、"主体先行"论、"题材决定"论、"根本任务"论进行清理批评,中国社会主义文学开始复苏。在文艺理论和文学批评方面,文学界对诸如文艺与政治的关系、现实主义、人性和人道主义等许多问题进行了广泛讨论,对文学的总方针的认识达成共识:"文艺为人民服务,为社会主义服务。"关于文艺与政治的关系问题的讨论,一种意见认为,文艺与政治不是"从属"关系,两者是相互影响的关系;第二种意见认为,不能把文艺与政治的关系视为平行关系,政治对文艺的作用不应忽视;第三种意见认为,文艺不能从属于政治,但又不能脱离政治。关于文学的现实主义的讨论,主要围绕怎样理解现实主义、现实主义的特征及其表述、关于社会主义现实主义、关于社会主义批判现实主义、世界观与现实主义等问题展开讨论,对于冲破教条主义对文

---

① 叶剑英.在庆祝中华人民共和国成立大会上的讲话.见:三中全会以来重要文献选编(上).北京:人民出版社,1982年版.224~225

学冲突具有重要意义。关于人性、人道主义与文艺问题的讨论,对什么是人性、其概念和含义是什么、人性与阶级性的关系以及共同人性问题展开讨论,并就人性、人道主义与马克思主义的关系,如何认识当前文艺创作中的人性、人道主义的表现发表评论,重新肯定了文学是人学的命题,马克思主义也承认人性的客观存在,只是抽象地反对人性论,同时也提倡革命的人道主义或者社会主义的人道主义。

文艺理论的争鸣,为文学的发展创造了条件,并促进了文学的繁荣。表现为:大型文学刊物发行量可观,如刊载文学作品的文学期刊《当代》、《十月》、《收获》、《昆仑》、《钟山》、《花城》年发行量都在10万份以上。艺术表现形式和风格多样化,除了传统的民族形式之外,还借鉴外国作品的表现手法。优秀作品硕果累累,在小说创作方面,如短篇小说《班主任》、《乔厂长上任记》,中篇小说如《人到中年》、《天云山传奇》、《高山下的花环》、《赤橙黄绿青蓝紫》,长篇小说《许茂和他的女儿们》、《芙蓉镇》、《新星》、《平凡的世界》等,都达到了较高的水平,很受读者欢迎。此外,在报告文学的创作方面,如《哥德巴赫猜想》、《地质之光》、《中国姑娘》、《唐山大地震》等在读者中间被争相借阅。

(六)历史学的重建与发展。"文化大革命"时期,忽视历史学的科学性,片面强调古为今用、历史科学为无产阶级政治服务,使这一时期的史学具有如下特征:阶级斗争史观成为"文化大革命史学"的理论标尺;大搞批林批孔、评法批儒等运动,影射史学极端化,史学成为政治斗争的工具;马列主义经典著作教条化,并被滥用到极点。

历史学的重建与历史学的重大理论问题的讨论是同步的。粉碎"四人帮"之后的两年多时间里,历史学界对影射史学的手段和实质进行了揭露和批判,勇于探索,迎来了历史学研究的繁荣和发展:历史学研究的理论和方法问题引起了学者们的热烈讨论,其中关于史学理论的讨论、关于历史认识论的讨论、史学方法论的讨论、"史学危机"的讨论,形成了中国史学思想空前活跃的局面。关于史学理论的讨论,一些史学家主张:"不能把历史唯物主义的一般原理等同于马克思主义史学理论",强调要研究国外马克思主义与非马克思主义的史学理论和方法论。关于历史创造者的讨论,提出了人类历史是人们自己创造的、人民群众是历史的创造者、历史是社会合力共同创造的观点,这一讨论,开阔了史学工作者的视野。关于历史发展多样性的讨论,主要围绕历史发展道路的统一性与多样性问题和五种生产方式展开一场大规模、多角度、认识深刻的讨论;关于史学功能、社会价值和学术价值的争论,认为史学的功能是指史学的社会作用和社会效应,社会作用是指客观存在的历史通过历史学家的研究,对社会所起的作用和产生的影响,学术价值是指历史科学自身发展中的价值。关于史学危机的讨论,实际就是史学正在发生转机,正在酝酿如何革新形式,正向着更广阔的研究领域和更高的科研水平发展的反映。这一时期史学的发展表现为:发表史学研究成果的刊物复刊或创刊,如《历史教学》于1979年1月复刊,《史学月刊》1980年7月复刊,《世界历史》于1978年12月创刊,《中国史研究》1979年3月创刊,《中国史研究动态》于1979年3月创刊,《近代史研究》于1979年10月创刊,《考古与文物》于1979年12月创刊,《历史知识》于1980年4月创刊,《外国史知识》《文史知识》于1981年1月创刊。而早于1974年就复刊的《历史研究》这一时期在上述史学刊物"队伍"中起到了"排头兵"的作用。这些创刊或复刊的史学刊物为繁荣和深化历史研究提供了阵地。一批史学研究新著出版,关于中国通史研究,翦伯赞主编的《中国史纲要》第1至4册1979年3月由人民出版社出版,郭沫若主编的《中国史稿》第2册、第3册1979年12月由人民出版社出版,白寿彝主编的《中国通史纲要》1980年由上海人民出版社出版;关于中国古代史研究,刘泽华、杨志玖、王玉哲等著的《中国古代史》上、下册1979年7月由人民出版社出版,朱绍侯主编的《中国古代史》上、中、下三册1982年由福建人民出版社出版;关于中国近现代史研究的成果,章开沅、林增平主编的《辛亥革命史》于1980年3月由人民出版社出版,金冲及、胡绳武著的《辛亥革命史稿》1卷1980年6月由上海人民出版社出版,魏宏运主编的《中国现代史》1980年10月由黑龙江人民出版社出版,黄元起主编的《中国现代史》1982年由河南人民出版社出版,王桧林主编的《中国现代史》1983年由北京师范大学出版社出版,李新、陈铁健主编的《中国新民主主义革命史》第1卷1983年11月由中国社会科学出版社出版(该书全卷共12卷,在先后出版的基础上于2001年全卷修订本由上海人民出版社出版)。关于世界史研究,《世界上古史纲》1979年3月由人民出版社出版,李春辉著的《拉丁美洲史稿》1983年3月由商务印书馆出版。

(七)社会学的重建与发展。自1903年严复译作《群学肄言》问世以降,有关社会学的知识陆续介绍到中国的教育界和学术界,高等学校开办社会学专业,培养出一批社会学学者。中华人民共和国成立后,1952年高等学校院系调整,停办社会学专业。1978年中共十一届三中全会召开,社会学获得新生。1979年3月,邓小平在理论务虚会上指出:"政治学、法学、社会学以及世界政治的研究,我们过去多年忽视了,现在也需要赶快补课。"①3月15~18日,中国社会学研究会成立,费孝通为会长。随后,中国社会科学院成立社会学研究所,京、津、沪、鄂、黑、吉、苏等省成立社会学学会(或研究会),北京大学、中山大学、南开大学设立或恢复了社会学系,一些高校开设社会学课程,建立社会学教研室,创办社会学研究刊物如《社会学研究》、《社会学与现代化》、《社会学通讯》等。1982年5月,中国社会学研究会在武汉召开年会,会议确定将中国社会学研究会更名为中国社会学会。

社会调查工作是中国社会学研究的重要方法,对重建社会学具有重要意义。费孝通教授主持的中国小城镇调查,是他在30年代调查的基础上的继续,是对中国城乡社会特别是农村社会的多视角的考察,通过调查提出的中国社会发展的课题,对创建有中国特色的社会学起着重大推动作用。雷洁琼教授任学术指导的中国五城市家庭、婚姻、生育调查,为研究中国北方、东南、西南等大城市家庭、婚姻提供了第一手资料,这项调查无论对中国大城市家庭建设,还是对社会学学科建设都有重要价值。当代中国青年职工状况课题组所作的当代中国青年状况大型社会调查,采取抽样调查和典型调查相结合、宏观考察和微观考察相结合的方法,对北京、天津、上海、武汉、兰州、广州、深圳、沈阳等多种类型城市和开放地区青年职工的生活、工作状况,进行了比较全面系统的调查。调查成果和方法对于企业和实际部门的工作、研究所和高等院校教学和研究工作,都具有参考价值,对社会学学科建设提供了有益的经验。

创建有中国特色的社会学,理论建设和社会调查具有同等重要的地位,社会学者就社会学的理论问题进行了广泛的探索并取得了重大进展。关于社会学的对象及其与历史唯物论的关系,这是重建社会学的理论问题,认为历史唯物论对社会学有指导作用,但不能代替社会学的研究对象。关于社会学的研究方法,认为唯物辩证法作为社会学的方法论,受到社会学界广泛重视,此外还应关注社会信息质量、定量分析方法和调查的科学程序。举办学术讨论会有助于社会学的研究,围绕当代中国社会结构和变迁,社会学者举行了"经济体制改革和社会变迁"、"城市开放和社会发展"、"社会主义初

---

① 邓小平文选.第2卷.北京:人民出版社,1994.180~181

级阶段理论和社会学"讨论会,研究现代化进程中的社会问题,也有助于促进和繁荣社会学的研究。

社会学重建过程中,坚持理论与实际相结合,坚持百家争鸣,发扬学术民主,坚持普及与提高,坚持社会学者的团结与合作,无论在人才培养或是研究成果上,都取得了丰硕的成果。在人才培养上,一些重点高校招收硕士生和博士生,成为社会学教学和研究的骨干力量。早年研究社会学的费孝通教授获得学术解放之后,笔耕不辍,陆续提出一系列关于国家社会经济发展战略的建议,出版《从事社会学五十年》、《费孝通社会学集》等论著,为社会学的发展作出了重大贡献。

(八)教育学的重建与发展。中华人民共和国成立后,确立马克思主义和毛泽东思想的指导地位,在理论上提倡百花齐放、百家争鸣,促进了当时中国教育学科领域学术问题的讨论,但把苏联的教育学作为中国教育学界的惟一范例,加上极左思想的影响,全盘否定教育科学,铸成"教育大革命"的失误,造成中国教育学科体系建设上的断裂,使社会主义教育事业遭到空前破坏。

中国共产党十一届三中全会之后,教育学科体系恢复并得到前所未有的发展,表现为:第一,教育领域实行拨乱反正。1977年,邓小平恢复中央领导工作,负责科学和教育领域,他指出"两个估计"不符合实际,要教育工作者甩掉包袱,推动了教育战线的拨乱反正。1978年,教育部颁发并试行《高等师范院校的学校教育专业学时制教学方案(修订草案)》,恢复教育学科,扩充新的学科,教育科学体系在恢复的基础上有所扩展,学术研究得到恢复。第二,开展广泛的学术讨论。1979年,全国性教育理论刊物《教育研究》创刊,对教育学科的理论如教育学的学科性质、学科体系、教育学发展的历史分期、教育的起源、教育的属性和职能等问题展开讨论,为新时期教育学科体系的建设和发展奠定了重要的基础。1979年,全国教育科学规划会议召开,提出了教育学科体系建设的任务和内容及建立和发展中国教育学科体系的方法论原则及途径,标志中国教育学科体系进入了一个新阶段。第三,教育思想和教学研究方向的确立,这就是"面向现代化,面向世界,面向未来"。中共十二大把教育列为经济发展战略重点的决策,成为推动教育事业和教育学科发展的强大动力,许多高等师范院校结合教育系的课程改革,出版了一批高质量的教材和学术专著:朱勃、顾明远主编的《比较教育》1982年由人民教育出版社出版,顾明远、黄济的《教育学》1982年由人民教育出版社出版,王亚朴的《高等教育管理》1983年由华东师范大学出版社出版,单传英的《幼儿教育学》1983年由湖南教育出版社出版,北京师范大学教育系的《教育经济学》1984年由北京师范大学出版社出版。第四,与教育学相关的心理学科步入健康的发展轨道。设置心理学专业并招收不同层次的学生,心理学理论研究取得重要成就,如孟昭兰的《人类情绪》,朱智贤、林崇德合著的《思维发展心理学》,邵瑞珍的《教育心理学》,陈仲庚、张雨新的《人格心理学》,张伯源、陈仲庚的《变态心理学》陆续出版,心理学研究呈现繁荣局面。心理学还就本学科的重要问题开展学术讨论,推动了心理学的发展。同时,心理学对外学术交流也促进了心理学科的发展。

三、教育、科技体制改革

为了更快地促进精神文明和物质文明建设的发展,并与经济和政治体制改革相适应,党和国家对现行的教育体制和科学技术体制进行了改革。

为了克服教育体制上的弊端,振兴教育事业,1985年5月27日,中共中央作出了《关于教育体制改革的决定》。《决定》提出了教育必须为社会主义建设服务,社会主义建设必须依靠教育的指导思想。《决定》要求改革教育的管理体制,在加强宏观管理的同时,实行简政放权,扩大学校办学自主权,调整教育结构,改革劳动人事制度,改革同社会主义现代化不相适应的教育思想、教育内容、教育方法。经过改革,开创教育工作的新局面,使基础教育得到切实的加强,职工技术教育得到广泛的发展,高等学校的潜力和活力得到充分的发挥,学校教育和学校外、学校后教育并举,各级各类教育能够主动适应经济和社会发展的多方面需要,把全民族的文化科学素质和精神境界提高到一个崭新的水平。

根据《决定》精神,各级各类学校在前几年调整、恢复和发展的基础上,加快了改革的步伐。一是全党全社会提高对教育的战略地位和教育体制改革重大意义的认识,积极发展教育事业,加强对教育的宏观管理与领导。从中央到地方,教育经费逐年增加。经全国人大常委会批准,确定每年9月10日为教师节。撤销教育部,成立国家教育委员会,教委的权限和工作范围均比教育部有所扩大。还进行了教师工资制度的改革。二是把发展基础教育的责任交给地方,有步骤地实行九年制义务教育。1986年6月,国家颁布了《义务教育法》,各地从实际出发,就不同的经济条件和教育基础,制订了普及义务教育规划,开始按地区、分阶段、有步骤地实施九年制义务教育。

1987年有1 240个县普及了初等教育,占全国总县数的60%。三是调整中等教育结构,大力发展职工技术教育。1987年中等职业技术学校学生已占高中阶段学生的40%。一个从初级到高级、行业配套、结构合理又能与普通教育相互沟通的职业技术教育体系正在逐步形成。四是调整高等教育的结构,改革招生计划和毕业生分配制度,扩大高等学校的办学自主权。专门人才培养规模迅速扩大,人才结构明显改善。1989年,全国普通高等学校由1979年的633所增加到1 079所,高等学校在校人数由1979年的102万人增加到208万人。各种形式的成人教育经过调整充实后有很大发展。教师队伍不断壮大,业务素质有所提高,教育方面的国际交流与合作迅速扩大,高校的校办产业迅速兴起。1989年与1978年相比,教师人数增加近一倍,已近40万人。

十一届三中全会以来,对科技体制的改革一直在进行着探索和试验。1984年5月,全国科技体制改革座谈会在北京召开。会议提出从技术的开发和应用、科研单位推广有偿合同制、基础科研单位实行基金制及继续兴办各种联合体三个方面入手,开创科研体制改革的新局面。同年7月,全国科技干部管理工作改革座谈会又着重研究了科技人才的流动问题,提出聘用制的五项措施。会议结束时,全国科学技术与人才开发交流中心在北京成立。

1985年3月,全国科技工作会议在北京举行,会议的中心议题是研究科技体制改革的重大问题。3月13日,中共中央作出《关于科学技术体制改革的决定》,把科技体制的改革作为关系中国现代化建设全局的一个重大问题提上了议事日程。科技体制改革的指导思想是更好地贯彻"经济建设必须依靠科学技术,科学技术必须面向经济建设"的战略方针。改革的根本目的是改革现行的管理体制,解决科技与经济脱节的问题,进一步调动科技人员的积极性,要造成这样一种环境:使大部分研究机构,特别是那些与技术开发密切相关的研究单位产生面向经济的内在活力,大部分研究人员能自动地面向经济建设,重视经济效益;社会将给予为振兴经济而做出贡献的单位和个人以更多的尊重和荣誉,科技人员的物质待遇也将和他们的贡献相联系。

科技体制改革的主要内容是:在运行机制方面,要改革拨款制度,开拓技术市场,克服单纯依靠行政手段管理科学技术工作,克服国家包得过多,统得过死的弊病,在对国家重点项目实行计划管理的同时,运用经济杠杆和市场调节,使科技机构具有自我发展的能力和自动为经济建设服务的活力。在组织机构方面,要改变过去的研究机构与企业相分离,研究、设计、教育、生产脱节,军民分割、部门分割、地区分割的状况,大力加强企业的技术吸收与开发能力和技术成果转化为生产能力的中间环节,促进研究机构、设计机构、高等学校、企业之间的协作和联合,并使各方面的科技力量形成合理的纵深配置。在人事制度方面,要克服"左"的影响,扭转对科技人员限制过多、人才不能合理流动、智力劳动得不到应有的尊重的局面,造成人才辈出、人尽其才的良好环境。

《决定》颁布之后,科技体制改革着重从改变拨款制度,开放技术市场,强化企业的技术吸收和改革科技人员的管理制度等方面进行,并取得明显成效。1986 年,全国县级以上政府部门所属研究机构全年经费收入 112.3 亿元,其中政府拨款 72.9 亿元,占 64.9%;事业收入 27.6 亿元,占 24.6%;其他收入 11.8 亿元,占 10.5%。科研机构的拨款制度逐步从单纯由政府拨款转向多渠道化。

科研单位体制改革经过试点并得到推广,1986 年底,全国已有 1 910 个独立研究与开发机构实行技术合同制,其中经济完全自立的 273 个,占 14.3%,减少事业费的 876 个,占 45.9%,事业费未减少的 761 个,占 39.8%。科技体制改革促进了研究单位与生产企业的结合,全国有一半独立研究与开发机构和企业建立了各种形式的比较密切的联系。

随着改革的深入发展,一批自由结合、自筹资金、自主经营、自负盈亏的民办集体、个体研究机构应运而生。据统计,1986 年底民办集体和个体科研机构达 818 个,人员达 3.5 万。

在开拓国内外技术市场方面,取得了可喜成果。1983 年全国技术交易额为 0.3 亿元,1984 年上升为 7 亿元,1985 年和 1986 年均达 20 多亿元,初步走上稳步发展的轨道。据有关部门统计,1979 年至 1986 年,共出口技术 60 项,金额 6 000 万元,1987 年上半年与各国签订的技术出口合同 24 项,金额 4 900 万元,打破长期以来技术只进不出的局面。科技队伍不断壮大。1986 年底全国县以上单位自然科学技术人员达 867.4 万人,比 1978 年底增加 410.5 万人,年平均增加 51.3 万人,为前 26 年平均增加 15.9 万人的 3.2 倍。高等院校和工业企业的科研力量大大加强,科技人员的素质有显著提高。改革开放以来,科技成果大量涌现。1979 年至 1986 年,全国共取得重大科学技术研究成果 53 768 项,有些重要技术如发射运载火箭,试验通讯卫星及微波测控系统等已接近世界先进水平或跨入世界先进行列。"七五"期间,在重大科技攻关项目中,有1 146项研究成果达到国际先进水平,867项填补了国内空白,846项达到国内先进水平。1990年,中国首次为外国客户发射"亚洲一号"通讯卫星,长征二号捆绑式运载火箭首次发射成功,突出表明中国航天科技的雄厚实力,为21世纪中国进入航天工业大国迈出了坚实的第一步。

教育和科技体制改革取得了一定的成就。进一步调动社会各方面力量集资办学,加快各类专门人才的培养,建立和完善国家统筹规划和宏观管理、面向社会自主办学的高等教育体制,在改革高校招生和毕业生就业制度等方面,开始有了重大的进展。进一步增强科技机构活力,发挥科技人员的积极性和创造性;推广应用科技成果,使科技与经济建设更加紧密地结合起来,更快地推动社会生产的发展。为科技和教育的发展注入了新的活力。

小　　结

本章所讲的主要问题,是中国人民如何在中国共产党领导下,克服"文化大革命"弊端、摆脱传统社会主义模式,以无畏的探索精神,去全面开拓中国特色的社会主义伟大事业。

从政治上,中国共产党人在对"文化大革命"深刻反思的基础上,对建国以来尤其是"文化大革命"的"左"倾指导思想及其实践进行了清理和总结,通过从十一届三中全会为起点的历史转折到"十三大"时形成了有中国特色的社会主义的理论并取得了改革开放的伟大成就。其中,十一届三中全会是从"后文革"轨道向改革开放轨道转变的起点,十一届六中全会通过的《中共中央关于建国以来党的若干历史问题的决议》则标志着"后文革"时期的结束、指导思想上拨乱反正任务的完成。从"十二大"开启了建设中国特色的社会主义道路到"十三大"社会主义初级阶段理论的形成,表明中国共产党对社会主义本质、社会主义历史发展阶段、社会主义发展动力等问题认识和探索的深入和自觉,是社会主义理论发展的一大突破。这一时期的法制建设、政治体制改革、国防和外交等领域取得了重大成就和重大发展。

从经济上,这一时期在经济调整的基础上进行的从农村到城市的经济体制改革,给中国的经济发展带来勃勃生机,把中国引向了市场经济的发展之路。这一改革,符合中国社会发展和经济发展的客观要求,符合中国社会生产力发展的客观要求,符合全国人民的长远根本利益,也是中国走向全面复兴的必由之路。

这一时期,从思想学术到文教科技上来看无疑是建国以来最为繁荣的时期之一。思想领域空前活跃,学术事业得到迅速恢复和发展,文教科技的发展也取得了非凡的业绩。

思考题:
1. 试析十一届三中全会和十一届六中全会的历史意义。
2. 试述社会主义初级阶段理论的内容和历史意义。
3. 试述政治体制改革的历史背景、内容和历史意义。
4. 试述经济体制改革的历史背景、过程、内容和历史意义。

第六章 中国特色社会主义全面建设时期

(1989年6月~)

内 容 提 要

20世纪80年代末90年代初,国内发生严重政治风波;国外东欧剧变、苏联解体,世界社会主义国家遭到严重挫折。在这个决定党和国家前途命运的重大历史关头,中国成功地稳住了改革和发展的大局,捍卫了中国特色社会主义伟大事业。1992年初,邓小平南方谈话以后,中国共产党第十四次全国代表大会确立了市场经济体制的改革目标,中国的改革开放和现代化建设进入新的阶段。中国共产党第十五次全国代表大会确立邓小平理论为党和国家的指导思想。中国共产党第十六次全国代表大会提出全面建设小康社会的奋斗目标。开展了讲学习、讲政治、讲正气的"三讲"教育,深入进行反腐败斗争。针对经济过热现象,国家采取宏观调控措施,使经济成功地实现了"软着陆";国有企业改革步伐加快,金融、财税、粮食流通体制等方面的改革进一步深入;实施了可持续发展、科教兴国、西部大开发战略。

第一节 确立社会主义市场经济改革目标

一、90年代面临的形势和任务

20世纪90年代初,世界"风波"迭起,社会主义面临生死存亡的严峻考验。共产主义运动在屡屡降临的挫折下,进入第二次世界大战结束以后从未有的低潮期。

1989年"六·四"事件后,以美国为首的西方国家对中国政府平息政治风波横加指责,并对中国采取了一系列制裁措施,如停止两国间的商务往来和军售,停止政府高级官员的接触,并阻止国际机构向中国贷款。6月下旬和7月中旬,美国国会参众两院先后通过谴责和制裁中国的修正案。7月召开的西方七国首脑会议,通过谴责和制裁中国的政治宣言,联合向中国施加压力。

此后不久,即从1989年下半年开始,国际局势发生了第二次世界大战后40年来最剧烈的变化。波兰、匈牙利、民主德国、保加利亚、捷克斯洛伐克、罗马尼亚等东欧6个社会主义国家政局剧变。向着否定共产党的领导、否定社会主义、否定马克思列宁主义的方向演变。一年之后,作为第一个社会主义国家的苏联,发生了与东欧6国性质相同的演变,而且国家解体。苏联东欧剧变,是自俄国十月革命以来社会主义遭受的最严重的挫折,它使世界社会主义事业转入了一个困难的低潮时期,对中国党和国家也构成了一定的冲击和压力。

东欧剧变,苏联解体,使西方国家受到鼓舞。他们预言社会主义已经彻底失败,希望中国也会出现这种结局。因此,除了继续施加压力外,着重于对中国推行和平演变战略和意识形态攻势,即通过政治、思想和文化渗透,煽动国内的不满情绪,制造混乱。通过美化西方资本主义制度和价值观念,在中国国内培植"西方化"的思想和基础。尤其着重于对青年一代的影响和对共产党内部的渗透。

国内的政治风波,东欧、苏联相继剧变,西方国家对中国实行的制裁措施和推行和平演变的攻势,向中国提出一个严峻的问题,即这一系列事件的发生,与80年代兴起的社会主义国家的改革潮流是什么关系,中共十一届三中全会以来确定的基本路线和发展战略还要不要坚持下去,中国的改革开放还要不要继续向前推进。

20世纪80年代与90年代之交的中国,在深化改革中遇到一系列问题,从而诱发人们产生了种种疑惑。同时,开始于1988年第四季度的3年治理整顿,虽然取得了明显的效果,但是,治理整顿并没有根本解决经济生活中的一些深层次问题,而且又出现了一些新问题。

(一)经济效益下滑。由于治理整顿期间实行财政金融"双紧"政策以及市场由过热到疲软,使企业的"虚假效益"消失。过剩的生产能力大量闲置,产品库存积压,流动资金紧缺,企业间相互拖欠的"三角债"激增,使企业陷入连环债务网而无法正常运营。全民所有制工商企业盈利水平大幅度下降,成本超支,费用增加,亏损上升。1990年与1988年相比,全民所有制工业企业实现利税总额下降15.3%,成本超支30.8%,企业亏损面由10.9%扩大到27.6%,亏损额增长3.3倍。国营商业实现利润下降94.6%,销售费用提高18.8%;亏损面由9.9%扩大到26.7%。为启动大中型企业,提高经济效益,从1991年9月起,在国务院生产办公室的直接领导和协调下,采取强硬措施,在全国范围内进行清理"三角债"的工作。行政性措施对于促使工业生产回升,减缓效益下降趋势起到一定作用。但是并没有明显改观。企业亏损甚至从1990年底的31%增加至1991年11月的34.8%,1991年比1990年同期亏损额上升10.8%。

(二)财政困难。治理整顿期间,国家财政收入稳步提高。但是由于紧缩财政支出措施没有落实,财政困难不仅没有减轻,反而更加严重,财政赤字居高不下。财政困难的背后有一个经济体制问题,靠现行的治理整顿措施是难以根本扭转的。

(三)结构不合理。过长的加工工业调整进展相当缓慢。资源利用率不高。如彩电、冰箱、洗衣机等19种主要加工产品生产能力利用率低,效益不好,大多数企业仅是"停产半停产",被动闲置生产能力,并没有进行优化组合。产业结构调整难以进行也源于经济体制不合理。缺乏灵活有效的调整机制,中央宏观调控能力弱化,社会保障制度未健全,使企业难以优胜劣汰,关、停、并、转,破产倒闭。

上述经济问题虽在某种程度上与治理整顿期间某些宏观政策调控力度不当有关,但是,从根本上说不是治理整顿带来的,也不是靠治理整顿这一非常措施所能解决的,这些问题的背后都有一个体制问题。经济生活在客观上要求必须加大改革力度,加快市场化改革步伐。

然而,1989年下半年以后,在如何深化改革上产生了种种疑惑。在稳定国内局势的同时,很自然地引起人们对于和平演变危险的警觉。在舆论宣传中,反对和平演变的调子很高。认为,中国国内有两项中心任务,一是经济建设,一是阶级斗争即反对和平演变,有的甚至提出反和平演变是当前的中心任务。

在这种背景下,中国共产党内也产生了担心改革开放会滑向资本主义的思想情绪。甚至认为和平演变的主要危险来自经济领域,把改革开放说成就是引进和发展资本主义。因而,对改革开放中许多重大问题提出疑问和诘难。例如:有人担心办经济特区,是搞资本主义,多一分外资,就多一分资本主义;"三资"企业多了,就是发展资本主义,引进外资就是引进资本主义。甚至认为资本主义国家率先采用的东西,必然是资本主义性质的东西。一句话,主张改革开放每一项措施的出台,都要问一问姓"社"还是姓"资"。

这种姓"社"姓"资"的疑惑,突出地反映在计划与市场问题上。"六·四"事件后,对于中共十三大关于建立"国家调节市场,市场引导企业"的新的经济运行机制的提法,有人提出了质疑,报刊上不再使用,在中共中央的正式文件中,也代之以"计划经济与市场调节相结合"的提法。

1989年底至1990年,在内部讨论中,形成了两种观点的激烈争论。一种观点认为当前的困难是由于放得太多,造成了盲目性,主张完善和加强计划。另一种观点认为近年遇到的困难不是市场取向的改革方向不对,而是行政体制下分权与改革目标不一致,以及在改革步骤上摇摆不定,导致双重体制下种种弊端,主张加快市场取向的改革。

理论认识上的分歧,必然要影响长期计划的制定。1990年12月,中共十三届七中全会召开前夕,邓小平谈话就十年规划和八五计划的指导思想问题,与中央领导人指出:理论上要搞懂,资本主义与社会主义的区分不是计划、市场这样的内容。"社会主义也有市场经济,资本主义也有计划控制。资本主义就没有控制,就那么自由?最惠国待遇也是控制嘛!不要以为搞点市场经济就是资本主义道路,没有那么回事。计划和市场都得要。不搞市场,连世界上的信息都不知道,是自甘落后。"① 随后,在1991年春节前夕,邓小平在上海又发表了一系列谈话。上海《解放日报》以皇甫平名义在3月2日、3月22日和4月22日发表了《改革开放要有新思路》等3篇评论文章。提出改革要深化,开放要扩大;"我们要防止陷入某种'新的僵滞'";要进一步解放思想。认为,"如果我们仍然囿于'姓社还是姓资'的诘难,那就只能坐失良机。"并指出,"计划和市场只是资源配置的两种手段和形式","这种科学认识的获得,正是我们在社会主义商品经济问题上又一次更大的思想解放。"3月至7月,一些省市的党、政负责人也纷纷发表讲话,写文章,谈论加大改革力度的问题。这不仅因为有邓小平的内部谈话,客观经济生活也使更多的人感到,改革既不能退缩,也不能维持现状,而必须加快。1991年9月中共中央关于进一步搞好国营大中型企业的决定,把转换企业经营机制,把企业推向市场作为深化改革的一个突破口,反映了加快市场取

---

① 邓小平文选.第3卷.北京:人民出版社,1993.364

向的改革的观点开始成为主流。

然而,上海皇甫平的文章在北京舆论界却引起强烈的反响。北京的一些有影响的报纸杂志从4月起到1991年底发表一系列文章进行批评。一是对于"进一步解放思想,防止思想僵滞"的提法提出强烈批评,认为现在不是解放思想不够,而是过了头。现在的问题不是思想僵化问题,而是到底改革是改到资本主义那里去,还是改到社会主义那里去的问题。二是姓"资"姓"社"问题。批评文章诘问道,"为什么不能问姓资姓社?""你不要问姓资姓社,且问你贵姓什么?"批评延续了半年多时间,直到1991年9月1日江泽民对第二天《人民日报》社论直接干预,指示一定要删去批判"不问姓资姓社"的段落,才停止了公开批判。内部的争论仍在进行①。

1989年至1991年的情况表明:一方面客观上要求加大改革的分量和步伐。另一方面在思想观念上还存在着一个很大的障碍。"左"的思想抬头,党的基本路线特别是改革开放的总方针受到某种程度的干扰和动摇。要深化改革,需要一次新的思想解放,需要大的胆量和气魄,提出崭新的理论,开拓新路。

二、邓小平南方谈话

自1988年至1991年底,中国经过三年来的治理整顿,工农业生产出现好的势头,对外开放继续扩大。尽管前进过程中还存在着一些不容忽视的问题,如经济结构调整缓慢,部分企业经济效益差,市场疲软等,但是,在动荡不安的国际环境下,中国政治稳定,社会稳定,人心稳定。种种迹象表明,中国改革开放又面临着一个新的考验、新的机遇。

在中国改革开放,进行社会主义现代化建设的关键时刻,邓小平于1992年1月18日至2月21日,先后视察武昌、深圳、珠海和上海等地。1月19日,邓小平到达深圳后,在广东省省委书记谢非和深圳市市委书记李灏、市长郑良玉的陪同下,先后视察参观了深圳火车站、国贸大厦、深圳先科激光电视有限公司等企业,并发表了重要谈话。1月23日在结束深圳之行后直到29日,邓小平又视察了珠海。他先后参观了珠海生化制药厂、亚洲仿真控制系统工程有限公司、江海电子股份有限公司等单位,并与广东省及珠海

---

① 林蕴晖.风雨兼程——新中国40年发展战略的演变.深圳:海天出版社,1993. 454

市领导人作了重要谈话。在这些谈话中,邓小平就坚定不移地贯彻执行党的"一个中心,两个基点"的基本路线,坚持走有中国特色的社会主义道路,特别是关于社会主义的本质、计划与市场,以及抓住有利时机,加快改革开放,集中精力把经济建设搞上去等一系列重大问题,作了极为重要的阐述。邓小平南方谈话主要有以下几方面的内容。

改革也是解放生产力。邓小平指出,推翻帝国主义、封建主义、官僚资本主义的反动统治,使中国人民的生产力获得解放,这是革命,所以革命是解放生产力。社会主义基本制度确立以后,还要从根本上改变束缚生产力发展的经济体制,建立起充满生机和活力的社会主义经济体制,促进生产力的发展,这是改革,所以改革也是解放生产力。过去,只讲在社会主义条件下发展生产力,没有讲还要通过改革解放生产力,不完全。应该把解放生产力和发展生产力两个讲全了。

基本路线要管一百年。邓小平指出,要坚持党的十一届三中全会以来的路线和方针、政策,关键是坚持"一个中心,两个基本点",不坚持社会主义,不改革开放,不发展经济,不改善人民生活,只能是死路一条。基本路线要管一百年,动摇不得。只有坚持这条路线,人民才会相信你,拥护你。谁要改变三中全会以来的路线、方针、政策,老百姓不答应,谁就会被打倒。邓小平还指出,城乡改革的基本政策,一定要长期保持稳定。当然,随着实践的发展,该完善的完善,该修补的修补。但总的要坚定不移。

社会主义的本质。邓小平指出,改革开放迈不开步子,不敢闯,说来说去就是怕资本主义的东西多了,走了资本主义道路,要害是"姓"的问题。判断的标准,应该主要看是否有利于发展社会主义社会的生产力,是否有利于增强社会主义国家的综合国力,是否有利于提高人民的生活水平。邓小平说,特区姓"社"不姓"资"。对于搞"三资"企业问题,邓小平指出,只要我们头脑清醒,就不怕。我们有优势,有国营大中型企事业,有乡镇企业,更重要的是政权在我们手里。"三资"企业受到中国整个政治、经济条件的制约,是社会主义经济的有益补充,归根到底是有利于社会主义的。关于市场经济和计划经济问题,邓小平指出,计划多一点还是市场多一点,不是社会主义与资本主义的本质区别。计划经济不等于社会主义,资本主义也有计划;市场经济不等于资本主义,社会主义也有市场。计划和市场都是经济手段。关于社会主义的本质问题,邓小平指出,社会主义的本质,是解放生产力,发展生产力,消灭剥削,消除两极分化,最终达到共同富裕。关于人们对改革开放有不同意见的问题,邓小平指出,这是正常的。他说,我们的政策是允许看。允许看,比强制好得多。我们推行三中全会以来的路线、方针、政策,不搞强迫,不搞运动,愿意干就干,干多少是多少,这样慢慢就跟上来了。不搞争论,是我的一个发明。不争论,是为了争取时间干。不争论,大胆地试,大胆地闯。他说,总之,社会主义要赢得与资本主义相比较的优势,就必须大胆吸收和借鉴人类社会创造的一切文明成果,吸收和借鉴当今世界各国包括资本主义发达国家的一切反映现代社会化生产规律的先进经营方式、管理方式。

反"左"反右。邓小平指出,现在右的东西影响我们,但根深蒂固的还是"左"的东西。右可以葬送社会主义,"左"也可以葬送社会主义。中国要警惕右,但主要是防止"左"。右的东西有,动乱就是右的!"左"常带有革命色彩,好像越"左"越革命。有些理论家、政治家,拿大帽子吓唬人的,不是右,而是"左"。"左"的东西也有。把改革开放说成是引进和发展资本主义,认为和平演变的主要危险来自经济领域,这些就是"左"。为警惕右,防止"左",邓小平提出要反对形式主义。学马列要精,要管用的。马克思主义是很朴实的东西,很朴实的道理。我们改革开放的成功,不是靠本本,而是靠实践,靠实事求是。

发展是硬道理。邓小平指出,抓住时机,发展自己,关键是发展经济。现在,周边一些国家和地区经济发展比我们快,如果我们不发展或发展得太慢,老百姓一比较就有问题。要抓住机会,现在就是好机会。中国的经济发展,总要力争隔几年上一个台阶。当然,不是鼓励不切实际的高速度,还是要扎扎实实,讲求效益,稳定协调地发展。邓小平说,看起来我们的发展,总是要在某一个阶段,抓住时机,加速搞几年,发现问题及时加以治理,尔后继续前进。对于我们这样发展中的大国来说,经济要发展得快一点,不可能总是那么平平静静、稳稳当当。要注意经济稳定、协调地发展,但稳定和协调也是相对的,不是绝对的。发展才是硬道理。如果分析不当,造成误解,就会变得谨小慎微,不敢解放思想,不敢放开手脚,结果丧失时机,犹如逆水行舟,不进则退。现在,中国国内条件具备,国际环境有利,再加上发挥社会主义制度能够集中力量办大事的优势,在今后的现代化建设进程中,出现若干个发展速度比较快、效益比较好的阶段,是必要的,也是能够办到的。

两手抓和加强党的建设。邓小平指出,要坚持两手抓,一手抓改革开放,一手抓打击各种犯罪活动。这两只手都要硬。在整个改革开放过程中都要反对腐败。对于干部和共产党员来说,廉政建设要作为大事来抓。还是要靠法制,搞法制靠得住些。坚持两手抓,社会主义精神文明建设就可以搞上去。

关于坚持四项基本原则和反对资产阶级自由化问题。邓小平指出,在整个改革开放的过程中,必须始终注意坚持四项基本原则。他说,十二届六中全会我提出反对资产阶级自由化还要搞20年,现在看起来还不止20年。资产阶级自由化泛滥,后果严重。在苗头出现时不注意,就会出事。他指出,历史经验证明,刚刚掌握政权的新兴阶级,一般来说,总是弱于敌对阶级的力量,因此要用专政的手段来巩固政权。巩固和发展社会主义制度,还需要一个很长的历史阶段,需要我们几代人、十几代人,甚至几十代人坚持不懈地努力奋斗,决不能掉以轻心。

关于培养接班人的问题。邓小平指出,帝国主义搞和平演变,把希望寄托在我们以后的几代人身上。所以,要把我们的军队教育好,把我们的专政机构教育好,把共产党教育好,把人民和青年教育好。中国要出问题,还是出在共产党内部。对这个问题要清醒,要注意培养人,要按照"革命化、年轻化、专业化"的标准选拔德才兼备的人进班子。

邓小平还指出,社会主义经历一个长过程发展后必然代替资本主义。这是社会历史发展不可逆转的总趋势,但道路是曲折的。他说,目前一些国家出现严重曲折,社会主义好像被削弱了,但人民经受锻炼,从中吸取教训,将促使社会主义向着更加健康的方向发展。

以邓小平视察南方谈话为契机,全国改革大潮再一次涌起。1992年3月9日至10日,中共中央政治局在北京召开全体会议,江泽民总书记主持了会议。会议讨论了中国改革和发展的若干重大问题,决定把邓小平视察南方谈话的精神贯彻到各项工作中去,推进改革开放和社会主义现代化建设事业。会议强调,要牢牢把握党的基本路线一百年不动摇,加快改革开放的步伐,集中力量把经济建设搞上去,沿着有中国特色的社会主义道路继续前进。3月30日,新华社和各地报纸纷纷转发、转载《深圳特区报》关于邓小平在深圳视察的长篇通讯《东方风来满眼春》,极大地鼓舞了全国人民的改革热情。6月9日,江泽民在中央党校就如何领会和全面落实邓小平视察南方谈话精神发表重要讲话。

邓小平视察南方谈话和3月政治局全体会议精神传达后,全国各省、市、自治区陆续重新审视自己,以更大的气魄调整经济发展战略,外商和台商又掀起赴华投资热。以此为标志,中国改革开放和现代化建设事业又进入一个新的阶段。

三、中国共产党第十四次全国代表大会

1992年9月17日,中共中央政治局召开全体会议,通过十三届中央委员会准备向十四大报告的报告稿,建议中共十四大于10月12日在北京召开。1992年10月5日至9日,中共中央在北京召开了第十三届中央委员会第九次全体会议。全会决定1992年10月12日在北京召开中国共产党第十四次全国代表大会。

1992年10月12日至18日,中国共产党第十四次全国代表大会在北京人民大会堂隆重举行。大会的任务是:以邓小平建设有中国特色的社会主义理论为指导,认真总结十一届三中全会以来14年实践经验,确定今后一个时期的战略部署,动员全党和全国各族人民,进一步解放思想,把握有利时机,加快改革开放和现代化建设步伐,夺取有中国特色社会主义事业的更大胜利。江泽民代表十三届中央委员会作了题为《加快改革开放和现代化建设步伐,夺取有中国特色社会主义事业的更大胜利》的报告。这个报告分四部分:14年伟大实践的基本总结;90年代改革和建设的主要任务;国际形势和我们的对外政策;加强党的建设和改善党的领导。报告指出,14年来,中国共产党从事的事业,就是坚持党的基本路线,通过改革开放,解放和发展生产力,建设有中国特色的社会主义。就其引起的社会变革的广度和深度来说,是开始了一场新的革命。报告全面阐述了建设有中国特色的社会主义理论的主要内容,高度赞扬了中国社会主义改革开放和现代化建设的总设计师邓小平对建设有中国特色社会主义理论的创立做出的历史性的重大贡献。报告强调,14年伟大实践的经验,集中到一点,就是要毫不动摇地坚持以建设有中国特色社会主义理论为指导的党的基本路线。这是我们事业能够经受风雨考验,顺利达到目标最可靠的保证。报告提出,中国要在90年代把有中国特色社会主义的伟大事业推向前进,最根本的是坚持党的基本路线,加快改革开放,集中精力把经济建设搞上去。根据国内外形势和初步推算,90年代中国经济的发展速度增长百分之八到九是可能的,我们应该向这个目标前进。在谈到中国经济体制改革确定什么样的目标模式时,报告提出,中国经济体制改革的目标,是建立社会主义市场经济体制,以利于进一步解放和发展生产力。关于国际形势和对外政策,报告指出,目前两

极格局已经终结,世界正朝着多极化方向发展,和平与发展仍是当今世界两大主题。中国始终不渝地奉行独立自主的和平外交政策。中国永远不称霸,同时反对任何形式的霸权主义、强权政治和侵略扩张行为。中国愿意在和平共处五项原则的基础上,同所有国家发展友好合作关系,在国际交往中,中国绝不把自己的社会制度和意识形态强加于人,同样也绝不允许别的国家将其社会制度和意识形态强加于中国。中国主张在和平共处五项原则的基础上,建立和平、稳定、公正、合理的国际新秩序。报告还着重阐述了加强党的建设和改善党的领导的问题。报告强调指出,中国共产党的基本路线要毫不动摇地长期坚持下去,社会主义的改革开放和现代化建设要搞得更快,国家要长治久安和繁荣富强,关键在中国共产党,在于用邓小平建设有中国特色的社会主义理论武装全党。报告指出,党要加强领导班子建设,培养好社会主义事业接班人;党要密切同群众的联系,坚决克服消极腐败现象。要加强基层组织建设,坚持和健全民主集中制,维护党的团结和统一。报告高度评价了中央顾问委员会十年来的历史性功绩。指出,中央顾问委员会向十四大建议,从十四大起不再设立中央顾问委员会。

大会经过几天热烈认真讨论,通过了关于十三届中央委员会报告的决议、关于中央顾问委员会工作报告的决议、关于中央纪律检查委员会工作报告的决议以及关于《中国共产党章程(修正案)》的决议。大会对十三届中央委员会和中央纪律检查委员会的工作表示满意,大会同意关于不再设立中央顾问委员会的建议,并向中央顾问委员会和老同志们表示衷心的感谢和崇高敬意。大会选举出189位第十四届中央委员会委员,130位中央委员会候补委员,选举中央纪律检查委员会委员108人。

10月19日,中国共产党十四届一中全会选举了中央领导机构。选举丁关根、田纪云、朱镕基、乔石、刘华清、江泽民、李鹏、李岚清、李铁映、李瑞环、杨白冰、吴邦国、邹家华、陈希同、胡锦涛、姜春云、钱其琛、尉健行、谢非、谭绍文为中央政治局委员;选举温家宝、王汉斌为中央政治局候补委员;选举江泽民、李鹏、乔石、李瑞环、朱镕基、刘华清、胡锦涛为中央政治局常务委员会委员;选举江泽民为中央委员会总书记。10月19日下午,邓小平同新当选的党中央领导亲切会见出席十四大的全体代表。

中共十四大,是在中国社会主义事业发展的关键时刻举行的,是一次肩负重大历史使命、承前启后、继往开来的大会。党的十四大总结十一届三中全会14年来的经验,对建设有中国特色的社会主义理论作了科学的概括,明确提出了把建立社会主义市场经济作为经济体制改革的目标,这对进一步深化改革,解放生产力,发展生产力,具有重大而深远的意义。

四、第八届全国人民代表大会第一次会议

1993年3月14日,第八届全国人民代表大会第一次会议预备会议通过八届全国人大一次会议议程:听取和审议政府工作报告;听取和审议1992年国民经济和社会发展计划执行情况与1993年国民经济和社会发展计划;听取和审议1992年国家预算执行情况和1993年国家预算;审议《中华人民共和国宪法修正案(草案)》;审议《中华人民共和国澳门特别行政区基本法(草案)》;听取和审议全国人民代表大会常务委员会的工作报告;听取和审议最高人民法院的工作报告、最高人民检察院的工作报告。选举第八届全国人民代表大会常务委员会委员长、副委员长、秘书长、委员,选举中华人民共和国主席、副主席,决定国务院总理的人选和国务院副总理、国务委员、各部部长、各委员会主任、审计长、秘书长的人选。选举中央军事委员会主席,决定中央军事委员会副主席、委员的人选。选举最高人民法院院长、最高人民检察院检察长,通过第八届全国人民代表大会各专门委员会主任委员、副主任委员、委员的人选。

3月15日至31日举行的八届全国人大一次会议,在全体代表的共同努力下,完成了各项预定的任务,取得了圆满成功。这次会议充分发扬民主,严格依法办事,大家畅所欲言,共商国是,是一次民主、团结、求实、奋进的盛会。代表们从全国各族人民的根本利益出发,以高度的主人翁责任感,认真履行宪法和法律赋予的职责,使会议通过的各项决议和决定,充分表达了全国各族人民的意志。会议审议批准的李鹏总理所作的《政府工作报告》,明确提出了今后五年中国改革和建设的任务。完成这些任务将使中国的国民经济迈上一个新的台阶。会议审议通过了宪法修正案,这是一件具有深远意义的大事。修改后的宪法在建设有中国特色社会主义的伟大事业中发挥了巨大的作用。会议审议通过了澳门特别行政区基本法,基本法符合全国各族人民包括澳门同胞的根本利益。它与香港特别行政区基本法一样,载入中国的史册。会议审议通过的全国人大关于授权全国人大常委会设立香港特别行政区筹备委员会的准备工作机构的决定,有利于保证1997年香港政权的平稳过渡和中国恢复对香港行使主权。全体代表经过充分酝酿,反复协商,依法选举和决定了新的一届中央国家机构领导人员,为承前启后,继往开来,加快改革开放和现代化建设的步伐,提供了组织保证。大会选举江泽民为国家主席,荣毅仁为国家副主席,乔石担任八届全国人大常委会委员长,并选出了副委员长、秘书长和委员。

会议认为,八届全国人大及其常委会在五年任期内,坚持以建设有中国特色社会主义的理论和党的基本路线为指导,认真行使宪法赋予的职权,把保证和促进改革开放作为首要职责,把加强社会主义民主和法制建设作为根本任务,在保障改革开放和社会主义现代化建设的顺利进行方面发挥了重要作用。

八届全国人大任期的五年,是中国建立社会主义市场经济体制、实现现代化建设第二步发展目标的关键时期。八届全国人大在前几届人大工作的基础上,继续坚持以建设有中国特色社会主义的理论和党的基本路线为指导,围绕经济建设这个中心,全面履行宪法、法律赋予的职责,推进社会主义民主政治建设,巩固和发展安定团结的政治局面,保证和促进改革开放和社会主义现代化建设的顺利进行,动员全国各族人民为提前实现翻两番的战略目标,并为贯彻"和平统一、一国两制"的基本国策,积极推进祖国统一大业,做出新的更大的贡献。

加强社会主义民主和法制建设,是中国实现四个现代化的重要保证。没有民主和法制就没有社会主义,就没有社会主义现代化。人民代表大会制度是人民当家作主的最好组织形式。八届全国人大继续把加强社会主义民主和法制建设作为根本任务,努力使社会主义民主和法制建设有一个较大的发展。

五、民主党派的活动

1990年2月,中共中央发表了《坚持和完善中国共产党领导的多党合作和政治协商制度的意见》。这个文件进一步明确了中国共产党领导的多党合作和政治协商制度是我国一项基本政治制度,明确了民主党派在我国国家政权中的参政党地位,阐明了在社会主义政党体制中,中国共产党与各民主党派的关系及各民主党派的性质、地位和任务。1992年,中国共产党第十四次全国代表大会把完善共产党领导的多党合作和政治协商制度,作为建设中国特色的社会主义理论的主要内容之一和政治体制改革的重要内容。1993年,全国人民代表大会八届一次会议通过的《宪法》修正案,将"中国共产党领导的多党合作和政治协商制度将长期存在和发展"载入宪法,上升为国家意志。这些规定标志着我国的社会主义政党制度正逐步走上制度化、规范化。

中共十四大召开后,1992年11~12月各民主党派相继在北京召开了各自的全国代表大会,认真总结了改革开放以来的工作,提出了今后的工作计划,修改了各自的章程,选出了新一届中央领导机构。各民主党派根据中共中央《意见》精神,明确提出了各自作为参政党的职责和任务,表示要坚定地接受中国共产党的领导,要加强民主党派的自身建设和充分发挥参政党的作用,作为参政党,紧紧围绕经济建设这个中心,发挥各自的优势,为建设中国特色的社会主义服务。

为了在实践中贯彻中国共产党领导的多党合作和政治协商的政治制度,中共中央和国务院经常就一些重大问题和决策向各民主党派通报情况,听取意见,共商国是。据有关部门统计,自十一届三中全会至1995年,由中共中央和国务院领导同志或委托有关部门主持召开的协商会、座谈会、情况通报会就达150余次,其中十三届四中全会以来82次[1],协商次数超过历史上任何一个时期。1992年,中共中央决定邀请民主党派负责人参加重要外事、内事活动,为多党合作增添了新内容。据统计,到1997年底,民主党派中央负责人参加党和国家领导人会见外宾活动约150次。1997年6月30日,各民主党派中央主要负责人和无党派人士代表作为中国政府代表团成员陪同国家主席江泽民出席了中国政府对香港恢复行使主权的政权交接仪式。

1990年以来,各民主党派充分发挥参政议政作用,为国家建设献计献策。据1992年3月新华社报道,各民主党派仅1991年就提出重大建议122项。1993年,应中共中央统战部邀请,各民主党派中央、全国工商联领导人和无党派人士组成考察团,先后考察了三峡工程和"京九"铁路等重大工程,并向中央提出了一些很好的建议。中共中央非常重视民主党派的建议和意见,截至1995年就采纳民主党派书面意见、建议80多项,其中1994年就采纳28项,内容涉及国家大政方针、改革开放、两个文明建设、地区经济发展等。[2] 各民主党派还充分发挥人才智力优势,在两个文明建设中成效显著。到1997年底,各民主党派中央和地方组织共成立咨询服务机构近2 000个,

---

[1] 人民日报,1995-02-25
[2] 人民日报,1995-02-26

向社会各部门提供咨询服务项目达32 000多项;发挥海外广泛联系的优势,协助引进资金人民币9.4亿元,美元8.2亿元,港币7.8亿元;发挥智力优势,积极开展社会办学,共开办各类学校、培训班、进修班65 000多个,培训总人数达165万人次;同时派出专家学者和技术人员3.5万多人次到老少边穷地区,完成智力支边和开发扶贫项目2.6万多项。①

1990年以来,各民主党派在参加国家政权、参与国家事务管理方面有了新发展,民主监督作用进一步发挥。据统计,八届人大一次会议2 978名代表中非党人士835人,其中民主党派、无党派人士572人,占全体代表的19.21%,领导机构中,有9人担任副委员长,49人担任常委。② 截至1998年,民主党派和无党派人士有2人担任最高人民法院副院长和最高人民检察院副检察长,12人担任国务院部委领导职务,10人担任国务院直属局和归口局的领导职务,24人担任省级领导职务,181人担任省直厅局领导职务,1 653人担任县(市、区)级领导职务。

1990年以来,各民主党派在促进祖国统一方面也做出了很大贡献。1992年9月全国政协七届常委会就美国政府向台湾出售F-16战斗机一事发表严正声明,代表政协的各民主党派、各人民团体、无党派爱国人士和各族各界人士表示极大的愤慨和强烈的谴责。各民主党派领导人纷纷发表谈话,支持中央政府的立场。近几年来,各民主党派不断组织学术以及文化代表团到台湾进行学术交流,通过邀请台湾的学者访问大陆,加深两岸的民间交流。1995年,各民主党派认真学习江泽民《为促进祖国统一大业的完成而继续奋斗》的文章,拥护江泽民提出的对台八点主张。各民主党派领导人还纷纷发表文章,批判"台独"分子的倒行逆施。

1997年10～12月,各民主党派相继在北京召开了各自的全国代表大会,完成了跨世纪的新老交替战略任务,老一辈的民主党派人士费孝通、孙起孟、雷洁琼、卢嘉锡、董寅初、蔡子民等从领导岗位上退下,何鲁丽、丁石孙、成思危、许嘉璐、蒋正华、罗豪才、吴阶平、张克辉分别被选为民革、民盟、民建、民进、农工民党、致公党、九三学社和台盟中央新一届主要负责人。在实现历史性新老交替之际,各民主党派站在时代和历史的高度,全面总结了与中共长期合作的基本经验,确定了今后的工作任务,为保证民主党派在

---

① 孙晓华.中国民主党派史.沈阳:辽宁人民出版社,1999.18
② 人民日报,1995-02-28

新老交替的基础上进一步搞好政治交接,为民主党派跨世纪的发展,奠定了坚实的基础。

第二节 确立邓小平理论为全党指导思想

一、邓小平逝世

1997年2月19日,邓小平因病在北京逝世,享年93岁。当天,中国共产党中央委员会、中华人民共和国全国人民代表大会常务委员会、国务院、中国人民政治协商会议全国委员会、中央军事委员会发布《告全党全军全国各族人民书》,公布了邓小平逝世的消息。《告全党全军全国各族人民书》称邓小平是"我党我军我国各族人民公认的享有崇高威望的卓越领导人,伟大的马克思主义者,伟大的无产阶级革命家、政治家、军事家、外交家,久经考验的共产主义战士,我国社会主义改革开放和现代化建设的总设计师,建设中国特色社会主义理论的创立者。"①邓小平是中国共产党早期的党员和活动家,为新中国的建立作出了卓越贡献。新中国成立后,一直担任地方和中央领导职务。"文化大革命"中受到错误批判和打击。"文化大革命"后领导全党完成了拨乱反正的伟大历史任务。中共十一届三中全会后,他成为中国共产党第二代中央领导集体的核心,领导全国人民开辟了建设中国特色社会主义的新道路。他的革命意志,伟大人格,智慧胆略以及在中国革命和建设,尤其在改革开放和建设社会主义现代化事业中的丰功伟绩,已经并将永远得到世人的景仰和缅怀。邓小平的逝世,是中国共产党和中国人民的重大损失。

2月24日,邓小平的遗体在北京火化。2月25日,邓小平追悼会在人民大会堂隆重举行。江泽民在悼词中高度评价了邓小平辉煌的一生。江泽民说:邓小平70多年波澜壮阔的革命生涯,是同中国共产党的创建和发展,中国人民军队的创建和发展,中华人民共和国的创建和发展,紧密联系在一起的。如果没有邓小平,中国人民就不可能有今天的新生活,中国就不可能

---

① 中国共产党中央委员会、中华人民共和国全国人民代表大会常务委员会、国务院、中国人民政治协商会议全国委员会、中央军事委员会.告全党全军全国各族人民书.人民日报,1997-02-20

有今天改革开放的新局面和社会主义现代化的光明前景。江泽民说:党的十一届三中全会,在邓小平的领导下,重新确立解放思想、实事求是的思想路线,确定把党和国家工作的中心转移到经济建设上来,作出实行改革开放的决策,随后又旗帜鲜明地强调坚持四项基本原则。党的"一个中心、两个基本点"的基本路线开始形成。在中国共产党历史上,党领导中国人民进行了一场把半殖民地半封建的旧中国变成社会主义新中国的伟大革命,十一届三中全会以来又领导人民开始了一场新的革命,要把中国由不发达的社会主义国家变成富强、民主、文明的社会主义现代化国家。在这两次伟大革命的进程中,实现了马克思主义同中国实际相结合的两次历史性飞跃,形成了两大理论成果,这就是毛泽东思想和邓小平建设中国特色社会主义理论。两次伟大革命,两次历史性飞跃,造就了两个伟大人物,这就是毛泽东和作为毛泽东的战友、事业继承者的邓小平。

江泽民说,邓小平留给我们的最宝贵的财富,就是他创立的建设中国特色社会主义理论和在这个理论指导下制订的党在社会主义初级阶段的基本路线。邓小平建设中国特色社会主义理论,是在和平与发展成为时代主题的历史条件下,在中国改革开放和社会主义现代化建设的实践过程中,在总结中国社会主义胜利和挫折的历史经验并借鉴其他社会主义国家兴衰成败历史经验的基础上,逐步形成和发展起来的。从世界范围来说,无产阶级领导人民取得政权以后如何建设社会主义,是一个需要很好总结和探索的重大历史性课题。社会主义在中国的新局面和新成就,使我们从历史的比较和国际的观察中认识到,邓小平建设有中国特色社会主义理论是正确的。这个理论,科学地把握社会主义的本质,第一次比较系统地初步回答了中国这样的经济文化比较落后的国家如何建设社会主义、如何巩固和发展社会主义的一系列基本问题。它是马克思列宁主义基本原理与当代中国实际和时代特征相结合的产物,是毛泽东思想的继承和发展,是当代中国的马克思主义。它是全党全国人民集体智慧的结晶,是中国共产党的指导思想和中华民族的精神支柱。

联合国秘书长安南于2月19日发表声明,对中国卓越领导人邓小平的逝世深表悲痛,对其家属、中国政府和人民表示最深切的慰问。声明说:邓小平在中国最令人振奋的一段历史中,打下了自己永不磨灭的烙印,他将毕生的精力贡献给自己的祖国,不仅他的国家将永远铭记这位中国现代化和经济腾飞的设计师,而且国际社会将缅怀他的伟大业绩。在他的卓越领导下,中国进行的大幅度改革,使人民的生活发生了难以想像的变化,这一成就无疑是他留给后人的最伟大遗产。联大主席、马来西亚常驻联合国代表拉扎利也发表了声明。他在声明中指出,邓小平一生对中国做出了巨大的贡献,牢固确立了中国在世界上的大国地位。中国人民从他的英明领导中受益,整个世界也从他追求和平与发展的努力中获益。为表达全世界人民对邓小平的崇敬和悼念,联合国总部决定于2月20日全天降半旗志哀。联合国发言人办公室同时宣布,在近期召开的联合国大会和联合国安理会会议上,与会者将以默哀一分钟的形式悼念中国改革开放的总设计师邓小平。

邓小平的业绩、思想、风范将永载史册。在党中央的坚强领导下,全党全军全国各族人民继承邓小平的遗志,坚定不移,满怀信心,把邓小平开创的建设中国特色社会主义的伟大事业推向前进,把中国建设成为富强、民主、文明的社会主义现代化国家。

二、中共十五大与确立邓小平理论为全党指导思想

1997年9月12日至18日,中国共产党第十五次全国代表大会在北京举行。与会代表2 048人,代表全国5 800多万党员。党外人士的代表和有关方面负责人列席了开幕式。

江泽民代表十四届中央委员会向大会作了题为《高举邓小平理论伟大旗帜,把建设有中国特色社会主义事业全面推向21世纪》的报告。江泽民的报告分10个部分:世纪之交的回顾和展望;过去五年的工作;邓小平理论的历史地位和指导意义;社会主义初级阶段的基本路线和纲领;经济体制改革和经济发展战略;政治体制改革和民主法制建设;有中国特色社会主义的文化建设;推进祖国和平统一;国际形势和对外政策;面向新世纪的中国共产党。9月14日,会议分别通过了关于中共十四届中央委员会报告的决议(草案)、关于中央纪律检查委员会工作报告的决议(草案)、关于《中国共产党章程修正案》的决议(草案)。9月18日,大会以无记名投票的方式,选举出由193名委员、151名候补委员组成的十五届中央委员会。选举出中央纪律检查委员会委员115名。大会一致赞同把邓小平理论确立为全党的指导思想,明确写进党章。

9月19日,中国共产党第十五届中央委员会第一次全体会议在北京举行,出席会议的中央委员191人,候补委员151人。江泽民主持会议并作了重要讲话。全会选举了中央政治局委员、候补委员,中央政治局常务委员

会,中央委员会总书记;根据中央政治局常务委员会的提名,通过了中央书记处成员;决定了中央军事委员会组成人员;批准了中央纪律检查委员会第一次全体会议选举产生的书记、副书记和常务委员会人选。中央政治局委员22人:丁关根、田纪云、朱镕基、江泽民、李鹏、李长春、李岚清、李铁映、李瑞环、吴邦国、吴官正、迟浩田、张万年、罗干、胡锦涛、姜春云、贾庆林、钱其琛、黄菊、尉健行、温家宝、谢非。中央政治局候补委员2人:曾庆红、吴仪(女)。中央政治局常务委员会委员7人:江泽民、李鹏、朱镕基、李瑞环、胡锦涛、尉健行、李岚清。中央委员会总书记:江泽民。中央书记处书记:胡锦涛、尉健行、丁关根、张万年、罗干、温家宝、曾庆红。中央军事委员会主席江泽民,副主席张万年、迟浩田。中央纪律检查委员会书记:尉健行。

十五大报告及会议的主要内容是:

(一)首次提出和使用邓小平理论这一科学概念并将其确定为党的指导思想。十五大的主题是:高举邓小平理论伟大旗帜,把建设有中国特色社会主义事业全面推向21世纪。旗帜问题至关紧要。旗帜就是方向,旗帜就是形象。坚持十一届三中全会以来的路线不动摇,就是高举邓小平理论的旗帜不动摇。

中国共产党是非常重视理论指导的党。中国人民找到了马克思列宁主义,中国革命的面貌为之一新。马克思列宁主义同中国实际相结合有两次历史性飞跃,产生了两大理论成果。第一次飞跃的理论成果是被实践证明了的关于中国革命和建设的正确的理论原则和经验总结,它的主要创立者是毛泽东,我们党把它称为毛泽东思想。第二次飞跃的理论成果是建设中国特色社会主义理论,它的主要创立者是邓小平,我们党把它称为邓小平理论。这两大理论成果都是党和人民实践经验和集体智慧的结晶。

党从诞生之日起,就把马克思列宁主义确立为自己的指导思想。经过遵义会议和延安整风,党的七大又把马克思列宁主义的理论与中国革命实践之统一的思想——毛泽东思想,确立为党的指导思想。这是总结建党24年经验作出的历史性决策。在十一届三中全会和十二大、十三大,特别是十四大的基础上,中央建议十五大在党章中把邓小平理论确立为党的指导思想,明确规定:中国共产党以马克思列宁主义、毛泽东思想、邓小平理论作为自己的行动指南。这是中国共产党党经过近20年改革开放和社会主义现代化建设的成功实践作出的历史性决策。作出这个决策,表明中央领导集体和全党把邓小平开创的建设中国特色社会主义事业全面推向新世纪的决心和信念,也反映了全国人民的共识和心愿。

　　实践证明,作为毛泽东思想的继承和发展的邓小平理论,是指导中国人民在改革开放中胜利实现社会主义现代化的正确理论。在当代中国,只有把马克思主义同当代中国实践和时代特征结合起来的邓小平理论,而没有别的理论能够解决社会主义的前途和命运问题。邓小平理论是当代中国的马克思主义,是马克思主义在中国发展的新阶段。第一,邓小平理论坚持解放思想、实事求是,在新的实践基础上继承前人又突破陈规,开拓了马克思主义的新境界。实事求是是马克思列宁主义的精髓,是毛泽东思想的精髓,也是邓小平理论的精髓。第二,邓小平理论坚持科学社会主义理论和实践的基本成果,抓住"什么是社会主义、怎样建设社会主义"这个根本问题,深刻地揭示社会主义的本质,把对社会主义的认识提高到新的科学水平。第三,邓小平理论坚持用马克思主义的宽广眼界观察世界,对当今时代特征和总体国际形势,对世界上其他社会主义国家的成败,发展中国家谋求发展的得失,发达国家发展的态势和矛盾,进行正确分析,作出了新的科学判断。第四,总起来说,邓小平理论形成了新的建设中国特色社会主义理论的科学体系。它是在和平与发展成为时代主题的历史条件下,在中国改革开放和现代化建设的实践中,在总结中国社会主义胜利和挫折的历史经验并借鉴其他社会主义国家兴衰成败历史经验的基础上,逐步形成和发展起来的。它第一次比较系统地初步回答了中国社会主义的发展道路、发展阶段、根本任务、发展动力、外部条件、政治保证、战略步骤、党的领导和依靠力量以及祖国统一等一系列基本问题,指导中国共产党制定了在社会主义初级阶段的基本路线。它是贯通哲学、政治经济学、科学社会主义等领域,涵盖经济、政治、科技、教育、文化、民族、军事、外交、统一战线、党的建设等方面比较完备的科学体系,又是需要从各方面进一步丰富发展的科学体系。

　　在当代中国,马克思列宁主义、毛泽东思想、邓小平理论,是一脉相承的统一的科学体系。坚持邓小平理论,就是真正坚持马克思列宁主义、毛泽东思想;高举邓小平理论的旗帜,就是真正高举马克思列宁主义、毛泽东思想的旗帜。

　　(二)系统阐述了中国共产党在社会主义初级阶段的基本路线和基本纲领。这次大会进一步强调这个问题,是因为:面对改革攻坚和开创新局面的艰巨任务,要解决种种矛盾,澄清种种疑惑,认识为什么必须实行现在这样的路线和政策而不能实行别样的路线和政策,关键还在于对所处社会主义初级阶段的基本国情要有统一认识和准确把握。

社会主义是共产主义的初级阶段,而中国又处在社会主义的初级阶段,就是不发达的阶段。在中国这样的东方大国,经过新民主主义走上社会主义道路,这是伟大的胜利。但是,中国进入社会主义的时候,就生产力发展水平来说,还远远落后于发达国家。这就决定了必须在社会主义条件下经历一个相当长的初级阶段,去实现工业化和经济的社会化、市场化、现代化。这是不可逾越的历史阶段。

在党的纲领中明确提出社会主义初级阶段的科学概念,这在马克思主义历史上是第一次。邓小平在谈到建设初级阶段的社会主义时特别强调:在中国,真要建设社会主义,那就只能一切从社会主义初级阶段的实际出发,而不能从主观愿望出发,不能从这样那样的外国模式出发,不能从对马克思主义著作中个别论断的教条式理解和附加到马克思主义名下的某些错误论点出发。

社会主义初级阶段,是逐步摆脱不发达状态,基本实现社会主义现代化的历史阶段;是由农业人口占很大比重、主要依靠手工劳动的农业国,逐步转变为非农业人口占多数、包含现代农业和现代服务业的工业化国家的历史阶段;是由自然经济半自然经济占很大比重,逐步转变为经济市场化程度较高的历史阶段;是由文盲半文盲人口占很大比重、科技教育文化落后,逐步转变为科技教育文化比较发达的历史阶段;是由贫困人口占很大比重、人民生活水平比较低,逐步转变为全体人民比较富裕的历史阶段;是由地区经济文化很不平衡,通过有先有后的发展,逐步缩小差距的历史阶段;是通过改革和探索,建立和完善比较成熟的充满活力的社会主义市场经济体制、社会主义民主政治体制和其他方面体制的历史阶段;是广大人民牢固树立建设中国特色社会主义共同理想,自强不息,锐意进取,艰苦奋斗,勤俭建国,在建设物质文明的同时努力建设精神文明的历史阶段;是逐步缩小同世界先进水平的差距,在社会主义基础上实现中华民族伟大复兴的历史阶段。这样的历史进程,至少需要一百年时间。至于巩固和发展社会主义制度,那还需要更长得多的时间,需要几代人、十几代人,甚至几十代人坚持不懈地努力奋斗。

在社会主义初级阶段,尤其要把集中力量发展社会生产力摆在首要地位。中国经济、政治、文化和社会生活各方面存在着种种矛盾,阶级矛盾由于国际国内因素还将在一定范围内长期存在,但社会的主要矛盾是人民日益增长的物质文化需要同落后的社会生产之间的矛盾,这个主要矛盾贯穿中国社会主义初级阶段的整个过程和社会生活的各个方面。这就决定了中国共产党必须把经济建设作为全党全国工作的中心,各项工作都要服从和服务于这个中心。只有牢牢抓住这个主要矛盾和工作中心,才能清醒地观察和把握社会矛盾的全局,有效地促进各种社会矛盾的解决。发展是硬道理,中国解决所有问题的关键在于依靠自己的发展。

(三)中共十五大确定了中国改革开放的跨世纪蓝图。中共十五大报告是迈向新世纪的宣言和纲领。中共十五大提出,从1997年起到21世纪的前10年,是中国实现第二步战略目标、向第三步战略目标迈进的关键时期。要积极推进经济体制和经济增长方式的根本转变,努力实现"九五"计划和2010年远景目标,为在21世纪中叶基本实现现代化打下坚实基础。在这个时期,建立比较完善的社会主义市场经济体制,保持国民经济持续、快速、健康发展,是必须解决好的两大课题。要坚持社会主义市场经济的改革方向,使改革在一些重大方面取得新的突破,并在优化经济结构、发展科学技术和提高对外开放水平等方面取得重大进展,真正走出一条速度较快、效益较好、整体素质不断提高的经济协调发展的路子。

关于调整和完善所有制结构。中共十五大报告指出,以公有制为主体多种所有制经济共同发展,是中国社会主义初级阶段的一项基本经济制度。这一制度的确立,是由社会主义性质和初级阶段国情决定的:第一,中国是社会主义国家,必须坚持公有制作为社会主义经济制度的基础;第二,中国处在社会主义初级阶段,需要在公有制为主体的条件下发展多种所有制经济;第三,一切符合"三个有利于"的所有制形式都可以而且应该用来为社会主义服务。

要全面认识公有制经济的含义。公有制经济不仅包括国有经济和集体经济,还包括混合所有制经济中的国有成分和集体成分。公有制的主体地位主要体现在:公有资产在社会总资产中占优势;国有经济控制国民经济命脉,对经济发展起主导作用。只要坚持公有制为主体,国家控制国民经济命脉,国有经济的控制力和竞争力得到增强,在这个前提下,国有经济比重减少一些,不会影响中国的社会主义性质。

中共十五大提出,建立现代企业制度是国有企业改革的方向。要按照"产权清晰、权责明确、政企分开、管理科学"的要求,对国有大中型企业实行规范的公司制改革,使企业成为适应市场的法人实体和竞争主体,进一步明确国家和企业的权利和责任。

推进政治体制改革和民主法制建设。中国经济体制改革的深入和社会主义现代化建设跨越世纪的发展,要求在坚持四项基本原则的前提下,继续推进政治体制改革,进一步扩大社会主义民主,健全社会主义法制,依法治国,建设社会主义法治国家。

推进政治体制改革,必须有利于增强党和国家的活力,保持和发挥社会主义制度的特点和优势,维护国家统一、民族团结和社会稳定,充分发挥人民群众的积极性,促进生产力发展和社会进步。政治体制改革的主要任务是,发展民主,加强法制,实行政企分开、精简机构,完善民主监督制度,维护安定团结。

中共十五大最主要的成果是把邓小平理论确立为党的指导思想。同时,根据邓小平理论和党的基本路线,认真总结了改革开放以来的丰富经验,进一步强调中国还处在社会主义初级阶段,第一次系统地、完整地提出并论述了中国共产党在社会主义初级阶段的基本纲领,对中国在 21 世纪的全面发展作出了战略部署。中共十五大是党和国家历史上具有深远意义的大会。

三、第九届全国人民代表大会第一次会议

1998 年 3 月 5 日至 3 月 19 日,九届全国人大一次会议在北京人民大会堂举行。2 944 名代表出席大会。即将结束五年任期的国务院总理李鹏,向大会报告了本届政府过去五年的工作,并对 1998 年政府工作提出建议。李鹏提出,未来的五年,中国将初步建立社会主义市场经济体制,全面完成国民经济和社会发展的第九个五年计划,开始实施下个世纪头十年的发展规划,进入和建设小康社会,任重而道远。李鹏说,在前进的道路上,还会遇到这样那样的困难和问题,但有利条件也很多,前景是光明的。

政府工作报告分三个部分:(一)关于过去五年的政府工作;(二)关于 1998 年政府工作的建议;(三)关于国际形势和外交工作。报告回顾了过去五年社会主义现代化建设取得的成就,总结了五年来的政府工作,提出了对 1998 年各项工作的总体要求。报告中还就积极推进政府机构改革,推进祖国的和平统一大业,坚持独立自主的和平外交政策等问题进行了阐述。

3 月 5 日下午,中共中央、全国人大常委会和国务院的领导分别到各代表团驻地,同出席九届人大一次会议的代表一起,审议政府工作报告,并听取代表们的意见。

3月6日上午,九届全国人大一次会议在人民大会堂举行第二次全体会议,听取国务院关于1997年国民经济和社会发展计划草案的报告、关于1997年中央和地方预算执行情况及1998年中央和地方预算草案的报告、关于国务院机构改革方案的说明。受国务院委托,国家计委主任陈锦华向大会作了1997年国民经济和社会发展计划执行情况与1998年国民经济和社会发展计划草案的报告。受国务院委托,财政部部长刘仲藜向大会作了关于1997年中央和地方预算执行情况及1998年中央和地方预算草案的报告。受国务院委托,国务委员兼国务院秘书长罗干就国务院提请审议的国务院机构改革方案,向大会作了说明。会议经过表决,分别通过了九届全国人大一次会议关于设立九届全国人大专门委员会的决定,关于通过九届全国人大各专门委员会组成人员人选办法,九届全国人大财政经济委员会主任委员、副主任委员、委员名单。

3月8日,九届人大一次会议主席团在人民大会堂举行第二次会议。会议表决通过了关于国务院机构改革方案的决定草案、九届全国人大一次会议选举和决定任命办法草案,决定将这两个草案印发各代表团审议,提请大会表决。

3月10日下午,九届全国人大一次会议在人民大会堂举行第三次全体会议,听取八届全国人大常委会、最高人民法院、最高人民检察院的工作报告,并表决通过了关于国务院机构改革方案的决定、九届全国人大一次会议选举和任命办法。受八届全国人大常委会的委托,全国人大常委会副委员长田纪云在向会议作的全国人大常委会工作报告中报告了五年来的主要工作。最高人民法院院长任建新详细报告了人民法院五年来的主要工作。最高人民检察院检察长张思卿报告了五年来人民检察院的工作,分析了检察机关存在的缺点和问题。

3月13日上午,大会主席团举行第三次会议。通过了关于政府工作报告的决议草案,决定印发各代表团审议,提请大会表决。会议听取并通过了全国人大财经委员会主任委员陈光毅作的关于1997年国民经济和社会发展计划执行情况与1998年国民经济和社会发展执行计划草案的审查报告、关于1997中央和地方预算执行情况及1998年中央和地方预算草案的审查报告,并决定将这两个审查报告印发全体代表。

3月14日下午,九届人大一次会议主席团在人民大会堂举行第四次会议。各代表团对九届全国人大一次会议主席团第三次会议提名的各项候选人名单草案酝酿协商后,表示同意,提请大会选举。会议表决通过了九届全国人大常委会委员长、副委员长、秘书长、委员候选人名单,中央军委主席候选人名单,最高人民法院院长候选人名单,最高人民检察院检察长候选人名单,会后将候选人名单印发给全体代表,提请大会选举。在酝酿选举的过程中,各代表团共推选出监票人34人,经主席团常务主席研究建议,指定王维山代表为总监票人。会议表决通过将这个名单草案印发给全体代表,提请大会表决。

九届全国人大增设农业与农村委员会,使专门委员会达到9个。经会议分别表决,通过了九届全国人大民族委员会、法律委员会、内务司法委员会、教育科学文化卫生委员会、外事委员会、华侨委员会、环境与资源保护委员会、农业与农村委员会主任委员、副主任委员、委员名单草案,作为主席团提名,交各代表团酝酿提请大会通过。

3月16日上午,九届人大一次会议举行第四次全体会议。会议经过投票,选举江泽民为中华人民共和国主席、中华人民共和国中央军事委员会主席,李鹏为人大常务委员会委员长,胡锦涛为中华人民共和国副主席。3月16日下午,九届人大一次会议主席团举行第五次会议。通过了关于八届全国人大常委会工作报告的决议草案、关于最高人民法院工作报告的决议草案、关于最高人民检察院工作报告的决议草案,决定将这三个决议草案印发各代表团审议后,提请大会表决。

3月17日上午,九届全国人大一次会议举行第五次全体会议。会议经过投票表决,决定朱镕基为国务院总理;张万年、迟浩田为国家中央军事委员会副主席,傅全有、于永波、王克、王瑞林为国家中央军事委员会委员;会议选举肖扬为最高人民法院院长,韩杼滨为最高人民检察院检察长。

3月18日下午,九届全国人大一次会议举行第六次全体会议。根据国务院总理朱镕基提名,决定了新一届国务院组成人员,李岚清、钱其琛、吴邦国、温家宝为国务院副总理。迟浩田、罗干、吴仪、司马义·艾买提、王忠禹为国务委员。同时通过了九届人大8个专门委员会组成人员名单。按会议批准的国务院机构改革方案,本届政府设立的29个部、委、行、署的部长、主任、行长、审计长和国务院秘书长的人选,当天也全部通过。

3月19日上午,九届人大一次会议在北京人民大会堂闭幕。会议经过表决,通过了关于政府工作报告的决议,批准了政府工作报告。决议认为,政府工作报告实事求是地总结了政府的五年工作,清醒地指出了存在的矛盾和问题,提出1988年政府工作的建议是可行的。国家主席江泽民在讲话中提出了新的奋斗目标:到建国一百年时,基本实现现代化,把祖国建成富强、民主、文明的社会主义国家。到那时,中国将进入世界中等发达国家的行列,中国人民将达到现代化基础上的共同富裕,中华民族将实现伟大的复兴。

四、政府机构改革

传统的行政管理体制的弊端,在其形成时期即已潜伏,在中共十一届三中全会进行经济体制改革以前,即已进行过多次改革的探索。

1988年全面开展了国务院机构改革,但这次机构改革主要在中央党政机关进行,职能转变还仅是初步的。原定开展的地方机构改革,1986年开始在中等城市进行试点,由于全国开展治理、整顿工作的需要而暂缓进行。因此,这次机构改革未能在全国范围全面展开。

1988年国务院机构改革后,在暂缓进行地方机构改革期间,为了给以后全面开展机构改革积累经验,从1989年开始,经国务院批准,国家机构编制委员会先后确定河北省、哈尔滨、深圳、青岛和武汉1省4市以及湖南华容、四川邛崃、内蒙卓资、甘肃定西、广东宝安、河北藁城、山西原平、河南滑县、浙江上虞等9县(市)作为机构改革试点。此后,试点的规模不断扩大,试点的省(区)增加了内蒙、陕西、湖北,全国各省又确定了一大批本地的试点单位,到1992年,县级机构改革试点单位已达到350多个,占县级行政单位总数的1/6。

1992年10月,中共十四大明确了中国经济体制改革的目标是建立社会主义市场经济体制,使经济体制改革步入了一个新阶段;同时,党政机构臃肿庞大所造成的行政事业经费严重超支引起财政紧张的情况也十分突出,进一步全面开展机构改革的时机已经成熟。因此,中共十四大把"下决心进行行政管理体制和机构改革"列为关系全局的十大主要任务之一,要求三年内基本完成。1993年3月,中共十四届二中全会审议通过了《关于党政机构改革的方案》,八届人大一次会议审议通过了《国务院机构改革方案》。又一轮党政机关的机构改革于1993年开展起来了。

这一轮机构改革,再次明确了"转变职能、理顺关系、精兵简政、提高效率"的原则,而以转变职能为中心内容,继续坚持了1988年机构改革的路子,并有所延伸和发展。

社会主义市场经济体制目标的提出,使政府职能转变与机构改革的任务和方向更加明确,路子更加清晰。中共十四大还明确提出进行行政管理体制改革的任务,拓宽了改革的领域。

改革仍然是在试点实践和事先进行科学论证的基础上展开的,试点的规模比1986年大大扩大了,而且因为已有1988年国务院机构改革的经验,使试点的目标方向更为明确,工作较为扎实。在改革全面展开之前,也组织了专门班子进行了一年多时间的调查研究和探讨,制订了机构改革的方案。改革是全面进行的。党政机关各部门,包括党委、人大、政协、法院、检察院的工作部门和政府机关,从中央到地方,以至乡镇,以及事业单位、社团、机关后勤服务机构,还有设在地方而由中央垂直管理或中央、地方双重领导的机构,都要毫无例外地进行改革。

专业经济管理部门的改革比其他部门更深入一步。工业经济部门分为三类:一类是有条件办成经济实体,而且职能转变后行业管理任务较少的部门,就改组为经济实体,如航空航天工业部改组为航空工业总公司和航天工业总公司;一类是所管理的产品绝大部分已经实行市场调节,价格已经放开,又无大型直属企业的部门,就改组为行业总会,保留行业管理职能,如轻工业部和纺织工业部改组为轻工总会和纺织总会;一类是保留的部门,这些部门也要大力转变职能,大幅度地精简内设机构和人员,内设机构控制在10个左右,行政编制一般核定为300人左右。对流通部门,采取合并的办法。在计划经济体制下,生产资料与消费资料的流通管理是分开的,在发展市场经济中,两者都作为商品进入流通领域,应实行统一管理,这次改革中,先将物资部与商业部合并为国内贸易部。

在步骤上采取机构改革与人事制度改革同步进行。1993年国务院发布了《国家公务员暂行条例》,确定在各级政府开展机构改革,实行定职能、定机构、定编制的"三定"之后,随即实施国家公务员制度。推行国家公务员制度是总结吸收国内外经验,全面改革政府机关人事制度,对行使国家权力、执行国家公务的人员,从进机关到退休的各个环节(包括录用、考核、奖惩、职务升降、职务任免、培训、交流、回避、工资、保险、福利、辞职、辞退、退休等)的管理原则,都按照科学化、规范化、法制化的要求,作出明确的规定。按照机关"三定",进行职位设置,确定每个职位的职责和任职条件,不仅实行"因事设职、因职择人",而且通过科学设置职位,制定职位说明书,使"三定"落实到职位,促进职能转变。实行公开考试后录用、定期严格考核、有计划地培训,在考核、培训的基础上确定职务的升降、奖惩,避免"任人唯亲",并相应改革工资制度,建立科学的激励竞争机制。一方面坚持公开、平等、竞争的原则选拔优秀人才,一方面建立正常的退休制度。还必须进行人员交流,必要时可以辞职辞退,部分职务实行聘任制,以建立正常的新陈代谢机制。明确了公务员的义务、权利和纪律,并实行回避制度,建立勤政的约束机制。通过这些措施,力求克服"因人设事、能进不能出、能上不能下、干好干坏一个样"等旧制度的弊端。党中央并会同有关部门和单位,研究制定了中国共产党的机关,人大、政协机关,8个民主党派和工商联机关,以及工、青、妇等18个社会团体参照《国家公务员暂行条例》管理的实施方案,使人事制度的改革在各党政机关和有关社会团体全面展开,对事业单位和企业人事制度的改革,也起到积极的推动作用。

　　机构改革推进了精干机构、精简人员的工作。基本完成机构改革后的国务院,其序列内机构减少到59个,各部司局机构精简7.7%,行政编制精简20%。对地方各级党政机关,都规定了机关数和人员编制限额,机构精简的比例一般为20%~30%,人员精简的比例平均为25%左右。

　　国务院机构改革,基本上消除了机构和人员大起大落的反复。特别是1988年改革以后,到1992以前,国务院只增加了两个办事机构,人员编制年增长率均不超过0.5%,实有人数控制在核定编制总额之内,空编率3%~7%,扼制住了"精简—膨胀"的势头。但1993年开始的机构改革,仍有许多方面不尽如人意。主要是专业经济管理部门改革步子不够大,有的部门合了又分,来回折腾;政府职能的转变仍滞后于建立市场经济体制的需要。因此,这一轮改革仍然是过渡性的。

　　1998年,九届人大一次会议提出,政府机构改革是深化改革、促进经济和社会发展的迫切需要,是国家领导制度改革的重要内容,也是密切政府和人民群众联系的客观要求。现有政府机构设置的基本框架,是在计划经济体制条件下逐步形成的。过去虽然进行过多次调整和改革,取得一些进展,积累了一些经验,但由于历史条件的限制和宏观环境的制约,很多问题未能得到根本性的解决,机构设置同社会主义市场经济发展的矛盾日益突出。机构庞大,政企不分,滋生官僚主义,助长不正之风,也给财政带来了沉重负担。

　　1998年3月,九届人大一次会议通过了国务院机构改革方案。这次机构改革的目标是：按照发展社会主义市场经济的要求，根据精简、统一、效能的原则，转变政府职能，实现政企分开，建立办事高效、运转协调、行为规范的行政管理体系，完善国家公务员制度，逐步建立高素质的专业化行政管理干部队伍，逐步建立适应社会主义市场经济体制的有中国特色的政府行政管理体制。国务院率先进行机构改革，然后自上而下推进。这次机构改革是改革开放以来机构变化较大、人员调整较多的一次。国务院机构改革的原则是：按照社会主义市场经济的要求，转变政府职能，实现政企分开；按照精简、统一、效能的原则，调整政府部门的职责权限，明确划分部门之间职责分工，完善行政运行机制；按照依法治国、依法行政的要求，加强行政体系的法制建设。国务院机构改革方案确定：除国务院办公厅外，国务院组成部门从40个减少到29个。国务院直属机构与办事机构也进行相应的调整与改革。不再保留的有15个部、委；更名的有3个部、委；保留的有22个部、委、行、署。人员精简50%。国务院机构改革中，既坚定不移地推进，又审慎稳妥，耐心做好分流人员的思想工作，使改革在一年内顺利完成。

1988年和1993年两轮机构改革以及1998年国务院机构改革进一步深化，已完成"三定"的一些部门以及部分先行改革的地方，在转变政府职能方面有了一些初步的进展。一些部门初步转变了管理方式，一些专业经济管理部门职能转变有了初步进展，一些先行改革的城市在积极探索新的管理体制和运行机制。

五、"三讲"教育与"三个代表"思想的提出

1998年12月5日，中共中央召开电视电话会议，对在县级以上党政领导班子、领导干部中深入开展以"讲学习、讲政治、讲正气"为主要内容的党性党风教育，进行动员部署。中共中央政治局常委、书记处书记胡锦涛在会上发表重要讲话，要求各级党委特别是主要领导同志，要充分认识深入开展"三讲"教育的必要性和重要性，以高度的政治责任心、足够的领导精力和良好的精神状态，把这项事关大局的重要任务切实抓紧抓好。

中共中央政治局常委、书记处书记、中央纪律检查委员会书记尉健行主持会议。参加会议的还有中共中央政治局候补委员、中央书记处书记曾庆红，最高人民检察院检察长、中共中央纪律检查委员会副书记韩杼滨。

胡锦涛说，1995年江泽民总书记鲜明地提出，领导干部一定要讲学习、讲政治、讲正气。几年来，各地各部门在组织学习邓小平理论时，在领导干部中开展

了"三讲"教育,收到了一些效果,但是同当前形势和任务的要求相比还有很大差距,一些需要解决的突出问题还没有得到解决。为了深入贯彻落实好十五大精神,高举邓小平理论伟大旗帜,面向新世纪全面推进中国特色社会主义的伟大事业和党的建设新的伟大工程,切实提高领导班子和领导干部的思想政治素质,中央决定1998年和1999年集中一段时间,在县级以上各级领导班子和领导干部中,深入开展以"三讲"为主要内容的党性党风教育,这是十分必要和非常迫切的。

深入开展"三讲"教育,是新形势、新任务对领导班子、领导干部提出的迫切要求,是新时期加强领导班子思想政治建设、提高领导干部素质的中心环节。

中共十六届一中全会胡锦涛当选为中共中央总书记

在新旧世纪之交的历史关头,既面临难得的机遇,又面临严峻的挑战,还可能遇到这样那样的风险和困难。新的形势和任务,对各级领导班子、领导干部运用马克思主义正确观察和判断形势,驾驭复杂局面,解决现实问题的能力,提出新的更高的要求。党现在这支领导干部队伍,是在20年改革开放和现代化建设历史进程中锻炼成长起来的,是一支不断进步的队伍。但也必须正视,还有相当一部分领导干部的素质,特别是思想政治素质,存在这样那样的不适应。在有些领导干部包括一些担任重要领导职务的干部中,还存在一些突出问题,有些问题还相当严重。深入开展"三讲"教育,对于从整体上提高领导班子和干部队伍素质特别是思想政治素质,坚持党的基本理论、基本路线不动摇,增强党组织的凝聚力、战斗力,加强党同人民群众的联系,确保中国跨世纪宏伟目标的实现,具有重大的现实意义和深远的历史意义。

"三讲"教育的主要对象是县级以上领导干部,重点是抓好县以上党委、政府和政协领导班子。总的要求是:通过"三讲"教育,推动县及以上领导班子和领导干部深入学习邓小平理论和十五大精神,提高政治素质,加强党性修养,端正思想作风,增强在改造客观世界的同时改造主观世界的自觉性。特别要坚定建设有中国特色社会主义的信念,提高政治敏锐性、政治鉴别力,增强大局观念,同党中央保持高度一致;要全面贯彻民主集中制,纠正和防止违反民主集中制的错误思想和行为,加强党的团结,自觉接受监督;要密切联系群众,正确行使权力,克服官僚主义,反对腐败现象;要大力弘扬求真务实、言行一致的优良作风,纠正和防止各种不良习气。努力做到思想上有明显提高,政治上有明显进步,作风上有明显转变,纪律上有明显增强。

中央要求,"三讲"教育活动中要正确把握好五个问题:一是要下定决心,有针对性地解决领导班子和领导干部党性、党风方面存在的突出问题,特别是群众意见大、影响当前改革和建设工作的问题。"三讲"教育从一开始就要严防流于形式,走过场。二是要始终立足于教育干部。在整个"三讲"教育的全过程,都必须把学习理论、武装头脑同整顿思想、改进作风结合好。对中央提出的"三讲"教育必读篇目,要认真学习,深刻领会。要坚持理论联系实际,不仅要联系工作的实际,也要联系思想实际,决不能搞"空对空"。要认真检查存在的问题。运用理论武器进行深入分析,分清思想是非,找准问题根源,总结经验教训,真正在思想上得到提高。三是充分发展党内民主,坚持走群众路线。在"三讲"教育中,要把党性分析、自查自纠与民主评议很好地结合起来。坚定地相信群众,依靠群众,虚心听取群众意见,自觉接受群众的批评和监督。切忌关起门来搞教育,更不允许压制民主,打击报复。同时,要注意按照党内政治生活准则办事,依据法律法规办事,防止出现过去政治运动中那种"大民主"。四是用开展负责任的批评和自我批评,进行积极的健康的思想斗争。无论批评还是自我批评,都要坚持党对人民高度负责的态度,不马虎敷衍;都要讲政治,不纠缠于细枝末节;都要实事求是,不文过饰非;都要认真解决问题,不走过场。五是要紧紧围绕全面贯彻党的基本路线,抓住经济建设这个中心,把开展"三讲"教育与推进实际工作结合起来。不能脱离正在进行的改革开放和现代化建设,孤立地"三讲";也不能借口工作忙而不认真搞"三讲"。衡量和检验"三讲"教育搞得怎么样,归根到底要看是不是有力地保证了党的路线、方针、政策的贯彻执行和中央重大决策的落实,是不是有力地推进了建设有中国特色社会主义各项事业的发展。

为了保证"三讲"教育扎扎实实开展下去,各级党委(党组)切实加强了领导。省、地、县都建立了工作责任制,一级抓一级,一级带一级,层层抓落实。党委(党组)书记承担起第一责任人的责任。各地各部门在深入调查研究和搞好试点的基础上,制订了切实可行的工作方案,精心组织实施。在实施中注意分类指导,抓好重点单位和薄弱环节,加强督促检查。把"三讲"教育同对干部的深入考察、考核有机结合。舆论宣传也为"三讲"教育健康发展营造了良好氛围。

根据中共中央要求,全国各地县以上干部开展了"三讲"教育。一个领导班子开展学习教育的时间,一般为两个月左右。大体步骤和方法是:(一)思想发动,学习提高。动员领导干部以积极的态度搞好学习。这是开展好"三讲"教育的前提和基础。(二)自我剖析,听取意见。在学习提高的基础上认真进行反思,找出领导班子特别是本人在党风、党性和工作上存在的主要问题,从世界观的深处进行剖析。(三)交流思想,开展批评。在领导班子内部开展谈心活动,有话讲在当面,不搞自由主义。(四)认真整改,巩固成果。针对反映出的主要问题,集中分析研究,落实整改措施,系统总结经验,完善相关制度,巩固学习成果,促进"三讲"教育制度化。

2000年2月,江泽民总书记在广东考察工作期间,就如何加强新时期党建工作的调研时指出:"总结我们党70多年的历史,可以得出一个重要的结论,这就是:我们党所以赢得人民的拥护,是因为我们党在革命、建设、改革的各个历史时期,总是代表着中国先进生产力的发展要求,代表着中国先进文化的前进方向,代表着中国最广大人民的根本利益,并通过制定正确的路线方针和政策,为实现国家和人民的根本利益而不懈奋斗。"①5月,江泽民在江苏、浙江、上海考察时,进一步将这一论断归纳为"三个代表",指出共产党必须按照"三个代表"的要求,进一步提高执政水平和领导水平,这是中国共产党的立党之本、执政之基、力量之源,"三个代表"最根本的是代表人民群众的根本利益。6月,江泽民在宁夏、甘肃考察工作时,再次阐述了"三个代表"的思想,号召各级党组织和全党同志按照"三个代表"的要求,全面加强和改进党的建设,使中国共产党永远立于不败之地。

---

① 江泽民.在新的历史条件下,我们党如何做到"三个代表".北京:人民出版社,2001.1139

中共十六大把"三个代表"重要思想同马克思列宁主义、毛泽东思想、邓小平理论一道,确立为中国共产党必须长期坚持的指导思想,实现了党的指导思想上的又一次与时俱进。"三个代表"思想是全面加强党的建设的伟大纲领,为新时期党的建设指明了方向。2003年6月15日,《中共中央关于在全党兴起学习贯彻"三个代表"重要思想新高潮的通知》发表,7月1日,胡锦涛总书记在中国共产党成立82周年之际举行的"三个代表"重要思想理论研讨会上发表重要讲话。中央"三个代表"宣讲团编写了《学习贯彻"三个代表"重要思想宣讲提纲》,并在全国巡回宣讲。"三个代表"思想一经提出,就得到了全党的拥护,并在全国上下迅速掀起了学习和实践"三个代表"精神的热潮。

"三讲"集中教育和"三个代表"学习教育贯彻活动,使中国共产党的思想、组织、作风建设全面推进,思想政治工作得到加强,推动全社会形成万众一心、全面建设小康社会的生动局面。

六、惩治腐败与廉政建设

中共十三届四中全会以来,执政党面对国内严重的政治风波,坚持十一届三中全会以来的路线,稳住了改革和发展的大局。深刻反思历史的教训,从中央到地方的各级党委开始认识到"这个党该抓了,不抓不行了"[①]。1989年6月,中共十三届四中全会提出:"坚决惩治腐败,切实做好几件人民普遍关心的事情,决不辜负人民对党的期望。"[②]7月,中共中央、国务院决定在惩治腐败和带头廉洁奉公、艰苦奋斗方面做七件事,主要内容是:进一步清理整顿公司;坚决制止高干子女经商;严格禁止请客送礼;严格控制领导干部出国;严肃认真地查处贪污、受贿、投机倒把等犯罪案件,特别要抓紧查处大案要案。1990年3月,十三届六中全会通过了《中共中央关于加强党同人民群众联系的决定》。

1993年初,中共中央作出了加大反腐败斗争力度的重大决策,中共中央、国务院决定,从1993年起中共中央纪律检查委员会、国家监察部合署办公,实现一套工作机构,履行党的纪律检查和行政监督两项职能的体制。

---

① 邓小平文选.第3卷.北京:人民出版社,1993.306~314
② 中国共产党第十三届中央委员会第四次全体会议公报.见:中华人民共和国国史全鉴.第6卷.北京:团结出版社,1997.6461

1994年11月,中央批准在最高人民检察院设立反贪污贿赂总局,并在各级人民检察院中设立相应机构。1993年8月,江泽民在中纪委第二次全会上发表重要讲话指出:"腐败是一种历史现象。它的主要表现是贪赃枉法、行贿受贿、敲诈勒索、权钱交易、挥霍人民财富、腐化堕落等现象。这种现象,从本质上说是剥削制度、剥削阶级的产物。"①共产党和社会主义制度是同任何腐败现象根本不相容的。"腐败现象是侵入党和国家机关健康肌体的病毒。如果我们掉以轻心,任其泛滥,就会葬送我们的党,葬送我们的人民政权,葬送我们的社会主义现代化大业。我们的党、我们的干部、我们的人民,绝不允许出现这种后果的。"②

中纪委第二次会议后,反腐败斗争正式形成了领导干部廉洁自律、集中力量查处大案和纠正行业不正之风三项工作的格局。此后,每年中纪委及国务院都召开会议,及时解决反腐败工作中的重大问题,同时陆续出台相关的政策和规定,如:《关于严禁用公费变相出国(境)旅游的通知》、《关于党政机关县(处)级以上领导干部廉洁自律"五条规定"的实施意见》、《关于党政机关与所办经济实体脱钩的规定》、《关于对行政性收费、罚没收入实行预算管理的规定》、《中国共产党党员领导干部廉洁从政若干准则(试行)》、《关于党政机关厉行节约制止奢侈浪费行为的若干规定》等。在中央的领导下,已初步探索出一条符合国情的比较有效的反腐败斗争的路子,形成了战略上总体规划,战术上分阶段部署,不断取得阶段性成果,积小胜为大胜的工作路数,采取了加强教育、健全法制、强化监督,通过深化改革不断铲除滋生腐败的土壤和条件,标本兼治、综合治理的对策,建立了党委统一领导,党政齐抓共管,纪委组织协调,部门各负其责,依靠群众的支持和参与的反腐败领导体制和工作机制。

1992年10月中共十四大到1997年6月,全国纪律检察机关共立案73.1万多件,结案67万多件,给予党纪政纪处分的66.9万多人。其中县(处)级干部2万余人,厅(局)级干部1 673人,省(部)级干部78人,为国家挽回经济损失159.8亿元。1998年至2000年的3年中,人民检察院立案侦查的涉嫌贪污贿赂和渎职犯罪的县(处)级干部6 455人,厅(局)级干部423人,省(部)级干部13人。中纪委向党的十五大、十六大提交的工作报告中,

---

①② 江泽民.加强反腐败斗争,推进党风建设和廉政建设.见:十四大以来重要文献选编.上册.北京:人民出版社,1996.405,402

有这样一组数据。1992年至2002年的两个五年间,全国处分党员数分别为669 300名和846 150名,后者比前者增加26.4%;开除党籍数分别为121 500名和137 711名,增加13.3%;处分县级领导干部数分别为20 295名和28 996名,增加42.9%;处分厅局级领导干部数分别为1 673名和2 422名,增加44.8%;处分省部级领导干部数分别为78名和98名,增加25.6%。

2003年,反腐败在大案要案的公开报道方面有了新的突破。13起省部级高官的大案要案在这一年为全社会所关注。公开报道的这13名省部级腐败高官,其中有4人为正省部级干部;1人为非党干部。

2004年2月17日,新华社受权全文播发《中国共产党党内监督条例(试行)》;18日全文播发《中国共产党纪律处分条例》。两个条例是十分重要的党内法规,它的颁布实施,对于坚持党要管党、从严治党的方针,发扬党内民主,加强党内监督,维护党的团结统一,保持党的先进性,始终做到立党为公、执政为民,必将起到重要作用。

新时期廉政建设和反腐败斗争深入开展,取得新的明显成效,也获得了丰富的经验,形成了一些成熟的做法,但一些腐败现象仍然比较突出,导致腐败现象易发多发的土壤和条件还存在,反腐败斗争的形势仍然是严峻的。根据中共十六大精神,反腐倡廉要通过发展民主,健全法制,强化监督,创新体制,把反腐败寓于各项重要的政策措施之中,从源头上预防和解决腐败问题。

第三节 全面建设小康社会纲领的提出

一、中国共产党第十六次全国代表大会

2002年11月8日至14日,中国共产党第十六次全国代表大会在北京召开。出席大会的代表2 154人,其中从全国38个选举单位选举出的(各选举单位基层党组织参与率平均为98%,党员参与率平均为93%)并经代表资格审查委员会审查通过的代表2 114人,特邀代表40人。他们代表全党6 600多万党员。11月8日大会正式开幕,实到代表2 134人。这是跨入新世纪中国共产党召开的第一次全国代表大会,也是中国共产党在开始实施社会主义现代化建设第三步战略部署的新形势下召开的一次非常重要的代表大会。

江泽民代表中国共产党第十五届中央委员会作报告,报告的题目是《全

面建设小康社会，开创中国特色社会主义事业新局面》。报告提出，十六大的主题是：高举邓小平理论伟大旗帜，全面贯彻"三个代表"重要思想，继往开来，与时俱进，全面建设小康社会，加快推进社会主义现代化，为开创中国特色社会主义事业新局面而奋斗。报告分析、总结了自1989年党的十三届四中全会以来13年中社会主义现代化建设事业实践的"宝贵的经验"，即：坚持以邓小平理论为指导，不断推进理论创新；坚持以经济建设为中心，用发展的办法解决前进中的问题；坚持改革开放，不断完善社会主义市场经济体制；坚持四项基本原则，发展社会主义民主政治；坚持物质文明和精神文明两手抓，实行依法治国和以德治国相结合；坚持稳定压倒一切的方针，正确处理改革发展稳定的关系；坚持党对军队的绝对领导，走中国特色的精兵之路；坚持团结一切可以团结的力量，不断增强中华民族的凝聚力；坚持独立自主的和平外交政策，维护世界和平与促进共同发展；坚持加强和改善党的领导，全面推进党的建设新的伟大工程。

十六大提出，要全面贯彻"三个代表"重要思想，并把"三个代表"重要思想与马克思列宁主义、毛泽东思想、邓小平理论一起，确定为党的指导思想，正式写入党章。大会提出，贯彻"三个代表"重要思想，必须使全党始终保持与时俱进的精神状态，不断开拓马克思主义理论发展的新境界；必须把发展作为党执政兴国的第一要务，不断开创现代化建设的新局面；必须最广泛、最充分地调动一切积极因素，不断为中华民族的伟大复兴增添新力量，特别提出个体户、私营企业主、自由职业者等社会阶层也是中国特色社会主义事业的建设者；必须以改革的精神推进党的建设，不断为党的肌体注入新的活力。大会强调，"三个代表"重要思想是发展的、前进的，全党必须在思想上不断有新解放，理论上不断有新发展，实践上不断有新创造，把"三个代表"重要思想贯彻到社会主义现代化建设的各个领域，体现在党的建设的各个方面，使我们党始终与时代发展同步伐，与人民群众共命运。

十六大明确提出全面建设小康社会的奋斗目标，并对全面建设小康社会作出具体部署。

十六大修改了党的章程，并通过关于十五届中央委员会报告等决议，选举产生新一届中央委员会、中央纪律检查委员会。十六届中央委员会委员198人，候补委员158人；中央纪律检查委员会委员121人。11月15日，十六届中央委员会第一次全体会议在北京召开，选举产生了中央委员会新的领导人。中央政治局委员王乐泉、王兆国、回良玉（回族）、刘淇、刘云山、李长春、吴仪(女)、吴邦国、吴官正、张立昌、张德江、陈良宇、罗干、周永康、胡锦涛、俞正声、贺国强、贾庆林、郭伯雄、黄菊、曹刚川、曾庆红、曾培炎、温家宝等24人,候补委员王刚;中央政治局常务委员会委员胡锦涛、吴邦国、温家宝、贾庆林、曾庆红、黄菊、吴官正、李长春、罗干等9人,胡锦涛为中央总书记。全会根据中央政治局常务委员会提名,通过了中央书记处成员,决定了中央军事委员会组成人员,批准了中央纪律检查委员会第一次全体会议选举产生的领导人选。中央书记处书记:曾庆红、刘云山、周永康、贺国强、王刚、徐才厚、何勇;中央军事委员会主席:江泽民;副主席:胡锦涛、郭伯雄、曹刚川;委员:徐才厚、梁光烈、廖锡龙、李继耐。中央纪律检查委员会书记:吴官正;副书记:何勇、夏赞忠、李至伦、张树田、刘锡荣、张惠新、刘峰岩;常务委员会委员18人。

中共十六大顺利实现了中央领导的新老交替,为中国新世纪初期全面建设小康社会和推进社会主义现代化建设事业确定了坚强的领导核心。大会坚持以党的基本理论和基本路线为指导,总结了党领导人民建设中国特色社会主义的基本经验,提出了全面贯彻"三个代表"重要思想的根本要求,明确了新世纪新阶段全面建设小康社会的基本纲领和奋斗目标,对改革开放和现代化建设、推进党的建设新的伟大工程作出了全面部署。这次大会在我们党和国家的发展进程上,具有重大的历史意义。

2003年10月11日至14日,中共十六届三中全会在北京举行,会议审议通过了《中共中央关于完善社会主义市场经济体制若干问题的决定》。《决定》以完善已经初步建立的社会主义市场经济体制为主题,以建立完善的社会主义市场经济体制为目标,作出一系列深化改革、完善新体制的重大战略部署。《决定》提出,新世纪新阶段中国经济体制改革面临许多问题和新的任务,我们要进一步巩固和发展公有制经济,鼓励、支持和引导非公有制经济发展;完善国有资产管理体制,深化国有企业改革,发展混合所有制经济。《决定》指出:"要适应经济市场化不断发展的趋势,进一步增强公有制经济的活力,大力发展国有资本、集体资本和非公有资本等参股的混合所有制经济,实现投资主体多元化,使股份制成为公有制的主要实现形式。"[①]《决定》提出,要建立健全现代产权制度,指出:"产权是所有制的核心和主

---

① 中共中央关于完善社会主义市场经济体制若干问题的决定.半月谈,2003(20).38

要内容,包括物权、债权、股权和知识产权等各类财产权。"应当建立归属清晰、权责明确、保护严格、流转顺畅的现代产权制度。"要依法保护各类产权,健全产权交易规则和监管制度,推动产权有序流转,保障所有市场主体的平等法律地位和发展权利。"①《决定》还提出积极推进其他改革。这对于推进社会主义市场经济体制建设,确立社会主义市场经济新理论,具有重大的现实意义。

2004年9月16日至19日,中共十六届四中全会在北京举行,全会审议通过了《中共中央关于加强党的执政能力建设的决定》。《决定》分析了加强党的执政能力建设的重要性和紧迫性,总结了55年来共产党执政的主要经验,明确了加强党的执政能力建设的指导思想、总体目标和主要任务。明确指出:"坚持把发展作为党执政兴国的第一要务,不断提高驾驭社会主义市场经济的能力";"坚持党的领导、人民当家作主和依法治国的有机统一,不断提高发展社会主义民主政治的能力";"坚持马克思主义在意识形态领域的指导地位,不断提高建设社会主义先进文化的能力";"坚持最广泛最充分地调动一切积极因素,不断提高构建社会主义和谐社会的能力";"坚持独立自主的和平外交政策,不断提高应对国际局势和处理国际事务的能力"。《决定》强调,要以提高党的执政能力为重点,全面推进党的建设新的伟大工程②。全会同意江泽民辞去中共中央军委主席职务,并对江泽民为党、为国家、为人民作出的杰出贡献,给予充分肯定和高度评价。全会决定,由中共中央总书记胡锦涛任中共中央军事委员会主席。全会一致认为,这有利于坚持党对军队绝对领导的根本原则和制度,有利于加强军队的革命化、现代化、正规化建设。全会决定徐才厚任中共中央军委副主席,并增补4名军委委员。

二、加强社会主义政治文明建设

政治文明是人类社会政治生活中相对于政治蒙昧和政治野蛮而表现出的一种政治进步状态,是人类社会文明进步的集中体现与重要标志。马克思早在1844年计划写一部关于现代国家的著作的草稿中就使用过"政治文

---

① 中共中央关于完善社会主义市场经济体制若干问题的决定.半月谈,2003(20).54~55
② 中共中央关于加强党的执政能力建设的决定.求是,2004(19).3~13

明"这一概念,后来马克思曾对人类的文明体系作过经典的论述,指出文明的结构应分为三个部分,即物质文明、政治文明和精神文明。2001年1月,江泽民在全国宣传部部长会议上明确提出"政治文明"问题。江泽民在2002年5月31日中央党校省部级干部进修班毕业典礼上的讲话,以及在中共十六大报告中,对"政治文明"问题作了进一步的论述,使政治文明的含义确切化。江泽民在十六大报告中指出:"发展社会主义民主政治,建设社会主义政治文明,是全面建设小康社会的重要目标。"报告强调应"不断促进社会主义物质文明、政治文明和精神文明的协调发展"。

"社会主义政治文明"是一个创新概念。"政治文明"的提法,早在1844年马克思就使用了。江泽民论述"政治文明",其贡献在于第一次明确提出了"社会主义政治文明"的新概念。这是对马克思主义政治学理论的创新和发展。

政治文明是社会主义现代化建设的重要目标。进入改革开放时期不久,邓小平就提出"要在建设高度物质文明的同时","建设高度的社会主义精神文明"。江泽民又指出要"不断促进社会主义物质文明、政治文明和精神文明的协调发展",把社会主义政治文明同社会主义物质文明、社会主义精神文明相并列,突出了社会主义现代化建设全面发展的三个完整的目标。

过去,中国共产党虽然没有提出"政治文明",但已经提出要"发展高度的社会主义民主和完备的社会主义法制"。事实上,长期以来尤其是改革开放以来,中国共产党一直在进行着政治文明建设。中国共产党历来以实现和发展人民民主为己任。改革开放以来,中国共产党坚定不移地推进政治体制改革,有力地促进了社会主义民主政治建设。提出政治文明对于当前加强政治文明建设具有重大意义。我们公开地、明确地举起"政治文明"的旗帜进行社会主义政治文明建设,就如同我们自1992年以来在"社会主义精神文明"的旗帜下进行精神文明建设,产生了强烈的目的性和巨大的效应性那样,今后政治文明的建设和发展也必将更有自觉性,更加被重视,必然会收到显著的成果。

根据中共十六大报告的要求,当前我们加强社会主义政治文明建设,推进政治体制改革,重点应该做好九个方面的工作。

(一)坚持和完善社会主义民主制度。健全民主制度,丰富民主形式,扩大公民有序的政治参与,保证人民依法实行民主选举、民主决策、民主管理和民主监督,享有广泛的权利和自由,尊重和保障人权。坚持和完善人民代表大会制、共产党领导的多党合作和政治协商制以及民族区域自治制度,全面贯彻党的宗教信仰自由政策和侨务政策。扩大基层民主,健全基层自治组织和民主管理制度,完善公开办事制度,保证人民群众依法直接行使民主权利,管理基层公共事务和公益事业,对干部实行民主监督。

（二）加强社会主义法制建设。为适应社会主义市场经济发展、社会全面进步和加入世贸组织的新形势,要加强立法工作,提高立法质量,到2010年形成中国特色社会主义法律体系。坚持法律面前人人平等。加强对执法活动的监督,推进依法行政,维护司法公正,提高执法水平,确保法律的严格实施。维护法律的统一和尊严,防止和克服地方和部门的保护主义。拓展和规范法律服务,积极开展法律援助。加强法制宣传教育,提高全民法律素质,尤其要增强公职人员的法制观念和依法办事能力。党员和干部特别是领导干部要成为遵守宪法和法律的模范。

（三）改革和完善党的领导方式和执政方式。党的领导主要是政治、思想和组织领导,通过制定大政方针,提出立法建议,推荐重要干部,进行思想宣传,发挥党组织和党员的作用,坚持依法执政,实施党对国家和社会的领导。进一步改革和完善党的工作机构和工作机制。按照党总揽全局、协调各方的原则,规范党委与人大、政府、政协以及人民团体的关系,支持人大依法履行国家权力机关的职能;支持政府履行法定职能,依法行政;支持政协围绕团结和民主两大主题履行职能;支持人民团体依照法律和各自章程开展工作。

（四）改革和完善决策机制。要完善深入了解民情、充分反映民意、广泛集中民智、切实珍惜民力的决策机制,推进决策科学化、民主化。各级决策机关都要完善重大决策的规则和程序,建立社情民意反映制度,建立与群众利益密切相关的重大事项社会公示制度和社会听证制度,完善专家咨询制度,实行决策的论证制和责任制,防止决策的随意性。

（五）深化行政管理体制改革。进一步转变政府职能,改进管理方式,推进电子政务,提高行政效率,降低行政成本,形成行为规范、运转协调、公正透明、廉洁高效的行政管理体制。依法规范中央和地方的职能和权限,正确处理中央垂直管理部门和地方政府的关系。按照精简、统一、效能的原则和决策、执行、监督相协调的要求,继续推进政府机构改革,科学规范部门职能,合理设置机构,优化人员结构,实现机构和编制的法定化,切实解决层次过多、职能交叉、机构臃肿、权责脱节和多重多头执法等问题。按照政事分开原则,改革事业单位管理体制。

（六）推进司法改革。按照公正司法和严格执法的要求，完善司法机关的机构设置、职权划分和管理制度，进一步健全权责明确、相互配合、相互制约、高效运行的司法体制。从制度上保证审判机关和检察机关依法独立公正地行使审判权和检察权。完善诉讼程序，保障公民和法人的合法权益。切实解决执行难问题。改革司法机关的工作机制和人财物管理体制，逐步实现司法审判和检察同司法行政事务相分离。加强对司法工作的监督，惩治司法领域中的腐败。建设一支政治坚定、业务精通、作风优良、执法公正的司法队伍。

（七）深化干部人事制度改革。努力形成广纳群贤、人尽其才、能上能下、充满活力的用人机制，把优秀人才集聚到党和国家的各项事业中来。以建立健全选拔任用和管理监督机制为重点，以科学化、民主化和制度化为目标，改革和完善干部人事制度，健全公务员制度。扩大党员和群众对干部选拔任用的知情权、参与权、选择权和监督权。实行党政领导干部职务任期制、辞职制和用人失察失误责任追究制。打破选人用人中"论资排辈"，促进人才合理流动。

（八）加强对权力的制约和监督。建立结构合理、配置科学、程序严密、制约有效的权力运行机制，从决策和执行等环节加强对权力的监督，保证把人民赋予的权力真正用来为人民谋利益。重点加强对领导干部特别是主要领导干部的监督，加强对人、财、物管理和使用的监督。实行多种形式的领导干部述职、述廉制度，健全重大事项报告制度、质询制度和民主评议制度。认真推行政务公开制度。加强组织监督和民主监督，发挥舆论监督的作用。

（九）维护社会稳定。认真解决人民群众工作和生活中的实际问题，正确运用经济、行政和法律等手段，妥善处理人民内部矛盾特别是涉及群众切身利益的矛盾，保持安定团结的局面。胡锦涛明确提出，群众利益无小事，我们所有的人民公仆，必须牢固树立这一观念，将其贯彻落实到自己的一切行动、行为之中。防范和依法严厉打击各种犯罪活动，扫除社会丑恶现象，切实保障人民群众生命财产安全。落实社会治安综合治理的各项措施，保持良好的社会秩序。加强国家安全工作，警惕国际国内敌对势力的渗透、颠覆和分裂活动。

2003年2月24日至26日，中共十六届二中全会在北京举行。全会审议通过《关于深化行政管理体制和机构改革的意见》，国务院据此提出"国务院机构改革方案"，在3月10日的第十届全国人大第一次会议上获得通过,开始了新一轮政府机构改革工作。

社会主义民主政治具有强大的生命力和优越性。在封建主义的历史积淀极其深重的中国,推进社会主义民主政治建设任重道远,但中国共产党和中国人民对自己选择的政治发展道路充满信心,将坚定不移地把中国特色社会主义政治建设推向前进,营造高度民主和谐、生动活泼的社会主义政治文明。

三、第十届全国人民代表大会第一次会议

2003年3月5日至18日,第十届全国人民代表大会第一次会议在北京召开。第十届全国人大代表2 985名,是由各省、自治区、直辖市、香港特别行政区、澳门特别行政区、中国人民解放军等35个选举单位依法选举产生的,具有广泛性和代表性。

国务院总理朱镕基代表国务院作政府工作报告。朱镕基在报告中总结了自九届全国人大一次会议以来的工作,指出:过去的5年,是全国各族人民在党的十五大、十六大精神指引下,沿着中国特色社会主义道路阔步前进的5年;是国家面貌日新月异、各项事业蒸蒸日上、人民生活显著改善的5年;是我们国家社会稳定、民族团结、国际影响日益扩大的5年。《报告》提出,5年政府工作的主要经验是:坚持正确把握宏观调控的方向和力度,实施积极的财政政策和稳健的货币政策;坚持以经济结构调整为主线,着力提高经济增长质量和效益;坚持把解决"三农"问题放在突出位置,巩固和加强农业基础地位;坚持推进国有企业改革,切实加强再就业工作和社会保障体系建设;坚持全面提高对外开放水平,积极参与国际经济技术合作和竞争;坚持实施科教兴国战略,提高科技创新能力和国民素质;坚持走可持续发展道路,促进经济发展与人口、资源、环境相协调;坚持全力维护社会稳定,为改革和发展创造良好环境;坚持转变政府职能,努力建设廉洁、勤政、务实、高效的政府。

朱镕基对2003年工作提出8个方面的建议:继续扩大国内需求,实现经济稳定较快增长,今年经济增长预期目标为7%左右;促进农业和农村经济全面发展;积极推进产业结构调整和西部大开发;深化经济体制改革和扩大对外开放;进一步做好扩大就业和社会保障工作;认真实施科教兴国战略和可持续发展战略;加强社会主义民主法制和精神文明建设;切实加强政府自身建设。

朱镕基满怀信心地表示:党的十六大制定了中国在新世纪、新阶段全面建设小康社会的宏伟蓝图和行动纲领。我们伟大的祖国已经站在更高的历史起点,迈上新的辉煌征程。任何艰难险阻都挡不住中国人民胜利前进的步伐。展望祖国未来,前景无限美好。

大会通过了国务院机构改革方案,对国务院机构进行改革:1.深化国有资产管理体制改革,设立国务院国有资产监督管理委员会(简称国资委),将国家经贸委的指导国有企业改革和管理的职能、中央企业工委的职能,以及财政部有关国有资产管理的部分职能等整合起来,国务院授权国资委代表国家履行出资人职责。2.完善宏观调控体系,将国家发展计划委员会改组为国家发展和改革委员会(简称发改委),并入国务院体改办的职能。现属国家经贸委的行业规划、产业政策、经济运行调节、技术改造投资管理、多种所有制企业的宏观指导、促进中小企业发展以及重要工业品、原材料进出口计划等职能,划归发展和改革委员会。3.健全金融监管体制,设立中国银行业监督管理委员会(简称银监会)。整合中国人民银行对银行、资产管理公司、信托投资公司及其他存款类金融机构的监管职能和中央金融工委的相关职能。4.继续推进流通管理体制改革,组建商务部,主管国内外贸易和国际经济合作,整合国家经贸委的内贸管理、对外经济协调和重要工业品、原材料进出口计划组织实施等职能,国家计委的农产品进出口计划组织实施等职能,以及外经贸部的职能等。5.加强食品安全和安全生产监管体制建设,在国家药品监督管理局基础上组建国家食品、药品监督管理局,仍作为国务院直属机构。继续行使国家药品监督管理局职能,负责对食品、保健品、化妆品安全管理的综合监督和组织协调,依法组织开展对重大事故的查处。将国家经贸委管理的国家安全生产监督管理局改为国务院直属机构,负责安全生产的综合监督管理和对煤矿的安全监察,进一步强化对安全生产的监管。6.将国家计划生育委员会更名为国家人口和计划生育委员会,加强人口发展战略研究,推动人口与计划生育工作的综合协调。7.不再保留国家经济贸易委员会、对外贸易经济合作部。

经过改革调整,除了国务院办公厅外,国务院由29个组成部门减为28个。新一轮政府机构改革,具有鲜明的时代特色。一是紧紧抓住职能转变的主题,职能转变是从优化组织机构进行转变的;二是根据经济全球化的趋势,统筹内外贸易的资源和优势;三是更加强调市场导向。

经过大会的讨论、审议,18日,第十届全国人民代表大会第一次会议举行全体会议,表决通过了关于政府工作报告的决议草案。还表决通过关于

2002年国民经济和社会发展计划执行情况与2003年国民经济和社会发展计划的决议草案、关于2002年中央和地方预算执行情况及2003年中央和地方预算的决议草案、关于全国人民代表大会常务委员会工作报告的决议草案、关于最高人民法院工作报告的决议草案、关于最高人民检察院工作报告的决议草案。会议圆满完成既定议程,胜利闭幕。

2003年3月16日十届全国人大第一次会议第六次全体会议上,温家宝当选为中华人民共和国国务院总理

第十届全国人民代表大会第一次会议选举产生新一届国家领导人。中华人民共和国主席胡锦涛,副主席曾庆红。中华人民共和国中央军事委员会主席江泽民,副主席胡锦涛、郭伯雄、曹刚川。全国人大常务委员会委员长吴邦国,副委员长王兆国、李铁映、司马义·艾买提(维吾尔族)、何鲁丽(女)、丁石孙、成思危、许嘉璐、蒋正华、顾秀莲(女)、热地(藏族)、盛华仁、路甬祥、乌云其木格(女,蒙古族)、韩启德、傅铁山,秘书长盛华仁(兼)。国务院总理温家宝,副总理黄菊、吴仪(女)、曾培炎、回良玉(回族),国务委员周永康、曹刚川、唐家璇、华建敏、陈至立,秘书长华建敏(兼)。并通过了28个部、委、行、署、院负责人。还选举产生十届全国人大常务委员会,并产生财政经济、民族、法律、内务司法、教育科学文化卫生、外事、华侨、环境与资

源保护、农业和农村等9个专门委员会及其负责人。

3月3日至14日,全国政协十届一次会议在北京举行。十届政协委员2 238名,分别来自各党派、各团体、各民族、各行各业各界等方方面面,具有广泛代表性。大会选举产生新一届全国政协领导人,全国政协主席为贾庆林,副主席有王忠禹、廖晖、刘延东、阿沛·阿旺晋美、巴金、帕巴拉·格列朗杰、李贵鲜、张思卿、丁光训、霍英东、马万祺、白立忱、罗豪才、张克辉、周铁农、郝建秀、陈奎元、阿不来提·阿不都热西提、徐匡迪、李兆焯、黄孟复、王选、张怀西、李蒙等24人,秘书长为郑万通。常务委员有299人。还产生了提案、经济、人口资源环境、教科文卫体、社会和法制、民族和宗教、港澳台侨、外事、文史资料等9个专门委员会及其负责人。

四、全面建设小康社会

改革开放以来,经过全党和全国各族人民的共同努力,20世纪80年代中国人民生活从贫困走向温饱,90年代逐渐迈向小康,以完成"九五"计划为标志,实现了由温饱到小康的历史性跨越,胜利实现了现代化建设"三步走"战略的第二步目标,人民生活总体上达到小康水平。这是社会主义制度的伟大胜利,是中华民族发展史上的一个新的里程碑。2000年10月,中共十五届五中全会提出,从新世纪开始,中国进入全面建设小康社会,加快推进社会主义现代化的新的发展阶段。2002年11月8日,江泽民在中共十六大报告中,进一步明确了今后20年全面建设小康社会的任务。中国进入全面建设小康社会的新时期。

邓小平曾多次对中国现代小康的时代特点作出阐述,指出:"所谓小康社会,就是虽不富裕,但日子好过。我们是社会主义国家,国民收入分配要使所有的人都得益,没有太富的人,也没有太穷的人,所以日子普遍好过。更重要的是,那时我们可以进入国民生产总值达到一万亿美元以上的国家的行列。"[①]党的十三届七中全会和七届人大四次会议从三个方面概括了小康的涵义:在温饱的基础上,生活质量进一步提高,达到丰衣足食;生活质量的提高,既包括物质生活的改善,也包括精神生活的充实,既包括居民个人消费水平的提高,也包括社会福利和劳动环境的改善;根据经济发展不平衡的情况,全国实现小康是逐渐推进的,不可能规定一个统一的时刻表。到20

---

① 邓小平文选.第3卷.北京:人民出版社,1993.161~162

世纪末,已经实现小康的少数地区,将进一步提高生活水平,达到较高的发展阶段;温饱问题基本解决的多数地区,将普遍达到小康;尚未摆脱贫困的少数地区,将在温饱的基础上向小康过渡。这是中国共产党对小康的理解,也是中国实现小康的重要指导思想。为了综合反映小康水平,党和政府曾用过人均国民生产总值 800~1000 美元的概念。中共中央《关于制定国民经济和社会发展十年规划和"八五"计划的建议》中,对小康社会的标准又具体提出了 6 个方面,即生活资料更加丰裕、消费结构更加合理、居住条件明显改善、文化生活进一步丰富、健康水平继续提高、社会服务设施不断完善。关于具体的小康标准,有关部门曾经做过一些研究和设定。如 1992 年国家统计局提出的指标体系,分为宏观经济条件、生活质量和生活效果三个领域,共 12 个指标。具体量化指标又分全国标准、城市标准和农村标准三类。

基本达到小康目标在经济方面的伟大成就主要表现在:综合国力持续增强,国际地位明显提高;主要工农业产品产量位居世界前列,商品短缺状况基本结束;经济结构持续优化,产业升级逐步进行;对外贸易规模不断扩大,在世界贸易中的地位不断提高;利用外资规模不断扩大,质量日益提高;外汇储备达到一个较高水平;城乡居民收入水平不断提高;居民消费结构持续优化。但是,中国仍处于并将长期处于社会主义初级阶段,因此,尽管进入了全面建设小康社会、加快推进社会主义现代化的新的发展阶段,其主要矛盾仍然是人民日益增长的物质文化需要同落后的社会生产之间的矛盾。

总之,现在达到的小康是低水平的、不全面的、发展很不平衡的小康。生产力和科技、教育还比较落后,实现工业化和现代化还有很长的路要走;城乡二元经济结构还没有改变,地区差距扩大的趋势尚未扭转,贫困人口还为数不少;人口总量继续增加,老龄人口比重上升,就业和社会保障压力增大;生态环境、自然资源和经济社会发展的矛盾日益突出;我们仍然面临发达国家在经济、科技等方面占优势的压力;经济体制和其他方面的管理体制还不完善;民主法制建设和思想道德建设等方面还存在一些不容忽视的问题。巩固和提高目前达到的小康水平,还需要进行长时期的艰苦奋斗。

第四节 经济改革的全面深化

一、"七五"、"八五"计划的完成

第七个五年计划执行期间是 1986 年至 1990 年。1986 年 4 月,六届全

国人大四次会议原则批准"七五"计划。"七五"计划规定,力争在5年或更长一些的时间内,基本奠定有中国特色的新型社会主义经济体制的基础,并把"七五"计划期间的工业发展部署大体分为前两年和后三年两个阶段。"七五"计划要求,1990年工农业总产值比1985年增长38%,平均每年增长6.7%;国民生产总值比1985年增长44%,平均每年增长7.5%。"七五"计划是中国经济和社会发展的一个重要阶段的目标体系和国家级宏观战略规划。在"七五"计划期间,1988年初出现经济过热和通货膨胀。1988年9月,中共十三届三中全会决定"治理经济环境,整顿经济秩序"。1989年11月,中共十三届五中全会决定进一步治理整顿,深化改革。到1990年底,"七五"计划的绝大部分指标完成或超额完成。

第八个五年计划执行期间是1991年至1995年。1990年12月25日至30日,中共中央在北京召开十三届七中全会。全会审议并通过了《中共中央关于制定国民经济和社会发展十年规划和"八五"计划的建议》。根据十三届七中全会的建议,国务院制定了十年规划和"八五"计划纲要,1991年3月,七届全国人大四次会议正式批准。十年规划和"八五"计划规定,1991年至2000年,要实现现代化建设的第二步战略目标,把国民经济的整体素质提高到一个新水平。其基本要求是:在大力提高经济效益和优化经济结构的基础上使国民生产总值平均每年增长6%,使国民生产总值按不变价格计算,到20世纪末比1980年翻两番;人民生活从温饱达到小康;发展教育事业,推动科技进步,改善经济管理,调整经济结构;初步建立适应以公有制为基础的社会主义有计划商品经济发展的、计划与市场调节相结合的经济体制和运行机制;精神文明建设达到新的水平。第八个五年计划期间,国民经济持续快速增长,提前5年实现国民生产总值翻两番,经济实力显著增强。1995年,国民生产总值达到5.76万亿元。在1988年比1980年翻一番的基础上,用7年时间又翻了一番。"八五"计划期间国民生产总值年均增长12%。

"八五"计划期间,第一产业年均增长4.1%,第二产业年均增长17.3%,第三产业年均增长9.5%。国有单位固定资产投资累计完成4.3万亿元,其中基本建设投资完成2.3万亿元,技术改造投资完成1.1万亿元。建成投产大中型基建项目845个,限额以上重点技改项目374个。主要工农业产品产量稳步增长。1995年,粮食产量达到4.65亿吨,比1990年增加1 900万吨;油料2 250万吨,增加630万吨;肉类总产量5 000万吨,增加2 140

万吨;水产品2 538万吨,增加1 230万吨;原煤12.98亿吨,增加2.2亿吨;原油1.49亿吨,增加1 078万吨;天然气174亿立方米,增加21.78亿立方米;发电量1万亿千瓦时,增加3 780亿千瓦时;钢9 400万吨,增加2 800万吨;10种有色金属425万吨,增加190万吨;化肥(折纯)2 450万吨,增加570万吨;乙烯243万吨,增加86万吨;化纤290万吨,增加125万吨;汽车150万辆,增加99万辆;彩电1 958万台,增加925万台;集成电路3.1亿块,增加2亿块。①

  经济体制改革取得突破性进展,国民经济市场化、社会化程度明显提高,社会主义市场经济体制正在逐步建立。"八五"计划期间,对外开放由沿海扩展到沿边、沿江、沿主要铁路线和内陆省会城市,经济特区继续发挥对外开放窗口的重要作用,浦东开放开发取得很大进展;对外开放的领域由一般加工业扩展到基础工业和基础设施;外商直接投资由中小企业扩展到大企业,多方位、多层次、多形式的对外开放格局基本形成。进出口总额五年超过1万亿美元。②5年实际利用外资超过1 600亿美元。③引进先进技术和管理经验,促进了国内生产技术和管理水平的提高。产业结构调整取得明显成效,水利建设得到加强,能源、交通、通信建设创造了历史最高水平,支

1993年开始兴建的三峡工程图景

柱产业快速成长。"八五"期间,长江三峡、黄河小浪底和北江飞来峡水利枢纽相继开工建设;建成了黄淮海平原灌溉等一批水利工程;农村人畜饮水工

---

①②③ 中华人民共和国国民经济和社会发展"九五"计划和2010年远景目标纲要.见:十四大以来重要文献选编.中册.北京:人民出版社,1997.1826~1827,1828,1828

程建设有了较大发展。农田灌溉面积净增200万公顷。能源、交通、通信建设步伐加快,生产能力提高,对国民经济发展的瓶颈制约有所缓解。"八五"期间,发电装机总容量新增7 500万千瓦,年均增长9%,1995年达到2.1亿千瓦;新增铁路营业里程3 000公里,复线3 848公里,电气化2 973公里,基本建成京九、宝中、集通新线和兰新复线,增强了铁路干网运输能力;新建和改造公路9.2万公里,其中高等级公路8 000公里;新建和改建沿海港口中级以上泊位170个,增加吞吐能力1.38亿吨;新建和改造了一批机场,客机座位增长1.4倍;铺设长途光缆干线10万公里,电话交换机总容量新增5 895万门,年均增长42%。① 汽车、电子、石化等产业生产能力快速增长,形成了具有经济规模的年产15万辆轿车、45万吨乙烯、300万台彩电的生产基地。轻工纺织产品满足了国内市场需要,在国际市场上发挥优势,出口大幅度增加。城乡居民生活水平提高较快,生活质量进一步改善。"八五"计划期间,城镇居民人均生活费收入实际年均增长7.7%,农民人均纯收入实际年均增长4.5%。社会消费品零售总额实际年均增长10.6%。人民生活在20世纪80年代基本解决温饱的基础上继续提高,贫困人口减少。城镇人均居住面积由6.7平方米提高到7.9平方米。电话普及率由1.1%提高到4.6%。② 城镇职工实行了

现代化建设新时期卫星发射中心顺利将火箭发射成功

---

①② 中华人民共和国国民经济和社会发展"九五"计划和2010年远景目标纲要.见:十四大以来重要文献选编.中册.北京:人民出版社,1997.1828~1829,1830

每周五天工作制。城乡居民生活质量提高,文化生活更加丰富。国防建设在调整中发展,和平利用军工技术取得显著成效。军转民在核电、民用卫星、民用船舶、民用飞机制造和卫星发射等方面取得重大进展,开拓了国内市场,进入了国际市场,对国民经济发展起了重要作用。

1992年初,邓小平视察南方,发表重要谈话,改革大潮迭起。10月12日至18日召开的中共十四大作出加快发展的战略。把20世纪90年代国民经济年均增长率从原定的6%提高到8%~9%,到20世纪末国民生产总值超过原定比1980年翻两番的要求。"八五"计划提出的主要任务完成或超额完成,国民经济和社会发展取得显著成就,社会生产力、综合国力和人民生活,都上了一个新的台阶。

二、深化经济体制改革

1997年9月中共十五大召开之后,经济改革全面深化。

(一)全国城镇住房制度改革与住宅建设工作会议

1998年6月15日至17日,全国城镇住房制度改革与住宅建设工作会议在北京召开。国务院副总理温家宝出席会议并作了重要讲话。温家宝指出,深化城镇住房制度改革的指导思想是:稳步推进住房商品化、社会化,逐步建立适应社会主义市场经济体制和中国国情的城镇住房新制度;加快住房建设,促使住宅业成为新的经济增长点,不断满足城镇居民日益增长的住房需求。温家宝在讲话中强调,推进城镇住房制度改革,必须坚持积极稳妥的方针,做到人民安心、中央放心、有利稳定、促进发展。

会议指出,深化城镇住房制度改革与住宅建设,是保持国民经济持续快速健康发展的需要,是全面建立社会主义市场经济体制的需要,也是进一步改善人民生活的需要。住房建设既有很高的产业价值,也有广阔的市场,可以提供大量的就业机会,是国民经济发展的一个新的增长点。

会议提出,深化城镇住房制度改革与加快住宅建设,必须始终坚持住房商品化的方向,紧紧围绕建立住房新制度的目标,同时要从现实条件和可能出发,着眼于把大的关系理顺。为此,要把握好四个重点。一是改革城镇住房分配体制。从1998年下半年起,全国停止住房实物分配,实行住房分配货币化。新建经济适用住房原则上只售不租,鼓励职工利用工资收入和住房公积金购房。银行通过发放个人住房抵押贷款支持职工购房。有条件的地方也可以按规定将财政、单位现有住房建设资金转化为住房补贴,帮助职工购房。对现有住房的改革,要按照1994年《国务院关于深化城镇住房制度改革的决定》稳步推进,继续推进和完善住房公积金制度。住房租金的改革,一是要充分考虑职工承受能力,二是建立以经济适用住房为主体的多层次的新的住房供应体系,满足不同收入群众对住房的需求。对收入较高的家庭提供档次较高的商品住房,实行市场价;对中低收入家庭提供经济适用的商品住房,实行政府指导价;对最低收入家庭提供廉租住房,租金实行政府定价。要努力提高住房投资中用于经济适用住房投资的比重,加快经济适用住房的开发建设和供应。要坚决取消各种不合理收费,控制开发利润,尽可能降低经济适用住房的售价。要采取有效措施,加快空置商品房的消化工作。三是扩大金融服务,促进住房商品化。四是有步骤地培育和规范住房交易。要健全住房交易法规,建立市场准开、准入制度,经过试点,逐步发展。

会议指出,城镇住房制度改革关系到改革、发展、稳定的大局,涉及每个干部、职工的切身利益,必须充分考虑国家、单位、个人的承受能力,使改革获得广大群众的理解和支持,在保持社会稳定的前提下健康向前推进。会议强调,推进城镇住房制度改革,要坚持统一政策目标指导,因地制宜地组织实施。这次会议主要确定总体思路、目标和原则,各地要把握好大的政策界限和原则要求,同时要从本地实际情况出发,确定具体的改革方案,分别组织实施。改革的步骤和进度包括具体出台的时间,不作统一规定,由各省、自治区、直辖市自主决定。各地在住房制度改革中已经积累了大量经验,有了一套适合本地区情况的房改政策和具体办法,要在过去经验的基础上,按照中央的总体政策目标,继续深化、改进和完善。

会议强调,严肃纪律,制止和纠正房改过程中的不正之风,直接关系到房改工作的成败。为此,一定要注意处理好房改和党风廉政建设的关系,严肃纪律,规范操作,保障房改的顺利进行。对低价售房、变相增加住房补贴、用低价超标购房、公房私租等以房谋私的违纪违规行为,要认真清查,严肃处理。

1998年7月3日,《国务院关于进一步深化城镇住房制度改革,加快住房建设的通知》发布,全国城镇住房制度改革在这一通知精神的指导下,顺利推进,不断深化。

(二)中国人民银行管理体制改革

随着改革的深入,金融体制改革势在必行。1997年11月18日,国务院总理朱镕基在全国金融工作会议上提出,进一步深化金融改革和整顿金融秩序、防范和化解金融风险势在必行;中国人民银行和国有银行管理体制必须改革,要完善金融体系和加强金融监管,开创金融改革和发展的新局面。12月6日,中共中央、国务院发出《关于深化金融改革,整顿金融秩序,防范金融风险的通知》。

1998年11月15日《人民日报》载文指出,党中央、国务院最近作出决定,对中国人民银行管理体制实行改革,撤销省级分行,跨省(自治区、直辖市)设置9家分行。

为贯彻党中央、国务院的决定,中国人民银行在京召开全国分行行长会议。中共中央政治局委员、国务院副总理温家宝到会并作重要讲话。温家宝说,改革开放20年来,中国金融业稳步发展,对外开放逐步扩大,金融体制改革逐步深化。到1998年10月底,金融机构人民币各项存款余额达9.3万亿元,各项贷款余额8.3万亿元,国家外汇储备达1437亿美元,分别比1978年增长82倍、45倍和845倍;个人储蓄存款余额5.2万亿元,比1978年增长249倍。目前,已经基本形成了由中央银行调控和监督、国家银行为主体、政策性金融与商业性金融分工、多种金融机构合作、功能互补的金融体系。新的金融体系在控制通货膨胀和促进经济发展中发挥了积极的作用。与此同时,必须清醒地认识到中国金融业在发展中也存在风险。党中央、国务院对防范和化解金融风险十分重视。

温家宝说,中央银行是金融体系的核心,中央银行管理体制的改革事关整个经济体制改革和宏观调控的大局。随着金融体制改革的深入和金融市场的发展,现行管理体制已经不能适应新形势下中央银行依法履行职责的需要,而且与金融机构业务发展不相适应,改革势在必行。这次改革人民银行管理体制是建立社会主义市场经济体制的必然要求,也是当前加强金融监管的迫切需要。人民银行管理体制改革方案,是党中央、国务院经过长期酝酿、反复研究、慎重决策确定的。撤销人民银行省级分行,建立9个跨省(自治区、直辖市)分行,有利于增强中央银行执行货币政策的权威性;有利于增强中央银行金融监管的独立性;有利于增强金融监管的统一和效能,在跨省范围内统一调度监管力量,摆脱各方面的干预,严肃查处违规的金融机构和责任人,提高金融监管的效率。这项改革标志着中国金融改革进入了一个新阶段,迈出了重要的一步。

人民银行新设立的9个跨省、区、市分行分别是:天津分行(管辖天津、河北、山西、内蒙古),沈阳分行(管辖辽宁、吉林、黑龙江),上海分行(管辖上海、浙江、福建),南京分行(管辖江苏、安徽),济南分行(管辖山东、河南),武汉分行(管辖江西、湖北、湖南),广州分行(管辖广东、广西、海南),成都分行(管辖四川、贵州、云南、西藏),西安分行(管辖陕西、甘肃、青海、宁夏、新疆)。撤销北京分行和重庆分行,由总行营业管理部履行所在地中央银行职责。

(三)粮食流通体制改革

1998年3月召开的九届全国人大一次会议上,国务院总理朱镕基在答记者问中提出,"五项改革"的第一项是粮食流通体制改革。

1998年3月九届全国人大一次会议上朱镕基总理答记者问

1998年3月24日,朱镕基在长春召开的辽宁、吉林、黑龙江和内蒙古四省区党政主要负责人座谈会上指出,中国粮食生产连年获得丰收,为促进国民经济发展和社会稳定起到了重要作用。但是现行的粮食流通体制存在很多矛盾和问题,既不利于保护农民的生产积极性,又不适应社会主义市场经济的要求。突出的问题是,国有粮食企业经营机制转换滞后,富余人员过多,管理不善,收购资金被挤占挪用问题严重,国有粮食企业财务亏损挂账使得财政和银行不堪负担,粮食流通体制已到了非改革不可的时候了。改革的方向只能是把粮食企业完全交给地方统筹管理。今后要分清中央和地方的职责,不能再吃"大锅饭"。中央主要负责粮食宏观调控和管理,地方政府要对本地区粮食生产全面负责。

4月21日,国务院就国有企业下岗职工再就业和粮食流通体制改革工作召开座谈会。朱镕基说,粮食流通体制改革的初步方案已经形成,因事关重大,要集思广益,多听各方面的意见,采取可行的措施。

4月27日到29日,全国粮食流通体制改革工作会议在北京召开。国务院总理朱镕基在讲话中指出,粮食流通体制改革已到了非改不可、不改不行、刻不容缓的时候了。他强调,改革的基本原则是"四分开一完善",即实行政企分开、储备与经营分开、中央与地方分开、新老财务账目分开,完善粮食价格机制。在深化粮食流通体制改革过程中,要切实把握好几个重点。

一是政企必须分开。政企不分是造成国有粮食企业吃财政和银行的"大锅饭"的重要原因。粮食行政主管部门代表政府应对全社会粮食流通进行管理,要与粮食企业在人、财、物等方面彻底脱钩,不得参与粮食经营,不得直接干预企业的经营活动。所有国有粮食企业,包括乡镇粮库,都要面向市场,实行独立核算,降低生产费用,增强竞争能力,成为自主经营、自负盈亏、自我约束、自我发展的经济实体,不承担粮食行政管理职能。

二是中央与地方的粮食责权必须明确划分。此后,中央政府集中抓好全国粮食供求总量的宏观控制,地方政府要对本地区粮食生产和流通全面负责,发展粮食生产,搞好粮食收储,保证粮食供应,稳定粮食价格。

三是粮食储备和经营必须分开。中央和地方的储备粮与企业经营周转粮要在管理上分开,真正做到储得进、调得动、用得上,节约储存成本费用。要加快完善中央和地方两级粮食储备体系。无论是产区还是销区(特别主销区)的政府都必须有充足的合理的粮食储备,销区应主动分担粮食储备的负担,减轻产区财政的压力。

四是消化粮食企业亏损在银行的挂账必须由中央和地方财政共同分担、限期归还。中央财政将负担除少数主销区以外的亏损挂账在限期内的全部利息。粮食企业要通过减员增效、改善经营、降低费用、提高效益,尤其要坚持顺价销售的原则,保证不发生新的亏损,在还本期限内,从经营利润中逐步归还亏损挂账的本金。为确保此后不再出现新的挂账,要切实做到收购资金封闭运行。粮食收购资金要严格按照"库贷挂钩"的办法供应和管理,坚决实行"钱随粮走"办法,确保粮食销售后能及时足额将贷款本息归还农业发展银行。农业发展银行要加强对粮食收购、调销、储备资金的全过程监管。严禁再出现挤占、挪用粮食收购资金的情况,对违反规定的坚决查处并停止贷款。

五是进一步完善粮食价格形成机制。此后在正常情况下,粮食价格主要由市场供求决定。粮食企业按市场价格经营粮食。为了保护生产者利益,政府制定粮食收购保护价敞开收购农民的余粮;为了保护消费者利益,政府制定粮食销售限价,作为调控目标。当市场粮价低于保护价或超出销售限价时,政府主要依靠储备粮吞吐等手段,通过调节市场供求,促进市场粮价稳定在合理的水平。

六是进一步健全粮食流通体系。要加强粮食流通体系建设,积极培育县以上粮食交易市场,健全粮食市场信息网络,完善粮食市场交易规则,搞活粮食流通。要充分发挥国营粮食企业收购粮食的主渠道作用,严禁私商和其他企业直接到农村收购粮食;粮食销售市场要进一步放开搞活,实行多渠道经营。

朱镕基还强调,粮食流通体制改革是一项重大改革,下一步要狠抓落实。温家宝代表国务院在会议上作了关于深化粮食流通体制改革的工作报告。与会代表认真学习和讨论了领导讲话和国务院即将发布的《国务院关于进一步深化粮食流通体制改革的决定》。会议认为,目前已具备了深化改革的宏观环境。

5月10日,《国务院关于进一步深化粮食流通体制改革的决定》发表。

6月3日,全国粮食购销工作电视电话会议在北京召开。朱镕基总理强调,推进粮食流通体制改革,做好粮食购销工作,要抓住重点。当前的重中之重是"贯彻按保护价敞开收购农民余粮、粮食收储企业实行顺价销售、农业发展银行收购资金封闭运行"三项政策。

这次会议主要就进一步贯彻《国务院关于进一步深化粮食流通体制改革的决定》,做好当前粮食流通体制改革和对粮食购销工作作出安排和部署。

11月13日至15日,全国粮食流通体制改革工作座谈会在北京举行,朱镕基总理作重要讲话。他指出,近几个月来,各地积极贯彻中央的粮改部署,做了大量的工作,取得了初步成效。对粮食流通体制改革的成果给予肯定。

三、加强宏观调控,实现国民经济"软着陆"

从20世纪70年代末开始,中国经济持续高速发展,也曾数次出现经济过热,每次遇到经济过热,都曾试图使经济"软着陆",但均未获得成功。1984年第四季度开始经济出现过热,1986年力图"软着陆",结果未"着陆",没有达到预期效果。特别是1988年经济过热实施治理整顿,想"软着陆",结果由于紧缩力度过大,最终导致了"硬着陆"。1993年再次出现经济过热,中共中央采取措施,加强和改善宏观调控,经过3年多的努力,终于在1996年成功地实现了"软着陆"。

经济"软着陆",是经济学界借用航空航天的一个术语,是对过热的经济逐步冷却,比较平滑稳健地进入到适度(正常)增长区间的过程的形象描述。它是相对于采取过急措施,使过热的经济骤然冷却,导致经济下滑过大过快,甚至衰退的"硬着陆"而言的。

在1992年初邓小平视察南方重要谈话和中共十四大精神指引下,国民经济在1989～1991年三年治理整顿的基础上进入了一个新的发展阶段,1992年国内生产总值比上年增长13.2%。进入1993年,国民经济仍然保持强劲的发展态势,当年第一季度国民生产总值比1991年同期增长15.1%。但是,由于中国经济发展主要是依靠高投入、铺设新摊子的外延性扩大再生产来实现的,而不是主要依靠科学技术进步来实现的,这种经济运行模式在经济高增长的情况下,必然带来需求迅速扩张、资源的高消费和资源"瓶颈"制约。从1992年下半年开始,经济运行已出现失衡苗头,其中特别是金融秩序混乱状况特别突出。到1993年上半年,尽管中央多次要求各地积极全面正确地领会邓小平视察南方重要谈话和中共十四大精神,把解放思想同实事求是统一起来,既要抓住机遇,加速发展,又要稳妥,避免损失,特别要避免大的损失,要避免经济过热现象的出现,但由于对形势判断本身有一定的难度,加上地方及部门经济利益的驱动和思想认识的不一致,新旧经济体制的交替,金融领域的混乱没有得到遏制,严重地危及整个经济的稳定。其突出表现为:一是货币投放过量,金融秩序混乱;二是投资需求和消费需求都出现膨胀的趋势;三是财政困难状况加剧;四是由于工业增长速度越来越快,基础设施和基础工业的"瓶颈"制约进一步强化;五是出口增长乏力,进口增长过快,国家外汇结存下降较多;六是物价上涨越来越快,通货膨胀呈现加速之势。1993年固定资产投资的增幅达到60%以上,房地产、开发区遍地开花,金融领域秩序混乱,出现"泡沫"经济。

面对经济严重过热,1993年6月24日,中共中央、国务院联合发出《关于当前经济情况和加强宏观调控的意见》,以整顿金融秩序为重点,提出16

条措施:严格控制货币发行,稳定金融形势;坚决纠正违章拆借资金;灵活运用利率杠杆,大力增加储蓄存款;坚决制止各种乱集资;严格控制信贷总规模;专业银行要保证对储蓄存款的支付;加快金融改革步伐,强化中央银行的金融宏观调控能力;投资体制改革要与金融体制改革相结合;限制完成国库券发行任务;进一步完善有价证券发行和规范市场管理;改进外汇管理办法,稳定外汇市场价格;加强房地产市场的宏观管理,促进房地产业的健康发展;强化税收征管,堵住减免税漏洞;对在建项目进行审核排队,严格控制新开工项目;积极稳妥地推进物价改革,抑制物价总水平过快上涨;严格控制社会集团购买力的过快增长。

中共中央、国务院《关于当前经济情况和加强宏观调控的意见》要求:各地区、各部门都要从大局出发,加强组织纪律性,做到令行禁止,坚决维护中央对全国宏观经济调控的统一性、权威性和有效性。自接到文件之日起,必须立即组织贯彻落实,制定出具体的办法和措施。

16条中有8条直接与金融有关,有6条间接与金融有关,是以治理金融秩序为突破口来整顿各方面的经济秩序。为贯彻16条,中央出台了一系列改革措施。1993年5月15日和7月11日两次上调了存贷款利率。5月15日各档次定期存款平均提高2.18个百分点,各项贷款平均提高0.82个百分点。7月11日存款年利率平均上调1.72个百分点,各项贷款年利率在现行基础上平均上调1.38个百分点。1993年7月重新恢复了3年以上期居民保值储蓄。1993年7月初全国金融工作会议召开,国务院副总理朱镕基参加了几次座谈会,并在会上作总结讲话。朱镕基提出四句话:"整顿金融秩序,严肃金融纪律,推进金融改革,强化宏观调控。"①接着,又召开了全国财政、税务工作会议,朱镕基讲话中又提出四句话:"整顿财税秩序,严肃财经纪律,强化税收征管,加快财税改革。"②此后,宏观调控开始在全国实施。

党和国家对实施宏观调控的态度是非常坚定的。朱镕基给银行系统的领导干部提出"约法三章":一是立即停止和认真清理一切违章拆借,已违章拆出的资金要限期收回;二是任何金融机构不得擅自或变相提高存贷款利率;三是立即停止向银行自己举办的各种经济实体注入信贷资金,银行要与自己兴办的各种经济实体彻底脱钩。接着,朱镕基又给财税部门职工提出

---

①② 朱镕基.整顿财税秩序,严肃财经纪律,强化税收征管,加快财税改革.见:十四大以来重要文献选编.上册.北京:人民出版社,1996.356,356

"约法三章"：一是严格控制税收减免；二是要严格控制财政赤字，停止银行挂账；三是财税部门及所属机构，未经人民银行批准，一律不准涉足商业性金融业务，所办公司要限期与财税部门脱钩。估计到了遵守"约法三章"的难度，朱镕基要求各级领导班子要以身作则，他认为只有自己以身作则，才能够严格要求部下。

经过努力，1994年成功地进行了财税、汇率、金融、物价等全方位的改革，进行固定资产投资大检查，使经济秩序很快得到控制。但由于是"软着陆"，没有采取过于严厉的措施，而且进行了汇率并轨和粮价购销体制的改革，加上经济运行的惯性和物价上涨的时滞，经济增长速度仍然很高。1994年上半年GDP比上年同期增长11.6%。物价上涨继续攀高，商品零售价格上涨幅度均在20%左右。但是经济过热的势头已经得到抑制，一些先行指数已开始下滑。例如，固定资产投资1994年各月增长幅度均比1993年有所回落。投资类商品价格的涨势也已从1993年下半年开始回落，如市场钢材的销售价格的上涨幅度在1993年7月达到最高点，从1994年3月开始，市场钢材的销售价格已经开始下降。

1994年12月以后，面对虽开始冷却，但仍然较热的经济增长和持续的物价上涨，中央继续坚持了适度从紧的财政和货币政策，并将治理通货膨胀放在了首要位置，采取了包括"米袋子"和"菜篮子"以及强化物价和固定资产投资的监管等行政措施。经过努力，取得了明显成效。1995年经济增长速度进一步回落到10.5%，已接近适度增长区间。零售物价的上涨幅度虽然还在14.8%，但比以前已明显减弱。而且，分月看涨势已从1994年11月开始逐渐减弱。金融形势稳定，各层次货币均呈现回落态势，全年货币的投放量明显低于1500亿元的控制目标。

1995年12月份以后的一年中间，国家进一步扩大前一阶段宏观调控的成果，在保持经济增长速度基本稳定的基础上，将物价上涨率控制在一位数。经过各方面的共同努力，宏观经济环境进一步改善，从总体上分析，经济形势进一步好转，实现了预定经济目标，成功地完成了经济的"软着陆"。1996年国民经济比上年增长9.6%，进入适度运行区间。金融形势基本稳定，金融改革顺利进行。通货膨胀进一步得到有效抑制，1996年商品零售价格比上年上涨6.1%，涨幅比1995年回落了8.7个百分点，不仅实现了1996初确定的10%左右的调控目标，而且明显低于经济增长率。

1996年11月21日至24日，中共中央、国务院在北京召开中央经济工作会议。会议认为,经过3年的努力,中国国民经济实现了持续、快速、健康发展,以治理通货膨胀为首要任务的宏观调控基本达到了预期目标,整个经济开始进入适度快速和相对平稳的发展轨道。这实际上宣布了经济"软着陆"的实现。

这次经济"软着陆"的成功,是中国改革开放历史上的首次突破,具有重要的历史意义。之所以能取得成功,是中央认真总结以往经验教训,逐步认识并按照社会主义市场经济规律办事,坚定不移地走邓小平建设中国特色社会主义道路,紧紧抓住经济建设不放,正确处理改革、发展、稳定三者之间的关系,科学有效地调控的结果。党和国家发挥了高超的调控技巧,做到了预见性强,调控及时;调控目标明确,重点突出;调控力度适度,政策连续性强;扩大改革开放,促进宏观调控;采用多种调控手段,直接和间接相结合。在紧缩需求的同时,注重供给面的改善。

尽管"软着陆"成功,但也应看到经济生活中仍存在着一些问题,成功地完成了经济的"软着陆",仅仅是国民经济走向正常健康发展的开端,如何保持经济的长期、健康、稳定发展,是宏观调控需要更加注意的重大问题。

四、亚洲金融危机与经济政策的调整

1997年7月亚洲金融危机爆发,给亚洲经济发展带来很大的影响。面对亚洲金融危机,中国的经济改革需要做出新的抉择。

亚洲金融危机首先是从东盟国家开始的。东盟在20世纪60年代成立时基本上是一个军事政治组织,后来随着国际关系的变化而演变成为区域性的经济集团,70年代以来东盟国家经济得到长足发展,引起全球瞩目。

1997年7月2日,泰国的货币泰铢大幅度贬值,虽然引起很大震动,但当时人们并未意识到这是一场将来波及亚洲许多国家的金融危机,更没有料到它的影响扩散到全世界。继泰国之后,众多东南亚国家很快发生连锁反应。一些国家从金融危机发展到整个经济危机,甚至引发了严重的社会危机。更有甚者,金融危机诱发了一些国家的政权更迭。金融危机由东南亚蔓延到东北亚。韩国陷入金融危机,这个工业基础雄厚,被认为已经进入先进工业国家行列,不再属于发展中国家的国家,面临严峻的金融形势。日本这个东南亚国家中的最大投资国,自20世纪90年代初泡沫经济破灭之后,经济一直处于低迷不振状态,东南亚经济危机使日本经济雪上加霜,到1999年初仍不见大的起色。因日本是亚洲经济最强的国家,世界第二经济大国,所以日本经济走势不仅对亚洲,而且对世界经济都有比较大的影响。日本、韩国经济出纰漏,主要在于金融体制。

在世界经济中占相当比重的东南亚各国的金融危机,其影响必然会波及全球其他国家和地区。1998年俄罗斯发生金融危机,由于外债过多,俄罗斯金融危机直接涉及西方经济发达国家的利益。

美国对亚洲金融危机起初持观望态度,原在东南亚的大量国际资本抽逃或转移到了美国,对美国有利。但美国总出口的30%在亚洲,美国也难独善其身。1998年美国对太平洋地区的出口猛跌10%以上,股市波动,经济增长率下降。欧洲各国受亚洲金融危机影响相对较轻一些,甚至因资本回流得利。

东南亚金融危机给中国带来相当大的冲击,造成很大经济损失。1998年中国外贸进出口总额3 240亿美元,比1997年下降了0.4%,这是自1983年以来进出口总额第一次出现负增长的年份。其中出口1 837.6亿美元,增长0.5%,增长幅度比1997年大幅度回落,对东南亚国家出口下降13.6%[1];进口1 401.7亿美元,下降1.5%;实现贸易顺差435.9亿美元,增长8.2%。到12月末,外汇储备达到1 450亿美元,比上年同期增长3.6%。从全年外贸出口走势看,上半年仅在5月份出现过一次小幅度的负增长(1.5%),自8月份以后,降幅不断提高,其中10月份降幅达到17.3%,这表明亚洲金融危机对中国外贸出口的影响正在逐步深化。在亚洲金融危机日益加重的情况下,亚洲国家如韩国、泰国、菲律宾、印度尼西亚、马来西亚等国货币都出现了大幅度的贬值,其贬值幅度在30%~70%之间。周边国家货币深度贬值对中国人民币汇率提出了严峻的挑战。面对东南亚经济危机强大的外部压力,中央及时提出"坚定信心,心中有数,未雨绸缪,沉着应付,埋头苦干,趋利避害"[2]的指导思想,作出了扩大内需,实行积极的财政经济政策,加强基础设施建设,推动经济发展和保持人民币汇率稳定等重大决策,采取了一系列应对措施。

首先,中国政府为了保持亚洲经济的稳定,减轻金融危机对亚洲国家的冲击,保持人民币汇率不贬值。1998年全年,人民币对美元汇率一直稳定在

---

[1] 马洪,王梦奎.中国经济形势与展望(1998~1999).北京:中国发展出版社,1999.77

[2] 人民日报,1998-12-10

8.27:1左右。尽管中国承担了因出口滑坡所带来的利益损失,但为尽快化解金融危机对亚洲乃至全世界的不利影响作出了巨大贡献,同时表现了中国在国际社会中负责任的大国形象。与此同时,国家稳步推进金融改革,大力整顿金融秩序,加强金融监管,加快制定金融管理的法律法规,建立和完善防范、化解金融风险的有效机制。依法严肃查处各种违规违纪行为和金融犯罪活动,打击骗汇、逃汇和套汇。

其次,扩大内需,拉动经济增长。外贸难振之际,理当扩大内需。1998年12月,江泽民总书记在中央经济工作会议上提出,扩大国内需求,开拓国内市场,是中国经济发展的基本立足点和长期战略方针。在扩大投资需求方面,1999年要继续加大力度,在增加国家投入的基础上,更加重视和鼓励企业、集体和个人等社会投资。同时,要把促进消费需求的增长作为拉动经济增长的一项重大措施,使投资和消费双向启动。要千方百计地开拓城乡市场,特别是农村市场。要培育新的消费热点,拓宽消费领域,鼓励和引导城乡居民增加消费支出。同时,要充分利用两个市场、两种资源,提高对外开放的水平。继续实行积极的财政政策并辅之以适当的货币政策,对扩大内需、刺激经济增长具有十分重要的作用。

1999年3月,国务院总理朱镕基在九届人大二次会议政府报告中提出继续扩大内需和实施积极的财政政策。

五、抗洪救灾

1998年,长江、松花江、嫩江流域发生了大洪水。全国人民奋起抗洪救灾。

(一)长江大洪水和抗洪救灾

1998年6月份起,长江流域气候异常,雨水过大,连续出现3次持续大范围强降雨过程。第一次,是6月12日至27日。江南大部分地区暴雨频繁,江西、湖南、安徽等地区降雨量比常年同期多1倍以上,江西北部多2倍以上。第二次,是7月4日至25日。长江三峡地区、江西北部、湖南西北部和其他沿长江地区,降雨量比常年同期偏多5成至2倍。第三次,是7月末至8月底。长江上游、汉水流域、四川东部、重庆、湖北西南、湖北西北部降雨量较常年偏多2至3倍。

受降雨影响,长江发生了继1954年以来第二次全流域性大洪水。7月份长江中下游主要站的洪量超过1954年,其中宜昌站1 215亿立方米,比

1954年多45亿立方米,汉口站1 648亿立方米,比1954多120亿立方米。1998年长江流域洪水主要有四个特点:一是全流域发生大洪水。除上游多次发生大洪水外,鄱阳湖水系的信江、修河、饶河和抚河均超过历史最高水位,洞庭湖水系的湘江、资水、沅江、澧水多次发生大洪水,汉江、清江等支流也多次发生较大洪水。二是干支流洪水遭遇,洪峰叠加。在湖南、湖北先期发生特大洪水、水位居高不下的情况下,长江上游又多次发生洪水,与中下游洪水不断遭遇。三是水位高。长江干流宜昌以下河段全线超过警戒水位。沙市至螺山、武穴至九江360公里江段和洞庭湖、鄱阳湖的水位超过历史最高水位,特别是沙市江段水位曾高达45.22米。四是洪峰接连出现,高水位持续时间长。长江上游发生8次洪峰,8月上旬到中旬,10天时间内出现3次洪峰。长江中游大部分江段超警戒水位两个多月,超历史最高水位的时间持续一个多月。8月7日,长江干堤的九江大堤决口。在大洪水中有1 320多人死亡。

长江汛情发生后,中共中央、国务院直接领导了抗洪抢险斗争,百万军民与罕见的大洪水进行了殊死搏斗。

7月4日至5日、6日至9日,国务院总理朱镕基先后视察江西、湖北、湖南三省的防汛抗洪工作。7月26日,国务院办公厅发出通知,要求各部门认真贯彻江泽民总书记关于防汛工作的重要指示,全力以赴支持各地防汛抗灾抢险工作。27日,江西宣布进入紧急防汛期。8月2日,国家防汛抗旱总指挥部(简称国家防总)紧急调拨一批防汛物资,运往安徽、江西抗洪抢险前线。4日,国家防总召开第三次全体会议,进一步部署防汛抗洪救灾工作。6日中共中央、国务院、中央军委发布致全国抗洪军民的慰问电。解放军总政治部下发《全军和武警部队抗洪救灾政治工作情况通报》,中央政法委致电慰问抗洪前线政法干警。8月7日,共青团中央发出通知,号召各级团组织进一步动员和组织广大团员青年投入抗洪救灾斗争。同一天,长江南岸九江市防洪墙出现决口。江泽民总书记获知此事后指示调遣部队支援九江堵口抢险。朱镕基总理要求全力保护人民生命安全,坚决堵住决口。与此同时,卫生部召开救灾防病紧急工作会,向全国卫生部门提出进一步加强救灾防病工作的具体要求。8日至9日,朱镕基代表党中央、国务院来到湖北省长江抗洪抢险第一线,察看长江大堤防守情况,慰问抗洪军民。9日下午,朱镕基再次来到九江市抢险现场。经军民5天5夜殊死搏斗,决口于12日实现了堵口合龙。10日,国务院副总理温家宝在荆州市主持召开国家防总特别会议。同日,卫生部部长张文康主持的救灾防病工作领导小组紧急会议确定,加大组织协调力度,确保洪涝地区不发生大范围疫病流行。11日,中央政法委发出紧急通知,要求全力维护灾区社会治安。

洪灾牵动着全国人民的心,支援灾区的活动在各行各业展开。党和国家全力组织抗洪抢险。8月10日,香港长江实业集团有限公司董事局主席李嘉诚向遭受洪涝灾害的内地灾区捐款5 000万港元。11日,中央组织部决定,下拨1 000万元党费用于抗洪救灾,21日,再次下拨1 000万元党费用于抗洪救灾。国家经贸委发出紧急通知,要求确保抗洪救灾期间的电力生产和供应。国家药品监督管理局发出了《关于进一步做好医药救灾储备供应、支持各地防汛抗洪工作的紧急通知》。8月12日,中央纪委、监察部发出通知,要求洪灾地区的各级纪检监察机关和纪检监察干部要严明纪律,确保防汛抗洪斗争最后胜利。同日,最高人民法院通知,要求各地法院依法严惩破坏抗洪救灾犯罪分子。军委总部再次紧急补充后勤物资。各民主党派、全国工商联发出致抗洪抢险第一线军民的慰问信。江泽民推迟了原订9月初访问俄罗斯和日本的行程。8月13日,江泽民赴湖北抗洪抢险第一线指导抗洪斗争。14日,江泽民在湖北视察长江抗洪抢险工作时发表重要讲话,并就决战阶段的长江抗洪抢险工作作总动员;同日,签署中央军委命令,授予在长江抗洪抢险中英勇牺牲的空军某高炮团政治指导员高建成"抗洪英雄"荣誉称号。8月15日,国家防汛抗旱总指挥部向国家各防总成员单位发出进一步加强抗洪抢险工作的紧急通知。同日,国务院办公厅发出紧急通知,要求切实做好灾区救灾防病工作。16日,党中央、国务院委托温家宝副总理到荆州抗洪第一线指挥抗洪抢险。同时,由中央电视台、中华慈善总会和中国红十字总会主办的抗洪赈灾义演"我们万众一心"牵动了全国观众的心,在晚会上共收到各界捐款和捐物总值达6亿多元。国家经贸委发出紧急通知,要求确保救灾防病药品的生产和供应。与此同时,大型赈灾义演"携手筑长城"在北京人民大会堂举行,共收到国外捐赠10.93亿元。21日至22日,全国政协主席李瑞环在湖北、江西、湖南察看汛情。25日江泽民就迎战长江第七次洪峰向抗洪部队做出最新指示,要求抗洪抢险部队高度警惕,充分准备,全力以赴,军民团结,以洪湖地区为重点,严防死守,坚决夺取长江抗洪决战的全面胜利。遵照中央指示,沿江军民英勇奋战,使第七次洪峰顺利通过。接着又夺取了迎战第八次洪峰的胜利,至此,抗洪抢险工作取得决定性胜利。

洪水过后,灾区人民积极行动,预防病疫,重建家园。9月4日,江泽民总书记在江西就抗洪救灾工作发表重要讲话。7日至12日,国务院总理朱镕基先后到湖北、江西、湖南、重庆和四川考察,听取了五省市负责人对灾后重建、治理水患、发展经济的意见和建议。截至9月7日,民政部、中国红十字会总会、中华慈善总会共接收捐赠款物折合人民币18.1亿元,大批款物调运灾区。中华慈善总会设立抗灾抢险勇士援助基金。8月31日至9月3日,国务院副总理李岚清到江西、湖南、湖北灾区检查工作。12日,"首都人民支援灾区重建家园捐赠仪式"在北京举行,收到捐款2.29亿元,捐物价值5.3亿元。

(二)松花江、嫩江大洪水和抗洪救灾

1998年入夏以来,东北地区也连降大暴雨。松花江、嫩江发生三次大洪水,洪水来势之猛,持续时间之长,洪峰之高,流量之大,都超过历史最高记录。

8月10日,黑龙江省齐齐哈尔市嫩江出现历史最大洪水,全市进入抗御特大洪水的紧急状态。8月14日,李鹏委员长受江泽民总书记委托专程前往黑龙江抗洪抢险第一线,察看汛情,看望军民。16日,嫩江大庆境内的拉海、胖头泡、马场坝相继溃决,洪水直逼大庆油田。27日,军民昼夜奋战在抗洪一线。8月17日,哈尔滨发生超历史洪水,30万军民坚守在江堤上抗洪抢险。18日至19日,江泽民多次打电话询问嫩江、松花江汛情,对抗洪工作作了重要指示。19日至20日,温家宝副总理受党中央、国务院委托,到黑龙江、吉林、内蒙古指挥抗洪救灾。20日至21日,李鹏多次打电话询问汛情。8月25日、26日,国家副主席胡锦涛到黑龙江、吉林察看汛情灾情。8月29日至9月2日,朱镕基赴内蒙古、黑龙江、吉林三省洪涝灾区考察灾后重建工作。至8月31日,嫩江、松花江干流水位全线回落。

在紧急防汛期间,哈尔滨、齐齐哈尔、大庆等沿江市县,一切工作都服从于抗洪抢险工作,党政军民、各行各业齐心协力抗洪抢险,按《防洪法》征用车辆、船只及各种物料。人民解放军和武警部队官兵发扬一不怕苦、二不怕死的大无畏革命精神,充分发挥了突击队作用。广大官兵哪里最危险就冲向哪里,哪里最艰苦就战斗在哪里,在保卫大庆油田、阻截哈尔滨漫堤洪水等一系列重大战斗中发挥了关键作用。

全国人民、海外侨胞对长江、嫩江、松花江抗洪给予大力支援,捐献了大量的资金和物资。灾区社会秩序稳定,人心稳定,重建家园工作顺利展开。

一些国家领导人和友好人士就中国发生洪灾纷纷来电来函表示慰问。长江、松花江、嫩江抗洪救灾锻造了"万众一心、众志成城，不怕困难、顽强拼搏、坚忍不拔、敢于胜利"①的抗洪精神。

六、建立社会保障体系的初步探索

劳动和社会保障权利是公民的基本权利，关系到广大公民的切身利益。为促进经济发展和社会稳定，逐步提高广大人民群众的生活水平和社会保障待遇，中国政府致力于建设一个与社会主义市场经济体制相适应的健全的社会保障体系。经过多年的探索和实践，以社会保险、社会救济、社会福利、优抚安置和社会互助为主要内容，多渠道筹集保障资金，管理服务逐步社会化的社会保障体系已初步建立起来。

自20世纪80年代初开始，中国政府对社会保障制度进行了一系列的改革。改革的目标是：建立独立于企业事业单位之外、资金来源多元化、保障制度规范化、管理服务社会化的社会保障体系。其主要特征是：基本保障，广泛覆盖，多个层次，逐步统一。与经济发展水平相适应，国家强制建立的基本保障主要满足人们的基本生活需要；在基本保障之外，国家积极推动其他保障形式的发展，力争形成多层次的社会保障体系；通过改革与发展，逐步实行全国统一的社会保障制度。经过十几年的努力，社会保障制度的基本政策已经制定并陆续颁布和实施，覆盖了大多数城镇职工和离退休人员，部分地区还把流动到城市就业的农民工也纳入进来；在城市普遍建立了居民最低生活保障制度。2001年，国家开始在辽宁省开展完善城镇社会保障体系的综合试点。

20世纪90年代中期之后，政府对社会保障管理体制进行了一系列改革，把过去由多个行政部门分别管理的社会保障转变为由劳动和社会保障行政部门统一管理，各级劳动和社会保障行政部门也建立了相应的社会保障经办机构，承担社会保障具体事务的管理工作。过去由企业承担的社会保障事务逐步转变为由社会机构管理，即社会保障待遇实行社会化发放，社会保障对象实行社区管理。政府加强了对社会保障基金的行政管理和社会监督工作。社会保障基金被纳入财政专户，实行收支两条线管理，专款专

---

① 江泽民：在全国抗洪抢险总结表彰大会上的讲话.见：十五大以来重要文献选编.上册.北京：人民出版社，2000.548

用。各级劳动和社会保障行政部门专门设立了社会保障基金监督机构，负责对社会保障基金的征缴、管理和支付进行检查、监督，对违法违规问题进行查处。此外，政府还通过强化基金征缴和提高社会保障支出占财政支出的比重等一系列措施，努力拓宽社会保障资金的来源。仅2001年一年，中央财政用于社会保障支出的资金就达982亿元，是1998年的5.18倍。全国社会保障基金理事会负责社会保障资金的运营和管理。

1998年以来，国家采取了"两个确保"措施。一是确保国有企业下岗职工的基本生活，在国有企业普遍建立下岗职工再就业服务中心，由再就业服务中心为下岗职工发放基本生活费，并为他们缴纳社会保险费，所需资金由政府财政、企业和社会（主要是失业保险基金）三方面共同筹集。同时，组织下岗职工参加职业指导和再就业培训，引导和帮助他们实现再就业。二是确保离退休人员的基本生活，保证按时足额发放基本养老金。为保证"两个确保"的实施，国家提出与"两个确保"相衔接的"三条保障线"政策：国有企业下岗职工在再就业服务中心最长可领取三年的基本生活费；三年期满仍未实现再就业的，可继续领取失业保险金，领取时间最长为两年；享受失业保险金期满仍未就业的，可申请领取城市居民最低生活保障金。到2001年，绝大多数国有企业下岗职工领到基本生活费，离退休人员养老金基本实现按时足额发放。"两个确保"的实施，为维护下岗职工、离退休人员的合法权益和社会稳定发挥了重大作用。

1984年，中国各地进行养老保险制度改革。1997年，中国政府制定了《关于建立统一的企业职工基本养老保险制度的决定》，开始在全国建立统一的城镇企业职工基本养老保险制度。

中国的基本养老保险制度实行社会统筹与个人账户相结合的模式。基本养老保险覆盖城镇各类企业的职工；城镇所有企业及其职工必须履行缴纳基本养老保险费的义务。企业的缴费比例为工资总额的20%左右，个人缴费比例为本人工资的8%。企业缴纳的基本养老保险费一部分用于建立统筹基金，一部分划入个人账户；个人缴纳的基本养老保险费计入个人账户。基本养老金由基础养老金和个人账户养老金组成。基础养老金由社会统筹基金支付，月基础养老金为职工社会平均工资的20%，月个人账户养老金为个人账户基金积累额的1/120。个人账户养老金可以继承。对于新制度实施前参加工作、实施后退休的职工，还要加发过渡性养老金。

经过几年的推进，基本养老保险的参保职工已由1997年末的8671万人增加到2001年末的10 802万人;领取基本养老金人数由2 533万人增加到3 381万人,平均月基本养老金也由430元增加到556元。为确保基本养老金的按时足额发放,国家努力提高基本养老保险基金的统筹层次,逐步实行省级统筹,不断加大对基本养老保险基金的财政投入。1998年至2001年,仅中央财政对基本养老保险补贴支出就达861亿元。基本实现了基本养老金由社会服务机构(如银行、邮局)发放,2001年基本养老金社会化发放率达到98%。此外,机关事业单位职工和退休人员仍实行原有的养老保障制度。

1991年,中国部分农村地区开始进行养老保险制度试点。农村养老保险制度以"个人交费为主、集体补助为辅、政府给予政策扶持"为基本原则,实行基金积累的个人账户模式。

在医疗保险制度方面,1988年,国家开始对机关事业单位的公费医疗制度和国有企业的劳保医疗制度进行改革。1998年,中国政府颁布了《关于建立城镇职工基本医疗保险制度的决定》,开始在全国建立城镇职工基本医疗保险制度。

中国的基本医疗保险制度实行社会统筹与个人账户相结合的模式。基本医疗保险基金原则上实行地市级统筹。基本医疗保险覆盖城镇所有用人单位及其职工;所有企业、国家行政机关、事业单位和其他单位及其职工必须履行缴纳基本医疗保险费的义务。用人单位的缴费比例为工资总额的6%左右,个人缴费比例为本人工资的2%。单位缴纳的基本医疗保险费一部分用于建立统筹基金,一部分划入个人账户;个人缴纳的基本医疗保险费计入个人账户。统筹基金和个人账户分别承担不同的医疗费用支付责任。统筹基金主要用于支付住院和部分慢性病门诊治疗的费用,统筹基金设有起付标准、最高支付限额;个人账户主要用于支付一般门诊费用。在基本医疗保险之外,各地还普遍建立了大额医疗费用互助制度,以解决社会统筹基金最高支付限额之上的医疗费用。国家为公务员建立了医疗补助制度。有条件的企业可以为职工建立企业补充医疗保险。国家还逐步建立社会医疗救助制度,为贫困人口提供基本医疗保障。

中国的基本医疗保险制度改革正稳步推进,基本医疗保险的覆盖范围不断扩大。到2001年底,全国97%的地市启动了基本医疗保险改革,参加基本医疗保险的职工达7 629万人。此外,公费医疗和其他形式的医疗保障制度还覆盖了一亿多的城镇人口,国家将这些人口逐步纳入到基本医疗保险制度中。

　　失业保险方面，自1986年开始，国家逐步建立起失业保险制度，为职工失业后的基本生活提供保障。

　　1999年，国务院颁布《失业保险条例》，把失业保险制度建设推进到一个新的发展阶段。失业保险覆盖城镇所有企业、事业单位及其职工；所有企业、事业单位及其职工必须缴纳失业保险费。单位的缴费比例为工资总额的2%，个人缴费比例为本人工资的1%。享受失业保险待遇需要满足三方面的条件：缴纳失业保险费满一年；非因本人意愿中断就业；已经办理失业登记并有求职要求。失业保险待遇主要是失业保险金。失业保险金按月发放，标准低于最低工资标准、高于城市居民最低生活保障标准。领取失业保险金的期限根据缴费年限确定，最长为24个月。失业者在领取失业保险金期间患病，还可领取医疗补助金；失业者在领取失业保险金期间死亡，其遗属可领取丧葬补助金和遗属抚恤金。此外，失业者在领取失业保险金期间还可接受职业培训和享受职业介绍补贴。从1998年到2001年，失业保险参保人数由7 928万人扩大到10 355万人。2001年末领取失业保险金的人数为312万人。随着失业保险制度的完善，国有企业下岗职工基本生活保障制度正逐步纳入失业保险。

　　此外，工伤保险制度、生育保险制度、最低生活保障制度、社会福利制度、优抚安置制度、灾害救助制度、社会互助制度等，都得到进一步的健全和完善。

　　21世纪初期，中国劳动和社会保障事业的发展目标是：基本建立起适应中国生产力发展水平、符合社会主义市场经济要求的比较完善的劳动和社会保障制度，使广大劳动者得到较为充分的就业和基本的社会保障，维护劳动者和用人单位的合法权益，提高城乡居民的物质和文化生活水平，促进经济发展和社会稳定。主要任务是：不断提高劳动者素质和改善就业结构，基本形成市场导向的就业机制，努力促进就业增长，规范和完善失业率统计，城镇登记失业率控制在5%以内；积极协调劳动关系，保持劳动关系的和谐稳定；完善收入分配宏观调控体系，保持合理的收入分配关系，城镇居民人均可支配收入和农村居民人均纯收入年均增长5%左右；加快城镇社会保障制度建设，改进筹资方式和运营机制，推进社会保障管理和服务的社会化；在农村，以多种形式的农民养老保障和健康保障为先导，积极探索与社会主义市场经济体制和经济发展水平相适应的基本保障体系，建立帮助弱势群体生活和工作的制度。

七、"九五"计划的完成与国民经济的持续发展

在"八五"计划超额提前完成的形势下,1995年9月25日至28日,中共十四届五中全会审议并通过了《中共中央关于制定国民经济和社会发展"九五"计划和2010年远景目标的建议》,提出了全面实现第二步战略目标,并向第三步战略目标迈进的指导方针和主要任务。国务院根据《中共中央关于制定国民经济和社会发展"九五"计划和2010年远景目标的建议》精神,广泛征求各方面意见,制定了《国民经济和社会发展"九五"计划和2010年远景目标纲要》。1996年3月17日,第八届全国人民代表大会第四次会议审查批准了《国民经济和社会发展"九五"计划和2010年远景目标纲要》。

《国民经济和社会发展"九五"计划和2010年远景目标纲要》提出,"九五"计划期间,国民经济和社会发展的主要奋斗目标是:全面完成现代化建设的第二步战略部署,到2000年,人口控制在13亿以内,实现人均国民生产总值比1980年翻两番;基本消除贫困现象,人民生活达到小康水平;加快现代企业制度建设,初步建立社会主义市场经济体制。2010年的主要奋斗目标是:实现国民生产总值比2000年翻一番,人口控制在14亿以内,使人民的小康生活更加宽裕,形成比较完善的社会主义市场经济体制。在推进改革和发展的同时,社会主义精神文明和民主法制建设要取得显著进展,实现社会全面进步。

"九五"计划期间,面对错综复杂的国际国内经济环境,党中央、国务院审时度势,总揽全局,坚持用发展的办法解决前进中的问题,经过全国各族人民的共同努力,在有效治理通货膨胀,成功实现经济"软着陆"后,针对经济形势的变化,实行扩大内需的方针,果断实施积极的财政政策和稳健的货币政策,抑制了通货紧缩趋势,克服了亚洲金融危机和国内有效需求不足带来的困难,国民经济和社会发展取得巨大成就。经济运行质量与效益提高,综合国力进一步增强,国内生产总值年均增长8.3%。主要工农业产品产量位居世界前列,商品短缺状况基本结束。粮食等主要农产品生产能力明显提高,实现了农产品供给由长期短缺到总量基本平衡、丰年有余的历史性转变。工业结构调整取得积极进展,信息产业等高新技术产业迅速成长,淘汰落后和压缩过剩工业生产能力取得成效。服务业持续增长,就业岗位增加。基础设施建设成绩显著,"瓶颈"制约得到缓解。经济体制改革继续深化,社

会主义市场经济体制初步建立。国有大中型企业改革和脱困的三年目标基本实现,调整和完善所有制结构取得重大进展,市场体系建设全面推进,宏观调控机制进一步健全。全方位对外开放格局基本形成,对外贸易和利用外资的规模扩大,结构改善,质量提高,开放型经济迅速发展。人民生活水平继续提高,消费结构改善,农村贫困人口的温饱问题基本解决。科教兴国战略和可持续发展战略有效实施,文化、卫生、体育等各项社会事业全面进步。廉政建设和反腐败斗争不断推进。社会主义精神文明建设和民主法制建设进一步加强。香港、澳门回到祖国怀抱,"一国两制"方针和基本法得到全面贯彻执行,祖国和平统一大业取得历史性进展。

国民经济持续快速健康发展。实施扩大内需的方针,适时采取积极的财政政策和稳健的货币政策,克服亚洲金融危机和世界经济波动对中国的不利影响,保持了经济较快增长。经济结构战略性调整取得成效,农业的基础地位继续加强,传统产业得到提升,高新技术产业和现代服务业加速发展。建设了一大批水利、交通、通信、能源和环保等基础设施工程。西部大开发取得重要进展。经济效益进一步提高,财政收入不断增长。"九五"计划胜利完成,"十五"计划开局良好。

改革开放取得丰硕成果。社会主义市场经济体制初步建立。公有制经济进一步壮大,国有企业改革稳步推进。个体、私营等非公有制经济较快发展。市场体系建设全面展开,宏观调控体系不断完善,政府职能转变步伐加快。财税、金融、流通、住房和政府机构等改革继续深化。开放型经济迅速发展,商品和服务贸易、资本流动规模显著扩大。国家外汇储备大幅度增加。中国加入了世贸组织,对外开放进入新阶段。

人民生活总体上达到小康水平。城乡居民收入稳步增长。城乡市场繁荣,商品供应充裕,居民生活质量提高,衣食住用行都有较大改善。社会保障体系建设成效明显。"八七"扶贫攻坚计划基本完成。

五年来的成就,是在改革开放特别是1989年十三届四中全会以来的实践基础上取得的。这13年来,国际局势风云变幻,中国改革开放和现代化建设的进程波澜壮阔。20世纪80年代末90年代初,国内发生严重政治风波,东欧剧变,苏联解体,国际共产主义运动出现严重曲折,中国社会主义事业的发展面临空前巨大的困难和压力。在这个决定党和国家前途命运的重大历史关头,党中央紧紧依靠全党和全国各族人民,坚持十一届三中全会以来的路线不动摇,成功地稳住了改革和发展的大局,捍卫了中国特色社会主义伟大事业。邓小平南方谈话以后，十四大确立社会主义市场经济体制的改革目标，改革开放和现代化建设进入新的阶段。在社会主义条件下发展市场经济，是前无古人的伟大创举，是中国共产党人对马克思主义发展作出的历史性贡献，体现了我们党坚持理论创新、与时俱进的巨大勇气。由计划经济体制向社会主义市场经济体制的转变，实现了改革开放新的历史性突破，打开了中国经济、政治和文化发展的崭新局面。邓小平逝世后，党中央高举邓小平理论伟大旗帜，开拓进取，把中国特色社会主义事业全面推向21世纪。

"九五"计划时期是中国经济和社会发展承上启下的重要时期。经过全国各族人民的共同努力，"九五"计划胜利完成，各方面取得巨大成就。到2001年，中国国内生产总值达到95 933亿元，比1989年增长近两倍，经济总量已居世界第六位。人民生活总体上实现了由温饱到小康的历史性跨越。这13年是中国综合国力大幅度跃升、人民得到实惠最多的时期，是中国社会长期保持安定团结、政通人和的时期，是中国国际影响显著扩大、民族凝聚力极大增强的时期。

"九五"期间经济和社会发展中也存在一些突出问题：产业结构不合理，地区经济发展不平衡；科学技术还比较落后，企业的整体素质不高，竞争能力不强；一些重要资源相对短缺，就业压力加大，部分地区生态环境恶化；农民和城镇部分居民收入增长缓慢，收入分配差距拉大；阻碍生产力发展的体制因素仍很突出，各种所有制企业公平竞争、共同发展的环境尚不完善；贪污腐化、奢侈浪费现象还比较严重，一些地方社会治安状况较差。对这些问题必须给予高度重视，并在"十五"期间采取切实有效的政策措施，努力加以解决。

八、国民经济"十五"计划的实施与展望

2000年10月11日，中共十五届五中全会通过了《中共中央关于制定国民经济和社会发展第十个五年计划的建议》。2001年3月15日第九届全国人民代表大会第四次会议批准《国民经济和社会发展第十个五年计划纲要》。

"十五"计划期间，国家突出贯彻以下重要指导方针：坚持把发展作为主题。发展是硬道理，是解决中国所有问题的关键。要认清世界经济发展趋势，增强紧迫感和忧患意识，坚持以经济建设为中心不动摇。继续实行扩大内需的方针，在坚持速度与效益相统一的基础上，抓住机遇，加快发展。坚持把结构调整作为主线,坚持把改革开放和科技进步作为动力,坚定不移地扩大对外开放,加大实施科教兴国战略的力度,振兴科技,培养人才。坚持把提高人民生活水平作为根本出发点。千方百计促进农民收入较快增长。把扩大就业作为经济和社会发展的重要目标。同时,要合理调节收入分配关系,加快健全社会保障制度。坚持经济和社会协调发展。把物质文明建设和精神文明建设作为统一的奋斗目标,把依法治国与以德治国结合起来,始终坚持两手抓、两手都要硬,切实加强社会主义精神文明和民主法制建设。要高度重视人口、资源、生态和环境问题,抓紧解决好粮食、水、石油等战略资源问题,把贯彻可持续发展战略提高到一个新的水平。

"十五"计划期间,国民经济和社会发展的主要目标是:国民经济保持较快发展速度,经济结构战略性调整取得明显成效,经济增长质量和效益显著提高,为到2010年国内生产总值比2000年翻一番奠定坚实基础;国有企业建立现代企业制度取得重大进展,社会保障制度比较健全,完善社会主义市场经济体制迈出实质性步伐,在更大范围内和更深程度上参与国际经济合作与竞争;就业渠道拓宽,城乡居民收入持续增加,物质文化生活有较大改善,生态建设和环境保护得到加强;科技、教育加快发展,国民素质进一步提高,精神文明建设和民主法制建设取得明显进展。

"十五"计划期间,宏观调控的主要预期目标是:经济增长速度预期为年均7%左右,到2005年按2000年价格计算的国内生产总值达到12.5万亿元左右,人均国内生产总值达到9 400元①。五年城镇新增就业和转移农业劳动力各达到4 000万人,城镇登记失业率控制在5%左右。价格总水平基本稳定。国际收支基本平衡。

经济结构调整的主要预期目标是:产业结构优化升级,国际竞争力增强。2005年第一、二、三产业增加值占国内生产总值的比重分别为13%、51%和36%,从业人员占全社会从业人员的比重分别为44%、23%和33%。国民经济和社会信息化水平显著提高。基础设施进一步完善。地区间发展差距扩大的趋势得到有效控制。城镇化水平有所提高。

科技、教育发展的主要预期目标是:2005年全社会研究与开发经费占国内生产总值的比例提高到1.5%以上,科技创新能力增强,技术进步加快。各级各类教育加快发展,基本普及九年义务教育的成果进一步巩固,初中毛

---

① 人民日报,2001-03-18

入学率达到90%以上,高中阶段教育和高等教育毛入学率力争分别达到60%左右和15%左右。

可持续发展的主要预期目标是:人口自然增长率控制在9‰以内,2005年全国总人口控制在13.3亿人以内。生态恶化趋势得到遏制,森林覆盖率提高到18.2%,城市建成区绿化覆盖率提高到35%。城乡环境质量改善,主要污染物排放总量比2000年减少10%。资源节约和保护取得明显成效。

提高人民生活水平的主要预期目标是:居民生活质量有较大提高,基本公共服务比较完善。城镇居民人均可支配收入和农村居民人均纯收入年均增长5%左右。2005年城镇居民人均住宅建筑面积增加到22平方米,全国有线电视入户率达到40%。城市医疗卫生服务水平和农村医疗服务设施继续改善,人民健康水平进一步提高。城乡文化、体育设施增加,覆盖面扩大,文化生活更加丰富,社会风气和社会秩序好转。

为实现十五计划,要加强农业基础地位,促进农村经济全面发展。要优化工业结构,增强国际竞争力。要以市场化、产业化和社会化为方向,增加供给,优化结构,拓宽领域,扩大就业,加快发展服务业。加速发展信息产业,大力推进信息化。加强基础设施建设,改善布局和结构。实施西部大开发战略,促进地区协调发展。实施城镇化战略,促进城乡共同进步。

要推进科技进步和创新,提高持续发展能力。加快教育发展,提高全民素质。实施人才战略,壮大人才队伍。要坚持计划生育的基本国策,稳定现行生育政策,保持低生育水平。坚持资源开发与节约并举,把节约放在首位,依法保护和合理使用资源,提高资源利用率,实现永续利用。要把改善生态、保护环境作为经济发展和提高人民生活质量的重要内容,加强生态建设,遏制生态恶化,加大环境保护和治理力度,提高城乡环境质量。推进改革,完善社会主义市场经济体制。要大胆探索,勇于创新,突破影响生产力发展的体制性障碍,逐步完善社会主义市场经济体制。

"十五"计划是进入21世纪的第一个五年计划,是开始实施现代化建设第三步战略部署的第一个五年计划,也是社会主义市场经济体制初步建立后的第一个五年计划。"十五"计划开局良好,战胜了"非典"等的不利影响,国民经济持续增长。全国各族人民在中国共产党的领导下,振奋精神,开拓进取,扎实工作,为实现"十五"计划的目标,为建设富强、民主、文明的社会主义现代化国家和早日完成祖国统一大业而努力奋斗。

第五节　香港、澳门回归与海峡两岸关系

一、恢复对香港行使主权

1985年7月,香港特别行政区基本法起草委员会成立并开始工作。经过基本法起草委员会59位委员将近5年的努力,并征询在港成立的具有广泛代表性的基本法咨询委员会的意见,1990年4月,全国人大七届三次会议正式通过《中华人民共和国香港特别行政区基本法》。该法是"一国两制"方针构想的具体体现,它将自1997年7月1日起实施,对于保持香港繁荣稳定,实行港人治港、高度自治原则具有重要意义。

1993年7月,香港特别行政区筹委会预备工作委员会成立,并开展了大量卓有成效的工作,这为后来筹委会的工作打下了良好的基础。1996年1月,香港特别行政区筹委会在北京成立。同时,中国人民解放军驻香港部队组建完毕。这标志着我国政府对香港恢复行使主权的准备工作进入了具体实施阶段。11月,筹委会全体会议产生了由400名港人所组成的香港特别行政区第一届政府推选委员会。12月,推选委员会在香港投票选举香港特别行政区第一任行政长官,董建华以高票当选。随即国务院总理李鹏签署了对董建华的任命令。1997年1月,由推选委员会选举产生的香港临时立法会60名议员,以互选方式选举范徐丽泰为临时立法会主席。随着7月1日的日益临近,香港回归的各项准备工作已基本就绪。

1997年6月30日午夜至7月1日凌晨,举世瞩目的中英两国政府香港政权交接仪式在香港会议展览中心隆重举行。7月1日零时整,在雄壮的中华人民共和国国歌声中,中华人民共和国国旗和香港特别行政区区旗冉冉升起。随后,英国王子查尔斯和中国国家主席江泽民分别代表各自的政府,在交接仪式上发表了重要讲话。同日,中华人民共和国香港特别行政区政府成立,并举行了隆重的庆典仪式。

香港回归祖国,是"一国两制"伟大构想成功实践的典范,也是中华民族永载史册的盛事。香港的回归,标志着中国人民洗雪了香港被侵占的百年国耻,开创了香港和祖国内地共同发展的新纪元,标志着中国人民在完成祖国统一大业的道路上迈出了重要一步,同时也标志着中国人民为世界和平、发展与进步事业做出了新的贡献。

1997年7月1日香港回归祖国

二、恢复对澳门行使主权

1988年9月,七届全国人大常委会第三次会议,决定成立澳门特别行政区基本法起草委员会。10月,该起草委员会举行第一次全体会议,从而开始了澳门特别行政区基本法的起草工作。1993年3月,全国人大八届一次会议审议通过了《中华人民共和国澳门特别行政区基本法》,从此,澳门进入后过渡时期。1998年5月,澳门特别行政区筹备委员会成立并开始工作,这标志着澳门回归祖国的准备工作进入实质性阶段。

1999年4月,澳门特别行政区筹委会选举产生了由200名澳门永久性居民组成的第一届政府推选委员会。5月,推选委员会以无记名投票方式选举何厚铧为澳门特别行政区第一任行政长官。随即,国务院总理朱镕基签署了对何厚铧的任命。不久,澳门特别行政区第一届立法会顺利产生。11月,中国人民解放军驻澳门部队组建完毕。至此,澳门回归的各项准备工作已全部就绪。

1999年12月19日午夜,中葡两国政府澳门政权交接仪式在澳门文化中心花园馆隆重举行。20日零时,中华人民共和国国旗和澳门特别行政区区旗冉冉升起。伴随着雷鸣般的掌声,中国国家主席江泽民庄严宣告:中国政府对澳门恢复行使主权。从此刻起,澳门的发展进入了一个崭新的时代。随后,澳门特别行政区政府宣告成立。同日上午,解放军驻澳部队正式进驻澳门,接管防务。

澳门回归祖国,是继香港回归之后中华民族的又一盛事,是完成祖国统一大业的又一个重要里程碑,同样也是"一国两制"伟大构想成功实践的典范,它必将促进台湾问题的早日解决和祖国统一的最终实现。

三、台湾政局的变化

20世纪80年代末以来,台湾政局发生了重大变化。李登辉执掌国民党和台湾当局的大权后,采取了一系列新的政策,台湾政坛逐渐从一党专政、强人政治向多党并存、政党政治过渡。

1990年4月,台湾当局宣布终止"动员戡乱时期"。5月,李登辉又宣布开始"宪政改革"。自1990年至2000年,在李登辉的主持下,台湾当局先后进行了6次"修宪",主要内容包括:终止"动员戡乱时期",废除"临时条款";"总统"由台湾地区人民直选产生;冻结台湾"省长"、"省议会"选举,虚化"台湾省政府"功能;改变"国民大会"职能等等。由此,台湾的政治格局、国民党内部的权力结构,以及台湾当局的大陆政策和对外政策都发生了重大的变化。

其一,国民党政权迅速本土化。经过"宪政改革",1949年以前在大陆产生的"中央民意代表"全部退职,"国民大会"、"立法院"等机构的代表全部在台湾地区选举产生,"总统"直接由台湾地区人民选举产生。在国民党内的权力分配上,国民党各派势力重新分化组合,以李登辉为首的主流派同以外省籍传统势力为代表的非主流派经过多次较量,非主流派被逐步排挤出行政及党务的高层权力核心。其二,台湾政坛一党独大、朝大野小的局面基本结束,多党并存、政党政治的局面初步形成。台湾当局开放党禁后,各种政治势力迅速发展,尤其是民进党的力量日益壮大。1993年8月,由新国民党连线成员组建成立的新党,逐步发展成为台湾政坛的又一支重要力量。在野势力的发展壮大,不断给国民党执政造成严峻的挑战。"国民大会"、"立法院"等机构中,国民党一党独大的局面已经结束,所谓"西方式"的政党政治初步形成。在这种政党政治体制下,虚假民主充斥,"黑金政治"盛行,台湾民众怨声载道。其三,台湾当局谋求"两个中国"或"一中一台"的政策日益明朗化。李登辉上台后,台湾当局以谋求"两个对等政治实体"和"两个中国",作为处理两岸关系及对外关系的基点。在两岸关系上,鼓吹"两个对等政治实体"、"两岸分裂分治",乃至"两国论",并且阻挠两岸关系的正常发展,拖延祖国的统一进程;在国际上,则千方百计推行"务实外交",鼓噪"参与联合国",制造"两个中国"、"一中一台"。

2000年3月18日,台湾当局进行了"总统"更迭选举,国民党候选人连战和以独立参选人身份参选的宋楚瑜落败,民进党候选人陈水扁当选。这是国民党自败退台湾以来第一次失去执政党地位,而沦为在野党;同时,此次"大选"造成了国民党的严重分裂。3月31日,曾担任过国民党秘书长并在"大选"中获得高票的宋楚瑜,组建了台湾政坛的第三大政党——亲民党。亲民党的成立,标志着台湾政坛三党鼎立、多党竞争格局的形成。5月20日,台湾当局新领导人陈水扁发表就职演说。其中在两岸关系方面,陈水扁宣称:不会宣布"台独",不会推动"两国论入宪",不会推动"统独公投",也没有废除"国统纲领"与"国统会"的问题等。① 而在是否接受"一个中国"原则这个关键问题上,陈水扁则采取了回避和模糊的态度。对此,中国大陆方面表示要"听其言,观其行"。

国民党在2000年"大选"中失利之后,内部分歧更加严重,尤其是李登辉在"大选"中"弃连保扁"的做法,受到国民党内多数人的批评和谴责,反李之声不绝于耳。3月24日,李登辉被迫辞去国民党主席,由连战接任。4月1日,国民党召开第一次"改造委员会"会议,决定彻底改造国民党。9月1日,国民党开始为期4个月的党籍总检查及党员重新登记。2001年3月25日,连战当选国民党创党以来首位由党员票选产生的党主席。9月21日,李登辉因暗中主导组建"台湾团结联盟",企图彻底搞垮国民党,被国民党考纪会撤销国民党党籍。国民党经过此次改造,内部凝聚力有所增强,而党内支持李登辉的势力有的被开除党籍,有的脱党加入"台湾团结联盟"。2000年"大选"后成立的亲民党,由于政治理念与国民党接近,加上其不少党员原来就是国民党员,所以在政治上与国民党逐渐结成联盟。2001年12月1日,台湾县市长、"立委"选举结果揭晓。在总计225个"立委"席位中,民进党87席,国民党68席,亲民党46席;而在县市长选举中,民进党、国民党各9席,亲民党2席。由此可见,民进党势力有较大增长,国民党势力受

---

① 人民日报,2000-05-21

到削弱,但国民党与亲民党若联合起来,仍可与民进党抗衡。经过国、亲两党 3 年的反复协商和共同努力,旨在 2004 年"总统"大选的"连宋配"于 2003 年 4 月 18 日正式成立。国亲政党联盟委员会第一次会议确定,在 2004 年台湾地区"总统"大选中,国民党主席连战和亲民党主席宋楚瑜以"连正宋副"的人选模式搭档参选。

而陈水扁及民进党在台湾执政之后,拒不接受"一个中国"原则,顽固坚持"台独党纲",结果造成两岸政治关系的僵持局面。特别是陈水扁"一边一国论"的提出,更使两岸关系日趋恶化。2002 年 8 月 3 日,世界台湾同乡联合会第 29 届年会在日本东京举行,陈水扁通过电视直播方式发表讲话,公然声称"台湾跟对岸中国一边一国",鼓吹要用"公民投票"方式决定"台湾的前途、命运和现状"。陈水扁的"一边一国论"当即遭到了台湾内外各方面的强烈质疑和严厉批评。大陆中台办和国台办新闻发言人就此指出,陈水扁的"一边一国论"与李登辉的"两国论"如出一辙,充分暴露了他顽固坚持"台独"立场的真面目,这是对"一个中国"原则的公然挑衅,也是对全体中国人民的公然挑衅。① 然而,陈水扁仍然执迷不悟,企图铤而走险。

2004 年台湾"大选",陈水扁再次玩弄挑衅两岸关系以抬高自己选情的竞选伎俩。2003 年 9 月 28 日,他在民进党党庆活动中宣称,要"催生台湾新宪法"。11 月 11 日,他又进一步鼓吹要通过"公民投票"来决定"宪法",并希望在 2006 年 12 月 10 日行使"公投催生新宪法"。② 与此同时,民进党及台湾当局均向"立法院"提交了包括"统独公投"、"制宪公投"等内容的"公民投票法草案";而原来坚持反对"统独公投"、"制宪"和"制宪公投"的国民党与亲民党,也突然改变立场,提出了自己的"公民投票法草案"。结果,11 月 27 日在台"立法院"审议、表决时,以国、亲两党版本为基础的设有条件和门槛的"公投法"通过,但该法也塞进了陈水扁的"防御性公投"。12 月 5 日,陈水扁在台北接受《纽约时报》采访时说,2004 年 3 月 20 日台湾"大选"时,将同步进行"公投"。③ 2004 年 1 月 16 日,陈水扁以电视录像的方式,正式公布了所谓"320 和平公投"的两个题目。"公投"题目的正式公布,是台湾当局又向分裂祖国的方向迈出的危险一步。

---

① 人民日报,2002 - 08 - 06
② 国际先驱导报,2003 - 12 - 19
③ 环球时报,2003 - 12 - 08

3月19日,在台湾"大选"前夕,发生了离奇的枪击案,民进党"总统"、"副总统"候选人陈水扁和吕秀莲双双受轻伤。次日,"大选"如期进行。结果,陈水扁以不足3万票的微弱优势宣布获胜。对此,国亲联盟方面提出强烈质疑,并表示将提出"选举无效之诉"。与此同时,当天进行的"公投",因投票人数未达总投票权人数的一半,而宣告无效。① 5月20日,台湾地区领导人陈水扁和吕秀莲,在国民党等泛蓝阵营的一片反对声中,走上了连任之路,并发表了以"一边一国"为主轴的就职演说。

陈水扁连任以来,继续顽固地坚持"台独"分裂立场,变本加厉地频频抛出"台独"分裂言论。他公然提出今后三四年内终结"中国宪法",在2006年推动公投复决"新宪法"草案,"催生一部合时、合身、合用的台湾新宪法",并在2008年实施;说什么"中国是外国,是敌国",企图将台湾与中国对立起来,割裂海峡两岸中国人的血脉联系;表示要在两年内争取将所有所谓"驻外机构"改名为"台湾代表处","相关单位名称容易在国际上与中国造成混淆者将逐一正名",并称先由所谓"国公营事业着手,以两年的时间来完成";还扬言要以"台湾"名义争取加入联合国,肆意推动"台独"分裂活动。② 陈水扁的这些"台独"分裂言论,不仅严重背离了"一个中国"的原则,而且也不符合台湾岛内"求和平、求安定、维持现状、反对台独"的主流民意。在2004年年底台湾地区第六届"立法委员"选举中,由国民党、亲民党和新党所组成的泛蓝阵营"立委"席次过半,而由民进党和台湾团结联盟所组成的泛绿阵营选举失利,就是台湾主流民意的反映。看来,在陈水扁及民进党执政期间,台湾政坛朝野分立、蓝绿对抗之势不会改变,台湾政局仍将维持动荡不安的状态,海峡两岸关系也将遇到许多旧的和新的问题。

四、反对"台独"的斗争

20世纪90年代以来,海峡两岸关系有了较大发展,但也出现了很多波折,特别是"台独"与反"台独"的斗争日趋激烈。

随着祖国大陆"和平统一、一国两制"方针的提出,以及香港、澳门问题的和平解决,海峡两岸在经贸、科技、文教、新闻、体育、卫生等领域的交流日益频繁,探亲、旅游方面的人员往来也逐年增多。以两岸经贸为例,"从

---

① 人民日报,2004-03-21
② 人民日报(海外版),2004-12-16

1979年到2002年,两岸间接贸易总额2 600多亿美元,其中台湾输入大陆商品2 200多亿美元,大陆输入台湾商品400多亿美元,台湾从大陆获得贸易顺差累计近2 000亿美元。台湾对大陆的出口已占其出口的第一位,大陆成为台湾贸易顺差的最主要来源。同期祖国大陆各级政府共批准台商投资项目55 000多个,协议台资金额616亿多美元,实际利用台资330亿美元"①。适应海峡两岸关系发展的需要,1990年11月,台湾方面成立了处理两岸民间交流事务的中介机构——"海峡交流基金会";1991年12月,大陆方面成立了以发展两岸关系、实现祖国统一为宗旨的"海峡两岸关系协会"。此后,两会进行了多次接触和领导人会晤,取得了一些重要成果。1995年1月,国家主席江泽民发表了《为促进祖国统一大业的完成而继续奋斗》的重要讲话,提出了现阶段发展两岸关系、推进祖国和平统一的八项看法和主张。② 这个讲话是解决台湾问题的纲领性文件,对于推动两岸关系和祖国统一进程产生了深远影响。

然而,台湾当局及其领导人竟逆历史潮流而动,不断挑衅"一个中国"原则,在分裂和"台独"的道路上愈行愈远。对此,中国政府和人民进行了坚决的斗争,并采取了果断的行动。于是,自1995年以来,围绕着"台独"与反"台独"的斗争,台湾海峡两岸曾先后爆发了4次大的危机。

第一次台海危机是由李登辉访美引起的。1995年6月,李登辉访美,并发表了一系列分裂国家、挑衅大陆的讲话。随后,台湾当局极力推动"务实外交",大肆勾结国际反华势力,企图"重返联合国"。对此,中国政府和人民开展了坚决的反分裂、反"台独"斗争。特别是中国人民解放军从1995年7月18日至1996年3月20日,在东海、台湾海峡和台湾附近海域进行了一系列导弹发射训练、海空实弹演习、陆海空联合演习等军事活动,充分显示了中国人民捍卫国家主权及领土完整的决心和能力。这次台海危机一直延续到1996年3月台湾"大选"才结束。

第二次台海危机是由李登辉发表"两国论"引起的。1999年7月9日,李登辉在接受"德国之声"记者采访时,公然把两岸关系定位在"国家与国家,至少是特殊的国与国的关系"③。李登辉的"两国论"不仅是对"一个中

---

① 潘叔明."一国两制"与台湾问题.北京:人民出版社,2003.209~210
② 人民日报,1995-01-31
③ 人民日报,1999-07-12

国"原则的彻底否定,而且是对包括台湾同胞在内的全体中国人民的严重挑衅,同时也是他坚持分裂祖国、推进"台独"的政治本质的大暴露。所以,"两国论"一出笼,当即遭到海内外一切爱国的中国人的同声谴责。9月上旬,中国人民解放军南京和广州军区陆海空三军、第二炮兵以及民兵预备役部队,在浙东、粤南沿海举行了大规模的诸军兵种联合渡海登陆作战实战演习。这再次显示了中国人民坚决维护国家统一的决心和能力,同时也是对"台独"分子分裂祖国活动的沉重打击。此次台海危机在台湾同年发生的"9·21"大地震之后趋缓。

第三次台海危机发生在2000年3月台湾"大选"和政党轮替前后。当时,台湾岛内"台独"势力大肆鼓吹分裂国家,祖国统一大业面临严峻考验。为了制止可能上台的民进党及陈水扁在选后有任何冒险举动,大陆方面向"台独"势力发出了严正警告,并做好了随时以军事行动应对不测事件发生的准备。这次台海危机在当年"5·20"陈水扁正式就职时作出"四不一没有"承诺之后渐趋和缓。

第四次台海危机发生在陈水扁抛出"一边一国论"之后,直至2004年台湾"大选"。2002年8月,陈水扁正式抛出"一边一国论"之后,台湾当局加快了以"去中国化"为主要特征的渐进式"台独"步伐。这些"台独"活动包括:撤除涉及"统一"的标语、标志,将新版台币改为"国币","护照"加注"台湾",建构"去中国文化"的"台湾文化"等。台湾当局的一系列"去中国化"活动,最终是图谋"一个中国"在台湾完全空心化,它必然牺牲两岸关系特别是台湾人民的根本利益,所以遭到了包括广大台湾同胞在内的中国人民的强烈反对。然而,随着2004年台湾"大选"的日益临近,陈水扁为了一党一己之私,不仅继续坚持"一边一国论",而且悍然提出"公投"、"制宪"等敏感议题,肆意挑衅"一个中国"原则,不断制造两岸紧张关系,在"台独"、分裂的道路上越走越远。面对陈水扁当局的分裂图谋,中国政府和人民与之进行了坚决的斗争。国台办负责人、海协会会长汪道涵等先后发表谈话,正告陈水扁及岛内的分裂势力,表达了中国人民为维护国家统一坚决反对"台独"的立场和决心。2003年12月温家宝总理访美前后,也多次阐述中国政府反"台独"、反分裂,稳定和发展两岸关系的立场。这些举动赢得了国际社会的理解,沉重打击了"台独"分子的嚣张气焰。

虽然近些年来海峡两岸关系多次出现波折,虽然目前两岸政治关系僵局依旧,但是祖国统一、民族复兴是大势所趋。我们坚信,经过海峡两岸中国人的共同努力,在不远的将来,祖国的统一大业一定能够完成。

第六节　国防建设和外交关系

一、加强军队现代化建设

军队现代化建设是中国人民解放军建设的中心任务,要求人民解放军适应世界军事发展的趋势,逐步缩小在武器装备方面与发达国家军队建设的差距,提高现代条件下的防卫作战能力。1990 年 12 月,中共中央总书记江泽民对人民解放军建设提出"政治合格,军事过硬,作风优良,纪律严明,保障有力"的总要求,对部队现代化建设具有重要的指导意义。

实施军队的科学体制编制。中共十五大做出裁减军队员额 50 万的战略决策,使中国人民解放军的建设朝着"精兵、合成、高效"的方向前进。

建立军队立法体系。1990 年 4 月,中央军委主席江泽民签署命令,正式颁发《中国人民解放军立法程序暂行条例》。这是中国人民解放军历史上第一部关于立法程序的法规,随后 100 多项军事法规的相继制定、修改和颁布实施,使我国初步建立起具有中国特色的军事法规体系。

重视军队制度建设。兵役制度、军官服役制度、军队住房制度、军人保险制度、军队院校体制、作战指挥体制等改革方案陆续出台,人民解放军朝着建立科学的管理、保障体制和运行体制的目标迈出了坚实一步。

调整军事战略方针。1993 年初,根据中国边防环境和军事斗争任务发生重大变化的新形势,江泽民主持制定了中国人民解放军新时期军事战略方针,把军事斗争准备的基点,从应付一般条件下的战争转变到打赢现代技术特别是高技术条件下的局部战争上来。

提高防卫作战能力。陆军立体作战能力、联合作战能力、快速反应能力、电子对抗能力、野外生存能力明显增强,基本形成立体机动作战的装备体系和比较配套的支援保障体系;海军海上机动编队的防空、反潜、反舰和电子对抗能力得到加强,初步形成海上机动作战、基地防御作战和海基自卫核反击作战的装备体系;空军按照攻防兼备的要求,基本形成歼击机、对地攻击机、运输机和多种支援保障飞机相结合的装备体系,构成了高中低空、远中近程相结合的地面防空火力配合和覆盖全国的地面情报雷达网。

大力加强武器装备建设。这就是,以科技强军战略思想为指导,依靠自身科技、借鉴国外技术研制高技术武器,陆续装备部队。

随着银河系列巨型计算机研制成功,长征系列运载火箭一次次发射升空,各种不同类型的卫星遨游太空,一系列新型武器装备进入了人民解放军的作战序列。

全面提高全军官兵的素质,加强军队质量建设。一大批既懂政治又懂军事,既懂专业又懂指挥管理的复合型人才走上各级领导岗位。到2002年7月,中国人民解放军已有博士、硕士2.6万多名,作战部队军、师、团领导班子中,具有大专以上文化程度的比例分别为88%、90%、75%[1],全军具有大专以上学历的军官达到71.8%,全军专业技术干部已占到全军干部的近半数。[2]

二、外交方针的调整与新国际战略的形成

1989年6月,中国平息北京政治风波,美国等西方国家联合对中国实行制裁,中国外交面临建国以来少有的严峻局面。邓小平提出了"冷静观察、稳住阵脚、沉着应付、韬光养晦、有所作为"的应对方针,顶住了西方国家的压力,打破和分化了他们的制裁,中国外交保持了改革开放后所制定的外交政策的连续性和稳定性,并进而将不结盟外交战略扩展为全方位的外交战略,加强了同发展中国家的合作,先后和西方国家恢复了关系,进而同所有的大国构筑面向21世纪的合作框架。截至2002年10月,中国同165个国家建立了外交关系。

1. 中美关系

1979年1月1日,中美建交,从此,中美关系进入了一个新阶段。中美经贸往来迅速增长,双边贸易额由1979年的23.78亿美元增至1988年的135亿美元。双方高层互访频繁,文化交流逐年增多和扩大,军事往来和合作顺利,基本上按照中美三个联合公报的原则发展关系。

1991年11月,美国国务卿贝克访华,双方就保护知识产权和市场准入等问题达成协议。1993年11月,中国国家主席江泽民应美国总统克林顿的邀请,出席在西雅图举行的亚太经济合作组织领导人非正式会议。1995年

---

[1] 黄国柱,贾永,曹智.党的第三代领导核心与国防和军队现代化建设.解放军报,2002-07-31

[2] 国务院新闻办公室.2002年中国的国防.人民日报,2002-12-10

10月,江泽民主席出席联合国成立50周年特别会议,其间,江泽民在纽约与克林顿总统举行正式会晤。江泽民指出,双方应恪守中美三个联合公报的原则,共同努力,使两国关系进入稳定发展的良性循环。克林顿也强调同中国进行"建设性接触"的重要性,重申一个中国的政策。

1997年10月26日至11月3日江泽民主席对美国的国事访问和1998年6月25日至7月3日克林顿总统对中国的回访,是中美关系结束前几年跌宕起伏不稳定状态,步入一个健康稳定发展新阶段的主要标志。2001年10月,江泽民主席与出席亚太经合组织领导人非正式会议的布什总统在上海会晤,双方一致认为应致力于发展中美建设性合作关系。

1997年10月29日,中华人民共和国主席江泽民与美国总统克林顿在华盛顿举行的记者招待会上

中美关系也有困难和危机阶段,如1989年6月,北京发生政治风波,6月3日,美国总统布什宣布对中国实行全面制裁并暂停中美高级官员互访,暂停对话和技术出口,中止对华军售和军事技术合作等等。又如1995年、1996年李登辉访问美国触发的台海危机,1999年5月美国飞机轰炸中国驻南斯拉夫大使馆,2001年4月中美撞机事件等,一度美国对华政策倒退,中美关系经历了最严峻的考验。

中美关系发展的主要障碍来自美国对华政策的两面性和摇摆性,这在美国的对台政策上体现得最为明显。美国在台湾问题上,玩弄两面手法:一面信誓旦旦坚持"一个中国的政策",承诺不支持"台湾独立",不支持"两个中国"或"一中一台",不支持台湾加入任何必须由主权国家参加的组织;一面不断提升对台关系,扩大对台军售,助长"台独"气焰,阻碍中国和平统一进程。1992年9月美国政府决定向台湾出售500架F-16战斗机,给正在复苏的中美关系蒙上了一层阴影。1994年9月,美国决定提升对台关系。1995年5月,允许李登辉访美。2000年2月,美众议院通过《加强台湾安全法》,企图使美台军事合作合法化和制度化。2000年4月,美国向台湾出售"铺路爪"远程预警雷达、"阿姆拉姆"空对空导弹和"小牛"空对地导弹等先进武器。

人权问题也是中美关系中重要的分歧之一。美国每年都要打着"人权"招牌,搞反华提案,干涉中国内政。人权问题影响两国关系的正常发展,容易造成误解、曲解和敌视。

中美两国在维护世界安全、促进全球经济增长、防止大规模杀伤性武器扩散、打击恐怖主义等全球问题上,有着越来越广泛的共同利益,只要两国政府坚持从战略高度处理中美关系,积极发展合作,妥善处理分歧,中美关系的前景是广阔的。

2. 中俄关系

1989年5月15日至18日,苏联最高苏维埃主席团主席、苏共中央总书记戈尔巴乔夫应邀访问中华人民共和国。中苏双方郑重声明:在互相尊重主权和领土完整、互不侵犯、互不干涉内政、平等互利、和平共处的五项原则基础上发展相互关系,实现中苏关系正常化。1991年,苏联解体后,尽管两国政治制度不同,但中国立即承认俄罗斯新政府,并共同创造了一种既不是对抗,又不是结盟,也不针对第三国的"面向21世纪的建设性伙伴关系"。这种关系建立在和平共处五项原则基础之上,成为不对抗、不结盟、睦邻友好、互利合作、共同繁荣的好邻居、好伙伴、好朋友。10多年来,中俄两国已建立起经常的、畅通的高层对话机制,睦邻友好的、和平的边界安全机制,发展迅速的、方式多样的经济合作机制。曾经困扰两国关系的敏感的领土问题,已通过中苏东段协定和西段协定的签署,基本得到解决,4 300公里的中俄边境已成为两国进行经济和文化交流的最为活跃的地带。

3. 中日关系

1989年中国发生政治风波,日本紧跟西方国家,制裁中国,冻结了两国之间部长级以上的高层往来和一些合作项目,两国关系一度处于停滞状态。1989年9月25日,日本政府重新宣布全面解除对日本人访华的限制,两国重开经贸领域的合作和交往。在1992年到2002年这段时间里,中日关系呈现出两头好,中间差的状况。

从1992年到1994年。在这一时期,两国关系平稳、顺利发展。1992年江泽民总书记访问日本,日本明仁天皇访问中国。1993年,日本成为中国最大的贸易伙伴,中国成为日本的第二大贸易伙伴,两国的经济关系发展迅速。

从1995年到1996年。由于日本部分政治势力频频发难,中日在台湾、历史问题和安全等方面的摩擦迅速升级,两国关系明显下滑。1996年,中日关系跌至复交以来的低谷。为维护两国关系的大局,中国政府保持了最大的克制,经过双方领导人的努力,1996年底,中日关系得到缓和。

从1997年到2002年。这一时期,中日两国关系不断恢复和发展。1998年11月,江泽民主席访问日本,中日双方就21世纪中日关系的发展方向和框架达成共识,将今后的中日关系定位为共同致力于和平与发展的友好合作伙伴关系。

中日关系的发展从总体上讲是好的,但也存在一些问题,如钓鱼岛问题、日美安全条约修改问题、日台关系问题、日本教科书问题、贸易摩擦问题、参拜靖国神社问题。这些都直接影响着中日关系的正常发展。中日关系的发展还会有种种曲折,作为经济互补性很强的两大邻邦,双方维护亚太地区和平与发展的共同利益毕竟是主要的。只要中日双方能坚持友好条约的精神,共同维护1998年联合宣言为两国关系确定的新框架,坚持2000年两国共同提出的"增信释疑"的重要方针,牢记"和则共荣,斗则俱损"的历史遗训,中日关系就一定能走向平稳、正常发展的新阶段。

4. 中欧关系

欧洲联盟(European Union)简称欧盟,其前身为欧洲共同体,1993年11月1日成立,总部设在比利时首都布鲁塞尔。2002年5月,欧盟有15个成员国,即法国、德国、意大利、荷兰、比利时、卢森堡、丹麦、爱尔兰、英国、希腊、西班牙、葡萄牙、奥地利、芬兰、瑞典。

欧盟15国总面积为333.7万平方公里,人口为3.76亿,1999年国内生产总值达84 583亿美元,超过美国和日本。

欧盟自诞生之日起,就一直重视对华关系。1995年,欧盟通过第一个全面对华关系文件《中国与欧盟关系长期政策》报告,认为,中国日益增长的经济、政治和军事实力正使其在世界政治中发挥前所未有的重要作用,中国的崛起给世界带来了机会和挑战,鼓励并保持中国当前的经济与社会改革进程符合欧洲的利益。同年12月欧盟15国外长审议并批准了该报告,指出,同中国建立一种同其在世界和地区的现实和潜在的影响相称的关系,是欧洲的优先考虑。1998年,欧盟又通过《同中国建立全面伙伴关系》的政策报告,提出将同中国的关系提升到欧洲与美国、日本和俄罗斯同等重要的水平。

中欧领导人从战略上重视双方关系,互访不断,就双边关系和共同关心的国际和地区问题深入交换意见,达成了广泛的共识,中欧关系取得了很大发展。第一,在经贸关系方面,欧盟已成为中国最重要的经济伙伴之一。2001年,中欧贸易总额达766亿美元,占中国全年贸易总额的15%,成为仅次于日、美之后中国第三大贸易伙伴。欧盟还是中国引进技术和设备最多的地区,截至2000年,中国引进欧盟设备数目额为12 445项,合同金额为627.5亿元。第二,欧盟已成为中国推动世界多极化趋势发展和建立国际新秩序的重要合作力量。随着欧洲实力地位的不断上升,欧美竞争将加剧,这将有利于世界多极化趋势的发展和国际政治经济新秩序的建立。第三,由于欧盟在东亚地区影响实力增大,中欧合作空间进一步拓宽。1994年,欧盟发表《走向亚洲新战略》,提升了东亚在其全球外交战略中的地位,中国是欧盟对亚新战略的中心。1996年3月,首届亚欧首脑会议在曼谷召开,决定将经贸合作、政治对话、文化交流作为两大洲合作的支柱,这就为中欧合作提供了新的重要渠道。欧盟十分重视中国在"全球和地区安全及全球经济稳定"等方面的作用。2001年,在其通过的《新亚洲战略文件》中再次强调了加强对华关系的重要性。中欧广泛而深入的合作符合双边以及欧盟各国的根本利益。

5. 中国与周边国家关系

中国是世界上邻国最多的国家,陆地邻国有15个:朝鲜、俄罗斯、蒙古、哈萨克斯坦、吉尔吉斯斯坦、塔吉克斯坦、阿富汗、巴基斯坦、印度、尼泊尔、锡金、不丹、缅甸、老挝、越南。隔海相望的国家有6个:韩国、日本、菲律宾、马来西亚、文莱和印度尼西亚。1992年8月,中华人民共和国与韩国建交,2000年朱镕基总理访问韩国,中韩关系进入全面合作的新阶段。2001年9

月,江泽民总书记应邀访问朝鲜。双方同意本着"继承传统,面向未来,睦邻友好,加强合作"的精神,共同努力把中朝友好关系推向更高的水平。中国与东南亚国家一致同意把双边关系进一步推向前进,从战略高度,共同致力于建立面向21世纪的睦邻互信伙伴关系,分别与东盟十国签署或发表了新世纪双边合作框架文件,与东盟决定10年内建立中国—东盟自由贸易区。对南亚国家,中国政府提出了构筑面向21世纪的长期稳定的睦邻友好关系。中国与印度两国领导人达成互不构成威胁的共识。中国同巴基斯坦的传统友谊得到加强。2001年,中国同俄罗斯、哈萨克斯坦、吉尔吉斯斯坦、塔吉克斯坦共同宣布建立"上海合作组织",标志着一个以互信求安全、以互利求合作的新型区域合作组织的诞生。中国先后同哈萨克斯坦、吉尔吉斯斯坦、塔吉克斯坦、越南等国签订了边界条约,迄今已和绝大多数邻国解决了边界问题。2000年,中越签署了北部湾划界协定,这是我国与邻国划定的第一条海上边界,意义重大。

三、APEC会议在上海召开

APEC(亚太经济合作组织,Asia – Pacific Economic Cooperation)成立于1989年,是亚太地区主要的区域经济合作组织,性质为官方论坛,其宗旨与目标是:"相互依存,共同利益,坚持开放的多边贸易体制和减少区域贸易壁垒。"1991年11月,中国以主权国家身份,中国台北和香港(1997年7月1日起改为"中国香港")以地区经济名义正式加入亚太经合组织。① APEC组织机构分为五个层次:领导人非正式会议、部长级会议、高官会议、委员会和秘书处。领导人非正式会议是其中最高级别的机构,1993年举行首次会议。

第九次APEC会议于2001年10月15日至21日在上海召开,共举办了包括领导人会议、外交和贸易双部长会议、专家部长会议、高官会等21场会议和活动,来自21个成员国的领导人围绕"新世纪、新挑战:参与、合作、促进共同繁荣"的主题,就宏观经济形势、人力资源能力建设和亚太经合组织未来发展方向等重大问题,深入交换了意见,达成了广泛的共识。中华人民共和国主席江泽民出席并主持了会议。会议通过了《领导人宣言》及《上海

---

① 亚太经合组织共有21个成员:澳大利亚、文莱、加拿大、智利、中国、中国香港、印度尼西亚、日本、韩国、马来西亚、墨西哥、新西兰、巴布亚新几内亚、秘鲁、菲律宾、俄罗斯、新加坡、中国台北、泰国、美国和越南。

共识》《数字 APEC 战略》两个附件,并通过了《领导人关于反对恐怖主义问题的声明》。

上海会议是中华人民共和国成立以来所举办的级别最高、规模最大的国际会议。这次会议在兼顾各方利益的基础上,通过协商,扩大共识,缩小分歧,全面、平衡地推动了 APEC 各项议程,表明了 APEC 维护世界和亚太经济发展的坚强决心,取得了丰硕成果。

在本次会议上,各成员领导人表达了对亚太经济中长期发展的信心,决定加强宏观经济政策协调,深化经济结构改革,采取强有力的财政和金融措施,促进经济增长。

在本次会议上,APEC 各成员重申要实现 1994 年 APEC 会议所决定的 APEC 发达和发展中成员分别于 2010 年和 2020 年实现贸易自由化和便利化的目标,推动在世界贸易组织第四次部长会议上启动新一轮谈判,坚定地支持多边贸易体系。会议还批准了关于人力资源能力建设的"北京宣言",确定了政府、工商界和学术界在此领域的三方合作机制,同时启动了经济技术合作行动计划。

会议回顾了 APEC 成立以来所取得的成绩和经验,重申 APEC 在区域经济合作中的重要作用,强调坚持 APEC 合作的各项原则,特别是自主自愿、协商一致的"APEC 方式",为 APEC 注入了更大的活力。会议所通过的《上海共识》《数字 APEC 战略》,扩大了 APEC 在新世纪合作的范围和领域,把共同全球化的机遇和挑战置于 APEC 未来合作的突出位置,同时把握了新经济这一生产力发展的新趋势,并制定具体合作措施。

江泽民主席在会议上发表了《加强合作,共同迎接新世纪的新挑战》讲话,全面阐述了中国对 APEC 在新世纪发展的原则立场和政策主张,强调 APEC 应始终站在全球化与区域化经济发展的最前沿,抓住国际和地区发展的最新形势与特点,对世界和区域经济发展中一些突出问题的解决发挥重要作用。APEC 应在尊重多样性的基础上,实现贸易和投资自由化目标,加强以人才能力建设为核心的经济技术合作。APEC 的发展要反映各成员最广泛的利益。[①]

上海 APEC 会议,向世界展示了中国改革开放和社会主义现代化建设的伟大成就,提高了中国的国际地位,并为推动亚太区域合作及世界的稳定

---

① 江泽民.加强合作,共同迎接新世纪的新挑战.人民日报,2001-10-22

繁荣作出了重要贡献。

四、中国加入世界贸易组织

2001年11月10日,在卡塔尔首都多哈举行的世界贸易组织第四届部长会议,通过了《关于中国加入世界贸易组织的决定》。当天,中国代表团向世界贸易组织递交中国国家主席江泽民签署的《中国加入世贸组织批准书》。根据世界贸易组织的规定,在递交批准书30日后,即12月11日,中国正式加入世界贸易组织,成为其第143个成员国,标志着中国长达15年复关和加入世界贸易组织的漫长进程的结束。

11月11日,世界贸易组织同意台湾以"中国台北"的名义加入世界贸易组织。次日,中国台北代表在多哈签署了"台湾、澎湖、金门、马祖单独关税区"(简称中国台北)加入世界贸易组织的议定书。

加入世界贸易组织,标志着中国的改革开放从此进入新的阶段:由有限范围和领域的对外开放,转变为全方位的对外开放;由以试点为特征的政策性开放,转变为法律框架下可预见性的开放;由单方面为主的自我开放,转变为与世界贸易组织成员之间的相互开放。

加入世界贸易组织,中国将在权利与义务平衡的基础上,在享受权利的同时,遵守世界贸易组织规则,履行自己的承诺,与其他成员一道发挥积极建设性作用。

加入世界贸易组织,对促进中国社会经济发展具有重大的现实意义和深远的历史意义:为改革开放创造更加有利的外部环境,中国将能够在一个多边、稳定、无条件最惠国待遇原则下发展开放型经济,逐步消除一些世界贸易组织成员国对中国的歧视性贸易限制,并在参与制定国际贸易规则的过程中,推动建立公正合理的国际贸易新秩序,维护中国的根本利益;促进中国社会主义市场经济体制的建立和完善,有利于在参与经济全球化过程中趋利避害,中国将从中受益,世界各国也将从中受益。

第七节 思想、文化、教育、科技

一、教育大发展

"八五"计划期间,教育事业取得重大进步。各类教育迅速发展,在占总人口90%以上的地区普及了小学教育,普及九年义务教育和发展中等职业教育的工作顺利推进,高等教育结构调整加快。制定了《中国21世纪议程》,确定了可持续发展战略。

1992年初,邓小平南方谈话以后,随着中国改革开放和社会主义现代化建设事业进入新阶段,中共中央制定了一系列重大的宏观教育决策。1993年2月,中共中央、国务院发布《中国教育改革和发展纲要》,确定了到20世纪末中国教育发展的总目标:"全民受教育水平有明显提高;城乡劳动者的职前、职后教育有较大发展;各类专门人才的拥有量基本满足现代化建设的需要;形成具有中国特色的、面向21世纪的社会主义教育体系的基本框架。再经过几十年努力,建立起比较成熟和完善的社会主义教育体系,实现教育的现代化。"之后,国家先后颁布了《中华人民共和国教师法》、《中华人民共和国教育法》和《中华人民共和国职业教育法》等重要法律,初步确定了中国教育法律体系的基本框架。

在实施科教兴国战略的指导下,1996年3月,全国人大八届四次会议讨论通过国民经济和社会发展"九五"计划和2010年远景目标纲要,明确提出:实施科教兴国战略,要"优先发展教育"。具体举措是:重点是普及义务教育,积极发展职业教育和成人教育,适度发展高等教育,优化教育结构。2000年基本普及九年义务教育,基本扫除青壮年文盲(简称"两基");加快教育体制改革,提高教育质量和办学效益,积极探索与社会主义市场经济体制相适应的办学机制和办学模式;积极推进教学改革,改革人才培养模式,由"应试教育"向全面素质教育转变。上述举措的提出进一步明确了中国中长期教育发展目标和改革的总体思路。1999年1月,国务院批转了教育部制定的《面向21世纪教育振兴行动计划》。这个计划是在贯彻落实《中华人民共和国教育法》及《中国教育改革和发展纲要》的基础上提出的跨世纪教育改革和发展的蓝图。它确定的主要目标是:到2000年,全国基本普及九年义务教育,基本扫除青少年文盲,大力推进素质教育;完善职业教育培训和继续教育制度,城乡新增劳动力和在职人员能够普遍接受各种层次和形式的教育与培训;积极稳步发展高等教育,高等教育入学率达到11%左右;瞄准国家创新体系的目标,培养造就一批高水平的具有创新能力的人才;加强科学研究并使高校高新技术产业为培育经济发展新的增长点作贡献;深化改革,建立起教育新体制的基本框架,主动适应经济社会发展。到2010年,在全面实现"两基"目标的基础上,城市和经济发达地区有步骤地普及高中阶段教育,全国人口受教育年限达到发展中国家先进水平;高等教育规模有较大扩展,入学率接近15%,若干所高校和一批重点学科进入或接近世界一流水平;基本建立起终身学习体系,为国家知识创新体系以及现代化建设提供充足的人才支持和知识贡献。

在强调教育的优先发展地位和实施科教兴国战略的环境下,自20世纪90年代初以来,中国教育事业进一步发展,取得了显著成绩。到20世纪末基本普及九年义务教育和基本扫除青少年文盲,是全面提高国民素质的重要举措,是教育发展的"重中之重"。"八五"计划期间,全国小学学龄儿童入学率和初中阶段入学率都有提高。1995年,全国小学在校生达到1.32亿人,学龄儿童入学率达到98.5%。全国初级中学(包括职业初中)在校生达到4 727.5万人,入学率达到78.4%。2000年学龄儿童入学率和初中入学率分别达到99.1%和88.6%。"八五"计划期间,全国每年扫除青壮年文盲保持在400万人以上,青壮年文盲率由1990年的9.3%下降到7%以下。"九五"计划期间,"两基"工作有了更快的发展。到2000年青壮年文盲率下降到5%以下。"两基"的目标初步实现。

国家重视基础教育中由应试教育向素质教育转变的工作。1999年6月13日,中共中央、国务院作出《关于深化教育改革全面推进素质教育的决定》,指出:实施素质教育,就是全面贯彻党的教育方针,以提高国民素质为根本宗旨,以培养学生的创新精神和实践能力为重点,造就有理想、有道德、有文化、有纪律的德智体美等全面发展的社会主义事业建设者和接班人。为落实《决定》精神,各级教育部门积极开展了调整教育结构和布局,更新教材,改革课程体系、考试评价制度和教学方法,努力提高教学质量的工作,积累了一些经验。

高等教育在"八五"和"九五"期间总体规模发展较快,结构有改善。20世纪90年代初期,国家教委提出在21世纪集中一部分投资,重点建设好中国的100所高校的设想,亦即"211工程"。1994年,这一设想写入《中国教育改革和发展纲要》。该发展纲要实施意见指出:"211工程"是要争取有若干所高校在21世纪初接近或达到国际一流大学的学术水平。1994年中央财政拨出专款,作为实施这一工程的启动资金,以后逐年增加。"九五"计划期间"211工程"全面启动。从1995年起,进行了各项建设任务的立项审核工作,至1998年底,国家确立重点建设61所高校,其中教育部直属院校25所,其他部委32所,省属院校4所。包括350个重点学科和两个高等教育公共服务体系的立项建设,安排建设资金 130 多亿元,其中中央专项资金近 28 亿元,有 50%以上的项目开工建设,中央专项资金累计下达 16 亿多元。"211 工程"的实施,在一定程度上缓解了教育经费不足的紧张局面,改善了高等教育的基础设施和硬件条件,保证了一批国家重点学科的建设与升级发展。根据现代化要求,调整并进一步明确了高等教育发展的方向,有利于高等教育质量、科研水平、办学效益和管理水平的整体提高。

二、科技创新与成就

改革开放以来,中共中央非常重视科学技术和教育在中国现代化建设中的突出作用。1988 年 9 月,邓小平第一次提出"科学技术是第一生产力"的重要论断。他指出:"马克思说过,科学技术是生产力,事实证明这话讲得很对。依我看,科学技术是第一生产力。""从长远看,要注意教育和科学技术。"他认为要把这些观点提到战略的高度去认识。中共十四大以后,中共中央、国务院在科学地分析了国内外经济、科技发展趋势的基础上,于 1995 年 5 月 6 日作出《关于加速科学技术进步的决定》,正式提出"实施科教兴国战略"的重大决策。这是新中国成立以来第一次,也是 20 世纪中国历史进程中首次把"科教"作为国家的发展战略。

科教兴国,是指全面落实科学技术是第一生产力的思想,坚持教育为本,把科技和教育摆在经济、社会发展的重要位置,增强国家的科技实力及向现实生产力转化的能力,提高全民族的科技文化素质,把经济建设转移到依靠科技进步和提高劳动者素质的轨道上来,加速实现国家的繁荣强盛。实施科教兴国战略对全面落实科学技术是第一生产力思想,对保证国民经济持续、快速、健康发展具有重要的意义。实施科教兴国战略是实现社会主义现代化宏伟目标的必然抉择,也是中华民族实现振兴的必由之路。

为了全面实施科教兴国战略,1995 年 5 月 26 日至 30 日,中共中央、国务院在北京召开了全国科学技术大会。这是继 1978 年全国科学大会之后,中国科技界又一次盛会。江泽民在会上发表题为《努力实施科教兴国战略》的讲话。他指出,实施科教兴国战略是总结历史经验和根据中国现实情况所作出的重大部署,是顺利实现三步走战略目标的正确选择。实施这一战略必将大大提高中国经济发展的质量和水平,使生产力有一个新的解放和更大的发展。他特别指出:"创新是一个民族进步的灵魂,是国家兴旺发达的不竭动力。如果自主创新能力上不去,一味靠技术引进,就永远难以摆脱技术落后的局面。一个没有创新能力的民族,难以屹立于世界先进民族之林。"关于人才问题,他指出:实施科教兴国战略,关键是人才。要加速培养优秀科技人才,充分发挥现有科技人才的重要作用。要大力发展教育事业,根据科技发展的趋势和中国现代化建设的要求,深化教育体制改革,培养、造就千百万年轻一代科学技术人才,建设一支跨世纪的宏大科技队伍。

在实施科教兴国战略的过程中,国家科技、教育部门制定了科教兴国战略的具体内容。主要有两个方面:一个是把经济建设和社会发展转移到依靠科技进步和提高劳动者素质的轨道上来,主要包括科教兴农、科教兴工、发展高科技及其产业、科教兴社会;另一个是坚持教育为本,把科技和教育摆在经济和社会发展的战略位置,主要包括加强基础研究、深化科技体制改革、建设科技队伍和提高全民族科技文化素质、增加科技投入、扩大科技合作与交流、加强对科技工作的领导。

在科教兴国战略的指引下,"八五"和"九五"期间,中国科技事业取得了巨大成绩。

(一)有重点地开展了高技术研究并且取得可喜成就。中国科技工作者努力跟踪世界科技前沿,并根据中国国情,从无到有,大力发展新技术产业,有力地促进了中国综合国力和国际竞争力的提高。1987年"863"计划开始实施以来,生物技术、航天技术、信息技术、激光技术、自动化技术、能源技术和新材料技术等重点确定的7个高技术研究领域,取得了较大进展。如中国自主开发成功了0.8微米集成电路芯片;试制成功了12英寸直拉单晶硅;两系法杂交水稻比三系法增产10%～15%;运算速度达到每秒1亿次的"银河Ⅱ"型电子计算机研制成功;培育和异体试管婴儿降生;和平利用核能,先后建立秦山和大亚湾核电站;北京正负电子对撞工程建成并实现对撞,这成为中国继原子弹、氢弹和人造卫星之后又一历史性的成果;超导材料研究方面已经把高温超导体的临界温度提高到了90K。此外,一批新兴学科如生命科学、纳米科学、非线性科学、认知科学以及地球系统科学等都得到了迅速发展,极大地缩小了中国与世界先进水平的差距。

(二)科技成果大量涌现。从1991年到1999年,仅国家自然科学基金支持的基础性研究项目就达41 324项,投入经费50.04亿元。1995年,全国取得省部级以上重大科技研究成果31 099项,1999年为31 060项。1991年至1999年,国内申请专利权的研究项目有694 166件,其中被授予专利权的项目有429 925件。1999年5月,国务院发布《国家科学技术奖励条例》,调整了奖项设置,加大了奖励力度,明确了评价标准。自1999年起设立国家最高科学技术奖。该项奖个人奖金数额为500万元。

(三)科学技术的成就促进了社会经济的发展。中国科技成果转化能力进一步得到提高,一大批科技成果转化为现实生产力。如推广水稻旱育稀植和节水技术、紧凑型玉米、塑料暖棚畜禽饲养、ABT植物调节剂和小麦旱地全生育期地膜覆盖栽培等重大技术,带来巨大的经济效益。

(四)中国科学院启动知识创新工程试点。1997年底,中国科学院向中共中央、国务院递交了《迎接知识经济时代,建设国家创新体系》的研究报告。报告认为,面对知识经济的挑战,我们要紧紧依靠自己的科技力量,加快培育新的科技力量,迅速构建一个完整的国家创新体系。这个体系应当包括以国立科研机构和教学科研型大学为核心的知识创新体系、以企业和科研机构为核心的技术创新系统、以高校和职业培训机构为主的知识传播系统、以企业和社会为主体的知识应用系统。随后,中国科学院筹备开展了"知识创新式"试点工作,确定的远景目标是:到2010年前后把中科院建设成为瞄准国家战略目标和国际科技前沿、具有强大和持续创新能力的国家自然科学和高技术的知识创新中心,成为具有国际先进水平的科学研究基地,成为有国际影响的国家科技知识库、科学思想库和科技人才库。

中国"九五"科技攻关,以获得2万多项成果,累计创造综合经济效益4 300多亿元的辉煌战果而告结束。"十五"期间,将再接再厉,重点促进产业技术升级和提高科技持续创新能力。

"九五"科技攻关在农业、电子信息、能源、交通、材料、资源勘探、环境保护等领域,共安排了251个项目,5 100多个专题。来自全国1 000多个科研院所、700多所大专院校、5 400多个企业的7万多名科技人员先后承担和参与了科技攻关工作。据不完全统计,"九五"攻关计划共取得成果2万多项,获国内外专利1 300多项,建立了4 500多个试验示范基地、中试线、生产线;培养人才近2万名。

在农业方面,"九五"科技重点围绕确保粮食等农产品有效供给、增加农民收入、改善农业生态环境、加快农业产业化等方面进行攻关,为农业和农村经济发展提供了强有力的技术支撑,共培育农作物新品种664个,建立试验基地1 995个、示范点4 807个。这些成果显著提高了农业科技整体水平,为实现中国农产品由长期短缺到供求基本平衡、丰年有余的历史性转变,发挥了巨大作用。

在工业方面,攻关计划为产业结构调整和技术升级作出了突出贡献。一是结合国家重大工程建设,如长江三峡水利枢纽工程、大型核电站等,攻克了一批关键技术,研制了一批关键设备;二是针对行业技术进步的需要,研究、开发和推广关键、共性技术;三是在提升传统产业技术水平的同时,大力开发高新技术产品,培育新兴产业。攻关成果的开发应用,有力地增强了企业的技术创新能力和市场竞争力,提升了重点行业整体技术水平,使中国产业部门的生产技术水平和工程建设能力上了一个台阶。

航空航天方面,1998年8月20日,中国自行研制的"长城二丙"改进型运载火箭在太原卫星发射中心升空,成功地将美国摩托罗拉公司"铱星"系统的两颗补网星送入预定轨道。2002年4月1日,中国第三艘无人航天飞船"神舟"3号经过近7天的太空飞行后,于4月1日圆满返回地面。同年5月15日,"长城四号乙"运载火箭"一箭双星"发射成功。2003年10月15日9时整,在酒泉卫星发射中心,中国自行研制的"神舟"5号载人飞船发射升空。执行中国首次航天飞行任务的航天员是中国人民解放军航天飞行大队航天员杨利伟。10月16日6时23分,"神舟"5号载人飞船在内蒙古主着陆场着陆成功。返回舱完好无损,中国第一次航天飞行圆满成功。这标志着中国航天技术获得突破性进展。

在促进社会可持续发展方面,科技攻关计划一是将提高和改善人民生存条件和生活质量放在突出位置,安排了一批直接关系人民健康和生活质量的医药卫生、环境保护以及住宅建设等领域的项目;二是以国家经济安全和社会公共安全为重点,加强国家紧缺矿产资源的勘探开发、重大工业事故及特殊建筑火灾预防与控制技术研究等方面的技术攻关;三是注重气象、地震、海洋等社会事业的发展。

"十五"计划开局良好,这五年期间科技工作的任务,重点是促进产业技术升级和提高科技持续创新能力,在这两个层面上明确8项重点任务。一是加强以信息技术为代表的战略高技术研究。在信息、生物与现代农业、新材料、先进制造与自动化、资源环境、能源等高技术领域,集中力量,取得突破。二是以农产品深加工为龙头,带动农业结构的升级。三是以信息化带动工业化,提升传统产业技术水平。四是以可持续发展为着眼点,为人口、资源与环境的协调发展提供科技支撑。五是稳定持久地加强基础研究。基础研究既要鼓励科学家的自由探索,又要围绕国家经济社会发展的要求,选择重要领域进行重点支持。六是努力提高西部地区的科技能力。七是加强人才培养和科研基地建设,充分发挥市场机制对人力资源配置的基础性作用,建立人才激励、合作竞争的有效机制,完善人才合理流动的法律法规体系,鼓励科技人员创业创新。八是深化科技体制改革,建设国家创新体系。优化科技力量布局,合理配置科技创新资源,加强科技创新机构建设。

三、学术研究的发展与繁荣

从20世纪80年代开始,中国的学术思想进入了多元化时期。80年代,为了打破"文化大革命"的思想禁锢,学术界曾出现了一股"新方法"的热潮。由于那时采用"新方法"的青年学人对"新方法"操之过急,理解不深不确,以至生搬硬套,在学术领域出现了一股不大不小的浮躁风,但却有利于开拓学术视野、活跃学术思路。20世纪90年代,人们对80年代的学术进行了总结和反思,推动了学术的发展,各个学科的学术研究都进入了中华人民共和国成立以来学术史上的繁荣时期。

(一)哲学。20世纪80年代末以后,伴随着邓小平理论和"中国特色社会主义道路"的形成,马克思主义哲学在中国的发展,也已经基本上走出了苏联20世纪30年代"教科书体系模式",一个具有当代高度和中国特色的、作为邓小平理论组成部分的哲学新形态,正在酝酿和成熟之中。中国哲学研究取得的基本进展和出现的新变化、新特点,主要表现为:一是对传统"教科书体系"的反思、批判和突破。90年代末的不少哲学论著认为,长期流行的以前苏联30年代形成的"辩证唯物主义和历史唯物主义"为范本的"教科书体系"存在着严重的不足,很难说它准确地反映了马克思主义创始人的思想发展实际,如割裂"对自然的看法"与"对社会历史的看法",忽视实践观,忽视人的问题,不能充分反映、回答当代科技革命的新变化、新成果、新问题,也游离于世界哲学之外。理论界这些年在突破这一模式方面做了大量的工作,提出了一些新问题、新概念、新观点、新方法。这里,解放思想是实现哲学发展的关键。二是哲学研究的"问题意识"大大增强。马克思主义哲学在理论上的发展,它的强大生命力,从根本上说,取决于它把握、理解和解决时代重点课题的程度和水平。20世纪90年代以后,越来越多的学者开始从对"体系建构"的追求中摆脱出来,转向关注经济全球化、社会信息化以及中国从"计划经济"向"市场经济"转型中所出现的现实问题和矛盾冲突,并力图把它们合理地转化为哲学思考。中国哲学界从"体系意识"到"问题意识"的转换,改变了过去很长一段时间内居于支配地位的"解经注经"式的治学方式，以及那种从概念到概念、从范畴到范畴的逻辑推演的抽象空洞的研究方式，也促进了理论研究的深化。三是研究主题从认识论向历史观的转换。进入90年代特别是90年代中期以后，中国哲学基本主题发生了从认识论向历史观的转变，这一趋势在世纪之交表现得更加明显。改革和发展的实践要求走出一条有中国特色的现代化发展道路，必然涉及对历史发展普遍规律与各民族独特的历史发展道路关系这一基本问题的深刻把握。四是部门（领域）哲学研究迅速勃兴，如自然哲学、社会哲学、价值哲学、人的哲学、人文社会科学哲学、政治哲学、经济哲学、教育哲学、艺术哲学、宗教哲学，等等。哲学与其他学科的对话也迅速发展起来。五是马克思主义哲学研究与中国传统哲学、现代西方哲学研究的交流、对话与合作，这也是世纪之交值得注意的学术趋势之一。21世纪初哲学界针对21世纪人类社会实践中的重大问题，在对时代重大问题的敏锐反应、准确把握和科学解答中开创了马克思主义哲学的新境界、新视野。

（二）经济学。20世纪80年代末以来的经济学基础学科研究的热点问题：一是关于社会主义市场经济理论的探讨。1992年邓小平南方谈话发表后，广大理论工作者发表了许多论著，对社会主义市场经济的问题，进行了广泛研究。二是关于坚持和发展劳动价值论的争论，主要围绕劳动价值论的适应性、非劳动因素是否创造价值、劳动价值论与收入分配等展开讨论。众多论著认为：对待马克思劳动价值论的基本态度应该是坚持和发展；马克思劳动价值论的基本内核——劳动创造价值，反映了人类追求自身价值"彻底解放和全面发展"的理想，也反映了当代经济发展中人力资本作用日趋增强的事实；应该把价值创造与财富创造区分开来；应该把价值创造与价值分配区分开来。应用经济学研究的热点问题有：工业经济研究中有关中国工业发展问题，高技术产业与传统产业的关系问题，中国区域经济研究等；农村发展问题研究主要围绕土地问题、农村税费制度改革、农村城镇化、中国农村可持续发展等展开学术研究，发表了一系列论著；财贸经济学研究方面，中国资本市场研究成为热点问题；数量经济学研究取得一些新进展。

（三）文学。世纪之交的文学显示出"蓄势、转折、求变、创新的特点"[①]。20世纪90年代以后，学术界对20世纪以来、1949年以来，以及1978年以

---

① 中国社会科学院文学研究所课题组.2000年文学学科学术前沿报告.见：中国人文社会科学前沿报告.2001年卷.北京：社会科学文献出版社，2003.258

来的文学的发展进行了总结与分析。关于全球化与中国人文建设、关于现代性以及关于文化与文学关系的研究，都取得了一些新进展。普遍主义与本土理论传统之争，文化研究冲击与审美经验在文学中地位的进与退，西方的后现代、后殖民、后结构等"后学"话语的引入与对中国社会与文化状况的现实思考，等等，成为世纪之交的学术热点。当代文学研究中，关于"浩然现象"的评说以及"走近鲁迅"引起的纷争、女性文学趋热、"直谏陕军"引起的震动等都是学界关注的焦点。由于现代文学与中国现代历史进程的密切关系，使这一学科研究呈现出颇大的学术空间。古典文学研究中，古籍整理工作成果斐然，关于文献对学科的影响一度成为世纪之交的热门话题之一。外国文学研究已不再停留于局部和一般的介绍，跨文化、跨文学视野成为这一学术领域的新的生长点。

（四）历史学。中国考古学研究最具影响力的是2000年结项的"九五"重大科技攻关项目"夏商周断代工程"。《夏商周年表》于2000年11月12日正式公布：夏代始年约为公元前2070年，夏商分界约为公元前1600年，商周分界约为公元前1046年。此外还排出西周10位王具体在位年，商代后期从盘庚到帝辛（纣）的12位王大致在位年。这些作为夏商周年代学研究的阶段性成果，是新中国建立以来先秦史研究领域的重大收获，是对20世纪一个世纪以来三代年代学研究成果的学术总结。中国古代政治史、经济史、社会史、学术思想史、史学史与历史地理等学科的研究，也有不少新成果。中国近代政治史研究的热点集中在民国史领域，国民革命史研究进一步深化，学者们研究视野的转换和"共产国际、联共（布）与中国革命文献资料丛书"的出版，使国民革命史研究取得较大进展。历史人物研究趋热，关于日本侵华战争罪行与战争遗留问题研究受到广泛关注。近代社会史研究不断向纵深发展，近代文化思想史研究出现一些新的开拓。世界史研究在经济史、文化史、城市史等领域，都有新作问世，传统课题不断深化，历史研究与现实问题的结合受到重视。

除上述学科外，政治学、新闻学、语言学、教育学、心理学等学科在这一时期也取得一系列研究成果。

从"八五"后期到"九五"、"十五"规划期间，学术界越来越重视社科规划项目的导向和申报。国家对学术成果的资助力度不断加大，社会科学各个学科的学术研究进一步发展和繁荣。

小　结

　　20世纪80年代末90年代初以后,中国的改革开放取得了重大成就。2001年,国内生产总值达到95 933亿元,比1989年增长近两倍,年均增长9.3%,经济总量居世界第6位。人民生活总体上实现了由温饱到小康的历史性跨越,综合国力大幅度跃升。在这一历史时期,中国从容应对一系列关系国家主权和安全的国际突发事件,战胜了政治、经济领域和自然界出现的困难和风险,经受住了1998年的大洪水、2003年的"非典"等一次又一次的考验,排除各种干扰,保证了改革开放和现代化建设事业始终沿着正确的方向前进。历史表明,在领导改革开放和社会主义现代化建设事业中,中国共产党必须始终代表中国先进生产力的发展要求,代表中国先进文化的前进方向,代表中国最广大人民的根本利益。

思考题:
1. 试述1992年邓小平南方谈话的主要内容。
2. 中共"十四大"的重要成果是什么?
3. 试述中共"十五大"的主要内容和重大意义。
4. 试述社会主义市场经济体制是如何构建的。
5. 中共"十六大"提出全面建设小康社会的奋斗目标是什么?

后　记

本书于1989年由河南大学出版社正式出版，1992年10月做第一次修订，2004年3月做第二次修订，具体情况如下（参加编撰人员以现在工作单位为准）：

一、初版各章执笔人：

第一章，河北师范大学张同乐教授。

第二章，河南大学马树功教授。

第三章，第一、二、三、四、五、八节，同济大学李占才教授；第六、七、九节，河南大学吴玉文教授。

第四章，第一、二、三、四节，首都师范大学秦英君教授；第五、六、七、八节，山东临沂师范学院王冠卿教授。

第五章，第一、二、三、四、五节，四川师范学院蒋辅义教授；第六、七节，河南大学蒋晔硕士；第八、九节，河南大学侯善才教授。

第一、三、五章台湾地区内容，首都师范大学秦英君教授。

全书由副主编秦英君、李占才教授通审初稿，最后由主编靳德行教授通审定稿。

二、第一次修订各章执笔人：

第一章，河北师范大学张同乐教授。

第二章，第一、四节，山东临沂师范学院王冠卿教授；第二、三节，河南大学马树功教授。

第三章，同济大学李占才教授。

第四章，第一、二、三、四、五节，首都师范大学秦英君教授；第六、七、八、九节，河南大学翁有为教授。

第五章，第一、二、四、五节，四川师范学院蒋辅义教授；第三、六、七、八、九节,河南大学翁有为教授。

河南社会科学院近代史研究所王全营研究员,河南大学吴玉文、侯善才教授对第一次修订提出过许多宝贵意见。

全修订稿,由副主编秦英君、李占才教授通审初稿,最后由主编靳德行教授通审定稿。

三、第二次修订各章执笔人:

第一章,河北师范大学张同乐教授。

第二章,河南大学马树功教授。

第三章,同济大学李占才教授。

第四章,首都师范大学秦英君教授,当代中国研究所王瑞芳博士。

第五章,河南大学翁有为教授、赵金康博士,郑州航空工业管理学院赵文远博士。

第六章,河北师范大学张同乐教授,同济大学李占才教授,河南大学赵金康博士,郑州航空工业管理学院赵文远博士。

第一、二、三、四、五、六章台、港、澳地区的内容,郑州大学谢晓鹏博士。

全修订稿由执行主编秦英君教授通审定稿。

本书的编写曾得到国家教委、河南省哲学社会科学规划领导小组、河南大学出版社等单位的大力支持,使本书得以顺利完成并修订再版。在编写过程中,我们曾参考了大量有关方面的书籍、论文,从中获得许多教益。本书中的图片多选自红旗出版社1998年出版的《共和国相册》一书。在此,一并致以感谢之忱。

编　者

2004年3月

参 考 书 目

1. 马克思恩格斯选集.1~4卷.北京:人民出版社,1972
2. 列宁选集.1~4卷.北京:人民出版社,1972
3. 毛泽东文集.1~8册.北京:人民出版社,1999
4. 建国以来毛泽东文稿.1~13册.北京:中央文献出版社,1987~1998
5. 毛泽东书信选集.北京:人民出版社,1983
6. 刘少奇选集.上卷.北京:人民出版社,1981
7. 刘少奇论新中国经济建设.北京:中央文献出版社,1993
8. 周恩来选集.下卷.北京:人民出版社,1984
9. 邓小平文选.第3卷.北京:人民出版社,1993
10. 邓小平经济理论(摘编).北京:中国经济出版社,1997
11. 邓小平同志建设有中国特色社会主义理论学习纲要.北京:学习出版社,1995
12. 江泽民.论"三个代表".北京:中央文献出版社,2001
13. "三个代表"重要思想学习纲要.北京:学习出版社,2003
14. 中共中央文献研究室."关于建国以来党的若干历史问题的决议"注释本.北京:人民出版社,1983
15. 中共中央文献研究室.建国以来重要文献选编.1~20册.北京:中央文献出版社,1998
16. 中央档案馆.共和国五十年珍贵档案.上下册.北京:中国档案出版社,1999
17. 中共中央文献研究室.三中全会以来重要文献选编.上、下册.北京:人民出版社,1982
18. 中共中央文献研究室.十二大以来重要文献选编.上、中、下3册.北京:人民出版社,1986~1988
19. 中共中央文献研究室.十三大以来重要文献选编.上、中、下3册.北京:人民出版社,1991~1993
20. 中共中央文献研究室.十四大以来重要文献选编.上、中、下3册.北京:人民出版社,1996~1999
21. 中央教育科学研究所.中华人民共和国教育大事记(1949~1982).北京:教育科

学出版社,1984

22. 中共中央党史研究室.中国共产党历史.北京:人民出版社,1987

23. 中共中央党史研究室.中共党史大事年表.北京:人民出版社,1987

24. 中央档案馆.中共中央文件选集(1948~1949).第14册.北京:中共中央党校出版社,1987

25. 中华人民共和国对外关系文件集(1951~1953).第2集.北京:世界知识出版社,1958

26. 国家统计局.光辉的三十五年统计资料(1949~1984).北京:中国统计出版社,1984

27. 国家统计局.我国的国民经济建设和人民生活.北京:中国统计出版社,1958

28. 中国社会科学研究院经济研究所.中国资本主义工商业的社会主义改造.北京:人民出版社,1978

29. 国家统计局.伟大的十年.北京:人民出版社,1959

30. 中国民主党派史文献选编.北京:中共中央党校科研办公室刊行,1985

31. 中国民主党派史文献续编.北京:中共中央党校科研办公室刊行,1986

32. "当代中国丛书"编委会.当代中国的科学技术事业.北京:当代中国出版社,1992

33. "当代中国丛书"编委会.当代中国的国防科技事业.上册.北京:当代中国出版社,1992

34. 中央财经领导小组办公室.中国经济发展五十年大事记.北京:人民出版社、中共中央党校出版社,1999

35. 新时期统一战线文献选编.北京:中共中央党校出版社,1985

36. 新时期民族工作文献选编.北京:中央文献出版社,1990

37. 朱镕基.当代中国的经济管理.北京:中国社会科学出版社,1985

38. 薄一波.若干重大决策与事件的回顾.上、下册.北京:中共中央党校出版社,1991~1993

39. 国家农业委员会.农业集体化重要文件汇编(1958~1981).北京:中共中央党校出版社,1981

40. 胡绳.中国共产党的七十年.北京:中共党史出版社,1991

41. 刘吉.中国共产党七十年.上海:上海人民出版社,1991

42. 何沁.中华人民共和国史.北京:高等教育出版社,1999

43. [美]费正清,罗德里克·麦克法夸尔.王建朗等译.剑桥中华人民共和国史1949~1965.上海:上海人民出版社,1990

44. [美]罗德里克·麦克法夸尔,费正清.金光耀等译.剑桥中华人民共和国史1966~1982.上、下册.上海:上海人民出版社,1992

45. 孙健.中华人民共和国经济史.北京:中国人民大学出版社,1992
46. 郑德荣.新中国纪事.长春:东北师范大学出版社,1986
47. 彭德怀自述.北京:人民出版社,1981
48. 蒋学模.毛泽东思想研究大系.上海:上海人民出版社,1993
49. 翟泰丰.邓小平生平著作思想研究集成.长春:吉林人民出版社,1993
50. 胡绳.从五四运动到人民共和国成立.北京:社会科学文献出版社,2001
51. 孙健.中国经济通史.下卷.北京:中国人民大学出版社,2000
52. 邓力群文集.第1~2卷.北京:当代中国出版社,1998
53. 马齐彬,陈文斌等.中国共产党执政四十年.北京:中共党史资料出版社,1989
54. 廖盖隆,庄浦明.中华人民共和国编年史.郑州:河南人民出版社,2001
55. 王洪模等.改革开放的历程.郑州:河南人民出版社,1989
56. 苏星.新中国经济史.北京:中共中央党校出版社,1999
57. 胡乔木谈中共党史.北京:人民出版社,1999
58. 崔珏.中国民主党派地位的历史演变.广州:花城出版社,1998
59. 罗光武.民主党派大事年表.北京:华文出版社,1998
60. 孙晓华.中国民主党派史.沈阳:辽宁人民出版社,1999
61. 王作安.新中国宗教五十年.北京:宗教文化出版社,1999
62. 逄先知,金冲及.毛泽东传.上卷.北京:中央文献出版社,2003
63. 李铁映.中国人文社会科学前沿报告(2000年卷).北京:社会科学文献出版社,1999
64. 李铁映.中国人文社会科学前沿报告(2001年卷).北京:社会科学文献出版社,2003
65. 王桧林.中国现代史.下册.北京:高等教育出版社,2003
66. 张同乐.中国经济改革开放简史.北京:国防大学出版社,2000
67. 秦英君.当代中国哲学思想史.开封:河南大学出版社,1999
68. 翁有为,席富群,赵金康.当代中国政治思想史.开封:河南大学出版社,1999
69. 李占才.当代中国经济思想史.开封:河南大学出版社,1999
70. 于化民,胡哲峰.当代中国军事思想史.开封:河南大学出版社,1999
71. 程凯.当代中国教育思想史.开封:河南大学出版社,1999
72. 陈景良.当代中国法律思想史.开封:河南大学出版社,1999
73. 李明山,左玉河.当代中国学术思想史.开封:河南大学出版社,1999
74. 李慈健等.当代中国文艺思想史.开封:河南大学出版社,1999
75. 谢益显.当代中国外交思想史.开封:河南大学出版社,1999
76. 蒋建农,肖杰.当代中国统战思想史.开封:河南大学出版社,1999
77. 陈晋,张鸣,李东亮.共和国照片.上下册.北京:红旗出版社,1999

78. ［日］古屋奎二.蒋总统秘录.第14册.台北:中央日报社,1978
79. 江南.蒋经国传.北京:中国友谊出版公司,1987
80. 茅家琦.台湾三十年,1949—1979.郑州:河南人民出版社,1988
81. 郭传玺.中国国民党台湾四十年史纲.北京:中国文史出版社,1993
82. 封汉章.台湾四十年纪实.石家庄:河北人民出版社,1992
83. 陈志奇.美国对华政策三十年.台北:中华日报社,1981
84. ［美］何宝山.台湾经济的发展.上海:上海译文出版社,1981
85. 潘叔明."一国两制"与台湾问题.北京:人民出版社,2003
86. 台湾问题文件.北京:人民出版社,1955